Manuel d'Histoire franco-allemand
Terminales L/ES/S

Histoire/Geschichte

L'Europe et le monde depuis 1945

Sous la direction de Peter Geiss et Guillaume Le Quintrec

Les auteurs :

Ludwig Bernlochner
StD a. D.
Professeur d'histoire, de géographie et d'allemand au Erasmus-Grasser-Gymnasium de Munich

Lars Boesenberg
StR
Professeur d'histoire et de sciences-sociales au Johannes-Kepler-Gymnasium d'Ibbenbüren

Michaela Braun
StR' z. A.
Professeur d'histoire et de français au Wilhelm-Remy-Gymnasium de Bendorf

Peter Geiss
Docteur en histoire, StR z. A.
Professeur d'histoire et de français au Friedrich-Ebert-Gymnasium de Bonn

Claus Gigl
OStR
Professeur d'histoire et d'allemand au Hans-Leinberger-Gymnasium de Landshut

Daniel Henri
Agrégé d'histoire, ancien élève de l'École Normale Supérieure
Professeur en classe préparatoire au lycée Henri IV de Paris

Enrique León
Agrégé d'histoire
Professeur en classe préparatoire au lycée Henri IV de Paris

Mathieu Lepetit
Agrégé d'histoire
Professeur au lycée franco-allemand de Buc

Guillaume Le Quintrec
Agrégé d'histoire, ancien élève de l'École Normale Supérieure
Professeur en classe préparatoire au lycée Fénelon de Paris

Bénédicte Toucheboeuf
Agrégée d'histoire
Professeur au lycée Juliot-Curie de Nanterre

Klett

Nathan

AVANT-PROPOS

Le présent manuel d'histoire ouvre une ère nouvelle dans l'histoire des manuels scolaires. Pour la première fois en effet un manuel commun d'histoire franco-allemand est proposé aux élèves des trois dernières classes du lycée en France et en Allemagne. Il s'agit en l'espèce d'un manuel qui, tout en demeurant conforme aux programmes en vigueur dans les deux pays, entend en outre offrir à chacun la vision de l'autre.

Pourquoi une telle entreprise ?

Tout d'abord s'est construite entre la France et l'Allemagne, depuis des décennies et dans tous les domaines, y compris scolaire, une expérience de coopération dont l'ampleur est sans exemple en Europe. Or, une telle coopération n'aurait pas été possible sans un travail de compréhension, de rapprochement et de réconciliation entre les deux pays et les deux sociétés, qui fait que nos histoires sont devenues plus que jamais communes.

Des histoires imbriquées, une mémoire partagée ou disputée, la saisie d'une même réalité selon plusieurs approches, l'examen des ressemblances, des différences et des interactions au bénéfice d'une lecture enrichie de l'histoire de chaque pays, de l'histoire des deux pays dans leurs relations mutuelles, mais aussi d'une histoire de ces pays dans l'environnement européen et mondial qui est le leur : telles sont les grandes lignes qui ont présidé à l'élaboration de ce manuel. Tels sont aussi les fondements d'une plus-value pédagogique et scientifique qui, tant par ses méthodes que par son contenu, sont appelés à faire école, c'est-à-dire à servir un jour de fondement à un manuel européen d'histoire.

C'est dire assez si ce livre n'est pas une histoire franco-allemande mais un manuel franco-allemand d'histoire qui, tout en respectant les programmes en vigueur dans les deux pays, entend les dépasser par l'innovation du regard, de la documentation et de l'interprétation que permet l'histoire croisée.

À la question de savoir pourquoi écrire ce livre-là s'en ajoute une seconde, celle de savoir pourquoi l'écrire maintenant. Il s'agit bien d'une initiative mise au service des élèves et des enseignants appelés à vivre dans un monde complexe et multilatéral dont la compréhension requiert, entre autres, un savoir historique pluriel. Le projet européen, l'évolution des systèmes d'enseignement de part et d'autre de la frontière, le degré d'intégration de la coopération intergouvernementale rendent aujourd'hui possible un rapprochement des programmes dont ce manuel est issu et que plusieurs actions avaient déjà préparé : ainsi des réflexions menées par l'Association des Professeurs d'Histoire et de Géographie en France et par l'institut Georg-Eckert de recherche internationale sur les manuels scolaires en Allemagne. En cela, la réalisation d'un manuel commun, conforme aux programmes des deux pays, traduit politiquement un dialogue et une coopération auxquels, pour leur part, les historiens et les scientifiques sont accoutumés depuis longtemps.

Comme tout manuel d'histoire, celui-ci a la sienne. Ce manuel scolaire d'un nouveau type répond d'abord à un souhait exprimé en janvier 2003 à Berlin par le Parlement franco-allemand des jeunes réuni dans le cadre de la célébration du 40e anniversaire du traité de l'Élysée. Porté par la volonté politique des deux pays, l'ouvrage a vu son concept et son contenu approuvés en mai 2004. Le comité de pilotage bilatéral qui en avait défini les grandes lignes dans un cahier des charges formel et conceptuel en a ensuite confié l'écriture et la réalisation à un tandem éditorial franco-allemand. La publication comprend au total trois volumes destinés aux classes de seconde/dixième ou onzième (De la démocratie grecque à la Révolution de 1789), de première/onzième ou douzième (Des transformations du XIXe siècle à la Seconde Guerre mondiale) et de terminale/douzième ou treizième (De 1945 au temps présent).

L'ensemble du projet, sur le fond comme dans la forme, est bien le fruit d'une triple coopération : celle qui s'est établie entre les experts allemands et français du comité de pilotage, celle qui s'est développée entre le comité de pilotage et les responsables ministériels des deux pays, et celle enfin qui s'est tissée entre le comité et les éditeurs. De la sorte, les deux versions française et allemande du manuel sont identiques puisqu'elles suivent le concept initialement élaboré, comprennent les mêmes documents, la même mise en page, le même appareil cartographique, photographique et iconographique (renouvelé de part et d'autre car chacun a puisé dans la documentation de l'autre). Pour autant, les différences sémantiques apparaissent et sont partie intégrante de l'analyse. Chacun le sait et le sent : les mots en apparence équivalents sur le simple plan de la traduction n'ont pas la même signification d'un pays à l'autre. Ainsi en va-t-il de termes aussi courants que l'État, la nation, la culture, la religion... qui n'ont de part et d'autre de la frontière ni le même usage, ni la même tradition, ni les mêmes contours.

Souligner ce travail étroit de confrontation et d'élucidation des faits, des mots et des sens mené de concert par les historiens et les équipes éditoriales revient à dire que ce manuel n'est évidemment pas un livre d'histoire officielle. Il est le produit raisonné et discuté d'un dialogue nouveau qui vient seulement enrichir, sans l'éliminer, l'offre existante d'ouvrages scolaires disponibles en France et en Allemagne. Cependant, il entend donner la possibilité d'aller plus loin par une approche croisée, non seulement des contenus mais aussi des pédagogies et des modes de préparation aux examens. Jamais la jeunesse en France, jamais la jeunesse en Allemagne n'aura été autant exposée à l'histoire de l'autre, qui plus est dans une perspective ouverte, c'est-à-dire européenne et mondiale : comment pourrait-il en être autrement dans le monde d'après 1945 ?

Compte tenu de ces interrogations contemporaines, compte tenu aussi de l'enjeu pédagogique que représente, tant pour les élèves que pour les enseignants, la préparation de l'examen terminal du secondaire, compte tenu enfin de l'attente de la communauté des historiens mais aussi de l'intérêt du grand public, il a paru souhaitable de commencer par la partie des programmes consacrée à la période postérieure à 1945 avant d'aborder les périodes chronologiques plus hautes dans les deux volumes suivants. Ce choix repose sur la conviction selon laquelle la méthode qui consiste à remonter dans le temps fait mieux apercevoir, depuis le présent, les traces laissées dans la durée, les héritages et finalement les points communs qui font ce que nous sommes. Par-delà son ambition pédagogique et historique, le manuel comporte donc une ambition civique, celle d'éclairer une conscience européenne historiquement fondée sur les valeurs universelles des droits de l'homme et de la démocratie que la dernière guerre mondiale avait foulées aux pieds.

L'histoire ici proposée aux élèves, aux enseignants, aux lecteurs intéressés, est donc bien une histoire qui explique les faits, les convergences et les divergences, les sens et leurs représentations. C'est une histoire qui tente également de les interpréter, et qui, ce faisant, désigne les façons, parfois discordantes, dont chaque peuple, chaque pays a voulu s'approprier son passé, et souvent même celui des autres. Ainsi pourra être élargie, transposée à d'autres pays, à d'autres cultures, à d'autres régions du monde, cette expérience unique de l'écriture commune d'une histoire complexe et plurielle.

La devise de l'Union européenne n'est-elle pas « Unie dans la diversité » ? Puisse ce manuel d'histoire en être l'illustration. Puisse-t-il aussi dire aux élèves les ambitions et les limites du métier d'historien : éclairer le présent par la prise en compte du passé afin d'envisager – en toute conscience – l'avenir.

Le comité de pilotage

Le comité de pilotage

Pour la partie française, sous la coordination de Dominique Borne, puis de Jean-Louis Nembrini (inspection générale de l'Éducation nationale) : Yves Beauvois (direction des relations internationales et de la coopération, ministère de l'Éducation nationale, de l'Enseignement supérieur et de la Recherche), Gérald Chaix (professeur d'histoire à l'université de Tours, recteur de l'académie de Strasbourg), Jean-Pierre Dubois (mission pour les relations franco-allemandes, ministère des Affaires étrangères), Étienne François (professeur d'histoire et directeur du Frankreich-Zentrum de l'université technique de Berlin), Pierre Monnet (directeur d'études à l'École des Hautes Études en Sciences Sociales, Paris), Yves Poncelet (inspecteur général de l'Éducation nationale), Marcel Spisser (inspecteur pédagogique régional de l'académie de Strasbourg), Michel Tarpinian (direction des relations internationales et de la coopération, ministère de l'Éducation nationale, de l'Enseignement supérieur et de la Recherche).

Pour la partie allemande, sous la coordination de Stefan Krawielicki, - et à partir de l'été 2005 - Michael Ott (ministère fédéral des Affaires étrangères, direction du bureau I du plénipotentiaire de la République fédérale d'Allemagne pour les affaires culturelles dans le cadre du Traité sur la coopération franco-allemande) et Christine Klos (directrion du bureau II du plénipotentiaire de la République fédérale d'Allemagne pour les affaires culturelles dans le cadre du Traité sur la coopération franco-allemande, Land de Sarre) : Wilfried Burger (ministère de l'Éducation de la Saxe, Dresde), Dr. Stefan Krimm (ministère de l'Éducation de Bavière, Munich), Dr. Ursula Lange (lycée Friedrich-Ebert de Bonn), Prof. Dr. h.c. Horst Möller (directeur de l'Institut d'histoire contemporaine, professeur à l'université de Munich), Dr. Rainer Riemenschneider (institut Georg-Eckert de recherche internationale sur les manuels scolaires, Brunswick), Andrea Schwermer (représentante de la Conférence permanente des ministres de l'Éducation des Länder, Bonn), Prof. Dr. Dr. h.c. mult. Rudolf von Thadden (ancien coordinateur pour la coopération franco-allemande auprès du gouvernement fédéral, directeur de l'Institut de Berlin-Brandebourg pour la coopération franco-allemande en Europe de Genshagen, Göttingen), Dr. Rolf Wittenbrock (directeur du lycée franco-allemand de Sarrebruck).

Sommaire

Sommaire

Les auteurs des chapitres

Ludwig Bernlochner	chapitres 6 et 8
Lars Boesenberg	chapitres 11 et 12
Michaela Braun	chapitre 1
Peter Geiss	chapitres 3 et 17
Claus Gigl	chapitre 15
Daniel Henri	chapitres 2 et 16
Enrique León	chapitres 4 et 5
Mathieu Lepetit	chapitre 7
Guillaume Le Quintrec	chapitres 9, 10 et 13
Bénédicte Toucheboeuf	chapitre 14

Extraits du cahier des charges
élaboré par le comité scientifique, 26 octobre 2004
Classe de terminales L/ES/S – Klasse 12/13

L'Europe et le monde de 1945 à nos jours

Chacun des chapitres occupera environ 20 % du temps consacré à l'enseignement de l'histoire en classe de terminale : un peu moins pour les chapitres 1, 2 et 3, un peu plus pour les chapitres 4 et 5.

1. Les mémoires de la Seconde Guerre mondiale, période indécise jusqu'en 1949

- Bilan et conséquences de la Seconde Guerre mondiale
- Les fondements de la mémoire de la guerre chez les peuples européens
- La naissance de la guerre froide et la situation géopolitique jusqu'en 1949
- L'Allemagne au centre du conflit Est-Ouest : la création des deux États allemands

2. Les transformations techniques, économiques, sociales et culturelles depuis la guerre

- La croissance et la conjoncture, la mise en place d'une société de consommation et de services, les disparités et la répartition du travail à l'échelle mondiale, les modèles économiques de référence
- Les innovations en matière de recherche et de technique, la société du savoir, les nouveaux médias et les technologies de l'information
- La mutation des structures démographiques et sociales
- Quelle mondialisation de la culture ?

3. L'Europe entre les États-Unis et l'URSS de 1949 à la chute du mur de Berlin en 1989

- Le monde bipolaire : le développement des deux superpuissances, de la guerre froide à la coopération
- La division de l'Europe, les démocraties populaires et la politique internationale (OTAN et pacte de Varsovie)
- La fin des empires coloniaux
- La genèse et les motivations du mouvement européen après la Seconde Guerre mondiale
- Les étapes de l'intégration européenne à l'Ouest

4. L'Europe dans le monde de 1989 à nos jours

- Le déclin des démocraties populaires, la disparition du pacte de Varsovie et la réunification allemande
- L'Europe face à ses défis internes
- Le rôle de l'Union européenne dans la politique internationale
- Qu'est-ce que l'Europe ? L'idée et l'identité européennes

5. Allemands et Français depuis la guerre

- La France de 1945 à nos jours : évolution politique et économique
- L'Allemagne de 1945 à nos jours : évolution politique et économique de la République fédérale d'Allemagne et de la République démocratique allemande ; réussites et questions de la réunification
- Les problèmes d'ordre socio-économique contemporains des deux pays : comparaison des défis et tentatives de solution
- Les divers champs de la coopération binationale et ses progrès ; le rapprochement des sociétés civiles et les spécificités persistantes
- Le rôle joué par des dirigeants politiques dans le rapprochement et le dialogue entre les deux pays (de Gaulle-Adenauer ; Giscard d'Estaing-Schmidt ; Mitterrand-Kohl ; Chirac-Schröder)

Retrouvez l'intégralité du cahier des charges sur le site www.nathan.fr/manuelfrancoallemand

Partie 1

L'immédiat après-guerre (1945-1949) et les mémoires de la Seconde Guerre mondiale

1

2

3

4

5

6

7

8

9

10

11

12

13

14

15

16

17

18

Chapitre 1

Bilan et conséquences de la Seconde Guerre mondiale

On ne peut pas fixer la fin de la guerre à une date précise. Il s'agit plutôt d'un long processus. En 1945, le monde se retrouve devant un vrai désastre matériel et humain. Il est confronté aux destructions massives et à des crimes sans précédent, dont l'horreur est inconcevable. Ce choc fait naître dans le monde entier le désir d'empêcher une nouvelle guerre et de rebâtir un nouvel ordre international. La guerre a en outre provoqué de profonds bouleversements, dans les consciences comme dans les rapports de force internationaux.

- Dans quels domaines l'année 1945 marque-t-elle un tournant ? Où remarque-t-on en revanche une continuité ?
- L'expérience radicale de la guerre totale a-t-elle permis de poser les bases d'un monde meilleur ?

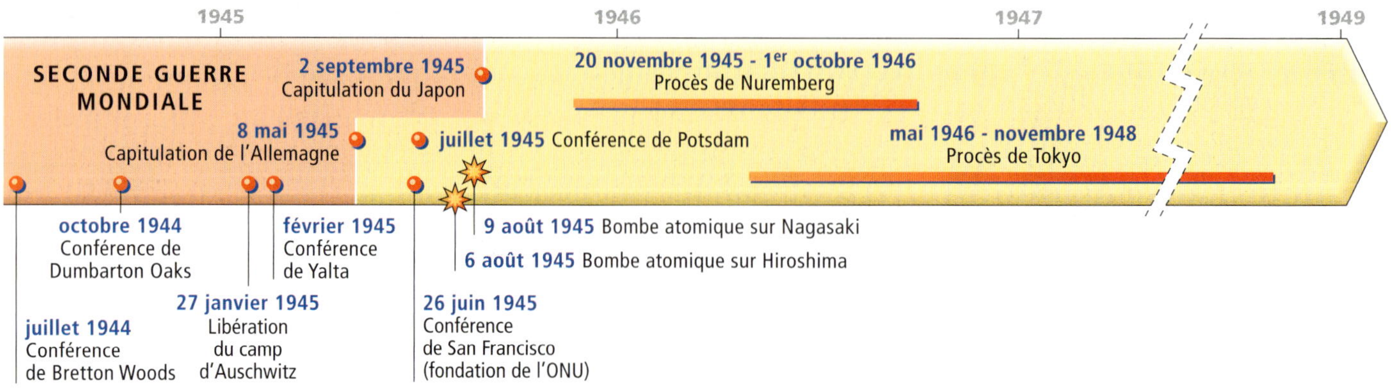

1

En 1945, l'homme s'autodétruit...

Les conséquences apocalyptiques du bombardement d'Hiroshima marquent l'entrée dans l'ère atomique. Les ruines de la chambre de commerce et d'industrie d'Hiroshima témoignent encore aujourd'hui de l'ampleur de cette tragédie.

2

... et s'efforce de garantir la paix

Quelques semaines avant la destruction d'Hiroshima, la Charte des Nations unies a été adoptée à la conférence de San Francisco. Un autre monde est-il possible ?

L'Europe et le monde en 1945

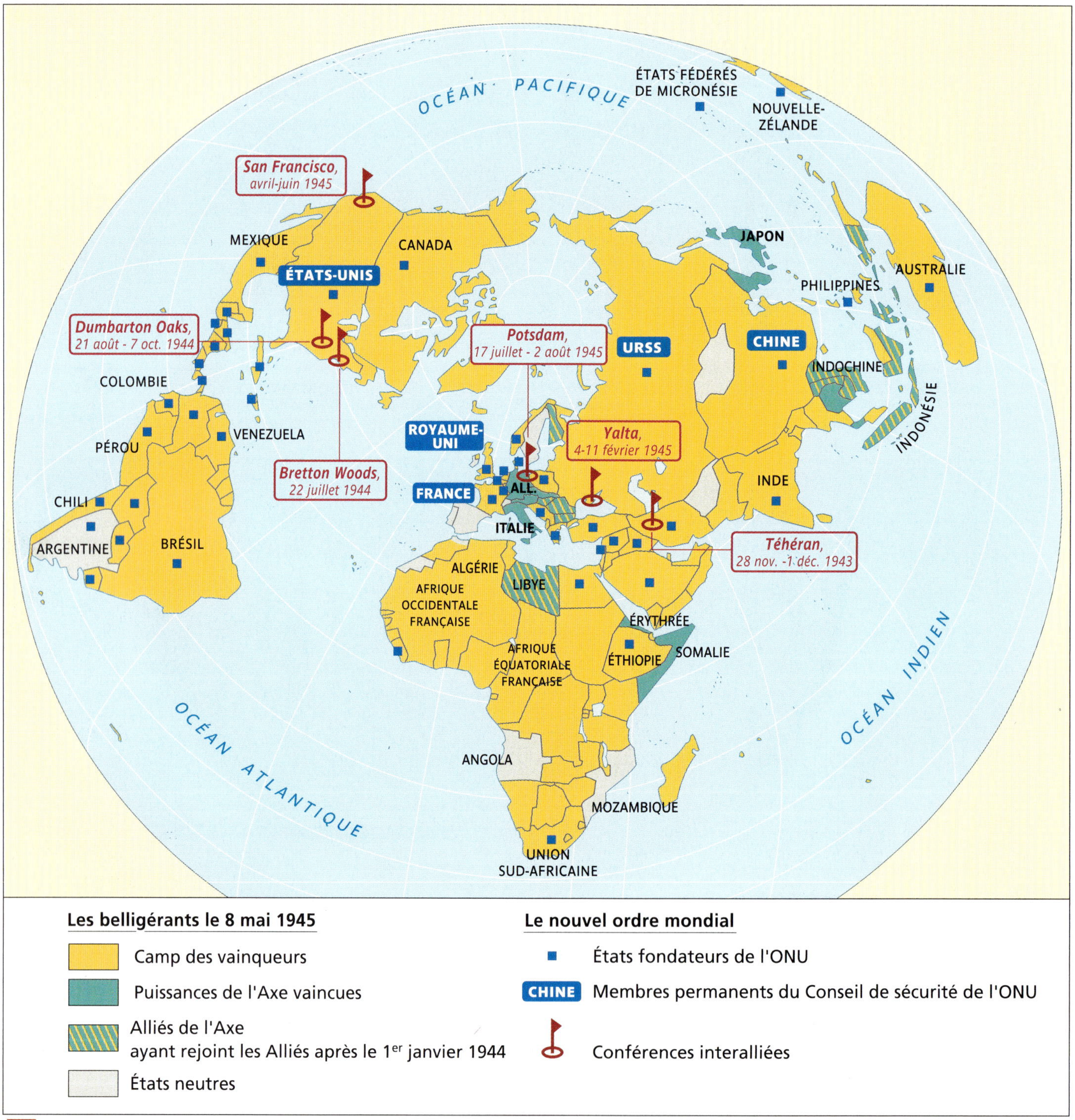

1 Le monde en 1945

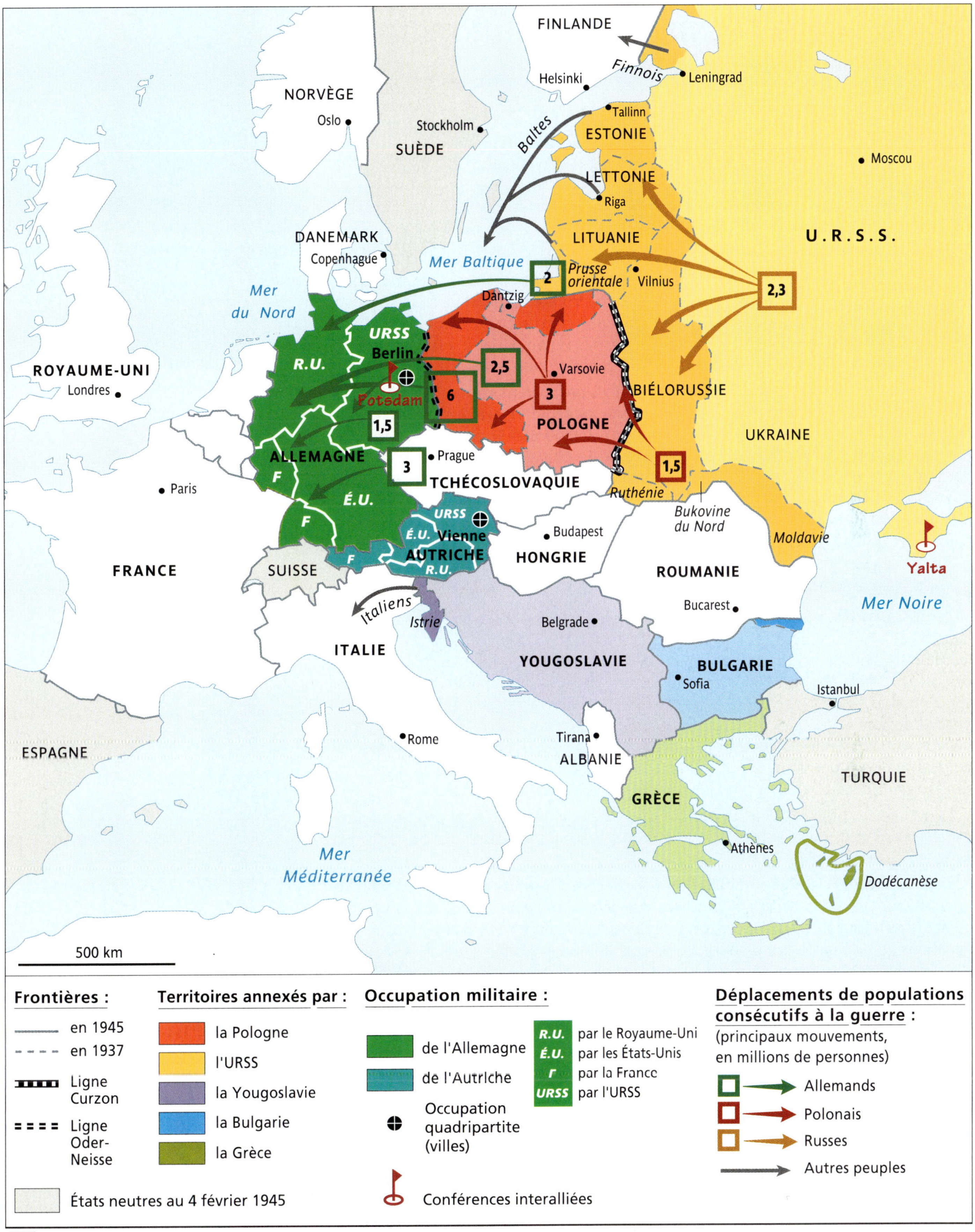

2 L'Europe centrale et orientale en 1945

1. Bilan de la Seconde Guerre mondiale

Quels dommages matériels et moraux la guerre a-t-elle provoqués ?

Un désastre humain

Vue la mobilisation colossale des ressources matérielles et des hommes, la Seconde Guerre mondiale mérite, plus encore que la Première, le qualificatif de guerre « totale ».

Le nombre des victimes est trois à six fois plus élevé qu'en 1918. D'après les estimations, environ 55 millions de personnes ont trouvé la mort dans ce conflit : ce chiffre inclut les pertes militaires, ainsi que les victimes civiles des bombardements et des persécutions nazies. Le déplacement vers l'ouest des frontières polonaises et russes a obligé 22 millions de personnes, expulsées et déplacées, à quitter leurs terres **(voir leçon pp. 16-17)**. De nombreux hommes ne sont pas revenus de la guerre, ce qui a entraîné une chute du taux de natalité et l'émergence d'une « génération sans père ».

En libérant les camps de concentration, les Alliés découvrent des crimes d'une barbarie effroyable : l'extermination de près de 6 millions de juifs (selon les calculs récents de l' Holocaust Memorial Museum, Washington), de 300 000 Tsiganes et de plus de 3 millions de prisonniers de guerre soviétiques, de plusieurs centaines de milliers de déportés politiques, ou d'être humains jugés indignes de vivre par les nazis, « asociaux », handicapés ou homosexuels. Ce violent traumatisme moral conduit à définir la notion nouvelle de « crime contre l'humanité ». C'est sur cette base que les tribunaux internationaux de Nuremberg et de Tokyo jugent les responsables nazis et nippons.

La naissance de l'ère atomique

L'utilisation des premières bombes atomiques par les États-Unis sur les villes japonaises d'Hiroshima et de Nagasaki (6 et 9 août 1945) constitue un événement lourd de conséquences. Employées, selon la version officielle, pour écourter la guerre, ces bombes font environ 130 000 victimes en l'espace de quelques instants, puis tuent environ 200 000 personnes à la suite des effets des radiations, qui se ressentent encore de nos jours. La capitulation du Japon imposait-elle le recours à l'arme nucléaire ? Ou bien les États-Unis cherchaient-ils une occasion de tester la capacité de destruction d'une nouvelle arme dont la mise au point avait été coûteuse ? Ils souhaitaient peut-être aussi prouver leur supériorité vis-à-vis de l'URSS.

La bombe atomique déclenche, en tout cas, une prise de conscience de l'humanité, capable désormais de s'autodétruire, et accroît le besoin d'instituer des mécanismes de contrôle efficaces.

La possession de la bombe atomique renforce encore davantage la puissance militaire américaine. Les États-Unis, qui ont livré des armes aux Alliés pendant la guerre, n'enregistrent que des pertes relativement faibles par rapport à l'Europe et disposent également d'une nette prépondérance dans le domaine économique.

Destruction et reconstruction

De nombreuses villes ainsi que les infrastructures en Europe ont subi des dégâts considérables en raison des bombardements. C'est principalement aux immenses efforts de la population civile, et avant tout des femmes, qu'on doit le déblaiement des rues.

Ces villes ont été rarement reconstruites à l'identique. Dans les métropoles bâties au temps de la révolution industrielle, la reconstruction donne l'occasion de promouvoir une architecture mieux adaptée à la vie moderne et de mettre en œuvre des conceptions qui remontent à l'avant-guerre. Les urbanistes sont confrontés à un dilemme, écartelés entre les contraintes de coût et les considérations esthétiques. Un nouveau matériau de construction, le béton, paraît leur offrir le moyen d'aboutir au meilleur compromis. Après la reconstruction, il arrive ainsi que les habitants ne reconnaissent plus « leur » ville et aujourd'hui encore, l'architecture de l'après-guerre suscite des avis partagés.

1

La naissance de l'ère atomique

Le champignon atomique de Nagasaki (9 août 1945).

Notion clé

▶ **Crime contre l'humanité :** nouveau chef d'accusation défini lors du procès de Nuremberg (nov. 1945-oct. 1946) comme étant « l'assassinat, l'extermination, la réduction en esclavage, la déportation et tout autre acte inhumain inspirés par des motifs politiques, philosophiques, raciaux ou religieux et organisés en exécution d'un plan concerté à l'encontre d'un groupe de population civile » **(voir dossier pp. 20-21)**.

Pistes de travail

1. Quels ont été les pays les plus touchés ou les plus épargnés par la guerre ? Pourquoi ? Quelles en sont les conséquences ? **(doc. 3)**

2. Quelle a été la spécificité de la Seconde Guerre mondiale ? **(doc. 4)**

3. Quel est le bilan moral de la Seconde Guerre mondiale ? Dans quelle mesure existe-t-il un lien entre les destructions matérielles et le traumatisme moral ? **(doc. 1 à 5)**

4. Décrivez l'aspect des villes après la reconstruction. **(doc. 5)**

Pour conclure

5. Informez-vous sur les éventuelles destructions et sur les travaux de reconstruction qui ont eu lieu dans votre ville ou votre région, puis comparez les photos avant et après la reconstruction. Que pensez-vous des transformations urbaines (bâtiments, tracé des rues) ?

2 « Plus jamais ça ! »

Affiche diffusée en 1945 pour rappeler les souffrances des déportés politiques.

3 Les victimes de la Seconde Guerre mondiale.

Pays	Militaires	Civils	En % de la population de 1939	Victimes juives
Pologne	300 000	5 700 000	18 %	3 000 000
URSS	8 600 000	16 000 000	14 %	650 000
Yougoslavie	300 000	1 200 000	10,6 %	60 000
Allemagne	4 000 000	2 000 000	8 %	120 000
Grèce	74 000	390 000	7 %	60 000
Japon	1 950 000	680 000	4,5 %	—
France	290 000	290 000	1,5 %	75 000
Italie	280 000	160 000	1,2 %	7 500
Royaume-Uni	270 000	115 000	1 %	—
États-Unis	300 000	—	0,2 %	—
Chine	1 500 000	?	?	—

Source : L'État du monde en 1945, La Découverte, 1994.

Les chiffres reposent sur des estimations.

4 Les effets de la guerre

La philosophe Hannah Arendt, qui a quitté l'Allemagne et émigré en 1933, tient les propos suivant dans la revue américaine Commentary *en 1950.*

En moins de six ans, l'Allemagne détruisit les structures morales du monde occidental, et cela à travers des crimes que nul n'aurait cru possibles ; les vainqueurs, eux, réduisirent en cendres les hauts lieux d'une histoire allemande vieille de plusieurs milliers d'années. C'est alors qu'affluèrent dans le pays ravagé [...] des millions de personnes venues des territoires de l'Est, des Balkans et d'Europe de l'Est. Ce flot humain ajouta au tableau catastrophique habituel des traits spécifiquement modernes tels que la perte de la patrie, le déracinement social et l'absence de droits politiques. [...]

Le spectacle qu'offrent les villes détruites en Allemagne et la découverte de l'existence des camps de concentration et d'extermination ont projeté une ombre immense sur une Europe endeuillée. Ces deux traumatismes expliquent pourquoi les souvenirs de la dernière guerre, particulièrement douloureux, sont profondément ancrés dans notre mémoire et pourquoi la crainte de guerres futures est en train de prendre forme.

Hannah Arendt « Besuch in Deutschland (visite en Allemagne) », *in* P. Süß, *Befreiung und Zusammenbruch*, Munich, 2005.

5 Le Havre détruit en 1945 et Le Havre en 2005

En juillet 2005, la ville a été inscrite au Patrimoine mondial de l'humanité par l'UNESCO. C'est un exemple remarquable de l'architecture et de l'urbanisme de l'après-guerre, fondés sur l'utilisation du béton.

2. Un nouveau monde ?

Quelles sont les conséquences de la Seconde Guerre mondiale sur la politique internationale ?

Le combat contre le nazisme : un objectif commun

Dès 1941, le Premier ministre britannique Winston Churchill et le président américain Franklin D. Roosevelt se sont mis d'accord pour combattre ensemble le Reich allemand. Dans la charte de l'Atlantique rédigée le 14 août 1941, ils jettent les bases d'un ordre international qui doit reposer sur le droit à l'autodétermination pour tous les peuples, le libre choix de la forme de leur gouvernement, la renonciation à toute acquisition territoriale et la coopération économique internationale.

Après l'invasion de l'URSS par l'Allemagne hitlérienne en juin 1941, et malgré leur méfiance à l'égard du communisme, les deux hommes forment avec Staline la Grande Alliance, ou coalition « anti-Hitler », pour contraindre l'Allemagne à la capitulation sans conditions. Staline a, de son côté, accepté cette alliance afin de pouvoir bénéficier de l'aide financière des États-Unis.

Les conférences interalliées

Après la conférence de Téhéran (28 novembre-1er décembre 1943) consacrée au sort de l'Allemagne et à la réorganisation du continent européen, les « Trois Grands » (Churchill, Roosevelt et Staline) établissent les futures frontières de l'Europe libérée à la conférence de Yalta (4-11 février 1945). Il y est prévu que les problèmes économiques et politiques soient réglés selon les « principes démocratiques ».

Staline souhaite agrandir le territoire de l'Union soviétique aux dépens de la Pologne ; la ligne Curzon devient ainsi la nouvelle frontière à l'est ; en dédommagement, la Pologne doit recevoir des territoires allemands jusqu'à la ligne Oder-Neisse (voir carte p. 13). Churchill et Roosevelt n'acceptent ce projet qu'avec réserve, mais dès avant la conférence de Potsdam (17 juillet-2 août 1945), Staline procède au redécoupage territorial. Grâce à son influence croissante en Europe de l'Est, l'Union soviétique apparaît ainsi comme une deuxième superpuissance pouvant faire jeu égal avec les États-Unis.

Les pertes très lourdes subies par les pays européens les ont affaiblis. Les troubles qui se produisent dans certaines colonies amorcent le processus de décolonisation, ce qui diminue le prestige de la France et du Royaume-Uni sur la scène internationale. Yalta n'a pas été un partage du monde mais a consacré le rôle prépondérant que les deux superpuissances, États-Unis et URSS, exercent dorénavant sur la scène politique mondiale.

Vers un monde meilleur ?

L'hégémonie américaine résulte à la fois de la supériorité militaire acquise par les États-Unis, seuls détenteurs de l'arme nucléaire, et de la puissance de leur économie.

Durant l'été 1944, la conférence de Bretton Woods sur la réforme du système monétaire donne naissance à deux organismes : la BIRD, ou Banque mondiale, et le Fonds monétaire international (FMI), auquel les États-Unis apportent la contribution financière la plus importante. Ces institutions sont destinées à accélérer la reconstruction économique, à garantir la prospérité, et à maintenir l'équilibre monétaire afin d'éviter les désordres économiques de l'entre-deux-guerres (voir leçon pp. 182-183).

Parallèlement aux initiatives économiques destinées à préparer le retour à la paix, une nouvelle institution est créée pour garantir la sécurité internationale. L'idéal d'un monde uni (« *one world* »), défendu par Roosevelt, trouve son aboutissement dans la fondation de l'ONU, préparée lors d'une conférence tenue à Dumbarton Oaks d'août à octobre 1944. Le 26 juin 1945, cinquante et un États signent la Charte des Nations unies (voir dossier pp. 18-19).

1 Les « Trois Grands »

Churchill, Roosevelt et Staline à la conférence de Yalta (11 février 1945).

Vocabulaire

- **BIRD** (Banque internationale pour la reconstruction et le développement) : aussi appelée « Banque mondiale », elle est créée en 1944, installée à Washington. Elle est chargée de financer la reconstruction des pays ruinés par la guerre et d'aider les pays en développement.
- **FMI** (Fonds monétaire international) : créé en 1944, installé à Washington, il est chargé d'assurer la stabilité monétaire et financière du monde et éventuellement d'aider les États connaissant des difficultés financières. Le Fonds est constitué par les versements effectués en or et en devises par les États membres, proportionnellement à leur richesse.
- **Ligne Curzon** : frontière entre la Pologne et l'Union soviétique, proposée en 1920 par le ministre britannique des Affaires étrangères, Lord Curzon.
- **Ligne Oder-Neisse** : frontière germano-polonaise, fixée provisoirement par les accords de Potsdam et reconnue comme frontière définitive depuis 1990.

2 L'évolution de la politique internationale

Réflexions de Willy Brandt, social-démocrate, futur chancelier de la RFA de 1969 à 1974, sur le rôle de la démocratie dans la politique internationale en février 1945.

Les exigences fondamentales de la démocratie, identiques à celles de la raison, sont à nouveau à l'ordre du jour. Il s'agit en effet d'empêcher une Troisième Guerre mondiale et de régler les conflits entre les États par une procédure de conciliation ; il s'agit de sécurité, de confiance et d'organiser rationnellement la politique internationale.

Mais quelles sont les possibilités dont nous disposons pour mettre en pratique ces exigences ? En répondant à cette question, nous devons d'abord insister sur le fait que les hommes qui souhaitent mener cette politique vont se trouver confrontés à des conditions complètement différentes de celles d'avant. En 1919, on pouvait établir une certaine continuité par rapport à la situation de 1914. En 1945, impossible de retourner vers le monde de 1939. La politique et l'économie, l'état moral des populations, les rapports de force internationaux et intercontinentaux : tout a connu des bouleversements considérables. Dans un monde à ce point disloqué, ce n'est pas une question de frontière en particulier, ni même le destin provisoire d'un peuple en particulier qui doivent servir de modèle pour l'engagement ou non du monde sur une voie raisonnable et démocratique. Nous sommes confrontés à des choses essentielles. Devant ces choses essentielles, les exigences fondamentales de la démocratie sont parfaitement justifiées.

Willy Brandt, *Exigences et possibilités de la démocratie*, 4 février 1945 *in Berliner Ausgabe*, Bonn, 2000.

3 **Les défis de la paix**

On peut lire sur le tiroir « Seconde Guerre mondiale. Travail en cours » ; et sur les ailes de l'ange : « paix perpétuelle ». Caricature américaine de juillet 1945.

4 La responsabilité des vainqueurs

Discours de Molotov, vice-président du Comité d'État à la Défense de l'Union soviétique, à la conférence de San Francisco, le 25 avril 1945.

L'Union soviétique, qui a sauvé la civilisation européenne du fascisme au prix de sanglantes batailles, rappelle maintenant à bon droit aux gouvernements leur responsabilité dans l'avenir des peuples épris de paix après la fin de la guerre. [...] On ne peut pas affirmer que le désir d'empêcher cette guerre n'ait pas existé, mais il a été clairement prouvé que les gouvernements qui prétendaient à l'époque jouer un rôle clé en Europe ont été incapables – malgré leur absence de mauvaise volonté – d'empêcher la guerre [...].

Truman, président des États-Unis, s'exprime ainsi après la signature de la Charte des Nations unies le 26 juin 1945 :

[...] Il est exact que certains États ont vu leur puissance renforcée à l'issue de ce conflit, mais ils n'ont aucun droit de dominer le monde. Il est au contraire du devoir de ces puissants États de montrer aux autres la voie de la paix dans le monde. C'est pourquoi nous avons décidé ici que la puissance et la force ne doivent pas servir à faire la guerre mais à maintenir le monde dans un climat de paix, à l'abri de toute crainte d'une prochaine guerre. En montrant l'exemple, les nations puissantes doivent servir de guides sur la voie de la justice internationale.

Pistes de travail

1. Qu'est-ce qui a conduit à la création des Nations unies ? **(doc. 2 à 4)**

2. Résumez les réflexions de Willy Brandt sur la situation politique mondiale et expliquez sa position en la replaçant dans son contexte historique. Quel rôle la démocratie doit-elle jouer selon lui dans la politique internationale ? **(doc. 2)**

3. Analysez la caricature. Mettez-la en relation avec les propos de Brandt sur les questions des frontières et le destin de certains peuples. **(doc. 2 et 3)**

4. Comparez les propos de Molotov et ceux de Truman sur la responsabilité des États et replacez-les dans leur contexte historique. **(doc. 4)**

Pour conclure

5. Dans quelle mesure la Seconde Guerre mondiale a-t-elle engendré l'apparition d'un « nouveau monde » ?

Dossier
L'ONU, la réalisation du rêve d'un monde sans guerre ?

L'ONU est créée lors de la conférence de San Francisco (25 avril-26 juin 1945). Cinquante et un États affirment leur volonté commune d'éviter les guerres et de défendre les droits de l'homme, ainsi que le droit des peuples à disposer d'eux-mêmes.

L'idée d'un système capable d'assurer la sécurité collective n'est pas nouvelle. Mais durant l'entre-deux-guerres, la Société des Nations s'était montrée impuissante à empêcher le déclenchement de la Seconde Guerre mondiale. Elle ne disposait d'aucun outil efficace pour faire appliquer des sanctions et ne pouvait prétendre à une dimension universelle puisque les États-Unis n'en avaient jamais fait partie et que l'URSS n'y avait été que tardivement admise.

Les Alliés ne sont pas seulement à l'origine de la création de l'Organisation des Nations unies ; ils jouent un rôle clé au sein de ses institutions.

1 « Unis nous sommes puissants, unis nous vaincrons »
Affiche américaine de 1943.

2 Buts et principes des Nations unies

Chapitre I : Buts et principes

Article 2

1. L'organisation est fondée sur le principe de l'égalité souveraine de tous ses membres. [...]

7. Aucune disposition de la présente Charte n'autorise les Nations unies à intervenir dans des affaires qui relèvent essentiellement de la compétence nationale d'un État ni n'oblige les membres à soumettre des affaires de ce genre à une procédure de règlement aux termes de la présente Charte.

Chapitre VII : Action en cas de menace contre la paix, de rupture de la paix et d'acte d'agression

Article 41 – Le Conseil de sécurité peut décider quelles mesures n'impliquant pas l'emploi de la force armée doivent être prises pour donner effet à ses décisions, et peut inviter les membres des Nations unies à appliquer ces mesures. Celles-ci peuvent comprendre l'interruption complète ou partielle des relations économiques et des communications ferroviaires, maritimes, aériennes, postales, télégraphiques, radioélectriques et des autres moyens de communication, ainsi que la rupture des relations diplomatiques.

Article 42 – Si le Conseil de sécurité estime que les mesures prévues à l'article 41 seraient inadéquates ou qu'elles se sont révélées telles, il peut entreprendre, au moyen de forces aériennes, navales ou terrestres, toute action qu'il juge nécessaire au maintien ou au rétablissement de la paix et de la sécurité internationales.

Extraits de la Charte des Nations unies.

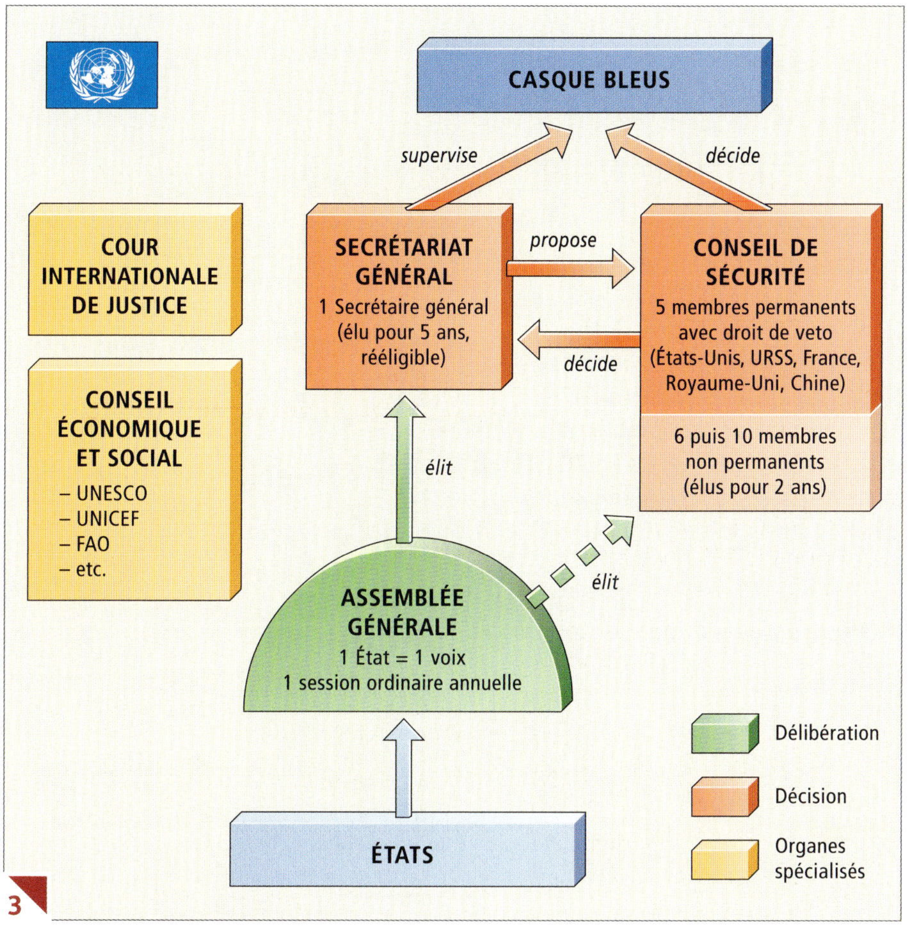

3 Le fonctionnement de l'ONU

4 Le rôle des États au sein de l'ONU

Lors de la conférence de San Francisco, le Premier ministre canadien, Mackenzie King, analyse le rôle des États au sein de l'ONU.

La puissance n'est pas concentrée exclusivement dans les mains de quatre ou cinq États quels qu'ils soient, et la Conférence ne doit pas agir comme si telle était sa pensée. Pareille position serait non seulement en contradiction avec les faits, tels qu'ils sont apparus au cours des cinq dernières années, elle serait encore néfaste à la cause de la sécurité elle-même. Elle stimulerait, en effet, dans nombre de petits pays, la formation d'un nouveau type d'isolationnisme procédant du sentiment que la tâche de maintenir la paix peut être laissée aux seules grandes puissances. S'ils cédaient à cette idée, les petits pays auraient plus de peine à apporter leur contribution. Or, l'expérience a montré que la part des petits pays n'est pas négligeable, soit qu'il s'agisse de préserver la paix, soit qu'il s'agisse de la rétablir lorsqu'elle a été troublée.

5 L'arbre des Nations unies

Cet arbre réalisé par Eveleigh symbolise la naissance des Nations unies, 1947.

Pistes de travail

1. Analysez et commentez les deux affiches. Expliquez leur contenu en les replaçant dans leur contexte historique. **(doc. 1 et 5)**

2. Quels sont les principes qui doivent garantir la sécurité collective ? Quelle institution occupe une place centrale ? Quelles sont les améliorations de l'ONU par rapport à la Société des Nations ? **(doc. 2 et 3)**

3. Étudiez les critiques formulées par le Premier ministre canadien. Sont-elles justifiées ? **(doc. 4)**

4. Dans quelle mesure l'ONU concrétise-t-elle les idéaux démocratiques du président Roosevelt ? **(doc. 1 à 5)**

Pour conclure

5. Vingt-sept États membres ont proposé le 6 juillet 2005 un projet de réforme du Conseil de sécurité afin de « mieux prendre en compte les réalités du monde actuel ». Pourquoi peut-on dire que l'ONU est façonnée en fonction des réalités de 1945 ? En quoi pourrait consister une réforme adaptée à notre époque ? Pour vous informer sur les propositions de réforme, visitez le site Internet www.un.org **(voir dossier pp. 174-175).**

Dossier
Le tribunal de Nuremberg : une justice des vainqueurs ou un procès pour l'Histoire ?

« Établir des faits incroyables au moyen de preuves irréfutables », tel est, selon le procureur général Jackson, le but du tribunal international militaire mis en place par les quatre Alliés et qui se tient du 20 novembre 1945 au 1er octobre 1946 à Nuremberg, la ville où Hitler organisait les congrès du parti nazi.

Au moyen de 5 000 pièces à conviction (produites par l'accusation et la défense), et, pour la première fois, du recours au film et à la photographie, il s'agit de déterminer la responsabilité des 21 principaux responsables nazis et de six organisations du Reich dans l'accomplissement des crimes de guerre allemands. Hitler, Goebbels et Himmler se sont suicidés auparavant.

Ce procès contribue à la divulgation des crimes nazis ainsi qu'à l'élaboration d'un nouveau droit international fondé sur la notion de « crime contre l'humanité ».

1 Les principaux chefs d'accusation

1. Plan concerté et complot

2. Crimes contre la paix

C'est-à-dire la direction, la préparation, le déclenchement ou la poursuite d'une guerre d'agression ou d'une guerre de violation des traités, assurances ou accords internationaux […].

3. Crimes de guerre

C'est-à-dire les violations des lois et coutumes de la guerre. Ces violations comprennent […] l'assassinat, les mauvais traitements ou la déportation pour des travaux forcés, ou pour tout autre but, des populations civiles dans les territoires occupés, l'assassinat ou les mauvais traitements des prisonniers de guerre ou des personnes en mer, l'exécution des otages, le pillage des biens publics ou privés, la destruction sans motif des villes et des villages ou la dévastation que ne justifient pas les exigences militaires.

4. Crimes contre l'humanité

C'est-à-dire l'assassinat, l'extermination, la réduction en esclavage, la déportation et tout autre acte inhumain commis contre toutes populations civiles, avant ou pendant la guerre, ou bien les persécutions pour des motifs politiques, raciaux ou religieux […]. Les dirigeants, organisateurs, provocateurs ou complices qui ont pris part à l'élaboration ou à l'exécution d'un plan concerté ou d'un complot pour commettre l'un des crimes ci-dessus définis sont responsables de tous les actes accomplis par toutes personnes, en exécution de ce plan.

Articles 6a-c des statuts du tribunal.

2 Point de vue de la défense

Requête de la défense des accusés présentée le 19 novembre 1945 avant l'ouverture du procès.

La défense est contrainte de mentionner une autre particularité de ce procès, qui déroge ainsi à tous les principes reconnus du droit pénal moderne : les juges ne sont nommés que par des États qui ont constitué une seule partie dans cette guerre. Cette partie joue tous les rôles : créateur de l'organisation judiciaire et des normes de droit pénal, accusateur et juge. Jusqu'à présent, il allait de soi qu'une telle situation ne devait pas se produire, d'autant moins que les États-Unis d'Amérique, en tant que défenseurs de l'instauration d'une juridiction arbitrale internationale, avaient constamment exigé que le banc des juges soit constitué de représentants neutres de toutes les parties en cause […].

3 Discours d'ouverture du procès

Le jeudi 18 octobre 1945, l'acte d'accusation a été déposé au tribunal à Berlin. On a transmis à chaque accusé une copie de cet acte d'accusation en allemand, qui se trouve en leur possession depuis plus de 30 jours. Chaque accusé est représenté par un avocat. Dans presque tous les cas, les avocats ont été choisis par les accusés eux-mêmes. Dans les cas où on ne pouvait pas trouver d'avocat, le tribunal lui-même s'est chargé de trouver des défenseurs qui conviennent aux accusés. C'est avec une grande satisfaction que le tribunal a été informé des mesures prises par le ministère public pour mettre à la disposition des avocats les nombreux documents sur lesquels repose l'accusation et de permettre aux accusés d'obtenir une défense équitable. Le procès qui s'ouvre maintenant est unique dans l'histoire de la justice internationale et d'une importance capitale pour des millions de personnes dans le monde entier. C'est la raison pour laquelle chacun des participants a la responsabilité solennelle d'accomplir son devoir sans crainte et sans parti pris, conformément aux principes sacrés du droit et de la justice.

Discours d'ouverture du premier jour d'audience par le procureur général américain Jackson, 20 novembre 1945.

4 Une séance du procès

Pistes de travail

1. Résumez les chefs d'accusation et les objectifs poursuivis par les Alliés dans ce procès. **(doc. 1)**

2. Dans quelle mesure les critiques contre le procès étaient-elles justifiées ? **(doc. 2 et 3)**

3. Étudiez à partir de la photographie les différents participants au procès de Nuremberg et caractérisez les conditions de ce procès. **(doc. 4)**

4. La ville de Nuremberg souhaite faire poser une plaque sur son palais de justice et vous charge de sa rédaction. Rédigez un texte qui informe les visiteurs de l'importance de ce lieu et de la portée historique du procès de Nuremberg. **(doc. 1 à 4)**

3. La France libérée (1944-1946)

À quels problèmes la France est-elle confrontée à la fin de la guerre ?

La fin de l'Occupation et de la guerre

Occupée par l'armée allemande, la France retrouve progressivement sa liberté à partir du débarquement des troupes alliées en Normandie, le 6 juin 1944. Si le conflit a fait beaucoup moins de victimes que la Première Guerre mondiale, les dégâts matériels sont en revanche beaucoup plus importants qu'en 1918.

Seuls 13 départements ont été fortement touchés, alors qu'en 1945, il y en a 74 ; plus de la moitié du réseau ferré est impraticable, 1/7e de la population subit des dommages de guerre. En outre, les pillages et les réquisitions de l'occupant ont gravement endommagé les infrastructures économiques. Les problèmes d'approvisionnement de la population, parfois dramatiques, entretiennent le marché noir et l'inflation.

Défaite en 1940, déchirée par l'affrontement entre résistants et collaborateurs, la France sort de la guerre affaiblie à l'extérieur comme à l'intérieur. Le général de Gaulle s'attache donc à restaurer l'unité nationale et la puissance française.

Le rétablissement du rôle de la France sur la scène internationale

Détentrice d'une zone d'occupation en Allemagne et d'un siège de membre permanent au Conseil de sécurité de l'ONU, la France réaffirme son rôle sur la scène internationale.

La France est cependant confrontée au lendemain de la guerre à une montée du nationalisme dans ses colonies, notamment en Tunisie et au Maroc. En Indochine, Hô Chi Minh proclame la République démocratique du Vietnam (voir dossier pp. 94-95). Le 8 mai 1945, une rébellion sanglante dans la ville algérienne de Sétif fait plusieurs centaines de victimes européennes ; très sévère, la répression entraîne la mort de plusieurs milliers de musulmans algériens.

Considérant toutefois que l'Empire reste une composante essentielle de sa puissance, la France refuse de prendre la mesure des revendications des peuples colonisés.

1 **La puissance coloniale française vaincue**

Affiche du Viêt-minh (Front de l'indépendance du Vietnam), 1945.

Une société divisée

Après la chute du régime de Vichy, un Gouvernement provisoire de la République française (GPRF), avec le général de Gaulle à sa tête, prend la direction du pays. L'une de ses premières tâches est de désarmer les milices locales afin de rétablir l'autorité du pouvoir central. Dans ce contexte, il est également nécessaire de mettre fin aux actes de vengeance spontanés à l'encontre des collaborateurs et de donner un fondement légal à l'épuration. L'épuration légale est cependant restée relativement modérée, frappant surtout les élites politiques et intellectuelles : sur 160 000 inculpés, 45 % ont été graciés, 16 % emprisonnés et seulement 4 % condamnés à mort.

Le Conseil national de la Résistance (CNR) avait déjà, pendant l'Occupation, mis au point un important programme de réformes pour la France de l'après-guerre. C'est à la Libération que les femmes votent pour la première fois en France, à l'occasion des élections municipales d'avril 1945. Le 21 octobre 1945, 96 % des électeurs se prononcent par référendum en faveur de l'élaboration d'une nouvelle Constitution (voir leçon pp. 238-239).

Bien que la Résistance ait recruté dans des milieux politiques très divers, le rapport de force penche nettement à gauche. La droite est momentanément discréditée par le souvenir du régime de Vichy. Les principales formations politiques sont alors le Parti communiste français, dont la forte audience s'explique par son rôle actif dans la Résistance, le Parti socialiste (la SFIO, Section française de l'Internationale ouvrière) et le MRP (Mouvement républicain populaire), parti démocrate-chrétien fondé en 1944 (voir repères pp. 268-269).

Vocabulaire

- **CNR** (Conseil national de la Résistance) : fondé le 27 mai 1943, il rassemble 8 mouvements de Résistance, 6 partis politiques et 2 centrales syndicales.
- **GPRF** (Gouvernement provisoire de la République française) : créé à Alger le 3 juin 1944, il se substitue au Comité français de libération nationale (CFLN), dans l'attente du rétablissement des institutions républicaines et de l'élection d'une nouvelle Assemblée. Il n'est reconnu par les Alliés que le 23 octobre 1944.

Notion clé

- **Épuration :** interdiction d'exercer dans la fonction publique pour les personnes ayant collaboré avec les nazis et le régime de Vichy. La phase légale a été précédée d'une phase où la population s'était fait justice elle-même.

2 La France au travail

Affiche française, 1945.

3 De Gaulle lance un appel à l'« effort national »

Les plus nobles principes ne valent que par l'action. À cet égard, notre peuple entier discerne que son bonheur et sa grandeur dépendent d'abord de son propre effort. Certes, le gouvernement a le devoir d'assurer au fur et à mesure que cela est possible, les conditions sans lesquelles le progrès serait compromis ou l'injustice perpétuée. Certes, il lui appartient, par exemple, de faire en sorte que le niveau de vie des travailleurs français monte à mesure que montera celui de la production française. Certes, il est de son domaine, comme la loi lui en donne d'ailleurs, dès à présent, le droit, de placer par réquisition ou par séquestre à la disposition directe de l'État l'activité de certains grands services publics ou de certaines entreprises, en attendant que la souveraineté nationale règle la modalité des choses. Certes, il a le devoir de faire verser à la collectivité nationale les enrichissements coupables obtenus par ceux qui travaillent pour l'ennemi. [...] Mais, pour nous reconstruire peu à peu, dans la guerre d'abord, puis dans la paix, pour bâtir une France nouvelle, il faut bien autre chose et davantage. Il faut un vaste et courageux effort national.

Eh bien ! C'est à cet effort que nous appelons la nation !

Charles de Gaulle, discours du palais de Chaillot, 12 septembre 1944.

4 Extrait du programme du Conseil national de la Résistance (15 mars 1944)

A. Sur le plan économique :

– l'instauration d'une véritable démocratie économique et sociale, impliquant l'éviction des grandes féodalités économiques et financières de la direction de l'économie ; [...]

– l'intensification de la production nationale selon les lignes d'un plan arrêté par l'État après consultation des représentants de tous les éléments de cette production ;

– le retour à la nation des grands moyens de production monopolisés, fruit du travail commun, des sources d'énergie, des richesses du sous-sol, des compagnies d'assurances et des grandes banques ; [...]

– le droit d'accès, dans le cadre de l'entreprise, aux fonctions de direction et d'administration pour les ouvriers possédant les qualifications nécessaires, et la participation des travailleurs à la direction de l'économie ;

B. Sur le plan social : [...]

– un rajustement important des salaires et la garantie d'un niveau de salaire et de traitement qui assure à chaque travailleur et à sa famille la sécurité, la dignité et la possibilité d'une vie pleinement humaine ; [...]

– la reconstitution, dans ses libertés traditionnelles, d'un syndicalisme indépendant, doté de larges pouvoirs dans l'organisation de la vie économique et sociale ;

– un plan complet de sécurité sociale, visant à assurer à tous les citoyens des moyens d'existence, dans tous les cas où ils sont incapables de se les procurer par le travail [...].

5 Le procès du maréchal Pétain (juillet-août 1945)

Une Haute Cour de justice, spécialement créée pour l'occasion, juge les crimes du chef du régime de Vichy. Pierre Laval et Philippe Pétain sont condamnés à mort, mais ce dernier, en raison de son grand âge, est gracié et sa peine commuée en réclusion à perpétuité sur l'île d'Yeu, où il meurt en 1951.

Pistes de travail

1. Quelles sont les conséquences de la guerre sur la situation politique et économique de la France ? Dressez un bilan. **(doc. 1, 3 et 5)**

2. Étudiez les mesures prévues dans le programme du CNR et déterminez leur orientation politique. **(doc. 4)**

3. Quels arguments de Gaulle utilise-t-il pour appeler à la solidarité nationale ? Pourquoi cet appel est-il si important ? **(doc. 2 et 3)**

Pour conclure

4. À quels défis la France est-elle confrontée en 1945 ?

Dossier
Les grandes réformes de la Libération

S'inspirant du programme établi par le Conseil national de la Résistance le 15 mars 1944, le gouvernement provisoire lance une série de réformes sociales et économiques afin d'encourager la reconstruction et la modernisation du pays. Les travailleurs sont mobilisés dans la campagne pour gagner la « bataille pour la production ».

La création de la Sécurité sociale pour tous les salariés marque les débuts de l'État-providence. La nationalisation des secteurs clés de l'économie, dans les domaines de l'industrie et de la finance, doit accélérer la reprise de la production et coordonner les investissements. En 1946, en France le commissaire général au Plan français Jean Monnet élabore un plan de modernisation et d'équipement. L'ensemble de ces réformes conduit à l'instauration d'un modèle d'économie mixte, au sein duquel le secteur privé coexiste avec un secteur public très étendu.

Notions clés

- **État-providence** (*Sozialstaat* en allemand) : système qui donne un rôle social important à l'État. Il garantit une protection contre la maladie, le chômage et la vieillesse. Cette protection est financée grâce à des contributions sociales obligatoires.
- **Nationalisation :** opération par laquelle l'État prend le contrôle d'une entreprise privée.
- **Planification :** élaboration d'un plan dans lequel l'État fixe les objectifs économiques à atteindre. La planification peut être impérative (URSS) ou indicative (France).

1 Les principes et les objectifs de la Sécurité sociale

a) Extrait de l'ordonnance du 4 octobre 1945

La Sécurité sociale est la garantie donnée à chacun qu'en toutes circonstances il disposera des moyens nécessaires pour assurer sa subsistance et celle de sa famille dans des conditions décentes. Trouvant sa justification dans un souci élémentaire de justice sociale, elle répond à la préoccupation de débarrasser les travailleurs de l'incertitude du lendemain, de cette incertitude constante qui crée chez eux un sentiment d'infériorité et qui est la base réelle et profonde de la distinction des classes entre les possédants sûrs d'eux-mêmes et de leur avenir et les travailleurs sur qui pèse, à tout moment, la menace de la misère.

b) Pierre Laroque est nommé directeur de la Sécurité sociale à la Libération.

La sécurité sociale [...] est d'abord *la sécurité de l'emploi.* Elle doit fournir à tous les hommes et à toutes les femmes en état de travailler [...] une activité rémunératrice. Elle commande l'élimination du chômage. [...]

En second lieu, la sécurité sociale est *la sécurité du gain.* Il faut que l'activité fournie à chaque travailleur lui procure des ressources suffisantes. [...]

En troisième lieu, la sécurité sociale est *la sécurité de la capacité de travail.* Pour que le travailleur soit assuré de conserver cette activité professionnelle dont il tire la totalité des ressources nécessaires à son existence, il faut le garantir contre les facteurs qui peuvent lui faire perdre [...] sa capacité physique de travail. C'est ainsi que s'inclut dans le cadre de la sécurité sociale, tout le problème de l'organisation médicale.

Pierre Laroque, « De l'assurance sociale à la Sécurité sociale. L'expérience française », *Revue internationale du travail*, vol. 57, n°6, juin 1948.

Décembre 1944	Mines du Nord et du Pas-de-Calais
Janvier 1945	Usines Renault
Mars 1945	Air France
Décembre 1945	Banque de France, Crédit Lyonnais, Société générale, Banque nationale du commerce et de l'industrie, Comptoir national d'escompte de Paris
Mars-avril 1946	Création des entreprises nationales Électricité de France, Gaz de France et Charbonnages de France. Nationalisation de 34 compagnies d'assurance
Mars 1948	RATP (Régie autonome des transports parisiens)

2 Les principales nationalisations

3 Le plan Monnet

Décret créant le plan de modernisation et d'équipement, le 3 janvier 1946.

Article 1 – Dans un délai de six mois [...] il sera établi un premier plan d'ensemble pour la modernisation et l'équipement économique de la métropole et des territoires d'outre-mer. Ce plan aura notamment pour objet :

1. d'accroître la production de la métropole et des territoires d'outre-mer et leurs échanges avec le monde, en particulier dans les domaines où leur position est la plus favorable ;

2. de porter le rendement du travail au niveau de celui des pays où il est le plus élevé ;

3. d'assurer le plein-emploi de la main-d'œuvre ;

4. d'élever le niveau de vie de la population et d'améliorer les conditions de l'habitat et de la vie collective.

Le plan s'étend à la reconstruction des outillages et équipements publics et privés endommagés ou détruits du fait des événements de guerre. [...]

4 Aide d'urgence face à la misère

Affiche des Charbonnages de France, entreprise nationalisée, 1946. La nationalisation de l'entreprise doit servir à résoudre les difficultés d'approvisionnement en charbon de la population.

5 Renault, une entreprise nationalisée en 1945

6 La nationalisation des usines Renault

Il ne s'agit pas seulement de sanctionner une situation héritée du passé, mais aussi de se tourner résolument vers un avenir constructif [...]. L'État doit donc non seulement veiller à la remise en route rapide des usines Renault, mais encore leur fixer des programmes de fabrication correspondant au besoin du pays, contrôler l'amélioration progressive de leurs moyens de production et des conditions de travail de leurs ouvriers. Il lui appartient de faire aboutir, dans le cadre d'un plan général de reconstruction de notre industrie automobile, comportant la rationalisation et le développement de ses fabrications, un programme de modernisation rapide de l'outillage des usines Renault et de perfectionnement de ses méthodes de fabrication et de vente. La nécessité pour l'État de donner l'exemple et de constituer le pivot d'un tel effort apparaîtra clairement si l'on se reporte à la situation de notre industrie automobile avant les hostilités, à l'impossibilité foncière d'entente entre les grands constructeurs français et aux répercussions profondes qu'avait eues, sur la vitalité de cette industrie, le vieillissement rapide de son équipement et de son outillage.

Extrait de l'ordonnance du 16 janvier 1945.

Pistes de travail

1. Comment doit être garantie la Sécurité sociale en France après la Libération ? Quel sens donne-t-on à la notion de « Sécurité sociale » ? **(doc. 1)**

2. Expliquez en quoi consiste la planification et précisez dans quelle mesure elle doit contribuer à l'essor économique de la France. **(doc. 3)**

3. Dans quels secteurs de l'économie furent effectuées les principales nationalisations ? Pour quelles raisons ? **(doc. 2, 4, 5 et 6)**

4. Analysez de quelle façon les intérêts des ouvriers ont été associés aux réformes. **(doc. 1, 3 et 6)**

Pour conclure

5. Quelles sont les grandes lignes directrices de la politique de réformes menée par la France après la Libération ? **(doc. 1 à 6)**

4. La fin de la guerre en Allemagne : « l'année zéro » ?

Quel est le sort réservé à l'Allemagne au lendemain de sa capitulation ?

Le 8 mai 1945 : une date symbolique

Pour les Allemands d'hier comme pour ceux d'aujourd'hui, la journée du 8 mai 1945, qui correspond à la capitulation sans conditions de l'Allemagne, a pris un sens ambigu, à la fois synonyme de libération et de défaite, d'effondrement et de renouveau.

L'expression « année zéro » (« *Stunde Null* » soit « heure zéro » en allemand) apparaît dans les années 1950. Les images de villes dévastées par les bombardements ont en effet marqué les esprits et donné l'impression que l'ensemble du pays avait été réduit en cendres. L'écroulement du régime national-socialiste parait avoir conduit à l'anéantissement politique de l'Allemagne.

Il convient toutefois de relativiser la rupture absolue que la fin de la Seconde Guerre mondiale marque avec le passé et de se demander quels éléments ont permis de parler d'« année zéro ». En effet, les Allemands ne furent pas affectés de la même manière par les conséquences de la guerre et par l'ampleur des destructions.

Une population dans la misère

Dans sa vie quotidienne la population allemande souffre durablement des conséquences de la guerre. Un tiers des logements a été détruit, 50 % des voies de circulation sont impraticables et les 2/5ᵉ des transports publics ont suspendu leur activité. Certaines villes ont été toutefois épargnées par les bombardements. Le rationnement entraîne l'essor du marché noir. Pour survivre, les citadins se rendent en cachette à la campagne, où ils troquent auprès des paysans de la nourriture contre des objets de valeur.

Outre les morts de la guerre, on compte en 1945 d'innombrables disparus. 11 millions de soldats allemands sont encore en captivité. 9,5 millions de « personnes déplacées » s'efforcent de regagner leur pays d'origine. Environ 12 millions d'Allemands réfugiés affluent vers l'Allemagne jusqu'en 1950, chassés de Tchécoslovaquie ou des nouveaux territoires attribués à la Pologne, par l'avancée de l'Armée rouge. L'intégration sociale de ces personnes, considérées comme des étrangers, représente un grand défi pour le pays.

Les Alliés et l'organisation des zones d'occupation

L'Allemagne vaincue est occupée et administrée par un Conseil de contrôle allié. Amputé de nombreux territoires et scindé en quatre zones d'occupation (russe, américaine, française et britannique), le pays paraît rayé de la carte. Les Alliés se donnent pour objectif de reconstruire une Allemagne démocratique et pacifique. Ils échouent cependant dans leur entreprise de dénazification totale du pays. Dans la zone d'occupation soviétique, les communistes se servent de la dénazification pour se débarrasser de leurs adversaires politiques. Dans les zones occidentales, des questionnaires sont distribués à la population, afin de définir le rôle joué par les individus sous le régime nazi. Ce système permet à beaucoup de personnes d'échapper aux poursuites.

Par ailleurs, les quatre puissances occupantes réservent un sort très différent à la zone d'occupation que chacune d'entre elles administre. Le Royaume-Uni et les États-Unis sont favorables à une reconstruction économique rapide de l'Allemagne afin de renforcer la puissance de l'Europe de l'Ouest face à l'influence croissante de l'Union soviétique. La France, elle, veut une Allemagne temporairement démembrée sur le plan politique et économique ou, du moins, une Allemagne fortement décentralisée. La France veut en effet empêcher que ce pays, qui l'avait plusieurs fois agressée par le passé, ne recouvre sa puissance (voir leçon pp. 296-297). L'Union soviétique, qui a subi des destructions massives, impose de lourdes réparations et souhaite installer un régime communiste dans sa zone d'occupation.

1 « ... et TON avis de recherche ? »
Devant le nombre considérable de personnes portées disparues, plusieurs organisations caritatives mettent en place un « service de recherches ». Le service de recherches de la Croix-Rouge existe toujours en 2005.

Vocabulaire

- **Conseil de contrôle :** conseil réunissant à Berlin les commandants en chef des quatre zones d'occupation et constituant la plus haute autorité dans l'Allemagne occupée. Les lois étaient votées à l'unanimité pour l'ensemble du territoire allemand.
- **Personnes déplacées :** personnes contraintes au travail obligatoire, prisonniers de guerre, prisonniers des camps de concentration, ou réfugiés regagnant leur pays d'origine.

Notions clés

- **« Année zéro » :** cette expression, créée dans les années 1950, mettait l'accent sur la profonde cassure matérielle et morale qu'a représentée la fin de la Seconde Guerre mondiale pour de nombreux contemporains. Cette notion est toutefois de plus en plus remise en question, en raison des nombreuses continuités sociales et politiques entre la période du IIIᵉ Reich et celle de l'après-guerre.
- **Dénazification :** politique menée par les Alliés, visant à épurer l'appareil d'État et la société de tous ses éléments nazis.

2 Le retour des déplacés

« 6 000 déplacés vont s'installer en 1947 à Chemnitz. Donnez-leur une nouvelle patrie ! » Affiche incitant à accueillir les réfugiés à Chemnitz (Saxe) (désignés par l'expression « personnes déplacées » dans la zone d'occupation soviétique).

3 Les occupants vus par la population

Un habitant de la zone d'occupation soviétique relate ses impressions.

Les Russes avaient fait leur entrée en troupes d'occupation disciplinées, pas en conquérants. Ils n'ont pas suscité notre haine, malgré les comptes rendus provenant des lieux de combats, mais plutôt une crainte sourde, avec laquelle nous considérions ces créatures étrangères ; sur leurs visages se lisaient les traces d'une guerre longue et éprouvante. Ils n'étaient pas aussi déguenillés que nos soldats, mais n'avaient rien à voir avec ces Américains si bien équipés et adaptés à la paix dans leurs uniformes impeccables, avec leurs repas comportant trois à quatre plats, auxquels s'ajoutaient des rations quotidiennes de Nescafé, de chocolat Hershey et de cigarettes Lucky Strike. Il s'est instauré entre Russes et Allemands une sorte de solidarité de victimes, notamment lorsqu'on a découvert les photos des villes russes libérées, aussi dévastées que les nôtres. [...]

Mais bientôt, on commença à se plaindre de leur comportement agressif la nuit. Dès le crépuscule, ils se déplaçaient en groupes, empestant souvent l'eau-de-vie, et passaient de maison en maison en exigeant d'entrer. Quand ils ne trouvaient pas ce qu'ils cherchaient, ils cassaient des vitres et brisaient de la vaisselle en mille morceaux. C'étaient souvent les mêmes Russes qui la veille avaient apporté des cadeaux aux enfants [...].

Dietrich Güstrow, *In jenen Jahren (Ces années-là)*, Berlin (Ouest), 1983.

4 « Donnez-moi cinq ans, et vous ne reconnaîtrez pas l'Allemagne »

Citation de Hitler tournée en dérision sur une pancarte de l'armée américaine. Photographie prise à Cologne le 18 avril 1945.

5 Lettre de recommandation pour Konrad Adenauer

Gouvernement militaire
Détachement EIH 2 Cologne
Colonel Geary, XXII Corps
APO 250, US Army

8 mai 1945

Colonel Geary,

Par cette lettre, je vous présente Konrad Adenauer, maire de la ville de Cologne, qui pourra vous donner toutes informations et conseils dont vous pourriez avoir besoin pour le jour férié du 10 mai.

Le Dr Adenauer a été maire de la ville de Cologne de 1919 à 1933, date à laquelle il a été écarté de ses fonctions et durement persécuté par les nazis. La bonne réputation du Dr Adenauer s'étend bien au-delà de la région de Cologne ; son nom figure en première position sur la liste blanche[1] pour l'Allemagne.

Avant d'être rappelé à ses fonctions antérieures, il fut le conseiller particulier de l'auteur de ces lignes, pour les affaires civiles de la ville et du district de Cologne. L'auteur de la présente a une haute opinion de l'intégrité du Dr Adenauer et des idéaux généreux et démocratiques qu'il incarne par sa personne et son travail.

Avec mes salutations distinguées,
Patterson, Lt Col. CAC

Konrad Adenauer, *Mémoires 1945-1953*, Hachette, 1965.

1. Liste établie par les Alliés où figuraient les noms de personnes non compromises sous le IIIe Reich.

Pistes de travail

1. Quels sont les problèmes et défis auxquels la population est confrontée en Allemagne après la guerre ? **(doc. 1 à 5)**

2. Classez les documents ci-dessus en catégories et vérifiez dans quelle mesure l'expression « année zéro » convient à chaque domaine.

Pour conclure

3. Le document 4 est une photographie dont l'auteur est inconnu. On suppose qu'il s'agit d'un soldat américain. Pour quelle raison, selon vous, a-t-il pris cette photographie ?

4. Rédigez une lettre qu'envoie ce soldat à sa famille, à laquelle il joint cette photographie en décrivant la situation en Allemagne.

Dossier
L'occupation alliée : quel avenir pour l'Allemagne ?

Le communiqué final de la conférence des « Trois Grands » à Potsdam (du 17 juillet au 2 août 1945) est un compromis âprement négocié qui annonce les divergences entre les puissances occidentales et l'URSS.

Les résolutions se résument par les « cinq D » : démilitarisation de l'Allemagne, décentralisation du pouvoir, démontage de l'industrie, dénazification et démocratisation de la société.

Chaque puissance occupante (États-Unis, Royaume-Uni, France et URSS) devait prélever ses réparations dans sa zone d'occupation, l'Union soviétique obtenant des zones occidentales un dédommagement supplémentaire. L'unité économique prévue à l'origine était donc déjà compromise. Quels jalons les occupants de l'Allemagne ont-ils posés pour préparer l'évolution future du pays ?

1 Les dispositions territoriales des accords de Potsdam

Lors de la conférence de Potsdam, l'Allemagne est découpée en zones d'occupation. « La délimitation définitive de la frontière polonaise occidentale » (la ligne Oder-Neisse) doit « être ajournée jusqu'au moment du règlement de la paix » (accords de Potsdam, paragraphe IX. b). Dans le même temps, les puissances occidentales légalisent *a posteriori* l'expulsion des populations allemandes et se bornent à préciser que « ces transferts devront être effectués de façon ordonnée et humaine » (accords de Potsdam, paragraphe XIII).

2 Les principes politiques des accords de Potsdam (2 août 1945)

III. Les principes politiques
Il n'est pas dans l'intention des Alliés de détruire ou de réduire en esclavage le peuple allemand. L'intention des Alliés est de donner au peuple allemand l'occasion de se préparer à refaire éventuellement sa vie sur une base démocratique et pacifique. Si les efforts du peuple allemand sont fermement dirigés dans ce sens, il lui sera possible, le moment venu, de prendre sa place parmi les peuples libres et pacifiques du monde. [...]

3 – Les buts de l'occupation de l'Allemagne qui serviront de guide à l'activité du Conseil de contrôle sont les suivants :

I. Le désarmement complet et la démilitarisation de l'Allemagne ainsi que l'élimination ou le contrôle de toute industrie allemande pouvant être utilisée à des fins militaires. [...]

II. Convaincre le peuple allemand qu'il a subi une défaite militaire totale et qu'il ne peut fuir les conséquences d'actes dont il est responsable, étant donné que ses méthodes de guerre sans pitié et la résistance fanatique nazie ont détruit l'économie allemande et rendu inévitables le chaos et la souffrance.

III. Détruire le parti national-socialiste et toute organisation affiliée ou contrôlée par lui, dissoudre toutes les institutions nazies, s'assurer qu'elles ne renaîtront sous aucune autre forme, et entraver toute activité ou propagande nazie ou militariste.

IV. Préparer une éventuelle reconstruction de la vie politique allemande sur une base démocratique, en vue d'une éventuelle collaboration pacifique de l'Allemagne dans le domaine international. [...]

6 – Tous les membres du parti nazi qui auront participé d'une façon effective et non purement nominale à son activité, de même que toute personne hostile aux desseins alliés, seront chassés des fonctions publiques ou semi-publiques et des postes de responsabilité dans les entreprises privées importantes. Ces personnes seront remplacées par d'autres, jugées d'après leurs qualités morales et politiques, dignes d'aider à la création de véritables institutions démocratiques en Allemagne.

Accords de Potsdam, 2 août 1945.

3 « Une charte pour la période de transition »

L'éditorial suivant est paru le 3 août 1945 dans le New York Herald Tribune.

Bien que les accords de Potsdam ne soient rien de plus que le regroupement, dans une déclaration générale, des idées, des objectifs, des plans et des intentions qui ont été à la base des réflexions des Alliés sur l'Allemagne pendant des années, ils ont toujours un effet impressionnant. Voici, paragraphe après paragraphe, les principes et l'appareil mis en place pour faire disparaître de la carte mondiale un grand État moderne et le reconstruire progressivement selon des plans bien réfléchis visant à le transformer radicalement. Jamais auparavant on n'a tenté une chose pareille à notre époque. Dans le passé, les guerres se terminaient toujours par une paix formelle qui, bien que parfois très sévère, ne remettait jamais en question l'existence de l'État vaincu. Aujourd'hui, celui-ci est dissous ; on considère que l'ancienne Allemagne [...] est en faillite ; quant à la nouvelle Allemagne, dont on espère en fin de compte la naissance, elle ne sera pas un État digne de ce nom. Elle reposera sur un ordre social complètement nouveau.

New York Herald Tribune, 3 août 1945.

4 La dénazification dans la fonction publique

Le responsable du bureau du personnel à Cologne commente l'ampleur des licenciements dans l'administration municipale, le 9 février 1946.

[En raison du licenciement de tous les anciens membres du parti], le nombre des fonctionnaires a chuté, passant de plus de 4 000 à 550. [...] Il va de soi que cela a considérablement entravé la tâche de l'administration. [...] On en a observé les conséquences à tous les niveaux. C'est pourquoi les autorités d'occupation ont ordonné au maire de réintégrer dans leurs fonctions un certain nombre d'anciens membres du parti qui, selon lui, seraient déchargés de toute accusation. Ainsi, quatre anciens membres du parti ont été choisis, mais seulement trois ont repris leur poste. [...] Le gouvernement militaire est intervenu à plusieurs reprises ; l'officier responsable de l'école a réintégré de nombreux anciens membres du Parti au sein de l'école et de son administration.

Reinhold Billstein, *Neubeginn ohne Neuordnung (Un Nouveau Départ sans nouvel ordre)*, Cologne, 1984.

Pistes de travail

1. Quelles sont les principales résolutions des accords de Potsdam ? Quel était l'objectif essentiel des Alliés concernant l'Allemagne ? **(doc. 1 et 2)**

2. Analysez le commentaire du *New York Herald Tribune*. Expliquez, en vous référant au contexte de la Première Guerre mondiale, pourquoi l'auteur considère ces accords de Potsdam comme quelque chose de radicalement nouveau. **(doc. 3)**

3. Quels sont les problèmes soulevés par la mise en œuvre de la dénazification ? Quelles difficultés peut-il en résulter pour l'avenir ? **(doc. 4)**

4. Dans quelle mesure les accords de Potsdam ont-ils déterminé l'avenir de l'Allemagne ? **(doc. 1 à 4)**

Chapitre 2

Les mémoires de la Seconde Guerre mondiale

Profondément ancré dans la mémoire des peuples, le souvenir de la Seconde Guerre mondiale a pris néanmoins une signification fort différente pour les générations qui se sont succédé depuis 1945. Les célébrations patriotiques en souvenir de la victoire ou de la défaite ont fait place à l'hommage universel rendu aux innombrables victimes du conflit. La mémoire tragique du génocide a peu à peu éclipsé la mémoire héroïque des combattants. Dans un monde devenu plus incertain, cérémonies et lieux du souvenir font appel au devoir de mémoire des générations futures, afin que les atrocités commises durant la guerre ne puissent se reproduire.

- Quelle empreinte la Seconde Guerre mondiale a-t-elle laissée dans la mémoire collective des nations ?
- Comment la France et l'Allemagne ont-elles affronté leur passé et tenté de surmonter les conflits de mémoire liés à l'évocation du régime de Vichy et des crimes du national-socialisme ?

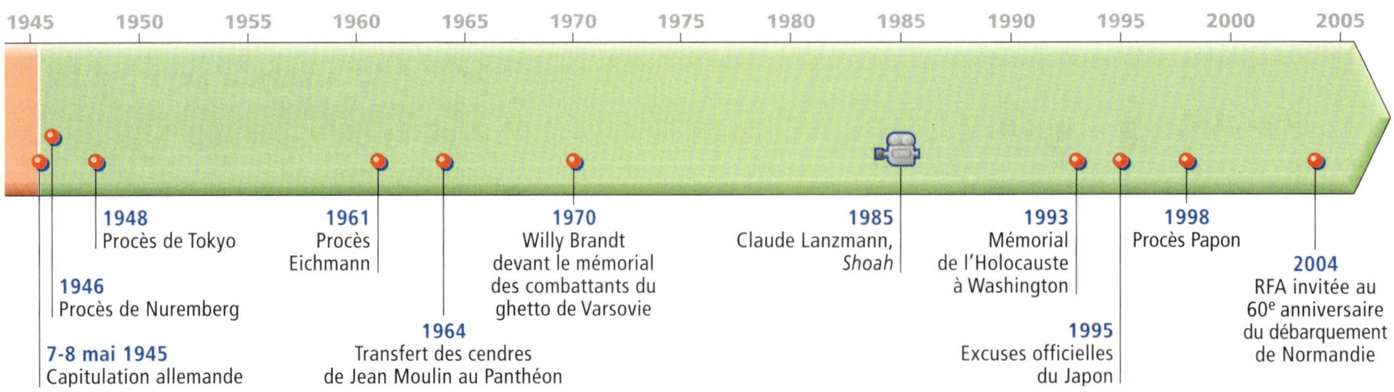

1

La mémoire héroïque des « soldats de la liberté »

Un cimetière américain en Normandie. L'alignement des tombes inscrit toujours dans le paysage l'ampleur du sacrifice consenti par les combattants alliés débarqués en France en juin 1944.

2

La mémoire tragique des victimes de la Shoah : le *Journal* d'Anne Frank

Le *Journal* d'Anne Frank demeure le lieu de mémoire le plus universel du génocide juif. Ayant fui Francfort-sur-le-Main pour Amsterdam avec sa famille, où elle se cache de la gestapo à partir de 1942, Anne Frank est arrêtée et déportée en 1944. Elle décède à Bergen-Belsen à l'âge de 16 ans. Publié pour la première fois en 1947 et traduit ensuite dans 67 langues, c'est aujourd'hui le livre le plus lu dans le monde après la Bible.

1. Du culte de la victoire au « devoir de mémoire »

La mémoire de la Seconde Guerre mondiale peut-elle aujourd'hui rassembler autour de valeurs communes les nations qu'elle a opposées ?

Vainqueurs et vaincus

Après 1945, chaque pays a tenu à célébrer à sa manière la fin de la Seconde Guerre mondiale. Pour les Alliés occidentaux, la date du 8 mai symbolise la victoire de la démocratie sur le totalitarisme nazi. Fêtée le 9 mai en Union soviétique, la fin de la « Grande Guerre patriotique » a été transformée par Staline en une victoire du nationalisme russe. Dans les pays naguère occupés par l'Allemagne, le jour de la victoire est célébré comme une libération nationale et donne lieu à un hommage à la Résistance.

À la suite des procès de Nuremberg (1946) et de Tokyo (1948), les nations vaincues ont été sommées d'assumer les crimes commis durant la guerre. Mais le déclenchement de la guerre froide engage les Américains à abandonner la poursuite des criminels de guerre. Au Japon, la question de la responsabilité de l'empereur Hirohito et, à travers lui, de l'ensemble de la société japonaise, est ainsi restée taboue jusqu'à sa mort, en 1989. L'évocation des bombardements alliés de Dresde et d'Hiroshima est parfois l'objet de manœuvres révisionnistes destinées à banaliser les exactions commises par les armées allemande et japonaise.

Une réinterprétation du passé

À partir des années 1960, le renouvellement des générations entraîne une révision critique du passé qui, en Europe occidentale et aux États-Unis, se focalise sur la question des responsabilités dans l'accomplissement du génocide juif (voir leçon pp. 34-35). Le souvenir de l'occupation allemande alimente de nouvelles controverses, comme en France à propos du régime de Vichy ou en Autriche avec « l'affaire Waldheim ».

Certains groupes de victimes s'efforcent plus que par le passé d'entretenir la mémoire des souffrances spécifiques qui leur furent infligées : c'est le cas pour les victimes juives et tsiganes de la barbarie nazie, comme pour les Américains d'origine japonaise internés par Roosevelt ou pour les peuples d'Union soviétique déportés par Staline. La multiplication des mémoriaux et des célébrations dédiés aux différentes catégories de victimes témoigne aujourd'hui de la fragmentation de la mémoire de la Seconde Guerre mondiale.

À l'est de l'Europe, la chute du bloc soviétique fait voler en éclats le mythe stalinien de la victoire de l'internationalisme sur le fascisme. Dès 1990, M. Gorbatchev choisit de reconnaître officiellement le massacre de plus de 20 000 prisonniers polonais, dont 4 500 officiers, exécutés par les troupes soviétiques dans la forêt de Katyn en 1940.

Au-delà des nations : l'internationalisation du souvenir de la guerre

Depuis la fin de la guerre froide, les commémorations officielles célèbrent l'unité retrouvée des vainqueurs et des vaincus sous la bannière de la paix et de la démocratie. En 2004, un chancelier allemand est ainsi convié pour la première fois aux célébrations du 60e anniversaire du débarquement de Normandie. Le culte patriotique de la victoire a fait place à l'exigence universelle d'un « devoir de mémoire » envers les victimes de la guerre.

Mais la mémoire de la guerre divise parfois encore plus qu'elle ne rassemble. Bien que le Japon ait officiellement présenté ses excuses à ses voisins asiatiques pour les atrocités commises par son armée d'occupation, le souvenir de la guerre continue d'alimenter un profond sentiment anti-japonais en Chine. En mémoire du pacte germano-soviétique, la Lituanie et l'Estonie ont, quant à elles, refusé de s'associer aux cérémonies du 9 Mai organisées par la Russie en 2005.

1 **La RFA invitée au 60e anniversaire du débarquement de Normandie**

Le chancelier allemand Gerhard Schröder et le président français Jacques Chirac lors de la cérémonie du 6 juin 2004 organisée au mémorial de Caen.

Vocabulaire

- **Affaire Waldheim :** controverse sur le passé de Kurt Waldheim, ancien officier de la Wehrmacht, secrétaire général de l'ONU de 1972 à 1981 et président de la République d'Autriche de 1986 à 1992.
- **Pacte germano-soviétique :** pacte de non-agression signé le 23 août 1939 par l'Allemagne de Hitler et l'URSS de Staline, comprenant un protocole secret sur le partage de la Pologne et des États baltes.
- **Régime de Vichy :** nom donné à l'autorité de fait exercée en France par le maréchal Pétain de 1940 à 1944.

Notion clé

- **Révisionnisme :** en France, désigne la tentative de nier l'existence des chambres à gaz et du génocide (synonyme de négationnisme). En Allemagne, les « révisionnistes » sont, à partir des années 1960, les historiens qui proposent une « révision » de l'historiographie traditionnelle du IIIe Reich, sans aucun rapport avec le négationnisme.

2 Le mémorial de la Seconde Guerre mondiale aux États-Unis

Inauguré en 2004 à Washington, le mémorial de la Seconde Guerre mondiale est le premier monument national dédié aux 16 millions de personnes engagées dans l'armée américaine, dont 400 000 soldats morts au combat.

3 Les premières excuses officielles du Japon

Pendant une certaine période de notre proche passé, le Japon, en suivant une politique nationale erronée, s'est engagé dans une guerre qui n'a pu que plonger le peuple japonais dans une crise fatale et, à l'issue d'une agression qui lui a permis d'établir sa domination coloniale, a causé des dommages et des souffrances terribles aux populations de nombreux pays. Dans l'espoir qu'une telle faute ne soit plus commise à l'avenir, j'affronte avec humilité ces faits historiques irréfutables, et j'exprime à nouveau ici mes plus profonds regrets et mes excuses les plus sincères.

[...] Le Japon doit renoncer à toute hypocrisie nationaliste, promouvoir la coopération internationale en tant que membre responsable de la communauté internationale et, par là même, faire progresser les principes de la paix et de la démocratie. En même temps, en tant que seul pays à avoir connu les ravages d'un bombardement atomique, le Japon, dans la perspective de l'élimination définitive des armes nucléaires, doit activement contribuer à soutenir les efforts tendant à un désarmement global dans des domaines comme le renforcement des accords de non-prolifération nucléaire.

Déclaration du Premier ministre japonais Tomiichi Murayama, 15 août 1995.

4 La célébration du 9 Mai en Russie

Affiche russe de 2000-2003. « 9 Mai. À la fête de la victoire ! »

5 Une victoire de la paix et de la démocratie

Depuis plusieurs décennies déjà, les ennemis irréductibles du passé construisent en commun leur présent. Ils regardent ensemble l'avenir. Dans le respect de l'histoire, des combattants, des souffrances et du sang versé, nous célébrons ensemble la victoire de la paix et de la démocratie. Nous témoignons de l'exemplarité de la réconciliation franco-allemande. Pour que tous comprennent qu'il n'y a pas d'avenir dans la haine. Qu'il y a toujours un chemin possible pour la paix. Nous exprimons avec force notre volonté commune de poursuivre ensemble sur la voie de l'Europe réunie autour de ses valeurs, une Europe réconciliée avec elle-même, avec sa géographie, avec son histoire. Mesdames et messieurs, en ce jour anniversaire, le monde entier nous regarde.

[...] Face aux dangers d'un monde en devenir, sachons ensemble rester fidèles à l'héritage, au sacrifice, au message de nos pères. Sachons donner corps aux valeurs humanistes de respect, de justice, de dialogue et de tolérance pour lesquelles ils ont donné leur vie. Sachons ensemble bâtir pour nos enfants un monde de liberté et de progrès, respectueux de la diversité des hommes et des idées, des cultures et des peuples.

Allocution prononcée par Jacques Chirac, président de la République française, à l'occasion de la cérémonie internationale du 6 juin 2004, commémorant le 60e anniversaire du débarquement à Arromanches.

Pistes de travail

1. Comment les nations victorieuses ont-elles voulu commémorer le souvenir de la fin de la guerre après 1945 ? **(doc. 2 et 4)**
2. Comment le Japon a-t-il envisagé son passé depuis la fin de la guerre ? **(doc. 3)**
3. Quelle innovation symbolique majeure a-t-on voulu introduire dans la célébration de l'anniversaire du débarquement de Normandie ? **(doc. 1 et 5)**
4. Quelles valeurs et quels enseignements veulent souligner aujourd'hui les cérémonies du souvenir de la Seconde Guerre mondiale ? **(doc. 4 et 5)**
5. Selon vous, les nations vaincues doivent-elles être associées à la commémoration de la victoire alliée ?

2. La mémoire de la Shoah

Comment, après avoir longtemps rencontré l'indifférence, le souvenir de la Shoah s'est-il imposé comme un devoir universel de mémoire ?

Des témoins peu entendus

En réaction contre l'acharnement des nazis à effacer toutes les traces de leur crime, les survivants furent nombreux dès les lendemains de la guerre à réunir preuves et témoignages sur le génocide juif. Le monde resta toutefois peu réceptif à ces premiers témoignages. Paru dès 1947, le chef-d'œuvre de Primo Levi, *Si c'est un homme*, ne sort de l'ombre que lors de sa réédition, en 1958. Renouant avec l'antisémitisme de la Russie tsariste, Staline interdit la parution du *Livre noir*, vaste enquête sur le génocide dirigée par deux écrivains et correspondants de guerre juifs soviétiques, Ilya Ehrenbourg et Vassili Grossman.

Les survivants eux-mêmes, dont la réinsertion sociale est difficile, ne souhaitent pas être distingués des autres victimes. Dans le monde de l'après-guerre, les juifs préfèrent s'identifier aux combattants héroïques du ghetto de Varsovie plutôt qu'aux victimes passives du génocide, même en Israël où le jour de commémoration institué en 1951, *Yom Hashoah*, est intitulé officiellement « Journée de l'Holocauste et de l'Héroïsme ».

Le réveil de la mémoire juive

Le procès Eichmann à Jérusalem en 1961 marque un tournant dans l'affirmation d'une mémoire juive de la Seconde Guerre mondiale. Pour la première fois, la parole est donnée aux témoins, 111 au total, qui deviennent alors les principaux acteurs de la transmission du souvenir. À Francfort dans les années 1960, en France après 1980, des individus sont jugés coupables ou complices de crimes contre l'humanité, désormais imprescriptibles en droit. Leurs procès doivent remplir une fonction pédagogique auprès des jeunes générations.

En 1967, la guerre des Six-Jours fait craindre la destruction de l'État d'Israël et ravive la mémoire du génocide, qui devient constitutive de l'identité juive au sein de la diaspora. La transmission du souvenir de l'Holocauste, inscrite pour la première fois au rang des priorités des grandes organisations juives américaines en 1973, devient l'une des formes privilégiées du soutien apporté à Israël, État-refuge pour les juifs du monde entier. Les associations juives se mobilisent désormais pour revendiquer la singularité absolue de la Shoah, tout particulièrement à Auschwitz, où les autorités polonaises ont longtemps occulté le fait que la plupart des victimes étaient juives.

Un devoir universel de mémoire

C'est toutefois bien au-delà du monde juif que la Shoah s'est installée au cœur des représentations de la Seconde Guerre mondiale. En 1978, la diffusion de la série de télévision américaine *Holocaust* suscite une vive émotion aux États-Unis et en Allemagne fédérale, avant le succès mondial rencontré en 1993 par le film de Steven Spielberg *La Liste de Schindler*. L'Holocauste occupe désormais une place centrale dans la culture populaire américaine où l'événement a pris la signification du mal absolu.

L'Église catholique, imitée par plusieurs États comme la France ou la Suisse, s'est publiquement repentie pour être restée silencieuse sur le sort des juifs pendant la guerre. De nombreux lieux de mémoire perpétuent le souvenir de la Shoah (voir dossier pp. 36-37). Comme le déclare Elie Wiesel, ancien déporté et prix Nobel de la paix (1986), l'Holocauste a été « une tragédie juive unique aux implications universelles ». Au-delà de l'hommage rendu aux victimes, la mémoire de la Shoah est un appel lancé aux générations futures afin que de telles atrocités ne puissent se reproduire.

1 **Vers une « américanisation » de la mémoire : la série *Holocaust* (1978)**

Diffusée par NBC en avril 1978, la série *Holocaust* pulvérise les records d'audience en rassemblant 100 millions de téléspectateurs américains.

Vocabulaire

- **Génocide :** défini par l'ONU en 1951 comme « l'intention de détruire, tout ou partie, un groupe national, ethnique, racial ou religieux ».
- **Guerre des Six-Jours :** « guerre préventive » déclenchée par Israël en 1967 contre ses voisins arabes qui refusent de reconnaître l'État juif.
- **Imprescriptibilité :** instituée en 1968 par une convention internationale afin de poursuivre en justice, sans limite de temps, les auteurs de crimes de guerre et de crimes contre l'humanité.

Notion clé

- **Shoah, Holocauste :** lors du procès Eichmann, les Israéliens eux-mêmes choisirent de traduire *Shoah* par *Holocaust*. C'est alors qu'aux États-Unis comme en Allemagne, le mot « holocauste » s'est imposé comme synonyme du génocide juif. Il a été contesté, car employé dans la Bible pour désigner les victimes d'un sacrifice religieux. Le mot *Shoah*, de l'hébreu « catastrophe », a paru plus adéquat pour rendre compte de la spécificité du génocide juif.

2

La Shoah dans la culture populaire américaine

La bande dessinée *Maus* d'Art Spiegelman met en image le témoignage du père du dessinateur, survivant d'Auschwitz. Les juifs sont représentés en souris et les nazis en chats. L'ouvrage a obtenu le prix Pulitzer en 1992.

4 La Shoah, un héritage commun à tous

Ancienne déportée et ancienne ministre de la République française, Simone Veil préside la Fondation pour la mémoire de la Shoah, créée en France en 2000.

Il a fallu au moins 40 ans pour qu'on évoque les camps, soit deux générations. Quand nous sommes rentrés de déportation, en 1945, l'accueil n'a pas ressemblé à ce que nous imaginions. Nous avons subi l'indifférence, le mépris parfois. Personne ne comprenait ce que nous avions vécu. Peut-être gênions-nous ? L'expérience que nous avions à transmettre était sans commune mesure avec celle de l'homme ordinaire. Les gens ne voulaient pas savoir et les juifs n'intéressaient personne.

Aujourd'hui, les choses ont changé. Il faut toutefois poursuivre inlassablement les recherches historiques sur la Shoah, transmettre cette histoire aux jeunes générations, mais aussi en commémorer le souvenir, en entretenir la mémoire, en ressentir la souffrance. [...] La Shoah est notre héritage à tous. Je forme les vœux les plus ardents pour que la mémoire de la Shoah ne soit pas un ingrédient de la bonne conscience, mais qu'elle inspire à jamais le respect de la dignité humaine et des valeurs fondamentales.

Simone Veil, discours d'inauguration du Centre d'étude de l'Holocauste et du génocide de l'université d'Amsterdam, 8 septembre 2003.

3 De l'indifférence à la repentance : l'Église catholique et la Shoah

Au terme de ce millénaire, l'Église catholique désire exprimer sa profonde douleur pour les fautes commises par ses fils et filles au cours des siècles. Il s'agit d'un acte de repentance (*teshuva*) car, en tant que membres de l'Église, nous partageons les péchés comme les mérites de tous ses fils. L'Église regarde avec un profond respect et une grande compassion l'expérience de l'extermination, la Shoah, que le peuple juif a endurée au cours de la Seconde Guerre mondiale. [...] Nous prions pour que notre douleur face à la tragédie que le peuple juif a endurée au cours de ce siècle conduise à de nouvelles relations avec le peuple juif. [...] Enfin, nous invitons tous les hommes et toutes les femmes de bonne volonté à réfléchir profondément sur la signification de la Shoah. Les victimes, du fond de leurs tombes, et les survivants, à travers le témoignage poignant de ce dont ils ont souffert, sont devenus une voix retentissante, appelant l'attention de toute l'humanité.

Nous nous souvenons : une réflexion sur la Shoah, document élaboré par la commission pour les relations religieuses avec le judaïsme présidée par le cardinal Edward Idris Cassidy, 16 mars 1998.

5 Se souvenir pour agir : Kofi Annan à l'ONU

Il y a 60 ans jour pour jour que le camp d'Auschwitz a été libéré. [...] Ce n'est que progressivement que le monde a pris toute la mesure de la barbarie qui régnait dans ces camps. Les délégués réunis à San Francisco avaient cette découverte macabre présente à l'esprit lorsque notre Organisation a été fondée. L'Organisation des Nations unies ne doit jamais oublier qu'elle a été créée en réaction au mal absolu que représentait le nazisme, et que la monstruosité qu'a été l'Holocauste a contribué à façonner sa mission.[...] Nous ne devons pas laisser de telles atrocités se reproduire. Nous devons exercer la plus grande vigilance pour empêcher la résurgence de l'antisémitisme et être prêts à agir pour combattre ses nouvelles manifestations. [...] Mais il est beaucoup plus difficile de passer des paroles aux actes. Depuis l'Holocauste, le monde s'est plus d'une fois déshonoré en se montrant incapable de prévenir ou d'arrêter des génocides, comme au Cambodge, au Rwanda ou dans l'ex-Yougoslavie. [...] Nous sommes réunis non seulement pour nous souvenir des victimes des horreurs passées, que le monde a abandonnées, mais aussi pour penser à tous ceux qui pourraient, aujourd'hui ou demain, être victimes de pareilles atrocités, pour les regarder dans les yeux et leur dire : « vous, au moins, nous ne vous abandonnerons pas ».

Allocution de Kofi Annan, secrétaire général des Nations unies, à l'occasion de la session extraordinaire de l'Assemblée générale commémorant le 60e anniversaire de la libération des camps de concentration nazis, New York, le 24 janvier 2005.

Pistes de travail

1. Comment expliquez-vous l'importance acquise par la mémoire de l'Holocauste dans l'opinion publique américaine ? **(doc. 1 et 2)**
2. Quelle a été l'évolution de l'opinion face à l'évocation du génocide juif depuis la fin de la Seconde Guerre mondiale ? **(doc. 3 à 5)**
3. Pourquoi l'Église catholique a-t-elle estimé de son devoir de faire acte de repentance envers le peuple juif ? **(doc. 3)**
4. Quelle signification a-t-on voulu donner aux commémorations organisées en hommage aux victimes du génocide ? **(doc. 3 à 5)**
5. Selon-vous, peut-on tirer des « leçons » de la Shoah ? **(doc. 5)**

Dossier
Les lieux de mémoire de la Shoah dans le monde

Les lieux de mémoire dédiés spécifiquement au souvenir de la Shoah sont restés peu nombreux jusqu'à une période récente. Leur multiplication, depuis les années 1980, résulte de l'affirmation d'une mémoire juive de la Seconde Guerre mondiale et de l'exigence nouvelle, au sein des opinions publiques américaine et européenne, d'un « devoir de mémoire » à transmettre aux générations futures. À Berlin comme à Washington toutefois, la place respective qu'il convenait d'accorder aux victimes juives et non juives du nazisme a fait l'objet de polémiques, qui révèlent l'importance que les survivants et leurs descendants accordent aujourd'hui à la reconnaissance de leur identité.

1 Le mémorial de la Shoah à Paris (1956-2005)

Le mémorial de la Shoah a ouvert ses portes en 2005 sur le site du mémorial du Martyr juif inconnu, érigé à Paris dès 1956, en dépit des réticences d'une partie de la communauté juive de l'époque sur son opportunité. Le projet en revient à Isaac Schneersohn, fondateur en 1943 du Centre de documentation juive contemporaine, destiné à rassembler les preuves de la persécution des juifs. Parmi les adjonctions à l'ancien monument : un mur où sont gravés les noms des 76 000 juifs de France déportés et assassinés.

2 Yad Vashem à Jérusalem (1956)

Institué par un vote de la Knesset, le Parlement israélien, en 1953, le mémorial Yad Vashem tire son nom de l'Ancien Testament (Isaïe, 56-5) : « À eux, j'accorderai, dans ma maison et dans mes murs, un monument et un nom (*yad vashem*) [...] qui ne périra point ». Érigé sur la colline du Souvenir, à Jérusalem, il comprend plusieurs monuments et sculptures dédiés à la mémoire des victimes de la Shoah, ainsi que plusieurs musées, dont le nouveau musée de l'Holocauste, inauguré en 2005. La Salle des noms, représentée ci-contre, s'attache à redonner leur identité aux millions de victimes anonymes du génocide.

3 **Le mémorial d'Auschwitz (1967)**

Auschwitz a été longtemps le lieu d'un affrontement entre une mémoire polonaise, communiste et catholique de la guerre d'une part, et une mémoire juive d'autre part. L'inauguration du mémorial international, en 1967, déclenche les vives protestations des organisations juives, en raison de l'occultation systématique de l'identité juive des victimes du camp par le pouvoir communiste polonais. L'installation de huit carmélites dans l'ancien théâtre, en 1984, puis l'érection d'une croix monumentale, provoquent de vives tensions entre la communauté juive et l'Église catholique. Depuis 1989, les conflits de mémoire se sont apaisés et le musée, ouvert depuis 1947, a été réaménagé. Les Tsiganes ont obtenu en 2001 l'installation d'une exposition permanente sur le génocide national-socialiste des Sinti et des Roma.

4 **Le mémorial de l'Holocauste de Washington (1993)**

Institué par un vote du Congrès sous le mandat de Jimmy Carter, en 1980, le musée mémorial américain de l'Holocauste *(United States Holocaust Memorial Museum)* a ouvert ses portes à Washington en 1993. Sa conception a été menée à bien par un conseil du Mémorial de l'Holocauste, présidé par Elie Wiesel. Le musée a été construit en plein cœur de la capitale fédérale, à proximité du Mall, longue avenue où se situent de nombreux bâtiments officiels et les principaux lieux de mémoire des États-Unis. Cet emplacement témoigne de la place centrale qu'occupe désormais le souvenir de la Shoah dans la vie publique américaine.

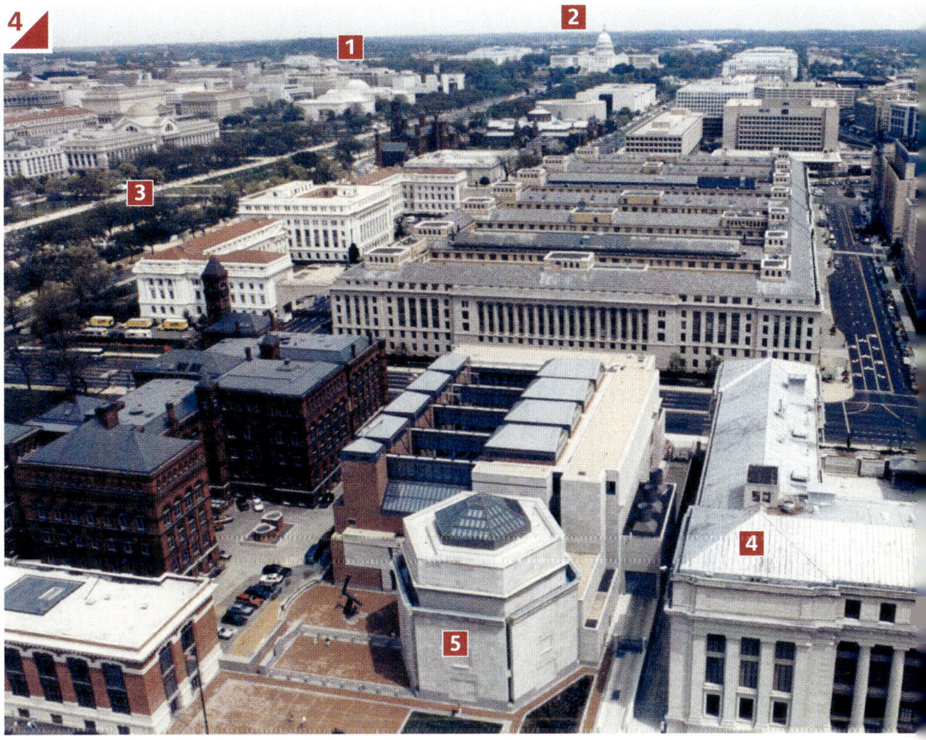

1. National Gallery of Art
2. Capitole (siège du Congrès des États-Unis)
3. « Mall »
4. Monnaie et Imprimerie nationale *(Bureau of Engraving and Printing)*
5. Musée mémorial américain de l'Holocauste

5 **Le mémorial aux Juifs assassinés d'Europe à Berlin (2005)**

Né de l'initiative d'un groupe de citoyens emmené par la journaliste Lea Rosh, le mémorial aux Juifs assassinés d'Europe a été officiellement inauguré à Berlin, en bordure du Tiergarten, pour le 60e anniversaire de la fin de la guerre. Conçu par l'architecte américain Peter Eisenman, le monument se compose de 2 711 stèles de béton gris foncé de 0,95 m de large sur 2,38 m de long, dispersées en rangées de largeur régulière. L'architecte a voulu ériger un « champ de mémoire » invitant au recueillement.

3. Les Français et la Seconde Guerre mondiale : un « syndrome de Vichy »

Pourquoi l'existence du régime de Vichy a-t-elle été longtemps occultée et refoulée derrière le mythe d'une France unanimement résistante ?

Le mythe d'une France unanimement résistante

Pour l'ensemble des forces issues de la Résistance, la priorité, au lendemain de la guerre, est de reconstruire l'unité nationale et la puissance française. Il convient de faire oublier la défaite de 1940 et l'existence du régime de Vichy une fois ses principaux responsables condamnés. L'héroïsation de la France résistante occulte les autres mémoires de l'Occupation, celle des prisonniers de guerre comme celle des déportés.

Des incidents multiples rouvrent toutefois les plaies mal refermées de la mémoire collective et révèlent l'existence d'un « syndrome de Vichy ». Ainsi lorsqu'en 1953, par exemple, 21 membres de la division SS *Das Reich* sont jugés en France pour le massacre des 642 habitants d'Oradour-sur-Glane : parmi eux figuraient 13 « malgré-nous » alsaciens, qui furent condamnés, mais rapidement amnistiés.

Revenu au pouvoir en 1958, le général de Gaulle parvient néanmoins à enraciner une mémoire sélective de la guerre qui refoule le souvenir de Vichy et de la collaboration, réduite à l'initiative d'une poignée de traîtres. L'œuvre de glorification de la France résistante culmine lors de la cérémonie organisée pour le transfert des cendres du fondateur du Conseil national de la Résistance, Jean Moulin, au Panthéon en 1964.

Un autre regard sur Vichy

Depuis les années 1970, cependant, les tabous entretenus jusque-là sur Vichy sautent les uns après les autres. Dans la presse, au cinéma ou dans les livres d'histoire, l'image héroïque d'une France massivement résistante s'efface derrière une représentation plus nuancée et moins glorieuse de la France occupée. En 1973, le livre de l'historien américain Robert Paxton, *La France de Vichy*, qui montre clairement que la Révolution nationale et la collaboration ont été des initiatives françaises, suscite un large débat qui entraîne la réécriture des manuels d'histoire sur la période de l'Occupation.

Cette réévaluation historique prend souvent la forme de révélations scandaleuses qui témoignent de la difficulté de la société française à exorciser le passé. En 1972, la presse révèle ainsi la grâce partielle accordée au milicien Paul Touvier par le président Pompidou. « Le moment n'est-il pas venu, déclare ce dernier à cette occasion, de jeter le voile, d'oublier ces temps où les Français ne s'aimaient pas ? »

La reconnaissance officielle des crimes de l'État français

Considérant que la République ne pouvait être tenue pour responsable des actes perpétrés par le régime de Vichy, les gouvernants français se sont longtemps refusés à reconnaître officiellement la responsabilité de l'État français dans les déportations juives. Le réveil de la mémoire juive de la guerre rompt toutefois progressivement le silence entretenu sur l'antisémitisme de Vichy. Plusieurs responsables français et allemands de la déportation juive sont alors jugés en France.

François Mitterrand est le premier chef d'État à assister, le 16 juillet 1992, à la cérémonie commémorant la grande rafle du Vel'd'Hiv. Son successeur, Jacques Chirac, lève l'ambiguïté du discours officiel (voir dossier pp. 40-41). Tout en continuant de récuser l'amalgame entre la France et Vichy, il déclare néanmoins : « Oui, la folie criminelle de l'occupant a été secondée par des Français, par l'État français. » En 2000, une loi fait du 16 juillet un jour de commémoration des « crimes racistes et antisémites de l'État français ».

1 **Une autre image de la France sous l'Occupation**

Affiche du fim *Le Chagrin et la pitié* de Marcel Ophüls (1971). Ce film, censuré jusqu'en 1981 à la télévision française, est une chronique de la vie quotidienne pendant la guerre. La Résistance y est présentée comme un phénomène très minoritaire.

Vocabulaire

- **« Malgré-nous » :** nom donné aux 130 000 Alsaciens-Lorrains incorporés de force dans la Wehrmacht et dans les unités d'élite de la Waffen SS à partir de 1942. Les déserteurs furent fusillés, les insoumis internés dans les camps de concentration et les biens de leurs familles confisqués.
- **Rafle du Vel'd'Hiv :** les 16 et 17 juillet 1942, 13 152 juifs d'origine étrangère vivant en région parisienne sont arrêtés par la police française et regroupés au vélodrome d'Hiver et à Drancy, d'où ils furent déportés vers Auschwitz.
- **Révolution nationale :** thème de propagande du régime de Vichy, résumant le programme de redressement français que le maréchal Pétain pensait pouvoir entreprendre sous l'occupation allemande.

Notion clé

- **« Syndrome de Vichy » :** l'expression permet de caractériser, selon l'historien Henry Rousso, l'ensemble des symptômes et des manifestations qui, dans la vie politique, sociale et culturelle, révèlent les conflits internes provoqués par le souvenir du régime de Vichy.

La mémoire communiste

2

Affiche des années 1950 à la mémoire des 27 otages exécutés à Châteaubriant (Loire-Atlantique) en 1941, en représailles d'un attentat contre des officiers allemands.

3

La mémoire gaulliste de la France libre : Jean Moulin au Panthéon

Préfet de Chartres en 1940, puis président du Conseil national de la Résistance, Jean Moulin fut arrêté par les Allemands en 1943 et torturé à mort par Klaus Barbie.

Lorsque, le 1er janvier 1942, Jean Moulin fut parachuté en France, la Résistance n'était encore qu'un désordre de courage […]. Certes, les résistants étaient des combattants fidèles aux Alliés. Mais ils voulaient cesser d'être des Français résistants, et devenir la Résistance française.

C'est pourquoi Jean Moulin est allé à Londres […].

Le général de Gaulle seul pouvait appeler les mouvements de Résistance à l'union entre eux et avec tous les autres combats, car c'était à travers lui seul que la France livrait un seul combat. […]

Comme Leclerc entra aux Invalides, avec son cortège d'exaltation dans le soleil d'Afrique et les combats d'Alsace, entre ici, Jean Moulin, avec ton terrible cortège. Avec ceux qui sont morts dans les caves sans avoir parlé, comme toi ; et même, ce qui est peut-être plus atroce, en ayant parlé ; avec tous les rayés et tous les tondus des camps de concentration, avec le dernier corps trébuchant des affreuses files de Nuit et Brouillard, enfin tombé sous les crosses ; avec les huit mille Françaises qui ne sont pas revenues des bagnes, avec la dernière femme morte à Ravensbrück pour avoir donné asile à l'un des nôtres. Entre, avec le peuple né de l'ombre et disparu avec elle – nos frères – dans l'ordre de la Nuit. […]

Aujourd'hui, jeunesse, puisses-tu penser à cet homme comme tu aurais approché tes mains de sa pauvre face informe du dernier jour, de ses lèvres qui n'avaient pas parlé ; ce jour-là, elle était le visage de la France…

André Malraux, ministre de la Culture, « Transfert des cendres de Jean Moulin au Panthéon, le 19 décembre 1964 », *Oraisons funèbres*, Gallimard, 1971.

Les procès français pour « crimes contre l'humanité »

4

L'officier SS : Klaus Barbie.
Extradé de Bolivie vers la France en 1983, le « boucher de Lyon », Klaus Barbie, est jugé en France en 1987, et condamné à la détention perpétuelle. Il meurt en prison en 1991.

Le milicien : Paul Touvier.
L'ancien chef de la milice lyonnaise Paul Touvier est arrêté à Nice en 1989 ; il est condamné en 1994 à la réclusion à perpétuité pour l'exécution de 7 otages juifs. Il meurt à la prison de Fresnes en 1996.

Le haut fonctionnaire : Maurice Papon.
Maurice Papon, secrétaire général de la préfecture de la Gironde pendant la guerre, préfet de police et ministre du Budget sous la Ve République, est le seul haut fonctionnaire français à avoir été jugé et condamné en 1998 à 10 ans de réclusion pour avoir supervisé la déportation de 1690 juifs vers Drancy.

Pistes de travail

1. Comment le souvenir de la Seconde Guerre mondiale est-il célébré en France dans les années 1950 ? En quoi s'agit-il d'une mémoire sélective de la période de l'Occupation ? **(doc. 2)**

2. À travers la figure emblématique de Jean Moulin, quelle image de la Résistance André Malraux s'attache-t-il à glorifier ? **(doc. 3)**

3. Dans quel contexte s'inscrivent les procès intentés pour crimes contre l'humanité en France ? En quoi diffèrent-ils des procès organisés au lendemain de la guerre ? Selon vous, la justice peut-elle efficacement seconder le travail des historiens ? **(doc. 4)**

Dossier
La mémoire de la Shoah en France

Plus nombreux qu'on ne l'a dit à vouloir exprimer leurs souffrances dès l'époque de la Libération, les survivants du génocide trouvèrent néanmoins une société relativement indifférente à leurs témoignages. C'est alors seulement qu'ils se réfugièrent dans le silence. Une mémoire juive de la déportation ne s'affirme qu'à partir des années 1960 pour revendiquer l'unicité de la Shoah et pour combattre la banalisation de son souvenir. Elle rencontre désormais un large écho au sein d'une société soucieuse de mieux cerner les responsabilités du régime de Vichy, ce qui a contraint les autorités françaises, longtemps réticentes, à reconnaître officiellement la complicité de l'administration française dans l'exécution des crimes nazis.

1 Morts pour la France

Les deux auteurs, alors proches du Parti communiste, expriment ici un point de vue largement partagé par les juifs de France en 1945.

Boucs émissaires, ennemi public n° 1 par la volonté hitlérienne, les juifs plus que les autres ont payé leur dîme sanglante à la barbarie. Cette sinistre priorité, ils ne veulent pas s'en servir pour se couvrir de l'auréole du martyre. Partout dressés contre l'oppresseur, ils accomplissent leur devoir comme les nationaux des pays dont ils se considèrent à juste titre les enfants. Les faits abondent. Il est pénible d'être obligés de le dire et de le répéter. Face à l'adversaire qui tente de les dissocier de la nation, ils répondent par la lutte à outrance dans les rangs de la Résistance. Visés plus que d'autres par l'ennemi, ils savent qu'ils se battent, non seulement pour la France, mais pour un idéal plus grand encore : la liberté [...]. Tous ceux-là qui étaient et pensaient français ne demandaient que la liberté de conscience laissée aux autres hommes [...].

Jacques Darville et Simon Wichené, *Drancy la Juive ou la Deuxième Inquisition*, 1945.

2 L'occultation des responsabilités de Vichy

Réalisé en 1956 par Alain Resnais, *Nuit et brouillard* est le premier grand documentaire consacré à l'univers concentrationnaire nazi. Cette photographie, reprise dans le film et montrant un policier français en faction devant le camp d'internement de Pithiviers, fut censurée par les autorités françaises (le képi est masqué par un gros trait noir).

3 La République peut-elle assumer les crimes de l'État français ?

QUESTION – Au bout du compte, quel est votre propre jugement sur le régime de Vichy ? Est-ce qu'il y a des choses qui sont aujourd'hui, pour vous, condamnables et irréparables ?

LE PRÉSIDENT – Écoutez, cela fait combien de fois que je le dis ? La première chose condamnable pour Vichy, c'est d'avoir tiré un trait sur la République. C'était un acte vraiment intolérable et c'est comme cela que s'est installé un état de fait. [...]

QUESTION – [...] Pourquoi la France ne demanderait-elle pas pardon des crimes et des horreurs qui ont été commises à cette époque-là parfois en son nom ?

LE PRÉSIDENT – Non, non. La République n'a rien à voir avec cela. Et j'estime moi, en mon âme et conscience, que la France non plus n'en est pas responsable, que ce sont des minorités activistes qui ont saisi l'occasion de la défaite pour s'emparer du pouvoir et qui sont comptables de ces crimes-là. Pas la République, pas la France. Et donc je ne ferai pas d'excuses au nom de la France. Et j'ai déjà dit cela. [...]

Interview accordée par François Mitterrand, président de la République, à Jean-Pierre Elkabbach sur France 2 au palais de l'Élysée, 12 septembre 1994.

4 Les responsabilités de la France

Le président de la République Jacques Chirac reconnaît officiellement les responsabilités de l'État français.

Il est, dans la vie d'une nation, des moments qui blessent la mémoire, et l'idée que l'on se fait de son pays. Ces moments, il est difficile de les évoquer, parce que l'on ne sait pas toujours trouver les mots justes pour rappeler l'horreur, pour dire le chagrin de celles et ceux qui ont vécu la tragédie. [...] Il est difficile de les évoquer, aussi, parce que ces heures noires souillent à jamais notre histoire, et sont une injure à notre passé et à nos traditions. Oui, la folie criminelle de l'occupant a été secondée par des Français, par l'État français. Il y a 53 ans, le 16 juillet 1942, 450 policiers et gendarmes français, sous l'autorité de leurs chefs, répondaient aux exigences des nazis. [...] La France, patrie des Lumières et des droits de l'homme, terre d'accueil et d'asile, la France, ce jour-là, accomplissait l'irréparable. Manquant à sa parole, elle livrait ses protégés à leurs bourreaux. [...] Transmettre la mémoire du peuple juif, des souffrances et des camps. Témoigner encore et encore. Reconnaître les fautes du passé, et les fautes commises par l'État. Ne rien occulter des heures sombres de notre Histoire, c'est tout simplement défendre une idée de l'Homme, de sa liberté et de sa dignité. C'est lutter contre les forces obscures, sans cesse à l'œuvre. [...] Certes, il y a les erreurs commises, il y a les fautes, il y a une faute collective. Mais il y a aussi la France, une certaine idée de la France, droite, généreuse, fidèle à ses traditions, à son génie. Cette France n'a jamais été à Vichy. Elle n'est plus, et depuis longtemps, à Paris. Elle est dans les sables libyens et partout où se battent des Français libres. Elle est à Londres, incarnée par le général de Gaulle. Elle est présente, une et indivisible, dans le cœur de ces Français, ces « Justes parmi les nations » qui, au plus noir de la tourmente, en sauvant au péril de leur vie, comme l'écrit Serge Klarsfeld, les trois quarts de la communauté juive résidant en France, ont donné vie à ce qu'elle a de meilleur. Les valeurs humanistes, les valeurs de liberté, de justice, de tolérance qui fondent l'identité française et nous obligent pour l'avenir.

Allocution du président de la République Jacques Chirac, prononcée lors des cérémonies commémorant la grande rafle des 16 et 17 juillet 1942, 16 juillet 1995.

5 Le réveil de la mémoire juive du génocide

Affiche du film *Shoah* de Claude Lanzmann (1985). L'œuvre de Claude Lanzmann est emblématique, par son titre même, de la volonté de mettre en évidence la spécificité irréductible du génocide juif. Afin de représenter l'irreprésentable, le cinéaste renonce délibérément à utiliser des documents d'archives, pour filmer et interroger à l'époque actuelle les témoins survivants avant qu'ils ne disparaissent.

Pistes de travail

1. Comment les survivants du génocide se sont-ils exprimés au lendemain de la guerre ? Pourquoi la spécificité du génocide n'a-t-elle pas été immédiatement perçue et revendiquée ? **(doc. 1)**
2. Pourquoi cette image extraite du film *Nuit et brouillard* d'Alain Resnais a-t-elle été censurée ? **(doc. 2)**
3. Quand la mémoire juive de la Shoah s'est-elle réveillée ? Pourquoi ? **(doc. 5)**
4. À quelles difficultés s'est heurtée la reconnaissance officielle de la responsabilité de l'État français dans les déportations juives ? **(doc. 3 et 4)**
5. En quoi la déclaration du président Chirac marque-t-elle une rupture par rapport à l'attitude de ses prédécesseurs ? **(doc. 4)**
6. Pourquoi apparaît-il indispensable d'entretenir la mémoire du génocide ? **(doc. 4)**

Pour conclure

7. Comment la mémoire de la Shoah s'est-elle transmise en France depuis 1945 ?

4. L'Allemagne et sa mémoire depuis 1945

Comment la société allemande a-t-elle pu faire son deuil de la Seconde Guerre mondiale tout en assumant la responsabilité des crimes du nazisme ?

Deux Allemagnes, deux mémoires

Du fait de la division du pays en deux États, deux mémoires allemandes de la guerre se sont affrontées depuis 1945. Soucieux de relever l'Allemagne de l'Ouest, les Américains mettent fin à la dénazification en mars 1948. La plupart des personnes condamnées sont libérées avant la fin des années 1950. À cette époque, les Allemands veulent avant tout se considérer comme des victimes de la guerre et tendent à refouler le souvenir du IIIe Reich en reportant la responsabilité des exactions commises par le régime nazi sur Hitler et sur la SS.

Se réclamant de la victoire contre le « fascisme allemand », la RDA rejette sur la RFA l'héritage du nazisme. Le premier mémorial érigé par le régime communiste dans un camp de concentration, à Buchenwald en 1958, est un monument dédié à la résistance antifasciste. Bien que la dénazification ait été plus radicale qu'à l'Ouest, le travail de mémoire a été ainsi quasiment inexistant en Allemagne de l'Est jusqu'à la réunification de 1990.

Un passé qui ne veut pas passer

À partir de la fin des années 1950, l'opinion ouest-allemande se montre toutefois plus réceptive à l'évocation des crimes nazis. La création, en 1958, du Service central d'enquête sur les crimes nationaux-socialistes à Ludwigsburg, permet la reprise des poursuites judiciaires et des procès contre d'anciens responsables nazis. La politique de rapprochement avec les pays de l'Est *(Ostpolitik)* s'accompagne de gestes officiels de repentance, comme celui du chancelier social-démocrate Willy Brandt en 1970 devant le mémorial des Combattants du ghetto de Varsovie.

Dans les années 1960, la contestation des valeurs conservatrices par la jeunesse allemande prend appui sur une critique radicale du passé. Une nouvelle génération d'historiens entreprend de réinterpréter la période contemporaine, en soulignant l'implication de très larges secteurs de la société allemande dans le fonctionnement du régime national-socialiste. La diffusion de la série *Holocaust* (voir leçon pp. 34-35), qui recueille une très large audience en 1978, contribue à lever les tabous et les silences entretenus à ce sujet.

Une conscience nationale toujours douloureuse

Les polémiques récurrentes que continue d'alimenter l'évocation de la période nazie montrent toutefois que les Allemands n'ont pas encore entièrement achevé leur deuil de la guerre. En 1986, le philosophe Jürgen Habermas dénonce dans l'hebdomadaire *Die Zeit* les tentatives de réhabilitation patriotique de l'histoire allemande et déclenche la « querelle des historiens ». Paru en 1996, l'ouvrage de l'Américain Daniel Goldhagen, *Les Bourreaux volontaires de Hitler*, devient un best-seller, en dépit de sa thèse très contestée faisant de tous les Allemands, et non plus seulement des nazis, des antisémites fanatisés.

En 1998, l'écrivain Martin Walser prononce un discours retentissant sur l'omniprésence du thème d'Auschwitz dans les médias, qui finirait, selon lui, par provoquer la lassitude et le rejet de l'opinion. Un débat de même nature, dont s'empare l'extrême droite, s'engage sur l'opportunité d'ériger, au cœur de Berlin réunifiée, un nouveau mémorial de l'Holocauste (voir dossier p. 37). Il n'empêche que l'exigence d'un devoir de mémoire est aujourd'hui bien plus largement admise que par le passé. La mémoire de la guerre est en effet constitutive de l'identité nationale de l'Allemagne, car elle lui permet de manifester son attachement à la démocratie et à l'Union européenne.

1

La repentance allemande

Le chancelier ouest-allemand Willy Brandt devant le mémorial des Combattants du ghetto de Varsovie (1970).

Vocabulaire

- ***Ostpolitik*** (politique de l'Est) : qualifie le nouveau mode de relations établies par la RFA avec les États socialistes de l'Est à partir de 1969, qui privilégie la recherche d'un terrain d'entente.
- **« Querelle des historiens » :** débat d'opinion qui, en 1986, a violemment opposé intellectuels et historiens sur la place du national-socialisme dans l'histoire contemporaine de l'Allemagne et sur la comparaison entre les crimes du nazisme et ceux du stalinisme.

Notions clés

- **Dénazification :** politique menée par les Alliés, visant à épurer l'appareil d'État et la société de tous ses éléments nazis.
- **IIIe Reich :** régime hitlérien qui, selon la propagande nazie, devait ouvrir un nouveau Reich (« empire ») de 1000 ans.

2 « Auschwitz ne peut pas devenir une menace de pure routine »

Personne n'ignore notre fardeau historique, cet opprobre ancré à jamais. Pas un jour sans qu'on nous en fasse le reproche. [...]

Je n'ai jamais pensé qu'il était possible de quitter le banc des accusés. [...] Nul être encore capable de discernement ne peut tergiverser sur les horreurs d'Auschwitz. Mais quand chaque jour dans les médias on me reproche ce passé, je sens que quelque chose en moi se hérisse contre cette mise en scène permanente de notre honte. Au lieu d'être reconnaissant pour cette mise en scène, je me prends à détourner mon regard. Quand je constate que quelque chose se hérisse en moi, j'essaye d'examiner la raison de ces reproches récurrents ; et je suis presque heureux, quand je crois pouvoir déceler qu'il s'agit le plus souvent non pas de la mémoire et de l'interdiction d'oublier, mais de l'instrumentalisation de notre honte à des fins actuelles. À des fins certes excellentes et honorables. Mais cela reste malgré tout une instrumentalisation. [...] Auschwitz ne peut pas devenir une menace de pure routine, un moyen d'intimidation utilisable à tout moment, une morale rentrée à coups de massue, ou encore un exercice obligé. [...]

Mais de quoi n'est-on pas soupçonné, quand on dit que les Allemands sont maintenant un peuple tout à fait normal, une société tout à fait comme les autres ?

Martin Walser, *Frankfurter Allgemeine Zeitung*, 12 octobre 1998.

3 L'héroïsation de la résistance antifasciste en RDA

« Ce pour quoi combattaient les antifascistes est devenu une réalité en RDA », affiche de propagande de 1960, qui représente le monument de Fritz Cremer, Les Détenus libérés, érigé sur le site du camp de Buchenwald en 1958.

4 « Les Allemands ont su tirer les leçons du passé »

Le souvenir que la France garde du 6 juin 1944 est différent de celui de l'Allemagne et pourtant, ce souvenir a fait naître chez les uns et les autres le même sentiment : nous sommes convaincus que nous voulons la paix. Nous, Allemands, savons qui sont les auteurs criminels de la guerre. Nous sommes conscients de notre responsabilité face à l'Histoire et nous l'assumons. [...]
Les cimetières militaires et les cicatrices des deux guerres mondiales imposent un devoir de chaque instant à tous les peuples européens et en particulier au peuple allemand, le devoir de s'opposer au racisme, à l'antisémitisme et aux idéologies totalitaires. Les objectifs démocratiques auxquels nous aspirons sont la liberté, la justice et une vie digne pour tous, dans la paix, sans haine religieuse, sans arrogance nationale ni aveuglement politique. [...]
Préserver ces objectifs a été et reste la mission que nous dicte le 6 juin 1944. L'Europe a tiré les leçons du passé et je tiens à dire que nous, Allemands, nous les acceptons dans toute leur réalité. [...].

Discours de Gerhard Schröder, chancelier allemand, au mémorial de Caen, à l'occasion du 60e anniversaire du débarquement de Normandie, 6 juin 2004.

5 L'extrême droite négationniste

Manifestation néonazie, à Berlin, contre l'érection du mémorial aux Juifs assassinés *(Holocaust-Mahnmal)*, janvier 2000.

Pistes de travail

1. Rappelez l'objet de la visite du chancelier Brandt en Pologne. Quelle est la portée symbolique de son geste ? **(doc. 1)**
2. Pourquoi Martin Walser juge-t-il excessive l'évocation d'Auschwitz par les médias et les intellectuels ? Pourquoi a-t-il, d'après vous, déclenché une polémique ? **(doc. 2)**
3. Quelle mémoire sélective de la Seconde Guerre mondiale cette affiche de la propagande est-allemande s'attache-t-elle à transmettre ? **(doc. 3)**
4. Quelles leçons l'Allemagne doit-elle, selon le chancelier Schröder, tirer de son passé ? **(doc. 4)**
5. Quel écho cette manifestation d'extrême droite peut-elle, selon vous, rencontrer dans l'Allemagne d'aujourd'hui ? **(doc. 5)**

Coupables ou victimes ? Les Allemands face à leur passé

Il existe désormais un large consensus en Allemagne sur l'exigence d'un devoir de mémoire envers les victimes de la Shoah. La question est de savoir comment une telle exigence doit être transmise auprès des jeunes générations qui, à la différence des précédentes, ne se sentent plus coupables des crimes accomplis sous le IIIe Reich.

Par ailleurs, la mémoire officielle de la guerre qui, depuis la fin des années 1950, met l'accent sur la culpabilité collective des Allemands, n'a jamais effacé une mémoire familiale qui s'attache surtout à transmettre les souffrances qu'ils ont endurées pendant et après la Seconde Guerre mondiale. L'Allemagne peut-elle aujourd'hui rendre hommage à ses victimes sans être accusée, comme par le passé, de banaliser l'Holocauste et d'atténuer ses responsabilités face à l'Histoire ? Depuis les années 1990, c'est ainsi le sort des victimes allemandes, civiles et militaires, de la guerre, et non plus la question du génocide, qui alimente les plus vives controverses.

1 Pourquoi est-il vital de ne pas oublier ?

Pour nous, le 8 mai est avant tout une date qui nous rappelle ce que des êtres humains ont dû endurer. [...] Pour nous, les Allemands, le 8 mai n'est pas un jour de fête. Ceux qui ont assisté réellement à ce jour de 1945 en gardent des souvenirs tout à fait personnels et par là, extrêmement différents. Certains sont rentrés chez eux, d'autres ont perdu leur foyer, certains ont été libérés tandis que pour d'autres, c'était le début de la captivité. [...] Le 8 mai fut un jour de libération. Il nous a tous libérés de l'inhumanité et de la tyrannie du régime national-socialiste. [...] Le 8 mai est une journée de souvenir.

Se souvenir, c'est se remémorer un événement honnêtement et sans déformation. [...] Quiconque a ouvert les yeux et les oreilles et a cherché à s'informer n'a pu ignorer que l'on déportait des juifs. [...] Quand l'indicible vérité de l'Holocauste a éclaté au grand jour, [...] nous avons été trop nombreux à prétendre n'avoir rien su, n'avoir rien soupçonné. [...] Une nouvelle génération a grandi pour assumer des responsabilités politiques. Nos jeunes ne sont pas responsables de ce qui s'est passé il y a 40 ans. Mais ils sont responsables des conséquences historiques de ces actes. [...] Nous devons aider les jeunes à comprendre pourquoi il est vital de ne pas oublier. [...] En ce 8 mai, affrontons la vérité du mieux que nous le pouvons.

Discours du président de la RFA Richard von Weizsäcker à l'occasion de la commémoration du 8 Mai en 1985. Extrait de Dennis L. Bark et David R. Gress, *Histoire de l'Allemagne depuis 1945*, Robert Laffont, 1989.

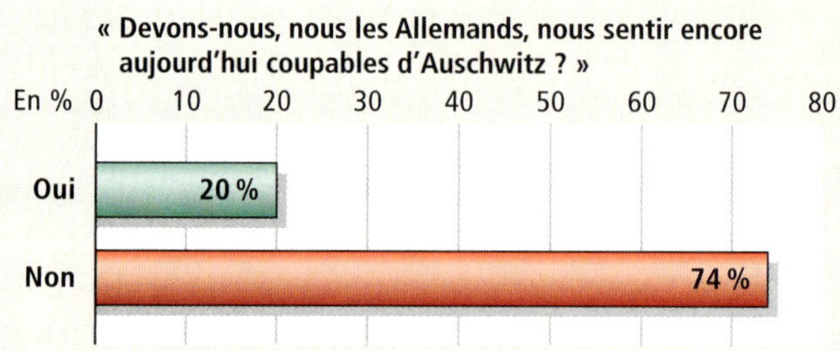

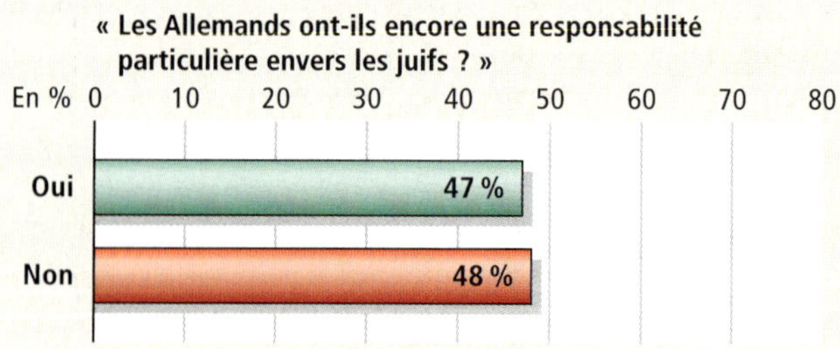

Le pourcentage résiduel est celui des sans opinion.

Source : Stern, janvier 2005 (sondage : Umfrage - Forsa).

2 Les Allemands face à leur passé

« 60 ans après le libération d'Auschwitz, le crime du millénaire et la question : devons-nous encore nous sentir coupables ? ». Couverture et sondage du *Stern*, janvier 2005.

3

Les crimes de la Wehrmacht à la une (1997)

L'hebdomadaire allemand consacre sa une à l'exposition sur « les crimes de la Wehrmacht » qui relance le débat sur la complicité des Allemands dans les violences commises sur le front oriental.

4 les Allemands doivent de nouveau « marcher la tête haute »

Ministre-président de Bavière de 1978 à 1988, Franz-Josef Strauß (1915-1988) a longtemps dirigé la CSU (Union chrétienne-sociale).

Il ne s'agit pas pour moi, [...] de nier d'un iota la culpabilité allemande. Cependant, je ne peux pas accepter cette attitude voulant que nous effacions de notre mémoire les méfaits et les crimes des autres, mais que jamais nous n'oubliions le mal perpétré par les Allemands. Il y a ici deux poids et deux mesures, et ainsi perpétuation à l'infini de la culpabilité allemande.

Je ne me sens pas concerné par le IIIe Reich, n'y ayant pas été impliqué personnellement. De même, j'ai toujours refusé ce terme de « culpabilité collective » du peuple allemand. [...] J'éprouvais une haine profonde contre les nazis, cependant j'étais aussi plein d'amertume envers les puissances occidentales qui n'ont pas coupé court à temps aux menées de Hitler. [...] Plus tard, je me suis insurgé contre les bombardements forcenés de l'Allemagne. J'étais scandalisé par les proportions et l'inhumanité des crimes commis par les Allemands au nom de l'Allemagne. Mais comme personnellement je ne pouvais me reprocher aucune action méritant l'ombre d'un blâme, je me sentais libre dans mon activité politique.
Cela n'a rien à voir avec un refoulement de la culpabilité allemande, si je suis convaincu que les Allemands devraient réapprendre à marcher normalement, la tête haute. Et là où notre responsabilité internationale est en jeu, nous n'avons pas le droit de nous dérober à nos devoirs en invoquant notre passé.

Franz-Josef Strauß, *Mémoires*, Berlin, 1989.

5 Auschwitz-Dresde : le risque d'une confusion entre bourreaux et victimes

De décennie en décennie, la mémoire de la Shoah s'est modifiée. Mais elle a changé de façon particulièrement marquée entre 1995 et 2005. Il y a 10 ans, l'interdit de l'après-guerre était à peine brisé [...]. Depuis lors, le thème d'Auschwitz a pratiquement quitté le terrain de la polémique en Allemagne. La question semble apaisée et même réglée. Réglée, la question de l'horreur inexplicable ? Une impression troublante, d'autant plus que les 10 ans qui ont défilé depuis 1995 ont été le théâtre d'un autre phénomène. Les Allemands sont en train de revenir sur leur histoire en tant que victimes et, d'une certaine façon, de mener ainsi leur deuil à son terme. Dans l'immédiat après-guerre, on avait beaucoup parlé des bombardements alliés et des expulsions[1].
En revanche, dans les années 1960, toute réflexion allant dans ce sens était soupçonnée de vouloir faire des coupables des victimes. [...] Cette suspicion de révisionnisme a été souvent invoquée avec raison et était à l'époque parfaitement justifiée. Mais on court malgré tout le risque de voir des glissements se produire dans l'opinion publique. Auschwitz, qui n'est ni caché, ni refoulé, ni contesté, se retrouve à l'arrière-plan, tandis que Dresde[2], constamment évoqué, passe au premier plan [...]. Il n'y a pas besoin du NPD[3] pour qu'Auschwitz soit menacé d'être englobé dans une histoire où l'on ne nie certes plus, mais qui n'ébranle plus personne jusque dans ses tréfonds, et où victimes et bourreaux se retrouvent à peu près sur le même plan.

Bernd Ulrich, *Die Zeit*, février 2005.

1. 12 millions d'Allemands furent expulsés en 1945 des anciens territoires de l'Est et des pays qui avaient été annexés par Hitler.
2. Dresde est anéanti par un raid aérien anglo-saxon le 13 et 14 février 1945 qui fait au moins 35 000 victimes.
3. Parti d'extrême droite qui pratique l'amalgame entre le bombardement de Dresde, qualifié d'« holocauste à la bombe », et le génocide juif.

Pistes de travail

1. Quel doit être, pour le président Weizsäcker, le sens de la commémoration du 8 Mai 1945 ? Pensez-vous que, 20 ans après, ce discours puisse encore être entendu par les jeunes générations ? **(doc. 1)**

2. Comment expliquez-vous la large couverture médiatique de l'exposition consacrée aux crimes de la Wehrmacht ? **(doc. 3)**

3. Pourquoi Franz-Josef Strauß réfute-t-il toute idée de culpabilité collective du peuple allemand ? **(doc. 4)**

4. Soulignez les convergences et les divergences entre les propos du dirigeant bavarois et ceux du président Weizsäcker. **(doc. 1 et 4)**

5. Comment la mémoire de la Shoah a-t-elle évolué en Allemagne dans la période récente ? Pourquoi le souvenir du bombardement allié de Dresde reste-t-il aujourd'hui l'objet de polémiques ? **(doc. 2 et 5)**

Pour conclure

6. En quoi l'attitude des Allemands par rapport à leur passé a-t-elle changé au cours des 20 dernières années ?

Chapitre 3

Les débuts de la guerre froide : un nouveau conflit divise l'Europe (1945-1949)

Pour les populations européennes, les décennies qui suivent la Seconde Guerre mondiale sont marquées par la division politique du continent.

D'un côté, les États de l'Ouest se sentent membres du « monde libre », communauté de valeurs caractérisée par la démocratie, les libertés fondamentales, l'économie de marché et guidée par les États-Unis.

De l'autre, les États de l'Est doivent, en tant que démocraties populaires, adopter les idéaux du marxisme-léninisme. Ils sont souvent dans un rapport de subordination étroite à l'égard de l'URSS. Sur le modèle soviétique, ces États doivent réaliser l'idéal d'une société sans classes dans le cadre d'une économie planifiée, sous la direction du Parti communiste.

- Pourquoi les deux camps, unis dans la lutte contre le nazisme, sont-ils entrés dans une confrontation de plusieurs décennies ?
- Quelles sont les répercussions de la guerre froide sur la réorganisation de l'Europe et du monde après 1945 ?

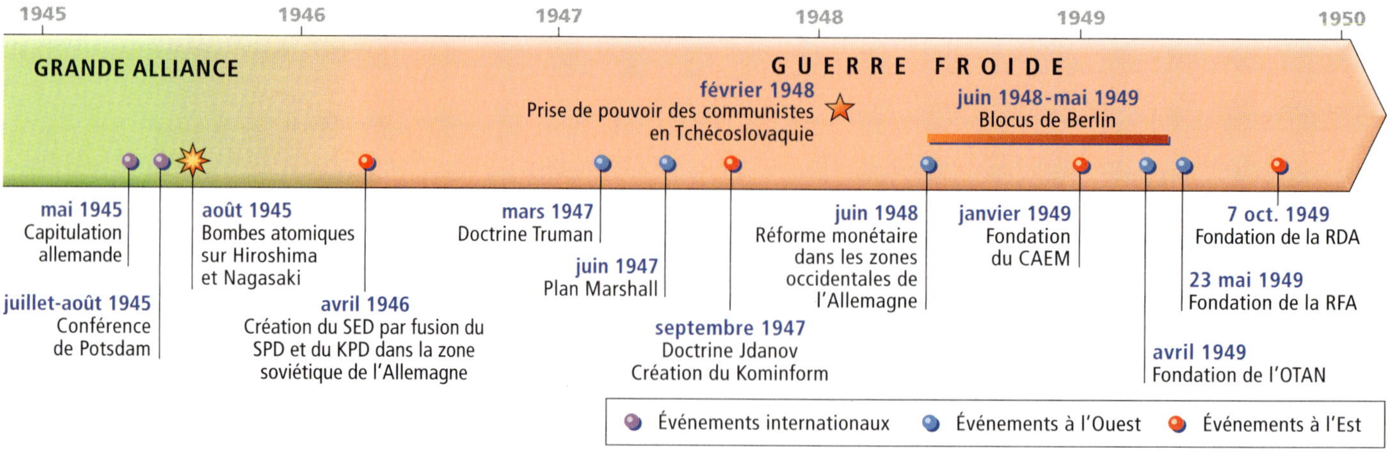

1 Du combat commun contre l'Allemagne de Hitler…

Affiche soviétique réalisée pendant la Seconde Guerre mondiale. « Frappons ensemble ! » titre l'affiche.

2 … au conflit idéologique

Couverture d'un *comic book* (bande dessinée) américain distribué à plus de 4 millions d'exemplaires (1947).

1. L'éclatement de la Grande Alliance

Comment évoluent les relations entre l'URSS et les puissances occidentales après leur victoire commune contre l'Allemagne de Hitler ?

Une alliance d'intérêts fragile

La Grande Alliance qui lie les puissances occidentales et l'Union soviétique est une coalition d'intérêts dont l'objectif est d'écraser l'Allemagne nazie. Mais, dès la fin de la guerre, les démocraties occidentales émettent des réserves sur une coopération durable avec l'Union soviétique.

Les différences idéologiques mises à part, cette méfiance se fonde avant tout sur le souvenir du partage de la Pologne convenu entre Staline et Hitler (1939) et sur l'annexion soviétique des États baltes en 1940. De son côté, Staline soupçonne les États-Unis d'avoir sciemment affaibli l'Union soviétique en différant longtemps le débarquement allié à l'Ouest.

L'expansion soviétique en Europe centrale et orientale

Durant la dernière phase de la guerre, il apparaît clairement que l'Union soviétique n'a pas l'intention de respecter le droit des peuples à disposer d'eux-mêmes. C'est pourtant un principe sur lequel insistent les puissances occidentales. Ainsi, dès l'été 1944, Staline reconnaît comme seule autorité politique en Pologne un gouvernement communiste fondé sous l'influence soviétique, le Comité polonais de libération nationale, également désigné par le nom de « Comité de Lublin ». Staline refuse le retour du gouvernement démocratique légitime exilé à Londres.

Après la fin de la guerre, les dirigeants soviétiques poursuivent sans répit l'installation de gouvernements dominés par les communistes dans les pays soumis à leur influence. La solidité des liens qui unissent les États occupés à l'Union soviétique est assurée tant par des traités d'alliances bilatéraux que par les liens étroits de nombreux partis communistes nationaux avec le PCUS. À cet effet, le « bureau d'information des partis communistes et ouvriers » (Kominform) est créé en septembre 1947 sous la direction de Moscou.

Certains États socialistes échappent cependant à la tutelle soviétique. La Yougoslavie, qui n'a jamais été occupée par l'Armée rouge, tient à son indépendance. Sous la direction du maréchal Tito qui rompt avec Moscou en 1948, elle s'efforce de trouver sa propre voie dans le socialisme, le titisme.

La réponse américaine : l'endiguement

Aux États-Unis, au cours des années 1946-1947, la nécessité de contrer la politique de l'Union soviétique par une stratégie d'endiguement (« *containment* » en anglais) s'impose. Ainsi, à l'Ouest, à partir de 1947, le terme de « guerre froide » passe dans le langage courant pour qualifier les relations Est-Ouest.

En juin 1947, le secrétaire d'État américain aux Affaires étrangères George Marshall, annonce un vaste programme de soutien à l'économie européenne, le plan Marshall. Sa dénomination officielle est *European Recovery Program* (ERP), qui signifie « programme de redressement européen ». Son objectif est d'assurer la stabilité politique et économique des États européens pour réduire ainsi les possibilités d'influence de Moscou. Il est ouvert à tous les États européens à l'Est comme à l'Ouest, mais il est boycotté sur ordre de Staline par les gouvernements d'Europe centrale et orientale. Lorsqu'en 1948, les puissances occidentales introduisent une nouvelle monnaie commune, le Deutsche Mark, dans leur zone d'occupation en Allemagne, l'Union soviétique répond en bloquant les voies d'accès à Berlin-Ouest, qui doit être approvisionné pendant plusieurs mois par un pont aérien **(voir dossier pp. 102-103)**.

Les mesures et contre-mesures occidentales et soviétiques se répondent donc mutuellement et accentuent la division de l'Europe.

1

« L'Est rencontre l'Ouest »

Un soldat soviétique et un soldat américain à Torgau, sur l'Elbe, en avril 1945. L'Armée rouge et l'armée américaine ont chacune terminé leur avancée sur le territoire allemand et se rejoignent au centre de l'Allemagne.

Vocabulaire

- **Bilatéral** : qui désigne une relation entre deux États.
- **PCUS** (Parti communiste de l'Union soviétique) : parti unique de l'Union soviétique qui sert de modèle aux autres partis communistes dans les démocraties populaires et décide de leur ligne de conduite.
- **Titisme :** du nom du maréchal Tito qui dirige la Yougoslavie de 1945 à 1980 ; type de socialisme propre à la Yougoslavie, qui tolère certains éléments de l'économie de marché parallèlement au principe d'autogestion par la classe ouvrière, et qui accorde aux différents groupes ethniques du pays des droits permettant une importante autonomie.

Notions clés

- **Endiguement :** *containment* en anglais ; politique engagée par Truman à partir de mars 1947 afin d'empêcher les partis communistes de prendre le pouvoir dans plusieurs pays ; les instruments essentiels de cette politique étaient l'aide économique et le soutien militaire aux forces anti-communistes (par exemple en Grèce).
- **Guerre froide :** expression inventée par le journaliste américain Walter Lippmann pour désigner la tension internationale prolongée entre l'Est et l'Ouest. Elle ne va pas jusqu'au conflit armé en raison de la dissuasion nucléaire.

2 Déclaration sur l'Europe libérée

Le Premier ministre de l'Union des républiques socialistes soviétiques, le Premier ministre du Royaume-Uni et le président des États-Unis d'Amérique se sont consultés dans l'intérêt commun des peuples de leurs pays respectifs et de ceux de l'Europe libérée. Ils déclarent ensemble leur volonté commune de mettre en accord, pendant la période temporaire d'instabilité de l'Europe libérée, les politiques de leurs trois gouvernements [...]. L'établissement de l'ordre en Europe et la reconstruction de la vie économique nationale devront être réalisés par des voies qui permettront aux peuples libérés de détruire les derniers vestiges du nazisme et du fascisme et de créer des institutions démocratiques de leur choix. Tel est le principe de la charte de l'Atlantique : droit de tous les peuples à choisir la forme de gouvernement sous lequel ils désirent vivre, restauration des droits souverains et de l'autonomie chez les peuples que des pays agresseurs en ont privés par la force.

Extrait du rapport de la conférence de Yalta, 3-11 février 1945.

3 **Coup d'État à Prague (1948)**

En février 1948, les communistes prennent le pouvoir en Tchécoslovaquie avec le soutien soviétique. C'est ce qu'on appelle le « coup de Prague ».

4 La Seconde Guerre mondiale vue par Staline (avril 1945)

Cette guerre n'est pas semblable aux guerres du passé ; quiconque occupe un territoire, lui impose aussi son propre système social. Chacun introduit son propre système aussi loin que son armée peut avancer. Il ne saurait en être autrement.

Milovan Djilas, *Conversations avec Staline*, Actes Sud, 1962.

5 Le « rideau de fer »

Dans un télégramme du 12 mai 1945, le Premier ministre britannique Churchill livre au président américain Truman son appréciation de la situation européenne.

J'ai toujours travaillé pour l'amitié avec la Russie, mais tout comme vous, j'éprouve une grande anxiété en raison de leur mauvaise interprétation des accords de Yalta, de leur attitude vis-à-vis de la Pologne, de leur écrasante influence dans les Balkans sauf en Grèce, des difficultés qu'ils font à Vienne, de la combinaison entre la puissance russe et les territoires qu'ils contrôlent ou occupent, le tout couplé à l'utilisation de la technique communiste dans de nombreux pays, et par-dessus tout, à leur capacité à maintenir déployées de très fortes armées pour une longue période. [...]

Un rideau de fer est descendu devant eux. Nous ne savons pas ce qui se passe derrière. Nul doute que l'ensemble des régimes qui se trouvent à l'est d'une ligne Lubeck-Trieste-Corfou seront bientôt totalement dans leurs mains. À cela, il faut ajouter la large zone conquise, plus loin, par les armées américaines entre Eisenach et l'Elbe, qui sera je le suppose occupée dans quelques semaines par la puissance soviétique, quand les Américains s'en retireront. Toutes mesures doivent être prises par le général Eisenhower pour prévenir une autre fuite massive de la population allemande vers l'Ouest au fur et à mesure de l'avancée moscovite au centre de l'Europe. [...] Une large bande de plusieurs centaines de kilomètres de territoires sous occupation russe nous isolera dès lors de la Pologne.

Télégramme de Churchill à Truman,12 mai 1945.

Pistes de travail

1. Quelles sont les principales lignes politiques de la « déclaration sur l'Europe libérée » ? **(doc. 2)**
2. Comparez ces éléments avec les propos de Staline sur la Seconde Guerre mondiale. **(doc. 2 et 4)**
3. Replacez le télégramme de Churchill à Truman dans le contexte historique de l'année 1945. **(doc. 5)**
4. Qu'est-ce que l'image du « rideau de fer » évoque pour vous ? Essayez d'expliquer pourquoi Churchill l'a choisie. **(doc. 5)**
5. Rédigez une réponse soviétique à l'analyse de Churchill.

2. La naissance d'un ordre international bipolaire

Comment la division de l'Europe et du monde s'est-elle traduite sur le plan idéologique ?

Un nouveau rapport de forces

La Seconde Guerre mondiale a profondément modifié les rapports de forces entre les États. Pendant les premières années de l'après-guerre se dessine un nouvel ordre international. La politique internationale n'est plus organisée par le système multipolaire des puissances européennes. Désormais, les tensions bipolaires entre deux blocs, « l'Ouest » sous la direction américaine et « l'Est » dominé par les Soviétiques, rythment les relations internationales.

Sur le plan militaire, le conflit Est-Ouest se stabilise finalement avec la naissance de deux systèmes d'alliances. En 1949, l'Organisation du traité de l'Atlantique Nord (OTAN) est fondée sous direction américaine. En 1955, l'Union soviétique et ses États satellites répondent en fondant le pacte de Varsovie. La détention d'armes atomiques des deux côtés (aux États-Unis depuis 1945, en Union soviétique à partir de 1949) contribue considérablement à ce que le conflit ne débouche jamais sur des combats directs entre les superpuissances (voir dossier pp. 76-77).

Cependant, certains États échappent à la bipolarité. La Yougoslavie suit sa propre voie, le titisme (voir leçon p. 48). Puis elle devient le leader du mouvement des non-alignés, auquel adhèrent de nombreux États du Tiers-Monde (voir leçon pp. 92-93).

D'un monde uni à un monde bipolaire

Après la guerre, le président américain Roosevelt espère, en accord avec les autres Alliés, pouvoir bâtir un ordre international pacifique sur la base du droit des peuples à disposer d'eux-mêmes. L'idéal de Roosevelt d'un monde uni, « *one world* », trouve son expression durable dans la fondation de l'ONU en avril 1945 (voir dossier pp. 18-19).

Son successeur, Truman, considère de plus en plus que la paix et la démocratie ne peuvent être garanties avec le concours de l'Union soviétique, mais seulement en résistant à celle-ci, compte tenu de l'expansion soviétique en Europe. C'est le sens de la doctrine Truman, présentée par le président en mars 1947 devant le Congrès américain. Le plan Marshall annoncé en juin 1947 fait écho à cette doctrine sur le plan économique (voir dossier pp. 52-53).

L'Union soviétique répond en septembre 1947 par la « théorie des deux camps » de Jdanov, qui appelle les États alliés à Moscou à rester unis face aux « impérialistes anglo-américains ».

La bipolarité : deux visions du monde

Les divergences idéologiques entre l'Union soviétique et les démocraties occidentales existaient déjà bien avant la Seconde Guerre mondiale. Mais la doctrine Truman et la doctrine Jdanov contribuent à un raidissement du conflit idéologique. Des deux côtés, on considère de plus en plus la division du monde comme une situation durable qui résulte de la concurrence entre deux modèles de société (voir repères pp. 66-67).

Cela n'empêche pas les États-Unis comme l'Union soviétique de se référer au même idéal : la démocratie. Mais les définitions américaine et soviétique de ce terme divergent totalement. Du point de vue communiste, il s'agit d'une forme d'organisation politique au service des intérêts collectifs « du peuple », qui supprime l'inégalité sociale et qui vise à la création d'une société sans classes. Du point de vue libéral occidental, la démocratie est au contraire un ordre étatique et social qui permet à chacun de participer à la vie politique et qui protège les libertés individuelles.

1

Harry S. Truman (1884-1972)

Président des États-Unis de 1945 à 1953.

2

Andrei Alexandrovitch Jdanov (1896-1948)

Membre du Comité central et du bureau politique du PCUS, il fait partie des dirigeants soviétiques et dirige le Kominform.

Vocabulaire

- **Multipolaire/Bipolaire :** qualifie un monde où existent plusieurs pôles de pouvoir (système multipolaire), ou deux pôles de pouvoir (système bipolaire) et non un seul (système unipolaire).
- **OTAN** (Organisation du traité de l'Atlantique Nord) : fondée en 1949 pour souder militairement le bloc occidental de part et d'autre de l'Atlantique Nord.
- **Pacte de Varsovie :** alliance politico-militaire conclue en 1955 entre l'URSS et les pays communistes d'Europe centrale et orientale à l'exception de la Yougoslavie, en réponse à l'OTAN. Dissous en 1991, il a été surtout un instrument de la domination de l'URSS sur ses « pays frères ».

Notions clés

- **Non-alignement :** politique neutraliste de refus de toute intégration aux deux grands blocs. Adoptée en 1956 par Tito, Nehru et Nasser, elle donne naissance en 1961, lors de la conférence de Belgrade, au mouvement des non-alignés.
- **Société sans classes :** objectif du communisme, la société sans classes est mise en place, selon la théorie marxiste, par une dictature provisoire du prolétariat, aboutissement de la révolution.

3 La doctrine Truman

Récemment, des régimes totalitaires ont été imposés contre leur volonté aux peuples d'un certain nombre d'États. Le gouvernement des États-Unis n'a cessé de protester contre la contrainte et les intimidations commises en Pologne, en Roumanie et en Bulgarie, qui contreviennent aux accords de Yalta. [...]

À l'heure actuelle de l'histoire mondiale, presque chaque nation doit choisir entre deux modes de vie alternatifs. Trop souvent, pourtant, ce choix ne se fait pas librement.

Le premier mode de vie repose sur la volonté de la majorité et il est caractérisé par des institutions libres, un gouvernement représentatif, des élections libres, des garanties assurant la liberté individuelle, la liberté de parole et de religion, et l'absence de toute oppression politique.

L'autre mode de vie repose sur la volonté d'une minorité imposée par la force à la majorité. Il s'appuie sur la terreur et l'oppression, une presse et une radio contrôlées, sur des élections truquées et la suppression des libertés personnelles.

Je crois que la politique des États-Unis doit consister à soutenir les peuples libres qui résistent à des tentatives d'asservissement par des minorités armées, ou à des pressions venues de l'extérieur. Je crois que nous devons aider tous les peuples libres à déterminer eux-mêmes leur destin. Ce que j'entends par un tel soutien, c'est essentiellement une aide économique et financière qui constitue la base de la stabilité économique et d'une vie politique cohérente.

Discours du président américain Truman devant les deux chambres du Congrès américain, 12 mars 1947.

4 La doctrine Jdanov

C'est autour de la tâche consistant à assurer la paix démocratique juste que s'est opéré le ralliement de toutes les forces du camp anti-impérialiste et antifasciste. C'est sur cette base qu'a pris naissance et que s'est renforcée la coopération amicale de l'URSS avec les pays démocratiques à l'égard de tous les problèmes de politique extérieure. Ces pays, et tout d'abord les pays de la nouvelle démocratie – la Yougoslavie, la Pologne, la Tchécoslovaquie, l'Albanie, qui ont joué un rôle important dans la guerre libératrice contre le fascisme, ainsi que la Bulgarie, la Roumanie, la Hongrie, partiellement la Finlande, qui ont rejoint le front antifasciste –, sont devenus dans l'après-guerre, de fermes combattants pour la paix, pour la démocratie, pour la liberté et l'indépendance contre toutes les tentatives menées par les États-Unis et l'Angleterre pour faire retourner leur développement en arrière et les placer de nouveau sous le joug impérialiste. [...]

Déjà, pendant la Seconde Guerre mondiale, en Angleterre et aux États-Unis, l'activité des forces réactionnaires s'est accrue infailliblement, s'efforçant de briser l'action coordonnée des puissances alliées, de faire traîner la guerre en longueur, de saigner à blanc l'URSS et de sauver les agresseurs fascistes de la débâcle complète.

Le sabotage du deuxième front de la part des impérialistes anglo-saxons, Churchill en tête, reflétait nettement cette tendance [...]. Mais, tant que la guerre durait, les cercles réactionnaires d'Angleterre et des États-Unis n'osaient pas intervenir ouvertement contre l'Union soviétique et les pays démocratiques, comprenant très bien que, dans tous les pays, la sympathie des masses populaires allait sans réserve à l'URSS et aux pays démocratiques.

Discours de Jdanov lors de la fondation du Kominform, 22 septembre 1947.

5

La guerre des mots

De gauche à droite, on peut lire sur les massues : fascisme, aristocratie terrienne, démocratie, bourgeois aisés, réaction, puis de l'autre côté, démocratie, coup de poignard, terreur, propagande. Caricature ouest-allemande de Mirko Szewczuk, 1947.

Pistes de travail

1. Comparez le discours de Truman avec la politique soviétique en Europe de l'Est. **(doc. 3)**
2. Quel rôle Truman assigne-t-il aux États-Unis ? **(doc. 3)**
3. Quels reproches Jdanov fait-il aux États occidentaux ? **(doc. 4)**
4. Qu'entend Jdanov par « pays démocratiques » ? **(doc. 4)**
5. Identifiez les deux camps dans la caricature. Expliquez pourquoi le mot « démocratie » se trouve des deux côtés. **(doc. 5)**

Pour conclure

6. Rédigez un dialogue entre un diplomate soviétique et un diplomate américain sur les causes de la division de l'Europe.

Dossier
Le plan Marshall

Le 5 juin 1947, le secrétaire d'État américain aux Affaires étrangères, George Marshall, propose un vaste programme d'aide à l'économie européenne. L'*European Recovery Program* (ERP) – connu sous le nom de plan Marshall – est le versant économique de la doctrine Truman.

À Washington, on espère que des pays économiquement stabilisés et liés aux États-Unis par l'aide américaine échapperont à l'emprise soviétique. C'est précisément parce qu'il craint les effets de cette stratégie que Staline interdit aux États sous contrôle soviétique de participer à ce programme.

Seuls 17 pays occidentaux profitent de l'aide américaine. Jusqu'en 1952, les exportations américaines vers l'Europe, dans le cadre du plan Marshall, s'élèvent à environ 13 milliards de dollars. La réponse socialiste au plan Marshall est la fondation en 1949 du Conseil d'assistance économique mutuelle (CAEM).

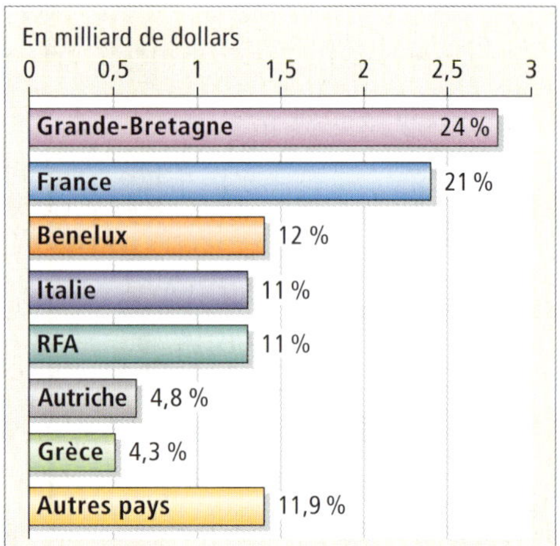

Source : Gérard Bossuat, *L'Europe occidentale à l'heure américaine*, Éditions Complexe, 1992.

1 Les bénéficiaires de l'aide américaine (dons uniquement)

2 « Ici, aide du plan Marshall »

Le plan Marshall facilite l'intégration rapide de l'Allemagne de l'Ouest dans l'économie mondiale et contribue à organiser l'économie sociale de marché.
Le programme exige une coopération entre les pays européens qui bénéficient de cette aide et la réduction des obstacles commerciaux. En participant aux activités de l'Organisation européenne de coopération économique (OECE), qui a été créée pour répartir l'aide Marshall, l'Allemagne de l'Ouest redevient un acteur des relations européennes et transatlantiques.

3 Les objectifs du plan Marshall

Le 5 juin 1947, dans un discours prononcé à l'université de Harvard, Marshall présente les idées essentielles d'un programme destiné à soutenir l'économie européenne.

Notre politique n'est dirigée contre aucun pays, aucune doctrine, mais contre la famine, la pauvreté, le désespoir et le chaos. Son but doit être la renaissance d'une économie active dans le monde, afin que soient créées les conditions politiques et sociales où de libres institutions puissent exister. [...] Toute aide que ce gouvernement pourra apporter à l'avenir devrait être un remède plutôt qu'un simple palliatif. Tout gouvernement qui veut aider à la tâche de la reprise économique jouira, j'en suis sûr, de la plus entière coopération de la part du gouvernement des États-Unis. Tout gouvernement qui intrigue pour empêcher la reprise économique des autres pays ne peut espérer recevoir notre aide. De plus, les gouvernements, les partis et les groupes politiques qui cherchent à perpétuer la misère humaine pour en tirer un profit sur le plan politique ou sur les autres plans se heurteront à l'opposition des États-Unis.

4 « Hissons toutes nos couleurs ! »

Affiche pour le plan Marshall, réalisée par la Haute-Commission alliée (organe suprême des trois Alliés occidentaux en RFA), 1950.

5 L'antiaméricanisme des communistes

Affiche du Parti communiste français contre le plan Marshall, 1947.

6 La réponse soviétique au plan Marshall

Le ministre soviétique des Affaires étrangères, Molotov, fait savoir le 2 juillet 1947 aux puissances occidentales que l'Union soviétique refuse une organisation européenne qui répartirait l'aide américaine.

Il apparaît très clairement, au vu des tâches qui sont confiées à cette organisation ou au « comité d'organisation », que les pays européens se trouveraient placés sous son contrôle et perdraient leur indépendance nationale et économique, parce que cela convient à certaines grandes puissances. [...] Où cela va-t-il mener ?

Aujourd'hui on pourrait faire pression sur la Pologne pour qu'elle produise plus de charbon, même au détriment d'autres secteurs de son industrie, parce que c'est dans l'intérêt de certains pays européens ; demain on dira que la Tchécoslovaquie doit augmenter sa production agricole et réduire son industrie d'équipement et on lui proposera des machines en provenance d'autres pays européens désireux de vendre des biens à des prix plus élevés.

7 Des réponses européennes possibles au plan Marshall

L'éditorial du journal Le Monde *débat d'une organisation européenne susceptible de répartir l'aide économique américaine.*

Les avantages d'un groupement européen face à l'Amérique ne sont plus à démontrer. Sans doute serait-il excessif de prétendre [...] que les peuples d'Europe unis dicteraient leurs conditions au gouvernement américain. Mais ils auraient certainement plus de force pour faire valoir leur point de vue. Cette force résultant de l'union deviendrait-elle un fait définitif, qui pourrait se manifester non seulement à l'égard de la grande puissance de l'Ouest mais à l'égard de l'Est ? Faut-il croire que ce serait là la raison qui rend cette union indésirable aux yeux de certains ? [...] Ceux qui veulent se grouper devront le faire, s'il est vrai que la proposition de M. Marshall exige une réponse et que nous ne sommes pas prêts, nous ni beaucoup d'autres, à renoncer à l'aide américaine.

« Les avantages d'un groupement européen », *Le Monde*, 12 juin 1947.

Pistes de travail

1. Quelle est la signification du plan Marshall dans la mémoire allemande de l'après-guerre ? **(doc. 1 à 3)**

2. Selon vous, la phrase soulignée traduit-elle bien les objectifs des États-Unis ? **(doc. 3)**

3. Comparez ces deux affiches sur le plan Marshall : quelles sont leurs intentions ? **(doc. 4 et 5)**

4. Quels arguments Molotov avance-t-il pour refuser le plan Marshall ? **(doc. 6)** Quel lien peut-on établir entre ces arguments et la politique étrangère soviétique ? **(doc. 6)**

5. Quelle est la position de l'éditorial du journal *Le Monde* sur le plan Marshall ? **(doc. 7)**

3. L'Allemagne occupée entre l'Est et l'Ouest

Quelles sont les répercussions de la guerre froide sur la politique des Alliés à l'égard de l'Allemagne ?

La rupture Est-Ouest

Lors de la conférence de Potsdam de l'été 1945, les Alliés décident d'administrer ensemble l'Allemagne et de la considérer comme une seule entité. Rapidement, il est pourtant évident que les Alliés mènent chacun dans leur zone des politiques très différentes. Ainsi la politique qu'ils conduisent à l'égard de l'Allemagne fait écho aux tensions politiques et idéologiques qui caractérisent les débuts de la guerre froide.

Dans la zone d'occupation soviétique, l'administration militaire entend édifier une démocratie populaire en s'appuyant sur les communistes allemands.

Les États-Unis, en revanche, agissent en accord avec la Grande-Bretagne – et plus tard aussi avec la France – pour intégrer économiquement et politiquement les trois zones occidentales d'occupation dans le système économique et de sécurité mené par les Américains.

La zone soviétique : une évolution vers le socialisme ?

L'administration militaire soviétique autorise dès juin 1945 la fondation de partis politiques, tout en favorisant les communistes fidèles à Moscou, comme le « groupe Ulbricht ». En avril 1946, le SPD et le KPD fusionnent sous la pression de l'administration militaire soviétique pour devenir le Parti socialiste unifié (SED). Wilhelm Pieck (jusqu'alors membre du KPD) et Otto Grotewohl (jusqu'alors membre du SPD) assument ensemble la présidence du parti. Avec cette fusion, le puissant SPD cesse d'être une force indépendante. Après des élections municipales et régionales décevantes pour le SED, l'administration militaire soviétique décide de ne plus autoriser d'élections libres. Les partis rassemblés dès 1945 dans un « bloc anti-fasciste » sont désormais obligés de constituer une liste commune de candidats (voir leçon pp. 258-259).

Sous prétexte de lutter contre le fascisme, l'économie et la société sont aussi profondément restructurées. Depuis 1945, les grands propriétaires terriens sont expropriés dans le cadre d'une réforme foncière ; les entreprises industrielles connaissent ensuite le même sort, leurs propriétaires sont traités sans distinction de « criminels de guerre nazis ». Les objectifs de ces mesures sont la collectivisation et la planification de l'économie sur le modèle soviétique.

Dans les zones occidentales : démocratie parlementaire et économie de marché

La réorganisation de la vie politique et économique se réfère d'emblée au modèle de la démocratie libérale. Lors des élections, d'abord au niveau de la commune, puis de l'État-région (Land), les Allemands ont désormais la possibilité de choisir librement parmi des candidats appartenant à différents partis.

Dans le domaine économique, les trois puissances alliées (États-Unis, Grande-Bretagne, France), prennent des décisions importantes. En juin 1948, la réforme monétaire et la mise en œuvre du plan Marshall sont des jalons décisifs vers l'économie de marché.

Enfin, le 1er juillet 1948, les puissances d'occupation occidentales donnent mission aux ministres-présidents des États-régions (Länder) de fonder un État fédéral ouest-allemand. Un an plus tard, le 23 mai 1949, le Conseil parlementaire de Bonn adopte la Loi fondamentale de la République fédérale d'Allemagne (RFA). Le 15 septembre, Konrad Adenauer est élu chancelier (voir leçon pp. 252-253).

Les dirigeants soviétiques et le SED répondent à cette décision le 7 octobre 1949 en fondant la République démocratique allemande (RDA). La division de l'Allemagne est ainsi scellée au niveau étatique : deux États allemands distincts sont nés.

Vocabulaire

- **Conseil parlementaire :** assemblée de représentants des parlements régionaux (les Landtage) par les Allemands des trois zones occidentales à qui les Alliés occidentaux confient la mission d'élaborer une constitution allemande.
- **KPD** (*Kommunistische Partei Deutschlands*) : Parti communiste allemand ; parti révolutionnaire qui veut réaliser la société sans classes par la dictature du prolétariat.
- **Réforme foncière :** expropriation des propriétés foncières privées dans la zone soviétique (à partir de 1945), dans le cadre de la propagande antifasciste.
- **Réforme monétaire :** remplacement du Reichsmark, fortement dévalué par l'inflation, par une nouvelle monnaie stable, le Deutsche Mark.
- **SED** *(Sozialistische Einheitspartei Deutschlands)* : Parti socialiste allemand unifié ; créé en 1946 par la fusion du SPD et du KPD. Le SED reste au pouvoir en RDA jusqu'en 1990.
- **SPD** *(Sozialdemokratische Partei Deutschlands)* : Parti social-démocrate allemand ; parti réformiste qui cherche à réaliser la justice sociale dans le cadre de la démocratie parlementaire.

Notions clés

- **Collectivisation :** dans les pays communistes, nationalisation des biens privés et des biens de production. Par exemple, expropriation des terres au profit d'une exploitation agricole collective et regroupement des entreprises artisanales en coopératives de production.
- **Démocratie populaire :** nom donné par les Soviétiques aux régimes communistes en Europe centrale et orientale, par opposition aux démocraties libérales qu'ils qualifient de « bourgeoises ». Ces démocraties populaires sont en fait des dictatures.
- **Planification :** élaboration d'un plan dans lequel l'État fixe les objectifs économiques à atteindre. La planification peut être impérative (URSS) ou indicative (France).

1 Expropriation des criminels de guerre dans la zone soviétique

En Saxe, un référendum sur l'expropriation des grandes entreprises appartenant aux criminels de guerre nazis a lieu le 30 juin 1946. Le texte stipule : « Plébiscite contre les criminels de guerre. Pensez à ce qu'ils ont fait. Votez "oui" pour garantir la paix. » Affiche allemande, 1946.

2 Rééducation politique dans la zone américaine

« L'Allemagne est à la croisée des chemins. Ton exemple les mène-t-il sur la bonne voie ? » Sur le panneau de droite, on lit : « Justice, respect du droit des autres, honnêteté, démocratie, paix, une nation respectée ». Sur le panneau de gauche, on lit : « Ressentiment contre les Américains, persécution des minorités, irrespect pour l'armée américaine, mépris pour la démocratie, marché noir, une nation exclue ». Affiche de l'armée américaine, 1947.

3 « Reconstruction démocratique » à l'Est ?

En 1945, le communiste Walter Ulbricht quitte Moscou où il était exilé et retourne en Allemagne. Le « groupe Ulbricht » qu'il dirige au nom du gouvernement militaire soviétique joue un rôle déterminant dans la construction d'un régime socialiste dans la zone orientale. Dix ans plus tard, son ancien collaborateur Wolfgang Leonhard, passé à l'Ouest, raconte la reconstruction de l'administration berlinoise.

Ulbricht nous donna de nouvelles directives : « Vous connaissez maintenant suffisamment de monde. Dès demain, nous pouvons commencer la composition de l'administration. Trouvez d'abord le maire. Si vous tenez un bourgeois ou un social-démocrate, vous en trouverez sûrement d'autres. Et maintenant, venons-en à nos camarades. Le premier adjoint au maire, le chef du personnel et le chef du service éducation – ceux-là doivent être des gens à nous. Ensuite, il faudra que vous trouviez encore un camarade très fiable dans chaque district dont nous aurons besoin pour la construction de la police ». […] Après environ une demi-heure, Ulbricht interrompit la discussion. Dans un bon saxon classique, il nous donna l'ultime directive : « C'est quand même très clair : il faut que cela ait l'air démocratique, mais nous devons avoir tout en main. »

W. Leonhard, *Die Revolution entlässt ihr Kinder (La Révolution laisse partir ses enfants)*, Verlag Kiepenheuer & Witsch, Cologne, 1955.

4 La division de l'Allemagne : une solution ?

L'ambassadeur américain à Moscou, George F. Kennan, analyse la situation allemande dans une prise de position adressée au gouvernement américain.

L'idée de vouloir gouverner l'Allemagne en commun avec les Russes est une chimère […]. Nous n'avons pas d'autre choix que d'amener notre partie d'Allemagne, celle dont nous assurons la responsabilité avec les Britanniques, à une forme d'indépendance tellement satisfaisante, tellement sûre et tellement préférable, que l'Est ne puisse pas la mettre en danger […]. Plutôt une Allemagne démembrée, dont au moins la partie occidentale est comme un butoir pour les forces du totalitarisme, qu'une Allemagne unie qui laisse à nouveau passer ces forces jusqu'à la mer du Nord. […] Au fond, nous sommes en Allemagne les concurrents des Russes. Pour tout ce qui nous importe vraiment dans notre zone, nous ne devrions faire aucune concession dans la Commission de contrôle.

G. F. Kennan, *Mémoires d'un diplomate*, Boston-Toronto, 1967.

Pistes de travail

1. Quels sont les thèmes utilisés par le dessinateur ? **(doc. 1)**

2. Comparez les deux affiches. Dans quelle mesure le passé nazi est-il traité différemment dans les deux parties de l'Allemagne ? **(doc. 1 et 2)**

3. Comment sont prises les décisions dans la zone d'occupation soviétique ? **(doc. 1 et 3)**

4. Replacez les propos de Kennan dans la politique allemande des États-Unis des années 1945 à 1949. **(doc. 4)**

Dossier
La France et l'Union soviétique au début de la guerre froide

La guerre froide a des conséquences importantes en France. Les communistes français, en raison de leur engagement dans la Résistance, jouissent d'un grand prestige au sein de la population.

À travers le Parti communiste français (première force politique avec 26 % des voix en 1945), qui participe jusqu'en 1947 au gouvernement, l'Union soviétique exerce une influence sur la vie politique française. Par ailleurs, Staline tente dès avant la fin de la guerre d'utiliser les tensions qui existent entre le gouvernement du général de Gaulle et ses alliés occidentaux pour empêcher la constitution d'un bloc occidental à tendance antisoviétique.

Par sa dimension idéologique, la guerre froide marque aussi la vie intellectuelle et culturelle en France. Intellectuels et artistes engagés, comme Jean-Paul Sartre ou Albert Camus, influencés par les idées communistes se voient confrontés à la question de savoir s'ils veulent soutenir les objectifs du communisme par leurs œuvres.

1 **Un traité d'amitié franco-soviétique**

En décembre 1944, les ministres des Affaires étrangères de l'URSS et de la France signent en présence du général de Gaulle et de Staline un traité d'amitié franco-soviétique. De Gaulle s'efforce, en s'appuyant sur Moscou, de renforcer la France qui n'est plus reconnue comme grande puissance. Les Soviétiques, de leur côté, cherchent à empêcher l'intégration de la France dans un bloc antisoviétique dominé par les Américains.

2 Les directives de Staline (1944)

Staline explique au secrétaire général du Parti communiste français, Maurice Thorez, ses idées sur l'orientation que devront suivre les communistes français. Quand il dit que « la situation a changée », il entend la libération de la France de l'occupation allemande et l'arrivée au gouvernement du général de Gaulle.

Il lui semble [à Staline] que les communistes [français] n'ont pas encore compris que la situation a changé en France. Les communistes n'en tiennent aucun compte et continuent à tenir l'ancienne ligne alors que la situation est déjà autre [...]. La situation a changé et il faut opérer un tournant. Le PC n'est pas si fort qu'il puisse frapper le gouvernement à la tête. Il doit accumuler des forces et chercher des alliés. Il faut prendre des mesures afin que, en cas d'attaque de la réaction, les communistes puissent avoir une défense solide. [...] Il faut créer des forces déterminées autour du PC pour la défense et quand la situation changera, pour l'attaque.

Notices sténographiées sur un entretien entre Staline et Thorez, 19 novembre 1944, Moscou, Archives présidentielles russes.

3 Une voie française vers le socialisme ?

Dans une interview accordée au journal britannique The Times, *le chef du Parti communiste français, Maurice Thorez, déclare le 18 novembre 1946 :*

Les progrès de la démocratie à travers le monde [...] permettent d'envisager pour la marche au socialisme d'autres chemins que celui suivi par les communistes russes. De toute façon, le chemin est nécessairement différent pour chaque pays. Nous avons toujours pensé et déclaré que le peuple de France, riche d'une glorieuse tradition, trouverait lui-même sa voie vers plus de démocratie, de progrès et de justice sociale. Cependant, l'histoire montre qu'il n'y a pas de progrès sans lutte. [...]

L'union des forces ouvrières et républicaines est le plus sûr fondement de la démocratie. Le Parti ouvrier français que nous proposons de constituer par la fusion des partis communiste et socialiste, serait le guide de notre démocratie nouvelle et populaire. Il ouvrirait largement ses rangs aux travailleurs catholiques auxquels nous avons tendu bien avant la guerre une main fraternelle que beaucoup ont saisie.

The Times, 18 novembre 1946.

4 La bataille de la production

Campagne du Parti communiste français pour l'augmentation de la production, 1945.

5 Le rejet du communisme

Affiche du mouvement français anticommuniste Paix et Liberté contre Maurice Thorez au début des années 1950. Avant la Libération, Thorez avait séjourné à Moscou.

6 Art et communisme

Le philosophe Jean-Paul Sartre fait partie dans la période d'après-guerre d'un des courants intellectuels les plus influents d'Europe. Sartre est proche de certains objectifs du communisme, mais exprime des critiques sur la conception de l'art au sein du Parti communiste.

J'ai montré […] que l'œuvre d'art, fin absolue, s'opposait par essence à l'utilitarisme bourgeois. Croit-on qu'elle peut s'accommoder de l'utilitarisme communiste ? Dans un parti authentiquement révolutionnaire, elle trouverait le climat propice à son éclosion, parce que la libération de l'homme et l'avènement de la société sans classes sont comme elle des buts absolus, des exigences inconditionnelles qu'elle peut refléter dans son exigence ; mais le PC est entré aujourd'hui dans la ronde infernale des moyens, il faut prendre et garder des positions clés, c'est-à-dire des moyens d'acquérir des moyens.

Quand les fins s'éloignent, quand les moyens grouillent à perte de vue comme des cloportes, l'œuvre d'art devient moyen à son tour, elle entre dans la chaîne, ses fins et ses principes lui deviennent extérieurs, elle est gouvernée du dehors, elle n'exige plus rien, elle prend l'homme par le ventre ou le bas-ventre ; l'écrivain garde l'apparence du talent, c'est-à-dire l'art de trouver des mots qui brillent, mais, au-dedans, quelque chose est mort, la littérature s'est changée en propagande. […]

Puisque nous sommes encore libres, nous n'irons pas rejoindre les chiens de garde du PC ; il ne dépend pas de nous que nous ayons du talent, mais comme nous avons choisi le métier d'écrire, chacun de nous est responsable de la littérature et il dépend de nous qu'elle retombe ou non dans l'aliénation.

Jean-Paul Sartre, *Qu'est-ce que la littérature ?*, Gallimard, Paris, 1948.

Pistes de travail

1. Pourquoi Staline cherche-t-il à empêcher les communistes français de faire une révolution ? **(doc. 2)**
2. Qu'est-ce qui caractérise selon Thorez la voie française vers le socialisme ? **(doc. 3)**
3. Analysez l'interview de Thorez et mettez-la en relation avec les directives de Staline. **(doc. 2 et 3)**
4. Quelle est la ligne politique adoptée par le Parti communiste à la Libération ? **(doc. 3 et 4)**
5. Analysez l'affiche de Paix et Liberté. Pensez-vous que cette représentation soit justifiée ? **(doc. 5)**
6. L'art a-t-il le droit d'être politique ? Discutez les réflexions de Sartre. **(doc. 6)**

Bilan
L'immédiat après-guerre (1945-1949) et les mémoires de la Seconde Guerre mondiale

Les dates clés

8 mai 1945 : capitulation de l'Allemagne

26 juin 1945 : signature de la Charte des Nations unies

6 août 1945 : bombe atomique sur Hiroshima

Novembre 1945 : ouverture du procès de Nuremberg

12 mars 1947 : doctrine Truman

5 juin 1947 : plan Marshall

Juin 1948-mai 1949 : blocus de Berlin

4 avril 1949 : traité de l'Atlantique Nord

23 mai 1949 : création de la RFA

1er octobre 1949 : fondation de la République populaire de Chine

7 octobre 1949 : création de la RDA

Les grandes conférences fondatrices du nouvel ordre mondial

Nom	Date	Lieu	Objet
Bretton Woods	1er - 22 juillet 1944	New Hampshire, USA	système monétaire international
Dumbarton Oaks	21 août - 28 septembre et 29 septembre - 7 octobre 1944	banlieue de Washington, USA	création de l'ONU
Yalta	4 - 11 février 1945	Crimée, URSS	organisation de l'Europe (Allemagne, Pologne, etc) création de l'ONU
San Francisco	25 avril - 25 juin 1945	USA	création de l'ONU (adoption de la Charte des Nations unies)
Potsdam	17 juillet - 2 août 1945	Allemagne	organisation de l'Europe et surtout de l'Allemagne
Londres	23 février - 6 mars et 20 avril - 2 juin 1948	Royaume-Uni	création d'un État ouest-allemand (réalisée le 23 mai 1949)

Les mots clés

Français	Allemand	Anglais
bipolaire	bipolar	bipolar
crime contre l'humanité	Verbrechen gegen die Menschlichkeit	crime against humanity
guerre froide	Kalter Krieg	cold war
démocratie populaire	Volksdemokratie	people's democracy

Konrad ADENAUER (1876-1967), chancelier de 1949 à 1963

Les personnages clés

Franklin D. ROOSEVELT (1882-1945), président des États-Unis de 1933 à sa mort le 12 avril 1945

Harry S. TRUMAN (1884-1972), président des États-Unis d'avril 1945 à 1952

Winston CHURCHILL (1874-1965), Premier ministre britannique de mai 1940 à juillet 1945

Joseph STALINE (1879-1953), dirigeant de l'URSS de 1929 à sa mort en 1953

Charles DE GAULLE (1890-1970), chef du Gouvernement provisoire de 1944 à janvier 1946, président de la Républi-que de 1958 à 1969

REGARDS CROISÉS FRANCO-ALLEMANDS

Le rapprochement des deux ennemis

• Cette période est décisive dans l'évolution des relations franco-allemandes (voir chapitre 17). En 1945, la France est une puissance occupante, qui traite l'Allemagne en ennemie. En 1949, l'Allemagne de l'Ouest et la France s'apprêtent à unir leurs efforts dans le cadre de la solidarité atlantique et de la construction européenne.

La reconstruction

• Les contemporains sont surtout absorbés par les problèmes de la reconstruction. La France cherche à retrouver son statut de grande puissance, terni par la défaite et le régime de Vichy et qui lui semble être mis en cause par la décolonisation. Face aux destructions massives et à l'effondrement politique et moral de leur pays, beaucoup d'Allemands ont le sentiment de vivre une « année zéro » (l'expression allemande « *die Stunde Null* » signifie littéralement « l'heure zéro »).

• Les deux pays adoptent un modèle d'économie de marché tempéré par l'action de l'État. En RFA, c'est « l'économie sociale de marché » (*Soziale Marktwirtschaft*). En France, c'est l'État-providence et la planification. On peut noter que le terme *Planwirtschaft* désigne la planification impérative de type soviétique et qu'on n'utilise pas ce terme en allemand pour la planification indicative de type français.

Un travail de mémoire encore à faire

• Pour l'essentiel, le travail de mémoire sur le passé (le nazisme en Allemagne, Vichy en France) a été accompli plus tard dans les deux pays.

POUR ALLER PLUS LOIN

À lire

- *L'état du monde en 1945*, La Découverte, 1994.
- J.-P. Azéma, F. Bédarida, *1938-1948, Les années de tourmente. De Munich à Prague*, Flammarion, 1995.
- G. R. Überschär, R.-D. Müller, *1945. Das Ende des Krieges*, Darmstadt, 2005.
- C. Kleßmann, *Die doppelte Staatsgründung. Deutsche Geschichte 1945-1955*, Bundeszentrale für politische Bildung, 5e éd.,1991.
- « La mémoire, entre histoire et politique », *Les Cahiers Français*, n° 303, La Documentation française, 2001.

À voir

- Roberto Rosselini, *Allemagne année zéro*, 1948 : un « film-enquête » du grand réalisateur italien à Berlin en 1946.
- Carol Reed, *Le Troisième Homme (The Third Man)*, 1949 : un scénario policier écrit par Graham Greene et qui a pour théâtre Vienne en 1947.
- Oliver Hirschbiegel, *La Chute (Der Untergang)*, 2004 : le récit des derniers jours d'Hitler ; un film controversé, auquel certains ont reproché de trop se focaliser sur la personnalité d'Hitler.
- Alain Resnais, *Nuit et Brouillard*, 1956.
- Marcel Ophüls, *Le Chagrin et la Pitié*, 1971.
- Claude Lanzmann, *Shoah*, 1985.

À consulter

- www.shoah.de : site en allemand.
- www.fondationshoah.org : site de la fondation pour la Mémoire de la Shoah (en français et en anglais).
- www.memorial-caen.fr : site officiel du mémorial de Caen, dédié à la Seconde Guerre mondiale et aux problèmes de la guerre et de la paix depuis 1945.
- http://crdp.ac-reims.fr/memoire/default.htm : un site très documenté sur l'histoire et la mémoire des deux guerres mondiales (également disponible sur CD-ROM).
- http://nuremberg.law.harvard.edu : site de la *Harvard Law School Library* avec des informations sur le Procès de Nuremberg (en anglais).
- www.topographie.de/imt : site de l'exposition *Topographie des Terrors* (Berlin) avec une sélection de documents sur le procès de Nuremberg.
- www.un.org : site officiel de l'Organisation des Nations unies.

Sur la guerre froide : voir pages BILAN de la IIe partie.

Partie 2

L'Europe dans un monde bipolaire (1949-1989)

1

2

3

4

5

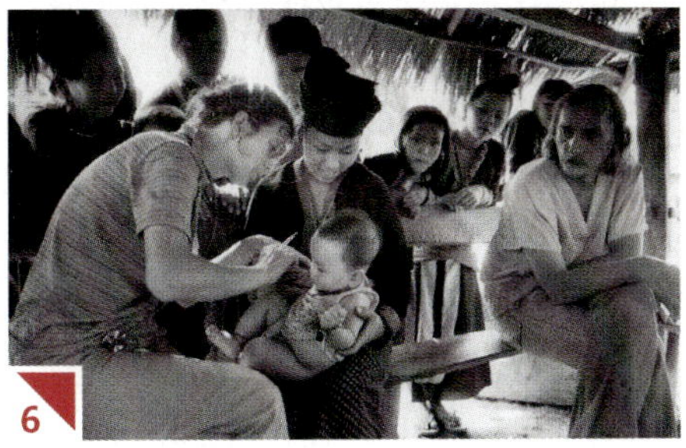
6

7

8

9

10

11

12

13

14

15

16

17

18

Chapitre 4

La confrontation Est-Ouest (1949-1991)

Le monde est marqué dès 1947 par la confrontation entre les États-Unis et l'URSS. Qualifiée de guerre froide, cette épreuve de force entre deux États, appuyés par leurs systèmes d'alliances, ne peut se résoudre par un affrontement direct en raison des risques de guerre nucléaire.

De la crise de Cuba en 1962 à l'invasion soviétique de l'Afghanistan en 1979, on a pu croire à la détente entre Washington et Moscou. Mais la confrontation ne prend véritablement fin qu'avec la chute du mur de Berlin en 1989 et l'effondrement de l'URSS en 1991.

- Quelle est la nature du conflit qui oppose États-Unis et URSS ? De quels moyens disposent-ils pour l'emporter ?
- Quels sont les principaux enjeux de leur affrontement ? Comment s'est-il terminé ?

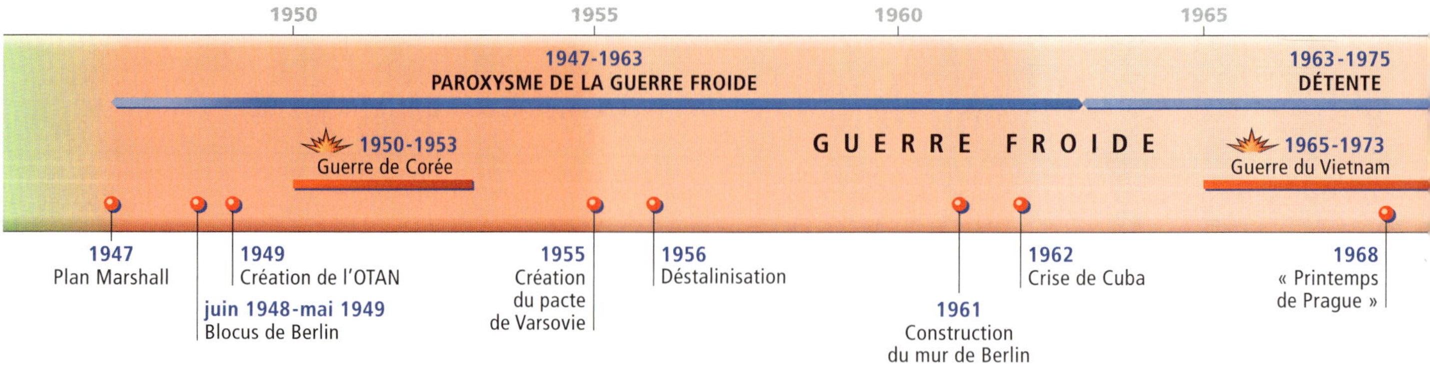

1

De la peur de l'apocalypse nucléaire…

L'association américaine de défense civile (CD) au début des années 1960 prodigue des conseils pour se protéger des attaques nucléaires. On peut lire sur les panneaux : « la défense civile chez vous », « la défense civile au travail sauve des vies et maintient la production en activité ». En plus petit, à gauche : « étudiez les livrets américains sur la défense civile », « organisez votre famille en brigade anti-feu ».

2 **… à la réconciliation entre les Grands**

Caricature soviétique à l'occasion du sommet d'Helsinki entre Mikhaïl Gorbatchev et George Bush (père), septembre 1990.

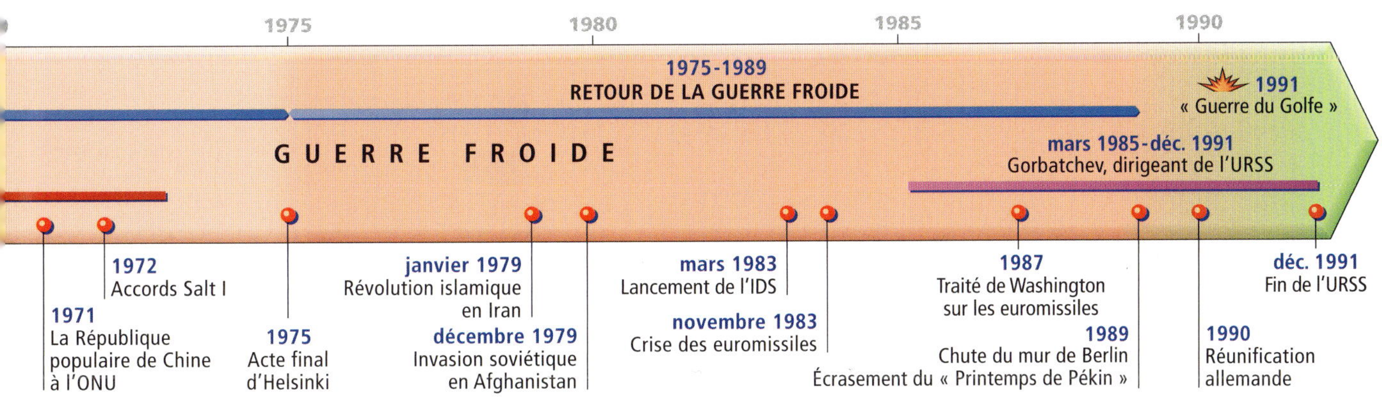

Le monde à l'apogée de la guerre froide (1985)

La confrontation Est-Ouest s'est traduite par la mise en place de **deux blocs** que sépare en Europe une frontière à la fois politique, idéologique et militaire, le **« rideau de fer »**.

L'Amérique latine fait partie de la sphère d'influence des États-Unis et ceux-ci ont très difficilement accepté l'existence, depuis 1962, d'un régime marxiste à Cuba.

Dans le reste du Tiers-Monde, les deux Grands se sont longtemps affrontés indirectement, comme au Vietnam. Toutefois, certaines puissances refusent dès les années 1960 la logique bipolaire, comme la France du général de Gaulle ou la Chine de Mao. On croit alors possible une **véritable détente entre les Grands**. Mais, avec l'invasion de l'Afghanistan par l'Armée rouge **en 1979, la confrontation Est-Ouest redevient aiguë.**

Le camp soviétique atteint alors son expansion maximale. Au noyau dur constitué par les satellites européens du pacte de Varsovie s'ajoutent de nombreux États du Tiers-Monde ayant adopté un régime marxiste-léniniste. On peut aussi y inclure quelques États comme l'Inde, qui, sans avoir un régime socialiste, ont conclu des accords de coopération avec Moscou.

Les États-Unis de Ronald Reagan tentent de **contrer l'expansionnisme soviétique,** et les affrontements indirects entre les deux Grands, par guérillas interposées, se multiplient. L'Afrique devient alors un terrain majeur de la guerre froide. Mais les États-Unis doivent aussi faire face au développement du socialisme dans leur « arrière-cour » d'Amérique centrale.

La confrontation Est-Ouest vient renforcer les tensions entre deux États, quand chacun est soutenu par un bloc. C'est le cas de l'Inde et du Pakistan, ou bien de l'Algérie et du Maroc, qui s'opposent sur le Sahara occidental. Mais **certains conflits échappent totalement à la logique de la guerre froide**. La guerre des Malouines oppose en 1982 deux États du camp occidental : le Royaume-Uni et l'Argentine. En 1979, une guerre met aux prises le Vietnam, soutenu par l'URSS, et la Chine, qui défend un modèle de socialisme concurrent de celui de Moscou. Quant à la guerre Iran-Irak (1980-1988), c'est un conflit entre deux puissances régionales rivales dans lequel les blocs ne jouent aucun rôle.

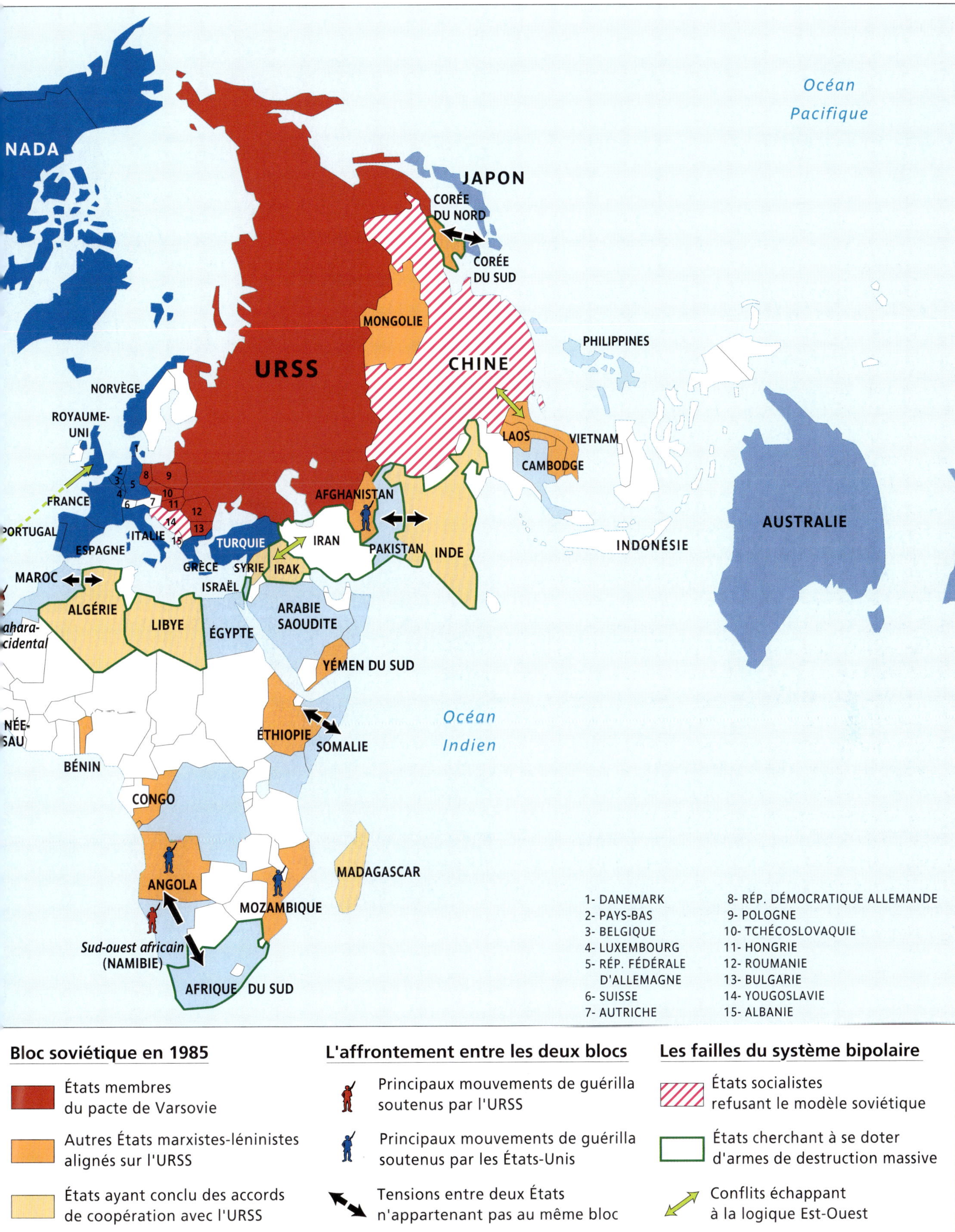
Océan Pacifique
NADA
JAPON
CORÉE DU NORD
CORÉE DU SUD
MONGOLIE
PHILIPPINES
URSS
CHINE
NORVÈGE
ROYAUME-UNI
LAOS
VIETNAM
CAMBODGE
FRANCE
AFGHANISTAN
AUSTRALIE
PORTUGAL
ITALIE
TURQUIE
IRAN
PAKISTAN
INDE
INDONÉSIE
ESPAGNE
GRÈCE
SYRIE
IRAK
MAROC
ISRAËL
ALGÉRIE
LIBYE
ÉGYPTE
ARABIE SAOUDITE
ahara-cidental
YÉMEN DU SUD
Océan Indien
ÉTHIOPIE
SOMALIE
NÉE-SAU
BÉNIN
CONGO
ANGOLA
MADAGASCAR
MOZAMBIQUE
Sud-ouest africain (NAMIBIE)
AFRIQUE DU SUD
1- DANEMARK
2- PAYS-BAS
3- BELGIQUE
4- LUXEMBOURG
5- RÉP. FÉDÉRALE D'ALLEMAGNE
6- SUISSE
7- AUTRICHE
8- RÉP. DÉMOCRATIQUE ALLEMANDE
9- POLOGNE
10- TCHÉCOSLOVAQUIE
11- HONGRIE
12- ROUMANIE
13- BULGARIE
14- YOUGOSLAVIE
15- ALBANIE
Bloc soviétique en 1985
États membres du pacte de Varsovie
Autres États marxistes-léninistes alignés sur l'URSS
États ayant conclu des accords de coopération avec l'URSS
L'affrontement entre les deux blocs
Principaux mouvements de guérilla soutenus par l'URSS
Principaux mouvements de guérilla soutenus par les États-Unis
Tensions entre deux États n'appartenant pas au même bloc
Les failles du système bipolaire
États socialistes refusant le modèle soviétique
États cherchant à se doter d'armes de destruction massive
Conflits échappant à la logique Est-Ouest

Repères
Les modèles idéologiques (États-Unis-URSS)

A. Les États-Unis

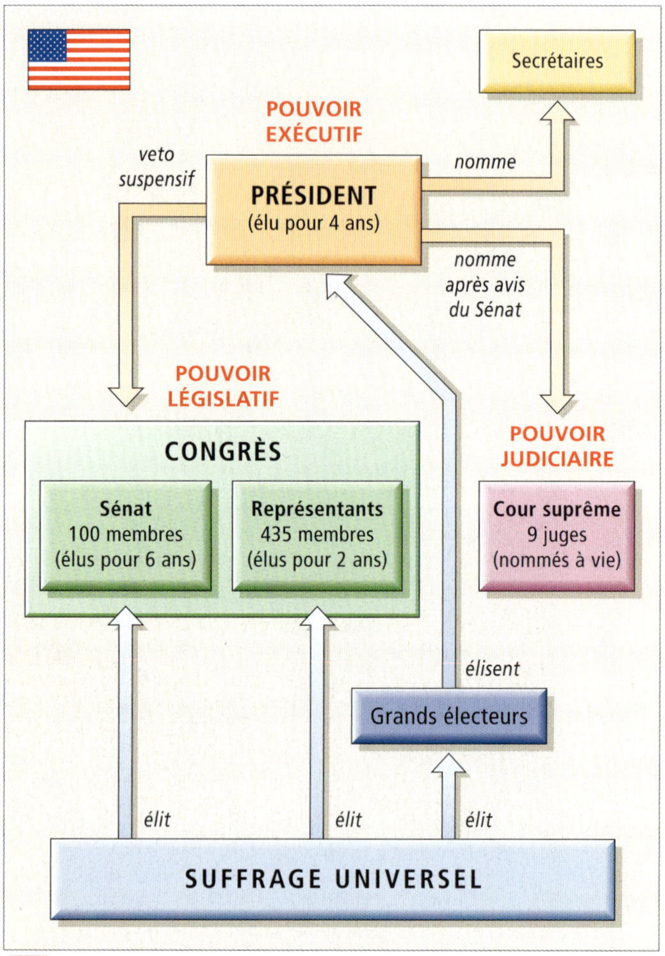

1 Une démocratie présidentielle

2 Une démocratie libérale et fédérale

Art. 1 – Le Congrès ne fera aucune loi relativement à l'établissement d'une religion ou en interdisant le libre exercice ; ou restreignant la liberté de parole ou de la presse ; ou le droit du peuple de s'assembler paisiblement, et d'adresser des pétitions au gouvernement pour une réparation de ses torts.

Art. 10 – Les pouvoirs non délégués aux États-Unis par la Constitution, ni refusés par elle aux États, sont réservés aux États respectivement, ou au peuple.

Extraits du *Bill of Rights*, 1791.

3 L'idéal américain : le bonheur individuel

L'*American way of life* dans les années 1950.

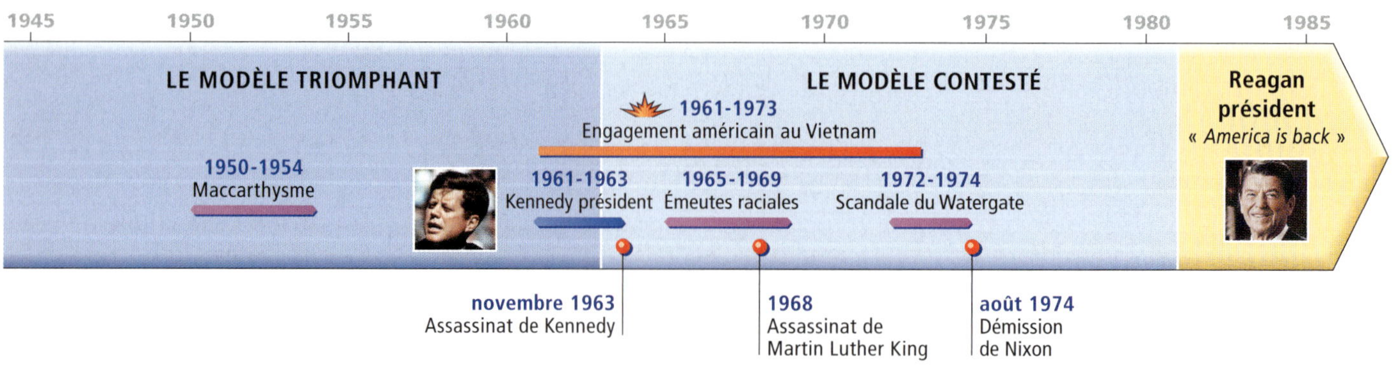

B. L'Union soviétique (URSS)

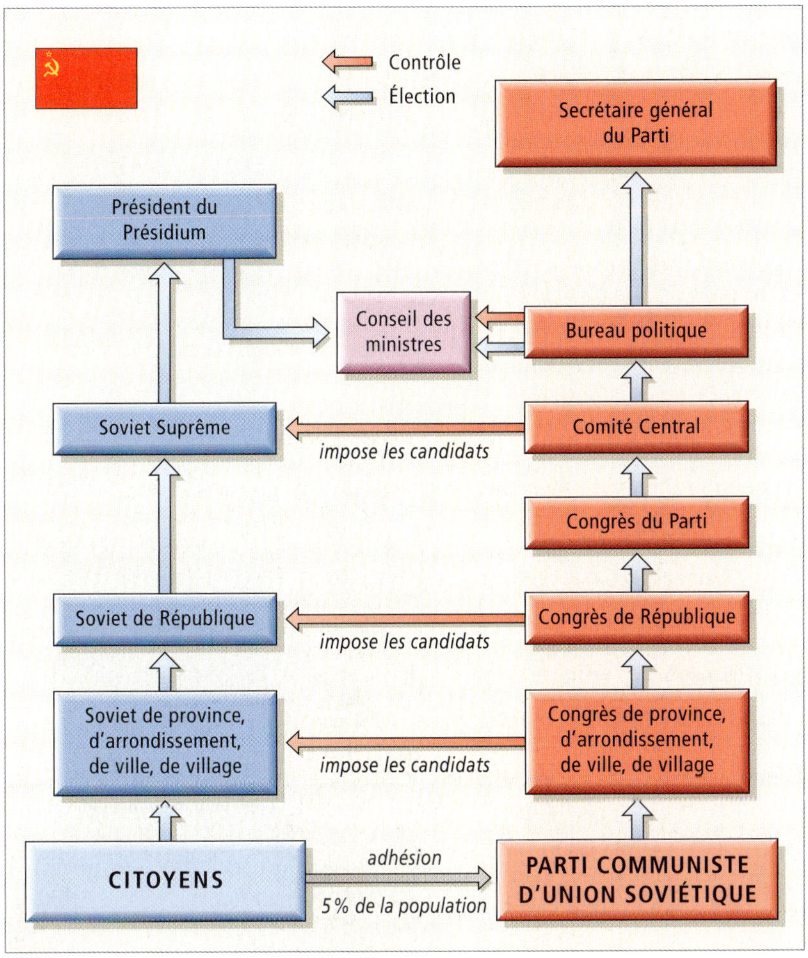

4 **Un Parti communiste tout puissant**

5 **Un État socialiste**

Le but suprême de l'État soviétique est de construire une société communiste sans classe [...]. Les tâches essentielles de l'État socialiste du peuple entier sont les suivantes : créer la base matérielle et technique du communisme, [...] former l'homme de la société communiste, élever le niveau de vie et de culture des travailleurs, assurer la sécurité du pays, contribuer au renforcement de la paix et au développement de la coopération internationale.

Préambule de la Constitution de l'URSS, 1977.

6 **L'idéal soviétique : la réussite collective**

La cérémonie d'ouverture des Jeux olympiques de Moscou en 1980.

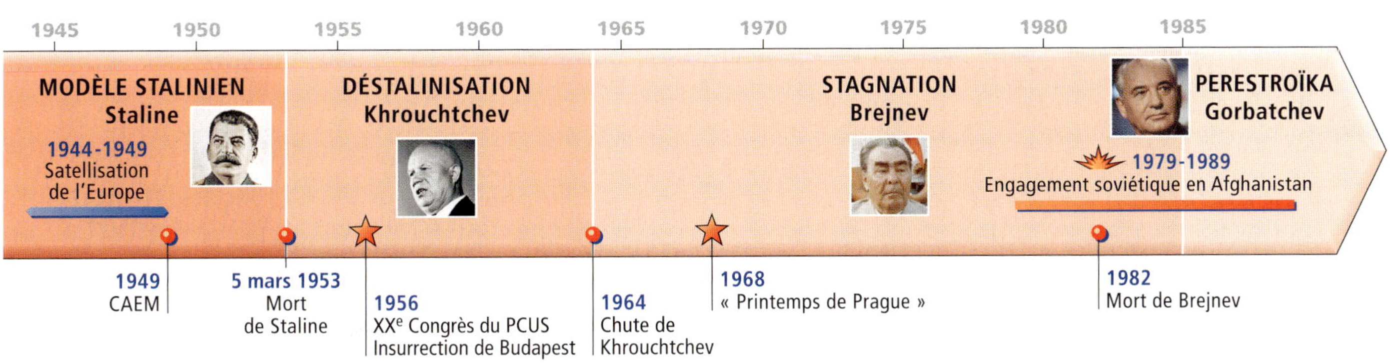

1. Le paroxysme de la guerre froide (1949-1963)

Dans les années 1950, la confrontation entre les Grands menace de provoquer une troisième guerre mondiale. Quels sont les ressorts de cette « diplomatie au bord du gouffre » ?

Un affrontement idéologique sans précédent

À la fin des années 1940, les États-Unis jouissent d'une exceptionnelle prospérité. Le dollar, monnaie internationale depuis 1944, favorise les implantations des « multinationales » et le plan Marshall contribue au succès de l'*American way of life*. Cet idéal, fondé sur la liberté et la réussite individuelles, est aussi entretenu par la publicité, la télévision et le cinéma. Si la guerre froide suscite une poussée d'intolérance dans les années 1950, avec le maccarthysme, qui ternit l'image des États-Unis, l'élection de Kennedy en 1960 semble donner un nouveau souffle au chef de file du « monde libre ».

L'URSS dispose encore d'un grand capital de sympathie. Les efforts consentis pendant la guerre font souvent oublier la toute-puissance de Staline, la terreur policière et le Goulag. La propagande affirme que l'exploitation capitaliste a été abolie et célèbre les performances de l'économie planifiée malgré les multiples pénuries (logement, agriculture, etc.). À la mort de Staline, en 1953, un virage se dessine : on libère plusieurs millions de détenus et des réformes sont entreprises pour améliorer la vie quotidienne des Soviétiques. Les succès de la conquête spatiale permettent au régime de conserver un certain crédit, même si la dictature du Parti communiste n'a pas été remise en cause par la déstalinisation.

« Guerre improbable, paix impossible » (Raymond Aron)

En 1951, les États-Unis mettent au point la bombe H, mais l'URSS riposte dès 1953 et le Spoutnik en 1957 confirme sa maîtrise technique : aucun affrontement direct n'est possible entre les Grands sans provoquer l'« holocauste nucléaire ». La course aux armements continue toutefois pour intimider l'adversaire (doctrine de la dissuasion).

L'« équilibre de la terreur » explique donc la nature de la guerre froide. En Europe, la lutte idéologique vise à gagner les opinions publiques, mais la guerre est exclue. Sur des théâtres périphériques, en revanche, les deux Grands s'affrontent indirectement dans des guerres bien réelles, comme au Vietnam **(voir dossier pp. 94-95)**.

Deux crises caractéristiques : la guerre de Corée et la crise de Cuba

Depuis 1945, la Corée est coupée en deux. En juin 1950, la Corée du Nord, encouragée par Staline comme par Mao, attaque la Corée du Sud. Les États-Unis interviennent alors, avec l'accord de l'ONU, et repoussent l'agression, mais se heurtent à 500 000 « volontaires » chinois. La guerre dure 3 ans et se révèle extrêmement meurtrière. L'armistice signé en juillet 1953 consacre le retour au *statu quo*. Un conflit généralisé a été évité, mais la guerre de Corée pousse les États-Unis à renforcer leur système d'alliances comme le pacte Atlantique et à menacer l'URSS de « représailles massives » en cas de nouvelle agression.

En 1959, Fidel Castro et ses guérilleros prennent le pouvoir à La Havane, renversant une dictature corrompue soutenue par les États-Unis. Ceux-ci craignent la contagion révolutionnaire en Amérique latine et ripostent à la nationalisation des terres et des grandes entreprises par un embargo sur les exportations de sucre. Kennedy cautionne même le débarquement des anti-castristes dans « la baie des Cochons » en avril 1961. C'est un échec et Castro se rapproche alors de l'URSS. En octobre 1962, Kennedy découvre que des bateaux soviétiques porteurs de fusées font route vers Cuba et donne l'ordre à l'US Navy de les intercepter. Le monde semble au bord de la guerre nucléaire, mais Khrouchtchev recule et renonce à installer des missiles à Cuba.

Vocabulaire

- **Bombe H :** arme atomique thermonucléaire ou à hydrogène.
- **Goulag :** direction générale des camps et, au sens large, univers concentrationnaire soviétique.
- **Maccarthysme :** campagne engagée à l'initiative du sénateur McCarthy visant à éliminer les communistes, et ceux qui leur étaient assimilés, de l'administration, des syndicats, des universités comme d'Hollywood.
- **« Représailles massives » :** doctrine stratégique américaine élaborée en 1953 par Eisenhower et son secrétaire d'État, John F. Dulles. Toute agression de l'URSS ou de ses alliés entraînerait une riposte immédiate par tous les moyens, y compris nucléaires.

Notions clés

- **Déstalinisation :** remise en cause des méthodes et des crimes de Staline, mais sans porter atteinte à la toute-puissance du Parti communiste.
- **Dissuasion :** stratégie visant à empêcher une agression en menaçant l'agresseur de représailles nucléaires.

Pistes de travail

1. En quoi l'URSS s'éloigne-t-elle du modèle stalinien après 1953 ? **(doc. 1)**

2. Quelles valeurs les États-Unis affirment-ils incarner ? Comment les défendent-ils ? **(doc. 3 et 4)**

3. Quels sont les différents visages de la confrontation entre les Grands ? **(doc. 1 à 4)**

1 Les crimes de Staline dénoncés par Khrouchtchev

Staline n'agissait pas par persuasion, par explication et patiente collaboration avec autrui, mais en imposant ses idées et en exigeant une soumission absolue. Quiconque s'opposait à ses conceptions ou essayait d'expliquer son point de vue et l'exactitude de sa position était destiné à être retranché de la collectivité dirigeante et, par la suite, « liquidé » moralement et physiquement. [...]

Staline fut à l'origine de la conception de « l'ennemi du peuple ». Ce terme rendit automatiquement inutile d'apporter la preuve des erreurs idéologiques de l'homme ou des hommes engagés dans une controverse : il rendit possible l'utilisation de la répression la plus cruelle, violant toutes les normes de la légalité révolutionnaire, contre quiconque, de quelque manière que ce soit, était en désaccord avec Staline. Pour l'essentiel et en fait, la seule preuve de culpabilité dont il était fait usage, contre toutes les normes de la science juridique actuelle, était la « confession » de l'accusé lui-même, et, comme l'ont prouvé les enquêtes faites ultérieurement, les « confessions » étaient obtenues au moyen de pressions physiques sur l'accusé. Des arrestations et des déportations de plusieurs milliers de personnes, des exécutions sans procès et sans instruction normale, créèrent des conditions d'insécurité, de peur et même de désespoir. [...]

Le culte de la personnalité a atteint de monstrueuses proportions en raison du fait que Staline a encouragé la glorification de sa personne. Est-ce à l'insu de Staline que beaucoup des plus grandes villes et des plus grandes entreprises ont pris son nom ? Est-ce à son insu que des monuments à Staline ont été élevés dans tous le pays ?

Extrait du rapport « secret » lu lors du XXe Congrès du Parti communiste de l'URSS en 1956.

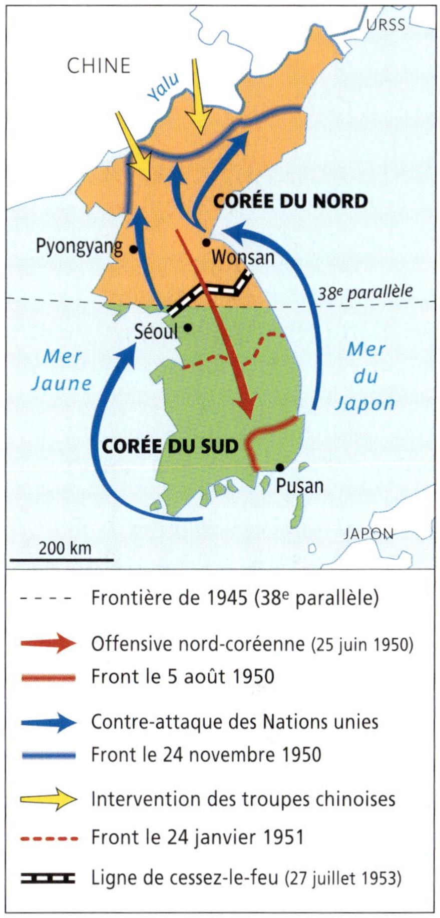

2 La Corée en guerre (1950-1953)

3 Kennedy et la crise des fusées

Le 22 octobre 1962, le président des États-Unis s'adresse à la nation américaine lors d'une déclaration radiotélévisée.

Des preuves indubitables ont établi qu'une série de bases de lancement de missiles offensifs était maintenant en préparation dans cette île captive. Chacun de ces missiles, en résumé, peut frapper Washington, le canal de Panama ou Mexico. [...] Cette transformation précipitée de Cuba en une importante base stratégique – du fait de la présence de ces armes puissantes, à longue portée et manifestement offensives, susceptibles de porter la destruction massive et instantanée – constitue une menace explicite à la paix et à la société de toutes les Amériques. [...] Pour arrêter l'édification de ce potentiel offensif, un embargo rigoureux est instauré sur tout équipement militaire offensif acheminé vers Cuba. [...] La politique de notre pays sera de considérer tout lancement de missile nucléaire depuis Cuba contre toute nation de l'hémisphère occidental[1] comme une attaque de l'Union soviétique contre les États-Unis, appelant en représailles une riposte complète contre l'Union soviétique. Le prix de la liberté est toujours élevé, mais l'Amérique a toujours payé ce prix. Et il est un chemin que nous ne suivrons jamais : celui de la capitulation et de la soumission.

1. L'hémisphère occidental désigne l'ensemble du continent américain, dont les États-Unis se considèrent comme le protecteur naturel.

4

L'équilibre de la terreur

« D'accord, monsieur le président, nous sommes prêts à négocier ». Caricature parue dans le *Daily Mail* londonien en 1962.

Dossier
La guerre froide : une guerre idéologique

Si les deux superpuissances ne peuvent s'affronter directement, elles cherchent à s'imposer par une propagande omniprésente. Celle-ci ne recule devant aucune outrance, aucune simplification. Elle répète inlassablement les mêmes thèmes afin de susciter l'adhésion, de galvaniser les énergies, de diaboliser l'adversaire. La force des images doit, plus encore que le poids des mots, faire de cette guerre psychologique une lutte sans merci entre le bien et le mal.

En URSS, la représentation idyllique des succès du régime masque les difficultés et permet d'annihiler tout esprit critique. Aux États-Unis, pays de tradition libérale, la mobilisation est moins intense, mais avec le maccarthysme (1950-1954), le combat contre le communisme débouche sur la dénonciation de « l'ennemi intérieur » justifiant la « chasse aux sorcières » dont sont victimes de nombreux fonctionnaires, cinéastes et intellectuels.

1 « Voici l'Amérique... »

« ... une nation avec plus de maisons, plus de voitures, plus de téléphones, plus de confort que n'importe quelle nation sur terre. Où des travailleurs libres et la libre entreprise bâtissent un monde meilleur pour tous. C'est votre Amérique... gardez-la libre ! » Affiche américaine, 1950.

2 « Les grands travaux du communisme »

Affiche de propagande est-allemande, 1952.

3 La chasse aux sorcières

L'acteur Larry Parks, accusé d'avoir des sympathies communistes, est sommé par la Commission des activités anti-américaines de la Chambre des représentants (HUAC) de se disculper et, pour cela, de dénoncer ceux qui contribuent à « l'infiltration communiste ».

Je ne suis pas communiste et, pour moi, il y a une grande différence entre être communiste en 1940, il y a une dizaine d'années, et l'être en 1951. […] Être membre du Parti correspondait aux besoins d'un jeune homme idéaliste, aux idées de gauche qui défendaient les défavorisés et les marginaux. Je sentais ces besoins satisfaits. Je pense qu'être communiste aujourd'hui est une autre affaire, au moment où cette grande puissance [l'URSS] cherche à dominer le monde. […]

Faut-il donner des noms ? Je pense que les quelques personnes que je pourrais nommer ne présentent aucun intérêt pour la Commission. […] Je ne serais pas ici si je n'étais pas une vedette, car vous savez autant que moi et sans doute mieux que moi que ce que je sais n'a aucune valeur pour mon pays. Ma carrière a été ruinée à cause de cela et j'aimerais que vous ne me placiez pas devant le choix d'être accusé de mépris envers la Commission et de me retrouver en prison, ou d'être considéré comme un délateur qui se traîne dans la boue […]. Ce n'est pas une manière américaine de faire les choses. Je pense même que faire cela est plus proche de ce qui se passait sous Hitler et de ce qui se passe aujourd'hui en Russie.

Auditions de l'HUAC, 1951.

4 Hollywood contre le communisme

L'affiche du film « Rouge ou mort » montre Khrouchtchev disant : « Nous vous enterrerons ! » et promet de révéler le « plan de terreur communiste qui a mis la moitié du monde à genoux ». Elle présente « le rassemblement le plus infâme de personnages jamais réunis dans un film » mais aussi « des scènes choquantes mais non censurées provenant d'archives cinématographiques secrètes ». Affiche d'un film américain produit par la Columbia, 1963.

5 Le contenu des programmes scolaires en URSS

La tâche principale […] est de montrer le triomphe des idées marxistes-léninistes dans l'histoire de l'humanité, l'importance historique universelle de la Grande Révolution socialiste d'Octobre […]. Il faut montrer clairement les immenses succès du régime socialiste et de l'idéologie communiste, leur très grande supériorité par rapport au système capitaliste pourrissant et à l'idéologie bourgeoise ; présenter d'une façon persuasive le rôle organisateur et inspirateur du PCUS[1], la société communiste, la meilleure et la plus juste société de toute la terre, la lutte du peuple soviétique, des peuples socialistes frères sous la direction des partis marxistes-léninistes pour la réalisation des idéaux communistes.

Arrêté du Comité central du PCUS, 25 avril 1960.

1. Parti communiste de l'Union soviétique.

Pistes de travail

1. Quelle image le document 1 veut-il donner de la société américaine ?

2. Quels sont les objectifs de la propagande soviétique ? **(doc. 5)**. Comment cela se traduit-il sur le document 2 ?

3. Quel est, d'après les documents 3 et 4, le climat qui règne aux États-Unis dans les années 1950 ? Qui est visé ?

4. Comparez les documents 1 et 2. Dans quelle mesure, ceux-ci éclairent-ils les systèmes de valeur opposés des deux puissances rivales ?

2. Détente et contestation des blocs (1963-1975)

La « détente » qui s'amorce dans les années 1960 est-elle vraiment un tournant dans les relations Est-Ouest ?

L'essoufflement des modèles américain et soviétique

Après l'assassinat de Kennedy en novembre 1963, l'image des États-Unis se dégrade. Son successeur, Lyndon B. Johnson, ne parvient pas à réduire la pauvreté et la lutte contre la ségrégation raciale n'empêche pas la multiplication des émeutes dans les ghettos. L'enlisement au Vietnam provoque une vive agitation parmi les étudiants. L'élection du républicain Richard Nixon en 1968 traduit la volonté de restaurer « la loi et l'ordre », mais celui-ci doit démissionner en août 1974 à la suite du scandale du Watergate alors que l'économie accuse sa vulnérabilité (dévaluation du dollar en 1971, chocs pétroliers en 1973 et 1979).

L'URSS de son côté semble incapable de se réformer, la nomenklatura provoquant en 1964 la chute de Khrouchtchev. Dans les années 1970, le vieillissement des dirigeants souligne la sclérose du régime. La population souffre toujours des carences de l'agriculture, de la pénurie des biens de consommation comme de l'absence de libertés. La répression s'abat sur les intellectuels dissidents, contribuant à ruiner l'image du communisme en Occident.

L'ébranlement des blocs

Depuis la fin des années 1950, la Chine critique ouvertement la politique soviétique. En 1960, l'URSS suspend toute aide à son ancien allié et, en 1969, des affrontements se produisent à la frontière des deux pays. En Europe centrale et orientale, Brejnev peine à imposer son autorité. Au nom de la souveraineté limitée, les troupes du pacte de Varsovie interviennent en Tchécoslovaquie en 1968 **(voir leçon pp. 106-107)**. Cependant, l'URSS se résigne à voir la Roumanie de Ceaucescu affirmer son autonomie.

Le leadership américain est lui aussi contesté. À partir de 1958, le général de Gaulle dénonce le poids du dollar dans les échanges internationaux et condamne, comme de nombreuses opinions publiques occidentales, l'intervention au Vietnam en 1966. Il prône aussi une « Europe des États » indépendante des États-Unis **(voir leçon pp. 124-125)**. Ce rejet de l'atlantisme conduit la France à refuser l'entrée du Royaume-Uni dans la CEE et à se retirer en 1966 du commandement intégré de l'OTAN.

Apogée et limites de la détente

La crise de Cuba a contraint les deux Grands à approfondir le dialogue. En 1963, une ligne de communication directe est établie entre les dirigeants des deux États (le « téléphone rouge »). Kennedy renonce aux représailles massives au profit de la doctrine McNamara de « riposte graduée ». Des traités interdisent les essais nucléaires non souterrains (1963), la militarisation de l'espace (1967) ou l'accès de nouveaux pays à l'arme atomique (1968). Si le Royaume-Uni s'associe à ces accords, la France et la Chine sont beaucoup plus réservées, car elles critiquent l'hégémonie des deux superpuissances sur les affaires mondiales.

L'atténuation de la guerre froide soulève de grands espoirs avec la normalisation des relations entre les deux Allemagnes (1972) et l'Acte final d'Helsinki en 1975 **(voir leçon pp. 100-101)**. Dans le même temps, des accords soviéto-américains visent à promouvoir le commerce Est-Ouest, la coopération spatiale et la limitation des armements nucléaires (accord SALT I en 1972).

Toutefois, l'équilibre est fragile. La Chine populaire remplace Taiwan au Conseil de sécurité de l'ONU (1971). Elle se rapproche des États-Unis, mais se pose surtout en leader du Tiers-Monde. Aucun des deux camps ne renonce à défendre, voire à étendre sa zone d'influence. La CIA favorise le renversement du président socialiste Allende au Chili (1973). L'URSS bénéficie des succès communistes en Indochine **(voir dossier pp. 94 -95)**, en Angola et au Mozambique (1975).

1 **Alexandre Soljenitsyne**

Écrivain russe né en 1918, il a été contraint à l'exil en 1974. C'est, avec le physicien Andrei Sakharov, la plus célèbre figure de la dissidence.

Vocabulaire

- **« Riposte graduée » :** doctrine américaine de défense conçue au début des années 1960 par le secrétaire à la Défense Robert McNamara. Elle implique une réponse proportionnée à la nature de l'agression, les bombardements nucléaires stratégiques n'étant qu'un ultime recours.
- **SALT** *(Strategic Arms Limitation Talks)* : négociations visant à limiter la croissance des arsenaux stratégiques. Deux traités SALT ont été conclus, en 1972 et 1979.
- **Ségrégation :** fait de séparer un groupe humain en le marginalisant ou en le soumettant à des lois spéciales.
- **Souveraineté limitée :** doctrine selon laquelle les intérêts du socialisme sont supérieurs aux intérêts nationaux.
- **Watergate :** nom de l'immeuble abritant le Parti démocrate à Washington. La découverte de micros posés avec l'aval du président Nixon contraint ce dernier à la démission en août 1974.

Notions clés

- **Atlantisme :** politique respectueuse du traité de l'Atlantique Nord qui place la défense de l'Europe sous la direction des États-Unis.
- **Dissidents :** personnes qui contestent, de façon plus ou moins radicale, le système communiste au nom du respect des droits de l'homme.
- **Nomenklatura :** ensemble des privilégiés qui ont fait carrière dans le Parti ou l'administration.

2

La poudrière des ghettos

Couverture du magazine *Life* après les émeutes de Watts en août 1965. Le mouvement s'étend dans les années suivantes et culmine après l'assassinat du pasteur Martin Luther King, le 4 avril 1968. On peut lire : « Incendies criminels et guerre de rues - les émeutes les plus destructrices de l'histoire américaine. 11 pages en couleur. »

3

La coopération spatiale

Badge du vol Apollo-Soyouz en 1975. La coopération spatiale débouche en juillet 1975 sur la jonction d'un vaisseau américain Apollo et d'un vaisseau soviétique Soyouz avec leurs équipages respectifs. Cette mission fut saluée comme un des sommets de la détente.

4

La détente : une paix armée ?

Personne ne peut supposer que nous accepterions de renoncer, même provisoirement, à ce qui est le combat de toute notre vie. Oui à la coexistence des États, mais nous ferons tout ce qui est en notre pouvoir pour que le socialisme s'étende à toute la terre. Autrement nous serions des renégats et des traîtres. Nous serions condamnés par l'ensemble du mouvement prolétarien et se détacheraient justement de nous les millions d'hommes et de femmes qui ont tant d'admiration pour la révolution d'Octobre et qui, misant sur notre solidarité, s'apprêtent à arracher leur libération.

Leonid Brejnev, déclaration à un dirigeant est-allemand à son retour des États-Unis en juin 1973 .

5

La jeunesse internationale contre la guerre du Vietnam

Manifestation des Jeunesses communistes à Paris, début des années 1970.

Pistes de travail

1. Quels sont les problèmes nouveaux que les deux Grands doivent affronter ? **(doc. 1, 2 et 5)**
2. La détente implique-t-elle la fin de la compétition entre les deux Grands ? **(doc. 4)**
3. Quelles sont les manifestations de la détente ? **(doc. 3)**

3. Le retour des tensions (1975-1985)

Pourquoi les relations Est-Ouest se dégradent-elles dans les années 1980 ?

Vers un monde multipolaire

Dans les années 1970, la tension Nord-Sud semble se substituer à la confrontation Est-Ouest, le Tiers-Monde cherchant à peser davantage sur la scène internationale (voir leçon pp. 92-93). Au lendemain de la guerre du Kippour, en 1973, le prix du baril de pétrole quadruple à l'initiative de l'OPEP. La crise économique atteint alors de plein fouet les États-Unis et la concurrence économique avec le Japon et l'Europe s'exacerbe. C'est la fin des « Trente Glorieuses » pour les pays capitalistes, mais la crise n'épargne pas l'URSS, affaiblie par les carences de la planification.

Alors que les idéologies sont remises en cause et que l'opinion est de plus en plus sensible aux drames humanitaires, les religions jouent un rôle croissant. Le pape polonais Jean-Paul II (1978-2005) veut restaurer l'influence de l'Église catholique dans le monde. L'islamisme trouve un modèle dans la révolution qui porte au pouvoir en Iran l'ayatollah Khomeyni en 1979.

De nouveaux conflits apparaissent qui échappent à la logique des blocs. Saddam Hussein veut faire de l'Irak le leader du monde arabe et affronte l'Iran au cours d'un interminable conflit de 1980 à 1988 (voir carte p. 81) dans lequel il bénéficie du soutien des États-Unis comme de l'URSS. Le Vietnam communiste envahit le Cambodge, renverse les Khmers rouges et doit à son tour repousser une attaque chinoise (1978-1979). Lors de la guerre des Malouines en 1982, les États-Unis soutiennent les Britanniques contre l'Argentine, deux États du camp occidental, perdant une bonne partie de leur crédit en Amérique latine.

« *America is back* » (R. Reagan)

Sous la présidence de Jimmy Carter (1976-1980), les États-Unis semblent laisser le champ libre à l'URSS, qui profite de la détente pour soutenir les mouvements révolutionnaires dans le Tiers-Monde et, en particulier, en Afrique. 1979 est une année noire pour l'Amérique. La révolution iranienne provoque un deuxième choc pétrolier et entraîne une humiliante prise d'otages à l'ambassade américaine de Téhéran. Au Nicaragua, un gouvernement marxiste soutenu par Cuba nargue les États-Unis. Enfin, l'Armée rouge occupe l'Afghanistan, intervenant pour la première fois en dehors du bloc soviétique.

Carter réagit en 1980 en décrétant un embargo contre l'URSS et en appelant au boycott des Jeux olympiques de Moscou. Mais c'est le républicain Ronald Reagan (1980-1988) qui incarne le retour d'une Amérique sûre d'elle-même. Il annonce que partout les États-Unis soutiendront les « combattants de la liberté » contre l'URSS, qualifiée d'« Empire du Mal », et refuse tout sommet avec Moscou tant que les États-Unis ne seront pas en position de force.

La fin de la détente

Cette stratégie met un terme à la détente : la course aux armements reprend, comme le montre la crise des euromissiles (voir dossier pp. 110 - 111). L'IDS, annoncée par Reagan en 1983, est un défi lancé à l'URSS, obligeant l'économie soviétique à soutenir une épuisante compétition militaire au détriment des besoins de la population.

Les superpuissances ne respectent plus la logique des blocs. Les Soviétiques et les Cubains s'aventurent dans « l'arrière-cour » des États-Unis, qui répliquent en armant la guérilla antimarxiste au Nicaragua et en renversant le régime socialiste de la Grenade (1983). De leur côté, les Américains s'opposent à une intervention militaire de l'URSS en Pologne (1981) et financent le syndicat d'opposition Solidarnosc (voir leçon pp. 134-135). La détérioration du climat international est évidente, quand la chasse soviétique abat un avion civil sud-coréen égaré (1983) ou quand les États-Unis bombardent la Libye du colonel Kadhafi, accusée de soutenir le terrorisme (1986).

1
Jean-Paul II, un pape derrière le « rideau de fer »
Couverture de *Time*, 18 juin 1979. Premier pape polonais de l'histoire, Jean-Paul II se rend dès juin 1979 dans son pays natal, où il n'hésite pas à dénoncer le « communisme athée ».

Vocabulaire

- **« Arrière-cour »** (« *backyard* ») : nom donné à la zone de l'Amérique centrale et des Caraïbes, considérée comme vitale pour les États-Unis pour des raisons stratégiques et économiques (canal de Panama, commerce maritime).
- **IDS** : « Initiative de défense stratégique ». Elle vise à protéger les États-Unis de toute attaque nucléaire grâce à un « bouclier spatial ».
- **Khmers rouges** : nom donné aux communistes cambodgiens. Au pouvoir de 1975 à 1978, ils ont perpétré contre le peuple khmer un génocide terrifiant (au moins 1 700 000 morts).
- **Malouines** *(Falkland)* : petit archipel de l'Atlantique Sud. Possession anglaise depuis sa découverte en 1690, il est revendiqué par l'Argentine en raison de sa relative proximité (480 km).
- **OPEP** : Organisation des pays exportateurs de pétrole, créée en 1960 pour défendre les intérêts des pays producteurs face aux grandes compagnies occidentales.

Notion clé

- **Islamisme** : mouvement politique se référant à l'islam. L'islamisme peut prendre des formes très variées, mais il s'oppose toujours aux idéologies inspirées par des valeurs occidentales (nationalisme, socialisme, etc.). Il est favorable à l'application de la loi islamique (*charia*) dans la société et la vie politique des États.

2
L'humanitaire sans frontières

L'action des « *French doctors* » de Médecins sans frontières, ONG créée en 1971, dans un camp de réfugiés laotiens en Thaïlande, 1982.

3
Le Nicaragua, un second Cuba ?

En 1979, la révolution sandiniste met fin à la dictature de la famille Somoza. Le nouveau régime se veut socialiste et bénéficie de l'appui de Cuba et de l'URSS alors que les États-Unis financent la guérilla contre-révolutionnaire (les *contras*). En 1990, le front sandiniste, battu aux élections, renonce au pouvoir. Affiche cubaine d'Alberto Blanco, 1985.

4
L'enlisement soviétique en Afghanistan (1979-1988)

Comme celle des États-Unis au Vietnam, l'armée soviétique rencontre une résistance imprévue. Ici, des moudjahidin ont pris possession d'un char soviétique.

Pistes de travail

1. En quoi l'équilibre international est-il remis en cause à partir du milieu des années 1970 ? **(doc. 1 à 4)**
2. Dans quelle mesure l'IDS modifie-t-elle les principes de la dissuasion nucléaire ? **(doc. 5)**
3. Pourquoi s'agit-il des derniers feux de la guerre froide ?

5
L'IDS expliquée par Ronald Reagan

J'étais entré en fonction armé d'un solide préjugé contre l'accord tacite sur les missiles qui s'était instauré entre l'Union soviétique et nous. Je veux parler de la politique de « destruction mutuelle assurée » (MAD) fondée sur le principe de dissuasion qui garantissait la sécurité pour tous tant que chacun des deux camps possédait le pouvoir de détruire l'autre, grâce à ses missiles, dans l'hypothèse où quelqu'un s'aviserait de tirer le premier. Je ne sais pourquoi, cette idée ne me semblait pas être de celles qui permettent de s'endormir paisiblement. C'était un peu comme si deux hommes de l'Ouest se tenaient face à face dans un saloon, chacun gardant son arme pointée en permanence sur la tête de l'autre. On devait pouvoir trouver mieux.

Au tout début de mon premier mandat, je convoquai une réunion du conseil des chefs d'états-majors – nos dirigeants militaires – et leur dis ceci : pour chaque arme inventée, l'homme en a créé une autre destinée à se protéger de la première ; ne serait-il pas possible, en cette ère de technologie avancée, d'imaginer un système défensif capable d'intercepter les projectiles nucléaires […] ?

Ainsi naquit l'IDS, et peu après, certains membres du Congrès et de la presse surnommèrent le projet « *Star Wars* », la Guerre des étoiles. […] J'ai dû expliquer une centaine de fois aux dirigeants soviétiques que l'IDS n'était pas une monnaie d'échange. Je leur ai dit que j'étais prêt à en faire profiter tous ceux qui accepteraient de renoncer aux missiles nucléaires. Nous savons tous comment fabriquer ces engins. Un jour ou l'autre arriverait un fou qui posséderait cette arme et nous ferait chanter – à moins que nous n'ayons une défense à lui opposer.

Ronald Reagan, *Une Vie américaine. Mémoires*, Éditions Jean-Claude Lattès, 1990.

Dossier
Guerre atomique, guerre interdite ?

Les 6 et 9 août 1945, les bombardements de Hiroshima et Nagasaki inaugurent une nouvelle ère, où la menace de l'apocalypse nucléaire pèse sur l'humanité. À partir du moment où l'URSS est dotée de la bombe A (1949), de la bombe H (1953) et de missiles à longue portée (1957), une guerre entre les deux Grands conduirait à la « destruction mutuelle assurée » – *Mutual Assured Destruction* (*MAD*) en anglais. Ceux-ci doivent donc adapter leur stratégie et tenter de limiter la course aux armements.

En définitive, l'arme nucléaire, si elle a nourri bien des angoisses, s'est révélée une garantie de stabilité, équilibre de la terreur et dissuasion ayant sans doute permis d'éviter un troisième conflit mondial.

		États-Unis	URSS
1960	ICBM	18	35
	SLBM	32	0
1965	ICBM	854	270
	SLBM	496	120
1975	ICBM	1 054	1 618
	SLBM	656	711
1985	ICBM	1 010	1 398
	SLBM	640	983

1 Les arsenaux nucléaires stratégiques des deux Grands

Les ogives (charges nucléaires) sont installées sur divers vecteurs. Les vecteurs stratégiques, capables d'atteindre le cœur du territoire ennemi, ont une portée supérieure à 5 500 km. Outre les bombardiers à long rayon d'action, on distingue :
- les missiles lancés à partir de silos enterrés, les ICBM (*Intercontinental Ballistic Missiles*) ;
- les missiles installés sur des sous-marins, les SLBM (*Sea Launched Ballistic Missiles*).

Docteur Folamour

Affiche originale du film de Stanley Kubrick (1963). La crainte d'une guerre atomique a inspiré de très nombreuses œuvres de fiction. Le film de Kubrick est l'un des premiers à employer le mode de la dérision.

2

3 La stratégie militaire de l'URSS

Quels seront les traits caractéristiques d'une guerre future, du point de vue des objectifs stratégico-militaires, et quels seront les moyens de la conduire ? On peut prévoir que les belligérants utiliseront les moyens les plus efficaces et les plus décisifs, et surtout des armes nucléaires en masse pour anéantir l'adversaire et obtenir sa capitulation dans le plus bref délai. Dans ces conditions, la question se pose de savoir ce qui constitue le principal objectif stratégico-militaire de la guerre : la défaite des forces armées, ou bien la destruction des objectifs intérieurs suivie d'une désorganisation de la structure du pays vaincu ? La réponse de la stratégie militaire soviétique est que les deux objectifs doivent être atteints simultanément. [...] Les armes nucléaires accumulées en temps de paix et les engins qui en sont porteurs pourraient être utilisés à plein par les belligérants dans les premières minutes de la guerre, afin d'annihiler les plus importants objectifs de l'ennemi à travers son territoire et réaliser les desseins militaires et stratégiques au début même du conflit.
Par conséquent, la période initiale d'une guerre nucléaire moderne sera de toute évidence décisive et déterminera le développement et l'issue finale.

Maréchal V. Sokolovski, *Stratégie militaire,* collection théorie et stratégie, Éditions de l'Herne, 1984.

4

Sous-marin nucléaire américain avec ses fusées Polaris

Indécelables, quasi invulnérables, ces sous-marins garantissent la « capacité de deuxième frappe » et constituent l'« arme absolue », utilisable même après des représailles massives.

5 Les limites du « duopole nucléaire »

Dans le domaine des relations internationales, la période d'après-guerre a pris fin [...]. À cette époque, nous nous trouvions face à un monde communiste monolithique. Aujourd'hui la nature de ce monde a changé : la puissance de chacun des pays communistes a augmenté, mais l'unité internationale du communisme a été rompue. Ce qui était autrefois un bloc homogène a vu sa solidarité détruite par les forces puissantes du nationalisme. [...]

À cette époque, les États-Unis avaient le monopole en matière d'armes nucléaires. Aujourd'hui, [...] la Chine communiste a acquis des armes thermonucléaires. L'Union soviétique et les États-Unis ont maintenant la capacité de s'infliger mutuellement des pertes inacceptables. [...] La puissance qui provoquerait une guerre thermonucléaire ne pourrait s'attendre à aucun avantage et certainement à aucune victoire. C'est pourquoi les deux camps ont reconnu qu'ils avaient un intérêt mutuel à interrompre la dangereuse intensification de la course aux armements nucléaires.

Discours prononcé par le président Nixon, le 4 juin 1969, devant les cadets de l'armée de l'Air, à Colorado Springs.

6

Sommet de Vienne, le 18 juin 1979

Signature des accords SALT II de limitation des armements nucléaires entre le président américain Carter et son homologue soviétique Brejnev. Ces accords ne sont pas ratifiés par le Sénat américain en raison de l'invasion de l'Afghanistan.

Pistes de travail

1. Comment l'opinion réagit-elle à la menace d'un « holocauste nucléaire » ? **(doc. 2)**
2. Quelle est la doctrine nucléaire soviétique au début des années 1960 ? Diffère-t-elle de celle des États-Unis à cette date ? **(doc. 3)**
3. Quelles sont les nouvelles règles du jeu qu'évoque Nixon en 1969 ? **(doc. 5)**
4. En quoi l'analyse des arsenaux éclaire-t-elle le propos de Nixon? **(doc. 1 et 5)**
5. Montrez la réalité et les limites de la détente. **(doc. 6)**

4. La fin de la confrontation Est-Ouest (1985-1991)

Comment la guerre froide s'est-elle terminée ?
Le monde est-il devenu plus stable ?

La politique de Gorbatchev

Mikhaïl Gorbatchev devient secrétaire général du Parti communiste en mars 1985, dans une URSS en crise. L'économie soviétique est à bout de souffle, incapable de soutenir la compétition technologique que lui a imposée Reagan et de répondre aux attentes de la population. Le développement de la corruption, de la délinquance et de l'alcoolisme révèle une insatisfaction grandissante. L'accident de la centrale nucléaire de Tchernobyl (avril 1986) symbolise aux yeux du monde entier l'état catastrophique du pays.

Pour réussir, Gorbatchev doit mettre un terme à la confrontation ruineuse avec les États-Unis. La reprise du dialogue avec Washington produit des résultats spectaculaires. Le processus de désarmement nucléaire est amorcé en 1986 par le traité de Washington sur les euromissiles. Le pacte de Varsovie reconnaît en 1989 « le droit de chaque nation de décider librement de sa politique » : l'URSS enterre ainsi la doctrine de la souveraineté limitée et libère ses anciens satellites européens. La « Maison commune européenne » souhaitée par Gorbatchev semble devenir une réalité, avec la chute du « rideau de fer » et la réunification allemande ; mais l'empire soviétique se désagrège rapidement : le pacte de Varsovie et le Conseil d'assistance économique mutuelle (CAEM) décrètent leur dissolution en 1991, peu avant que l'URSS ne disparaisse à son tour **(voir leçon pp. 138-139)**.

La fin de la guerre froide

Cette dynamique de dialogue permet le renouveau de l'ONU, puisque les deux Grands cessent d'en bloquer le fonctionnement. De nombreux conflits régionaux sont réglés en 1988, avec des accords de paix au Nicaragua, le retrait des troupes soviétiques d'Afghanistan et même la fin de la guerre entre l'Irak et l'Iran. Le retour à la démocratie s'accélère en Amérique latine et on assiste à la sortie négociée de l'Apartheid en Afrique du Sud.

Le nouveau président des États-Unis, le républicain George Bush père (1988-1992), peut alors annoncer l'avènement d'un « nouvel ordre mondial » pour légitimer la « guerre du Golfe » contre l'Irak, coupable d'avoir annexé le Koweït en 1990. La puissance des États-Unis est désormais sans rivale. Pourtant, le monde paraît plus fragmenté que jamais.

Le Moyen-Orient reste un foyer d'instabilité majeur

La création d'Israël en 1948 **(voir repères p. 80)** a provoqué une série de conflits avec ses voisins arabes qui refusent de reconnaître le nouvel État. Elle a aussi accéléré l'émergence du nationalisme palestinien chez les populations chassées par l'armée israélienne (1948), puis dont les territoires sont occupés par Israël (1967). La guerre froide a attisé ces rivalités, l'URSS soutenant les adversaires les plus intransigeants d'Israël, comme la Libye, la Syrie ou l'Irak, alors que les États-Unis, alliés d'Israël, pouvaient compter sur la bienveillance des pétromonarchies et sur le revirement de l'Égypte de Sadate.

L'échec du nationalisme arabe, la révolution iranienne et les résistances à l'occupation soviétique en Afghanistan favorisent l'essor de l'islamisme dans tout le Moyen-Orient et, en particulier, chez les Palestiniens. La multiplication des actes terroristes ne fait que durcir la position d'Israël et éloigne toute perspective de paix.

L'effondrement de l'URSS et les divisions du monde arabe achèvent de convaincre l'OLP qu'il faut dialoguer avec Israël et les États-Unis. Alors que la population palestinienne des territoires occupés a lancé l'Intifada, l'OLP reconnaît l'État d'Israël (1988). Des négociations s'ouvrent à Oslo et débouchent, en octobre 1993, sur des accords qui consacrent l'autorité palestinienne sur Gaza et une partie de la Cisjordanie **(voir repères p. 80)**. Mais le processus de paix est fragile **(voir leçon pp. 168-169)**.

1 **L'Amérique triomphante**

Parade militaire dans les rues de New York en juin 1991 après l'intervention militaire en Irak.

Vocabulaire

- **OLP** (Organisation de libération de la Palestine) : fondée en 1964 et dirigée de 1969 à 2004 par Yasser Arafat, elle regroupe une partie des mouvements nationalistes, mais son autorité est aujourd'hui contestée par les mouvements islamistes (Hamas, Jihad islamiste).
- **Pétromonarchies :** monarchies du Moyen-Orient qui tirent leurs revenus du pétrole. Riches, peu peuplées, elles suscitent, comme le Koweït, la convoitise de leurs voisins. La plus importante, véritable puissance régionale, est l'Arabie saoudite.
- **Souveraineté limitée : voir p. 72.**

Notions clés

- **Intifada :** mot arabe signifiant « soulèvement ». Il désigne la « guerre des pierres » menée, à partir de 1987, par la jeunesse palestinienne des territoires occupés.
- **Islamisme : voir p. 74**

2

La catastrophe de Tchernobyl

Le 26 avril 1986, le réacteur n° 4 de cette centrale soviétique (Ukraine) explose et brûle durant plus d'une semaine, provoquant un nuage de radioactivité qui s'étend sur une partie de l'Europe.

3 Une « nouvelle pensée » à Moscou

Les nations du monde ressemblent aujourd'hui à un groupe d'alpinistes reliés par la même corde. Ils peuvent soit grimper ensemble jusqu'au sommet de la montagne, soit plonger ensemble dans le gouffre. S'ils veulent éviter ce désastre, les dirigeants politiques devront s'élever au-dessus de leurs intérêts étroits et prendre conscience du caractère dramatique de la situation. C'est pourquoi le besoin d'une compréhension neuve de la situation et de ses composantes est si pressant aujourd'hui. Le principe fondamental de la nouvelle approche politique est simple : la guerre nucléaire ne peut être un moyen de parvenir à ses objectifs, qu'ils soient politiques, économiques, idéologiques ou autres. [...] Du point de vue de la sécurité, la course aux armements est devenue une absurdité parce que sa logique même conduit à la déstabilisation des relations internationales et, au bout du compte, à un conflit nucléaire. [...] La sécurité universelle à notre époque repose sur la reconnaissance du droit de chaque nation à choisir sa propre voie vers le progrès social, sur la renonciation à l'ingérence dans les affaires intérieures des autres États [...]. Une nation peut choisir le capitalisme ou le socialisme. C'est son droit souverain. Les nations ne peuvent ni ne doivent calquer leur vie sur celle des États-Unis ou bien celle de l'Union soviétique.

Mikhaïl Gorbatchev, *Perestroïka. Vues neuves sur notre pays et le monde*, Flammarion, Paris, 1987.

4 L'espoir de la paix au Proche-Orient

Le président égyptien Anouar el Sadate, qui a succédé à Nasser en 1970, s'est éloigné de l'URSS pour se rapprocher des États-Unis. Le 20 novembre 1977, il se rend à Jérusalem et prononce devant le Parlement (Knesset) un vibrant plaidoyer en faveur de la paix. Ce geste lui vaut d'être mis au ban du monde arabe.

Personne n'imaginait que le chef d'État du plus grand pays arabe, sur les épaules de qui reposent la plus grande partie du fardeau et la responsabilité principale dans le problème de la guerre et de la paix au Proche-Orient, pourrait se déclarer disposé à aller sur la terre de l'adversaire alors que nous étions encore dans un état de guerre et alors que nous étions encore en train de souffrir des effets de quatre guerres en 30 ans. [...]

Je ne suis pas venu chez vous, sous cette coupole, pour présenter un plaidoyer en faveur du retrait des territoires occupés. Le retrait total de la terre occupée après 1967 est élémentaire, non négociable, et ne peut faire l'objet d'un plaidoyer de la part de quiconque. [...]

Personne au monde aujourd'hui n'acceptera les slogans de ceux qui, ici en Israël, ignorent l'existence du peuple palestinien et même se demandent où se trouve un tel peuple. [...]

Je vous apporte le message de paix du peuple égyptien, qui ignore le fanatisme, et dont les fils – musulmans, chrétiens et juifs – vivent ensemble, dans la cordialité, l'amour et la tolérance.

5

L'Intifada ou « guerre des pierres » (1987)

Pistes de travail

1. Quelles sont les origines de la fin de la guerre froide ? Comparez la « nouvelle pensée » de Gorbatchev et la « doctrine Brejnev » **(voir p. 107 et doc. 3)**

2. Quelles sont les données du problème palestinien ? **(doc. 4 et 5)**

Pour conclure

3. Quelle est la situation dans le monde au lendemain de la disparition de l'URSS ? Peut-on parler d'ordre ou de désordre international ?

Repères
La poudrière du Moyen-Orient

A. Israël et les Palestiniens : une paix impossible ?

1 Les accords d'Oslo (1993)

Ces accords conclus à Washington, le 13 septembre 1993, en présence de Bill Clinton, reposent sur une reconnaissance mutuelle préalable à l'autonomie de Gaza et de Jéricho et au retrait des troupes israéliennes.

L'OLP reconnaît les droits de l'État d'Israël de vivre en paix et dans la sécurité. [...] Ainsi, l'OLP renonce à recourir au terrorisme et à tout autre acte de violence et assumera la responsabilité sur l'ensemble des éléments et personnels de l'OLP afin d'assurer le respect de cet engagement.

Lettre du président de l'OLP, Yasser Arafat, 9 septembre 1993.

En réponse à votre lettre du 9 septembre 1993, je souhaite vous confirmer qu'à la lueur des engagements de l'OLP qui y figurent, le gouvernement d'Israël a décidé de reconnaître l'OLP comme représentant du peuple palestinien et de commencer des négociations avec l'OLP dans le cadre du processus de paix au Proche-Orient.

Yitzhak Rabin, Premier ministre d'Israël, 10 septembre 1993.

Repères chronologiques

1947	Plan de partage adopté par l'ONU.
1948	Création d'Israël et 1re guerre israélo-arabe.
1956	Crise de Suez, 2e guerre israélo-arabe.
1964	Création de l'OLP (Organisation de libération de la Palestine).
1967	Guerre des Six-Jours. Israël occupe le Sinaï, la Cisjordanie, Gaza et Jérusalem-Est.
1970	Les organisations palestiniennes, chassées de Jordanie, se replient au Liban. Celui-ci est alors déchiré par la guerre civile (1975-1989).
1973	Guerre du Kippour.
1978	Accords de Camp David : l'Égypte reconnaît Israël qui évacue le Sinaï.
1982	Israël envahit le Sud Liban.
1987	Début de la « guerre des pierres » ou Intifada.
1993	Accords d'Oslo.

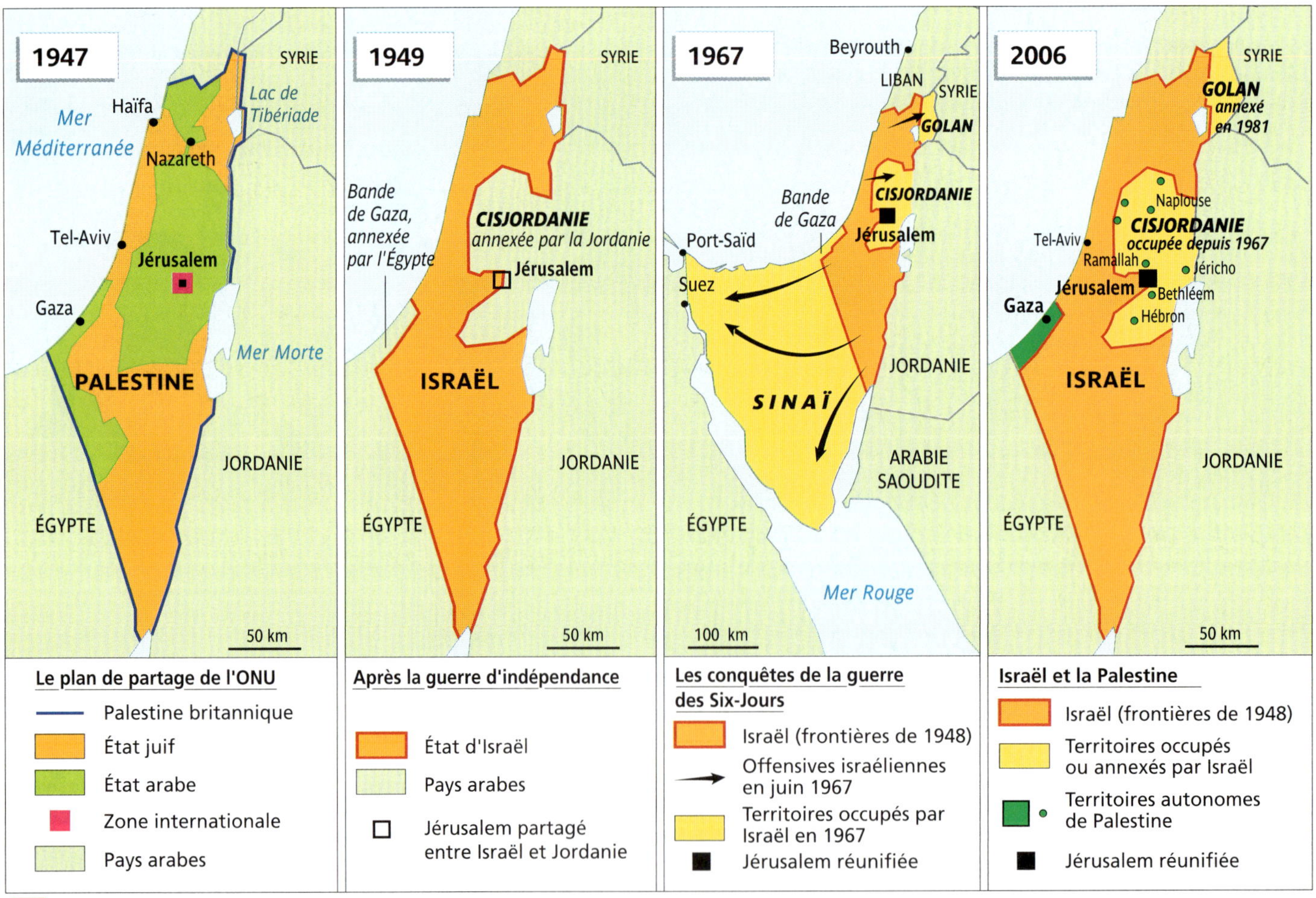

2 Une terre, deux peuples, 50 ans d'affrontements

B. Pétrole, nationalisme et religion au cœur des tensions

Repères chronologiques

1951	Nationalisation du pétrole iranien.
1953	Coup d'État organisé par la CIA en Iran.
1955	Pacte de Bagdad (Grande-Bretagne, Turquie, Irak, Iran et Pakistan) dirigé contre l'URSS.
1956	Nationalisation en Égypte du canal de Suez par Nasser.
1979	Saddam Hussein au pouvoir en Irak.
1979	Révolution islamique en Iran.
1980-1988	Guerre Iran-Irak.
1991	À la suite de l'invasion du Koweït, 1re guerre contre l'Irak.

Les mots clés

- **Islamisme : voir p. 74.**
- **Jihad :** guerre sainte. Elle est prônée aujourd'hui par les plus radicaux des mouvements islamistes.
- **Panarabisme :** idéologie nationaliste visant à libérer les Arabes de la domination occidentale et à les unir au-delà des frontières des États. La lutte contre Israël sert à masquer ses divisions.
- **Sunnites :** musulmans majoritaires qui se considèrent comme orthodoxes car respectueux de la Sunna, la tradition du Prophète. Ils se distinguent des **chiites**, partisans des successeurs d'Ali, le gendre du Prophète. Ces derniers vivent surtout en Irak et en Iran.

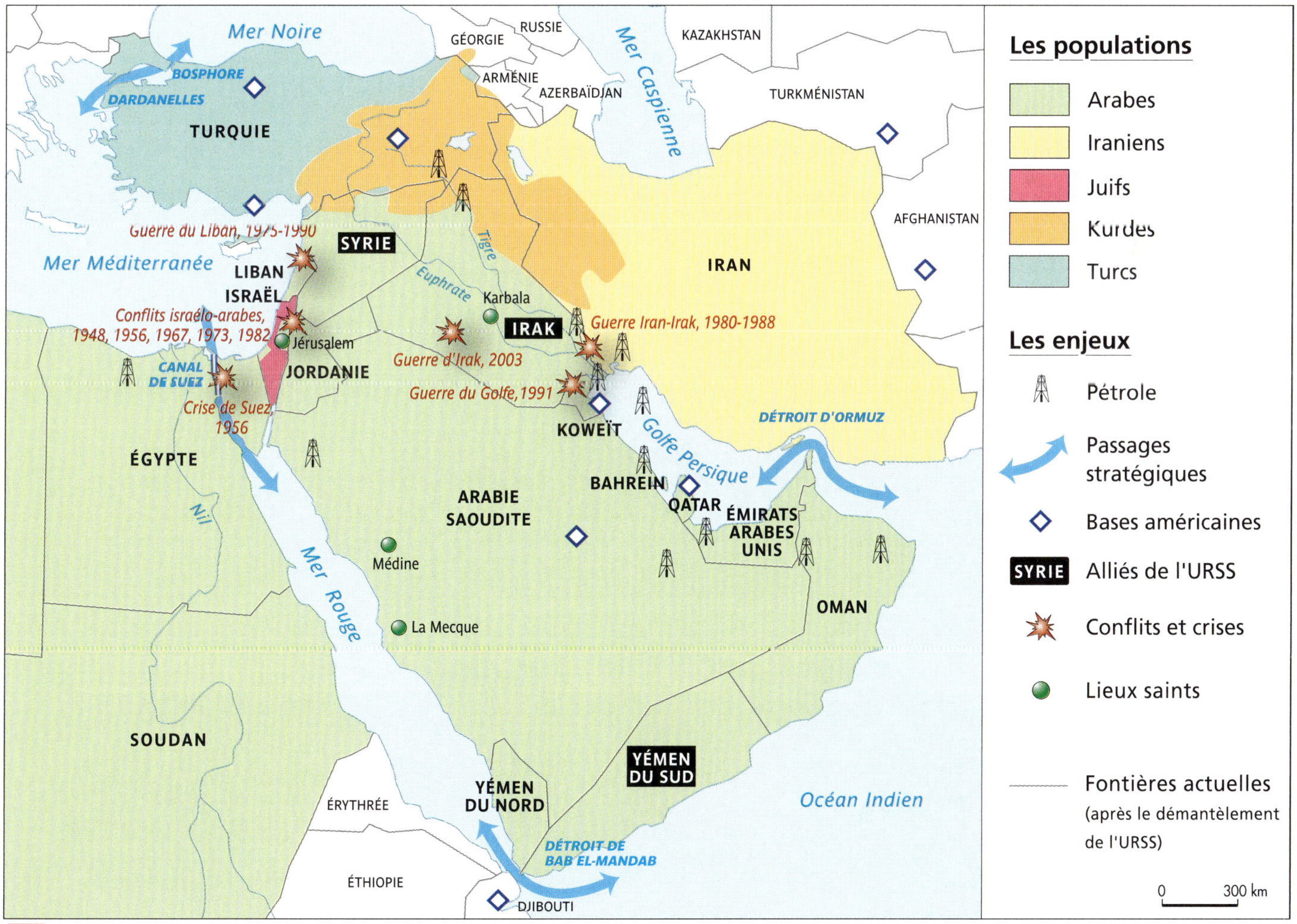

3 Le Moyen-Orient, zone de conflits

Chapitre 5

La fin des empires coloniaux

Au lendemain de la guerre, l'émancipation des colonies est devenue inévitable. Plus rapide pour l'Asie, elle s'étend, dans la deuxième moitié des années 1950, à l'Afrique et à l'Océanie. Ce processus irréversible, souvent douloureux, change le visage de la planète avec l'affirmation du Tiers-Monde.

Les séquelles de la colonisation persistent bien au-delà des indépendances. Les jeunes nations, souvent fragiles et instables, peinent à trouver les voies du développement et s'élèvent contre la tutelle des grandes puissances. À la fin des années 1970, les disparités socio-économiques se creusent entre les pays et l'éclatement du Tiers-Monde est manifeste, ouvrant la voie à de nouvelles turbulences.

- Comment s'est effectuée la décolonisation ?
- Cette émancipation perturbe-t-elle le système établi par les superpuissances dans les années 1950 ?
- Peut-on parler d'unité du Tiers-Monde ?

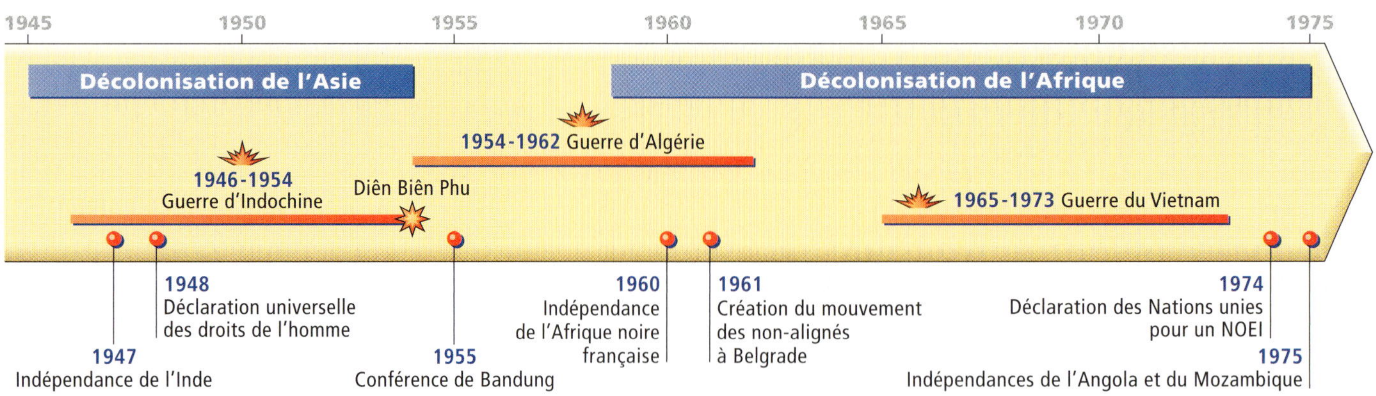

1

Indépendance…

Manifestation de rue à Alger, le 3 juillet 1962, célébrant l'indépendance.

2

… ou dépendance ?

Camp de réfugiés en Éthiopie, 1981.

La décolonisation depuis 1945

Dans la deuxième moitié du XIXe siècle, l'Europe se lance dans un processus d'expansion planétaire aux formes multiples. Elle exporte ses hommes, ses marchandises et ses capitaux. Elle entreprend la conquête de l'Afrique et d'une grande partie de l'Asie et de l'Océanie. À l'impérialisme informel, économique et financier, répond la colonisation et la domination politique directe.

L'Amérique latine a accédé dès le XIXe siècle à l'indépendance politique, mais elle subit l'impérialisme des États-Unis. **Le Moyen-Orient**, après la disparition de l'Empire ottoman en 1918, n'a été soumis qu'à une tutelle provisoire des métropoles européennes.

La première vague de décolonisation touche **l'Asie**, certains pays arabes et le Ghana. La deuxième vague libère la plus grande partie de **l'Afrique noire**. En 1970, seules les colonies portugaises d'Afrique n'ont pas accédé à l'indépendance. La Namibie est sous le contrôle de l'Afrique du Sud et l'Érythrée lutte pour son indépendance contre l'Éthiopie. Le Sahara occidental, abandonné par l'Espagne, est disputé entre le Maroc, qui le revendique, et un mouvement indépendantiste soutenu par l'Algérie.

Le processus de décolonisation a été parfois pacifique, parfois violent. Le départ de la puissance coloniale, laissant souvent derrière elle des **frontières contestées par les populations** et des factions en lutte pour le pouvoir, a créé de **nombreux conflits**.

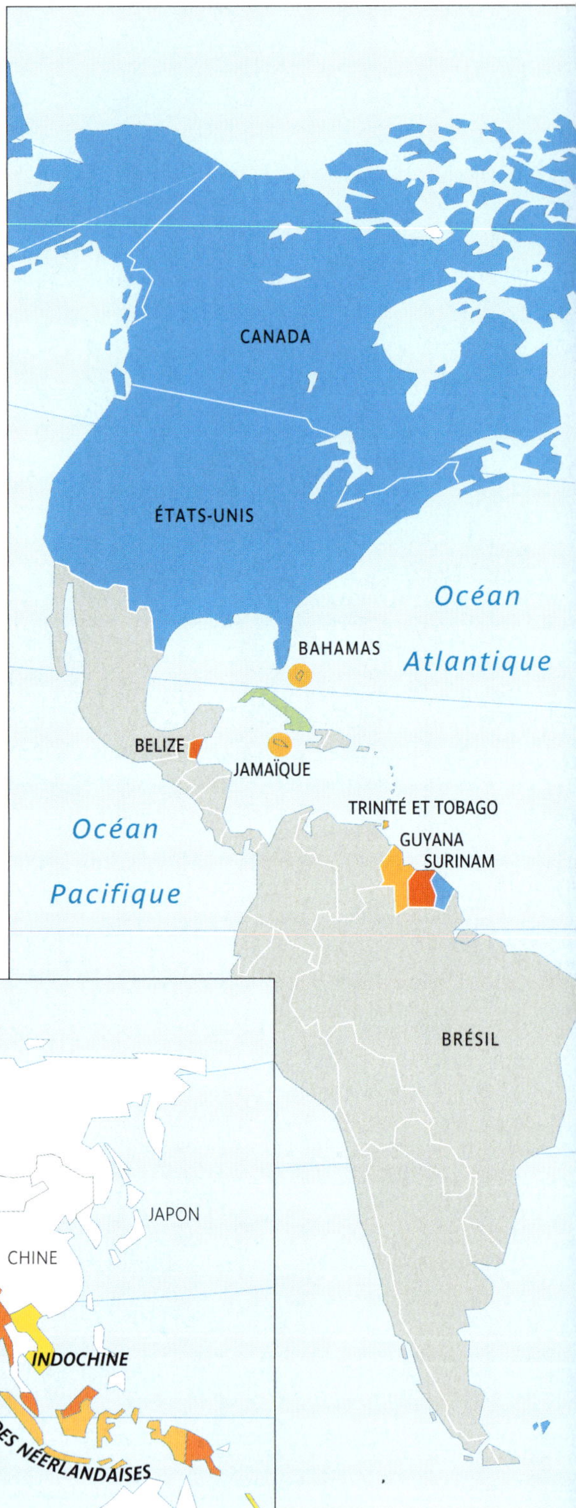

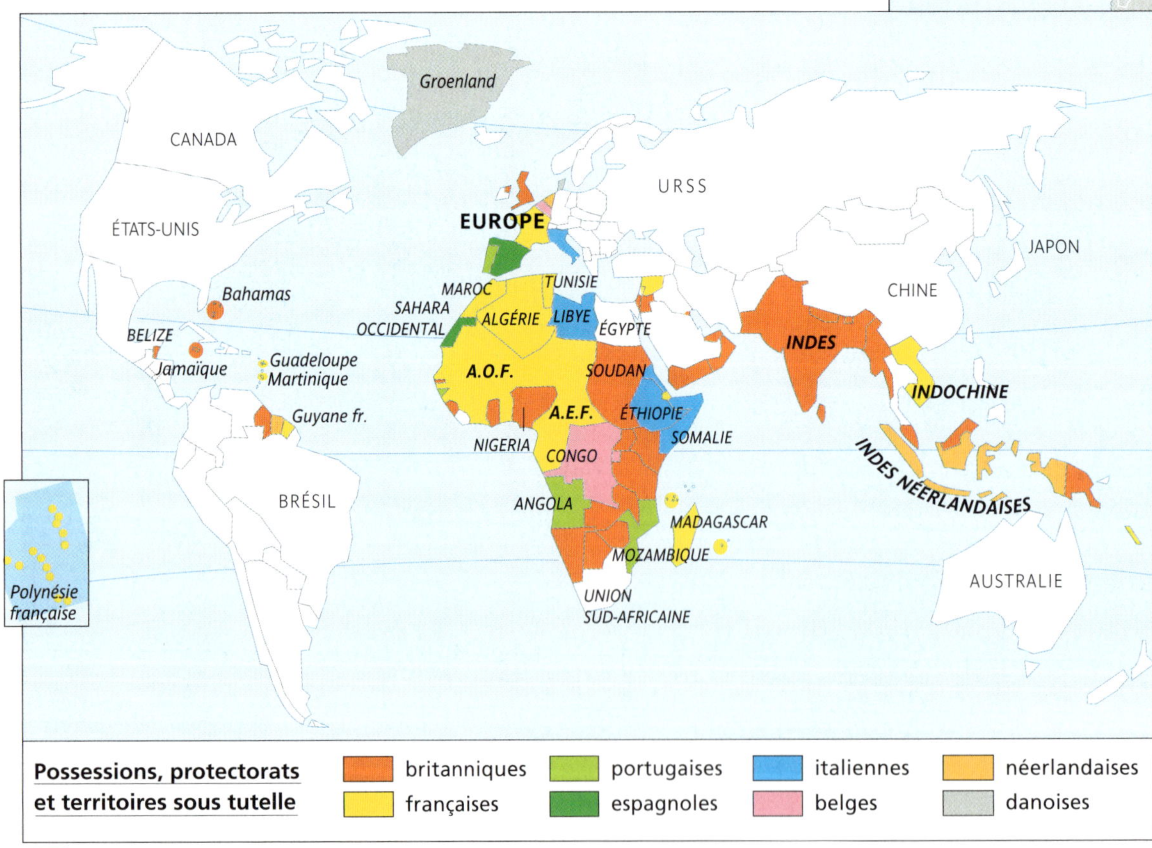

1 Les empires coloniaux en 1945

L'environnement international dans les années 1950

- Bloc de l'Ouest
- Bloc de l'Est
- ITALIE Métropole coloniale

La décolonisation

- États déjà indépendants en 1939
- États indépendants entre 1939 et 1957
- États indépendants entre 1958 et 1969
- États indépendants depuis 1970
- Guerre d'indépendance
- Conflits nés de la décolonisation

2 Étapes et modalités de la décolonisation

1. La première vague des émancipations (1945-1954)

La décolonisation est un fait majeur de l'après-guerre. Quelles en sont les origines et les premières étapes ?

En 1945, l'ordre colonial est ébranlé

Le nationalisme indigène s'est développé dans l'entre-deux-guerres, obligeant les métropoles à réprimer, en Inde ou en Afrique du Nord, les premières revendications d'indépendance. Mais la Seconde Guerre mondiale amplifie le phénomène, en particulier en Asie. Les Japonais, dans les pays qu'ils occupent, constituent des gouvernements fantoches, ouverts aux élites locales. Les Britanniques, confrontés à la campagne de désobéissance civile déclenchée par Gandhi, concèdent à l'« Union indienne » un statut de dominion. En 1944, de Gaulle s'engage aussi lors de la conférence de Brazzaville à modifier le statut de l'Empire français. Dès la fin du conflit, les mouvements indépendantistes passent à l'offensive.

La Charte des Nations unies en 1945, après celle de l'Atlantique en 1941, proclame « le droit des peuples à l'autodétermination ». Dès 1945, les colonies italiennes sont émancipées. Britanniques et Français renoncent à leurs mandats au Moyen-Orient (voir cartes pp. 84-85). L'Union soviétique adopte des positions résolument anticolonialistes. Les États-Unis, liés aux puissances coloniales, ont une attitude plus ambiguë, craignant que les nouvelles nations ne rejoignent le camp communiste.

L'attitude des métropoles est hésitante

La Grande-Bretagne a pratiqué par pragmatisme la politique d'association. Dès 1936, elle accorde l'indépendance à l'Égypte. Les Britanniques comprennent assez vite que leurs intérêts économiques peuvent survivre à la perte de la domination politique. Ils acceptent l'indépendance, en général avant que celle-ci ne devienne inévitable, et admettent les nouveaux États dans le Commonwealth.

La France, qui privilégie une politique d'assimilation, n'est guère préparée à accepter les revendications nationalistes. Certes, l'empire se transforme en Union française en 1946, mais les pouvoirs accordés aux peuples d'outre-mer restent largement symboliques. À Sétif, en mai 1945, à Haiphong, en novembre 1946, et surtout à Madagascar en 1947, l'armée réprime brutalement des insurrections. Cédant aux pressions des colons et de ceux qui assimilent la grandeur de la France à son empire, les gouvernements successifs engagent la France dans des guerres coloniales qui précipitent l'échec de la IVe République (voir leçon pp. 240-241).

L'éveil de l'Asie

En Inde, les Britanniques tentent de retarder l'indépendance en s'appuyant sur la minorité musulmane. Mais devant la menace de guerre civile, le vice-roi, Lord Mountbatten, se résout à la partition du pays. Le 15 août 1947, deux États accèdent à l'indépendance : l'Union indienne à majorité hindoue, et le Pakistan musulman, divisé en deux territoires distants de 1700 km. Le départ précipité des Britanniques s'accompagne de transferts massifs de population, de massacres et de conflits frontaliers (Cachemire), le Pakistan n'échappant pas à son tour à la scission avec l'émancipation du Bangladesh en 1971. Les autres composantes de l'Empire des Indes accèdent aussi à l'indépendance : la Birmanie en 1947 et Ceylan (Sri Lanka) en 1948. Enfin, la Malaisie devient un État souverain en 1957 (voir cartes pp. 84-85).

Après la capitulation japonaise, Hô Chi Minh proclame l'indépendance du Vietnam (voir dossier pp. 94-95). Les négociations entre la France et le Viêt-minh échouent : la guerre d'Indochine éclate en 1946. Le Viêt-minh bénéficie de l'aide chinoise à partir de 1950. La guerre d'Indochine prend fin avec la chute du camp retranché de Diên Biên Phu, le 7 mai 1954. Au terme des accords de Genève en juillet, l'indépendance du Laos, du Cambodge et du Vietnam est reconnue.

1 **Mohandas Gandhi (1869-1948)**

Surnommé le « Mahatma » (« Grande Âme »), Gandhi est à la fois le leader politique et la figure morale de la résistance au colonialisme, en Inde et dans le monde. Mais il ne parvient pas à empêcher la partition de l'Inde au moment de l'indépendance. Il est assassiné en 1948.

Vocabulaire

- **Commonwealth :** « communauté » créée en 1931 pour maintenir des liens (« moraux » plus que juridiques) entre le Royaume-Uni et ses anciennes colonies devenues des États souverains. 54 États en font partie aujourd'hui.
- **Dominion :** colonie britannique qui accède à l'autonomie interne. La première était le Canada en 1867.
- **Mandat :** régime provisoire de tutelle confié par la SDN aux pays vainqueurs en 1918. Dans l'ancien Empire ottoman, la France a celui de la Syrie et du Liban, le Royaume-Uni obtenant la Transjordanie, la Palestine et l'Irak **(voir carte p. 84)**.
- **Viêt-minh :** ligue pour l'indépendance du Vietnam, fondée en 1941 par les communistes et dirigée par Hô Chi Minh.

Notions clés

- **Assimilation :** politique coloniale visant, en théorie, à assimiler les indigènes à la métropole en en faisant à terme des citoyens.
- **Association :** politique coloniale qui associe les autorités indigènes à la gestion du territoire dominé, la métropole se contentant d'une administration indirecte (*indirect rule*).

2 La doctrine coloniale de la France libre

La conférence a cru devoir poser le principe ci-après : les fins de l'œuvre de civilisation accomplie par la France dans les colonies écartent toute idée d'autonomie, toute possibilité d'évolution hors du bloc français de l'empire ; la constitution éventuelle, même lointaine, de *self-government* dans les colonies est à écarter [...].

On veut que le pouvoir politique de la France s'exerce avec précision et rigueur sur toutes les terres de son empire. On veut aussi que les colonies jouissent d'une grande liberté administrative et économique.
On veut également que les peuples coloniaux éprouvent par eux-mêmes cette liberté et que leur responsabilité soit peu à peu formée et élevée, afin qu'ils se trouvent associés à la gestion de la chose publique dans leur pays.

Extrait de l'Acte final de la conférence de Brazzaville, 30 janvier-5 février 1944.

3 Les grandes puissances et la décolonisation

Le 16 novembre 1953, devant des syndicalistes réunis à Cleveland, le secrétaire d'État américain, John Foster Dulles, explique la position des États-Unis.

Sur le front du monde libre, les zones colonisées ou dépendantes sont le champ d'une compétition des plus dramatiques. Là s'affrontent en prise directe la politique occidentale et l'impérialisme soviétique.

Au XIXe siècle en particulier, les puissances occidentales ont pratiqué le colonialisme ; mais par la nature même de la civilisation occidentale fondée sur la croyance en la nature spirituelle de l'homme, il était inéluctable que ce colonialisme soit transitoire et se supprime de lui-même. [...] [Cela] conduit sous la garantie de la Charte des Nations unies, à développer en toute logique des gouvernements indépendants et des institutions libres chez les peuples qui ne se gouvernent pas eux-mêmes.

Nous ne pouvons cependant ignorer les dangers créés par le communisme international qui compte détourner le nationalisme à ses propres fins impérialistes. [...]

Peut-être certains d'entre vous trouvent-ils que notre gouvernement ne pousse pas la politique de liberté aussi vigoureusement qu'il le faudrait. Je peux vous dire [...] que nous savons distinguer les cas où la possibilité d'invoquer la menace communiste est susceptible de justifier des délais, et les cas où il n'existe pas de raison valable.

Nous avons de bonnes raisons de souhaiter maintenir l'unité avec nos alliés occidentaux, mais nous n'avons pas oublié que nous fûmes la première colonie à arracher l'indépendance. Et nous n'avons donné de chèque en blanc à aucune puissance coloniale. Il n'y a pas le moindre doute dans notre conviction que la transition normale du statut colonial à l'autonomie doit être menée à une complète réalisation.

4
Prisonniers français en Indochine (1954)
Après la chute de Diên Biên Phû, le 7 mai 1954, le gouvernement formé par Pierre Mendès France qui négocie avec le Viêt-minh à Genève doit prendre en considération le sort des 10 000 prisonniers aux mains des communistes.

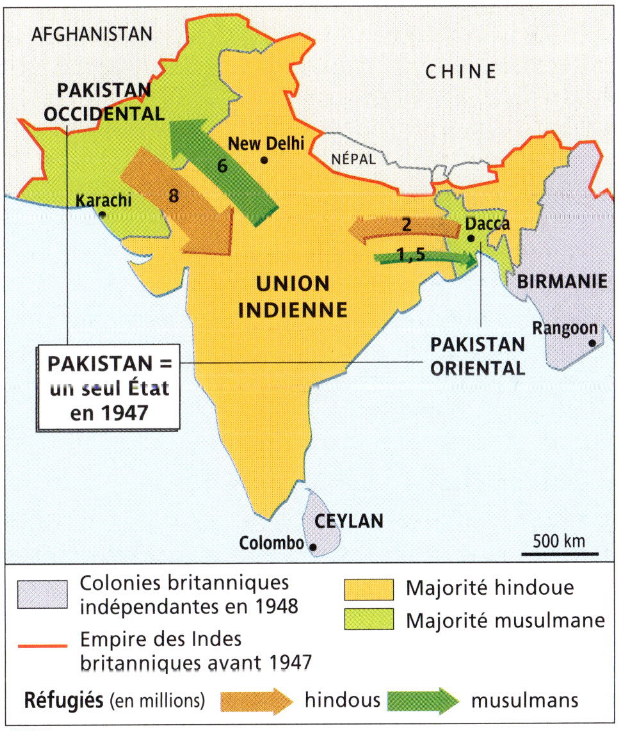

5 **La partition de l'Inde (1947)**

Pistes de travail

1. Quelles sont les origines de la décolonisation ?
2. Comment s'est-elle effectuée ?
3. Comparez l'attitude de la France à celle des États-Unis. **(doc. 2 et 3)**

Dossier
La conférence de Bandung : un « coup de tonnerre » ?

Au lendemain de la conférence de Genève qui, en 1954, met fin à la guerre d'Indochine, les nouvelles puissances asiatiques veulent accélérer le processus d'indépendance.
Une conférence afro-asiatique se tient à Bandung, en Indonésie, du 18 au 24 avril 1955. Elle réunit 29 délégations, représentant plus de 50 % de la population mondiale.

Le communiqué final, inspiré par l'Indien Nehru, est marqué par le neutralisme et les principes de la coexistence pacifique mais peine à déterminer une ligne commune face aux Grands : aux non-engagés, Inde ou Égypte, s'opposent, d'un côté, les pro-occidentaux, Pakistan ou Turquie, et, de l'autre, la Chine communiste.

Le Tiers-Monde fait toutefois une entrée spectaculaire sur la scène internationale et s'affirme comme une « Internationale des pauvres » (Nasser), bien décidée à faire entendre sa voix.

1 Extrait de la déclaration finale (24 avril 1955)

1. Respect des droits humains fondamentaux en conformité avec les buts et les principes de la Charte des Nations unies ;
2. Respect de la souveraineté et de l'intégrité territoriale de toutes les nations ;
3. Reconnaissance de l'égalité de toutes les races et de l'égalité de toutes les nations, petites et grandes ;
4. Non-intervention et non-ingérence dans les affaires intérieures des autres pays ;
5. Respect du droit de chaque nation de se défendre individuellement ou collectivement conformément à la Charte des Nations unies ;
6. a) Refus de recourir à des arrangements de défense collective destinés à servir les intérêts particuliers des grandes puissances quelles qu'elles soient ; b) Refus par une puissance quelle qu'elle soit d'exercer une pression sur d'autres ;
7. Abstention d'actes ou de menaces d'agression, de l'emploi de la force contre l'intégrité territoriale ou l'indépendance politique d'un pays ;
8. Règlement de tous les conflits internationaux par des moyens pacifiques [...] ;
9. Encouragement des intérêts mutuels et coopération ;
10. Respect de la justice et des obligations internationales.

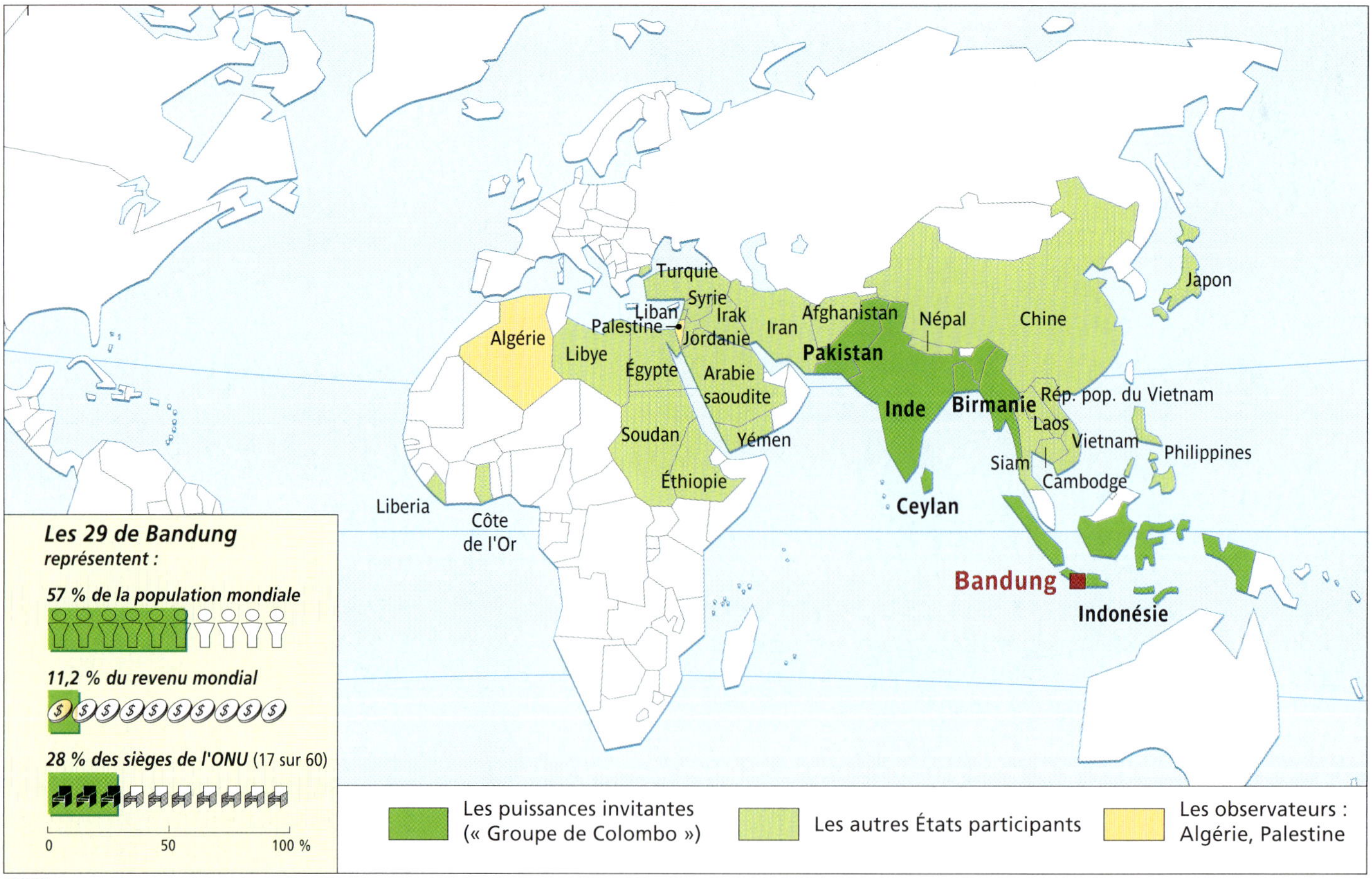

2 Les participants à la conférence de Bandung

3
Nehru et Nasser en route pour Djakarta (1955)

Nehru (1889-1964) est à la tête de l'Inde depuis l'assassinat de Gandhi en 1948. Pour Nasser (1918-1970) qui vient de prendre le pouvoir en Égypte, Bandung est une consécration que prolonge un peu plus d'un an plus tard la nationalisation du canal de Suez.

5 La portée de Bandung

Que s'est-il passé de mémorable à Bandung ? Ceci : qu'un milliard cinq cents millions d'hommes se sont réunis dans une ville d'Asie pour proclamer solennellement que l'Europe n'avait plus vocation pour diriger unilatéralement le monde, pour proclamer que la domination européenne sur les parties non européennes du globe avait conduit à une impasse dont il importait de sortir. Et Bandung n'a pas été, comme on pourrait le croire, une banale manifestation de la xénophobie asiatique ou africaine. Ça n'a pas été une dénonciation haineuse et aveugle de l'Europe. Au contraire, pas un des hommes réunis à Bandung qui ne fût conscient de l'immense importance de l'Europe dans l'histoire de l'humanité et de la richesse de sa contribution aux progrès de la civilisation. Ce qui a été condamné à Bandung, ça n'a pas été la civilisation européenne, ça a été la forme intolérable qu'au nom de l'Europe, certains hommes ont cru devoir donner aux relations qui devaient normalement s'instaurer entre l'Europe et les peuples non européens.

Eh bien, si un événement mérite le nom d'historique, c'est bien celui-là... Pour bien en comprendre la portée, je vous demande de réfléchir à ces deux dates : en 1885, l'Europe se réunissait à Berlin pour se partager le monde ; en 1955, 70 ans plus tard, le monde s'est réuni à Bandung pour signifier à l'Europe que le temps de l'Empire européen est fini [...].

Aimé Césaire, poète martiniquais, « La mort des colonies », *Les Temps modernes*, n°123, mars-avril 1956.

4 La Chine, porte-parole de l'anti-impérialisme

Nous avons réussi à nous opposer au colonialisme, à sauvegarder la paix mondiale et à encourager la coopération politique, économique et culturelle parce que nous autres, peuples des pays d'Asie et d'Afrique, nous avons en commun le même sort et les mêmes désirs.

Pour la même raison, je désire déclarer une fois encore[1] que le peuple chinois apporte toute sa sympathie et son appui à la lutte des peuples d'Algérie, du Maroc et de Tunisie pour leur autodétermination et leur indépendance, à la lutte du peuple arabe de Palestine pour les droits humains, à la lutte du peuple indonésien pour le rétablissement de la souveraineté indonésienne sur l'ouest d'Irian[2], et à la juste lutte pour l'indépendance nationale et la liberté des peuples que livrent tous les peuples d'Asie et d'Afrique pour secouer le joug du colonialisme.

Déclaration du Premier ministre chinois, Zhou Enlai, à l'issue de la conférence de Bandung, 24 avril 1955.

1. La délégation chinoise avait déjà réussi à faire inscrire ces différents points dans un communiqué final.
2. L'Irian Jaya est l'ancienne Nouvelle-Guinée occidentale, colonie hollandaise rattachée à l'Indonésie en 1969.

Pistes de travail

1. Quels sont les principes qui ont été défendus lors de la conférence ? Quels liens ont-ils avec la Charte de l'ONU ? **(doc. 1)**

2. D'où proviennent les puissantes invitantes et les pays participants ? Expliquez la présence des observateurs en replaçant Bandung dans le processus de décolonisation. **(doc. 2 et 5)**

3. Comment expliquer le poids de certains pays ? **(doc. 3 et 4)**

4. Quels sont les résultats de la conférence ? Pourquoi Bandung a-t-il pu être considéré comme l'acte de naissance du Tiers-Monde ? **(doc. 4 et 5)**

2. L'achèvement de la décolonisation

Comment expliquer que la décolonisation ait été beaucoup moins dramatique en Afrique noire qu'en Afrique du Nord ?

L'indépendance de l'Afrique noire

La conférence de Bandung en Indonésie (1955) relance l'aspiration des peuples africains à l'indépendance alors que la crise de Suez (1956) discrédite les puissances coloniales. Comment ne pas accéder aux aspirations des élites indigènes, formées selon les grands principes de liberté et de fraternité ?

La marche vers l'indépendance est inexorable (voir cartes pp. 84-85). Dans les colonies britanniques, le processus amorcé avec la Gold Coast (Ghana) en 1957 s'achève avec la Rhodésie du Nord (Zambie) en 1964. La France offre d'abord une autonomie grandissante à ses anciennes colonies avec la loi-cadre Defferre, en 1956, et le projet de Communauté en 1958, puis se résout à leur offrir une indépendance totale en 1960.

Au Congo belge où le régime colonial était resté brutal et archaïque, l'indépendance a été très mal préparée : arrachée en 1960 après de violentes émeutes, elle déchaîne des luttes tribales qui menacent l'unité du pays et ne prennent fin qu'en 1965. En Rhodésie du Sud, les colons blancs ne s'inclinent qu'en 1980 avec la création du Zimbabwe. À cette date, Portugais et Espagnols ayant eux aussi renoncé à leurs colonies, presque toute l'Afrique est indépendante.

Les indépendances des protectorats d'Afrique du Nord

En Tunisie, le Néo-Destour de Bourguiba agissait depuis longtemps pour que soit mis fin au protectorat. Malgré les arrestations et les menaces, le mouvement populaire prend de l'ampleur. Pierre Mendès France accorde en 1954 une large autonomie interne, prélude à une indépendance devenue inévitable (1956).

Une évolution comparable se produit au Maroc. En 1953, la France dépose le sultan qui, encouragé par Washington, exigeait la réforme du protectorat, puis recule devant la gravité des troubles : le sultan rentre triomphalement à Rabat et devient, en mars 1956, roi du Maroc (Mohammed V).

La guerre d'Algérie

Le règlement du problème algérien se révèle plus douloureux. Près d'un million de colons européens se refusent à partager le pouvoir avec 8,5 millions de musulmans. Depuis les années 1930, toutes les réformes se sont heurtées à leur aveuglement, provoquant en retour la radicalisation du mouvement nationaliste. À la Toussaint 1954, une série d'attentats revendiqués par les jeunes militants du FLN marque le début de l'insurrection.

Élu sur un programme de paix, Guy Mollet se rend en 1956 à Alger. Devant le mauvais accueil des Européens, il renonce à la négociation et décide l'envoi du contingent. La guerre devient vite impitoyable : le FLN, bien implanté dans les régions montagneuses, multiplie les attentats et les violences. L'armée riposte par des opérations de « maintien de l'ordre » meurtrières. En France, le fossé se creuse entre les partisans de l'Algérie française qui croient à la solution militaire et ceux qui, surtout à gauche et parmi les intellectuels, dénoncent l'utilisation de la torture et militent pour une paix immédiate.

L'impuissance des gouvernements français, confrontés à une réprobation internationale grandissante, provoque une émeute à Alger le 13 mai 1958 et le retour du général de Gaulle au pouvoir. D'abord hésitant, le chef de l'État se rallie au principe de l'autodétermination, approuvé par référendum en métropole en janvier 1961. Se sentant trahie, une partie de l'armée tente en avril un putsch qui échoue en raison de la loyauté du contingent. Des négociations s'ouvrent à Évian, alors que l'OAS multiplie les attentats en Algérie et en métropole. En juillet 1962, l'indépendance est proclamée et un million de pieds-noirs et plusieurs milliers de harkis quittent en catastrophe l'Algérie.

1 **« Bonjour, Afrique ! »**
Affiche soviétique saluant l'accession du continent à l'indépendance, 1960.

Vocabulaire

- **Autodétermination :** droit offert à une communauté de choisir son statut politique.
- **FLN** (Front de libération nationale) : mouvement combattant fondé en novembre 1954 pour l'indépendance de l'Algérie. Parti unique de 1962 à 1989.
- **Harki :** musulman servant comme auxiliaire dans l'armée française.
- **Néo-Destour :** parti fondé par Bourguiba en 1934 pour l'indépendance de la Tunisie et l'instauration d'un régime laïque et moderne.
- **OAS** (Organisation armée secrète) : mouvement clandestin et terroriste qui tente d'empêcher, en Algérie et en métropole, les négociations menant à l'indépendance.
- **Pieds-noirs :** terme péjoratif d'abord utilisé pour désigner les Arabes puis revendiqué par les Européens pour souligner leur enracinement en Afrique du Nord.

2 Bourguiba et l'affirmation du nationalisme tunisien

La veille de cette déclaration, une note du gouvernement Schuman a rejeté les revendications du Néo-Destour.

La réponse du gouvernement français a pratiquement mis fin à l'expérience tunisienne que l'on peut définir : une tentative de concilier dans la paix et l'amitié l'aspiration du peuple tunisien à l'indépendance et les intérêts généraux de la France en Tunisie [...].

Le dialogue qui s'est engagé constituait un test aux yeux du monde. La réponse de M. Schuman à la note des ministres tunisiens démontre la mauvaise volonté de la France ou son impuissance à résoudre les contradictions internes du protectorat. Elle démontre aussi son mépris de l'amitié du peuple tunisien qui eût pu constituer le plus sûr rempart de la présence française [...]. Le Néo-Destour doit faire face à une épreuve de force qui met en danger son existence et l'avenir de la nation. L'incompréhension butée de la colonie française a fait que cette épreuve est devenue nécessaire.

Déclaration à la presse de Bourguiba, 16 décembre 1951.

3

Du Congo belge au Zaïre

Les fêtes de l'indépendance à Léopoldville le 30 juin 1960, en présence du roi des Belges Baudoin. Quinze jours plus tard, le pays, qui n'a pas été préparé à se gouverner, sombre dans l'anarchie.

4

La bataille d'Alger

En 1957, le général Massu, investi de larges pouvoirs, civils et militaires, entreprend de « nettoyer » la casbah. Il s'agit de briser les réseaux FLN, accusés de multiplier les attentats dans la ville européenne.

5

L'exode tragique de l'été 1962

Après la signature des accords de cessez-le-feu du 18 mars 1962, plus d'un million de Français d'Algérie doivent rentrer en France, souvent dans des conditions matérielles dramatiques.

3. L'affirmation des jeunes nations

Face aux pays développés, le Tiers-Monde veut se faire entendre sur la scène internationale. Quelles difficultés ont freiné son essor ?

Un monde sous-développé

Au lendemain des indépendances, l'écart entre le monde développé et le Tiers-Monde paraît considérable. Des déficits agricoles chroniques entraînent sous-alimentation et malnutrition, l'analphabétisme se conjugue au sous-emploi. La colonisation a souvent détruit les cadres sociaux et culturels traditionnels et les frontières tracées par les Européens ont été la source de multiples conflits, comme celui qui déchire le Nigeria de 1967 à 1970. Privilégiant l'exportation de produits primaires, elle a sacrifié l'agriculture vivrière, freiné l'émergence d'industries nationales et placé ces économies fragiles sous la dépendance des marchés mondiaux.

Faute de traditions démocratiques, les nouveaux États ont presque toujours adopté des régimes autoritaires, militaires ou civils (l'Inde est une des rares exceptions), au profit d'une étroite minorité, gangrenée par la corruption et le clientélisme. L'instabilité politique est particulièrement forte en Amérique latine, terre d'élection des coups d'État.

Ayant souvent choisi d'appliquer mécaniquement des solutions importées (socialiste ou libérale), les jeunes nations peinent à trouver des stratégies de croissance efficaces. Confrontées au défi du nombre, à l'exode rural et à l'essor d'une économie informelle, elles subissent aussi les règles de l'économie internationale. Les cours des matières premières exportées sont inférieurs à ceux des produits manufacturés importés, ce qui entraîne une dégradation des termes de l'échange. Les stratégies des firmes multinationales (bas salaires, sous-traitance) sont accusées de renforcer la division internationale du travail et d'accentuer les déséquilibres sociaux et régionaux.

1 Les cours du caoutchouc sont trop élastiques

Si la dégradation des termes de l'échange a sans doute été exagérée, la spéculation sur les marchés des produits primaires handicape la croissance des pays du Tiers-Monde. (Plantu, *Le Monde*, 1980.)

L'émergence du Tiers-Monde

La conférence de Bandung, née de la solidarité anticoloniale et de la volonté de se situer en dehors des blocs, débouche sur la naissance du mouvement des non-alignés à Belgrade en 1961. Celui-ci met surtout l'accent sur le « néocolonialisme » de l'Occident. Le conflit Nord-Sud transforme ainsi souvent le non-alignement en adhésion implicite à la politique soviétique. En Amérique latine, les tentatives révolutionnaires sont nombreuses, mais nulle part la guérilla ne parvient, comme à Cuba, au pouvoir au cours de ces années.

Au sein de l'ONU, les pays du Tiers-Monde, largement majoritaires à l'Assemblée générale, dénoncent le « pillage du Tiers-Monde » et plaident pour un nouvel ordre économique international (NOEI). En 1974, l'ONU adopte une « Charte des droits et devoirs économiques des États », mais les progrès restent limités : création d'un fonds de stabilisation des matières premières (1976) et réduction de la dette des pays les plus pauvres (1978).

La diversité des Tiers-Monde

Les chocs pétroliers de 1973 et 1979 (voir dossier pp. 188-189) ont permis l'essor des pays producteurs (OPEP), finançant le développement des infrastructures ou de l'industrie (Iran, Algérie), voire de spectaculaires dépenses de prestige en faveur de l'expansion d'un islam conservateur (Arabie saoudite) ou révolutionnaire (Libye).

Les nations émergentes, en Amérique latine (Mexique, Brésil) et, plus encore, en Asie orientale (Corée du Sud, Taiwan, etc.), sont de nouveaux pays industriels (NPI). Au prix de tensions internes fortes (bas salaires, précarité de l'emploi) et d'un endettement grandissant, ces pays connaissent une forte croissance grâce au développement de leurs exportations manufacturées.

Une trentaine de pays, situés pour la plupart en Afrique noire, sont qualifiés de « moins avancés » (PMA). Cumulant les handicaps, ils souffrent toujours du mal-développement et dépendent d'une aide internationale bien insuffisante pour leur permettre un véritable décollage.

Vocabulaire

- **OPEP :** Organisation des pays exportateurs de pétrole, créée en 1960 pour défendre les intérêts des pays producteurs face aux grandes compagnies occidentales.

Notions clés

- **Division internationale du travail : voir pp. 192-193.**
- **Économie informelle** (ou souterraine) : activité économique en marge de la légalité, échappant aux contraintes de l'économie officielle (fiscalité, droit du travail).
- **Non-alignement :** politique neutraliste de refus de toute intégration aux deux grands blocs. Adoptée en 1956 par Tito, Nehru et Nasser, elle donne naissance en 1961, lors de la conférence de Belgrade, au mouvement des non-alignés.
- **Tiers-Monde :** expression forgée par le démographe français Alfred Sauvy en 1952 pour désigner les pays pauvres qui n'appartiennent à aucun des deux blocs. La référence au tiers état et à 1789 souligne que leur misère et leur dépendance créent une situation révolutionnaire.

2 **Coup d'État militaire en Argentine**

Le 24 mars 1976, le général Videla, à la tête d'une junte militaire, renverse le gouvernement d'Isabel Perón et plonge l'Argentine dans sept années d'impitoyable dictature.

4 Dénonciation du néocolonialisme

Le problème du développement devient aujourd'hui la priorité des priorités à laquelle nous tous devons faire face, et sans plus attendre, si nous voulons éviter l'éventualité tragique que ce problème ne se transforme un jour en une source de conflagration incontrôlable […]. Dans le monde où nous vivons, tous les leviers de commande de l'économie mondiale sont entre les mains d'une minorité constituée par des pays hautement développés. Cette minorité, de par sa position dominante, détermine à elle seule la répartition des ressources mondiales en fonction d'une hiérarchie des besoins qui lui est propre. Cette situation a eu pour effet d'ériger en une sorte de loi universelle la dynamique suivant laquelle les uns ne cessent de s'enrichir pendant que les autres sombrent dans l'appauvrissement. […] En détenant l'essentiel des marchés de consommation des matières de base, ainsi que le quasi-monopole de la fabrication des produits manufacturés et des biens d'équipement, en détenant aussi les monopoles des capitaux et des services, les pays développés ont pu fixer, à leur guise, tant les prix des matières de base qu'ils prennent aux pays en voie de développement que ceux des biens et des services qu'ils fournissent à ces derniers. De la sorte, ils se trouvent dans une position où ils peuvent drainer à leur profit et par une multitude de canaux les ressources des pays du Tiers-Monde.

Allocution du président algérien Houari Boumediene, devant la 6e session extraordinaire de l'Assemblée générale des Nations unies, New York, avril 1974.

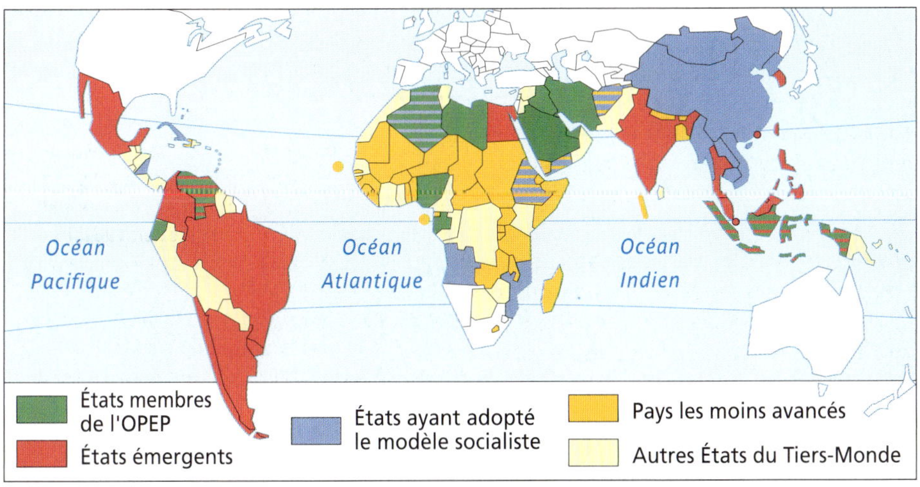

5 **Les Tiers-Monde à la fin des années 1970**

3 Créer deux, trois... de nombreux Vietnam

Ernesto « Che » Guevara, qui anime la guérilla en Bolivie, envoie ce message transmis par le Parti communiste cubain, en avril 1967. Il meurt quelques mois plus tard au cours d'une opération anti-guérilla.

Et à nous, les exploités du monde, quel est le rôle qui nous revient ? […] En Amérique latine, on lutte les armes à la main au Guatemala, en Colombie, au Venezuela et en Bolivie, et les premiers signes se manifestent déjà au Brésil. […] L'Amérique, continent oublié par les dernières luttes politiques de libération, qui commence à se faire entendre par la voix de l'avant-garde de ses peuples, qui est la Révolution cubaine, aura une tâche d'un relief beaucoup plus important : celle de créer le second ou le troisième Vietnam du monde. […] Le but stratégique de cette lutte doit être la destruction de l'impérialisme. Le rôle qui nous revient à nous, exploités et sous-développés du monde, c'est d'éliminer les bases de subsistance de l'impérialisme de nos pays opprimés, d'où ils tirent des capitaux, des matières premières, des techniciens et des ouvriers à bon marché et où ils exportent de nouveaux capitaux – des instruments de domination –, des armes et toutes sortes d'articles, nous soumettant à une dépendance absolue.

L'élément fondamental sera alors la libération réelle des peuples ; libération qui se produira à travers la lutte armée, dans la majorité des cas, et qui prendra inéluctablement en Amérique la caractéristique d'une Révolution socialiste.

« Che » Guevara, « Créer deux, trois... de nombreux Vietnam, voilà le mot d'ordre ! », 17 mai 1967.

Pistes de travail

1. Quelles sont les origines des problèmes rencontrés par les pays du Tiers-Monde ? **(doc. 1 à 4)**
2. Quels sont les objectifs poursuivis par les révolutionnaires latino-américains ? **(doc. 3)**
3. Analysez la diversité des pays du Tiers-Monde. Comment expliquer la situation des pays les plus pauvres ? **(doc. 5)**

Dossier
Le Vietnam, enjeu des relations internationales

En 1945, le Vietnam est depuis plus de 50 ans une colonie française. Avec l'occupation japonaise, les liens avec la métropole se sont relâchés et, dans les dernières semaines du conflit, un mouvement nationaliste, dirigé par le communiste Hô Chi Minh, prend le contrôle du Nord. Les Français tentent de reprendre leur ancienne colonie, mais la guerre, menée dans des conditions très difficiles, se solde par une lourde défaite.

Au terme des accords de Genève, en juillet 1954, le pays est divisé en deux. Le Nord communiste, fort du soutien de l'URSS et de la Chine, veut imposer la réunification à son profit. Mais les États-Unis apportent un soutien grandissant au Sud : au milieu des années 1960, plus de 500 000 GI's combattent dans la jungle les maquis communistes du Viêt-cong. Malgré leur supériorité technologique, ils s'enlisent à leur tour et l'opinion publique condamne de plus en plus la guerre. Nixon, élu en 1968, intensifie l'effort de guerre avant de se résigner à retirer ses troupes. Le Sud, gangrené par la corruption, s'effondre vite et, en 1975, c'est toute l'Indochine qui bascule dans le camp communiste.

Repères chronologiques

1945	Fondation à Hanoi de la République démocratique du Vietnam.
1946	Bombardement de Haiphong, début de la 1re guerre d'Indochine.
1954	Défaite française de Diên Biên Phu. Accords de Genève.
1960	Fondation du Front national de libération du Sud Vietnam (FNL), procommuniste.
1965	Début de « l'escalade » américaine.
1968	Offensive du Têt lancée par le Viêt-cong.
1973	Accords de Paris. Début du désengagement des États-Unis.
1975	Chute de Saigon (Hô Chi Minh Ville). Réunification du Vietnam. Les communistes prennent le pouvoir au Cambodge et au Laos.

1 **« Hier Strasbourg, demain Saïgon »**

La France envoie dans l'été 1945 un corps expéditionnaire pour reconquérir l'Indochine, avec à sa tête un des plus prestigieux officiers français, le général Leclerc, le libérateur de Strasbourg. Affiche du ministère de la Guerre, 1945.

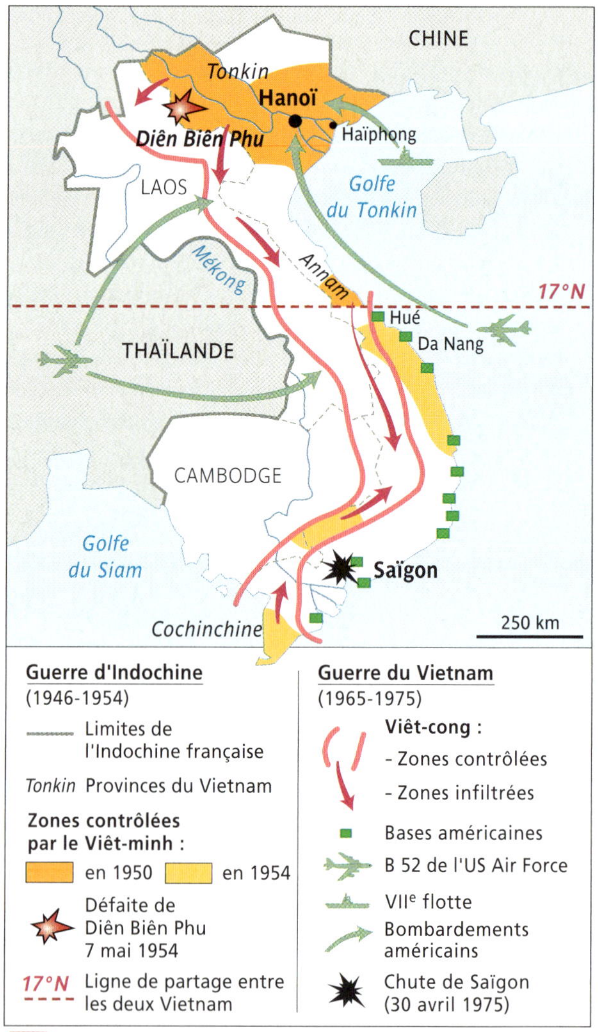

2 **Le Vietnam en guerre**

3 Déclaration d'indépendance de la République démocratique du Vietnam

« Tous les hommes sont nés égaux. Le Créateur nous a donné des droits inviolables, le droit de vivre, le droit d'être libre et le droit de réaliser notre bonheur. » Cette parabole immortelle est tirée de la Déclaration d'indépendance des États-Unis d'Amérique en 1776. Prise dans un sens plus large, cette phrase signifie : « Tous les peuples sur la terre sont nés égaux, tous les peuples ont le droit de vivre, d'être libres. » La Déclaration des droits de l'homme et du citoyen de la Révolution française de 1789 proclame également « Les hommes naissent et demeurent libres et égaux en droits. » Ce sont là des vérités indéniables. Et pourtant, pendant plus de 80 années, les impérialistes français, abusant de leur « liberté, égalité, fraternité », ont violé la terre de nos ancêtres et opprimé nos compatriotes. Leurs actes vont à l'encontre des idéaux d'humanité et de justice.

Dans le domaine politique, ils nous ont privés de toutes les libertés.

Ils nous ont imposé des lois inhumaines, ils ont constitué trois régimes politiques différents dans le nord, dans le centre et dans le sud du Vietnam pour détruire notre unité nationale, historique et ethnique.

Ils ont édifié plus de prisons que d'écoles. [...]

Ils nous ont imposé l'usage de l'opium et de l'alcool pour affaiblir notre race.

Dans le domaine économique, ils nous ont exploités sans vergogne, ont réduit notre peuple à la plus noire misère et saccagé impitoyablement notre pays.

Ils ont spolié nos rizières, nos mines, nos forêts, nos matières premières. [...]

À l'automne de l'année 1940, quand les fascistes japonais, en vue de combattre les Alliés, ont envahi l'Indochine pour organiser de nouvelles bases de guerre, les impérialistes français se sont rendus à genoux pour leur livrer notre pays.

Proclamation du dirigeant du Viêt-minh, Hô Chi Minh, 2 septembre 1945.

5 **Le géant américain en échec**

Peinture de Gilles Aillaud, *Vietnam – La bataille du riz*, 1968, Galerie de France, Paris.

4 Les objectifs américains au Sud Vietnam (1963)

Il est essentiel que le Sud Vietnam soit indépendant et non communiste [...]. Si nous n'atteignons pas cet objectif au Sud Vietnam, la presque totalité des pays du Sud-Est asiatique passera sous contrôle communiste (Vietnam, Laos, Cambodge), cherchera des accommodements avec les communistes en excluant toute influence américaine ou anticommuniste (Birmanie) ou sera dominée par des forces non explicitement communistes pour le moment, mais qui risquent fort de le devenir (Indonésie, Malaisie). [...]

Toutes ces conséquences se seraient probablement vérifiées si depuis 1954 et surtout depuis 1961 les États-Unis n'étaient pas intervenus massivement au Vietnam. Ce facteur ne ferait d'ailleurs qu'accentuer l'impact qu'aurait l'instauration d'un régime communiste au Sud Vietnam, impact qui se ferait sentir non seulement en Asie, mais aussi dans le reste du monde, où l'on considère volontiers que le conflit vietnamien met à l'épreuve la capacité américaine à venir en aide à une nation libre confrontée à une « guerre de libération » communiste. L'enjeu est donc des plus importants en ce qui concerne notre politique étrangère.

Extraits du mémorandum sur le Sud Vietnam, rédigé par le secrétaire à la Défense McNamara à l'intention du président Johnson, 16 mars 1964.

Pistes de travail

1. Comment la France présente-t-elle son action en Indochine ? **(doc. 1)**
2. Quelles sont les origines de la première guerre d'Indochine ? **(doc. 3)**
3. Comment Hô Chi Minh justifie-t-il la proclamation d'indépendance de son pays ? **(doc. 3)**
4. Pourquoi les Américains jugent-ils nécessaire d'intervenir à leur tour au Vietnam ? **(doc. 4)**
5. Quelles sont les raisons du succès des nationalistes et des communistes vietnamiens ? **(doc. 1 à 5)**

Chapitre 6

L'Europe divisée

Avec les débuts de la guerre froide, les États européens se divisent en deux camps : l'Ouest mené par les États-Unis et l'Est dominé par l'Union soviétique. Les tensions idéologiques et la rivalité entre les deux zones d'influence conduisent le Premier ministre britannique Winston Churchill à constater dès 1945 qu'un « rideau de fer » est descendu entre Trieste et la mer Baltique. Berlin devient rapidement le symbole du conflit Est-Ouest. Il faut attendre les années 1970 pour que des efforts sérieux ouvrent la voie à un rapprochement entre les blocs, dans le cadre de la Conférence sur la sécurité et la coopération en Europe (CSCE).

► Quelles sont les conséquences de la confrontation Est-Ouest en Europe ?

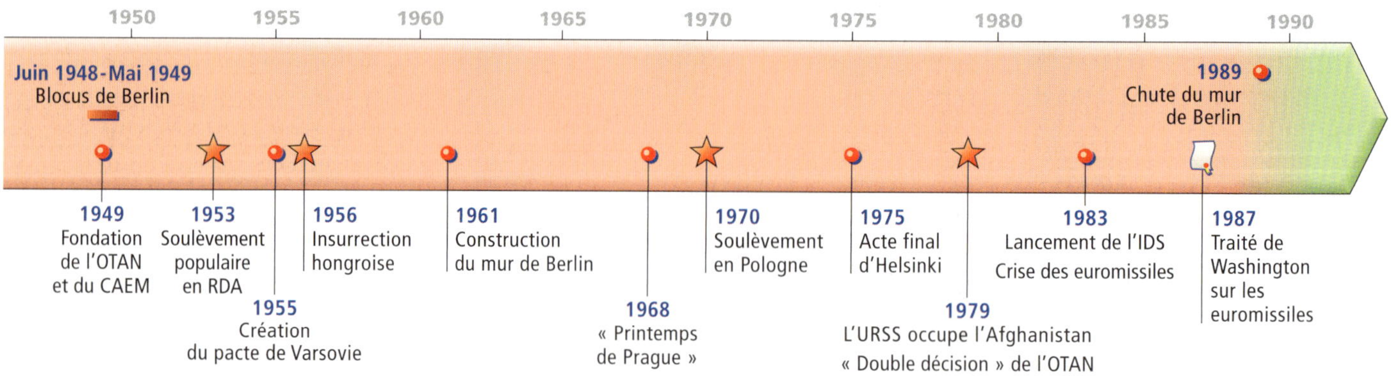

1

Un monde en paix sous la direction soviétique ?

La jeunesse du monde est pour la paix, peinture soviétique, 1951.

2

L'armée soviétique face à l'opposition tchécoslovaque (1968)

Des manifestants tchécoslovaques entourent et grimpent sur les chars soviétiques, Prague, 1968.

L'Europe au cœur de la confrontation Est-Ouest

1 L'empire soviétique (1949-1989)

2 Le réarmement : la crise des euromissiles

Afin de contrer la menace des missiles à moyenne portée soviétique (les SS-20) qui pèse sur les pays européens membres de l'OTAN, l'alliance occidentale installe de son côté de nouveaux missiles en 1983.

1. Le « rideau de fer » divise l'Europe

Comment les Européens ont-ils vécu la guerre froide ?

La vision de l'autre

En 1949, la formation de deux blocs antagonistes à l'Est et à l'Ouest est pratiquement achevée. Dans les décennies qui suivent, le conflit Est-Ouest se développe dans le monde entier. Ce n'est pas seulement une confrontation dont l'enjeu est le pouvoir, le prestige et l'étendue des zones d'influence. C'est aussi un conflit idéologique : communisme contre capitalisme, dictature d'un parti contre démocratie et multipartisme, économie planifiée contre économie de marché **(voir leçon pp. 194-195)**.

Dans les pays européens, ce conflit touche presque tous les domaines de la vie sociale et culturelle : l'apprentissage scolaire comme la recherche universitaire ou les programmes d'information et de divertissement diffusés par les médias.

À l'ouest comme à l'est de l'Europe se constituent des images de l'adversaire à forte teneur idéologique. Elles ne relèvent pas seulement de la propagande gouvernementale, elles sont aussi adoptées par une large partie de la société. Dans les médias de l'Est, on reproche aux Européens de l'Ouest d'être américanisés par « l'impérialisme des États-Unis », notamment par ses manifestations dans les domaines de la consommation et de la culture.

La propagande peut devenir plus agressive. Le gouvernement de RDA désigne sa frontière avec la RFA comme « un rempart antifasciste ». Il met alors en parallèle le système démocratique et libéral de la RFA et le fascisme. À l'Ouest, le communisme des pays d'Europe centrale et orientale est souvent diabolisé. En 1983, Ronald Reagan, le président des États-Unis, fait de l'empire soviétique un « empire du mal » (« *evil empire* »).

Deux blocs face à face

En 1949, les Soviétiques font exploser leur première bombe atomique. C'est le début d'une course aux armements entre les deux puissances, qui conduit finalement dans les années 1960 à « l'équilibre de la terreur ». La course aux armements s'explique par une méfiance réciproque et l'obsession de la sécurité aux frontières **(voir leçon pp. 68-69)**.

C'est dans ce contexte qu'il faut comprendre la mise en place de systèmes d'alliances militaires et économiques qui renforcent encore la division du continent. La création de l'OTAN en 1949 correspond aux intérêts stratégiques des Américains mais aussi des Européens de l'Ouest. Ce n'est qu'en 1955 que l'Union soviétique fait de même en fondant le pacte de Varsovie ; mais en réalité, des traités de défense bilatéraux existaient déjà auparavant et des unités soviétiques étaient stationnées dans les principaux États sous influence soviétique.

Les prémices d'un rapprochement

Dans les années 1960, l'Europe peut légitimement craindre d'être le principal théâtre d'une guerre nucléaire. Ce n'est que dans les années 1970 qu'on passe de la confrontation entre les blocs à un processus de rapprochement. À partir de 1973, se réunit la Conférence sur la sécurité et la coopération en Europe (CSCE) à laquelle participent les États du pacte de Varsovie et de l'OTAN.

Par l'Acte final d'Helsinki, en 1975, les nations signataires s'accordent entre autres sur le respect mutuel de l'intégrité territoriale, le recours à des moyens pacifiques dans le règlement des différends, le respect des droits de l'homme ainsi que le respect du droit des peuples à disposer d'eux-mêmes.

Mais les progrès effectués dans le cadre de la CSCE sont rapidement remis en question par la répression des opposants dans les États socialistes et par l'invasion soviétique en Afghanistan (1979).

Vocabulaire

- **Bilatéral** : qui désigne une relation entre deux états.
- **CSCE** (Conférence sur la sécurité et la coopération en Europe) : elle réunit à partir de 1973 les pays membres du pacte de Varsovie et de l'OTAN, pour dépasser les tensions idéologiques entre les deux blocs. Elle aboutit à l'Acte final d'Helsinki (1975). La CSCE est devenue en 1994 l'OSCE (Organisation pour la sécurité et la coopération en Europe).
- **Intégrité territoriale** : inviolabilité des frontières d'un État.
- **OTAN** (Organisation du traité de l'Atlantique Nord) : fondée en 1949 pour souder militairement le bloc occidental de part et d'autre de l'Atlantique Nord.
- **Pacte de Varsovie** : alliance politico-militaire conclue en 1955 entre l'URSS et les pays communistes d'Europe centrale et orientale, à l'exception de la Yougoslavie, en réponse à l'OTAN. Dissous en 1991, il a surtout été un instrument de la domination de l'URSS sur ses « pays frères ».

Pistes de travail

1. Comment les caricatures de l'époque traduisent-elles la division de l'Europe ? **(doc. 1 et 2)**

2. Comment la culture de l'ennemi est-elle utilisée pour le dénigrer ? **(doc. 3)**

3. Résumez les déclarations de l'Acte final de la CSCE sur les droits de l'homme. **(doc. 4)**

Pour conclure

4. Endossez le rôle d'un journaliste occidental présentant les conditions de vie dans les États socialistes au regard de l'Acte final de la CSCE.

1 L'URSS vue de Washington

Caricature du *New York Herald Tribune*, 1949.

2 Les États-Unis vus de Moscou

Caricature de la revue soviétique *Krokodil*, 1950. L'inscription signifie « Europe de l'Ouest ».

3 La diabolisation de l'adversaire

Le Täglichc Rundschau *est un journal qui paraissait en République démocratique allemande (RDA).*

L'impérialisme américain prédateur dont l'idéal est la domination du monde, la préparation et le déclenchement d'une nouvelle guerre mondiale, l'extermination des autres peuples, a créé une « culture » qui lui correspond. Les valeurs suprêmes de cette culture sont le dollar et la violence pure, la guerre bactériologique et la propagation du doryphore, l'exécution des pacifistes, le bombardement bestial d'hôpitaux et d'écoles, d'enfants et de vieillards, c'est-à-dire le meurtre ignoble. [...] Le théâtre américain se trouve dans un état de ruine. La pauvreté artistique associée à la faillite morale et intellectuelle en sont les caractéristiques. La musique classique n'est quasiment jamais jouée aux États-Unis. Dans les innombrables « *Music-halls* », du matin très tôt à très tard dans la nuit, on entend coasser les orchestres de jazz. Parfois, ils s'attaquent même aux grandes œuvres de la musique classique.

Tägliche Rundschau, 16 juin 1951.

4 La détente en Europe

Les États participants respectent les droits de l'homme et les libertés fondamentales, y compris la liberté de pensée, de conscience, de religion ou de conviction pour tous, sans distinction de race, de sexe, de langue ou de religion. Ils favorisent et encouragent l'exercice effectif des libertés et droits civils, politiques, économiques, sociaux, culturels et autres qui découlent tous de la dignité inhérente à la personne humaine et qui sont essentiels à son épanouissement libre et intégral.

Dans ce cadre, les États participants reconnaissent et respectent la liberté de l'individu de professer et pratiquer, seul ou en commun, une religion ou une conviction en agissant selon les impératifs de sa propre conscience. [...]

Dans le domaine des droits de l'homme et des libertés fondamentales, les États participants agissent conformément aux buts et principes de la Charte des Nations unies et à la Déclaration universelle des droits de l'homme.

Extrait de l'Acte final de la Conférence sur la sécurité et la coopération en Europe, 1er août 1975.

Dossier
Au cœur de la guerre froide : le blocus de Berlin (1948-1949)

C'est en 1948 à Berlin que, pour la première fois, les tensions entre l'Est et l'Ouest se transforment en un véritable affrontement. Le 20 juin 1948, une nouvelle monnaie, le Deutsche Mark, est introduite dans les zones occidentales, sauf à Berlin-Ouest. L'Union soviétique répond en lançant l'Ost-Mark dans la zone d'occupation soviétique et à Berlin. En réaction, les Alliés occidentaux mettent en circulation le Deutsche Mark dans leurs secteurs de Berlin.

Les Soviétiques ripostent le 25 juin. Commence alors un blocus de presque douze mois durant lequel la ville n'est approvisionnée que par un pont aérien. Par leur aide spectaculaire, Britanniques et Américains ont vu leur popularité croître considérablement dans la population de Berlin-Ouest et de l'Allemagne de l'Ouest. Les occupants sont devenus des alliés.

1 Le blocus de Berlin (1948)

Dans ses mémoires, Konrad Adenauer, chancelier allemand de 1949 à 1963, raconte le blocus de Berlin.

Le système d'occupation prévu par les quatre puissances victorieuses pour Berlin [...] supposait une coopération confiante entre les quatre alliés [...]. Le 20 mars 1948, le maréchal Sokolovski, commandant en chef soviétique, quitta la séance du conseil de contrôle [...]. À la fin du mois de mars, les Soviétiques se mirent à couper les lignes de communication terrestres les unes après les autres. Le 30, ils exigèrent de contrôler les avions militaires des puissances occidentales, qui opposèrent un refus formel [...]. Lorsque le 20 juin, la réforme monétaire entra en vigueur dans les zones occidentales, les trafics ferroviaire et fluvial inter-zonaux furent interrompus par les Russes ce même jour [...]. Leur but était évident : forcer les Occidentaux à se retirer et faire passer toute la ville sous leur autorité.

Les Alliés répondirent à ce défi par l'établissement d'un pont aérien. C'est le 25 juin que commença cette entreprise, la plus grandiose dans l'histoire de l'aviation moderne et qui sauvegarda la liberté des populations de Berlin-Ouest [...].
Dans la nuit du 12 mai 1949, les Soviétiques levèrent le blocus. Leurs buts, briser l'opposition berlinoise et évincer les forces de l'ouest de Berlin, n'avaient pas été atteints. Berlin demeurait le bastion de l'Occident.

Konrad Adenauer, *Mémoires 1945-1953*, Hachette, 1965.

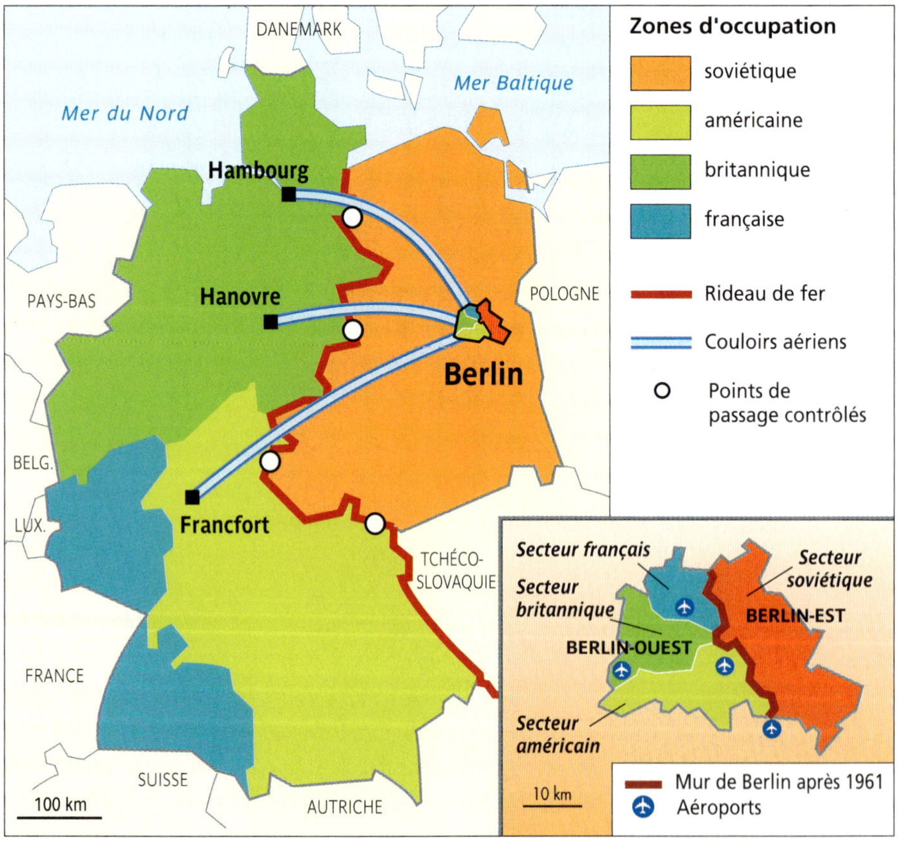

2 Le pont aérien

3 Les États-Unis protestent contre le blocus de Berlin

Afin qu'il n'y ait aucun malentendu sur ce point, le gouvernement des États-Unis affirme catégoriquement qu'il occupe son secteur de Berlin et jouit du libre accès à ce secteur en vertu d'un droit établi qui émane de la défaite et de la capitulation de l'Allemagne et qui a été confirmé par des accords officiels entre les principaux alliés. Il déclare en outre qu'aucune menace, pression ou autre action ne l'incitera à abandonner ces droits. Il espère qu'il n'y a aucun doute pour le gouvernement soviétique sur ce point.

Extrait d'une note de protestation des États-Unis contre le blocus de Berlin, 6 juillet 1948.

4 L'Union soviétique répond aux États-Unis

Le gouvernement soviétique estime que cette situation résulte du fait que les gouvernements des États-Unis, de la Grande-Bretagne et de la France ont violé les décisions communes prises au sujet de l'Allemagne et de Berlin par les quatre puissances, en procédant à une réforme monétaire séparée, en introduisant une monnaie spéciale dans les secteurs occidentaux de Berlin et en poursuivant une politique de démembrement de l'Allemagne. […]

Ainsi l'accord sur le contrôle quadripartite de Berlin constitue une partie intégrante de l'accord sur le contrôle quadripartite de l'Allemagne tout entière. Les États-Unis, la Grande-Bretagne et la France ayant, par les mesures séparées qu'elles ont prises dans les zones occidentales, détruit le système de contrôle quadripartite de l'Allemagne et entrepris d'établir à Francfort-sur-le-Main la capitale d'un gouvernement de l'Allemagne occidentale, ont du même coup sapé la base juridique de leur droit à participer au contrôle de Berlin.

Extrait de la réponse des Soviétiques, 14 juillet 1948.

5 Atterrissage d'un avion de ravitaillement à Berlin

Berlin est approvisionnée à partir des zones occidentales de l'Allemagne en carburant, biens industriels et produits alimentaires ; 420 avions décollent chaque jour pour Berlin, soit un toutes les trois ou quatre minutes, ce qui représente en tout 270 000 vols.

6 La riposte américaine

Caricature de Mirko Szewczuk qui représente le général Lucius D. Clay, organisateur du pont aérien, 1949.

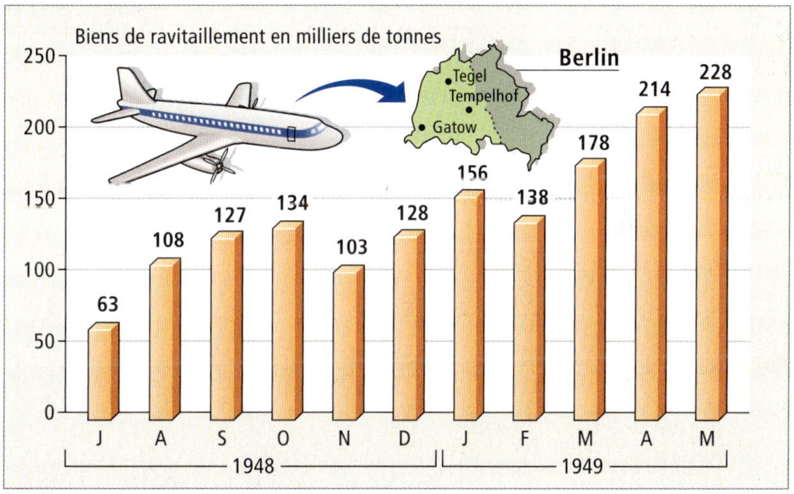

7 Le ravitaillement de Berlin

Les 2,11 millions de tonnes de ravitaillement se répartissent de la manière suivante : 67 % de charbon, 24 % de denrées alimentaires et 9 % de matières premières.

Pistes de travail

1. Pourquoi Adenauer présente-t-il Berlin comme « le bastion de l'Occident » ? **(doc. 1 et 2)**

2. Comparez, à partir des accords de Potsdam (voir dossier pp. 28-29), les arguments juridiques des États-Unis et de l'Union soviétique. **(doc. 3 et 4)**

3. Comment la caricature représente-t-elle le rôle de l'Union soviétique et des États-Unis pendant le blocus de Berlin ? **(doc. 6)**

4. Quelles sont les conséquences du blocus de Berlin sur les relations entre les puissances d'occupation et la population allemande ? **(doc. 1,5 et 7)**

Dossier
Berlin : du soulèvement populaire à la construction du Mur (1953-1961)

Les travailleurs des grands chantiers de construction de la Stalinallee de Berlin se mettent en grève le 17 juin 1953 pour protester contre l'augmentation des cadences de travail. La grève s'étend rapidement aux autres grandes villes de RDA et se transforme en véritable soulèvement, avec pour revendications le retrait de l'Armée rouge et l'organisation d'élections libres.

L'armée soviétique écrase la révolte, mais cela ne résout pas les problèmes du régime. Jusqu'à la fin du premier semestre de l'année 1961, 2,5 millions de citoyens de RDA s'enfuient en République fédérale, la plupart du temps en passant par Berlin. C'est surtout l'exode massif de la main-d'œuvre qualifiée, dont le pays a un besoin urgent, qui menace l'avenir économique de la RDA. C'est pourquoi le gouvernement soviétique fait construire à partir du 13 août un mur qui divise Berlin. Toute personne qui tente de le franchir risque la mort.

1 **Soulèvement populaire du 17 juin 1953**

Des ouvriers de RDA portant des drapeaux noir, rouge et or se dirigent vers les secteurs occidentaux de Berlin en traversant la porte de Brandebourg.

2 **Des chars contre les citoyens de la RDA à Berlin**

3 **« Le SED doit disparaître »**

Le SED est le Parti socialiste allemand unifié créé en 1946 en RDA. Il reste au pouvoir en RDA jusqu'en 1989.

La brigade Schäfer de l'usine de laminage Willi Becker (la meilleure brigade en termes de production) est fermée à toute discussion. On y défend les points de vue suivants :

1. Le SED doit disparaître ;
2. Il faut procéder à des élections libres ;
3. Si nous avions le SPD, nous n'en serions pas là aujourd'hui ;
4. Le marxisme qui se met en place chez nous n'est pas le vrai marxisme ;
5. Nous voulons un socialisme allemand, pas un socialisme russe ;
6. Nous sommes opprimés et nous n'avons pas droit à la parole ;
7. Les dernières élections étaient truquées.

Extrait d'un rapport secret du SED sur l'état d'esprit des ouvriers, archives centrales du parti, 1953.

4 « La Solution »

Bertolt Brecht (1898-1956) a fondé en 1948 à Berlin-Est la troupe théâtrale du Berliner Ensemble. *En 1953, il évoque le soulèvement populaire, dans un poème non publié,* La Solution.

Après le soulèvement du 17 juin
Le secrétaire de l'Union des Écrivains
Fit distribuer dans l'allée Staline des tracts
Dans lesquels on pouvait lire que le peuple
Avait trahi la confiance du gouvernement
Et qu'il ne pourrait la reconquérir
Qu'en travaillant doublement.
N'aurait-il pas été plus simple
Que le gouvernement procède
À la dissolution du peuple
Et en élise un autre ?

B. Brecht, *Gesammelte Werke (Œuvres complètes)*, Francfort, 1967.

5 **La construction du mur de Berlin le 13 août 1961**

6 Pour « sauver la paix en Europe » ?

Dans son édition du 13-14 août 1977, le journal La Nouvelle Allemagne (Neues Deutschland), *l'organe du SED, commente les événements du 13 août 1961.*

La date du 13 août évoquera toujours pour nous ce dimanche de l'année 1961, où l'Armée populaire nationale, les troupes frontalières de la RDA, les forces spéciales de la police et les troupes armées de la classe ouvrière prirent le contrôle de notre frontière avec Berlin-Ouest et la RFA. [...] Nos adversaires s'efforçaient méthodiquement de ruiner la RDA. [...] Ils faisaient fi de notre souveraineté et de nos frontières [...], ils tentaient d'affaiblir notre économie en débauchant notre personnel qualifié, en s'appropriant nos biens et en spéculant sur notre monnaie. La guerre froide avait atteint un point culminant, la tension en Europe augmentait dangereusement. En RFA, on imaginait déjà les troupes de l'armée ouest-allemande défilant sous la porte de Brandebourg. Le 13 août mit fin à ces divagations. [...] À juste titre, on put constater ce jour-là que nous avions sauvé la paix en Europe. Nous venions de créer une nouvelle situation dans laquelle le socialisme pourrait mieux s'épanouir et révéler ses avantages.

7 **Dernier saut vers la liberté**

Le 15 août 1961, ce soldat est-allemand passe dans le secteur français, avant que le mur ne rende la fuite impossible.

Pistes de travail

1. Quels changements sont revendiqués en RDA ? **(doc. 1 et 3)**
2. Interprétez le poème de Bertolt Brecht dans le contexte de la révolte populaire de 1953. **(doc. 4)**
3. Quels sont les arguments avancés pour justifier la construction du mur de Berlin ? **(doc. 5 et 6)**
4. Mettez-vous à la place d'un journaliste ouest-allemand et rédigez une réponse à l'article du *Neues Deutschland*. **(doc. 6)**
5. Pourquoi cette photographie est-elle devenue une des images les plus emblématiques de la division de l'Allemagne ? **(doc. 7)**
6. Pourquoi la construction du mur ne suscite-t-elle pas de contre-mesures importantes de la part des puissances occidentales au contraire du blocus de Berlin en 1948 ?

2. Les démocraties populaires : peuples et États derrière le « rideau de fer »

Quelles sont les conséquences de la division de l'Europe pour les peuples et les États du bloc de l'Est ?

1 **« À l'Ouest, le plan Marshall ; à l'Est, le plan du maréchal Staline »**
Caricature du *Daily Mirror*, 1949.

La soviétisation de l'Europe centrale et orientale

Après la fin de la guerre, dans les pays qu'elle occupe, l'Union soviétique pousse à la constitution de démocraties populaires, qui adoptent, dans les domaines économique et politique, le modèle soviétique **(voir leçon pp. 54-55)**. Elle entame la soviétisation de l'Europe centrale et orientale **(voir carte p. 98)**.

L'organisation d'une économie planifiée exige de lourds sacrifices de la population. L'Union soviétique procède à la collectivisation des terres. Les paysans sont expropriés et leurs terres regroupées dans de grandes exploitations dirigées par l'État socialiste qui prend le contrôle de la production industrielle. La politique économique socialiste considère comme prioritaire le développement rapide de l'industrie lourde et néglige l'industrie des biens de consommation **(voir leçon pp. 194-195)**.

Les relations économiques entre les pays socialistes sont organisées essentiellement en fonction des besoins de l'Union soviétique : c'est l'objectif du Conseil d'assistance économique mutuelle (CAEM), créé en 1949. Les liens sont renforcés sur le plan militaire avec le pacte de Varsovie, fondé en 1955 en riposte à l'OTAN.

L'adoption du système stalinien

Le pouvoir de Staline est fondé sur un culte de la personnalité exacerbé et une répression impitoyable de toute déviance par rapport à la ligne du Parti. Les gouvernements des démocraties populaires adoptent, à des degrés divers, les formes totalitaires de pouvoir de leur allié soviétique.

Jusque dans la sphère privée, l'idéologie communiste entend diriger la vie des individus. Les dissidents politiques **(voir leçon pp. 72-73)** et les croyants des différentes religions sont l'objet de discriminations, les membres du clergé sont persécutés et parfois même exécutés.

Même les communistes convaincus ne peuvent se sentir en sécurité, car les partis communistes sont régulièrement soumis à des vagues d'épuration. Lors de grands procès, qui font l'objet d'une mise en scène, les victimes doivent s'accuser de collaboration avec les « impérialistes » de l'Ouest, de trahison à l'amitié envers l'Union soviétique, et d'autres fautes politiques. La sympathie pour des formes moins autoritaires du socialisme, comme le titisme yougoslave **(voir leçon pp. 48-49)**, suffit également à se faire condamner.

La résistance au modèle soviétique

Après la mort de Staline (1953), malgré l'utilisation massive de moyens de répression et de surveillance policière, les gouvernements socialistes ne peuvent empêcher que le mécontentement économique et politique ne se transforme en résistance ouverte. Lorsque ces mécontentements débouchent sur des soulèvements menaçant l'hégémonie soviétique, l'URSS a recours à l'intervention militaire directe : en RDA en 1953 **(voir dossier pp. 104-105)**, en Hongrie en 1956 **(voir dossier pp. 108-109)**, et en Tchécoslovaquie en 1968.

La doctrine Brejnev énoncée en 1968 légitime cette intervention militaire par le principe de la « souveraineté limitée », selon lequel aucun État du pacte de Varsovie n'a le droit de renoncer au régime et à la société socialistes.

Ce n'est que dans les années 1980, lorsque la pression politique et militaire de l'Union soviétique s'affaiblit, que les mouvements d'opposition passent à l'offensive. Dans le courant de l'année 1989, ils prennent le pouvoir dans plusieurs États.

Vocabulaire

- **CAEM** (Conseil d'Assistance économique mutuelle, en anglais *COMECON*) : organisation fondée en 1949 pour renforcer les liens économiques entre les États d'Europe centrale et orientale et l'URSS, largement au bénéfice de celle-ci. Ces États doivent se spécialiser dans des secteurs précis qui complètent l'économie soviétique.
- **Soviétisation :** intégration d'un État à la zone d'influence de l'Union soviétique, avec passage à un régime politique, économique et social communiste.

Notions clés

- **Collectivisation :** dans les pays communistes, nationalisation des biens privés et des biens de production. Par exemple, expropriation des terres au profit d'une exploitation agricole collective et regroupement des entreprises artisanales en coopératives de production.
- **Économie planifiée :** système économique dans lequel la totalité de l'activité économique est planifiée et dirigée par une instance centrale, par opposition à l'économie de marché.
- **Totalitaire :** adjectif dérivé de totalitarisme, désigne une forme de société et d'État dans laquelle l'individu est complètement livré au pouvoir souverain de l'État et soumis à l'idéologie dominante.

2 La presse dans les démocraties populaires

Vladimir Dedijer, historien yougoslave, militant titiste hostile à Staline, décrit ici les méthodes de contrôle de la presse par les Soviétiques.

Tout le secteur de la presse était aux mains des Soviétiques. Les représentants des autres partis n'étaient que de simples exécutants. [...] Les réunions des comités de rédaction se faisaient en présence de journalistes soviétiques et l'on y décidait de ce qui devait être écrit. Souvent les articles étaient modifiés sans que les auteurs ni le comité de rédaction n'aient été consultés ou n'aient donné leur accord. Les auteurs se plaignaient souvent de lire dans leurs articles des choses qu'ils n'avaient jamais écrites. [...] Une fois imprimés les 100 premiers exemplaires, on stoppait les machines, on sortait les clichés : l'impression était interrompue et les bureaux fermés. La parution du journal était reportée de quelques jours. Il fallait envoyer les exemplaires à Moscou, où ils devaient être approuvés par Staline et Molotov. L'impression ne reprenait qu'une fois obtenu leur accord.

V. Dedijer, *Stalins verlorene Schlacht (La Bataille perdue de Staline)*, Vienne, 1970.

3

Des chars soviétiques à Prague (1968)

L'écrasement du soulèvement tchécoslovaque entraîne la fin du « printemps de Prague », période de réformes politiques menée par le secrétaire du Parti Alexandre Dubcek, qui cherchait à construire « un socialisme à visage humain ».

4 La doctrine Brejnev

À Varsovie, le chef du Parti communiste de l'Union soviétique (PCUS), Leonid Brejnev, analyse la situation en 1968.

Le PCUS a toujours œuvré pour que chaque pays socialiste puisse déterminer les formes concrètes de son développement sur la voie du socialisme, en tenant compte de son particularisme national. Mais l'on sait aussi, camarades, qu'il existe des lois générales de la construction du socialisme et qu'une déviation par rapport à ces lois peut conduire à une déviation par rapport au socialisme en général. Si des forces intérieures ou extérieures hostiles au socialisme essaient de détourner un pays socialiste de cette voie pour le contraindre à rétablir un régime capitaliste et s'il existe, donc, dans ce pays une menace sérieuse pour le socialisme, une menace pour la sécurité de l'ensemble de la communauté socialiste, alors ce problème ne concerne plus seulement le peuple de ce pays : c'est un problème commun, qui intéresse tous les pays socialistes.

Bien entendu, l'aide militaire apportée à un pays frère pour endiguer le danger qui menace l'ordre socialiste constitue une mesure extraordinaire, dictée par la nécessité.
Une telle mesure ne peut se justifier que par des actions directes des ennemis du socialisme à l'intérieur ou à l'extérieur du pays, ou par des agissements qui représentent un danger pour les intérêts communs du camp socialiste.

5

« Dis que tu m'as appelé »

Sur la casquette de la souris, CSSR signifie République socialiste de Tchécoslovaquie. Caricature occidentale, 1968.

Pistes de travail

1. Comparez les déclarations des documents 2 et 4. Qu'en concluez-vous ?
2. Comparez les déclarations du document 4 avec la politique de l'URSS dans les démocraties populaires. **(doc. 1, 3 et 5)**
3. Comment, selon vous, le contrôle soviétique s'est-il exercé dans d'autres domaines de la vie publique : école, arts, etc. ?

Dossier
L'insurrection hongroise de 1956

Après la RDA et la Pologne en 1953, l'insurrection en Hongrie en 1956 est un nouvel avertissement. Des intellectuels, des écrivains et certains membres du Parti communiste hongrois réclament en octobre 1956 la liberté de la presse et des élections à bulletin secret. Après une révolte populaire, Imre Nagy devient Premier ministre (ministre président). Alors que l'insurrection semble réussir, l'armée soviétique, stationnée en Hongrie depuis 1945, pénètre début novembre à Budapest avec des divisions blindées. Elle installe un gouvernement fidèle à Moscou. Des milliers de Hongrois sont arrêtés, déportés en Sibérie ou, comme Imre Nagy, exécutés. Environ 200 000 Hongrois s'enfuient à l'Ouest. Le camp occidental n'intervient pas, car il respecte la sphère d'influence soviétique.

1 Budapest : le monument à Staline est dynamité

Le but de tous les soulèvements et tentatives de réforme est d'abord de mettre un terme au stalinisme.

Repères chronologiques

23 octobre 1956	Grande manifestation de solidarité avec les travailleurs insurgés de Pologne, qui tourne à l'émeute. Nomination du réformateur Imre Nagy au poste de Premier ministre (ministre président).
24 octobre 1956	Grèves à Budapest, formation de conseils ouvriers.
30 octobre 1956	Nagy présente son programme qui autorise la renaissance des partis existant en 1945, annonce des élections libres et le retrait de la Hongrie du pacte de Varsovie.
4 novembre 1956	Entrée des chars soviétiques à Budapest ; écrasement de l'insurrection (2 000 morts) ; Nagy, réfugié à l'ambassade de Yougoslavie, est remplacé par Janos Kadar fidèle à Moscou, puis exécuté.

2 Un acte symbolique

Des insurgés retirent le panneau de la « rue Lénine ».

3 Nouvelles radiodiffusées sur l'insurrection hongroise

A. Imre Nagy, Radio Kossuth libre, mardi 30 octobre 1956, 14 h 28

Ici Imre Nagy. Ouvriers, soldats, paysans et intellectuels hongrois. La révolution [...] et le puissant mouvement démocratique ont placé notre nation devant un choix crucial. Dans l'intérêt d'une plus ample démocratisation de la vie politique [...] le gouvernement a aboli le système du parti unique et décidé de revenir à une forme de gouvernement fondée sur la collaboration démocratique de partis de coalition. [...] Le gouvernement provisoire a intimé au Haut Commandement soviétique l'ordre de retirer immédiatement les troupes soviétiques de Budapest. Dans le même temps, nous avons informé le peuple hongrois de ce que nous demandions à l'Union soviétique de retirer toutes ses troupes de Hongrie.

B. Radio Moscou le 1er novembre 1956, quelques jours avant l'entrée des chars soviétiques dans Budapest

Combien de fois n'avons-nous pas entendu ces propos hypocrites et mensongers de la propagande bourgeoise, selon lesquels les puissances occidentales prétendent respecter les droits souverains et l'indépendance des nations et des États. Que de viles attaques n'ont été commises contre l'Union soviétique au nom des événements de Hongrie ! Fidèle au principe de Lénine, l'Union soviétique respecte la souveraineté des nations et n'a pas l'intention d'imposer sa volonté à la Hongrie ou de s'ingérer dans ses affaires intérieures.

C. Radio Kossuth libre, samedi 4 novembre 1956, 5 h 19

Ici le ministre président Imre Nagy. À l'aube, les troupes soviétiques ont lancé l'assaut contre notre capitale, avec l'intention de renverser le gouvernement légal de la république populaire de Hongrie. Nos troupes combattent. Le gouvernement est à son poste. Je porte ces faits à la connaissance de notre pays et du monde entier.

D. Radio Moscou, le même jour, 21 h 05

Ce matin, les forces de la conspiration réactionnaire contre le peuple hongrois ont été vaincues. Le ministre président Janos Kadar a formé un nouveau gouvernement révolutionnaire des ouvriers et des paysans. Ce gouvernement a exhorté le peuple hongrois à mobiliser toutes ses forces pour défendre les acquis du système démocratique populaire et pour anéantir définitivement [...] les conspirateurs réactionnaires. Le gouvernement révolutionnaire des ouvriers et des paysans a demandé au commandement des forces militaires soviétiques de l'aider à réprimer les insurgés.

E. L'Ex-Radio Kossuth libre, mardi 5 novembre 1956.

Nous saluons l'Union soviétique qui a libéré une seconde fois le peuple hongrois.

M.J. Lasky, *Die ungarische Revolution (La Révolution hongroise)*, Berlin, 1959.

4 **Les chars soviétiques occupent Budapest en novembre 1956**

Pistes de travail

1. Quels sont les objectifs politiques de la révolte populaire ? **(doc. 1, 2 et 3)**
2. Qu'est-ce qui explique l'entrée des troupes soviétiques dans Budapest ? **(doc. 3 et 4)**
3. Quelle est la tactique de l'Union soviétique ? **(doc. 3 et 4)**
4. Comparez les insurrections en RDA (1953), en Hongrie (1956), et en Tchécoslovaquie (1968). Quels sont les parallèles et les différences que vous observez ?
5. Dans quelle mesure peut-on considérer la doctrine de Brejnev **(voir p. 107)** comme une réponse aux révoltes des démocraties populaires ?
6. Pourquoi la radio des réformateurs s'appelle-t-elle « Radio Kossuth libre » ? **(doc. 3)**
7. Débattez de la question suivante : les pays de l'Ouest auraient-ils dû intervenir pour soutenir les peuples du bloc soviétique dans leur lutte pour la liberté et la démocratie ?

Dossier
L'Est et l'Ouest dans la course aux armements

Depuis le début des années 1960, le potentiel militaire à l'Est comme à l'Ouest peut anéantir plusieurs fois l'adversaire. Après la crise de Cuba en 1962, une certaine détente intervient, notamment au début des années 1970. Elle est cependant remise en cause en 1979 lors de l'invasion de l'Afghanistan par les troupes soviétiques.

Par ailleurs, les États européens membres de l'OTAN sont menacés par de nouveaux modèles de missiles soviétiques de type SS-20 (voir carte p. 99). L'OTAN décide donc à son tour d'augmenter son contingent de missiles nucléaires à moyenne portée.

Un important mouvement pacifiste proteste contre cette mesure de réarmement et organise de grandes manifestations dans divers pays. De nouvelles armes nucléaires sont néanmoins déployées en Europe.

Ce n'est qu'en 1987 que les deux superpuissances trouvent un accord pour supprimer, sans les remplacer, les missiles atomiques à moyenne portée.

1 **« La course aux armements »**

Dans les deux bulles, on peut lire : « Au secours, je suis poursuivi » et sur les missiles : « Armement ». Caricature allemande de Horst Haitzinger, 1981.

Repères chronologiques

1977	L'URSS installe des missiles SS-20 à moyenne portée qui menacent l'Europe occidentale (mais qui n'entrent pas dans les négociations sur la limitation des armements stratégiques).
Décembre 1979	« Double décision » de l'OTAN : ou l'URSS négocie, ou l'OTAN installe en Europe occidentale des missiles à moyenne portée.
1980	Malgré des tentatives de négociations, l'URSS refuse de retirer ses missiles à moyenne portée.
1981-1983	Manifestations pacifistes en Allemagne et au Royaume-Uni contre le déploiement de missiles par l'OTAN.
Novembre 1983	L'OTAN déploie ses euromissiles (Allemagne, Italie, Royaume-Uni) ; l'URSS rompt les négociations sur la limitation des armements stratégiques.

2 **Manifestation pour la paix à Bonn, 1983**

Le 22 octobre, 300 000 personnes manifestent contre le stationnement de missiles à moyenne portée en Europe de l'Ouest. Au premier plan, des soldats de l'OTAN portent une banderole où on peut lire : « Afin que le traité de Reagan sur les armes offensives ne détruise pas la paix : les soldats de l'OTAN disent " non ! " aux missiles de croisière et aux Pershing II ».

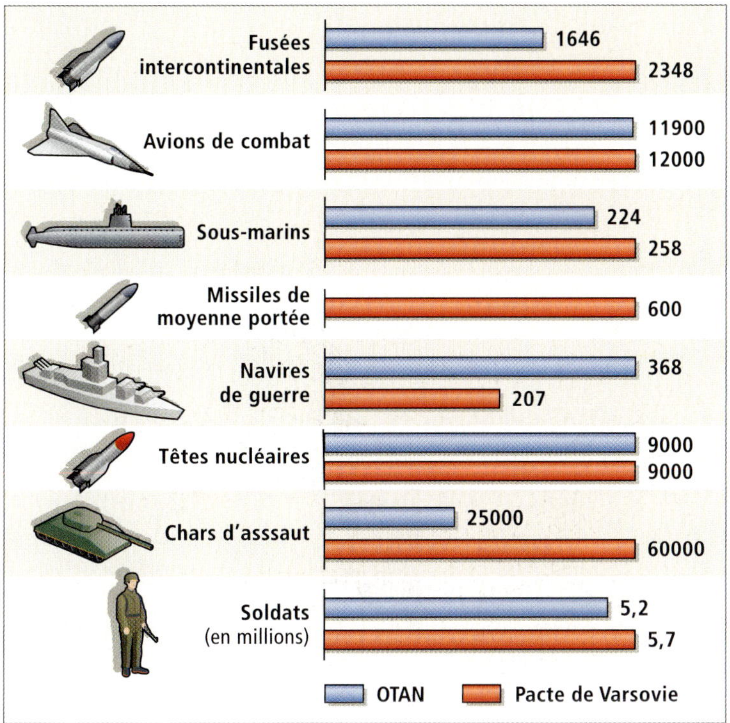

3 État des forces armées à l'Est et à l'Ouest en 1982

4 Le réarmement : « Le destin de notre stratégie commune de défense »

Dans ses Souvenirs, *publiés en 2004, l'ancien leader de l'opposition CDU, devenu plus tard chancelier, Helmut Kohl, écrit :*

À l'automne 1979, en même temps que d'autres observateurs je compris clairement qu'il ne fallait pas entériner la supériorité quasi totale de l'Union soviétique [...] en matière de missiles à moyenne portée. Dans le cas contraire, l'URSS atteignait un triple objectif : d'un point de vue strictement militaire, Moscou disposait pour la première fois dans l'histoire de ce que l'on appelle une force de première frappe préventive avec des armes nucléaires modernes. Cela signifiait que l'Union soviétique pouvait, par une « frappe préventive », éliminer tout l'arsenal nucléaire stationné en Europe de l'Ouest [...]. Ce qui mettait le président américain dans la nécessité, soit de recourir tout de suite aux armes nucléaires intercontinentales des États-Unis avec le risque, par voie de conséquence, de voir détruites, en riposte, de vastes portions du territoire américain, soit de capituler. C'était une situation nouvelle, militairement tout à fait inacceptable.

H. Kohl, *Errinerungen (Souvenirs) 1930-1982*, Munich, 2004.

5 Les nouveaux missiles soviétiques : aucun danger pour l'Ouest ?

Le général ouest-allemand en retraite Gert Bastian, relevé de ses fonctions en janvier 1980 pour avoir critiqué la décision de réarmer, a adressé en janvier 1980 un mémorandum au ministre de la Défense allemand, Hans Appel (SPD).

Nous avons de bonnes raisons de ne pas considérer ce programme de modernisation de l'Union soviétique comme une menace radicalement neuve nécessitant une reprise de notre propre activité [...].

Depuis longtemps déjà, l'Europe est menacée par les missiles à moyenne portée soviétiques. Depuis presque 20 ans, elle se trouve jusqu'aux Pyrénées sous la portée des SS-5 capables, compte tenu de leur nombre et de leur charge nucléaire, de détruire des objectifs situés dans cet espace. Pourtant, on n'avait pas jugé nécessaire à l'époque de stationner en Europe un potentiel américain de même portée et de même nature. Personne, en effet, ne doutait que les États-Unis opposeraient à ces SS-5 leur propre potentiel nucléaire et que l'URSS aurait à payer toute destruction en Europe par des dégâts équivalents sur son propre territoire. La crédibilité de la dissuasion reposait et continue de reposer sur une équivalence des risques encourus et non sur la similitude des moyens militaires mis en œuvre.

C'est pourquoi nous ne voyons pas pourquoi la modernisation du potentiel de moyenne portée de l'URSS, du point de vue de son rayon d'action, de sa précision, ou de sa mobilité devrait changer quoi que ce soit à cet état de faits.

Frankfurter Rundschau, 25 janvier 1980.

6 La peur française du pacifisme allemand

L'historien et sociologue français Raymond Aron s'exprime en 1983 sur les mouvements pacifistes allemands.

Nous les Français aujourd'hui, nous n'avons pas un grand mouvement pacifiste ; on peut chercher pourquoi.
Il y a une raison politique que l'on donne quelquefois : c'est parce que nous avons une force de frappe nucléaire. Je n'y crois pas. La raison profonde, c'est que pour la première fois depuis très longtemps nous ne sommes pas sur la première ligne, mais sur la deuxième. De telle sorte que pour la première fois depuis très longtemps dans l'histoire, les Français ont éventuellement peur non pas de la force allemande, mais de sa faiblesse.

Raymond Aron, 22 septembre 1983 *in Dokumente, die deutsch-französichen Beziehung (les relations franco-allemandes)*, Bonn, 2000.

Pistes de travail

1. Quelle est la problématique de la course aux armements ? **(doc. 1)**

2. Quels sont les arguments utilisés pour ou contre « la double décision » de l'OTAN ? Qu'en pensez-vous ? **(doc. 4 et 5)**

3. Expliquez comment la peur française de l'Allemagne a changé dans les années 1980 selon R. Aron. Comment explique-t-il l'influence du mouvement pacifiste allemand ? **(doc. 6)**

Chapitre 7

La construction européenne (1945-1989)

Ravagée et traumatisée par la Seconde Guerre mondiale, l'Europe occidentale ressent dès 1945 l'absolue nécessité de rapprocher les peuples et les États pour se reconstruire et garantir la paix.

Dans le contexte de la guerre froide, plusieurs projets concrets sont rapidement lancés. D'abord menée sous l'aile des États-Unis, la construction européenne affirme peu à peu son autonomie, en particulier grâce à l'axe franco-allemand et aux succès de la Communauté économique européenne (CEE).

- Quelles formes la construction européenne prend-elle dans un contexte de guerre froide ?
- Quels sont les enjeux et les difficultés de la construction européenne ?

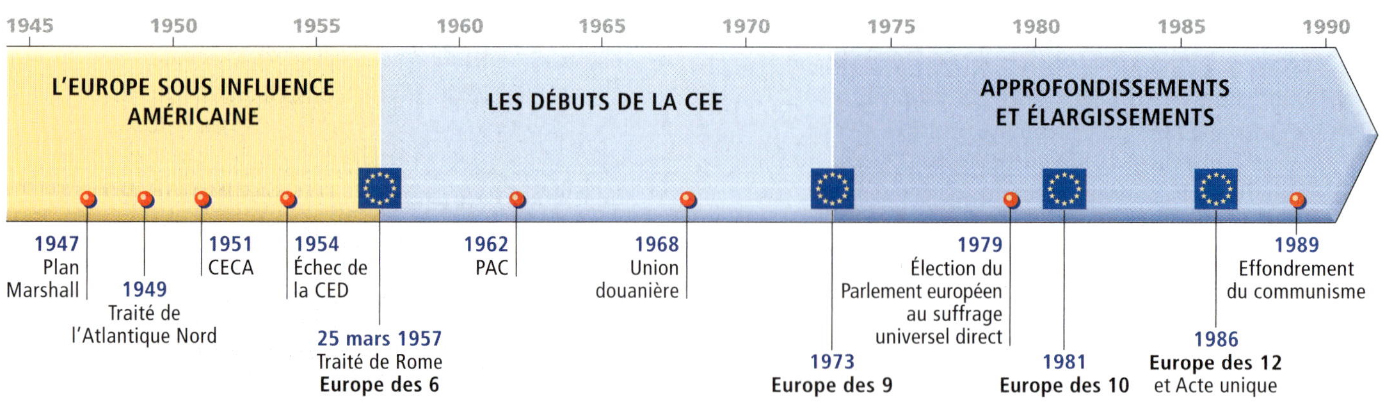

1 « Attention ! Travaux. On avance avec le plan Marshall »
Affiche allemande en faveur du plan Marshall, 1950.

2 La démocratie unit les peuples européens

Dessin de Fritz Behrendt publié dans la *Frankfurter Allgemeine Zeitung*, 9 juin 1979. Du 7 au 10 juin 1979, les citoyens européens élisent pour la première fois au suffrage universel direct le Parlement européen de Strasbourg. Cent trente ans plus tard, la prédiction de Victor Hugo se réalise : « Un jour viendra où il n'y aura plus d'autres champs de bataille que les marchés s'ouvrant au commerce et les esprits s'ouvrant aux idées. Un jour viendra où les boulets et les bombes seront remplacés par les votes, par le suffrage universel des peuples. » (Discours d'ouverture du congrès de la Paix, 21 août 1849.)

La construction de l'Europe occidentale

1 L'Europe, un héritage culturel

Vocabulaire

- **OECE** (Organisation européenne de coopération économique) : créé en 1948 pour répartir l'aide Marshall, cet organisme siégeant à Paris est devenu, en 1960, l'OCDE (Organisation de coopération et de développement économique) **(voir leçon pp. 118-119)**.
- **OTAN** (Organisation du traité de l'Atlantique Nord) : fondée en 1949 pour souder militairement le bloc occidental de part et d'autre de l'Atlantique Nord.

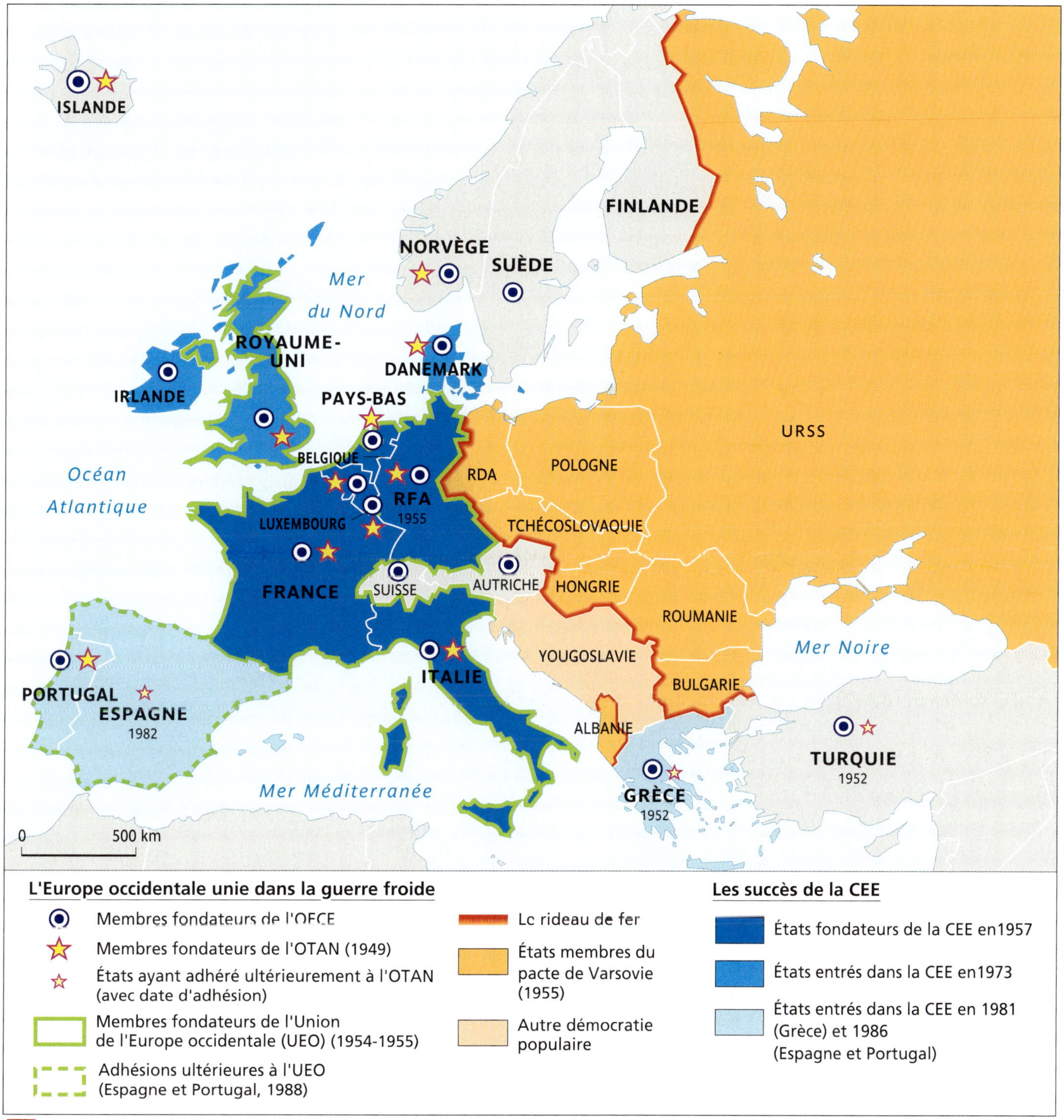

2 L'Europe, une construction politique (1945-1989)

1. L'idée européenne à l'issue de la Seconde Guerre mondiale (1945-1949)

Sur quelles valeurs construire l'Europe de 1945 ?

L'Europe : une notion ancienne

Depuis l'Antiquité, l'Europe se définit comme une réalité géographique aux contours flous. Elle forme un espace de civilisation commun (voir carte p. 114), uni par un substrat culturel gréco-romain et fortement marqué par le christianisme. Les grands courants artistiques, intellectuels et scientifiques traversent le continent sans tenir compte des frontières nationales. La colonisation, à partir du XVIe siècle, diffuse la civilisation européenne dans le monde entier.

Plusieurs souverains (Charles Quint ou Napoléon Ier, par exemple) ont aspiré et ont pensé avoir abouti, par la force, à l'unité politique du continent, mais celle-ci n'a jamais duré. La succession de projets restés à l'état d'ébauches, comme ceux de l'abbé de Saint-Pierre et de Kant au XVIIIe siècle ou de Hugo au XIXe siècle, et l'échec des tentatives des princes, comme la Sainte Alliance, prouvent la difficulté d'une telle ambition. L'affirmation exacerbée des nationalismes en rend la réalisation encore plus difficile.

Construire l'Europe pour garantir la paix

Les tensions internationales de l'entre-deux-guerres, nées des traités de 1919, expliquent l'échec d'initiatives ambitieuses, comme celles d'Aristide Briand ou de Coudenhove-Kalergi. En créant un « État fédéral » ou « paneuropéen », ils voulaient rapprocher la France et l'Allemagne, éviter ainsi le retour de la guerre, mieux résister aux influences et pressions américaines et soviétiques.

En 1945, il n'est plus temps d'attendre. Si l'Europe pouvait encore avoir, en 1918, l'illusion de dominer le reste du monde, le doute n'est plus permis en 1945. Les États européens, pour éviter une nouvelle guerre, pour se reconstruire et exister entre les États-Unis et l'Union soviétique, doivent impérativement se rapprocher.

Le débat lancé dans les mouvements de résistance au nazisme concerne d'abord les valeurs sur lesquelles il convient de s'appuyer pour construire une Europe unifiée. Face aux atrocités commises, il s'agit de rapprocher les peuples en garantissant le respect de la personne humaine et des libertés fondamentales, dans le cadre d'un État de droit.

Ce projet est porté après 1945 par de nombreuses associations favorables à une unification européenne ; elles se rassemblent au congrès de La Haye en 1948. La création en 1949 du Conseil de l'Europe à Strasbourg en est la suite logique. Lieu de discussion plus que de décision, il propose en 1950 une Convention européenne des droits de l'homme.

Un projet contesté

L'idée européenne est défendue par les deux principaux courants politiques européens, la démocratie chrétienne et la social-démocratie qui alternent au pouvoir en Europe de l'Ouest dans ces années charnières. Par-delà leurs divergences politiques, ces deux approches ont en commun la reconnaissance des libertés individuelles, la notion d'État de droit et la nécessité de développer un système capitaliste tempéré. Mais ce projet européen est loin de faire l'unanimité.

Si le Royaume-Uni est favorable à une Europe unifiée, il entend néanmoins rester à ses marges, jugeant que son avenir réside davantage dans ses relations avec le Commonwealth et les États-Unis, en raison de son particularisme insulaire et de son histoire spécifique.

Plusieurs partis politiques sont hostiles à la construction européenne. En France, les gaullistes la refusent par peur de l'Allemagne et au nom de l'indépendance nationale. Les communistes, eux, dénoncent une Europe alignée sur le modèle américain et hostile à l'Union soviétique.

1

Une Europe pour la paix

Affiche française pour la CED, 1951.

Vocabulaire

- **Conseil de l'Europe :** organisme de coopération et de débat pour le rapprochement entre les peuples européens créé en 1949. Il regroupe aujourd'hui la quasi-totalité des États du continent ; la Russie en fait aussi partie.
- **Démocratie chrétienne :** mouvement politique de centre-droit dont la réflexion et l'action politiques et sociales sont influencées par les Évangiles. Il joue un rôle actif dans l'Europe de l'après-guerre suite au discrédit des partis de droite traditionnels.
- **Social-démocratie :** gauche réformiste et non communiste. Elle accepte le système capitaliste libéral que l'État, par son action économique et sociale, doit contribuer à améliorer au profit de l'ensemble de la population.

Pistes de travail

1. Quelle forme institutionnelle Carl Goerdeler souhaite-t-il donner à l'Europe ? **(doc. 3)**
2. Pourquoi ce choix de la part d'un homme politique allemand ? **(doc. 3)**
3. Pourquoi l'auteur écrit-il les articles E. et F. ? **(doc. 3)**
4. Quels sont les droits reconnus aux individus par le Conseil de l'Europe ? Sur quel « patrimoine commun » ce texte peut-il s'appuyer ? **(doc. 5)**

Pour conclure

5. En quoi le contexte international en 1945 est-il favorable à la construction européenne ?

2

Trois pères de l'Europe

De gauche à droite, l'Italien Alcide De Gasperi, l'Allemand Konrad Adenauer et le Français Robert Schuman au Conseil de l'Europe à Strasbourg le 11 janvier 1951.

4

Briser les frontières pour rapprocher les peuples

Le 7 août 1950, 300 étudiants venus de huit pays européens brisent symboliquement la barrière frontalière entre Wissembourg en France et Sankt Germansdorf en Allemagne. Leurs drapeaux montrent qu'ils reprennent à leur compte le projet politique paneuropéen lancé par le comte Coudenhove-Kalergi dans les années 1920.

3

Comment reconstruire l'Europe ?

Après l'échec du complot du 20 juillet 1944 contre Hitler et peu avant son arrestation, Carl Goerdeler, résistant allemand, donne, dans un ultime témoignage politique, sa vision d'une Europe d'après-guerre réunie et réconciliée.

Cette guerre doit déboucher sur une union étroite des peuples européens, si l'on veut que ces vies sacrifiées aient un sens. [...] Cela ne doit pas passer par l'asservissement ni par la saignée d'autres peuples, mais par l'union librement consentie d'États-nations indépendants qui verraient représentés dans cette union leurs intérêts vitaux. Ils devront se dessaisir en faveur de la confédération européenne des seuls droits souverains nécessaires à la réalisation de ses objectifs, à savoir :

A. droits économique et des transports unifiés,
B. union douanière,
C. normes unifiées dans le domaine des transports,
D. monnaies stables grâce à des budgets contrôlés réciproquement,
E. arbitrage obligatoire,
F. exécution des décisions d'arbitrage. Dans ce but, création notamment d'une police de l'air européenne, suppression des armées nationales [au profit] d'une force de défense européenne.

La confédération européenne aurait un conseil économique, une assemblée fédérale et un comité fédéral permanent dont le siège et la présidence pourraient changer.

D'après Carl Goerdelers, Bundesarchiv Koblenz, N 1113/73.

5

Des droits réaffirmés pour les citoyens européens

Le 4 novembre 1950, les dix États membres fondateurs du Conseil de l'Europe (Danemark, Suède, Norvège, Pays-Bas, Luxembourg, Belgique, France, Italie, Royaume-Uni, Irlande) adoptent le texte suivant.

Les gouvernements signataires, membres du Conseil de l'Europe, [...] considérant que le but du Conseil de l'Europe est de réaliser une union plus étroite entre ses membres [...] ; réaffirmant leur profond attachement [aux] libertés fondamentales qui constituent les assises mêmes de la justice et de la paix dans le monde et dont le maintien repose essentiellement sur un régime politique véritablement démocratique, d'une part, et, d'autre part, sur une conception commune et un commun respect des droits de l'homme dont ils se réclament ; résolus, en tant que gouvernements d'États européens animés d'un même esprit et possédant un patrimoine commun d'idéal et de traditions politiques, de respect de la liberté et de prééminence du droit, à prendre les premières mesures propres à assurer la garantie collective de certains des droits énoncés dans la Déclaration universelle, sont convenus de ce qui suit : [...]

Art. 2 – Le droit de toute personne à la vie est protégé par la loi. La mort ne peut être infligée à quiconque intentionnellement, sauf en exécution d'une sentence capitale prononcée par un tribunal au cas où le délit est puni de cette peine par la loi. [...]

Art. 3 – Nul ne peut être soumis à la torture ni à des peines ou traitements inhumains ou dégradants.

Art. 4 – 1. Nul ne peut être tenu en esclavage ni en servitude.
2. Nul ne peut être astreint à accomplir un travail forcé ou obligatoire. [...]

Art. 5 – Toute personne a droit à la liberté et à la sûreté.

Convention de sauvegarde des droits de l'homme et des libertés fondamentales, 4 novembre 1950.

2. Guerre froide et construction européenne (1949-1954)

Comment la guerre froide oriente-t-elle les débuts de la construction européenne ?

L'Europe, enjeu de la guerre froide

La reconstruction de l'Europe occidentale devient rapidement un enjeu de la guerre froide. Les États-Unis lancent la politique d'endiguement pour empêcher l'Union soviétique d'étendre son influence au-delà de son glacis défensif d'Europe centrale.

Les Américains veulent bloquer la progression soviétique en réaffirmant les valeurs démocratiques libérales et en reconstruisant une économie européenne viable. La situation sociale et économique s'améliorant, le vote communiste deviendrait moins attractif. Enfin, l'Europe occidentale doit pouvoir se défendre contre une éventuelle agression militaire.

Les États-Unis sont donc à l'origine des premiers projets de construction européenne qu'ils soutiennent fermement.

Quelle forme institutionnelle donner à l'Europe ?

Une des premières difficultés à résoudre est celle de la forme institutionnelle à donner à ces projets. Les Européens sont divisés sur la question.

Les fédéralistes, très présents en Allemagne de l'Ouest et au Benelux, tant chez les sociaux-démocrates que chez les démocrates-chrétiens, souhaitent le transfert d'une partie des pouvoirs des États à des institutions supranationales.

Les unionistes, représentés notamment par les gaullistes en France, ne veulent pas remettre en cause la souveraineté nationale. Ils défendent donc une Europe des nations, une Europe confédérale, où les décisions prises par les États sont appliquées par de simples organes de coopération intergouvernementale.

C'est dans ce contexte international et avec ces divergences d'analyse que sont lancés les premiers projets.

L'Europe entre succès économique et échec militaire

Les États européens doivent s'organiser pour se répartir les 13 milliards de dollars de dons du plan Marshall **(voir dossier pp. 52-53)**. L'Organisation européenne de coopération économique (OECE) est créée dans ce but en avril 1948 **(voir carte p. 115)**. C'est aussi la première étape de la réintégration diplomatique de l'Allemagne occidentale.

Lancée par Robert Schuman, acceptée par l'Allemagne, l'Italie et le Benelux, la Communauté européenne du charbon et de l'acier (CECA) veut poursuivre la reconstruction d'un secteur stratégique et améliorer le sort du monde ouvrier. Elle accélère le retour de l'Allemagne sur la scène internationale tout en rassurant la France. En effet, la CECA prend la relève du contrôle allié sur la Ruhr mis en place en 1945 pour empêcher tout réarmement allemand. Elle prouve surtout que les Européens peuvent coopérer au sein d'une organisation fédérale qu'ils ont eux-mêmes créée.

Mener une politique commune de défense est plus difficile. L'Europe s'appuie d'abord sur l'OTAN **(voir carte p. 115)** où les États-Unis jouent un rôle prépondérant **(voir leçon p. 50)**.

Lancé en 1951, le projet français d'une Communauté européenne de défense (CED), inspirée des institutions de la CECA, débouche sur un échec en 1954. En France, communistes et gaullistes rejettent la CED pour deux raisons : la perte de la souveraineté nationale et le danger du réarmement allemand. La CED visait à construire une défense européenne autonome et son échec oblige à une solution atlantiste. La conférence de Paris en 1954 rétablit la souveraineté pleine et entière de la RFA et l'intègre à égalité avec les autres membres dans l'OTAN. L'Union de l'Europe occidentale (UEO) est créée par extension du pacte de Bruxelles.

1 La déclaration Schuman

Le 9 mai 1950, Robert Schuman, ministre français des Affaires étrangères, annonce le projet de la CECA dans le salon de l'Horloge du ministère à Paris.

Vocabulaire

- **CECA** (Communauté européenne du charbon et de l'acier) : fondée en 1951 pour mettre en commun la production de charbon et d'acier de ses six États membres (RFA, Benelux, France, Italie).
- **CED** (Communauté européenne de défense) : créée par le traité de Paris en 1952 et disparue en 1954 après le refus de ratification de ce traité par le Parlement français.
- **OECE : voir p. 115.**
- **OTAN : voir p. 115.**
- **Plan Marshall :** programme d'aide économique des États-Unis à l'Europe, lancé en 1947 par le général Marshall, secrétaire d'État américain aux Affaires étrangères. En anglais, il s'appelle *European Recovery Program* (*ERP*).
- **UEO** (Union de l'Europe occidentale) : organisation militaire créée en 1954. Elle comprend les cinq pays signataires en 1948 du pacte de Bruxelles (France, Royaume-Uni, Benelux), auxquels se joignent la RFA et l'Italie après l'échec de la CED en 1954, et ensuite d'autres États (Espagne, Portugal, Grèce) **(voir carte p. 147).**

Notions clés

- **Atlantisme :** politique respectueuse du traité de l'Atlantique Nord qui place la défense de l'Europe sous la direction des États-Unis.
- **Endiguement : voir leçon p. 48.**
- **Supranational :** qui dépasse la souveraineté nationale. Appliqué à la CEE ou à l'UE, le terme est équivalent à communautaire ou à fédéral.

2 La CED, bouclier contre les totalitarismes
Affiche de Paul Colin, 1954.

3 La peur du « militarisme allemand »
Affiche du Parti communiste français, 1953.

4 Trois modèles pour l'Europe

En 1985, un an avant sa mort, l'Italien Altiero Spinelli (1907-1986), acteur engagé du projet européen dès la première heure, donne son analyse de 40 années de construction européenne.

Pour certains hommes d'État, dont l'expérience politique fondamentale était celle de l'État national souverain, [...] l'unification européenne devait, fondamentalement, être une confédération, une ligue d'États, dont chacun conserverait sa souveraineté et dont tous, dans des domaines spécifiques, s'engageraient de manière permanente à pratiquer la même politique, définie et adoptée dans des réunions rassemblant les représentants des différents gouvernements. Churchill et de Gaulle sont les héros les plus prestigieux de cette vision [...]. Le deuxième modèle européen est un modèle fonctionnel. Ce modèle a germé dans l'esprit de ceux qui avaient connu la grande expérience administrative des bureaux spécialisés auxquels les Alliés, pendant la Première et la Seconde Guerre mondiale, avaient délégué l'administration de quelques grandes affaires d'intérêt commun (répartition des matières premières, soutien des monnaies, commandement militaire unifié). Monnet, qui avait dirigé quelques-uns de ces bureaux, entrevit que cette méthode pourrait aussi être appliquée dans des buts de solidarité pacifique, devenant ainsi l'instrument concret de l'unification. Dans le but d'administrer, dans l'intérêt commun, le marché du charbon et de l'acier, ou l'énergie nucléaire ou une armée commune ou une union douanière, chacun des États devait déléguer à une autorité supranationale certaines parties de sa souveraineté administrative, tout en gardant toujours sa souveraineté politique. La pensée secrète de ce grand administrateur que fut Jean Monnet était que, à la longue, la bureaucratie l'emporterait sur la politique et que de l'administration européenne de certains intérêts concrets naîtrait [...] la superstructure politique de l'Europe. [...]
Le troisième modèle d'idée européenne est le modèle fédéraliste. [...]
Il propose le maintien et le respect de la souveraineté des États nationaux dans tous les domaines revêtant une dimension et une signification nationales, et de transférer [les autres] à un gouvernement européen contrôlé démocratiquement par un parlement européen et agissant conformément à des lois européennes en matière de politique étrangère, de défense, d'économie et de protection des droits civils. Le modèle fédéraliste propose un État qui soit vraiment supranational et cohabitant avec ses États membres, chacun d'entre eux exerçant la souveraineté dans la sphère de ses compétences. Il s'agit en l'espèce du modèle américain et suisse.

Altiero Spinelli, *Conférence*, 1985.

Pistes de travail

1. Quels sont les arguments avancés par les partisans et les opposants au projet de la CED ? **(doc. 2 et 3)**
2. Quelles sont les trois conceptions de la construction européenne selon A. Spinelli ? Qui prend les décisions dans chacune d'entre elles ? Qui exécute ces décisions ? **(doc. 4)**
3. À laquelle de ces conceptions appartiennent l'OECE et la CECA ? **(doc. 4)**
4. Quel est le modèle le plus ambitieux ? Quels problèmes pose sa réalisation concrète ? **(doc. 4)**

Dossier
La CECA, une étape décisive de la construction européenne

En proposant de mettre en commun les ressources franco-allemandes de charbon et d'acier, Robert Schuman jette les bases d'une Europe autonome et efficace. Au-delà de sa dimension économique, la CECA constitue une importante étape dans le rapprochement politique et symbolique entre plusieurs anciens belligérants de la Seconde Guerre mondiale.

Profitant de l'expérience et de l'autorité de Jean Monnet, la CECA fonctionne de manière fédérale et dispose d'un budget autonome. Si elle prolonge un effort de reconstruction déjà largement entamé en 1950, elle prouve surtout à l'opinion publique européenne qu'un projet commun réaliste peut aboutir. On a donc pu dire que la CECA a servi de modèle à la Communauté économique européenne (CEE).

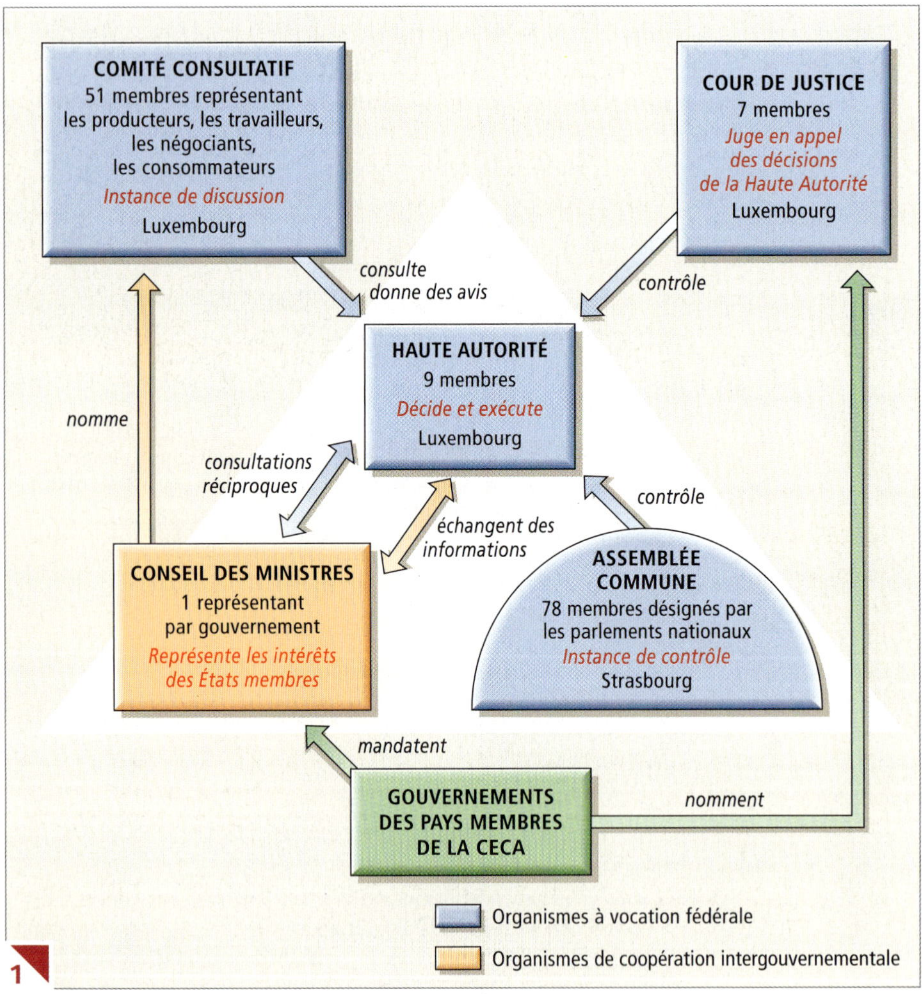

1 La CECA, première organisation européenne supranationale

2 Les objectifs de la CECA

Dans une déclaration très largement inspirée par Jean Monnet, Robert Schuman, ministre français des Affaires étrangères, propose à la République fédérale d'Allemagne, le 9 mai 1950, la création d'une Communauté européenne du charbon et de l'acier.

L'Europe ne se fera pas d'un coup, ni dans une construction d'ensemble : elle se fera par des réalisations concrètes créant d'abord une solidarité de fait. Le rassemblement des nations européennes exige que l'opposition séculaire de la France et de l'Allemagne soit éliminée : l'action entreprise doit au premier chef toucher la France et l'Allemagne. [...]

Le gouvernement français propose de placer l'ensemble de la production franco-allemande de charbon et d'acier sous une Haute Autorité commune, dans une organisation ouverte à la participation des autres pays d'Europe.

La mise en commun des productions de charbon et d'acier assurera immédiatement l'établissement de bases communes de développement économique, première étape de la Fédération européenne, et changera le destin de ces régions longtemps vouées à la fabrication des armes de guerre dont elles ont été les plus constantes victimes.

La solidarité de production ainsi nouée manifestera que toute guerre entre la France et l'Allemagne devient non seulement impensable mais matériellement impossible. [...]

Par la mise en commun de productions de base et l'institution d'une Haute Autorité nouvelle, dont les décisions lieront la France, l'Allemagne et les pays qui y adhéreront, cette proposition réalisera les premières assises concrètes d'une Fédération européenne indispensable à la préservation de la paix.

PONT DE LA CONCORDE

3

La CECA : un pont entre les peuples

Dessin de presse publié dans le journal satirique britannique *Punch* en 1950.

4

La CECA : une alliance contre nature ?

La presse soviétique dénonce la bénédiction donnée par les États-Unis à l'alliance entre la France, représentée par Robert Schuman, et l'Allemagne occidentale personnifiée par Konrad Adenauer. Ce dernier, assimilé à un nazi alors qu'il a été un opposant à Hitler de la première heure, apporte en dot la Ruhr qu'il tient dans sa main. Caricature d'Efimov publiée dans la revue soviétique *Krokodil* le 10 janvier 1950.

5

« Un véritable esprit européen »

L'œuvre que nous avons entreprise est une œuvre audacieuse. Le développement des États nationaux qui s'est produit au début du XIXe siècle n'a pas favorisé leur sentiment communautaire. Encore que le Conseil des ministres doive sauvegarder les intérêts nationaux des États membres, il devra toutefois se garder de considérer cette tâche comme primordiale pour lui. Sa tâche primordiale consistera plutôt à promouvoir les intérêts de la Communauté, sans quoi cette dernière ne pourra pas se développer. C'est pourquoi il laissera dans une large mesure à l'organisme supranational de la Communauté – la Haute Autorité – la liberté de se développer. [...]

Dès la première réunion de la Haute Autorité, un véritable esprit européen se fait déjà sentir dans sa façon de travailler. [...] La Communauté européenne du charbon et de l'acier est maintenant sortie du domaine de la constitution et des projets, et l'œuvre même, l'œuvre supranationale, a commencé. Nous avons cette confiance que la force des faits amènera des développements ultérieurs et favorisera la marche en avant, sous telle ou telle forme.

Discours de Konrad Adenauer prononcé le 8 septembre 1952 à l'occasion de la première séance du Conseil des ministres de la CECA.

Pistes de travail

1. Dans quel contexte international est lancée la CECA ?
2. Quels sont les arguments avancés par Robert Schuman pour convaincre les Français d'accepter la CECA ? **(doc. 2)**
3. Quel est l'organe le plus important de la CECA ? Justifiez votre réponse. **(doc. 1)**
4. Montrez que les institutions de la CECA sont fédérales. **(doc. 1)**
5. Quel est le regard porté par chacun des deux dessinateurs sur la CECA ? **(doc. 3 et 4)**
6. Comment peut-on expliquer des jugements si contradictoires ?
7. Pourquoi Konrad Adenauer pense-t-il que la création de la CECA est un acte audacieux ? **(doc. 5)**
8. Quel regard porte-t-il sur l'avenir de la construction européenne ? Les faits lui ont-ils donné raison ? **(doc. 5)**

3. La CEE : le temps des projets et des premières réalisations (1957-1979)

Comment les Six, grâce à la CEE, ont-ils relancé la construction européenne ?

Dépasser l'échec de la CED

Dès 1955, les représentants allemands, belges, français, italiens, luxembourgeois et néerlandais, réunis à Messine, affirment la nécessité de relancer la construction économique de l'Europe en s'inspirant de la CECA.

La France, d'abord réticente, change de point de vue après la crise de Suez de 1956. En s'appuyant sur l'Europe, elle entend rompre son isolement diplomatique et mener une politique internationale autonome vis-à-vis des États-Unis. La construction européenne permettrait également de moderniser une économie nationale encore repliée sur elle-même et confrontée aux contrecoups de la guerre d'Algérie. En Allemagne de l'Ouest, les sociaux-démocrates se rallient à ce projet porté par le chancelier Adenauer.

Les six États de la CECA signent à Rome le 25 mars 1957 les deux traités créant la Communauté économique européenne (CEE) et Euratom (voir carte p. 115). Ces traités entrent en vigueur le 1er janvier 1958.

Les traités de Rome (1957)

Le premier traité met en place la Communauté économique européenne (CEE). Il s'agit de préparer un marché commun sans entraves douanières, à réaliser en 12 ans. L'adoption progressive d'un tarif extérieur commun aux frontières de l'Europe des Six complète le dispositif et engage les signataires bien plus qu'une simple zone de libre-échange. La CEE a deux objectifs : réaliser un « grand marché », où circulent librement les biens, les capitaux et les hommes, mais aussi mettre en place des politiques et des législations communes pour rapprocher les États membres. Le deuxième traité concerne le domaine atomique : Euratom doit permettre au nucléaire civil de se développer pour se substituer aux énergies fossiles dans un contexte de forte croissance économique.

Les institutions de la CEE, inspirées de celles de la CECA, résultent d'un compromis entre fédéralistes et unionistes. La dimension fédérale de la CECA est atténuée et la souveraineté des États est davantage préservée.

Le pouvoir de décision est partagé entre le Conseil des ministres, émanation des États, qui prend ses décisions soit à l'unanimité soit à la majorité qualifiée, et la Commission européenne, de conception plus fédérale, qui représente les intérêts de la Communauté. Depuis 1974, le Conseil européen réunit au moins deux fois par an les chefs d'État et de gouvernement qui y débattent des questions les plus importantes. Le rôle du Parlement reste longtemps marginal. Élu au suffrage universel à partir de 1979, il représente les peuples européens. La Cour de Justice arbitre les différends entre États, et entre États et particuliers.

Des politiques ambitieuses

La CEE obtient rapidement des résultats concrets. L'union douanière est achevée dès 1968. La Politique agricole commune (PAC), la plus importante des politiques économiques menées par la CEE, permet la modernisation des campagnes et garantit l'autosuffisance alimentaire de l'Europe. Créé en 1975, le Fonds européen de développement régional (FEDER) aide à la reconversion des régions en crise. En 1979 est mis en place le Système monétaire européen (SME). En garantissant la stabilité monétaire après la rupture des accords de Bretton Woods, il facilite les échanges commerciaux au sein de la Communauté. Toutefois, la CEE reste bien plus discrète dans ses politiques sociales et industrielles.

L'Association européenne de libre-échange (AELE), créée par le Royaume-Uni en 1960 pour concurrencer la CEE, reste une simple zone de libre-échange. Elle montre rapidement ses limites et cherche à se rapprocher de la CEE peu après sa naissance.

Vocabulaire

- **Accords de Bretton Woods : voir leçon pp. 182-183.**
- **AELE** (Association européenne de libre-échange) : formée en 1960 par 7 pays, à l'initiative du Royaume-Uni (Suède, Norvège, Danemark, Suisse, Autriche, Portugal, Royaume-Uni), elle vise à concurrencer la CEE.
- **PAC** (Politique agricole commune) : elle doit aider à moderniser les campagnes, assurer des revenus décents aux agriculteurs et des prix raisonnables au consommateur, stabiliser les marchés et garantir la sécurité des approvisionnements.
- **SME** (Système monétaire européen) : il est créé en 1979 au sein de la CEE pour garantir la stabilité des monnaies européennes. La valeur de chaque monnaie européenne est fixée par rapport à celles des autres pays et n'a pas le droit de varier de plus de 6 % à la hausse ou à la baisse. Le SME crée une monnaie de compte, l'*European Currency Unit* (*ECU*).

Notions clés

- **Majorité qualifiée :** procédure de vote distincte de l'unanimité ou de la majorité simple. Chaque État membre dispose d'un nombre de voix proportionnel à sa population, **voir repères pp. 154-155**.
- **Unanimité :** procédure de vote fondée sur l'accord de tous les États membres. Le principe de souveraineté des États est respecté, au risque de bloquer le fonctionnement des institutions et d'empêcher la mise en œuvre des politiques communes.

1 Le traité de Rome instituant la Communauté économique européenne (1957)

Art. 2 – La Communauté a pour mission, par l'établissement d'un marché commun et par le rapprochement progressif des politiques économiques des États membres, de promouvoir un développement harmonieux des activités économiques dans l'ensemble de la Communauté, une expansion continue et équilibrée, une stabilité accrue, un relèvement accéléré du niveau de vie et des relations plus étroites entre les États qu'elle réunit.

Art. 3 – Aux fins énoncées à l'article précédent, l'action de la Communauté comporte [...] :

a. L'élimination entre les États membres des droits de douane et des restrictions quantitatives à l'entrée et à la sortie des marchandises [...] ;

b. L'établissement d'un tarif douanier commun et d'une politique commerciale commune envers les États tiers ;

c. L'abolition entre les États membres des obstacles à la libre circulation des personnes, des services et des capitaux ;

d. L'instauration d'une politique commune dans le domaine de l'agriculture ; [...]

f. L'établissement d'un régime assurant que la concurrence n'est pas faussée dans le marché commun ;

g. L'application de procédures permettant de coordonner les politiques économiques des États membres [...] ;

h. Le rapprochement des législations nationales dans la mesure nécessaire au fonctionnement du marché commun.

2 Les Six signent les traités de Rome (25 mars 1957)

Douze ans après la fin de la Seconde Guerre mondiale, ces traités engagent l'Europe dans une voie radicalement nouvelle.

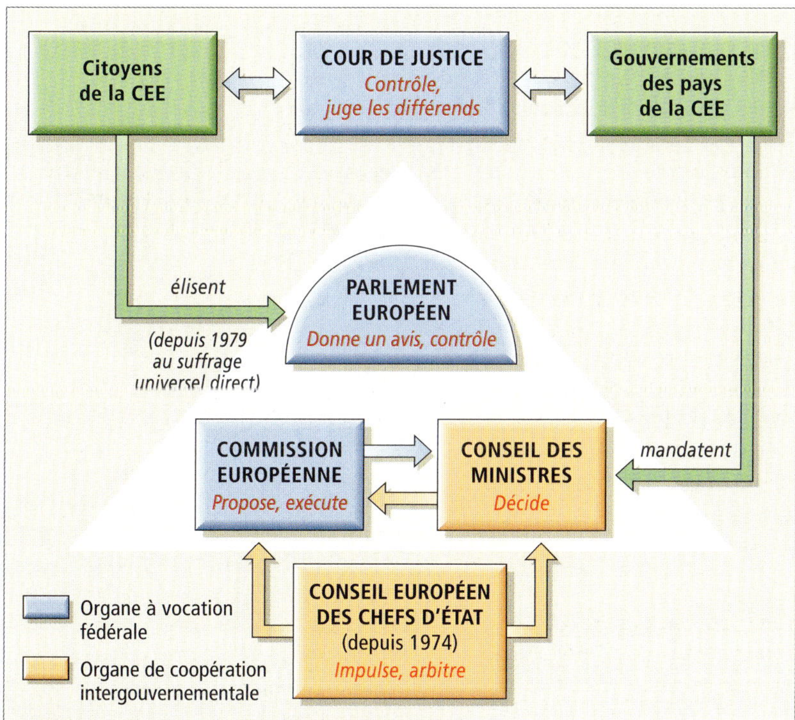

3 Les institutions de la CEE (1957-1989)

4 Affiche en faveur de la construction européenne (1957)

Pistes de travail

1. Quels sont les objectifs de la CEE ? **(doc. 1)**

2. En quoi ces objectifs en font-ils plus qu'une simple zone de libre-échange ? **(doc. 1)**

3. Présentez l'organisation des pouvoirs exécutif et législatif au sein de la CEE.

Ces institutions sont le résultat d'un compromis entre fédéralistes et unionistes : pourquoi ? En quoi ces institutions peuvent-elles être source de tensions entre les partisans de ces deux courants ? **(doc. 3)**

Pour conclure

4. Resituez le traité de Rome dans l'histoire européenne, en analysant le contexte dans lequel il a été signé et en évaluant sa portée.

4. L'Europe surmonte ses crises (1965-1989)

Comment la CEE a-t-elle progressé malgré les difficultés rencontrées ?

Une construction difficile

Des années 1960 aux années 1980, l'histoire de la CEE est jalonnée de crises institutionnelles et politiques. En 1965, de Gaulle refuse le passage au vote à la majorité qualifiée au Conseil car il y voit une dérive vers une Europe fédérale. Le Conseil des ministres obéissant à la règle de l'unanimité, ce blocage français revient à donner un droit de veto aux États (voir leçon p. 122). Les institutions révèlent en outre un certain nombre de faiblesses de fonctionnement que les réformes des années 1970 (création du Conseil européen, élection du Parlement européen au suffrage universel), ne résolvent pas totalement.

La crise économique des années 1970 pose des problèmes budgétaires. Alors que la CEE se dote, à partir de 1970, d'un budget autonome, plusieurs États dénoncent des dépenses jugées inutiles ou le montant de leur contribution.

Enfin, les divergences politiques entre États sont réelles. De Gaulle refuse toute intervention des États-Unis dans les affaires européennes alors que plusieurs pays mènent une politique atlantiste. Même si l'Europe intervient pour aider les pays en voie de développement comme le prouvent les accords de coopération de Lomé (voir leçon pp. 160-161), elle parle rarement d'une voix unie sur la scène internationale.

Au début des années 1980, la CEE souffre donc d'un déficit d'image.

Trois vagues d'élargissement

L'élargissement de l'Europe à de nouveaux États membres est l'un des moyens de relancer la construction européenne (voir carte p. 115).

Certes en 1963 et en 1967, de Gaulle refuse l'adhésion du Royaume-Uni, qu'il considère comme le cheval de Troie des États-Unis et un rival susceptible de contester son influence. Mais le veto français est levé en 1969. Avec l'entrée du Royaume-Uni, la France entend renforcer le poids international de l'Europe et éviter une évolution fédérale de l'Europe à laquelle Londres est réputée être hostile. En 1973, le Royaume-Uni rejoint, avec l'Irlande et le Danemark, la CEE.

Si ces États sont riches, ce n'est pas le cas des trois postulants suivants. La Grèce, l'Espagne et le Portugal sont économiquement en retard par rapport à leurs voisins. Leur intégration pose de redoutables problèmes de concurrence et de remise à niveau économiques. Il est cependant difficile de refuser leur entrée car elle permet de rééquilibrer la CEE vers le sud et de stabiliser politiquement des démocraties encore récentes. La Grèce intègre la CEE en 1981, l'Espagne et le Portugal en 1986.

Vers l'Europe de Maastricht

Les eurosceptiques, méfiants envers la construction européenne et opposés à son approfondissement, voient leur audience croître dans l'opinion publique. Pour remédier à cet état de fait, Jacques Delors, soutenu par un axe franco-allemand redynamisé, propose alors un ambitieux projet de relance de la construction européenne.

L'Acte unique, adopté en février 1986, entre en vigueur le 1er juillet suivant. Il prévoit pour le 1er janvier 1993 la création d'un marché intérieur unifié caractérisé par la libre circulation des hommes, des biens et des capitaux, la mise en place d'une union économique et monétaire, prélude au lancement d'une monnaie unique. La CEE étend en outre ses compétences à de nouveaux domaines, comme la recherche, le développement technologique et l'environnement. Les institutions, elles, évoluent peu.

C'est dans ce contexte de relance de la construction européenne que tombe le « rideau de fer » et que s'effondre le bloc soviétique, ce qui confronte la CEE à de nouveaux défis.

1 **Jacques Delors, un nouveau père de l'Europe ?**

Soutenu par Helmut Kohl, chancelier allemand de 1982 à 1998, et François Mitterrand, président de la République française de 1981 à 1995, Jacques Delors, alors président de la Commission européenne, contribue à relancer la construction européenne de 1985 à 1994.

Notions clés

- **Approfondissement :** renforcement des institutions de la CEE, puis de l'UE, pour leur donner plus de cohérence. Ce terme est généralement entendu dans un sens fédéraliste.
- **Élargissement :** ouverture de la CEE, puis de l'UE, à de nouveaux États membres.

Pistes de travail

1. Quelles sont les faiblesses institutionnelles de la CEE relevées par R. Barre ? Comment les explique-t-il ? **(doc. 3)**

2. Quelles sont les deux décisions principales prises au sommet européen de Fontainebleau ? En quoi sont-elles source d'espoir ou de blocage pour l'avenir ? **(doc. 4)**

3. Dans quels domaines l'Europe a-t-elle encore des progrès à faire selon F. Mitterrand ? Pourquoi est-il important qu'elle les réalise ? **(doc. 5)**

Pour conclure

4. Dressez un bilan de la construction européenne à la veille de la chute du mur de Berlin.

2 L'entrée de la Grèce dans la CEE (1981)

Affiche publiée par la Commission européenne en 1981.

4 L'Europe : un bilan contrasté

Marqué par la réduction de la contribution britannique au budget de la CEE et la création du passeport communautaire, le sommet européen de Fontainebleau de juin 1984 illustre blocages et progrès de la construction européenne.

Caricature de Plantu, *Le Monde*, 26 juin 1984.

3 Des institutions en crise

Raymond Barre, ancien vice-président de la Commission européenne, analyse les faiblesses institutionnelles européennes dans les années 1970.

Les institutions communautaires ne fonctionnent plus de façon satisfaisante. [...]

La Commission a perdu de son autorité du fait de l'érosion progressive de son pouvoir de proposition, qu'elle n'a pas su maintenir en face d'un certain impérialisme du Conseil des ministres mais aussi d'une dispersion de ses efforts. [...]

L'Assemblée, même après son élection au suffrage universel, n'a pas acquis la stature que souhaitent ceux qui pensaient que, face aux États, elle pourrait faire entendre la voix des peuples. Ce n'est point le fait qu'elle ne dispose pas de pouvoirs suffisamment précis ou étendus ; là où elle détient déjà un pouvoir considérable – celui du budget –, elle a voté de façon inconsidérée des dépenses supplémentaires assurées par les budgets des États membres.

Quant au Conseil européen, il est encombré de questions techniques, pour l'examen desquelles les chefs d'État et de gouvernement sont contraints de se transformer en des spécialistes qu'ils ne sauraient être ni devenir.

Raymond Barre, conférence au Centre européen de Nancy, 10 mai 1984.

5 Trente ans de construction européenne

Le 25 mars 1957 est l'une des dates les plus importantes de notre histoire. Pour en comprendre la portée, il faut imaginer [...] l'état de notre continent après deux guerres mondiales. Partout la ruine, le deuil, des terres dévastées, des peuples dépossédés, leur destin désormais passé en d'autres mains, l'Europe coupée en deux [...].

Que ce soit pour ses institutions, ses politiques communes, la suppression de ses barrières douanières intérieures, son aide au Tiers-Monde, son début de concertation politique, ses audaces techniques, l'Europe a réussi. Première puissance commerciale, forte de ses 320 millions d'habitants [...], elle avance. Pourtant, c'est insuffisant. Notre Europe échouera si elle en reste là. [...]

Soyons au rendez-vous du 31 décembre 1992, qui verra s'abattre les frontières intérieures et l'Europe s'ouvrir aux douze peuples qui la composent. [...] Hâtons l'Europe technologique. Américains et Japonais ne nous attendront pas. Conquérons l'espace, nous aussi. Organisons nos moyens de communication, d'éducation et de culture. Formons les jeunes aux disciplines du savoir dans les universités de leur choix. Réduisons les inégalités entre pays, entre régions, entre les groupes sociaux et les individus. Donnons cours à l'ECU, notre monnaie commune, au sein d'un système monétaire apaisé. Préparons enfin le moment où l'Europe, dotée d'un pouvoir politique central, décidera elle-même des moyens de sa sécurité.

Allocution radiotélévisée de François Mitterrand, à l'occasion du 30e anniversaire de la signature du traité de Rome, le 25 mars 1987.

Bilan
L'Europe dans un monde bipolaire (1949-1989)

Les dates clés

1950-1953 : guerre de Corée

Avril 1955 : conférence de Bandung

Mai 1955 : création du pacte de Varsovie

1956 : XXe Congrès du PCUS

Février 1956 : début de la déstalinisation

Octobre-novembre 1956 : insurrection à Budapest / crise de Suez

1957 : création de la CEE

1961 : construction du mur de Berlin

1962 : crise de Cuba

1968 : « printemps de Prague »

1975 : acte final d'Helsinki

1983 : crise des euromissiles

1989 : chute du mur de Berlin

Des sigles qui varient avec les langues

Français	Allemand	Anglais
AELE : Association européenne de libre-échange	EFTA : Europäische Freihandelsassoziation	EFTA : European Free Trade Agreement
CAEM : Conseil d'assistance économique mutuelle	RGW : Rat für gegenseitige Wirtschafthilfe	COMECON : Council for Mutual Economic Aid
CECA : Communauté européenne du charbon et de l'acier	EGKS : Europäische Gemeinschaft für Kohle und Stahl	ECSC : European Coal and Steel Community
CED : Communauté européenne de défense	EVG : Europäische Verteidigungsgemeischaft	EDC : European Defence Community
CEE : Communauté économique européenne	EWG : Europäische Wirtschaftsgemeinschaft	EEC : European Economic Community
CSCE : Conférence pour la sécurité et la coopération en Europe	KSZE : Konferenz für Sicherheit und Zusammenarbeit in Europa	CSCE : Conference for Security and Cooperation in Europe
OECE : Organisation européenne de coopération économique	OWZE : Organisation für wirtschaftliche Zusammenarbeit in Europa	OEEC : Organization for European Economic Cooperation
OTAN : Organisation du traité de l'Atlantique Nord	NATO : Nordatlantikpakt	NATO : North Atlantic Treaty Organization
UEO : Union de l'Europe occidentale	WEU : Westeuropäische Union	WEU : Western European Union

Les mots clés

Français	Allemand	Anglais
décolonisation	Entkolonisierung	decolonization
dissuasion	Abschreckung	deterrence
guerre froide	Kalter Krieg	cold war
perestroïka	le terme russe, qui signifie « restructuration », « réforme en profondeur », ne se traduit pas	
Tiers-Monde	Dritte Welt	Third World

Mikhaïl GORBATCHEV (1931), dirigeant de l'URSS de 1985 à 1991

Les personnages clés

John F. KENNEDY (1917-1963), président des États-Unis de 1961 à 1963

Nikita KHROUCHTCHEV (1894-1971), dirigeant de l'URSS de 1953 à 1964

Jean MONNET (1888-1979), pionnier de la construction européenne

Gamal Abdel NASSER (1918-1970), dirigeant de l'Égypte et leader du Tiers-Monde de 1954 à 1970

Ronald REAGAN (1911), président des États-Unis de 1981 à 1988

REGARDS CROISÉS FRANCO-ALLEMANDS

La guerre froide

• Pour la plupart des historiens français et allemands, l'expression « guerre froide » est synonyme de confrontation Est-Ouest et désigne l'ensemble de la période qui commence vers 1947 et se termine en 1989-1991. Certains historiens allemands préfèrent réserver l'expression « guerre froide » à la phase la plus aiguë de la confrontation Est-Ouest, de 1947 à 1962 (crise de Cuba), mais ils sont minoritaires aujourd'hui.

Le communisme

• La perception du communisme et de l'URSS est différente chez les Français et chez les Allemands. En France, le Parti communiste est largement associé à la Résistance et au combat de l'URSS contre le nazisme depuis 1941. Après la Seconde Guerre mondiale, il jouit d'un prestige considérable et participe même au gouvernement.

• Rien de tel en Allemagne de l'Ouest : la mise en place du régime est-allemand (RDA) et la menace soviétique nourrissent des sentiments anticommunistes même parmi les sociaux-démocrates (SPD). Le blocus de Berlin, la répression brutale de l'insurrection populaire de 1953 en RDA et la construction du mur en 1961 ont joué un rôle très important sur le plan psychologique. Ces expériences facilitent la diffusion d'un « *Feindbild* », mot intraduisible en français qui désigne la « représentation de l'ennemi (soviétique) », une image très négative du communisme, qui influence les débats politiques à l'Ouest de l'Allemagne.

Les relations avec les États-Unis

• Les liens entre l'Europe et les États-Unis sont aussi perçus d'une manière différente dans les deux pays.

• Les Allemands de l'Ouest, qui ont vécu directement la division de l'Europe en deux blocs, considèrent majoritairement les États-Unis comme une puissance qui a aidé (plan Marshall) et protégé (OTAN) l'Europe occidentale.

• La plupart des Français, influencés notamment par la politique d'indépendance du général de Gaulle, ont davantage tendance à voir les États-Unis comme une puissance impérialiste et l'atlantisme comme une expression de l'hégémonie américaine. Le terme allemand « *Atlantizismus* » est d'ailleurs peu courant ; on parle plutôt de « *Westintegration* ».

La décolonisation

• La décolonisation, qui interfère avec la guerre froide, est un processus qui concerne évidemment plus la France que l'Allemagne, puisque cette dernière a perdu toutes ses colonies à l'issue de la Première Guerre mondiale. Les Français vivent directement les problèmes de la décolonisation, notamment à travers la guerre d'Algérie (1954-1962), qui divise l'opinion.

POUR ALLER PLUS LOIN

À lire

- Maurice Vaïsse, *Les relations internationales depuis 1945*, coll. « U », Colin, 2005.
- Stanislas Jeannesson, *La guerre froide*, coll. « Repères », La Découverte , n° 351, 2002.
- Gérard Bossuat, *Les fondateurs de l'Europe*, coll. « Sup », Belin, 1994.
- Bernard Droz, *La décolonisation*, coll. « Mémo », Le Seuil, 1996.
- John Le Carré, *L'Espion qui venait du froid*, Gallimard, 1963 : la guerre froide à travers le polar.

À voir

- Stanley Kubrick, *Docteur Folamour (Dr. Strangelove)*, 1964 : l'un des premiers films à traiter par la dérision la peur de l'apocalypse nucléaire.

À visiter :

- Gedenkstätte Berliner Mauer, Bernauer Straße 111, 13355 Berlin.
- Haus der Geschichte, Bonn : grand musée consacré aux deux Allemagne après 1945.

À consulter

- http://www.europa.eu.int : portail de l'Union européenne.
- http://edition.cnn.com/SPECIALS/cold.war/ : une vue d'ensemble de la guerre froide.
- http://www.ibiblio.org/expo/soviet.exhibit/soviet.archive : les archives soviétiques.
- http://www.state.gov/r/pa/ho/time/cwr/ : le point de vue officiel des États-Unis.
- http://www.dhm.de/ausstellungen/kalter_krieg/ : exposition virtuelle d'affiches de propagande sur l'Allemagne pendant la guerre froide (*Deutschland im Kalten Krieg. Deutsch-Deutsche Feindbilder in der politischen Propaganda 1945 bis 1963*).
- http://www.atomictourist.com : site consacré à la bombe nucléaire.

Sites sur la RDA et le mur de Berlin :

- http://www.17juni53.de/
- http://www.bpb.de/themen/GT3H5Z,0,0,Die_Geschichte_der_Berliner_Mauer.html : site de la Bundeszentrale für politische Bildung (centre fédéral de l'image politique).
- http://www.chronik-der-mauer.de/

Partie 3

L'Europe dans un monde globalisé de 1989 à nos jours

1

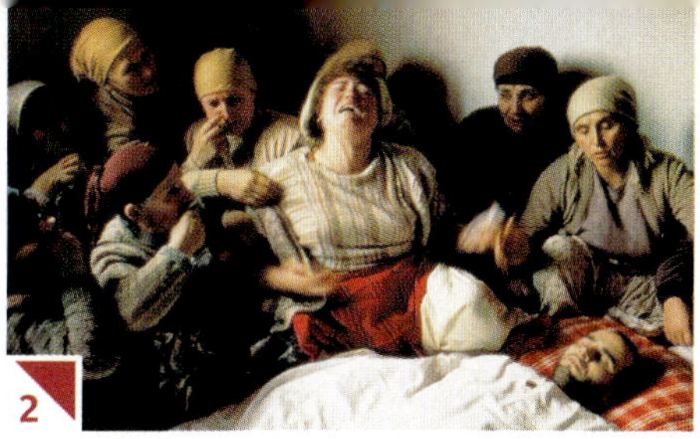
2

3

4

5

6

7

8

9

10

11

12

13

14

15

16

17

18

Chapitre 8

La fin de la guerre froide en Europe (1989-2005)

À partir du milieu des années 1980, un tournant s'opère en Europe à la surprise quasi générale. En quelques années, l'alliance militaire du bloc de l'Est se dissout et le déclin de la puissance soviétique entraîne l'effondrement des régimes communistes de l'Europe centrale et orientale. La fin de la guerre froide signifie la fin de la division de l'Europe, mais aussi la réunification des deux États allemands. À l'aube du XXIe siècle, les États et les peuples européens peuvent enfin prendre conscience de leurs traditions communes et de leur unité.

- Quelles sont les conséquences de la fin de la guerre froide en Europe ?
- Quelles perspectives s'ouvrent aux populations, notamment en Europe centrale et orientale ?

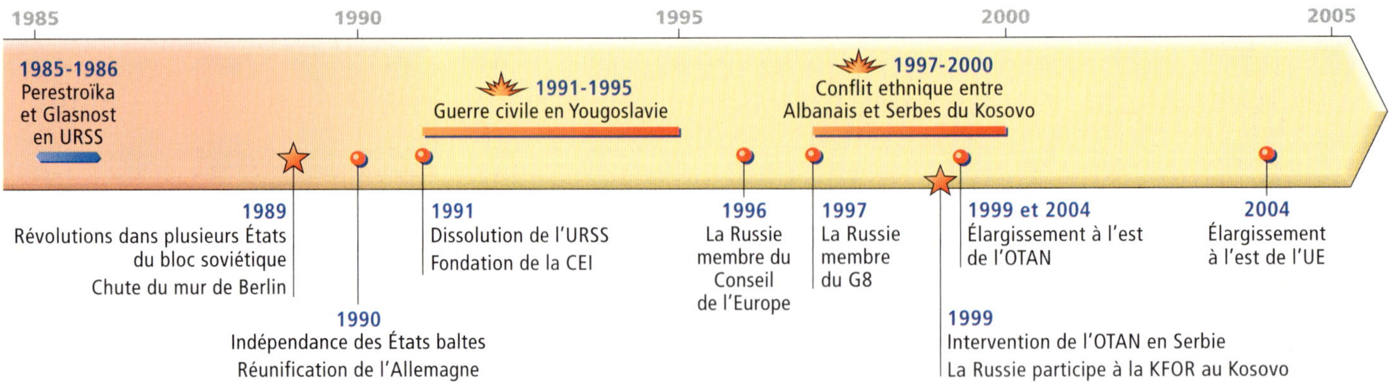

1

Le mur de Berlin en 1989

La chute du mur de Berlin le 9 novembre 1989 marque la fin de la guerre froide en Europe.

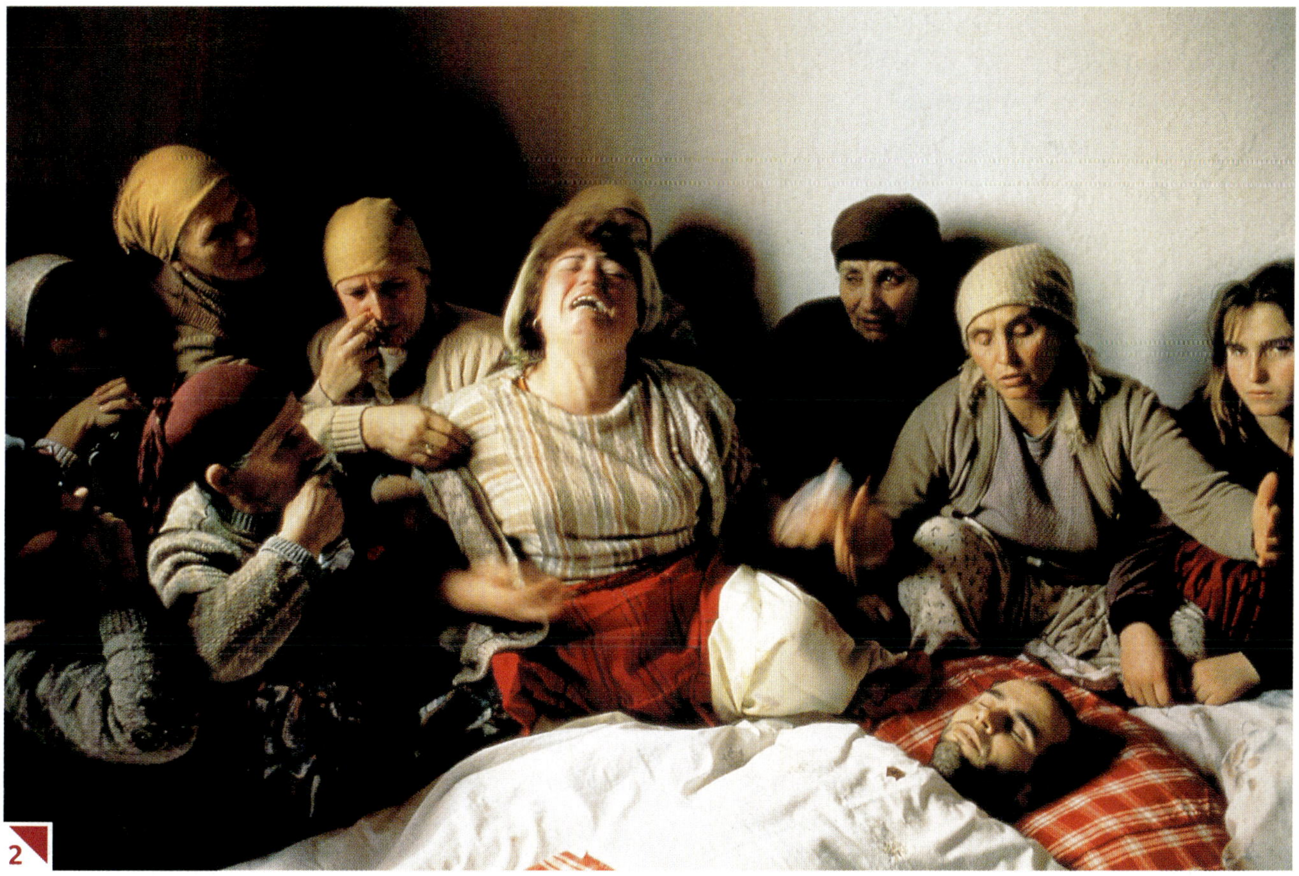

2

Le retour de la guerre dans les Balkans

Obsèques d'un jeune homme de la communauté albanaise tué par la police serbe en janvier 1990 lors d'une manifestation pour l'indépendance du Kosovo.

L'Europe et le bloc de l'Est à la fin de la guerre froide

La fin de la guerre froide

- Rideau de fer démantelé en 1989
- Retrait des troupes soviétiques en 1990
- Nouvelles frontières et
- CROATIE Nouveaux États depuis 1991 (issus de l'éclatement de l'URSS, de la Yougoslavie et de la Tchécoslovaquie)

Des valeurs démocratiques communes

Le Conseil de l'Europe

- États membres en 1989
- États entrés depuis 1990

De nouveaux risques à gérer

- Conflits armés depuis 1991

La principale organisation militaire : l'OTAN

- 1998 États membres en 1998
- 1999 États admis en 1999
- 2004 États admis en 2004

1 L'Europe après la guerre froide

2 De l'Union soviétique à la Communauté des États indépendants (CEI)

1. L'effondrement des démocraties populaires

Comment expliquer l'effondrement des démocraties populaires d'Europe centrale et orientale ?

Le maintien d'une opposition dans les démocraties populaires

Les démocraties populaires ont dès leur origine suscité des mouvements d'opposition réclamant une vraie participation des citoyens et plus de liberté. 40 ans plus tard, une partie de la population de ces pays affiche de plus en plus ouvertement son mécontentement devant le non-respect des droits fondamentaux de l'homme par l'appareil d'État et devant la médiocrité du niveau de vie dans le cadre de l'économie planifiée (voir leçon pp. 138-139).

Malgré la surveillance policière, les menaces d'emprisonnement, voire la répression militaire et l'utilisation des chars des « pays frères » du pacte de Varsovie dans les années 1950 et 1960 (voir leçon pp. 106-107 et dossier pp. 108-109), les gouvernements socialistes ne réussissent pas à museler les mouvements contestataires. Les forces d'opposition poursuivent leurs activités dans le cadre des institutions de l'Église, de syndicats interdits tel *Solidarnosc* (Solidarité) en Pologne ou encore de cercles d'intellectuels.

Le tournant de la politique soviétique

Tant que les dirigeants soviétiques étaient prêts à soutenir les régimes socialistes dans les démocraties populaires par des interventions militaires directes, les forces d'opposition n'avaient aucune chance de parvenir au pouvoir. C'est pourquoi la prise de fonction de Mikhaïl Gorbatchev en 1985 marque un changement majeur : le nouveau secrétaire général du PCUS prend publiquement ses distances à l'égard de la doctrine Brejnev (voir leçon pp. 106-107). La crainte d'une intervention soviétique au profit des gouvernements socialistes diminue, ce qui accroît les marges de manœuvre des mouvements d'opposition.

De plus, les initiatives de Gorbatchev en politique intérieure apparaissent comme autant d'encouragements : lorsque, sous le signe de la *glasnost* et de la *perestroïka*, l'Union soviétique accorde à ses citoyens davantage de liberté et de participation à la vie politique, une évolution analogue semble possible dans les « pays socialistes frères » d'Europe centrale et orientale.

L'effondrement des systèmes socialistes

En 1989, les mouvements d'opposition dans de nombreux États du pacte de Varsovie réussissent à s'imposer sur le plan politique. Une vague révolutionnaire déferle sur ces pays, la plupart du temps sans effusion de sang – excepté en Roumanie où le dictateur Ceaucescu tente en vain de garder le pouvoir par la violence. En Pologne, des grèves contraignent le gouvernement à reconnaître le syndicat *Solidarnosc* (Solidarité). Des élections pluralistes et démocratiques sont organisées, permettant l'accession d'un non-communiste, Tadeusz Mazowiecki, au poste de chef de gouvernement. En Tchécoslovaquie, l'écrivain dissident Vaclav Havel est élu président de la République après la « révolution de velours ».

En Hongrie, avant même la victoire électorale de l'opposition et son accession au gouvernement, les installations qui fermaient les frontières avec l'Autriche sont démantelées. Ainsi, une brèche s'ouvre dans le « rideau de fer » dans laquelle s'engouffrent des dizaines de milliers de citoyens de RDA (voir dossier pp. 136-137).

Cet exode massif contribue amplement à la déstabilisation du régime de RDA dont le déclin s'achève avec la chute du mur en novembre 1989. Cet événement symbolise aux yeux du monde entier la fin de la domination soviétique sur cette région du monde.

1

Mickhaïl Gorbatchev (1931)

Le magazine américain *Time* désigne en 1998 Gorbatchev comme « l'homme de la décennie ».

Vocabulaire

- **Doctrine Brejnev :** doctrine formulée en 1968 par L. Brejnev, selon laquelle l'Union soviétique est autorisée à intervenir militairement dans les États alliés au nom de la défense des systèmes socialistes **(voir leçon pp. 106-107)**.
- ***Glasnost*** (« transparence ») : politique consistant à rétablir la liberté d'expression, à permettre l'existence d'une opinion publique en URSS.
- ***Perestroïka*** (« restructuration ») : politique de réforme économique en profondeur, par opposition aux précédentes tentatives de réforme menées en URSS (notamment sous Khrouchtchev).
- ***Solidarnosc*** (Solidarité) : syndicat d'opposition fondé en 1980 en Pologne, fortement lié à l'Église catholique.

Notion clé

- **Démocratie populaire :** nom donné par les Soviétiques aux régimes communistes en Europe centrale et orientale, par opposition aux démocraties libérales qu'ils qualifient de « bourgeoises ». Ces démocraties populaires sont en fait des dictatures.

2

Une chute inattendue

Caricature allemande de Horst Haitzinger à propos de la démission du président du conseil d'État de RDA, Erich Honecker, le 18 octobre 1989, peu après la commémoration du 40ᵉ anniversaire de la RDA.

3

Scènes de violences en Roumanie en 1989

4 Le système soviétique vu par l'opposition polonaise

La caractéristique de ce système est l'absence de mécanismes démocratiques pour la prise de décision, de responsabilité pour les décisions prises et de renouvellement des personnes qui occupent les positions dirigeantes. Les décisions qui concernent toute la communauté sont prises par des comités de parti et d'administration qui ne sont soumis à aucun contrôle social [...]. Il est souvent impossible, même de manière allusive, de faire remarquer les conséquences catastrophiques d'une mauvaise décision. La censure et l'ampleur des règles définissant les secrets d'État, les secrets économiques et professionnels font échouer toute tentative. [...]

Dans le système bureaucratique du gouvernement du pays et de direction de l'économie s'est établie une couche privilégiée de dirigeants qui ne sont soumis à aucun contrôle de la part des dirigés. Ceux qui sont dans l'appareil du pouvoir prennent des décisions qui servent leurs intérêts propres, leurs avantages matériels et leur carrière plutôt que les intérêts de la société.

Extrait du programme d'action du syndicat polonais Solidarnosc, 1981.

5 La nouvelle attitude de l'Union soviétique

L'appartenance des États européens à des systèmes sociaux différents est une réalité. Et la reconnaissance de ce fait historique, le respect du droit souverain de chaque peuple de choisir librement un régime social constitue les prémices d'un processus européen normal. L'organisation sociale et politique des différents pays a subi par le passé des modifications et ce processus peut continuer. Toutefois, c'est aux peuples d'en décider et de faire leurs choix. Toute ingérence dans les affaires intérieures, toute tentative de limiter la souveraineté des États – qu'il s'agisse des amis et alliés ou de n'importe quel autre État – sont inadmissibles.

M. Gorbatchev, discours devant le Conseil de l'Europe, Strasbourg, 7 juillet 1989.

Pistes de travail

1. Que reproche le syndicat d'opposition Solidarité au système politique ? **(doc. 4)**

2. Comparez le discours de Gorbatchev et celui de Brejnev. Dégagez-en les différences. **(doc. 5 et voir p. 107)**

3. Expliquez la distinction attribuée à Gorbatchev. **(doc. 1)**

Pour conclure

4. Pourquoi, à la différence des précédents mouvements de protestation dans le bloc de l'Est, celui de 1989-1990 a-t-il conduit à des changements effectifs ?

Dossier
La réunification allemande

La fin de la guerre froide permet de régler le problème de la division de l'Allemagne. La politique réformatrice de M. Gorbatchev éveille des espoirs de changement et l'ouverture par la Hongrie de sa frontière avec l'Autriche donne à des milliers de personnes la possibilité de fuir à l'Ouest.

À Leipzig, à partir du lundi 25 septembre 1989, ont lieu tous les lundis « les manifestations pacifiques du lundi ». Malgré la menace du gouvernement de recourir à la violence, la révolte s'amplifie et des manifestations massives sont organisées à Berlin. Les autorités cèdent finalement : le 9 novembre 1989, la liberté de circulation est proclamée et le mur de Berlin est ouvert.

C'est ainsi que débute le processus politique qui, après des négociations avec les puissances alliées, aboutit à la réunification allemande le 3 octobre 1990.

2

« Le vote par les pieds »
Caricature allemande de 1989. Le sigle DDR signifie RDA en allemand.

1 Le « feu vert » de Moscou

Au cours d'un séjour en Union soviétique, le chancelier Helmut Kohl rencontre Mikhaïl Gorbatchev.

Selon les indications du chancelier Helmut Kohl, les dirigeants soviétiques considèrent que la réunification allemande est une affaire qui ne peut être décidée que par les seuls Allemands. Ceci vaut aussi pour les étapes intermédiaires et le cheminement qui doit y conduire. « Gorbatchev m'a fait savoir sans ambiguïté que l'Union soviétique respectera la décision allemande », a déclaré H. Kohl. M. Kohl a qualifié d'« historique » le résultat de ses entretiens avec M. Gorbatchev.

dpa, 10 février 1990.

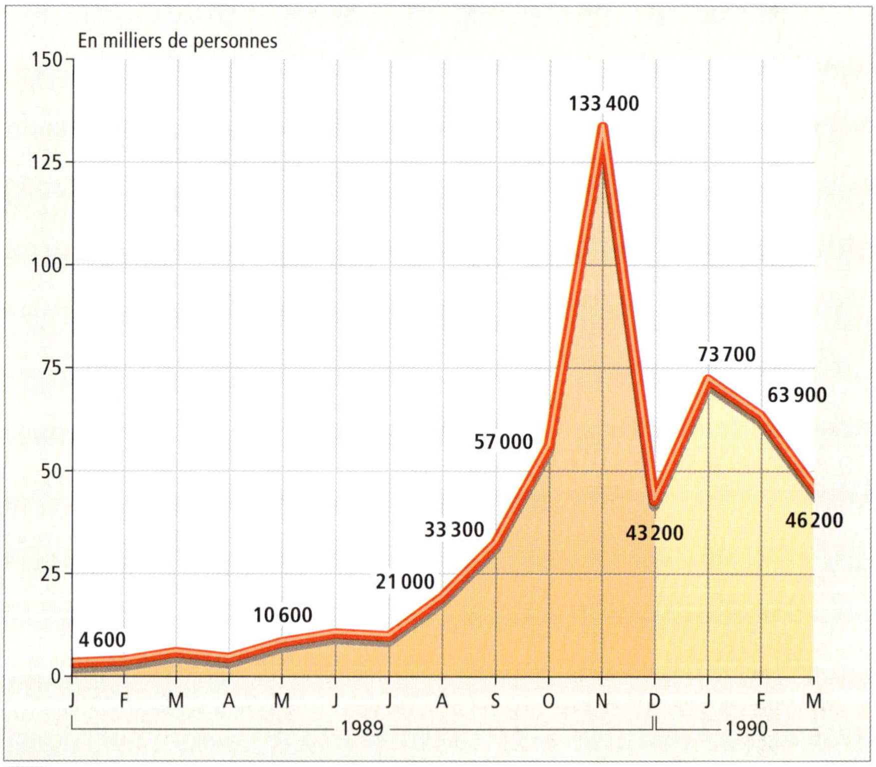

3 Les départs vers l'Ouest (1989-1990)

4 Quelques réactions étrangères

George Bush père, président des États-Unis

Je ne partage pas la crainte de certains pays européens au sujet d'une Allemagne réunifiée parce que je crois que ce qui lie l'Allemagne à l'Alliance atlantique est inébranlable et qu'elle en a compris l'importance. Et je ne vois pas, contrairement à ce que certains craignent, que l'Allemagne puisse s'engager dans une voie neutraliste pour parvenir à la réunification.

New York Times, 25 octobre 1989.

Margaret Thatcher, Premier ministre britannique

[...] Une Allemagne réunie est tout simplement trop grande et trop puissante pour n'être qu'un acteur comme un autre en Europe. [...] Seuls les engagements militaires et politiques des États-Unis et les relations étroites entre les deux autres États souverains les plus puissants d'Europe – la Grande-Bretagne et la France – suffisent à équilibrer la puissance allemande : et rien de cela ne serait possible dans un super-État européen.

Margaret Thatcher, *10 Downing Street*, Albin Michel, 1993.

François Mitterrand, président de la République Française

Vendredi 1 septembre 1989 : « (...) Jamais Gorbatchev n'acceptera une Allemagne unie dans l'OTAN. Et jamais les Américains n'accepteront que la RFA sorte de l'Alliance. Alors, ne nous inquiétons pas [...] »

Lundi 2 octobre 1989 : « Ceux qui parlent de la réunification allemande ne comprennent rien. L'Union soviétique ne l'acceptera jamais. Ce serait la mort du pacte de Varsovie : vous imaginez ça ? Et la RDA, c'est la Prusse. Elle ne voudra pas passer sous la coupe de la Bavière. »

Jacques Attali, *Verbatim III 1988-1991*, Fayard, 1995.

5

Les manifestations de l'automne 1989 à Leipzig

Les manifestants pacifiques scandent des slogans comme « *Wir bleiben* » (« Nous restons »), « *Wir sind das Volk* » (« le peuple, c'est nous ») ou « *Wir fordern freie Wahlen* » (« Nous exigeons des élections libres »).

LE TRAITÉ 4+2
Les principaux articles

L'Allemagne unie comprend la République fédérale, la RDA et l'ensemble de Berlin.

Les frontières existantes sont définitives. L'Allemagne n'a aucune revendication territoriale envers d'autres États. La frontière Oder-Neisse est confirmée par un traité germano-polonais.

L'Allemagne réaffirme son engagement pour la paix et sa renonciation aux armes nucléaires, biologiques et chimiques.

Limitation des forces armées de l'Allemagne unie à 370 000 hommes.

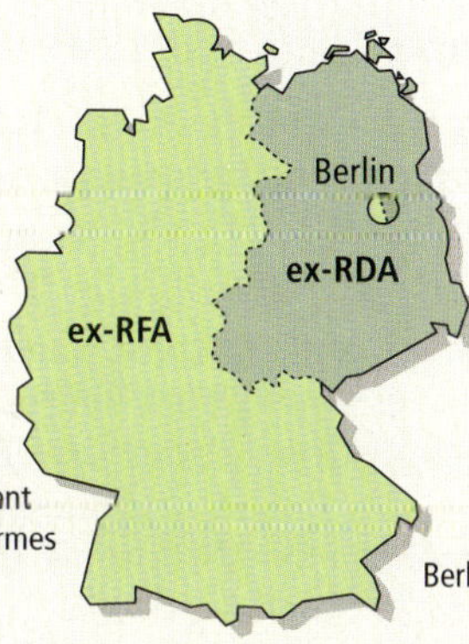

Le retrait des troupes soviétiques de RDA et de Berlin-Est doit être achevé à la fin de l'année 1994.

Après cette date, seules des troupes allemandes affectées aux structures de l'OTAN pourront être stationnées sur les territoires de l'Est ; aucune force armée étrangère, aucun armement nucléaire ou missile nucléaire n'auront ce droit.

Fin des droits et responsabilités des quatre puissances concernant Berlin et l'Allemagne dans son ensemble.

Pleine souveraineté de l'Allemagne unie.

Traité portant règlement définitif concernant l'Allemagne du 12 septembre 1990

6

Les principaux articles du traité « 4 + 2 »

Les quatre puissances victorieuses de la Seconde Guerre mondiale et les deux Allemagnes (RFA et RDA) signent le 12 septembre 1990 un traité qui rend possible la réunification.

Pistes de travail

1. Quelle conviction de M. Gorbatchev a pu contribuer à la réunification rapide de l'Allemagne ? **(doc. 1)**
2. Comparez les déclarations de ces dirigeants politiques et expliquez-les en les confrontant à la situation de leurs pays respectifs. **(doc. 4)**.
3. Quelles sont les principales dispositions du traité « 4 + 2 » **(doc. 6)** ?
4. Comparez-les avec les déclarations des dirigeants occidentaux. **(doc. 4)**
5. Simulez, en distribuant les rôles entre vous, une discussion entre M. Thatcher, G. Bush et F. Mitterrand sur le thème de la réunification.

2. De l'Union soviétique à la Fédération de Russie : déclin d'une puissance mondiale ?

Quelles sont les causes de l'effondrement de l'Union soviétique ?

Perestroïka et *glasnost*

En 1985, l'accession de Mikhaïl Gorbatchev au secrétariat général du PCUS se traduit par un changement de cap radical dans l'évolution politique et sociale de l'Union soviétique. Convaincu de la nécessité de transformer profondément la société (*perestroïka*) en accordant davantage de liberté et de transparence (*glasnost*), M. Gorbatchev n'entend pas pour autant remettre en question les principes du marxisme-léninisme. Le contrôle de l'État sur les médias, l'art et la culture s'assouplit, permettant une critique jusque-là impensable du gouvernement. Les réformateurs s'efforcent en outre d'intégrer des éléments d'économie de marché dans l'économie planifiée (voir leçon pp. 194-195). Ainsi sont renforcées l'autonomie de gestion et la recherche de profit pour les entreprises.

Ces réformes sont largement approuvées à l'étranger, notamment par le monde occidental. Elles se heurtent néanmoins à des résistances considérables à l'intérieur de l'Union soviétique. En effet, très rapidement, surgissent des problèmes d'approvisionnement, principalement dus à des contradictions entre les principes de l'économie planifiée et ceux de l'économie de marché.

La dissolution de l'Union soviétique

Gorbatchev cherche à stabiliser l'État multinational qu'est l'Union soviétique. Pourtant ses réformes ont des effets exactement inverses : durant des décennies, en dépit d'une égalité officielle des droits, les différents peuples non russes ont souffert, de la russification et de la domination de Moscou.

Dans le cadre de la *glasnost* et de la *perestroïka*, il devient désormais possible de réclamer, voire d'imposer, le droit à l'autodétermination nationale : en 1990, ce sont d'abord la Lituanie, puis l'Estonie et la Lettonie qui proclament leur indépendance. D'autres républiques font ensuite de même.

Un putsch, organisé par des communistes conservateurs, échoue en août 1991. Mais les partisans des réformes radicales en profitent pour aller plus loin. À l'instigation du président de la République socialiste fédérative soviétique de Russie (RSFSR) Boris Eltsine, onze des quinze États fédérés s'associent pour former la Communauté des États indépendants (CEI) et proclament la dissolution officielle de l'Union soviétique en décembre 1991 (voir carte p.133). Gorbatchev est donc contraint de démissionner de la présidence de l'URSS.

La Fédération de Russie

À l'intérieur de la CEI nouvellement constituée, la Fédération de Russie issue de la RSFSR est politiquement et militairement l'État le plus puissant : elle prend naturellement le relais de l'URSS, notamment grâce au contrôle exclusif de l'arsenal nucléaire soviétique. Cependant le contraste est fort entre le poids stratégique de la Russie et sa faiblesse économique. De plus, les processus de transformation économique et politique la font entrer dans une période de forte instabilité.

Ainsi, la Russie se sent menacée dans son intégrité par la sécession de la république autonome de Tchétchénie : elle s'engage dans deux guerres entre 1994 et 1997 et à partir de 1999 contre le mouvement d'indépendance tchétchène.

Par ailleurs, la Russie doit accepter que des États, autrefois membres du pacte de Varsovie ou même d'anciennes républiques soviétiques, adhèrent dans le cadre de l'élargissement à l'est de l'OTAN à une alliance militaire qui, à ses yeux, représente encore une menace potentielle.

1 **Boris Eltsine**

Depuis mai 1990, il est président de la République socialiste fédérative de Russie (RSFSR), puis il devient président de la Fédération de Russie de 1991 à 1999.

Vocabulaire

- *Glasnost* : voir leçon p. 134.
- *Perestroïka* : voir leçon p. 134.
- **République socialiste fédérative soviétique de Russie** (RSFSR) : plus grande république de l'Union soviétique réunissant des Russes et d'autres groupes ethniques dans un cadre fédéral. En 1991, elle devient la Fédération de Russie.

Notions clés

- **Économie de marché :** ordre économique dans lequel les prix des marchandises et des services sont déterminés par le rapport entre l'offre et la demande, par le libre jeu du marché.
- **Économie planifiée :** système économique dans lequel la totalité de l'activité économique est planifiée et dirigée par une instance centrale, par opposition à l'économie de marché.
- **Russification :** processus par lequel un groupe ethnique est non seulement soumis à la domination politique de la Russie, mais est également contraint d'adopter la langue et la culture russes.

2

Fuite de Grozny (Tchétchénie)

En février 2000, une femme fuit la capitale tchétchène, Grozny, exposée à de sévères bombardements avant d'être prise par les troupes russes.

3 La doctrine de « l'étranger proche »

Les intérêts de la sécurité de la Fédération [de Russie] et des autres membres de la CEI peuvent rendre indispensable le stationnement de troupes et d'équipements russes en dehors de ses frontières. [...]. Les forces armées peuvent être employées à l'extérieur des frontières de la Russie pour réaliser des missions d'interposition, ainsi qu'en cas d'agression contre l'État russe. Des unités de l'armée et d'autres troupes de la Fédération de Russie pourront être employées pour agir en collaboration avec les organes du ministère de l'Intérieur [...] pour circonscrire un conflit dans une région, empêcher les conflits armés et séparer les parties adverses, ainsi que pour défendre des objectifs sensibles [...]. La constitution de forces mobiles capables d'être envoyées dans des délais courts dans une région précise est une des priorités pour être en mesure de régler les conflits locaux et régionaux.

Nouvelle doctrine militaire, adoptée le 2 novembre 1993 par le Conseil de sécurité de Russie, *Le Monde*, 5 novembre 2003.

4

Le nationalisme balte contre l'URSS

Chaîne humaine de 560 km organisée dans les pays Baltes le 23 août 1989 pour commémorer le pacte germano-soviétique.

5 La démocratie en Russie

Interview de l'ancien général russe et gouverneur de province Alexander Lebed.

C'est avec infiniment d'esprit critique que les expériences étrangères doivent être adaptées à notre propre mentalité, nos coutumes, nos traditions, nos mœurs, notre façon de vivre et notre éthique du travail. C'est un préalable pour atteindre nos objectifs. C'est au nom de l'idée de « troisième voie » que je m'engage. Tout était-il mauvais dans le socialisme ? Non, pas tout. Il y avait des éléments positifs. Donc, reprenons-en les meilleurs. Tout dans le capitalisme est-il mauvais, comme on nous l'a fait croire pendant des décennies ? Non, bien entendu. Que reste-t-il d'autre à faire maintenant pour mon pays que de réunir ce qu'il y a de meilleur de part et d'autre et d'en faire un tout, de l'adapter à notre propre sol et d'agir ? [...]

Tous les États qui ont aujourd'hui la prétention d'être démocratiques ont travaillé à l'édification de cette démocratie pendant environ 200 ans, certains davantage, d'autres un peu moins. C'est pourquoi, cela me fait rire quand on me dit aujourd'hui que nous vivons en Russie dans un État démocratique. Nous sommes tous sans exception des hommes soviétiques. C'est pourquoi, le devoir de ma génération consiste à poser les premières pierres d'un futur État démocratique russe. Il faudra sans doute 40 ans avant que ce fondement soit solide et rende tout retour en arrière impossible.

Extrait du magazine *Der Spiegel*, octobre 1997.

Pistes de travail

1. Pourquoi la Fédération de Russie n'a-t-elle pas accepté l'indépendance de la Tchétchénie ?
2. Quels arguments justifient le stationnement et l'engagement de troupes russes dans les pays considérés comme faisant partie de « l'étranger proche » ? **(doc. 3)**
3. Résumez la position d'A. Lebed au sujet de la démocratisation de la Russie. **(doc. 5)**
4. Quels sont les effets possibles de l'élargissement à l'est de l'OTAN sur la politique de la Russie ?

3. L'Europe après la guerre froide

La fin de la guerre froide a-t-elle permis un début de rapprochement entre l'est et l'ouest de l'Europe ?

Démocratie et économie de marché

Dans les années 1990, la Pologne, la République tchèque, la Hongrie et, dans une certaine mesure, la Slovénie et les pays Baltes (Estonie, Lettonie et Lituanie) sont les États de l'ancien bloc de l'Est qui mettent en place de la manière la plus radicale et la plus rapide la démocratie parlementaire et l'économie de marché. Sur le plan économique, ces bouleversements engendrent des difficultés durables, comme l'inflation croissante et le chômage. Mais ces États parviennent à s'adapter aux exigences de l'économie de marché occidentale.

De même, ils mettent en place les éléments fondamentaux de la démocratie : un système multipartite, l'alternance entre le gouvernement et l'opposition et le respect des droits de l'homme. Cela demande du temps, car il n'y avait guère de participation politique des citoyens dans le système politique communiste. La démocratisation suppose des conditions qui se mettent en place progressivement : des partis politiques solides, des groupes d'intérêts représentant les diverses catégories de la société, une opinion publique informée et active.

L'élargissement à l'est de l'Union européenne

C'est en fonction de leur évolution politique et économique que les pays de l'ancien bloc de l'Est peuvent envisager leur adhésion à l'OTAN et à l'Union européenne. Pour la première fois en 1999, des pays de l'ex-pacte de Varsovie adhèrent à l'OTAN ; en 2004, de nouvelles adhésions ont lieu. La même année, l'Union européenne accueille huit pays anciennement socialistes (la Hongrie, la République tchèque, la Pologne, la Slovénie, la Slovaquie, l'Estonie, la Lettonie et la Lituanie). Cet élargissement se produit en dépit des réticences de certains « anciens » pays de l'Union européenne qui en redoutent les inconvénients économiques : une concurrence agricole accrue, une main-d'œuvre moins chère ou une augmentation des fonds communautaires au profit des nouveaux adhérents (voir leçon pp. 148-149).

Aujourd'hui, l'Europe, comme communauté de valeurs, dépasse nettement le territoire de l'Union européenne élargie. En effet, tous les pays d'Europe centrale et orientale, à l'exception de la Biélorussie, sont membres du Conseil de l'Europe, organisation qui défend les droits de l'homme et la démocratie (voir carte p. 132).

Le retour du nationalisme et de la guerre

La transition vers la démocratie et l'économie de marché va de pair avec de multiples problèmes. Bien souvent, les anciennes élites communistes continuent d'occuper des positions clés dans l'État et dans l'économie. De plus, la destruction des structures étatiques autoritaires peut conduire à des processus de désintégration politique. Des mouvements nationalistes ont désormais la possibilité d'exprimer leurs revendications plus ouvertement que dans les États du bloc socialiste, qui encourageaient, au moins officiellement, la coexistence entre les différents peuples.

L'effondrement de ce socialisme à caractère multiethnique a eu des conséquences particulièrement graves en Yougoslavie. Le nationalisme agressif de divers groupes ethniques y a entraîné une guerre longue qui a fait beaucoup de victimes dans la population civile.

Mais l'aspiration à l'indépendance nationale ne conduit bien sûr pas toujours à des conflits sanglants. Ainsi, la partition de la Tchécoslovaquie s'est déroulée pacifiquement : le 1er janvier 1993, la République tchèque et la Slovaquie sont devenues deux États souverains.

Vocabulaire

- **Conseil de l'Europe :** organisme de coopération et de débat pour le rapprochement entre les peuples européens créé en 1949. Il regroupe aujourd'hui la quasi-totalité des États du continent ; la Russie en fait aussi partie.
- **OTAN** (Organisation du traité de l'Atlantique Nord) : fondée en 1949 pour souder militairement le bloc occidental de part et d'autre de l'Atlantique Nord.

Notion clé

- **Démocratisation :** processus qui débouche sur une participation croissante des citoyens à la prise de décisions dans tous les domaines étatiques et non étatiques (économie par exemple).

Pistes de travail

1. Pourquoi un événement si lointain que la bataille du Champ des Merles peut-il avoir une signification politique en 1989 ? **(doc. 1)**
2. Quels problèmes les pays d'Europe centrale et orientale doivent-ils résoudre avant d'entrer dans l'Union européenne ? **(doc. 2)**
3. Quels arguments justifient l'appartenance de la Pologne à l'Europe ? **(doc. 3)**
4. Expliquez la formule : « La russification fut une variante de la colonisation ». **(doc. 4)**

1

Manifestation de nationalistes serbes (Kosovo, 1989)

Des manifestants serbes commémorent la bataille contre les Turcs, qui eut lieu en 1389, au Champ des Merles, dans la plaine du Kosovo. Au premier plan, on voit la photographie de S. Milosevic.

2 **« Ouvrez la porte, élargissez le portail »**

Caricature allemande de Horst Haitzinger, 1997, légendée par une citation extraite d'un célèbre chant allemand de Noël.

3 La Pologne revient en Europe

Les Polonais sont une nation consciente de son appartenance à l'Europe et de son identité européenne. Pour nous, l'Europe a toujours été la référence lorsque nous nous posions la question de notre identité. [...] C'est en Europe que nous continuons de voir les valeurs – patrie, liberté et droits de l'homme – et nous continuons à nous identifier résolument à cette Europe.
Nous continuons de reprocher à l'Europe d'avoir accepté l'accord de Yalta, la partition de l'Europe et l'attribution de la Pologne à l'autre côté du « rideau de fer ». [...] Si nous avons été en mesure de survivre en tant que communauté, c'est surtout grâce à notre attachement à certaines institutions et valeurs européennes. Nous devons notre survie à la fois à l'Église ainsi qu'à notre croyance en la démocratie et au pluralisme, aux droits de l'homme et aux libertés civiles, à l'idée de la solidarité. [...]
Le mur entre l'Europe libre et l'Europe opprimée a déjà été supprimé. Il reste maintenant à combler le fossé qui sépare l'Europe pauvre de l'Europe riche.

Tadeusz Mazowiecki, Premier ministre polonais, discours devant le Conseil de l'Europe, 1990.

4 « La russification fut une variante de la colonisation »

Extraits d'une interview donnée au magazine Der Spiegel *par le chef d'État estonien Lennart Meri en 1999.*

Der Spiegel : L'UE a quelques difficultés à inviter de nouveaux pensionnaires à sa table avant d'avoir mis de l'ordre dans ses propres finances.

L. Meri : L'UE n'est pas seulement une chambre financière et pas non plus une vulgaire boutique. Elle ne peut pas se dérober devant sa responsabilité historique en disant qu'elle a des difficultés intérieures qui, de toute façon, existeront toujours. L'Union ferait une grave erreur si elle faisait attendre les candidats d'Europe de l'Est à l'adhésion [...].

Der Spiegel : Êtes-vous motivés par la peur de la Russie ?

L. Meri : Nous avons des soucis qu'on ne peut pas imaginer en France ou en Allemagne ou en Espagne – comme par exemple de savoir si notre langue durera après nous. Nombre d'Estoniens vivaient dans l'idée qu'ils étaient les derniers à parler leur langue.

Der Spiegel : C'est le cauchemar d'un peuple qui a dû vivre depuis des siècles sous une occupation étrangère.

L. Meri : La russification fut une variante de la colonisation. Après l'expérience du totalitarisme, nous voudrions trouver une réponse à la question : une petite culture peut-elle survivre et en même temps participer indemne à une culture plus globale ?

Der Spiegel : Et vous attendez ce confort de l'Europe ?

L. Meri : À vrai dire, la force de l'Europe consiste à être une somme de mentalités diverses et de créativités, le contraire de la mise au pas et du nivellement. Dans l'UE, même de petits États peuvent avoir le sentiment d'être acceptés à égalité. C'est très important lorsqu'on vient de sortir d'un empire.

Der Spiegel, n° 11, 1999.

Dossier
La tragédie yougoslave

La mort de Tito (1980) et l'effondrement du socialisme conduisent à la dissolution de la République fédérale de Yougoslavie. La Slovénie et la Croatie proclament leur indépendance en 1991. Cette indépendance est reconnue par l'Allemagne, alors que dans un premier temps la France affirme son attachement à l'intégrité de l'État yougoslave.

La Serbie tente en vain de maintenir l'unité de la République fédérale de Yougoslavie par l'intervention de l'armée fédérale, qui est dominée par les Serbes. Le conflit dégénère en une guerre civile entre groupes ethniques. Les affrontements sont particulièrement sanglants dans la république fédérée de Bosnie-Herzégovine, où cohabitent musulmans, Serbes et Croates. L'épuration ethnique et les massacres y atteignent un niveau que l'Europe n'avait plus connu depuis 1945. À Srebrenica, le massacre de plusieurs milliers de musulmans fut particulièrement choquant.

1 **Populations albanaises fuyant le Kosovo (1999)**

Craignant l'armée et les forces paramilitaires serbes, de nombreux Albanais se sont réfugiés dans les forêts ou dans les États voisins du Kosovo. Après l'intervention de l'OTAN contre la Serbie, ils ont pu revenir au Kosovo sous la protection des forces de paix de l'ONU (la KFOR).

2 Une défense radicale du nationalisme ethnique

Dobrica Cosic, écrivain serbe et homme politique écrit en 1991 :

Durant les décennies précédentes, les Croates ont été le facteur le plus important de destruction [de la Yougoslavie] et le pilier de la coalition anti-serbe. Les Croates aspirent depuis des siècles à leur propre État, ils sont hostiles aux Serbes et chauvins sur le plan national et religieux. [...] Les Serbes ne peuvent invoquer aucune raison nationale et démocratique et ils n'ont pas non plus le droit d'empêcher les Croates et les Slovènes de se séparer de la Yougoslavie et de créer des États indépendants. Mais la fondation de leurs États autonomes ne peut se faire que sur leurs territoires ethniques. Si la fondation d'un État devait tout de même avoir lieu par l'annexion de territoire ethnique serbe, il faudrait les appeler « des conquérants » et ils maniganceraient une guerre.

Osteuropa, octobre 1991.

3 « Orages après orages »

Ainsi est titré l'éditorial du journal Frankfurter Allgemeine Zeitung *qui commente la récupération de la Krajina, territoire colonisé par les Serbes.*

« Tempête », tel était le nom de code de l'opération militaire croate visant à récupérer la Krajina. [...] Cette fois-ci, la « tempête » a permis à la Croatie de reprendre des territoires perdus. Mais la prochaine attaque se terminera peut-être autrement. [...] Si le gouvernement croate se soucie vraiment, comme il l'affirme, de permettre aux Serbes de Krajina de rester dans cette province, il aurait peut-être pu renoncer à faire flotter ostensiblement le drapeau croate au sommet de la forteresse de Knin, lieu saint pour les Serbes. Ou bien les relations entre Serbes et Croates sont-elles à ce point détériorées que même les promesses solennelles de Zagreb (qui jure que les Serbes de Krajina n'ont rien à craindre) ne sont plus crédibles ? C'est ce que semble prouver le flux des réfugiés serbes qui fuient Krajina en direction des régions de Bosnie sous contrôle serbe et vers l'est de la Slavonie.

Frankfurter Allgemeine Zeitung, 7 août 1995.

4 **L'éclatement de la Yougoslavie**

6

Milosevic devant le Tribunal international pour l'ex-Yougoslavie de La Haye (3 juillet 2001)

L'ancien président serbe Slobodan Milosevic est inculpé de crimes de guerre et de crimes contre l'humanité. Sous sa présidence, des milices serbes ont pratiqué le « nettoyage ethnique » et massacré des Bosniaques musulmans et des Croates. On lui reproche aussi d'avoir ordonné l'expulsion systématique des Albanais du Kosovo. Il est mort en prison en 2006.

5 **Kosovo 1999 : une guerre juste ?**

a. L'écrivain hongrois György Konrad en 1999

L'intervention bien intentionnée de l'OTAN qui prétendait stopper les massacres a causé encore plus de massacres. Après que des bombes de l'OTAN eurent tué des civils albanais en fuite, les porte-parole compétents exprimèrent leur regret. Dans le cas des civils serbes, il n'y eut pas de témoignages de condoléances ou de manière très discrète. Quel mort est un bon mort et lequel est un mauvais ? [...] Les bombes sont un moyen de faire la guerre entre les États et non de sauver les individus.

Frankfurter Allgemeine Zeitung, 3 mai 1999.

b. Pour la protection des droits de l'homme, faut-il permettre des actions militaires ?

Le ministre de la Défense allemand Rudolf Scharping défend l'intervention de l'OTAN contre la Serbie en 1999.

Au Kosovo, la terreur règne. [...] Seul celui qui prend en compte cette réalité commence à comprendre le caractère systématique d'actions qui visent à massacrer et chasser 90 % de la population du Kosovo et à les spolier de leur identité. [...] Les comparaisons avec les nazis ne sont pas forcément appropriées une chose est sûre : il faut arrêter avec toute la force possible le bras de ceux qui massacrent, expulsent, violent des êtres humains avec un tel fanatisme, et qui leur confisquent leurs droits élémentaires. [...] Si nous voulons protéger nos valeurs [les droits de l'homme], nous devons aussi être prêts à les défendre contre le massacre et le crime.

Frankfurter Allgemeine Zeitung, 3 mai 1999.

Pistes de travail

1. Quelles sont les difficultés qu'impliquerait la « fondation d'États autonomes » qui se ferait seulement sur des « territoires ethniques » ? **(doc. 2 et 4)**
2. Comment le journaliste présente-t-il la progression des forces croates ? **(doc. 3)**
3. Quels sont les arguments pour et contre l'intervention de l'OTAN en Serbie ? **(doc. 1 et 5)**
4. Organisez un débat sur les difficultés du travail juridique concernant les crimes commis sur le territoire de l'ex-Yougoslavie. **(doc. 6)**

Chapitre 9

L'intégration européenne depuis 1989

La fin de la guerre froide a permis à l'Union européenne de passer en quelques années de douze à vingt-cinq États membres.

Mais l'élargissement a rendu encore plus urgente la réforme des institutions européennes, fondées depuis l'origine sur des compromis complexes.

- Comment l'Union européenne s'est-elle élargie ?
- Peut-elle fonctionner avec vingt-cinq membres ?
- Que représente-t-elle dans le monde du début du XXIe siècle ?

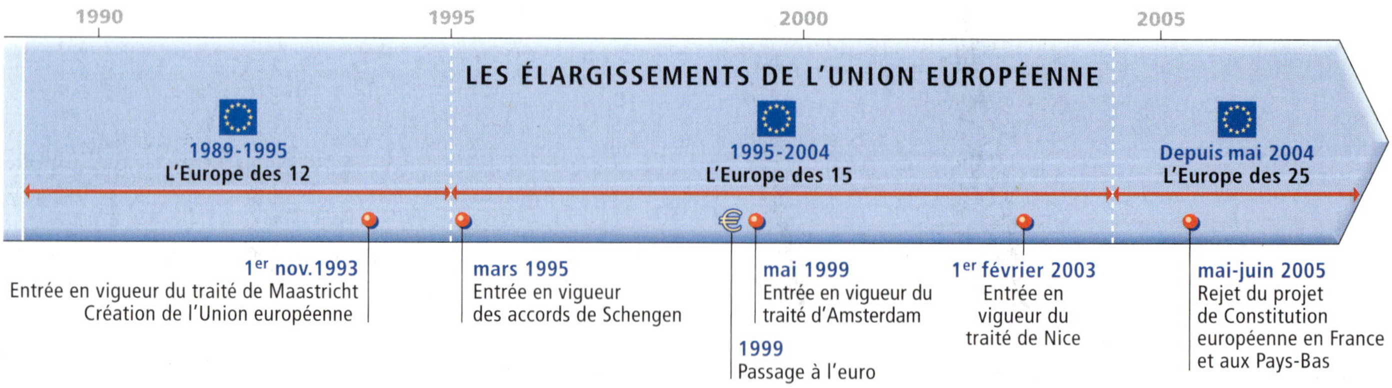

1

Une superpuissance européenne ?

Dessin de Michael Kœlsch, paru dans la presse américaine et repris par *Courrier International* en juin 2003.

2

Une construction difficile

« La Dictature des bureaucrates », couverture de l'hebdomadaire allemand *Der Spiegel*, juin 2005, qui évoque le « soulèvement contre l'Europe » après le non français lors du référendum sur la Constitution européenne.

Une Europe à géométrie variable

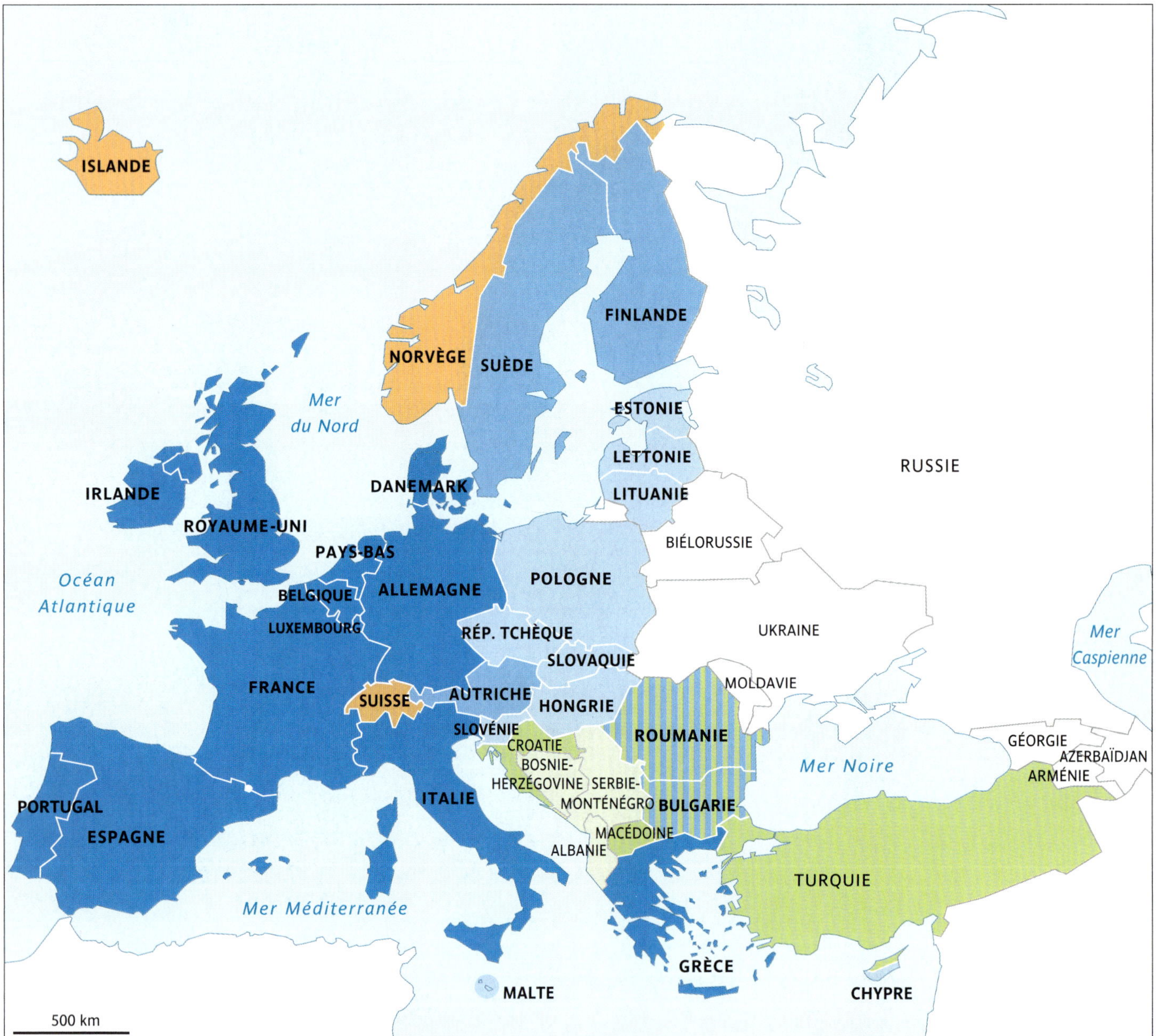

- **L'Europe des 12 :** États membres en 1993
- **L'Europe des 15 :** États membres depuis 1995
- **L'Europe des 25 :** États membres depuis 2004
- États occidentaux ne souhaitant pas intégrer l'Union européenne
- États dont l'adhésion est programmée en 2007
- États ayant déposé leur candidature
- États dont l'adhésion est envisagée

1 La dynamique de l'élargissement (1993-2005)

- États ayant adopté la monnaie unique
- États de l'Union européenne ayant conservé leur monnaie nationale
- États entrés dans l'Union européenne qui devront satisfaire aux critères de convergence

2 L'Europe monétaire : la zone euro

- États de l'Union européenne signataires de la convention de Schengen
- États de l'Union européenne non signataires de la convention de Schengen
- États non membres de l'Union européenne associés à l'espace Schengen
- États entrés dans l'Union européenne ayant vocation à rejoindre l'espace Schengen

3 L'Europe de la sécurité : l'espace Schengen

États membres :	de l'UEO	de l'OTAN	de l'UE
	Oui	Oui	Oui
	Non	Oui	Oui
	Non	Non	Oui
	Non	Oui	Non

4 L'Europe de la défense : l'Union de l'Europe occidentale (UEO)

Vocabulaire

- **Espace Schengen :** territoire des États signataires de l'accord de Schengen (signé en 1990, entré en vigueur en 1995), qui supprime les frontières intérieures de l'Union européenne (UE) (entre les États signataires) et renforce la surveillance des frontières extérieures de l'UE.
- **UEO** (Union de l'Europe occidentale) : organisation militaire créée en 1954. Elle comprend les cinq pays signataires en 1948 du pacte de Bruxelles (France, Royaume-Uni, Benelux), auxquels se joignent la RFA et l'Italie après l'échec de la CED en 1954, et ensuite d'autres États (Espagne, Portugal, Grèce) **(voir leçon pp.118-119)**.

Pistes de travail

1. Quel est l'État membre de l'Union européenne (UE) qui ne participe ni à la zone euro, ni à l'espace Schengen ? **(cartes 1, 2 et 3)**

2. Quels sont les deux États non membres de l'UE qui appartiennent à l'OTAN et sont associés à l'espace Schengen ? **(cartes 1, 3 et 4)**

3. Six États membres de l'UE n'appartiennent à aucune organisation militaire (UEO ou OTAN) : pour quelle raison ? **(carte 4)**

4. Combien d'États membres l'UE pourrait-elle compter à moyen terme ? **(carte 1)**

1. L'élargissement : jusqu'où ?

Comment l'Union européenne s'est-elle élargie vers l'est et quelles sont les limites de ce processus ?

La fin de la guerre froide : un contexte favorable

La fin de la confrontation Est-Ouest offre à la CEE une chance historique. La chute du bloc soviétique permet en effet de ne plus limiter la construction européenne à la partie occidentale de l'Europe, comme cela fut le cas jusqu'en 1989. L'Europe communautaire – appelée CEE, puis Union européenne (UE) avec l'entrée en vigueur du traité de Maastricht le 1er novembre 1993 – a désormais vocation à coïncider avec la « grande Europe » géographique.

En 1990, avec la réunification allemande, la CEE absorbe automatiquement le territoire de l'ancienne RDA. En même temps, elle lance des programmes d'aide aux anciens « pays de l'Est », pour encourager leur transition vers la démocratie et l'économie de marché **(voir leçon pp.140-141)**. Ces pays sont pressés de participer à la construction européenne et en juin 1993, au sommet de Copenhague, la CEE accepte le principe de l'élargissement vers l'est et définit des critères d'adhésion.

De l'Europe des Douze à l'Europe des Vingt-cinq

Le 1er janvier 1995, l'Autriche, la Suède et la Finlande intègrent l'UE, qui compte désormais quinze membres. L'adhésion de ces trois États ne pose pas de problème, car ils répondent depuis longtemps aux standards démocratiques et économiques occidentaux. Leur seule originalité est leur neutralité sur le plan militaire. On peut souligner que la Norvège a refusé l'adhésion à l'UE par le référendum du 28 novembre 1994 (elle avait déjà dit non en 1972).

L'élargissement vers l'est est plus compliqué, car il s'adresse aux anciens pays socialistes. En décembre 1997 (sommet de Luxembourg), l'UE décide d'ouvrir des négociations avec six États candidats ; en décembre 1999 (sommet d'Helsinki), elle élargit les négociations à six autres pays. Ces discussions complexes concernent dix États d'Europe centrale et orientale et deux îles méditerranéennes (Chypre et Malte) ; la Turquie y est associée, mais avec un statut particulier.

Finalement, le 1er mai 2004, dix nouveaux pays entrent dans l'UE, qui compte désormais 25 membres, 455 millions d'habitants et 3 891 000 km^2 **(voir carte p. 146)**. La Bulgarie et la Roumanie doivent normalement être accueillies en 2007. L'adhésion de la Turquie soulève des difficultés. D'autres États ont d'ores et déjà déposé leur candidature.

Les risques et les difficultés de l'élargissement

Ce résultat spectaculaire ne doit pas masquer les difficultés du processus d'élargissement. Celui-ci pourrait nuire à la cohésion de l'UE et menacer son fragile équilibre institutionnel.

Certains redoutent que l'élargissement ne se fasse aux dépens de l'approfondissement, et qu'une Europe trop vite étendue n'ait plus aucune unité. Ceux qui, au contraire, ont toujours souhaité limiter l'UE à une zone de libre-échange et de simple coopération intergouvernementale, soutiennent un processus d'élargissement rapide.

L'élargissement pose bien sûr la question des limites de l'Europe : jusqu'où l'UE peut-elle ou doit-elle s'étendre ? Les débats sur l'identité européenne ou non de la Turquie divisent aujourd'hui l'opinion publique et la classe politique dans les pays membres de l'UE **(voir dossier p. 150)**. D'autres candidatures, comme celle déposée dès 1987 par le Maroc, alimentent les controverses sur les frontières de l'Europe. Celles-ci n'ont jamais été définies explicitement par les traités européens, la géographie ne figurant pas parmi les critères d'adhésion.

Vocabulaire

- **Critères d'adhésion** (ou critères de Copenhague) : pour entrer dans l'UE, il faut accepter « l'acquis communautaire » (c'est-à-dire l'ensemble des droits déjà en vigueur dans l'UE), être un État démocratique et avoir une économie de marché capable de faire face à la libre concurrence au sein de l'UE.

Notions clés

- **Approfondissement :** renforcement des institutions de la CEE, puis de l'UE, pour leur donner plus de cohérence. Ce terme est généralement entendu dans un sens fédéraliste.
- **Élargissement :** ouverture de la CEE, puis de l'UE, à de nouveaux États membres.

Pistes de travail

1. Quelles sont les obligations des États qui veulent adhérer à l'UE ? **(doc. 2)**
2. Qu'attendent ces États de l'UE ? **(doc. 1 et 2)**
3. Quels sont les avantages et les risques de l'élargissement pour l'UE ? **(doc. 1, 2 et 4)**

1 Une chance historique

Vaclav Havel, président de la République tchèque de 1992 à 2003, évoque ici le développement du nationalisme et de la xénophobie dans les anciens pays communistes.

Je vois là une grande responsabilité de l'Ouest : s'il tergiversait trop longtemps à intégrer les pays qui se sont libérés du communisme, il n'aurait plus ensuite qu'à s'étonner, car si les démons à l'Est n'étaient pas maîtrisés, ils pourraient bientôt sévir aussi à l'Ouest. L'Europe tout entière laisserait alors passer la chance historique dont elle dispose maintenant : pour la première fois dans son histoire, l'Europe peut devenir un continent de coopération pacifique entre tous les pays, dont la vie commune serait fondée sur l'égalité des droits et non sur la domination des uns sur les autres.

Vaclav Havel, interview dans la *Frankfurter Rundschau*, 9 novembre 1995.

3 L'Europe à vingt-cinq (timbre français)

2 La construction européenne s'ouvre à l'est

Le Conseil européen s'est félicité des efforts courageux entrepris par les pays associés pour moderniser leurs économies affaiblies par 40 ans de planification centralisée et pour assurer une transition rapide vers une économie de marché. La Communauté et ses États membres promettent leur soutien à ce processus de réforme. La paix et la sécurité en Europe dépendent du succès de ces efforts.

Le Conseil européen est convenu aujourd'hui que les pays associés d'Europe centrale et orientale qui le désirent pourront devenir membres de l'Union européenne. L'adhésion aura lieu dès que le pays associé sera en mesure de remplir les obligations qui en découlent, en remplissant les conditions économiques et politiques requises.

L'adhésion requiert de la part du pays candidat qu'il ait des institutions stables garantissant la démocratie, la primauté du droit, les droits de l'homme, le respect des minorités et leur protection, l'existence d'une économie de marché viable ainsi que la capacité de faire face à la pression concurrentielle et aux forces du marché à l'intérieur de l'Union. [...] La capacité de l'Union à assimiler de nouveaux membres tout en maintenant l'élan de l'intégration européenne constitue également un élément important.

Conseil européen de Copenhague, 21-22 juin 1993.

Pays	Dépôt de la candidature	Ouverture des négociations	Adhésion officielle	Pays	Dépôt de la candidature	Ouverture des négociations	Adhésion officielle
Hongrie	1994	1997	2004	Lituanie	1994	1999	2004
Pologne	1994	1997	2004	Slovaquie	1995	1999	2004
Rép. tchèque	1996	1997	2004	Roumanie	1995	1999	2007
Slovénie	1996	1997	2004	Bulgarie	1995	1999	2007
Estonie	1995	1997	2004	Turquie	1987	2005[1]	?
Chypre	1990	1997	2004	Croatie	2003	?[2]	?
Malte	1990	1999	2004	Macédoine	2004	?	?
Lettonie	1995	1999	2004				

4 L'élargissement de l'UE depuis 1995

1. En décembre 1999, l'Union européenne a reconnu la candidature de la Turquie, mais repoussé l'ouverture des négociations d'adhésion. En décembre 2004, l'UE a proposé d'ouvrir les négociations en octobre 2005.

2. Les négociations d'adhésion avec la Croatie, qui devaient commencer en mars 2005, ont été reportées parce que le gouvernement croate refusait de collaborer pleinement avec le Tribunal pénal international pour l'ex-Yougoslavie.

Dossier
La Turquie et l'Europe

Après de longues tergiversations, l'Union européenne (UE) a décidé en décembre 2004 d'ouvrir des négociations d'adhésion avec la Turquie. L'adhésion ne pourra pas intervenir avant 2014. Parmi les conditions imposées à la Turquie figure la reconnaissance par celle-ci de la République de Chypre (membre de l'UE depuis mai 2004).

Une partie de l'opinion publique dans les pays membres de l'UE reste hostile à l'adhésion de la Turquie, notamment parce que celle-ci refuse de reconnaître le génocide arménien de 1915. Avec sa population nombreuse, son économie en développement et son identité musulmane, la Turquie fait peur. Les partis de droite en France et en Allemagne proposent de remplacer l'adhésion par un « partenariat privilégié ».

À travers ces débats sur l'élargissement de l'UE à la Turquie se pose la question de l'identité européenne.

Repères statistiques sur la Turquie (2003)

Superficie	774 820 km^2
Population	71,3 millions d'habitants
Indice de développement humain (IDH)	0,751 (France : 0,932 ; Allemagne : 0,925 ; Pologne : 0,850)
Émigrés turcs	2 110 000 en Allemagne, 360 000 aux Pays-Bas, 300 000 en France, 138 000 en Autriche
Citoyens allemands d'origine turque	780 000

Pistes de travail

Thème 1 : L'identité de la Turquie et de l'Europe

1. Dans lequel des trois textes, la géographie apparaît-elle comme un critère déterminant de l'identité européenne ? Montrez que les deux autres textes privilégient une définition plus souple de l'identité européenne. **(doc. 1, 3 et 4)**

2. Quel rôle joue la religion dans le débat ? **(doc. 1, 3 et 4)**

3. Pourquoi l'Allemagne est-elle particulièrement concernée par la question de l'adhésion de la Turquie ? **(doc. 1, 3 et 4)**

Thème 2 : L'UE a-t-elle intérêt à accueillir la Turquie ?

4. Pourquoi l'UE doit-elle intégrer la Turquie selon A. Gül et J. Chirac ? **(doc. 1 et 3)**

5. Pourquoi l'UE ne doit-elle pas le faire selon A. Merkel ? **(doc. 4)**

Thème 3 : Les négociations

6. Quelles sont les « formules intermédiaires » rejetées par A. Gül ? **(doc. 1)**

7. Comment la Turquie a-t-elle montré sa volonté d'adhésion ? Cela est-il jugé suffisant par A. Merkel ? **(doc. 1 et 4)**

Repères chronologiques

1949	Adhésion de la Turquie au Conseil de l'Europe.
1952	Adhésion de la Turquie à l'OTAN.
1963	Traité d'association entre la CEE et la Turquie, qui prévoit la possibilité d'une adhésion ultérieure.
1987	La Turquie dépose sa candidature à l'adhésion.
1996	Union douanière entre l'UE et la Turquie.
1999	L'UE reconnaît la candidature de la Turquie.
À partir de 2001	La Turquie procède à de nombreuses réformes pour satisfaire aux exigences de l'UE (abolition de la peine de mort, droits de la minorité kurde, limitation du rôle de l'armée dans la vie politique, etc.).
2004	L'UE propose d'ouvrir les négociations d'adhésion en octobre 2005.

1 La volonté européenne de la Turquie

L'adhésion de mon pays à l'UE est un projet national soutenu par la grande majorité de notre population et par tous les segments dynamiques de notre société. [...] Je suis convaincu que les réformes réalisées par la Turquie pour remplir les critères de Copenhague [...] offrent une base suffisante pour commencer les négociations d'adhésion dès à présent. [...] Par conséquent, les formules intermédiaires et les solutions autres que de donner à la Turquie une date ferme d'ouverture des négociations ne satisferaient pas les attentes de mon gouvernement ni celles de mon peuple. [...]

La Turquie, à cause de son histoire, de sa géographie et de son système de valeurs, agit et réagit en européenne. Elle adhère aux valeurs européennes au terme d'un processus d'adaptation qui a duré trois siècles. Dans le cadre de l'Alliance atlantique, elle fait depuis cinquante ans partie intégrante de l'Europe en tant qu'élément clé de la défense et de la sécurité européennes. La Turquie est un modèle qui unit son identité avec la modernité, l'islam avec la démocratie laïque [...]. En intégrant la Turquie comme membre, l'Union fera valoir la crédibilité des valeurs qui constituent son fondement, telles que la tolérance ethnique, le respect des religions et des cultures. Les inimitiés historiques seront reléguées dans le passé. La sécurité et la paix en Europe du Sud-Est seront consolidées.

Abdullah Gül, Premier ministre de Turquie, « La Turquie dans l'Union européenne, résolument », *Le Monde*, 11 décembre 2002.

2

Le oui du Parlement européen

Le 15 décembre 2004, par 407 voix pour, 262 contre et 29 abstentions, le Parlement européen demande l'ouverture de négociations d'adhésion avec la Turquie. Exceptionnellement, le vote a eu lieu à bulletins secrets, à la demande de députés français, allemands et autrichiens du Parti populaire européen (PPE, droite). Pour protester contre ce vote à bulletins secrets, des députés de gauche brandissent des pancartes sur lesquelles le oui est inscrit en plusieurs langues – dont le turc (« *evet* »).

3 Pour l'adhésion

PATRICK POIVRE D'ARVOR : Est-ce que la Turquie vous paraît européenne ?

JACQUES CHIRAC : Vous savez, toute l'histoire de la Turquie, depuis l'Empire romain, a été la recherche d'un choix entre l'Asie et l'Europe. [...] Si bien que la question qui se pose aujourd'hui, ce n'est pas de savoir si elle est d'Asie ou d'Europe. La question qui se pose aujourd'hui, c'est de savoir quel est l'intérêt de l'Europe. C'est cela qui nous importe. Est-ce que son intérêt, c'est que la Turquie penche pour les prochaines générations vers l'Europe ou vers l'Asie ? Je vous dis que notre intérêt, c'est qu'elle penche vers l'Europe, nos valeurs, notre conception des droits de l'homme, de la paix, de la démocratie, et non pas vers l'Asie où elle risquerait d'emprunter une autre voie qui, probablement, génèrerait ou pourrait générer de l'instabilité ou de l'insécurité pour l'Europe.

PATRICK POIVRE D'ARVOR : Mais est-elle culturellement européenne ? S'agissant d'une population qui, par exemple, à 95 % adhère aux valeurs de l'islam [...] ?

JACQUES CHIRAC : Sortons d'une réflexion qui conduit forcément au manque de respect des autres, à la guerre des religions, à la guerre des civilisations, à la guerre des cultures, avec tout que cela comporte comme conséquences qui, hélas, apparaissent aujourd'hui dans le monde, y compris dans leur forme la plus odieuse qui est le terrorisme. Ayons une conception plus humaine, c'est-à-dire, respectons les autres. La Turquie est un pays laïque. La laïcité en Turquie a été décrétée en 1923.

C'est un pays laïque qui respecte les autres religions comme nous respectons nous-mêmes les religions.

Entretien télévisé de Jacques Chirac, président de la République, avec Patrick Poivre d'Arvor, 15 décembre 2004.

4 Pour un partenariat privilégié

***SÜDDEUTSCHE ZEITUNG* :** Pourquoi la CDU veut-elle barrer la porte d'entrée dans l'UE à la Turquie, après lui avoir promis depuis si longtemps l'adhésion ?

ANGELA MERKEL : Nous ne voulons claquer la porte au nez de personne. Mais une adhésion de la Turquie dépasse actuellement la capacité d'intégration de l'UE. [...] L'approfondissement, auquel nous aspirons, ne pourrait alors plus être réalisé. C'est pourquoi nous plaidons pour un partenariat privilégié avec la Turquie, et non pour un statut de membre à part entière. [...]

***SÜDDEUTSCHE ZEITUNG* :** Pouvez-vous concevoir que la Turquie, d'ici 2015, remplisse toutes les conditions d'adhésion et devienne membre ? Ou bien dites-vous par principe que la Turquie n'appartient tout simplement pas à l'UE ?

ANGELA MERKEL : La Turquie, géographiquement, dans sa plus grande partie, ce n'est pas l'Europe. Là-dessus nous sommes tous d'accord. Mais jusqu'ici l'UE n'a jamais défini clairement les frontières pour une adhésion à part entière. Personne ne peut dire aujourd'hui avec précision dans quelle situation se trouvera la Turquie en 2015. Le pays a un gros potentiel de croissance économique. Il y a des progrès dans le domaine de l'État de droit.
Mais les Turcs sont encore très éloignés de l'application de certains droits fondamentaux. Cela dépend beaucoup de la voie que la Turquie choisira pour elle-même. Mais il ne s'agit pas seulement de cela, mais aussi et avant tout de la capacité d'intégration de l'UE.

***SÜDDEUTSCHE ZEITUNG* :** En réalité, ce qui dérange la CDU, n'est-ce pas que la Turquie ne soit pas un pays chrétien ? Est-ce que pour vous les frontières religieuses sont les vraies frontières de l'UE ?

ANGELA MERKEL : Non. Il ne s'agit pas de religion. Cependant, le fait que l'islam n'ait pas vécu les Lumières joue un rôle. Et il en résulte des conceptions différentes du mariage, du rôle de la femme, du rôle de l'individu. Là il y a des différences. Et nous n'avons pas encore évoqué les répercussions économiques d'une adhésion de la Turquie à l'UE. Cela bouleverserait totalement l'équilibre actuel de l'UE.

Angela Merkel, présidente de la CDU, devenue chancelière de la RFA en novembre 2005, interview publiée dans la *Süddeutsche Zeitung*, 16 décembre 2004.

2. L'approfondissement : quelles institutions pour l'Europe ?

Pourquoi l'UE est-elle une construction complexe et originale ?

Maastricht (1992) : naissance de l'Union européenne

La fin de la guerre froide, en accélérant l'élargissement, a aussi relancé la dynamique de l'approfondissement enclenchée en 1986 par l'Acte unique. Avec des États membres de plus en plus nombreux, la CEE doit repenser son fonctionnement, sous peine de paralysie. L'efficacité semble exiger une Europe supranationale. Mais l'attachement à la souveraineté nationale reste grand, tant dans les « petits » pays d'Europe centrale et orientale qui viennent de se libérer de la tutelle soviétique, qu'en Europe occidentale où les souverainistes sont nombreux.

Une première étape est franchie avec le traité de Maastricht, signé en février 1992 après des négociations complexes entre les douze membres de la CEE. Il instaure la citoyenneté européenne **(voir leçon p. 164)** et relance le processus d'union monétaire, qui aboutit à la création de l'euro en 1999 **(voir carte p. 147 et dossier p. 156).** Il crée l'Union européenne (UE), une entité unique qui fonctionne à la fois selon la méthode communautaire et selon la méthode intergouvernementale.

Mais son entrée en vigueur est retardée par un processus de ratification laborieux : les Danois se prononcent à 50,7 % contre le traité lors d'un premier référendum (2 juin 1992) ; les Français l'approuvent à une très courte majorité (51,04 %) le 20 septembre 1992.

Une Europe toujours en chantier

La nouvelle Union européenne, élargie à quinze en 1995, tente ensuite d'améliorer le traité de Maastricht. Deux conférences intergouvernementales (CIG) successives conduisent aux traités d'Amsterdam puis de Nice. Les domaines où le Conseil vote à la majorité qualifiée, et non à l'unanimité, sont étendus. La majorité qualifiée est elle-même redéfinie par le traité de Nice, pour fonctionner dans une UE à vingt-cinq membres **(voir repères p. 154).**

L'UE adopte une Charte des droits fondamentaux et elle envisage de se doter d'une véritable Constitution. Présidée par V. Giscard d'Estaing, la convention sur l'avenir de l'Europe rédige un projet de traité, finalement adopté en 2004 par le Conseil. Ce texte de compromis vise surtout à rationaliser le fonctionnement de l'UE, en ne proposant que des réformes assez modestes **(voir repères p. 154).** Il n'est pas entré en vigueur actuellement, puisqu'il a été rejeté par référendum en France (55 % de non en mai 2005), puis aux Pays-Bas (62 % de non en juin 2005). Mais le débat sur la constitution européenne se poursuit et son application ultérieure reste toujours possible.

Une Europe à plusieurs vitesses

L'UE est donc une construction originale : elle est plus qu'une simple organisation régionale, mais elle n'est pas un super-État. Certains veulent la faire évoluer vers une fédération, quand d'autres mettent l'accent sur les États-nations. Les procédures communautaires y jouent certes un rôle important, parce que les traités ont accru le rôle de la Commission et du Parlement et le vote à la majorité qualifiée au Conseil. Mais les États restent souverains dans de nombreux domaines, comme la diplomatie et la défense **(voir dossier pp. 162-163).**

Cette souveraineté des États membres s'affirme clairement dans leur choix de participer ou non aux programmes européens. Certains sont ainsi restés en dehors de l'euro ou de l'espace Schengen **(voir cartes p. 147).** Des procédures de « coopération renforcée » sont prévues pour les pays qui souhaiteraient avancer plus vite que les autres dans l'intégration. On se dirige ainsi vers une Europe à la carte ou à plusieurs vitesses.

Vocabulaire

- **Conférence intergouvernementale** (CIG) : conférence réunissant les représentants des États membres de l'UE pour réviser les traités.
- **Espace Schengen : voir p. 147.**
- **Souverainistes :** défenseurs de la souveraineté nationale, qui acceptent une Europe des États, mais pas une Europe supranationale.

Notions clés

- **Approfondissement : voir p. 148.**
- **Majorité qualifiée :** procédure de vote distincte de l'unanimité ou de la majorité simple. Chaque État membre dispose d'un nombre de voix proportionnel à sa population, **voir repères pp. 154-155.**
- **Méthode communautaire :** procédure de décision dans laquelle les États membres doivent se soumettre à l'intérêt communautaire (vote à la majorité qualifiée du Conseil, rôle accru du Parlement).
- **Méthode intergouvernementale :** procédure de décision dans laquelle les États membres conservent leur pleine souveraineté (vote à l'unanimité du Conseil).
- **Supranational :** qui dépasse la souveraineté nationale. Appliqué à l'UE, le terme est équivalent à communautaire ou à fédéral.

Pistes de travail

1. En vous appuyant sur les deux textes, expliquez pourquoi l'élargissement rend nécessaire une réflexion sur les institutions européennes. **(doc. 3 et 4)**

2. Quelles sont les deux méthodes utilisées aujourd'hui par l'UE pour fonctionner ? Montrez que J. Fischer et T. Blair veulent chacun privilégier l'une de ces méthodes dans leur projet institutionnel. **(doc. 3 et 4)**

1

Les opposants à Maastricht

Affiche pour le non au référendum danois (1992).

Négociations	Traités	Entrée en vigueur
Conférence intergouvernementale, déc. 1990-déc. 1991	Traité de Maastricht 7 février 1992	1er novembre 1993
Conférence intergouvernementale, mars 1996-juin 1997	Traité d'Amsterdam 2 octobre 1997	1er mai 1999
Conférence intergouvernementale, février-octobre 2000	Traité de Nice 26 février 2001	1er février 2003
Convention, déc. 1999-oct. 2000	Charte des droits fondamentaux de l'UE	Proclamée le 8 déc. 2000 (pas de portée obligatoire)
Convention sur l'avenir de l'Europe, février 2002-juillet 2003	Projet de traité établissant une Constitution européenne, 18 juillet 2003	Transmis au Conseil européen
Conférence intergouvernementale, oct. 2003-juin 2004	Traité de Rome établissant une Constitution européenne, 29 octobre 2004	Non ratifié

2 **Les grandes étapes de la construction européenne depuis 1989**

3 Pour une fédération d'États

L'élargissement rendra indispensable une réforme fondamentale des institutions européennes. Comment s'imaginer en effet un Conseil européen à trente chefs d'État et de gouvernement ? […] Comment parvenir à 30, dans le tissu actuel des institutions de l'Union européenne, à concilier des intérêts différents, à adopter des décisions et encore à agir ? Comment veut-on éviter que l'Union ne perde définitivement toute transparence, que les compromis ne soient de plus en plus impalpables et étranges, et que l'intérêt manifesté à l'égard de l'Union par ses citoyens ne finisse par tomber bien en dessous de zéro ?

Autant de questions auxquelles toutefois il existe une réponse toute simple : le passage de la confédération de l'Union à l'entière parlementarisation dans une fédération européenne que demandait déjà Robert Schuman il y a 50 ans. Et cela ne veut pas dire moins qu'un parlement européen et un gouvernement, européen lui aussi, qui exercent effectivement le pouvoir législatif et le pouvoir exécutif au sein de la fédération. Cette fédération devra se fonder sur un traité constitutionnel. […]

Tout cela ne sonnera pas pour autant le glas de l'État-nation. Car pour le « sujet » de cette fédération finale, l'État-nation avec ses traditions culturelles et démocratiques demeurera irremplaçable, pour légitimer une union des citoyens et des États qui soit pleinement acceptée par les populations. Je dis cela en pensant en particulier à nos amis britanniques car je sais que la notion de « fédération » les provoque. […] Même dans la finalité européenne, nous resterons donc britanniques et allemands, français et polonais. Les États-nations perdureront et ils conserveront au niveau européen un rôle bien plus important que celui qui revient aux Länder allemands. […]

Joschka Fischer, ministre allemand des Affaires étrangères, discours prononcé à l'université Humboldt de Berlin, 12 mai 2000.

4 Pour « une Europe de nations libres »

Le défi majeur que doit relever l'Europe est celui de s'adapter à une nouvelle réalité : celle de son élargissement et de son approfondissement simultanés. En d'autres termes, nous serons bientôt plus nombreux à essayer de faire davantage de choses. La question n'est pas de savoir si nous allons réformer l'Europe, mais de quelle manière nous allons le faire pour qu'elle soit porteuse de réels avantages pour sa population, pour qu'elle s'attelle aux priorités que celle-ci voudrait la voir traiter, et pour la réformer en emportant l'adhésion de ses citoyens. […]

L'Europe souffre d'un déficit démocratique. Fort bien, mais nous pourrions passer des heures à essayer de concevoir une forme parfaite de démocratie européenne, nous n'y arriverions pas. Tout simplement parce que les sources essentielles de la démocratie en Europe sont les institutions nationales représentatives et directement élues : les parlements nationaux et les gouvernements. Je n'exclus pas qu'un jour, l'Europe parvienne à se doter d'une administration démocratique forte mais, aujourd'hui, elle en est encore loin.

Ne nous leurrons pas : des nations, comme la Pologne, qui se sont tant battues pour devenir des États, dont les citoyens ont versé leur sang pour cette cause, ne vont pas renoncer si facilement à cette conquête. Nous devons respecter notre diversité culturelle et identitaire. C'est elle qui nous distingue en tant que nations.

L'Europe est une Europe de nations libres, indépendantes et souveraines, qui choisissent de mettre leur souveraineté en commun pour défendre leurs propres intérêts et l'intérêt général, sachant qu'elles peuvent aller plus loin ensemble qu'elles ne pourraient le faire seules.

L'Union européenne restera cette combinaison unique entre intergouvernementalisme et supranationalité. De par sa force économique et politique, cette Europe peut être une superpuissance, mais pas un super-État.

Tony Blair, Premier ministre britannique, discours à la Bourse polonaise, Varsovie, 6 octobre 2000.

Repères
Comment fonctionne l'Union européenne ?

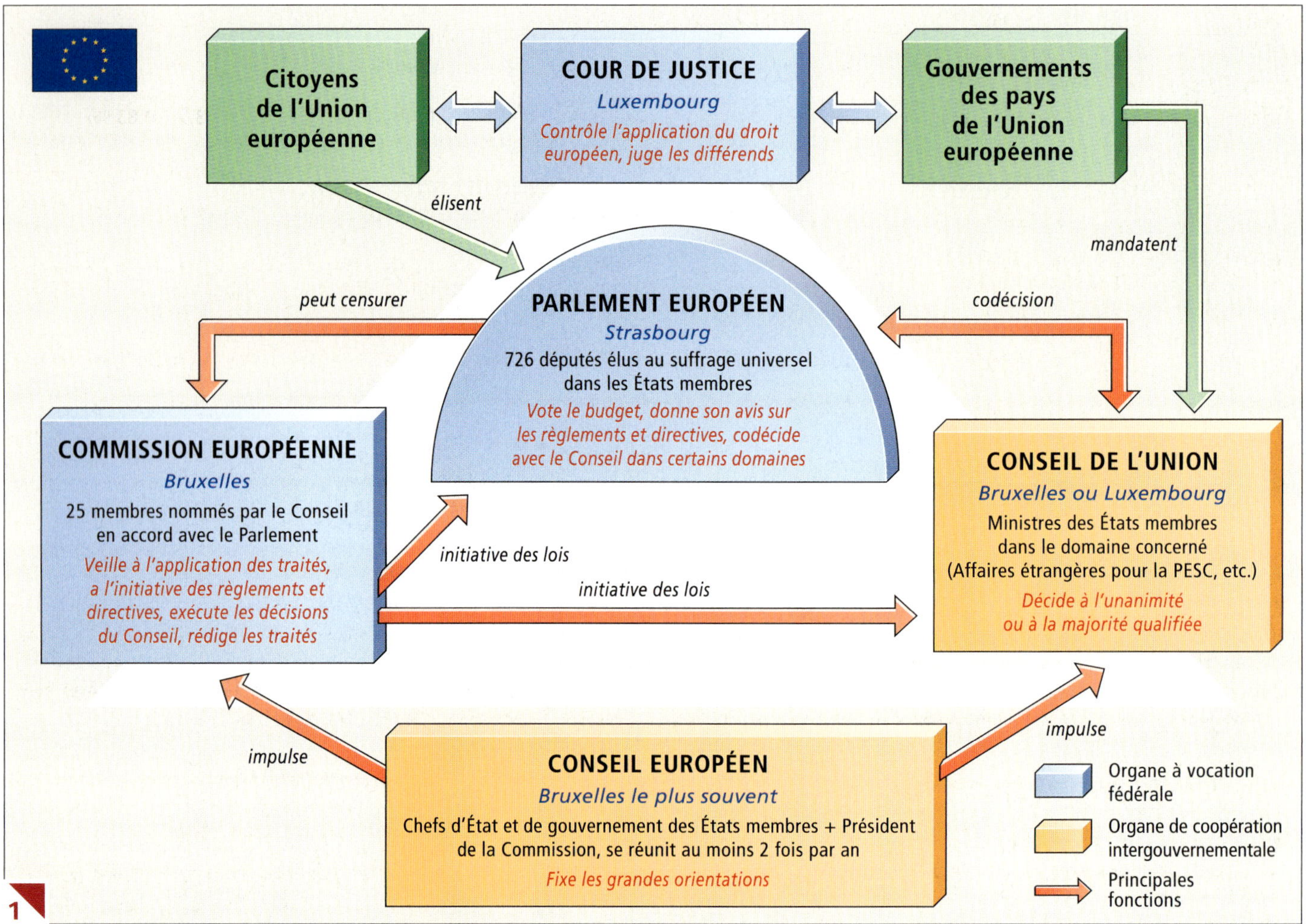

1 **Les institutions de l'Union européenne en 2005**

Les institutions actuelles sont fondées sur le traité de Nice, puisque le projet de Constitution européenne n'est pas entré en vigueur.

Domaines concernés	Mode de décision
• Politique étrangère et de sécurité commune (PESC). • Fiscalité. • Coopération policière et judiciaire. • Immigration, droit d'asile.	**Méthode intergouvernementale** • Le Conseil décide seul, le plus souvent à l'unanimité. • Le Parlement a un rôle purement consultatif. • La Commission partage avec le Conseil l'initiative des lois.
• Union économique et monétaire.	**Méthode communautaire** • Le Conseil vote à la majorité qualifiée. • Le Parlement a un pouvoir de codécision. • La Commission a le monopole de l'initiative des lois.

2 **Qui décide dans quel domaine ?**

États	Voix (% du total)	Population en millions (% du total)	États	Voix (% du total)	Population en millions (% du total)
Allemagne	29 (9,04 %)	82,04 (18,22 %)	Autriche	10 (3,12 %)	8,08 (1,79 %)
Royaume-Uni	29 (9,04 %)	59,25 (13,15 %)	Slovaquie	7 (2,18 %)	5,39 (1,20 %)
France	29 (9,04 %)	58,97 (13,09 %)	Danemark	7 (2,18 %)	5,31 (1,18 %)
Italie	29 (9,04 %)	57,61 (12,79 %)	Finlande	7 (2,18 %)	5,16 (1,15 %)
Espagne	27 (8,42 %)	39,39 (8,74 %)	Irlande	7 (2,18 %)	3,74 (0,83 %)
Pologne	27 (8,42 %)	38,67 (8,58 %)	Lituanie	7 (2,18 %)	3,70 (0,83 %)
Pays-Bas	13 (4,05 %)	15,76 (3,50 %)	Lettonie	4 (1,25 %)	2,44 (0,55 %)
Grèce	12 (3,74 %)	10,53 (2,34 %)	Slovénie	4 (1,25 %)	1,98 (0,44 %)
Rép. tchèque	12 (3,74 %)	10,29 (2,28 %)	Estonie	4 (1,25 %)	1,45 (0,33 %)
Belgique	12 (3,74 %)	10,21 (2,27 %)	Chypre	4 (1,25 %)	0,75 (0,17 %)
Hongrie	12 (3,74 %)	10,09 (2,24 %)	Luxembourg	4 (1,25 %)	0,43 (0,09 %)
Portugal	12 (3,74 %)	9,98 (2,21 %)	Malte	3 (0,94 %)	0,38 (0,08 %)
Suède	10 (3,12 %)	8,85 (1,96 %)	**Total**	**321 (100 %)**	**450,45 (100 %)**

3 Le Conseil (répartition des voix au Conseil de l'Union depuis le 1er novembre 2004)

• Le Conseil vote à l'**unanimité** dans les domaines sensibles comme la PESC, la fiscalité, l'asile et l'immigration. Dans les autres domaines, il vote à la **majorité qualifiée**, définie par trois critères : une majorité d'États, soit au moins 13 sur 25 ; totalisant au moins 232 voix (soit 72,3 % du total) ; et représentant au moins 62 % de la population de l'UE.

• Le projet de Constitution européenne propose que chaque État ait un nombre de voix strictement proportionnel à sa population. Il définit ainsi la **majorité qualifiée** : « égale à au moins 55 % des membres du Conseil, comprenant au moins 15 d'entre eux et représentant des États membres réunissant au moins 65 % de la population de l'Union » (art. I-25).

États	Sièges	États	Sièges
Allemagne	99	Autriche	18
Royaume-Uni	78	Danemark	14
France	78	Finlande	14
Italie	78	Slovaquie	14
Espagne	54	Irlande	13
Pologne	54	Lituanie	13
Pays-Bas	27	Lettonie	9
Belgique	24	Slovénie	7
Grèce	24	Luxembourg	6
Portugal	24	Estonie	6
Rép. tchèque	24	Chypre	6
Hongrie	24	Malte	5
Suède	19	**Total**	**732**

4 Le Parlement européen

Répartition des 732 sièges dans le Parlement élu en juin 2004.

5 Les réformes contenues dans le projet de Constitution européenne

Outre celles mentionnées dans les documents précédents, voici les principales réformes proposées par la Constitution européenne :

• Un **PRÉSIDENT DU CONSEIL EUROPÉEN**, élu pour 2 ans et demi par le Conseil européen (actuellement, le président est désigné pour une période de 6 mois par rotation entre les États membres).

• Un **PRÉSIDENT DE LA COMMISSION** élu par le Parlement, sur la base des propositions faites par le Conseil européen.

• Un **MINISTRE EUROPÉEN DES AFFAIRES ÉTRANGÈRES** nommé par le Conseil européen et étant en même temps vice-président de la Commission.

• Un **DROIT D'INITIATIVE CITOYENNE** : les citoyens, à condition d'être au moins 1 million, peuvent demander à la Commission de faire une proposition de loi.

• Un accroissement du rôle législatif du **PARLEMENT**, en coopération avec le Conseil.

• Une extension des domaines où le Conseil vote à la **MAJORITÉ QUALIFIÉE**.

Dossier
L'euro, une monnaie unique pour l'Union européenne

L'Union européenne a poussé très loin l'intégration économique entre les États membres, en adoptant en 1999 une monnaie unique, remplaçant les monnaies nationales. Douze États membres de l'UE ont ainsi renoncé à un élément essentiel de leur souveraineté, la monnaie, qui pour beaucoup de citoyens constitue un symbole fort de l'identité nationale.

Trois États n'ont pas fait ce choix (voir carte p. 147), à commencer par le Royaume-Uni, dont la livre sterling joue encore un rôle important dans les échanges mondiaux.

Mais la monnaie unique européenne constitue un avantage évident pour les économies des États qui l'ont adoptée et l'euro est devenu d'emblée un concurrent du dollar.

Logo de l'euro

L'euro est représenté par un E, première lettre du mot Europe, avec deux barres parallèles qui symbolisent la stabilité. Ce E a la forme d'un *epsilon*, 5e lettre de l'alphabet grec, en référence à une civilisation qui a été le berceau de l'Europe.

Repères chronologiques

1971	La suspension de la convertibilité du dollar en or met un terme au système monétaire de Bretton Woods.
1979	La CEE crée le SME (Système monétaire européen), qui permet aux État membres d'avoir des taux de change stables, définis par rapport à une unité de compte appelée ECU *(European Currency Unit).*
1989	Le Conseil européen adopte le projet d'Union économique et monétaire préparé par Jacques Delors, qui prévoit l'adoption d'une monnaie unique.
1993	Le traité de Maastricht définit les étapes de l'Union économique et monétaire. Il fixe les critères de convergence, c'est-à-dire les conditions à remplir par les États qui veulent adopter la monnaie unique (dette publique limitée à 60 % du PIB, déficit budgétaire limité à 3 % du PIB, etc.).
1995	Le Conseil européen décide que la monnaie unique s'appellera l'euro.
1999	L'euro devient la monnaie unique de onze États de l'UE sur le marché des capitaux et la BCE (Banque centrale européenne) entre en fonctionnement.
2001	La Grèce adopte l'euro.
2002	Entrée en circulation des billets et des pièces en euros dans les douze États concernés.
2004	Les dix nouveaux États membres doivent adopter l'euro quand ils satisferont aux critères de convergence (vers 2009-2010 ?).

1

L'attachement à la monnaie nationale

« Une mystérieuse maladie des yeux au Royaume-Uni », caricature britannique, 2003.

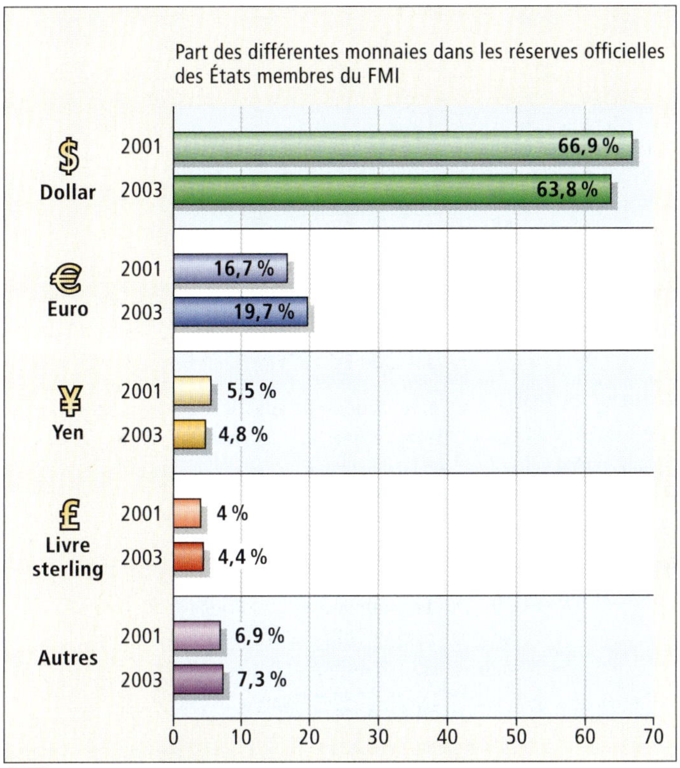

2 Un rival du dollar

4 Les inconvénients de l'euro

Le journal allemand *Focus* dénonce le « *Teuro* », jeu de mots à partir du mot « euro » et de l'adjectif « *teuer* » (qui signifie « cher », « coûteux »).

3 Une chance pour la France et pour l'Europe

Avec l'arrivée de l'euro, nous allons vivre dans quelques heures un moment historique : 300 millions d'Européens partageront désormais la même monnaie. C'est l'Europe qui avance. C'est l'Europe qui progresse.

Cette Europe, nous la regardons autrement depuis les terribles événements qui ont touché l'Amérique au cœur le 11 septembre dernier. Dans un monde où les foyers de haine et d'incompréhension sont nombreux, où les inégalités se creusent, où le sentiment d'injustice est si présent, nous mesurons davantage combien il importe que l'Europe s'affirme, qu'elle relaie et amplifie l'action des nations, qu'elle participe en tant que telle aux évolutions du monde.

L'euro est une victoire de l'Europe. Après un siècle de déchirements, de guerres, de tâtonnements, voici que, dans la paix, l'unité et la stabilité, notre continent affirme enfin son identité et sa puissance ! Nous pouvons en être fiers, car c'est aussi un succès pour tous les Français, la récompense des efforts qu'ils ont consentis. [...]

Mais vous le savez bien, il ne s'agit pas seulement de remplacer nos francs par des euros. L'euro, c'est une chance d'avenir supplémentaire pour la France et les Français. Et c'est aussi une nouvelle façon d'être en Europe, de vivre l'Europe, une Europe du quotidien qui doit devenir pleinement celle des citoyens.

L'euro n'est pas une fin en soi. Il signifiera, pour nous, plus de croissance, plus d'emplois, plus de pouvoir d'achat, plus d'échanges. Une France plus forte. Mais il doit être avant tout un instrument au service de l'Europe des hommes que nous construisons.

Jacques Chirac, discours de vœux aux Français, 31 décembre 2001.

Pistes de travail

1. Expliquez en quoi consiste une monnaie unique et replacez l'euro dans l'histoire de la construction européenne.

2. Pourquoi le Royaume-Uni a-t-il refusé d'adopter l'euro ? **(doc. 1)**

3. Pourquoi l'euro serait-il renforcé si le Royaume-Uni l'adoptait ? **(doc. 2)**

4. Pourquoi le dollar est-il la principale devise mondiale ? **(doc. 2)**

5. Comment le magazine *Focus* présente-t-il l'euro ? **(doc. 4)**

6. Pourquoi l'euro peut-il être considéré comme un atout pour l'Union européenne ? **(doc. 2 et 3)**

Dossier
Le budget européen

Le budget européen est passé de 42 milliards d'euros en 1989 à environ 100 milliards aujourd'hui. Cette somme reste assez modeste, puisqu'elle représente 1 % du revenu communautaire. L'Union européenne, en effet, n'entend pas se substituer aux États membres et elle s'est fixé des règles strictes : son budget est plafonné à 1,24 % du PNB communautaire et il ne peut faire appel ni à l'emprunt, ni à l'impôt.

Cela n'empêche pas le budget d'être un enjeu central de la construction européenne. Il est voté après des négociations complexes entre le Conseil et le Parlement, ce dernier trouvant là un des fondements de son importance. Il fait l'objet aussi d'âpres débats entre les États membres qui, depuis que le Royaume-Uni a obtenu une « ristourne » en 1984, ont tendance à comparer ce qu'ils paient à l'UE et ce qu'elle leur verse. L'accroissement des dépenses engendré par l'élargissement rend urgente une remise à plat de tout le système.

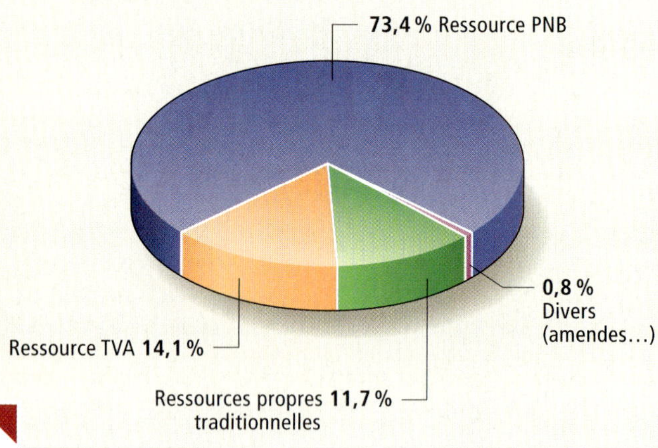

1

Les recettes (budget 2004)

- Les **« ressources propres traditionnelles »** sont les droits de douane perçus sur les importations des pays tiers et les prélèvements agricoles. Relevant des politiques communautaires, elles sont directement versées par les États membres au budget communautaire.
- Les **ressources TVA et PNB**, même si elles fonctionnent comme des contributions nationales, sont aussi considérées comme des ressources propres. Elles sont exigibles de plein droit par l'UE (il ne s'agit pas de contributions volontaires des États). Chaque État reverse au budget communautaire une part de la TVA perçue sur son territoire (1,4 % en 1984 ; 0,5 % à partir de 2004). Chaque État verse aussi une contribution calculée au prorata de son PNB, ce qui constitue la principale ressource de l'UE.

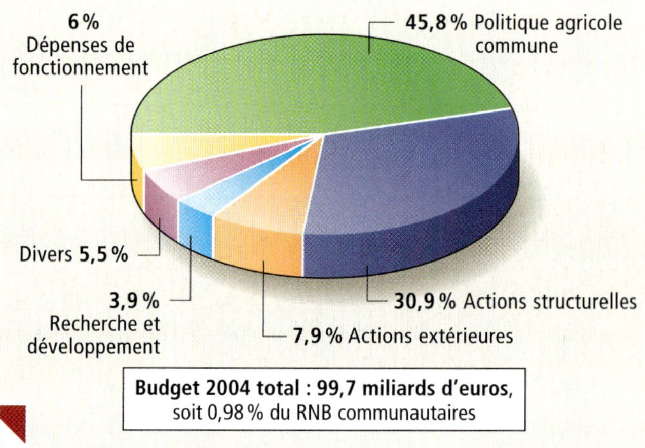

2

Les dépenses (budget 2004)

- La **PAC**, qui représentait 75 % du budget communautaire en 1975, reste encore le premier poste des dépenses.
- Les **actions structurelles**, qui visent à corriger les inégalités régionales au sein de l'UE, voient leur part augmenter avec l'élargissement.
- Les **actions extérieures** concernent l'aide au développement et l'aide dite de « pré-adhésion » versée aux pays candidats (Roumanie, Bulgarie, Turquie).
- La rubrique « divers » regroupe toutes les autres dépenses (éducation, transports, environnement, Schengen, etc.). La défense ne relève pas du budget communautaire.

Pistes de travail

Thème 1 : Un budget très différent de celui d'un État

1. Quelle est la principale ressource de l'Union européenne ? Quelle est celle d'un État comme la France ou l'Allemagne ? **(doc. 1)**

2. Quelles sont les principales dépenses de l'UE ? Quelles sont celles d'un État comme la France ou l'Allemagne ? **(doc. 2)**

Thème 2 : La logique du « solde net »

3. Quels sont les pays « bénéficiaires nets » ? Pourquoi ? **(doc. 3 et 4)**

4. Pourquoi la France ne fait-elle pas partie des plus gros « contributeurs nets » ? **(doc. 3 et 4)**

5. La notion même de « solde net » peut-elle être critiquée selon vous ? **(doc. 3 et 4)**

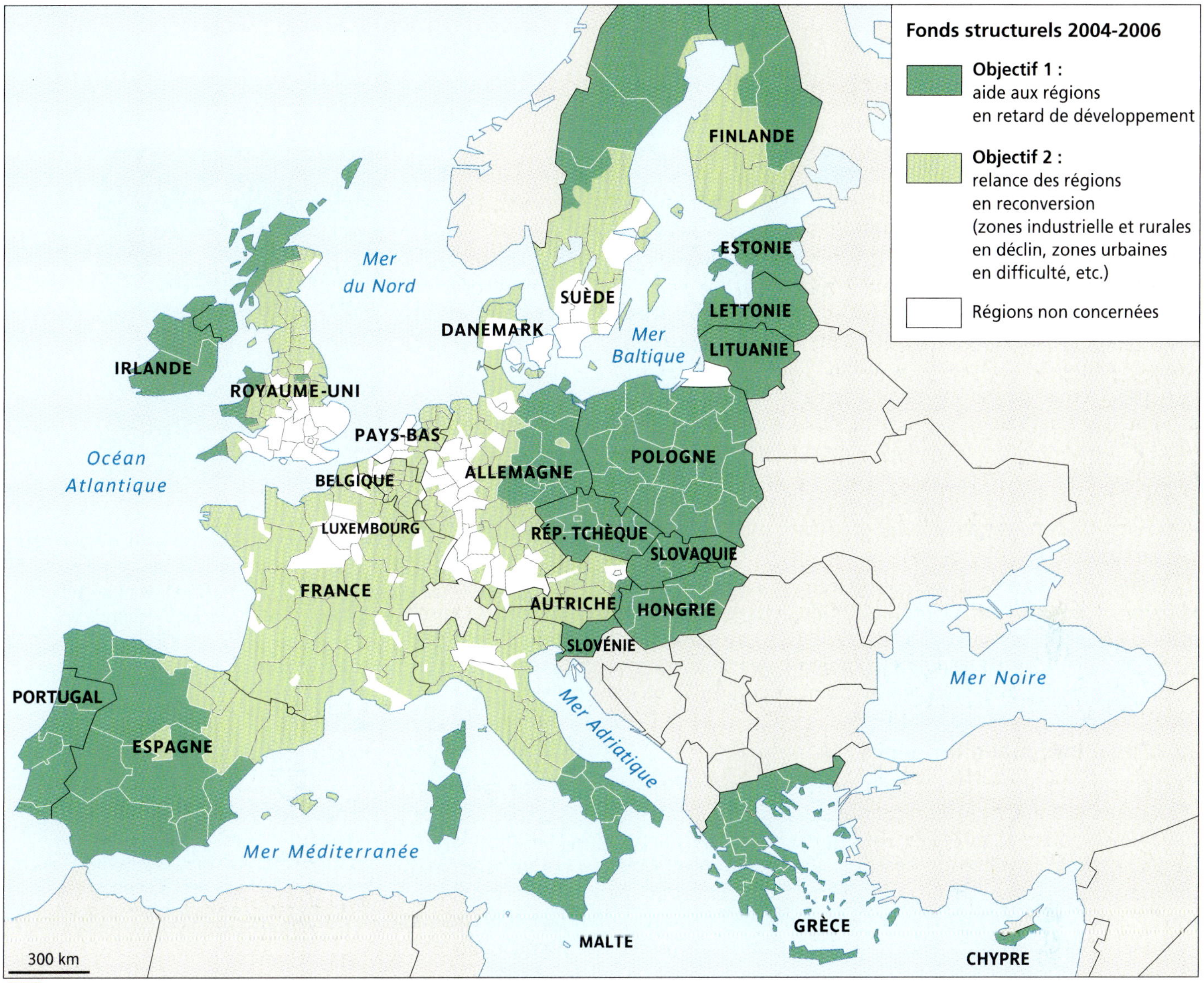

3 Où va l'argent européen ? Les régions bénéficiant des actions structurelles (2004-2006)

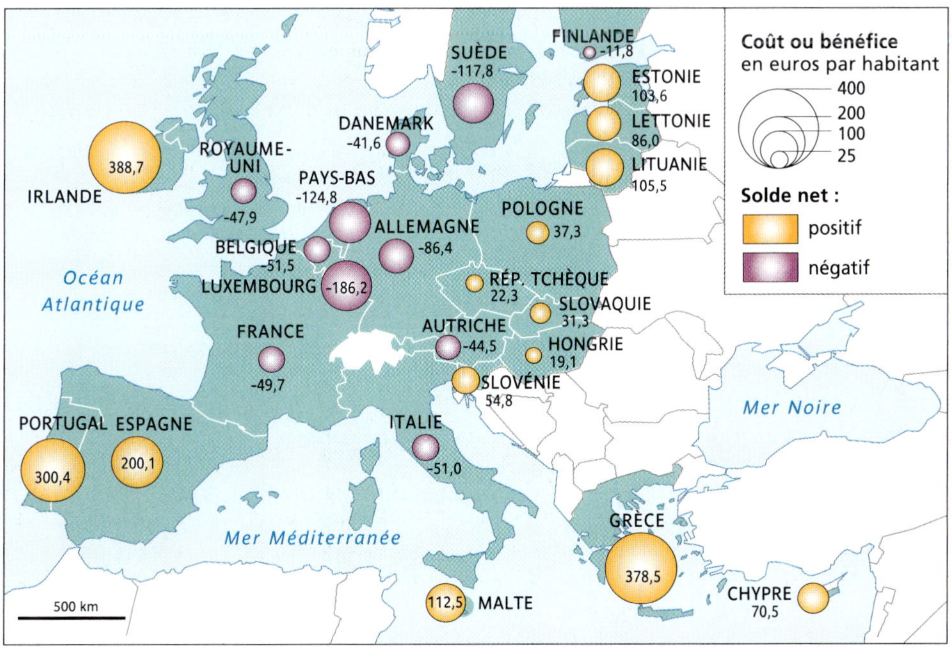

4 « Contributeurs » et « bénéficiaires »

• **Le solde net** est la différence entre les montants versés par un État membre au budget communautaire et les montants versés par l'UE à cet État. On appelle « contributeurs nets » les pays pour lesquels le solde net est négatif (ils paient plus qu'ils ne reçoivent) et « bénéficaires nets » les pays pour lesquels le solde net est positif (ils reçoivent plus qu'ils ne paient).

• **Le Royaume-Uni** a obtenu en 1984 une « ristourne ». En vertu de la « correction britannique », les deux tiers du solde négatif de l'année précédente sont remboursés (par les autres États) au Royaume-Uni. Sans cela, le Royaume-Uni serait donc plus fortement contributeur.

3. L'Union européenne et le monde au début du XXIe siècle

Que représente aujourd'hui l'Union européenne dans le monde ?

Une puissance en construction

Avec vingt-cinq États membres et plus de 455 millions d'habitants, l'Union européenne (UE) constitue aujourd'hui un ensemble imposant, qui peut rivaliser avec l'hyperpuissance américaine. Mais cet ensemble est constitué d'États qui conservent une part importante de leur souveraineté et il est donc difficile de considérer l'UE comme une puissance au sens classique du terme.

La PESC, créée par le traité de Maastricht, relève du domaine de la coopération intergouvernementale. Les décisions du Conseil européen dans ce domaine sont prises à l'unanimité. Le Conseil est donc facilement paralysé par les divisions entre les États membres. L'Union européenne est restée impuissante face au retour de la guerre sur le continent européen dans les années 1990, en Yougoslavie (voir dossier pp. 142-143). C'est l'engagement des États-Unis qui a ramené la paix en Bosnie (1995) puis au Kosovo (1999).

L'OTAN, sous commandement américain, reste en effet la principale organisation militaire en Europe. Pour s'affirmer, l'Union européenne doit bâtir une défense européenne autonome par rapport à l'OTAN. C'est ce qu'elle essaie de faire avec la PESD (voir dossier pp. 162-163). Elle doit aussi donner plus de cohérence et de visibilité à son action : la création d'un haut représentant pour la PESC va dans ce sens.

Un réseau mondial d'influence

Mais la puissance ne passe plus seulement par l'affirmation politico-militaire. L'Europe est aujourd'hui très présente sur la scène économique mondiale. Dans le domaine commercial, qui relève des procédures communautaires, la Commission est habilitée à conclure des accords internationaux. Ainsi le commissaire au Commerce représente l'Union européenne à l'Organisation mondiale du commerce (OMC), ce qui permet à l'Europe de parler d'une seule voix. Les multiples contentieux soumis à l'OMC montrent bien que l'UE est aujourd'hui le principal concurrent commercial des États-Unis.

L'UE a conclu des accords avec de nombreux groupes de pays ou organisations régionales. Le dialogue avec ces organisations dépasse la simple coopération économique, puisqu'il porte aussi sur l'ONU, la diversité culturelle, la défense de l'environnement ou la lutte contre le terrorisme.

Par ailleurs, l'Union européenne est le premier donateur d'aide au développement et elle a mis en place depuis longtemps une politique spécifique en faveur du Sud, avec la convention de Lomé, puis l'accord de Cotonou.

Un modèle européen ?

Par sa volonté de coopération avec le Sud, son attachement au multilatéralisme, son dialogue avec les autres aires régionales, l'Union européenne peut ainsi apparaître sur la scène internationale comme un modèle. Même si elle est critiquée, notamment pour sa politique agricole jugée protectionniste, elle représente pour beaucoup une alternative à une mondialisation sous hégémonie américaine.

L'Union européenne est en tout cas un modèle d'intégration régionale : elle est le seul exemple dans le monde d'une véritable union économique et monétaire. Fondée sur la réconciliation franco-allemande, le dépassement partiel de la souveraineté nationale et l'élargissement progressif à de nouveaux pays, l'UE est aussi un modèle politique. Enfin, elle peut apparaître comme un modèle social, car elle défend un libéralisme tempéré, mais cela fait l'objet de vifs débats internes.

1 **« Monsieur Europe » ?**

Pour incarner la PESC, le traité d'Amsterdam a créé un haut représentant. Le premier titulaire de cette fonction, nommé en 1999, est Javier Solana, ancien ministre des Affaires étrangères de l'Espagne et ancien secrétaire général de l'OTAN.

Vocabulaire

- **Accord de Cotonou :** nouvel accord de partenariat signé en 2000 par l'UE et 78 pays ACP (Afrique/Caraïbes/Pacifique). Il prend la suite de la convention de Lomé, en y ajoutant une dimension politique (respect de la démocratie, lutte contre la corruption).
- **Convention de Lomé :** accord de coopération Nord/Sud, signé en 1975 par la CEE et les pays ACP, renouvelé en 1979, en 1984 et en 1989.
- **PESC** (politique étrangère et de sécurité commune) : instaurée par le traité de Maastricht, qui a institutionnalisé les mécanismes de coopération intergouvernementale qui existaient auparavant dans ce domaine.
- **PESD** (politique européenne de sécurité et de défense) : instaurée en 1999, dans le cadre de la PESC, elle a permis à l'UE de se doter depuis 2003 d'une capacité militaire autonome, en complément de l'OTAN.

Notion clé

- **Multilatéralisme :** concertation et négociation entre les États dans le cadre des organisations internationales, par opposition à l'unilatéralisme (attitude d'un État qui agit seul).

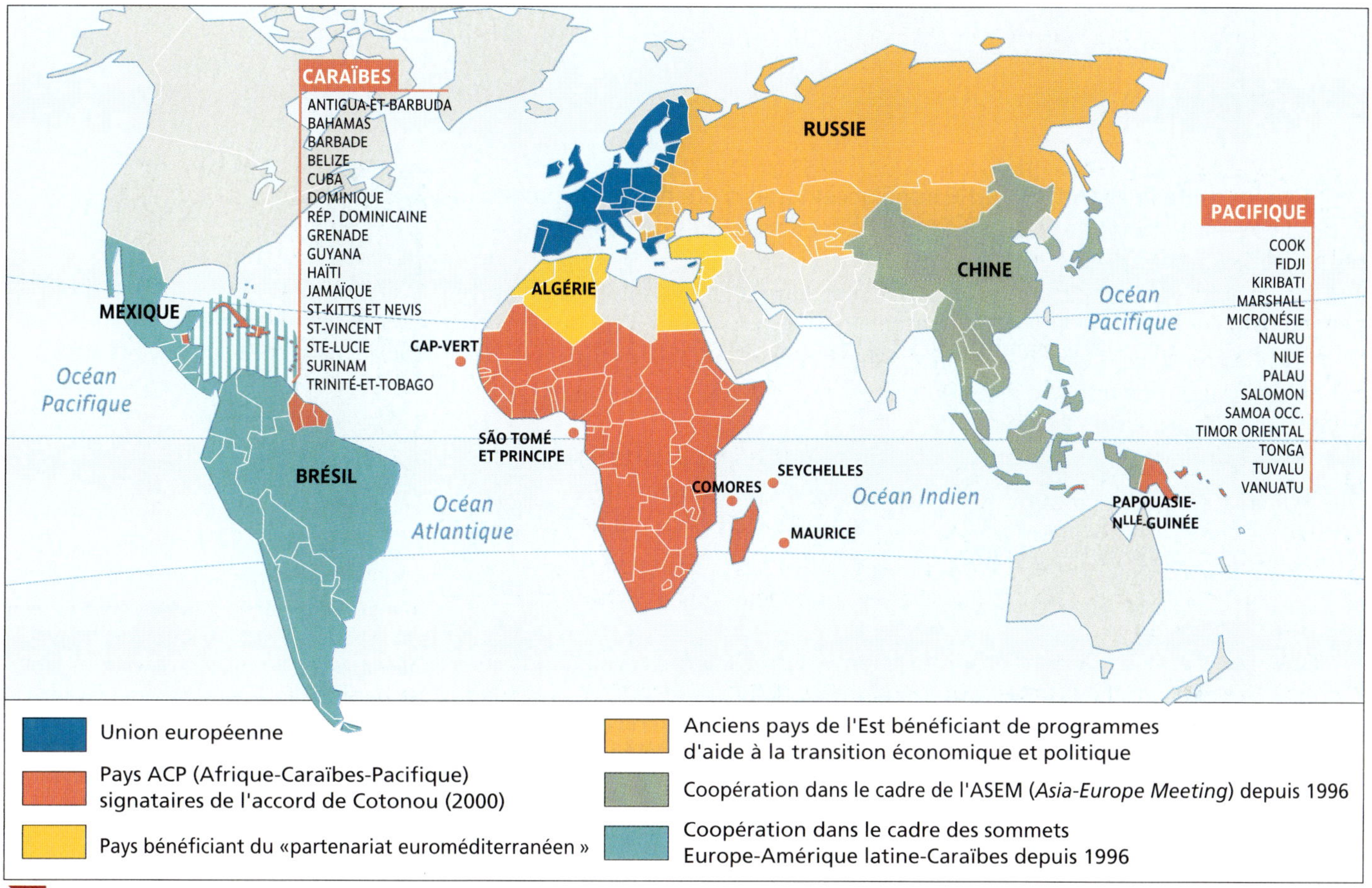

2 Des partenaires dans le monde entier

3 La déclaration de Guadalajara

Notre partenariat prend racine dans de profonds liens historiques et culturels, des principes partagés du droit international et dans les valeurs de nos peuples. Nous soulignons notre respect et stricte observation du droit international et des buts et principes contenus dans la Charte des Nations unies, y compris les principes de non-ingérence et d'autodétermination, le respect de la souveraineté, de l'intégrité territoriale et de l'égalité entre les États, lesquels, joints au respect des droits de l'homme, à la promotion de la démocratie et à la coopération pour le développement économique et social, sont les bases des relations entre nos régions. Nous nous efforçons de fortifier le respect de tous ces principes, d'affronter les défis et de tirer profit des opportunités d'une mondialisation croissante, dans un esprit d'égalité, de respect, de partenariat et de coopération.

[...] Nous réaffirmons qu'un système multilatéral efficace, fondé sur le droit international, soutenu par des institutions internationales fortes, et avec l'ONU en son centre, est essentiel pour atteindre la paix et la sécurité internationales, le développement durable et le progrès social. [...]

Déclaration signée par les vingt-cinq gouvernements de l'UE et les trente-trois gouvernements d'Amérique latine et des Caraïbes, 28-29 mai 2004.

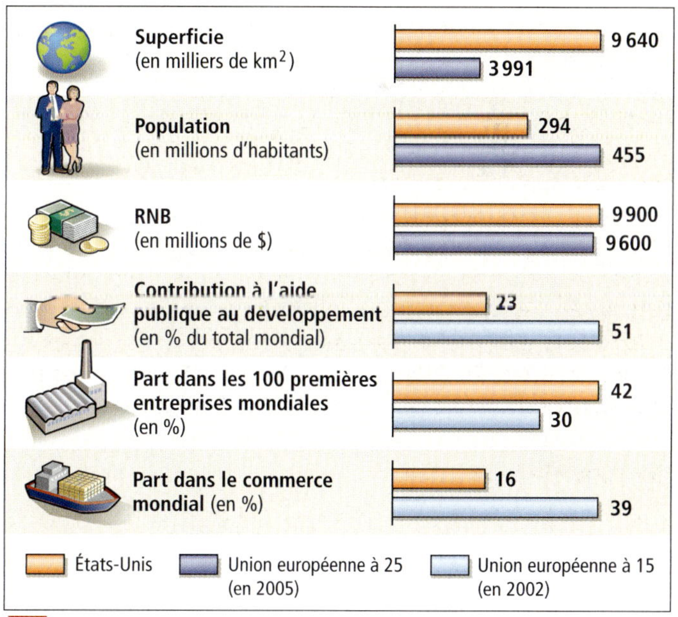

4 L'Union européenne face aux États-Unis

Pistes de travail

1. Quels sont les critères de puissance qui vous semblent les plus pertinents aujourd'hui ? **(doc. 2 et 4)**

2. L'UE peut-elle représenter un nouveau type de puissance ? En quoi se différencie-t-elle du modèle de puissance des États-Unis ? **(doc. 2, 3 et 4)**

Dossier L'Europe et la défense

Durant toute la guerre froide, l'Europe occidentale a été défendue par les États-Unis dans le cadre de l'OTAN. La fin de la menace soviétique a distendu ces liens transatlantiques.

Si elle veut s'affirmer comme un acteur autonome, l'Union européenne doit se doter d'une capacité militaire propre, qui lui a fait cruellement défaut lors de la crise yougoslave. L'Union de l'Europe occidentale (UEO) (voir carte p. 147), qui ne fut longtemps que le « pilier européen » de l'OTAN, pourrait ainsi devenir le bras armé de l'Europe.

Mais l'autonomie a un prix : l'UE doit consentir de gros efforts financiers, coordonner les armées des États membres, concevoir des programmes d'armements communs, etc. Certains États membres, peu enclins à de tels efforts, restent très attachés à l'OTAN.

Repères chronologiques

1992	Le traité de Maastricht crée la PESC **(voir p. 160)**. L'UEO se dote de missions nouvelles (au-delà de son rôle de défense du territoire des États membres), dites « missions de Petersberg » : opérations humanitaires, interventions dans des situations de crise, maintien de la paix.
1997	Le traité d'Amsterdam crée la PESD **(voir p. 160)**.
1998	Sommet franco-britannique de Saint-Malo : le Royaume-Uni se rallie au projet d'une défense européenne distincte de l'OTAN.
1999	Le Conseil européen commence à mettre sur pied la PESD.
2003	Les Européens sont divisés face à la politique américaine en Irak. Premières opérations militaires de l'UE : *Concordia* en Macédoine, *Artémis* en République démocratique du Congo.
2004	L'UE prend la relève de l'OTAN en Bosnie, en y déployant 7 000 hommes (opération *Althéa*).

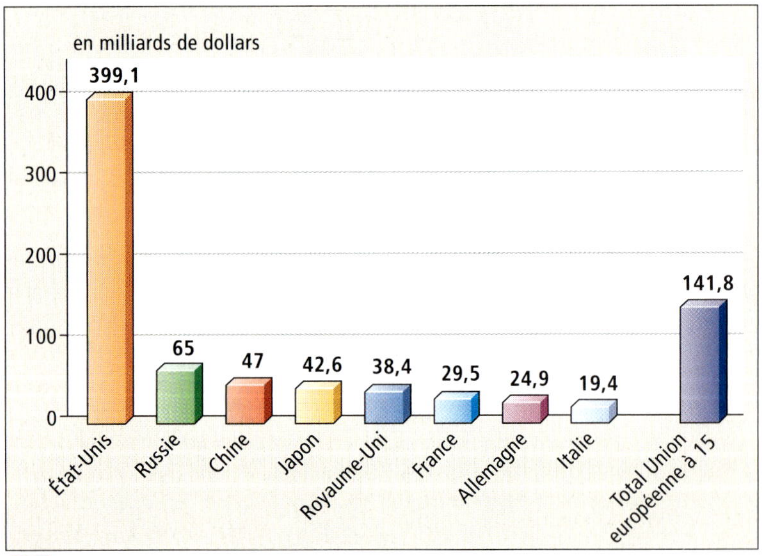

1 Les dépenses militaires en 2003

2 La politique européenne de sécurité et de défense (PESD)

L'Union contribuera à la paix et à la sécurité internationales conformément aux principes de la Charte des Nations unies. L'Union reconnaît que le Conseil de sécurité des Nations unies est l'instance à laquelle il appartient en premier de veiller au maintien de la paix et de la sécurité internationales.

Le Conseil européen souligne sa détermination de développer une capacité autonome de décider et, là où l'OTAN en tant que telle n'est pas engagée, de lancer et de conduire des opérations militaires sous la direction de l'UE, en réponse à des crises internationales. [...]

Le Conseil européen a notamment décidé ce qui suit :

– coopérant volontairement dans le cadre d'opérations dirigées par l'UE, les États membres devront être en mesure, d'ici 2003, de déployer dans un délai de 60 jours et de soutenir pendant au moins une année des forces militaires pouvant atteindre 50 000 à 60 000 personnes, capables d'effectuer l'ensemble des missions de Petersberg ;

– des modalités visant à assurer une consultation, une coopération et une transparence pleines et entières entre l'UE et l'OTAN seront définies, en tenant compte des besoins de tous les États membres de l'UE ;

– des dispositions adéquates seront définies pour permettre, sans préjudice de l'autonomie de décision de l'Union, à des États européens membres de l'OTAN qui n'appartiennent pas à l'UE, ainsi qu'à d'autres États concernés, de contribuer à la gestion militaire d'une crise, sous la direction de l'UE [...].

Conseil européen d'Helsinki, 10-11 décembre 1999.

3

L'Europe en action

Par l'opération *Concordia*, l'UE a engagé, en 2003, 400 soldats en Macédoine pour maintenir la paix dans l'ouest du pays, en accord avec l'ONU et en liaison avec l'OTAN. Ces forces européennes ont agi sur mandat du Conseil de sécurité de l'ONU.

4

La solidarité transatlantique avant la défense européenne ?

Ce qui unit véritablement les États-Unis et l'Europe, ce sont les valeurs que nous partageons : la démocratie, la liberté individuelle, les droits de l'homme et l'autorité de la loi. Ces valeurs ont traversé l'Atlantique avec ceux qui ont quitté l'Europe pour aider à construire les États-Unis. Aujourd'hui, les États-Unis sont plus que jamais menacés. Les attentats du 11 septembre ont montré jusqu'où les terroristes – les ennemis de nos valeurs communes – sont prêts à aller pour les détruire. Ces atrocités étaient une attaque dirigée contre nous tous. En défendant fermement ces principes, les gouvernements et les peuples des États-Unis et d'Europe ont amplement démontré la force de leurs convictions. Aujourd'hui, plus que jamais, le lien transatlantique est une garantie de notre liberté. [...]

La relation transatlantique ne doit pas devenir victime des tentatives persistantes actuelles du régime irakien de menacer la sécurité mondiale. Dans le monde d'aujourd'hui, plus que jamais auparavant, il est vital que nous préservions cette unité et cette cohésion. Nous savons que le succès dans cette bataille quotidienne contre le terrorisme et la prolifération d'armes de destruction massive requiert une détermination inébranlable et une ferme cohésion internationale de la part de tous les pays pour lesquels la liberté est précieuse. [...]

Appel à l'unité avec les États-Unis signé par les dirigeants du Royaume-Uni, de l'Italie, de l'Espagne, du Portugal, de la République tchèque, de la Hongrie, de la Pologne et du Danemark, 30 janvier 2003.

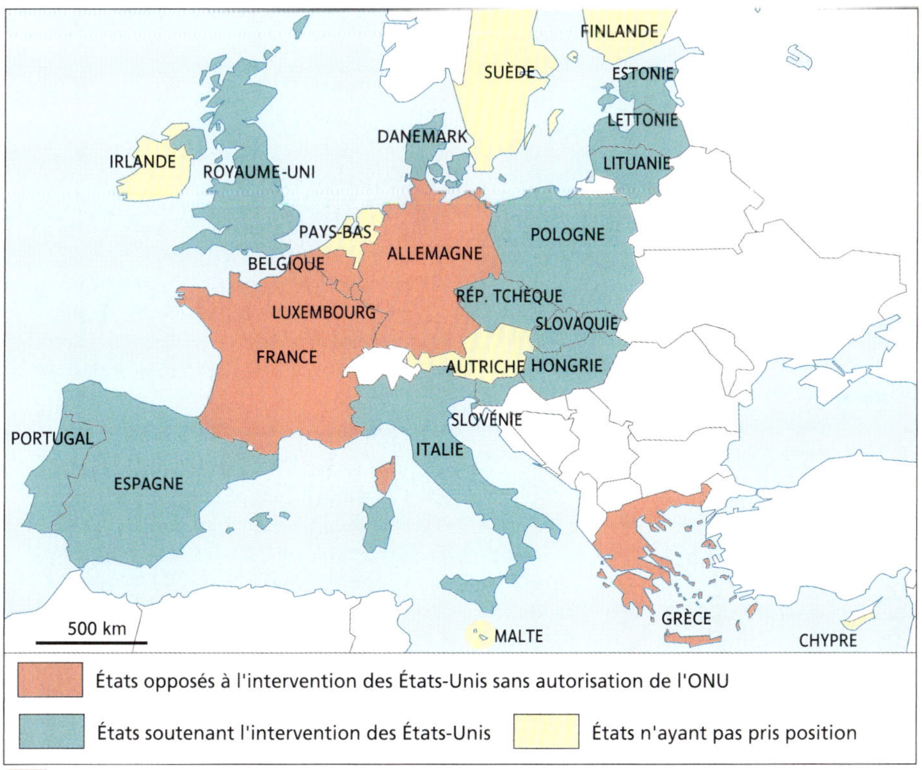

5 **Une Europe divisée face à la guerre en Irak (2003)**

Pistes de travail

1. Pourquoi les États-Unis jouent-ils un rôle fondamental dans la défense de l'Europe ? **(doc. 1 et 2)**

2. Comment l'UE entend-elle accentuer son rôle militaire ? **(doc. 2 et 3)**

3. La PESD est-elle incompatible avec l'OTAN ? **(doc. 2)**

4. Quels sont les États de l'UE les plus attachés à l'OTAN ? Pour quelles raisons ? **(doc. 4 et 5)**

Pour conclure

5. L'UE doit-elle s'émanciper des États-Unis en manière de défense ? Présentez d'une manière précise les arguments pour et contre.

4. Être européen aujourd'hui

Comment le sentiment d'appartenir à l'Europe peut-il se développer ?

Peut-on parler d'une identité européenne ?

L'identité européenne est aujourd'hui plus que jamais au cœur des débats. D'abord parce que l'élargissement de l'Union européenne pose la question des limites de l'Europe, de sa définition même. Ensuite parce que les réformes institutionnelles successives visent à faire de l'UE un ensemble plus cohérent et plus proche des Européens. Et enfin parce que l'Europe ne pourra pas exister comme acteur international, si elle ne suscite pas l'adhésion de ses habitants.

Cependant, l'identité n'est pas une chose qui se décrète ou s'impose. Les identités nationales se sont construites progressivement en Europe et elles restent aujourd'hui encore des repères essentiels. Une identité européenne ne peut émerger qu'à la suite d'un long processus.

L'Europe des citoyens

Cela passe d'abord par la réduction du déficit démocratique dont souffre l'UE selon certains. Le traité de Maastricht (entré en vigueur en 1993) a été dans ce sens, en créant une citoyenneté européenne et en renforçant les pouvoirs du Parlement européen. Élu au suffrage universel direct (depuis 1979), le Parlement partage aujourd'hui le pouvoir législatif avec le Conseil, grâce à la procédure de codécision. Il peut renverser la Commission européenne, comme il l'a fait en 1999. La commission dirigée par J. Santer a dû alors démissionner, à la suite d'irrégularités de gestion qui constituaient le premier « euro-scandale ».

Mais on ne peut pas encore parler d'une démocratie parlementaire à l'échelle européenne. Les taux d'abstention restent élevés aux élections européennes et la vie politique s'organise d'abord au niveau national. Certes, les députés européens forment des groupes parlementaires transnationaux, mais ils s'adressent rarement à une « opinion publique européenne ».

Une réelle « opinion publique européenne » a peut-être commencé à émerger dans les vifs débats auxquels a donné lieu le projet de Constitution européenne en 2005, surtout dans les pays qui ont choisi le référendum comme mode de ratification (Espagne, France, Pays-Bas, Luxembourg).

Valeurs, symboles et réalités quotidiennes

L'adoption éventuelle d'une Constitution accentuerait sans doute le sentiment des Européens de participer à un projet commun. La Constitution inclurait la Charte des droits fondamentaux, déjà adoptée en 2000 mais sans portée obligatoire. Ce texte définit les valeurs partagées par les peuples d'Europe.

Le sentiment d'appartenance à « l'Europe » est aussi nourri par les symboles dont l'UE s'est dotée et qui deviennent familiers à ses habitants. Bien qu'elle ne soit pas un État fédéral, l'UE y ressemble parce qu'elle dispose de tous les signes extérieurs qui caractérisent traditionnellement les États : un drapeau, un passeport et une monnaie (même si l'euro n'a pas été adopté par tous les États membres).

La monnaie unique facilite concrètement les échanges au sein de l'UE. La libre circulation des personnes, organisée dans l'espace Schengen, accroît la mobilité des Européens, et notamment des étudiants. Le programme Erasmus, lancé en 1987, a déjà permis à 1,2 million de jeunes d'étudier dans un pays différent du leur. C'est dans cette catégorie de la population que l'identité européenne commence à s'affirmer à côté des identités nationales, grâce à la pratique de plusieurs langues et à une meilleure connaissance de l'autre.

La « génération Erasmus » sera sans doute la première à se sentir pleinement européenne.

1

La symbolique européenne

Ce drapeau, dont les douze étoiles symbolisent la perfection (et non les États membres), a été adopté comme emblème officiel par le Conseil de l'Europe en 1955, puis par la CEE en 1985.
La même année, l'Ode à la Joie (extrait de la *Neuvième Symphonie* de Beethoven) a été choisie comme hymne officiel et le 9 mai comme Journée de l'Europe.

Vocabulaire

- **Procédure de codécision :** associant le Parlement au travail législatif (qui était essentiellement réservé au Conseil jusqu'au traité de Maastricht), elle lui permet de rejeter un texte.

Notions clés

- **Citoyenneté européenne :** elle complète la citoyenneté nationale sans s'y substituer. Elle permet notamment de se déplacer et de résider dans un autre État membre de l'UE, et d'y voter aux élections municipales et européennes.
- **Déficit démocratique :** cette expression stigmatise le manque de démocratie qui caractériserait l'UE, gérée par les « eurocrates » (les technocrates de Bruxelles), sans réel contrôle de la part des citoyens.

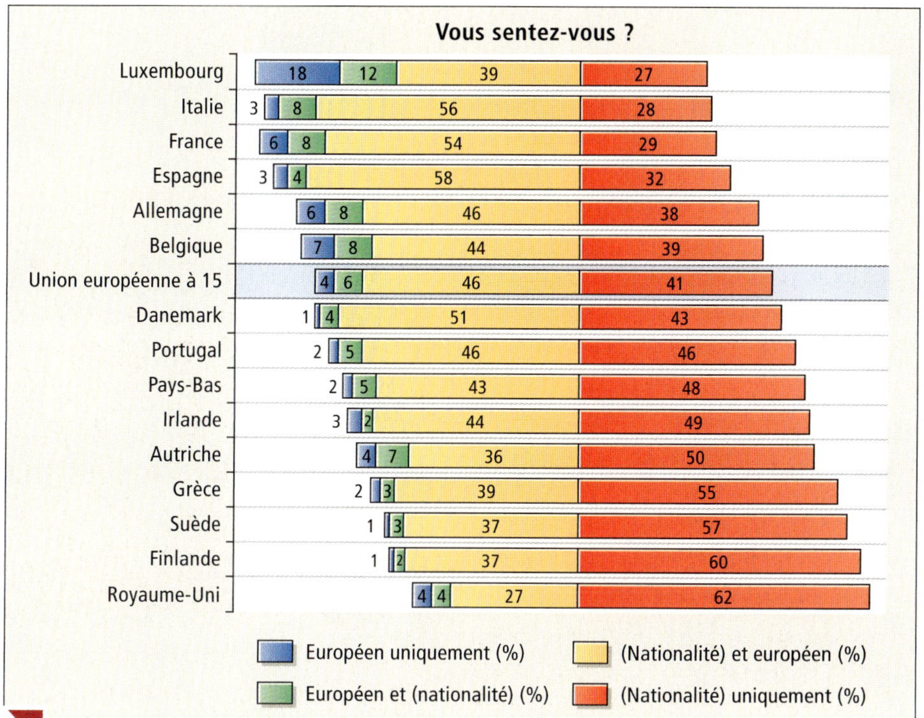

2 *% « ne sait pas » non représenté - Sondage : Eurobaromètres (Commission européenne 2004)*

Identité nationale et identité européenne

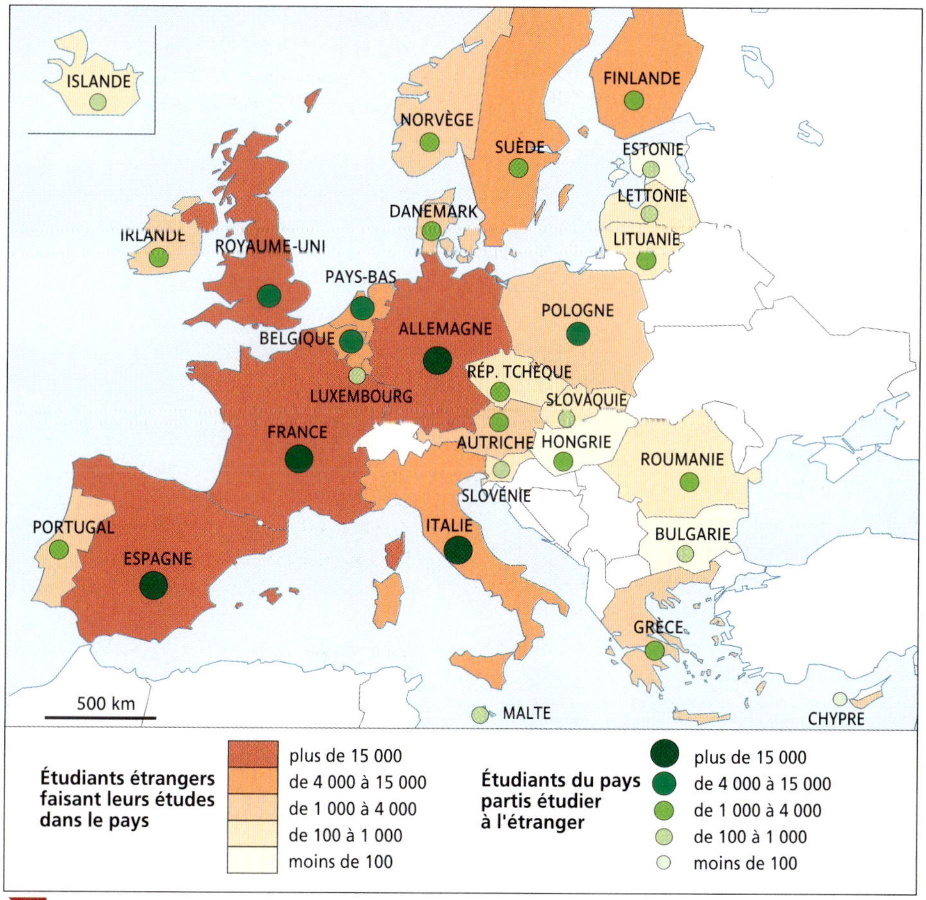

4 L'Europe des étudiants

Les échanges d'étudiants organisés par le programme Erasmus pour l'année universitaire 2003-2004. Le programme fonctionnait déjà pour les dix États entrés en 2004 dans l'UE, ainsi que pour quelques États non membres (Norvège, Islande, Liechtenstein, Roumanie, Bulgarie).

3 Les valeurs européennes

Les peuples d'Europe, en établissant entre eux une union sans cesse plus étroite, ont décidé de partager un avenir pacifique fondé sur des valeurs communes.

Consciente de son patrimoine spirituel et moral, l'Union se fonde sur les valeurs indivisibles et universelles de dignité humaine, de liberté, d'égalité et de solidarité ; elle repose sur le principe de la démocratie et le principe de l'État de droit. Elle place la personne au cœur de son action en instituant la citoyenneté de l'Union et en créant un espace de liberté, de sécurité et de justice.

L'Union contribue à la préservation et au développement de ces valeurs communes dans le respect de la diversité des cultures et des traditions des peuples d'Europe, ainsi que de l'identité nationale des États membres et de l'organisation de leurs pouvoirs publics aux niveaux national, régional et local ; elle cherche à promouvoir un développement équilibré et durable et assure la libre circulation des personnes, des services, des marchandises et des capitaux, ainsi que la liberté d'établissement. […]

Préambule de la Charte des droits fondamentaux de l'Union européenne, 2000.

Pistes de travail

1. Quels sont les pays où le sentiment national reste particulièrement fort ? Quels sont ceux où le sentiment européen est le plus développé ? Essayez d'expliquer pourquoi. **(doc. 2)**

2. Les valeurs européennes sont-elles incompatibles avec les identités nationales ? **(doc. 3)**

3. Quels sont les pays les plus impliqués dans le programme Erasmus ? Comparez la situation du Royaume-Uni et celle de l'Italie. **(doc. 4)**

Chapitre 10

Conflits et défis dans le monde d'aujourd'hui

La fin de la confrontation Est-Ouest a eu des conséquences contradictoires. D'un côté, le monde s'est fragmenté, avec le réveil des identités et la multiplication des conflits. De l'autre, la conscience d'une unité planétaire n'a jamais été aussi forte. Pour faire face à ces défis, il faut inventer une « gouvernance globale ».

- Pourquoi l'instabilité s'est-elle accrue depuis la fin de la guerre froide ?
- Quels sont les enjeux qui rendent nécessaire une coopération mondiale ?
- Comment celle-ci peut-elle s'organiser ?

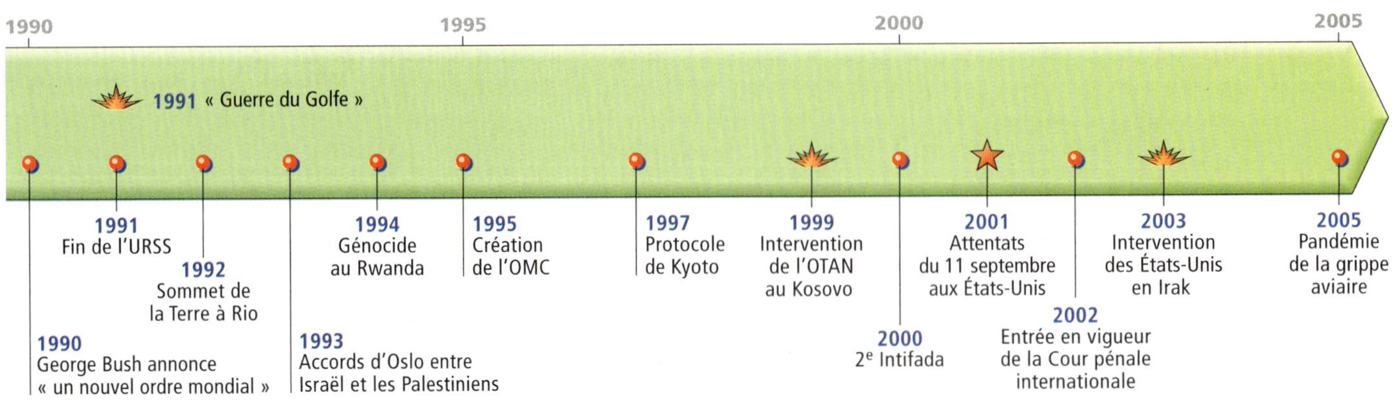

1

L'espoir d'un monde uni

Deuxième sommet de la Terre à Johannesburg (Afrique du Sud) en 2002.

2

De nouvelles menaces

Le 11 septembre 2001, les États-Unis sont frappés par des attentats terroristes d'une ampleur jusque-là inconnue. New York, cœur de l'Amérique et symbole du capitalisme occidental, est la principale cible des terroristes islamistes.

1. Un monde instable

Pourquoi la fin de la guerre froide n'a-t-elle pas apporté plus de stabilité ?

Les replis identitaires

La fin de la guerre froide a réveillé les identités religieuses, nationales et linguistiques dans le monde entier. La confrontation idéologique entre libéralisme et socialisme avait fait passer au second plan ces identités, qui reviennent sur le devant de la scène et se prêtent à toutes les manipulations politiques. La mondialisation, avec les craintes d'uniformisation culturelle qu'elle suscite, favorise aussi ces replis identitaires.

Le nationalisme fait un retour spectaculaire en Europe, notamment dans les anciens pays socialistes. En Afrique, les ethnies constituent souvent la base de mouvements politiques qui luttent pour le pouvoir. La religion peut aussi être instrumentalisée. L'islamisme, qui s'est développé depuis les années 1970, prétend revenir aux sources de l'islam, en renversant les régimes jugés trop éloignés de la « vraie foi » et trop conciliants avec l'Occident.

La multiplication des conflits

Ce réveil des identités tend à affaiblir les États en multipliant les tensions internes. C'est le cas en Europe avec l'explosion des États multiethniques qu'étaient l'URSS et la Yougoslavie (voir dossier pp. 142-143). C'est particulièrement net en Afrique, dans les États issus de la décolonisation, où le processus de construction nationale n'est pas encore achevé. Les conflits interethniques se sont multipliés (Sierra Leone, Liberia, Côte d'Ivoire, etc.), engendrant même un génocide au Rwanda en 1994.

La communauté internationale reste relativement passive face à ces guerres. D'abord parce qu'elle peut difficilement intervenir dans des conflits intra-étatiques, quand le droit international reste fondé sur la souveraineté nationale. Ensuite parce qu'elle ne veut pas forcément agir : les grandes puissances ne s'intéressent plus qu'aux régions jugées vitales pour leur sécurité, alors qu'au temps de la guerre froide, elles étaient obligées de veiller partout à un certain équilibre des forces.

Le Moyen-Orient reste une zone de tension majeure, qui focalise l'attention du monde. De 1987 à 1991, les jeunes Palestiniens se révoltent contre l'administration militaire israëlienne dans les territoires occupés. Cette « guerre des pierres » a débordé les dirigeants palestiniens et poussé Israël à négocier. Mais le processus de paix entre Israël et les Palestiniens, initié par les accords d'Oslo (1993-1995), reste contesté par les radicaux dans les deux camps. En Israël, les extrémistes se sont opposés à la politique de paix de Yitzhak Rabin (assassiné en 1995), puis au retrait des colonies juives de Gaza ordonné par Ariel Sharon (2005). L'Autorité palestinienne est affaiblie par le déclenchement d'une seconde Intifada (2000) et la mort de son leader historique Yasser Arafat (2004). Ce contexte favorise le développement de l'islamisme, en Palestine comme dans d'autres régions du monde musulman (citons la Tchétchénie en lutte contre la Russie, et l'Irak occupé depuis 2003 par les Américains).

De nouvelles menaces

Les États en décomposition, ravagés par les guerres civiles, sont les refuges des réseaux terroristes ou mafieux. Les énormes profits engendrés par le narcotrafic permettent à ces réseaux de financer les guerres, de corrompre les gouvernements, de gangrener les économies. Al Qaida est ainsi capable d'organiser des attentats terroristes dans le monde entier (Indonésie, Espagne, Kenya, etc.) et de frapper l'État le plus puissant du monde le 11 septembre 2001.

Les principales menaces, dans le monde actuel, ne sont désormais plus les guerres « classiques » entre États. Les experts redoutent qu'un mouvement terroriste ne parvienne à s'emparer de missiles ou d'armes de destruction massive.

1 La médiatisation d'Al Qaida

Cassette vidéo de Ben Laden diffusée sur la chaîne de télévision du Qatar *Al Djezira*, le 9 décembre 2000.

Vocabulaire

- **Al Qaida :** ce terme arabe signifiant « la base » désigne d'abord un camp fondé en 1987 par Oussama Ben Laden en Afghanistan pour les volontaires islamistes luttant contre l'URSS. Depuis 1998, le mot désigne un réseau islamiste terroriste dont la cible principale est les États-Unis. Il fonctionne comme une multinationale, sous-traitant les opérations à des groupes locaux.
- **Armes de destruction massive :** par opposition aux armes dites conventionnelles, cette expression désigne les armes nucléaires, chimiques et bactériologiques.
- **Autorité palestinienne :** entité créée par les accords d'Oslo en 1993 et constituant une sorte de gouvernement palestinien en Cisjordanie et à Gaza, en attendant un véritable État indépendant.
- **Ethnie :** terme utilisé par les colonisateurs occidentaux en Afrique pour désigner une population parlant la même langue.
- **Narcotrafic :** trafic international de drogue.

Notions clés

- **Intifada :** mot arabe signifiant « soulèvement ». Il désigne la « guerre des pierres » menée, à partir de 1987, par la jeunesse palestinienne des territoires occupés.
- **Islamisme :** mouvement politique se référant à l'islam. L'islamisme peut prendre des formes très variées, mais il s'oppose toujours aux idéologies inspirées des valeurs occidentales (nationalisme, socialisme, etc.). Il est favorable à l'application de la loi islamique (*charia*) dans la société et la vie politique des États.

2

Guerre civile au Liberia (2003)

Dans les conflits qui ravagent les États africains, les milices n'hésitent pas à enrôler des enfants soldats.

3

Un nouveau mur

Un soldat israélien devant le mur de sécurité construit à partir de 2000 entre Israël et le territoire palestinien de Cisjordanie. La photographie a été prise en juin 2002 à proximité de la ville palestinienne de Tulkarem.

4

Une apologie du terrorisme

Les États-Unis occupent les lieux les plus saints de la terre de l'islam – la péninsule Arabique –, pillant ses richesses, dictant leurs règles à ses dirigeants [...], et transformant leurs bases dans la Péninsule en fer de lance pour combattre les peuples musulmans voisins. [...]

En dépit de la grande dévastation infligée au peuple irakien par l'alliance croisés-sionistes et du grand nombre de morts, qui a dépassé le million, en dépit de tout cela, les Américains essaient une fois de plus de commettre d'horribles massacres. Il semble qu'ils ne se contentent plus ni du long embargo succédant à la violente guerre, ni de la destruction et du déchirement du pays. [...]

Si les objectifs américains derrière ces guerres sont religieux et économiques, ils servent aussi à détourner l'attention sur l'occupation d'Al Qods (Jérusalem) et sur les meurtres de musulmans par Israël. [...]

Tous ces crimes et exactions commis par les Américains représentent une déclaration de guerre franche contre Dieu, son prophète et les musulmans. [...] En conséquence, et en accord avec les commandements d'Allah, nous publions la *fatwa*[1] suivante à destination de tous les musulmans :

« Tuer les Américains et leurs alliés civils et militaires est un devoir individuel pour chaque musulman [...]. Nous appelons les oulémas[2] musulmans, les dirigeants musulmans loyaux, les jeunes et les soldats fidèles à lancer les attaques contre les soldats de Satan [...]. »

Communiqué annonçant la création du Front islamique mondial du Jihad contre les juifs et les croisés, 23 février 1998, signé par Ben Laden et cinq autres dirigeants islamistes, *in Dictionnaire mondial de l'islamisme*, Plon/Les Cahiers de l'Orient, Paris, 2002.

1. *Fatwa* : décision publiée par une autorité religieuse.
2. Ouléma : « savant », autorité compétente en matière religieuse.

5

L'islamisme radical palestinien

Le mouvement islamiste Hamas a été créé en 1987 pour refuser la politique de paix de Y. Arafat. Hamas, qui signifie en arabe « enthousiasme », est l'acronyme de « Mouvement de la résistance islamique ». Ce mouvement a remporté les élections dans les territoires palestiniens en 2006.

Pistes de travail

1. Qui sont les ennemis désignés par ce texte ? Que pensez-vous des termes employés ? **(doc. 4)**

2. Quels sont les problèmes politiques du Moyen-Orient qui justifient la guerre sainte selon Ben Laden ? **(doc. 1 et 4)**

Pour conclure

3. Pourquoi le monde connaît-il plus de conflits depuis la fin de la confrontation Est-Ouest ?

2. Des enjeux planétaires

Comment l'humanité peut-elle prendre conscience de son unité ?

La mondialisation des risques

Face à la multiplication des conflits locaux et à l'émergence de nouvelles menaces, il faut repenser les questions de sécurité à l'échelle mondiale. La lutte contre le narcotrafic **(voir leçon p. 168)** ou les réseaux terroristes requiert la coopération internationale. Mais c'est la notion même de sécurité qui doit être élargie, pour prendre en compte tous les problèmes qui pèsent sur l'humanité.

Les pandémies sont ainsi devenues un défi majeur, parce que leur propagation est facilitée par la mondialisation. Depuis son identification en 1981, le virus du sida a tué plus de 20 millions de personnes dans le monde. Le SRAS, apparu en Chine, est qualifié en 2003 par l'OMS de « menace sanitaire mondiale ». La grippe aviaire, dont on redoute la transmission du virus à l'homme, s'est propagée d'Asie vers l'Europe en 2005 et 2006. La médiatisation de ces pandémies ne doit cependant pas faire oublier les fléaux comme le paludisme et la malnutrition qui continuent à faire des ravages en Afrique.

Pour un développement durable

L'avenir de la planète passe aussi par la sauvegarde de l'environnement. Le trou croissant observé à partir de 1985 dans la couche d'ozone qui protège la Terre a conduit à l'interdiction de certains produits chimiques utilisés jusque-là dans l'industrie. Le premier sommet de la Terre, organisé par l'ONU à Rio de Janeiro en 1992, a popularisé l'idéal d'un développement durable. Le réchauffement climatique est l'une des menaces majeures. Pour y faire face, le protocole de Kyoto (1997) entend réduire l'émission des gaz à effet de serre entre 2005 et 2012. Malgré les réticences de nombreux pays, à commencer par les États-Unis, le sommet de Montréal (2005) a décidé de prolonger au-delà de 2012 ce dispositif.

La préservation des ressources naturelles est aussi une priorité. La consommation d'eau a été multipliée par 5 depuis 1950, alors que la population a été multipliée par 2,5. La maîtrise de l'eau est indispensable à la survie des populations, à l'agriculture et à de multiples activités industrielles. C'est un enjeu majeur du XXIe siècle, notamment dans les régions arides comme le Moyen-Orient. Ainsi, les barrages construits par la Turquie sur le Tigre et l'Euphrate ont provoqué des tensions avec les pays situés en aval de ces fleuves: la Syrie et l'Irak.

Quelles valeurs universelles ?

Ces nouveaux défis ont favorisé une prise de conscience de la globalité des problèmes. Le droit international doit-il définir des « biens communs » appartenant à l'humanité à préserver pour les générations futures ? Pour que cela soit possible, il faut des instances représentant légitimement l'intérêt général **(voir dossier pp. 174-175)** et un consensus minimal sur des valeurs universelles.

Or ce consensus n'existe guère. Beaucoup d'États refusent de reconnaître comme « universelles » des normes qu'ils considèrent comme « occidentales ». Les droits de l'homme, issus de la philosophie européenne des Lumières, sont parfois critiqués, parce qu'ils seraient fondés sur un modèle individualiste inadapté aux sociétés musulmanes ou asiatiques. Les règles écologiques défendues par certains pays développés sont dénoncées par les pays du Sud comme des freins les empêchant de combler leur retard de développement.

On voit bien ici que le clivage Nord-Sud reste un obstacle essentiel à l'unité mondiale. Celle-ci passe d'abord par la solidarité des pays riches à l'égard des pays pauvres.

Quelques indicateurs économiques et écologiques

1	Accès à l'eau[1]	RNB/hab.[2]	Émissions de CO_2/hab.[3]
États-Unis	100 %	34 280	19,7
Allemagne	100 %	23 560	9,7
France	100 %	22 730	6,1
Iran	92 %	1 680	4,8
Éthiopie	24 %	100	0,1
Haïti	46 %	480	0,2
Brésil	87 %	3 070	1,8
Chine	75 %	890	2,3

Source : Banque mondiale.

1. Accès à des sources d'eau améliorées en % de la population (2000).
2. Revenu national brut par habitant en dollars (2001).
3. Émissions de CO_2 par habitant en tonnes métriques (1999).

Vocabulaire

- **OMS** (Organisation mondiale de la santé) : créée en 1948 dans le cadre de l'ONU, installée à Genève, elle est chargée de faire accéder tous les peuples au niveau de santé le plus élevé possible.
- **Pandémie :** épidémie qui touche les humains et/ou les animaux dans un grand nombre de pays.
- **SRAS** (syndrome respiratoire aigu sévère) : cette épidémie a été rapidement jugulée (800 morts) en 2003, grâce à la médiatisation et à la coopération internationale.

Notion clé

- **Développement durable :** modèle de développement qui cherche à concilier la croissance économique avec la préservation de l'environnement pour les générations futures.

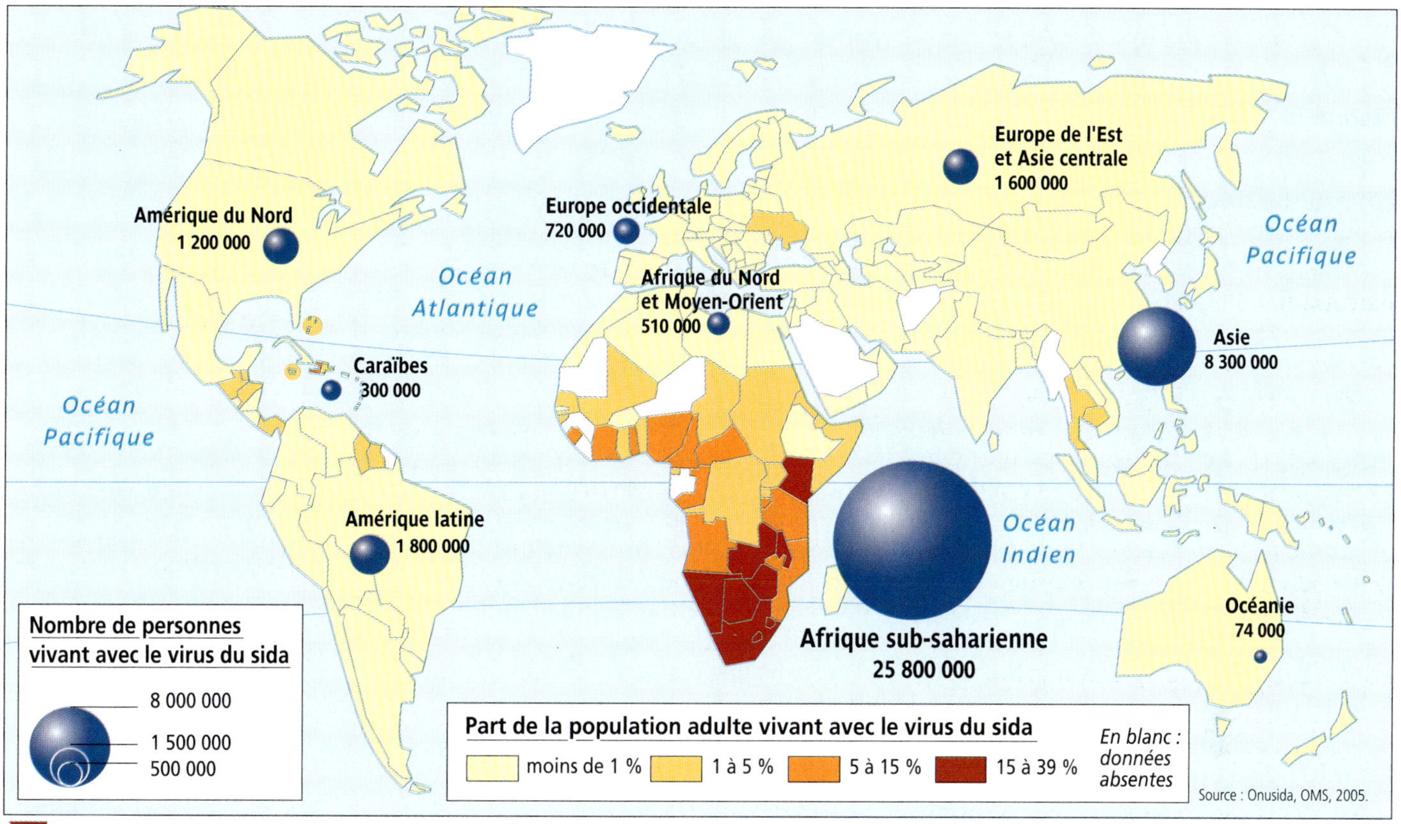

2 **Le sida, fléau mondial**

3 Droits de l'homme et « valeurs asiatiques »

Premier ministre de la Malaisie depuis 1981, Mahathir dénonce l'impérialisme occidental et affirme l'existence de « valeurs asiatiques ».

Pour les Asiatiques, la communauté, la majorité viennent en premier. L'individu, la minorité doivent avoir leurs droits, mais sans empiéter d'une manière déraisonnable sur ceux de la majorité. [...] On peut tolérer quelques déviations, mais l'exhibition illimitée de la liberté personnelle, qui perturbe la paix ou risque de miner la société, n'est pas ce que les Asiatiques attendent de la démocratie. [...]

Les droits de l'homme asiatiques ne doivent pas être une simple copie des droits de l'homme occidentaux. [...] Jusqu'ici, certains pays asiatiques ont refusé de se soumettre aux pressions de l'Occident à propos de la démocratie et des droits de l'homme. Certains, bien sûr, assimilent la modernisation à une occidentalisation totale, à une acceptation totale des normes et des caractéristiques de l'Occident. Mais il est probable que les pays asiatiques du futur seront démocratiques mais différents [...].

Mohamad Mahathir, discours devant la conférence internationale sur le futur de l'Asie, Tokyo, 1995.

Catholique mais attaché à la tradition coréenne, Kim Dae-Jung fut l'un des principaux opposants à la dictature qui régna en Corée du Sud jusqu'en 1992.

Peut-on affirmer une tradition asiatique au nom de laquelle on pourrait rejeter les valeurs démocratiques ou les droits de l'homme comme étant l'expression d'une hégémonie occidentale ?
Je ne le pense pas. La pensée asiatique a véhiculé des valeurs qui coïncident avec l'esprit de la démocratie. Ce qui nous a manqué, c'est la capacité de traduire ces valeurs en institutions et en un système politique. [...] La compassion et la bienveillance qu'enseigne le bouddhisme ne se sont certes pas traduites en une Déclaration des droits de l'homme, mais cette doctrine n'en véhicule pas moins l'affirmation de la dignité et de l'absolu de la personne humaine. [...]
Je crois que les racines de la démocratie et du respect de la personne existent dans les deux traditions, occidentale et asiatique.
La grande différence est que l'Europe a su les ériger en système social.

Kim Dae-Jung, entretien avec Philippe Pons, *Le Monde*, 17 mai 1994.

Pistes de travail

1. Quels sont les facteurs qui peuvent déterminer l'accès à l'eau dans un pays ? **(doc. 1)**
2. Quels sont les pays les plus pollueurs ? Pourquoi ? **(doc. 1)**
3. Quelle est la partie du monde la plus touchée aujourd'hui par le sida ? Pourquoi ? **(doc. 2)**
4. Les droits de l'homme sont-ils universels ou sont-ils un produit de la culture occidentale ? Analysez les réponses apportées par les Asiatiques à cette question et exprimez votre point de vue. **(doc. 3)**

3. Quel ordre mondial pour le XXIe siècle ?

Comment organiser le monde de l'après guerre froide ?

Un monde unipolaire ?

L'ordre bipolaire de la guerre froide a disparu entre 1989 et 1991, avec la fin du bloc soviétique. En 1990, le président des États-Unis, George H. W. Bush (père), annonce un « nouvel ordre mondial », une « phase historique de coopération entre les peuples où le règne du droit supplantera la loi de la jungle ». Il s'agit alors de légitimer l'intervention dirigée par les États-Unis, avec l'accord de l'ONU et la participation de nombreux États, contre l'Irak, coupable de l'invasion du Koweït.

Mais ce relatif consensus s'est vite dissipé. Il semble avoir laissé la place à un monde unipolaire, où les États-Unis sont une hyperpuissance, sans aucun État capable de rivaliser avec eux. Le gouvernement de Washington est prêt à agir seul. La guerre menée en Irak en 2003, sans l'accord de l'ONU, est critiquée comme un exemple d'unilatéralisme pour certains, notamment en France. Ils citent d'autres exemples : les États-Unis refusent de ratifier le protocole de Kyoto, qui les obligerait à revoir leur modèle économique, ou de participer à la Cour pénale internationale (CPI), qui soumettrait leur politique au contrôle d'un nouveau droit pénal international. D'autres, notamment en Allemagne, considèrent au contraire les États-Unis comme une puissance défendant la démocratie, dans un monde où l'ONU n'a pas toujours pu ou su le faire.

Le refus de l'unilatéralisme

Cette politique américaine, incarnée par George W. Bush (fils), est largement critiquée dans le monde, y compris aux États-Unis. L'intervention en Irak en 2003 a été condamnée par de nombreux pays, dont la France et l'Allemagne. Ces pays souhaitent ainsi préserver le multilatéralisme et sortir l'ONU de la crise où elle est plongée (voir dossier pp. 174-175).

Mais une contestation plus radicale est menée depuis la fin des années 1990 par l'altermondialisme. Ce mouvement remet en cause une mondialisation libérale (voir leçon pp. 192-193), imposée par les puissances occidentales. Il dénonce la domination exercée par les pays riches à travers le G7 ou l'Organisation mondiale du commerce (OMC). L'altermondialisme propose notamment de créer une taxe sur les mouvements de capitaux pour financer l'aide au développement. Il s'appuie à la fois sur les luttes sociales menées dans les pays développés, par les syndicats ou certains mouvements paysans, et sur les revendications des pays du Sud. Il organise des « forums sociaux » et des manifestations lors des sommets de l'OMC.

À la recherche d'une gouvernance globale

L'altermondialisme contribue ainsi à faire exister une opinion publique mondiale, une société civile à l'échelle de la planète. Les États ne peuvent plus régler seuls tous les problèmes à l'heure de la mondialisation. Ils doivent prendre en compte les autres acteurs des relations internationales. C'est l'idée d'une gouvernance globale, qui permettrait de régler les problèmes mondiaux d'une manière plus démocratique.

Le rôle croissant des Organisations non gouvernementales (ONG) va dans ce sens. Depuis le sommet de Rio en 1992, elles sont de plus en plus associées au fonctionnement de l'ONU. Les organisations régionales pourraient aussi coopérer, sur chaque continent, avec une ONU « décentralisée », qui leur confierait des responsabilités. C'est peut-être aujourd'hui la solution la plus efficace pour assurer la paix dans une partie du monde : l'Europe en apporte la preuve.

Mais si l'on veut imposer des règles aux États, il faudrait dépasser la souveraineté nationale, qui reste encore la base du droit international. Pour beaucoup, une ONU réformée et relégitimée serait l'instance la plus à même de définir des valeurs universelles et en imposer le respect (voir dossier pp. 174-175). L'espoir d'une justice internationale, capable de traquer les criminels contre l'humanité par-delà les frontières, s'est en tout cas concrétisé avec la Cour pénale internationale.

Vocabulaire

- **CPI** (Cour pénale internationale) : créée par le traité de Rome en 1998 et entrée en vigueur en 2002, la CPI peut poursuivre un criminel originaire d'un État membre ou ayant commis un crime sur le territoire d'un État membre.
- **G7** : groupe des pays les plus riches, fondé en 1975 par sept États désireux de se concerter (États-Unis, Japon, Canada, Royaume-Uni, France, Allemagne, Italie). La Russie fait partie depuis 1997 du groupe (G8), sauf pour les questions économiques.
- **OMC** (Organisation mondiale du commerce) : elle s'est substituée en 1995 au GATT, pour poursuivre la libéralisation des échanges et régler les différends commerciaux entre les États membres.
- **ONG** (organisations non gouvernementales) : ainsi nommées par opposition aux États et aux organisations interétatiques. Il s'agit d'associations agissant sur le plan international, surtout dans les domaines du développement, de l'aide humanitaire et de l'environnement.
- **Unipolaire** : qualifie un monde où existe un seul pôle de pouvoir, et non deux (système bipolaire) ou plusieurs (système multipolaire).

Notions clés

- **Altermondialisme** : mouvement qui conteste la mondialisation sur le modèle libéral et propose une autre forme de mondialisation, jugée plus conforme à l'intérêt des peuples.
- **Gouvernance globale** : gestion du monde par la coopération entre tous les acteurs (ONU, ONG, etc.) et pas seulement les États.
- **Unilatéralisme** : attitude d'un État qui agit seul, sans se plier aux règles des différentes organisations internationales. Le **multilatéralisme** désigne au contraire la concertation et la négociation entre les États dans le cadre des organisations internationales.

1 Pour une mondialisation « à visage humain »

Le Forum social mondial réunit depuis 2001 à Porto Alegre (Brésil) des ONG, des syndicats et des associations altermondialistes.

Nous commençons à comprendre que notre biosphère est fragile, que la planète Terre peut devenir inhabitable à nous-mêmes, à nos enfants et aux générations à venir, si nous n'en prenons pas soin. Nous ne pouvons pas nous désintéresser du réchauffement du climat, du manque d'eau potable dont souffrent 2 milliards d'êtres humains (et des menaces de pénurie qui pèsent sur cette ressource), de l'empoisonnement de nos sols, du pillage de la nature et du gaspillage des sources d'énergie […]. L'expansion de pandémies mortelles comme le sida doit aussi être prise en compte de toute urgence. Tous ces défis écologiques appellent des régulations et la construction d'un pacte mondial pour la préservation de notre environnement.

Régulée par des lois démocratiques et des institutions civiques, la liberté économique peut contribuer à la prospérité et à la sécurité des peuples. Mais la sécurité ne peut exister durablement dans un monde dérégulé où, selon les chiffres officiels des Nations unies, la fortune cumulée de moins de 300 personnes physiques est égale au revenu de 2 milliards d'humains. Un monde qui tolère les paradis fiscaux […] et le blanchiment de l'argent « hors les lois » dont se nourrissent le terrorisme ou d'autres formes de criminalité n'est pas un monde sûr. […] La mondialisation sauvage que nous connaissons doit être remplacée par une mondialisation « à visage humain » et un projet de civilisation à l'échelle planétaire.

Appel du Forum social mondial de Porto Alegre, 1er février 2002.

2 L'opinion publique contre la guerre en Irak

À Londres, le 15 février 2003, la manifestation contre la guerre en Irak a rassemblé près d'un million de personnes. Ce jour-là, 15 millions de personnes auraient manifesté dans le monde, ce qui constitue l'une des plus grandes protestations de l'histoire.

3 La souveraineté nationale vue du Sud

Nous ne dénions pas le droit aux opinions publiques du Nord de dénoncer les atteintes aux droits humains là où elles existent. Nous ne dénions pas non plus à l'ONU le droit et le devoir d'entraide envers l'humanité souffrante. Mais nous demeurons très sensibles à toute atteinte à nos souverainetés non seulement parce que la souveraineté constitue notre dernière protection contre les règles d'un monde inégal, mais aussi parce que, nous ne sommes pas partie prenante, ni véritablement dans les prises de décision par le Conseil de sécurité, ni encore moins dans le contrôle de leur application.

Aussi, dans la mesure où l'État souverain demeure incontestablement le lieu du contrat social et le cadre dans lequel doivent s'organiser les droits de l'homme, politiques certes, mais aussi économiques et sociaux, la communauté internationale doit y favoriser la stabilité, c'est-à-dire pour nos pays en développement, la concorde et l'apprentissage de la démocratie. Mais cela restera chimérique tant que les vrais enjeux, qui sont ceux du développement économique et social, ne seront pas clairement posés.

Abdelaziz Bouteflika, président de l'Algérie, discours devant la 54e Assemblée générale de l'ONU, 20 septembre 1999.

Pistes de travail

1. Qu'est-ce que les auteurs de ce texte dénoncent avec les expressions « monde dérégulé » et « mondialisation sauvage » ? Que proposent-ils ? **(doc. 1)**
2. Pourquoi ce dirigeant d'un État du Sud reste-t-il attaché à la souveraineté nationale ? **(doc. 3)**
3. Que reproche-t-il au système international actuel ? **(doc. 3)**

Pour conclure

4. Présentez d'une manière détaillée un projet de « gouvernance globale » qui prétendrait remédier aux problèmes du monde actuel.

Dossier
L'ONU, une organisation en crise

L'ONU est aujourd'hui en crise. La multiplication de ses missions depuis la fin de la guerre froide pose de graves problèmes de financement. La souveraineté nationale, qui reste le fondement du droit international, est un obstacle à l'intervention dans des conflits qui sont le plus souvent des guerres civiles. L'ingérence dans les affaires d'un État doit se faire au nom de principes reconnus par tous et sans sélectivité.

Or les grandes puissances qui dirigent le Conseil de sécurité sont soupçonnées d'agir en fonction de leurs seuls intérêts. La Chine et la Russie ne respectent pas les règles de la non-prolifération nucléaire. Les États-Unis, n'hésitent pas à mener des guerres sans l'accord de l'ONU. Mais peut-on se passer de l'ONU ? Pour la sauver, il faut la réformer.

Vocabulaire

- **Consolidation de la paix** *(peace-building)* : reconstruction d'un État démocratique menée par l'ONU (désarmement des combattants, organisation des élections, etc.).
- **Imposition de la paix** *(peace-enforcement)* : intervention militaire (menée par un ou plusieurs États) autorisée par l'ONU contre un État « fautif ».
- **Maintien de la paix** *(peace-keeping)* : interposition de casques bleus entre deux belligérants avec l'accord de ceux-ci.
- **Rétablissement de la paix** *(peace-making)* : négociations de paix organisées par l'ONU (souvent en liaison avec les ONG et les organisations régionales).

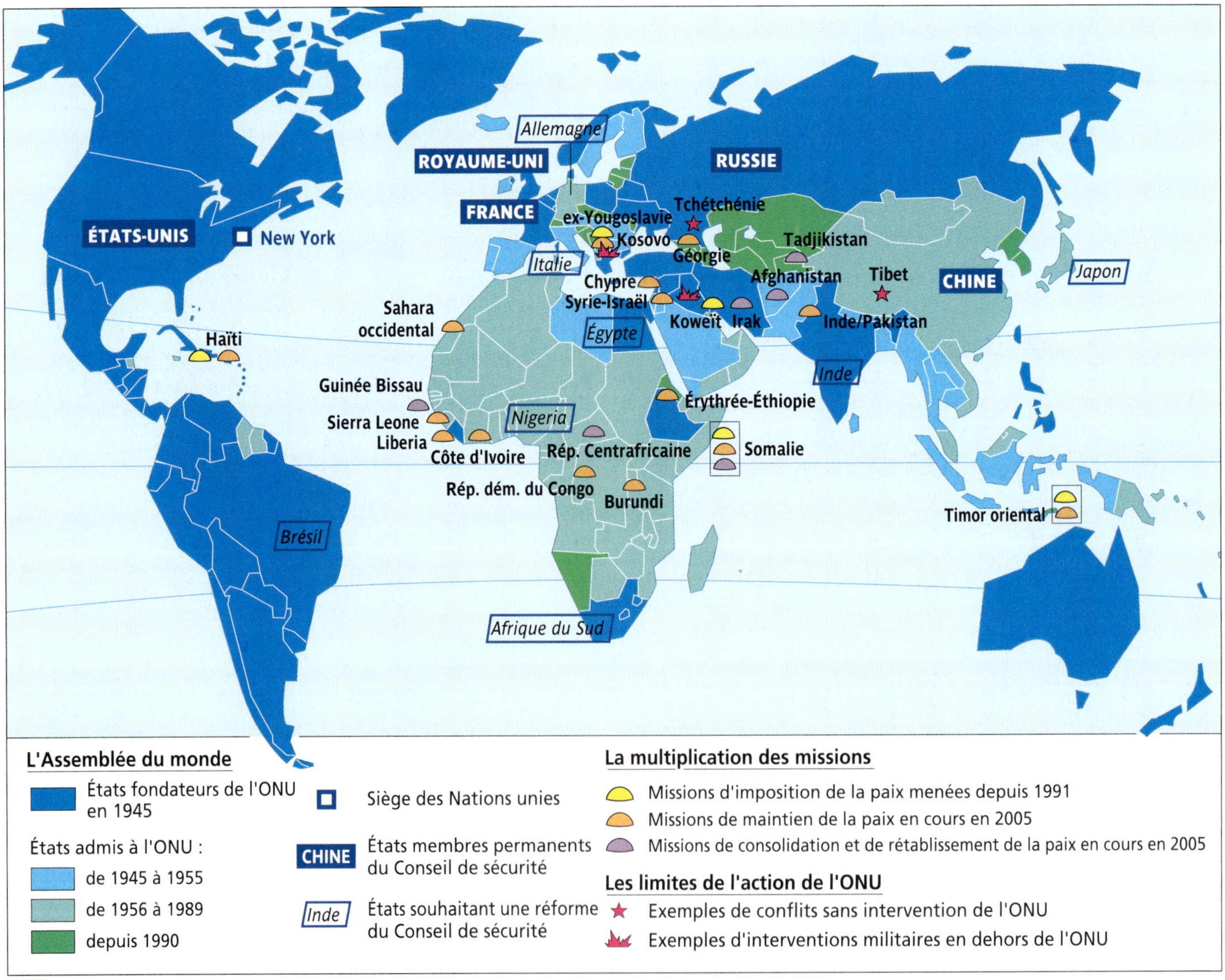

1 L'ONU dans le monde (2005)

2 Éloge du multilatéralisme

Nos pères fondateurs avaient compris qu'en acceptant un exercice conjoint de la souveraineté, les États pourraient avoir une meilleure prise sur les problèmes qu'aucun d'entre eux ne pourrait résoudre seul.

Si ces vérités apparaissaient déjà clairement en 1945, ne devraient-elles pas être encore plus évidentes aujourd'hui, à l'ère de la mondialisation ? [...] Même les pays les plus puissants savent qu'il leur faut collaborer avec d'autres, dans le cadre d'institutions multilatérales, s'ils veulent parvenir à leurs fins.

L'action multilatérale est le seul moyen de garantir que l'ouverture des marchés soit porteuse de bénéfices et de perspectives nouvelles pour tous.

L'action multilatérale est notre seul espoir de donner aux populations des pays les moins avancés la possibilité d'échapper aux horreurs de la pauvreté, de l'ignorance et de la maladie.

L'action multilatérale est le seul moyen dont nous disposions pour nous protéger des pluies acides ou du réchauffement de la planète, de la propagation du VIH/sida, du trafic de drogue ou de l'ignoble trafic d'êtres humains.

Et c'est encore plus vrai dans le cas de la prévention du terrorisme. Un État peut réagir en frappant le groupe terroriste qui l'a attaqué ou le pays qui abrite celui-ci. Mais le seul espoir réel de barrer le chemin aux terroristes passe par une concertation, une vigilance et une coopération auxquelles participent tous les États [...].

Kofi Annan, secrétaire général de l'ONU, discours d'ouverture de la 57e Assemblée générale de l'ONU, 12 septembre 2002.

3 Le problème du financement

Les 10 premiers contributeurs au budget ordinaire de l'ONU

	Contribution en 2005	
	en %	en millions de $
États-Unis	22,0	439,6
Japon	19,5	389
Allemagne	8,7	173
Royaume-Uni	6,1	122,4
France	6	120,5
Italie	4,9	97,6
Canada	2,8	56,2
Espagne	2,5	50,3
Chine	2	41
Corée du Sud	1,8	35,8

• Au budget ordinaire de l'ONU (2 milliards de dollars en 2005) s'ajoute le budget des opérations de maintien de la paix (environ 3 milliards).
• Les contributions sont calculées en fonction du revenu national brut des États membres. Certains contributeurs, comme les États-Unis et le Japon, doivent des sommes importantes à l'ONU.

4 Pour une réforme de l'ONU

Dans un monde ouvert, nul ne peut s'isoler, nul ne peut agir au nom de tous et nul ne peut accepter l'anarchie d'une société sans règles. Il n'y a pas d'alternative aux Nations unies. Mais pour répondre aux défis d'aujourd'hui, ce choix fondamental, exprimé par la Charte, exige une profonde réforme de notre organisation. [...]

La responsabilité principale du maintien de la paix et de la sécurité est dévolue au Conseil de sécurité. Il est donc essentiel à sa légitimité que sa composition reflète l'état du monde. L'élargissement s'impose à de nouveaux membres permanents, car la présence de grands pays est nécessaire. La France pense naturellement à l'Allemagne et au Japon, mais aussi à quelques grands pays d'Asie, d'Afrique et d'Amérique. [...] Cette réforme doit s'accompagner d'un renforcement de l'autorité du Conseil. C'est à lui qu'il appartient d'encadrer le recours à la force. Nul ne saurait s'arroger le droit d'utiliser la force unilatéralement ou préventivement. Mais à l'inverse, confrontés à des menaces accrues, les États doivent pouvoir être assurés que le Conseil dispose de moyens appropriés d'évaluation et d'action collective, et qu'il a la volonté d'intervenir. Nous sommes tous très attachés à la souveraineté des États. Mais sa portée peut et doit être limitée en cas de violations graves des droits de l'homme et du droit humanitaire. Le Conseil de sécurité s'est engagé dans cette voie et la France appuie cette évolution.

Jacques Chirac, président de la République française, discours d'ouverture de la 58e Assemblée générale des Nations unies, 23 septembre 2003.

Pistes de travail

1. Pourquoi les États membres de l'ONU se sont-ils multipliés depuis 1945 ? **(doc. 1)**
2. Quels États ou territoires ne sont pas membres de l'ONU ? **(doc. 1)**
3. Expliquez en quoi consistent les différents types de missions de l'ONU aujourd'hui. Expliquez pourquoi l'ONU est plus active aujourd'hui qu'au temps de la guerre froide. **(doc. 1)**
4. Pourquoi la composition du Conseil de sécurité est-elle aujourd'hui critiquée ? **(doc. 1 et 4)**
5. Quel est le membre permanent du Conseil de sécurité qui ne figure pas parmi les principaux contributeurs de l'ONU ? Pourquoi ? **(doc. 1 et 3)**
6. Dans quel contexte le secrétaire général de l'ONU puis le président Chirac sont-ils conduits à défendre l'action multilatérale ? **(doc. 2 et 4)**
7. Comment le Conseil de sécurité peut-il retrouver légitimité et efficacité ? **(doc. 2 et 4)**

Bilan
L'Europe dans un monde globalisé (1989 à nos jours)

Les dates clés

1989 : chute du mur de Berlin, révolutions dans les « démocraties populaires »

1990 : réunification allemande

1991 : début de la guerre en Yougoslavie (juillet) / fin de l'URSS (décembre)

1993 : entrée en vigueur du traité de Maastricht

1995 : l'Union européenne à 15

1999 : création de l'euro guerre au Kosovo

2001 : attentats du 11 septembre aux États-Unis

2003 : intervention des États-Unis en Irak

2004 : l'Union européenne à 25

2005 : rejet du projet de Constitution européenne en France et aux Pays-Bas

L'Europe dans le monde

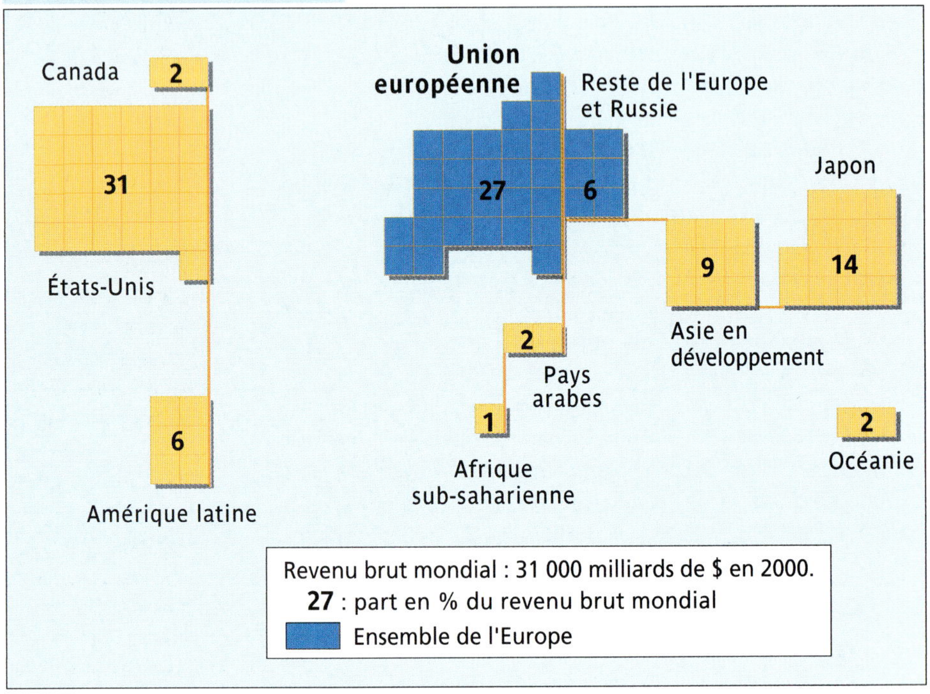

Les mots clés

Français	Allemand	Anglais
approfondissement	Vertiefung	deepening
élargissement	Erweiterung	enlargment
intergouvernemental **communautaire**	Intergouvernemental Gemeinschaftspolitik betreffend (supranational)	intergovernmental community
multilatéralisme **unilatéralisme**	Multilateralismus Unilateralismus	multilateralism unilateralism

Les personnages clés

Boris ELTSINE (1931), président de la Russie de 1991 à 1999

George H. W. BUSH (1924), président des États-Unis de 1989 à 1992

François MITTERRAND (1916-1996), président de la République française de 1981 à 1995

Helmut KOHL (1930), chancelier de la RFA de 1982 à 1998

REGARDS CROISÉS FRANCO-ALLEMANDS

La perception de la fin de la guerre froide

• La dislocation du bloc soviétique et la fin de la confrontation Est-Ouest ont été vécues avec encore plus d'acuité par les Allemands que par les Français.

• L'Allemagne était en effet concernée au premier chef par le « rideau de fer », qui la coupait en deux, et par le mur de Berlin, qui a fait de cette ville le symbole de la guerre froide.

• Les événements de 1989-1990, qui ont permis une réunification très rapide, ont été accueillis avec beaucoup d'enthousiasme en Allemagne. Ils ont en revanche suscité une certaine inquiétude chez une partie des dirigeants français, qui redoutaient une Allemagne « trop » puissante.

La question yougoslave

• La guerre qui a éclaté en Yougoslavie en 1991 a, au moins au départ, entraîné des réactions divergentes de la part de la France et de l'Allemagne. Ces réactions reflètent une approche différente de la situation dans les deux pays.

• Le gouvernement allemand a reconnu très rapidement (23 décembre 1991) l'indépendance des républiques de Slovénie et de Croatie, sans consulter ses partenaires européens. En France, certains avaient l'impression que les Allemands se sentaient culturellement proches des Slovènes et des Croates qui avaient vécu dans l'Empire austro-hongrois jusqu'en 1918. Mais ce soutien s'explique peut-être davantage par le fait que l'opinion allemande était marquée par la libération de l'Allemagne de l'Est en 1989 et le rétablissement de l'unité nationale. C'est pourquoi elle a pu éprouver une sympathie immédiate pour les peuples en quête d'indépendance nationale.

• La France, au contraire, a voulu défendre l'intégrité de la Fédération yougoslave, ce qui revenait de fait à soutenir les Serbes, qui se présentaient comme les garants de l'unité. Beaucoup de dirigeants politiques ou militaires français étaient attachés à l'alliance avec la Serbie, scellée lors de la Première Guerre mondiale.

POUR ALLER PLUS LOIN

À lire

- *L'Atlas du Monde diplomatique*, hors-série, février 2006.
- *Mini atlas du développement global*, ESKA - The World Bank, 2004.
- *Taschenatlas Europäische Union*, Klett, 2. Auflage, 2004.
- *Encyclopédie de l'état du monde*, CD-Rom, La Découverte, 2006.
- Yves Doutriaux, Christian Duquesne, *Les institutions de l'Union européenne*, 5e édition, La Documentation française, 2005.
- Konrad H. Jarausch, *Die unverhoffte Einheit 1989-1990*, Suhrkamp-Verlag, 1995.

À consulter

- http://www.un.org : site officiel de l'ONU.
- http://www.ena.lu : *European Navigator* est une excellente banque de données (en français et en anglais) publiée par un organisme luxembourgeois : le CVCE (Centre virtuel de la connaissance sur l'Europe).

Partie 4

Les transformations techniques, économiques, sociales et culturelles depuis 1945

1

2

3

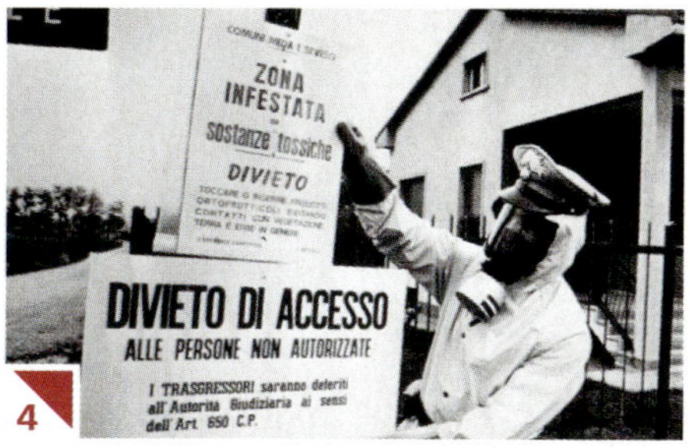

4

5

6

7

8

9

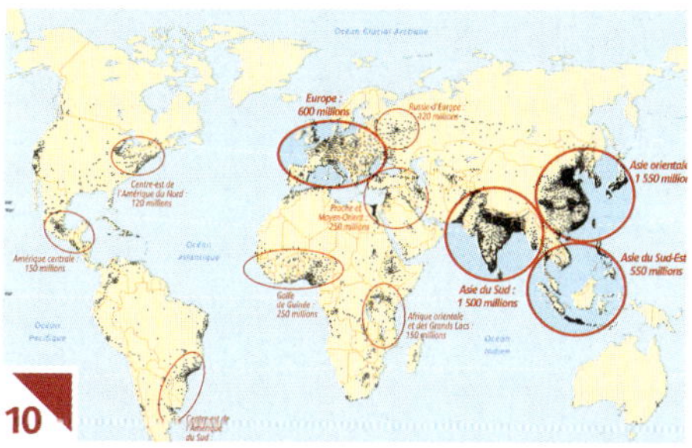

10

11

12

13

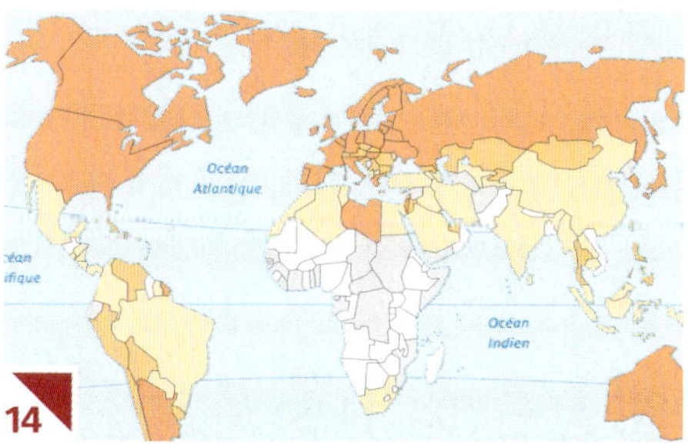

14

15

16

17

18

Chapitre 11

Les mutations économiques depuis 1945

Depuis la Seconde Guerre mondiale, l'économie a subi une évolution radicale. Les performances économiques se sont accrues ; en moins d'un siècle, le niveau et les conditions de vie ont profondément changé. Des techniques qui, il y a 60 ans, appartenaient encore au domaine de l'utopie, sont désormais devenues une réalité quotidienne.

Pourtant, une part importante de la population mondiale continue de vivre dans la pauvreté. Loin de diminuer, les écarts de niveau de vie se sont creusés, mais les « gagnants » doivent aujourd'hui relever de nouveaux défis.

- Comment de tels bouleversements ont-ils pu voir le jour ?
- Quelles sont les conséquences politiques et sociales de ces mutations économiques ?

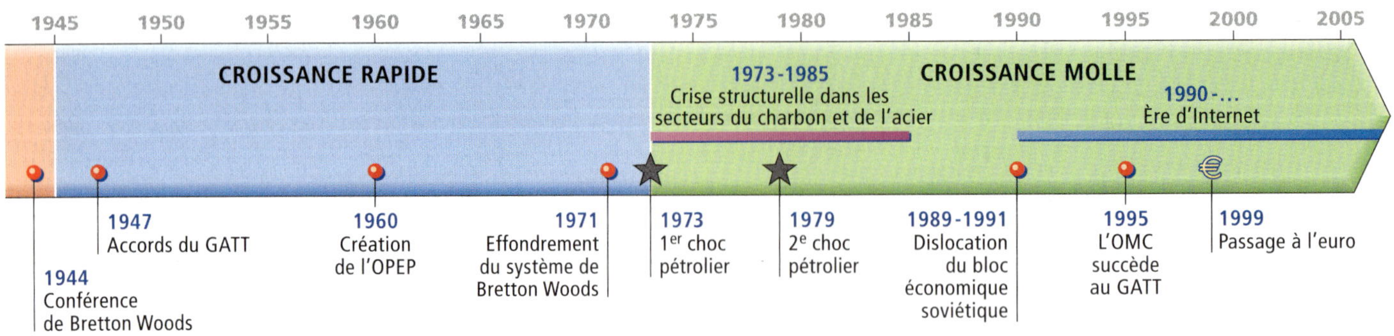

1

La robotisation du travail

Chaîne de montage de voitures, usine Renault de Flins, 1984.

2

La mondialisation de l'économie et du travail

Chaîne de production de l'usine Reebok en Chine, 1994.

1. L'économie à la fin de la Seconde Guerre mondiale

Comment s'opère la transition de l'économie de guerre à l'ordre économique mondial de l'après-guerre ?

Les conséquences économiques de la Seconde Guerre mondiale

Les conséquences économiques de la Seconde Guerre mondiale sont radicales et mondiales. Pendant la guerre, les capacités de production sont mises au service de l'économie de guerre, ce qui entraîne une pénurie croissante des biens de consommation, des goulots d'étranglement pour les matières premières et une rupture des anciennes relations commerciales ; dans le même temps, de nouvelles coopérations se mettent en place.

Dans les zones de conflit, des secteurs entiers de l'économie sont bloqués. Les pays occupés sont systématiquement spoliés et exploités. Dans les États qui, grâce à leurs réserves, peuvent exporter des armements, la Seconde Guerre mondiale déclenche au contraire un immense essor économique.

La fin de la Seconde Guerre mondiale constitue pour les économies de tous les pays une rupture profonde. Les pays impliqués dans le conflit doivent faire face au problème de la réinsertion de millions de soldats et parfois de plusieurs millions de réfugiés.

Les infrastructures de l'Europe centrale sont en grande partie hors d'état de fonctionner, les villes japonaises d'Hiroshima et de Nagasaki ont été détruites par des bombes atomiques. Les destructions constituent le handicap majeur des économies d'après-guerre, mais la reconstruction représente aussi un énorme potentiel de croissance.

À la fin de la guerre : défis économiques et options pour l'avenir

Dès avant la fin de la guerre, il est clair que les conséquences du conflit rendent nécessaire l'instauration d'un nouvel ordre économique international. Lors de la conférence de Bretton Woods aux États-Unis (1er-22 juillet 1944), les adversaires de l'Allemagne et du Japon débattent des questions commerciales et monétaires restées en suspens. Mais ils réfléchissent surtout à la structure d'un nouveau système monétaire.

Les accords de Bretton Woods mettent en place un système de taux de change fixes attachés à l'or et à une monnaie de référence, le dollar américain. Il s'agit de favoriser la reprise du commerce mondial en lui offrant un cadre stable. Le Fonds monétaire international (FMI) et la Banque internationale pour la reconstruction et le développement (BIRD) sont les deux institutions centrales du nouvel ordre économique mondial. Tandis que le FMI est une instance régulatrice et le sera jusqu'à la fin du système des taux de change fixes, la Banque mondiale est chargée d'accorder des prêts pour la reconstruction de l'Europe et pour l'aide au développement des pays d'Amérique latine, d'Afrique et d'Asie.

Nouvel ordre économique et conflit Est-Ouest

Les résolutions de Bretton Woods consacrent la suprématie économique des États-Unis. Le système monétaire lie la politique monétaire des États membres au dollar. Les gouvernements participants n'ont plus d'autonomie en matière de politique monétaire. Au FMI et à la Banque mondiale, la répartition des voix est proportionnelle à la participation financière des États membres, ce qui renforce la position des États-Unis qui en sont les principaux contributeurs. Mais, en contrepartie, les États-Unis assument seuls la responsabilité de la reconstruction économique des pays ruinés par la guerre, notamment dans le cadre du plan Marshall présenté en 1947 **(voir dossier pp. 52-53)**.

L'URSS participe à la conférence, mais en refuse les conclusions. Ainsi les accords de Bretton Woods constituent pour les décennies à venir la base des relations économiques au sein du monde occidental et annoncent le conflit Est-Ouest en gestation.

Vocabulaire

- **Accords de Bretton Woods :** système fondé en 1944 et destiné à assurer un cadre stable au commerce international par des taux de change fixes et par la mise en place, au cœur du dispositif, de la Banque mondiale et du FMI.
- **BIRD** (Banque internationale pour la reconstruction et le développement) : aussi appelée « Banque mondiale », elle est créée en 1944 et installée à Washington. Elle est chargée de financer la reconstruction des pays ruinés par la guerre et d'aider les pays en développement.
- **FMI** (Fonds monétaire international) : créé en 1944, installé à Washington, il est chargé d'assurer la stabilité monétaire et financière du monde et éventuellement d'aider les États connaissant des difficultés financières. Le Fonds est constitué par les versements effectués en or et en devises par les États membres, proportionnellement à leur richesse.
- **Monnaie de référence :** monnaie qui détermine la valeur des autres monnaies. Dans un système de taux de change fixes, leur valeur est liée à la monnaie de référence par des accords.
- **Taux de change fixes :** taux de change qui ne s'établissent pas librement selon l'offre et la demande sur les marchés des devises, mais qui sont fixés et modifiés par des négociations entre les gouvernements.

Pistes de travail

1. Quels sont les points communs et les différences que l'on peut observer dans l'évolution économique des différents pays entre 1939 et 1945 ? Peut-on identifier l'influence de la guerre ? **(doc. 1)**

2. Quels problèmes économiques apparaissent à la suite de la Seconde Guerre mondiale ? Quelles perspectives de croissance laissent-ils envisager ? **(doc. 1 et 2)**

3. Présentez les grands traits du nouvel ordre économique international et dégagez la signification économique et politique des accords conclus. **(doc. 3)**

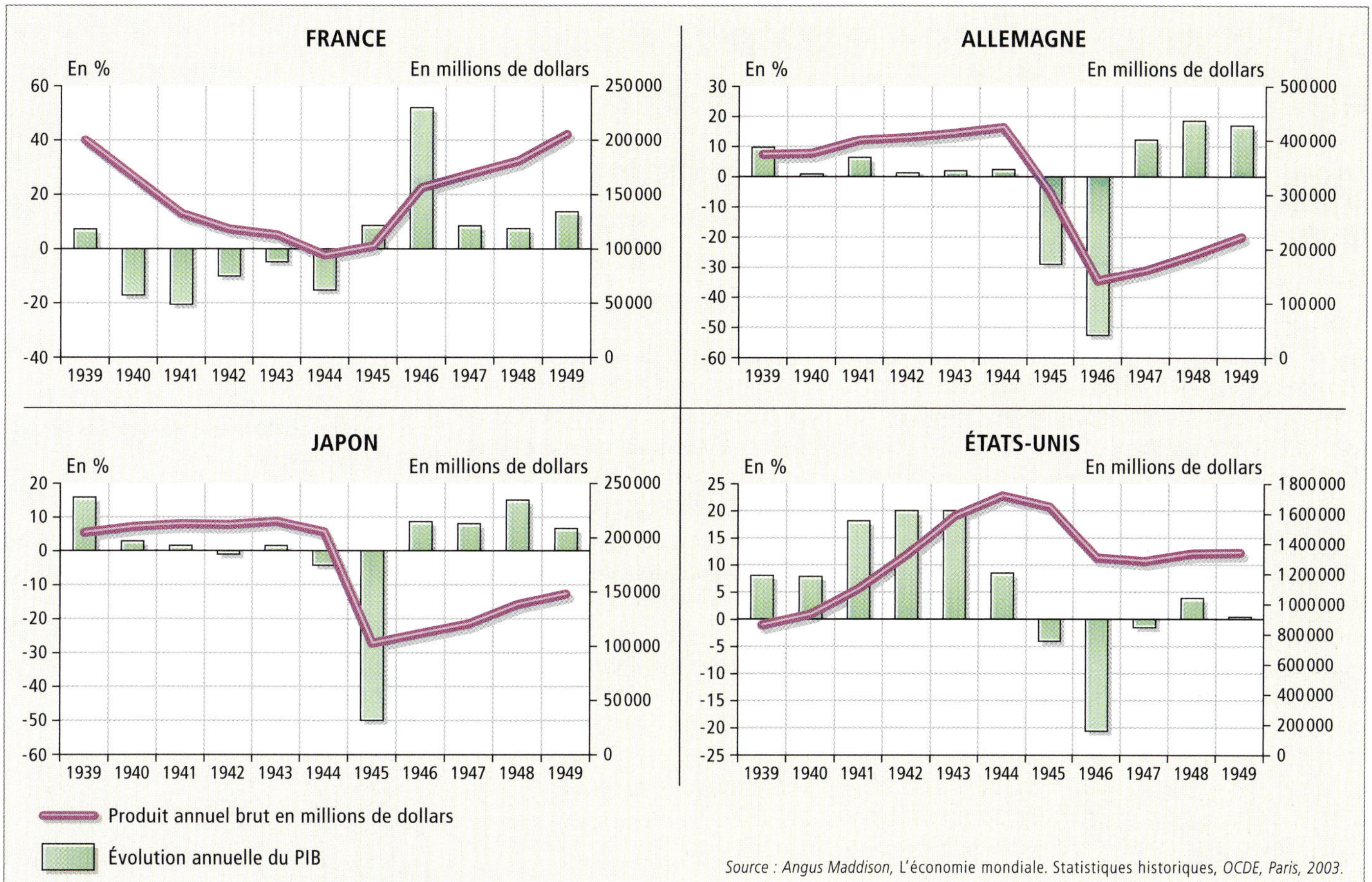

Source : Angus Maddison, L'économie mondiale. Statistiques historiques, *OCDE, Paris, 2003.*

1 L'évolution économique de quatre pays entre 1939 et 1949

2 Destruction et reconstruction

Briques provenant des maisons détruites, Berlin, 1945.

3 Les objectifs du Fonds monétaire international

Art. 1 – Les buts

Les buts du Fonds monétaire international sont les suivants :

1. Promouvoir la coopération monétaire internationale au moyen d'une institution permanente fournissant un mécanisme de consultation et de collaboration en ce qui concerne les problèmes monétaires internationaux.

2. Faciliter l'expansion et l'accroissement harmonieux du commerce international et contribuer ainsi à l'instauration et au maintien de niveaux élevés d'emploi et de revenu réel et au développement des ressources productives de tous les États membres, objectifs premiers de la politique économique.

3. Promouvoir la stabilité des changes, maintenir entre les États membres des régimes de change ordonnés et éviter les dépréciations concurrentielles des changes.

4. Aider à établir un système multilatéral de règlement des transactions courantes entre les États membres et à éliminer les restrictions de change qui entravent le développement du commerce mondial.

Extrait des statuts du Fonds monétaire international, 22 juillet 1944.

2. L'économie mondiale entre 1945 et 1973 : croissance et prospérité

Comment évolue l'économie mondiale durant les décennies qui suivent la fin de la Seconde Guerre mondiale ?
Quelles en sont les conséquences sociales ?

Une croissance inédite

Les années 1945-1973 connaissent une croissance économique qui conduit à une prospérité jusque-là inédite. L'économie mondiale triple en volume et la productivité par tête double entre 1950 et 1973. Cette évolution est commune aux pays industrialisés de l'Ouest, aux pays communistes et aux pays en voie de développement. En dépit de deux périodes de récession, en 1958 et en 1967, ces trente années sont marquées par une croissance économique d'une intensité et d'une continuité exceptionnelles.

Les raisons de cette évolution sont multiples :
- Les destructions de la Seconde Guerre mondiale entraînent une forte reprise de l'activité économique car il faut rebâtir les logements, les infrastructures et les sites de production, en Europe comme en Asie.
- L'essor du commerce international est favorisé par la mise en place du système de Bretton Woods **(voir leçon pp. 182-183)** et par la signature des accords du GATT en 1947.
- Les sept compagnies pétrolières, les *majors* qui dominent le marché du pétrole, s'entendent pour augmenter la production, ce qui entraîne la baisse des prix du pétrole.
- La guerre de Corée (1950-1953) fait croître la demande d'armements **(voir leçon pp. 68-69)** ; les capacités de production sont totalement mobilisées.
- L'innovation technique et l'abaissement des coûts de fabrication favorisent l'essor de la production et de la consommation de masse.

Prospérité croissante et consommation en hausse

Les besoins des populations vivant dans les pays industrialisés augmentent avec la croissance économique. Ainsi apparaît la société de consommation. L'acquisition d'une voiture individuelle, d'un téléviseur ou d'un réfrigérateur, d'un ameublement à la mode, de même que le tourisme à l'étranger deviennent accessibles à une grande partie de la population. Cette demande constitue dans le même temps le principal moteur de la croissance.

C'est l'époque du plein-emploi : en Allemagne de l'Ouest, comme en France, des travailleurs immigrés (« *Gastarbeiter* » en allemand) sont recrutés afin de répondre à la demande croissante de main-d'œuvre **(voir dossier pp. 288-289)**. Ainsi se diffuse l'idée que les problèmes économiques du passé sont durablement surmontés et que s'ouvre une période illimitée de prospérité et de plein-emploi dans le cadre d'une croissance économique exponentielle.

Développement de l'État-providence

L'évolution économique permet aux sociétés occidentales d'étendre la couverture sociale en cas de maladie ou de chômage ainsi que la protection en faveur des retraités, dans le cadre de l'État-providence **(voir dossier pp. 196-197)**. En Allemagne de l'Ouest, le système de Sécurité sociale se développe. Il fonctionne grâce au versement de contributions par l'employeur et par l'employé, l'État assurant une fonction régulatrice.

En Grande-Bretagne, où le « *Welfare State* » est institué en 1945, c'est l'État qui finance directement par l'impôt la Sécurité sociale et l'assurance-maladie.

En France, les caisses de Sécurité sociale ont été initialement alimentées par les cotisations versées par les employeurs et les salariés, mais une partie des prestations sociales étendues par la suite aux non-salariés a été couverte par l'impôt. La France se place donc dans une situation intermédiaire entre « l'État social » allemand (« *Sozialstaat* ») et le « *Welfare State* » britannique.

Vocabulaire

- **Croissance économique exponentielle :** forme de croissance où le taux de croissance reste toujours le même (par exemple 2 %), mais comme la valeur de base (le PIB) augmente chaque année, la croissance n'est pas linéaire mais exponentielle.
- **Plein-emploi :** situation du marché du travail où tous les salariés en âge, ou en état de travailler peuvent trouver un emploi. Comme il est impossible d'obtenir un taux de chômage de 0 % en raison des périodes de transition entre deux emplois on parle de plein-emploi lorsque le taux de chômage est compris entre 0 et 2 %.

Notions clés

- **État-providence** (*Sozialstaat* en allemand) : système qui donne un rôle social important à l'État. Il garantit une protection contre la maladie, le chômage et la vieillesse. Cette protection est financée grâce à des contributions sociales obligatoires.
- **GATT** (*General Agreement on Tariffs and Trade*) : « Accord général sur les tarifs douaniers et le commerce » négocié en 1947 qui prévoit avant tout de faciliter le commerce entre les pays, notamment par la suppression des droits de douane et des licences d'importation. Le GATT a été étendu au cours de nombreux cycles de négociations. Il est à l'origine de l'OMC.
- **Société de consommation :** société dans laquelle la consommation de biens fabriqués en grande série alimente la croissance économique et modifie les comportements sociaux.

1 **Notice d'emploi allemande d'un réfrigérateur Bosch, 1956**

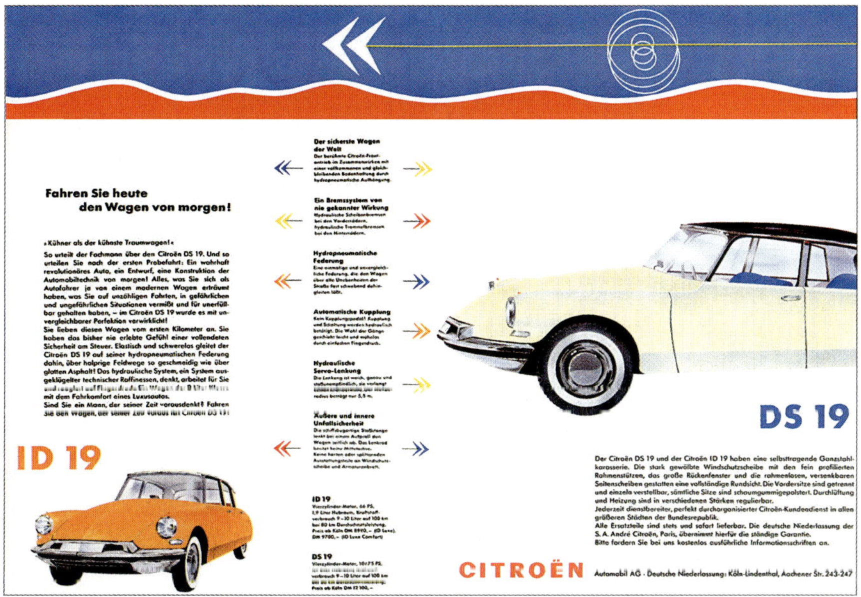

2 **Publicité allemande pour la voiture française DS 19 de Citroën**

« Conduisez aujourd'hui la voiture de demain » annonce le slogan.
La DS est lancée sur le marché français en 1955.

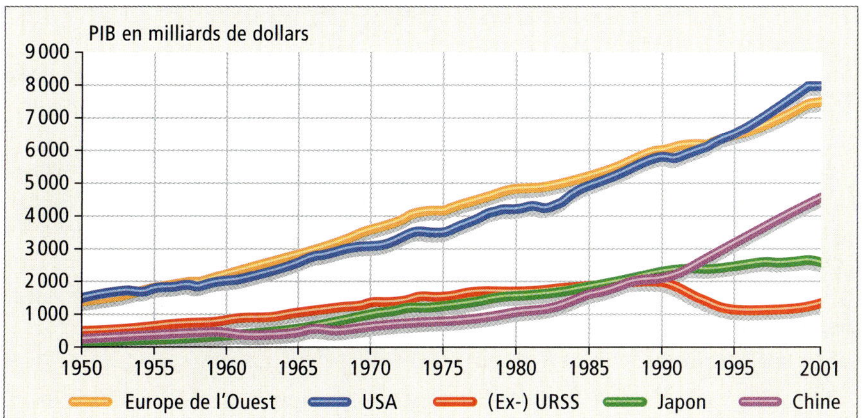

Source : Angus Maddison, L'Économie mondiale. Statistiques historiques, *OCDE, Paris, 2003.*

4

Une croissance économique ininterrompue

Le tableau ne représente pas l'évolution des taux de croissance mais l'augmentation du PIB en valeur absolue. C'est pourquoi on a pu parler de croissance exponentielle.

3 **« La société d'abondance »**

John Kenneth Galbraith, économiste et conseiller du président américain, s'exprime ici sur les conséquences de la prospérité.

La pauvreté était le trait dominant de ce monde. De toute évidence, elle n'est pas celui du nôtre. Les préoccupations d'un monde écrasé par la pauvreté ne sauraient être les mêmes que celles d'un monde où l'individu ordinaire a accès à toutes les commodités de l'existence – denrées alimentaires, divertissements, transport individuel, installations sanitaires – que même les gens les plus fortunés ne pouvaient s'offrir il y a un siècle. Le bouleversement a été tel que les gens ne sont même plus conscients de tous leurs désirs. Ces désirs ne leur deviennent évidents que lorsqu'ils sont suscités artificiellement, précisés et entretenus par la publicité et les campagnes de vente – deux domaines qui sont devenus deux de nos professions les plus importantes et qui comptent des spécialistes de grand talent. Au début du XIXe siècle, rares étaient les gens qui avaient besoin d'un agent de publicité pour savoir ce qu'ils voulaient.

John Kenneth Galbraith, *L'Ère de l'opulence*, agence Michèle Lapautre, 1961.

Pistes de travail

1. Analysez les raisons qui expliquent les forts taux de croissance entre 1945 et 1973. Évaluez leurs conséquences sociales. **(doc. 1 à 4)**

2. Quel est le message diffusé par les publicités ? Quels effets cherchent-elles à produire ? **(doc. 1 et 2)**

3. Confrontez les documents 1 et 2 au contexte économique et social de l'Europe en 1945.

4. Définissez la notion de « société d'abondance » et mettez-la en relation avec l'évolution économique de 1945 à 1973. **(doc. 3)**

3. Une croissance ralentie depuis les années 1970

Comment expliquer le ralentissement de la croissance enregistré depuis les années 1970 au sein des pays industrialisés ?

Des taux de croissance en baisse

Durant la première moitié des années 1970, l'économie mondiale connaît pour la première fois depuis la fin de la Seconde Guerre mondiale un ralentissement durable. Dans l'ensemble, la croissance économique globale se poursuit, mais les taux de croissance annuels baissent. Après la conjoncture faste des premières décennies d'après-guerre, le niveau des prix augmente de manière significative. Presque tous les pays industrialisés sont confrontés à cette conjonction d'inflation et de stagnation, c'est la stagflation.

Le ralentissement de la croissance entraîne une aggravation sensible du taux de chômage et des problèmes sociaux qui en découlent.

Un essai d'explication : les facteurs politiques

On a cherché une première explication dans les facteurs politiques. Les États-Unis ont dû dévaluer le dollar en raison du déficit de leur balance commerciale et du coût financier de la guerre du Vietnam. Les autres pays industrialisés sont à leur tour incités à modifier leur politique monétaire, et refusent de s'aligner sur un dollar inflationniste. On a ainsi assisté, au début des années 1970, à l'effondrement du système des taux de change fixes institué à Bretton Woods **(voir leçon pp. 182-183)**.

D'autres événements politiques, la guerre du Kippour entre Israël et ses voisins arabes (1973), la révolution iranienne (1979) et la guerre entre l'Iran et l'Irak (1980-1988), **(voir repères pp. 80-81)** ont provoqué la hausse des prix du pétrole. Ils ont aussi révélé la vulnérabilité de l'économie mondiale face aux crises politiques et militaires. Les pays industrialisés, hautement dépendants du pétrole, subissent le « choc pétrolier » **(voir dossier pp. 188-189)**. Des goulots d'étranglement dans l'approvisionnement énergétique ont entraîné des restrictions dans la vie quotidienne et dans la production.

Une approche différente : les limites de la croissance

D'autres interprétations soulignent ce qu'il y a de tout à fait exceptionnel dans la forte croissance enregistrée de 1945 à 1973. Depuis les années 1970, l'économie mondiale n'a jamais pu retrouver des perspectives de croissance aussi favorables que durant la phase de reconstruction d'après-guerre.

L'économie mondiale est cependant restée orientée à la hausse après comme avant 1973. La baisse du taux de croissance n'a pas signifié l'arrêt de la croissance. Elle a plutôt signifié le fait qu'elle ne pouvait se poursuivre à l'infini. Dans cette perspective, la transition de la croissance exponentielle des années 1950 et 1960 **(voir leçon pp. 184-185)** à la croissance linéaire des années 1970 apparaît comme un processus normal.

Les critiques à l'encontre d'un modèle de croissance non maîtrisé et destructeur pour l'environnement se sont multipliées depuis les années 1970. Les catastrophes, comme l'accident chimique de Seveso dans le nord de l'Italie (10 juillet 1976) ou la pollution de l'air et de l'eau, font naître des doutes sur l'opportunité de poursuivre le développement économique au rythme des décennies précédentes. Ces questions figurent dès 1972 dans le rapport du Club de Rome sur la situation de l'humanité, qui se demande si les limites de la croissance ne sont pas atteintes.

Vocabulaire

- **Club de Rome :** comité de scientifiques et de chefs d'entreprise fondé en 1968 qui débat de la situation économique et sociale de l'humanité ainsi que des questions du maintien de la paix. En 1972, le Club de Rome a publié un rapport très remarqué, *Halte à la croissance ?*
- **Croissance linéaire :** forme de croissance dans laquelle l'augmentation du produit intérieur brut est chaque année la même en valeur absolue ; au contraire de la croissance exponentielle, dans laquelle ce sont les taux de croissance qui sont constants en pourcentage.
- **Déficit commercial :** situation économique d'un pays qui exporte moins qu'il n'importe. À l'inverse, les sorties de devises sont plus importantes que les rentrées.
- **Inflation :** hausse générale du niveau des prix.
- **Stagflation :** situation de l'économie qui combine stagnation (croissance faible) et inflation.
- **Stagnation :** phase sans croissance économique ou de croissance très faible.
- **Taux de croissance :** évolution du produit intérieur brut d'une année sur l'autre.

Pistes de travail

1. Analysez l'évolution de la croissance sur le long terme. Que peut-on en conclure ? **(doc. 1)**
2. Pourquoi la croissance fait-elle l'objet de débats dans l'opinion, surtout depuis le déclenchement de la crise économique ? **(doc. 2)**
3. Comparez les opinions formulées dans les documents 2 et 4.

	Taux de croissance annuel moyen du PIB mondial
1820-1870	0,93 %
1870-1913	2,11 %
1913-1950	1,85 %
1950-1973	4,91 %
1973-1998	3,01 %

	Taux de croissance annuel moyen du PIB par heure travaillée (en %)			
	1870-1913	**1913-1950**	**1950-1973**	**1973-1998**
France	1,74	1,92	5,03	2,54
Allemagne	1,56	0,75	5,86	2,38
Italie	1,66	1,96	5,77	2,27
Royaume-Uni	1,22	1,67	3,09	2,19
États-Unis	1,92	2,48	2,77	1,52
Japon	1,99	1,80	7,74	2,70

Source : Angus Maddison, L'Économie mondiale, une perspective millénaire, *OCDE, 2001.*

1 Évolution des taux de croissance (1820-1998)

3 Les excès de la croissance ? Un drame écologique

En 1976, un réacteur chimique explose en Lombardie (Italie), près de la ville de Seveso, et cause un rejet de dioxine dans l'atmosphère dont vont être victimes plus de 35 000 personnes. Un policier boucle l'accès à la zone contaminée.

2 « Halte à la croissance ? »

Le Club de Rome publie en 1972 un rapport établi par Dennis Meadows sur la situation de l'humanité.

Notre modèle global a été construit essentiellement pour traiter cinq tendances fondamentales qui sont d'intérêt universel – l'industrialisation accélérée, la croissance rapide de la population, la très large étendue de la malnutrition, l'épuisement des ressources naturelles non renouvelables, et la dégradation de l'environnement. Entre ces tendances est tissé un réseau très dense et très divers de relations : l'évolution de ces tendances est une affaire de décennies, voire de siècles [...].

Nos conclusions sont les suivantes :

1. Si la population mondiale, le niveau d'industrialisation et de pollution, la production de denrées alimentaires et l'exploitation des ressources naturelles continuent de connaître le rythme de croissance actuel, d'ici un siècle les limites absolues de la croissance seront atteintes. Cela entraînera alors très vraisemblablement un recul rapide et irréversible de la population et de ses capacités industrielles.

2. Il nous paraît cependant possible de corriger ces tendances de façon à atteindre un équilibre écologique et économique durable. On pourra ainsi garantir des conditions de vie agréables pour tous, tout en laissant à chacun la possibilité de développer ses propres capacités et d'atteindre ses objectifs personnels.

3. Plus l'humanité se décidera rapidement à atteindre ce point d'équilibre, plus vite elle agira en ce sens, plus ses chances de l'atteindre effectivement seront importantes.

Dennis Meadows (dir.), « Les limites de la croissance », in *Halte à la croissance ? Enquête sur le Club de Rome*, de Janine Delaunay, Paris, 1972.

4 « La croissance n'a pas de limite »

L'économiste américain Paul Romer discute les conceptions du Club de Rome.

Toutes les prévisions sur les limites de la croissance sont complètement erronées. Pour le Club de Rome, l'économie nationale est une usine. À un bout de la chaîne, on a des matières premières, et à l'autre, des produits. Tôt ou tard, il n'y aura plus de matières premières, les mers sont polluées et l'air irrespirable. Ils n'ont tout simplement pas compris qu'une économie moderne ne fonctionne pas comme une usine.

Il n'y a pas de limite à la croissance. Nous fabriquerons de moins en moins de produits nuisibles à l'environnement, et de plus en plus de produits fondés sur le savoir comme, par exemple, de meilleures puces électroniques. Nous augmenterons à l'infini la valeur de notre planète. Ce qu'il y a de fascinant dans l'économie moderne, c'est que nous pourrons profiter beaucoup plus que par le passé de notre savoir et de nos inventions. Il se trouvera toujours des gens compétents pour découvrir de nouvelles idées, développer de nouveaux produits, fonder des entreprises, créer de la croissance et des emplois.

Paul Romer, *Wissen schaft Wachstum (Le Savoir comme source de croissance)*, Unternehmer 2/98.

Dossier
Origines et conséquences de la crise pétrolière

Lors de la guerre du Kippour, en 1973, les pays arabes membres de l'Organisation des pays exportateurs de pétrole (OPEP) (voir leçon pp. 74-75) imposent un embargo aux États-Unis et aux pays qui soutiennent l'État d'Israël. Ils s'entendent pour réduire le volume de leur production. Cette décision provoque une forte augmentation du prix du pétrole, encore accentuée par la révolution islamique en Iran (1979) et par la guerre Iran-Irak (1980-1988). Les pays industrialisés prennent alors vraiment conscience de leur dépendance à l'égard du pétrole bon marché.

Pour s'affranchir de cette dépendance et réduire leur facture pétrolière, les pays industrialisés se sont efforcés d'encourager les économies d'énergie et de promouvoir les énergies propres ou les énergies alternatives, en particulier l'énergie nucléaire.

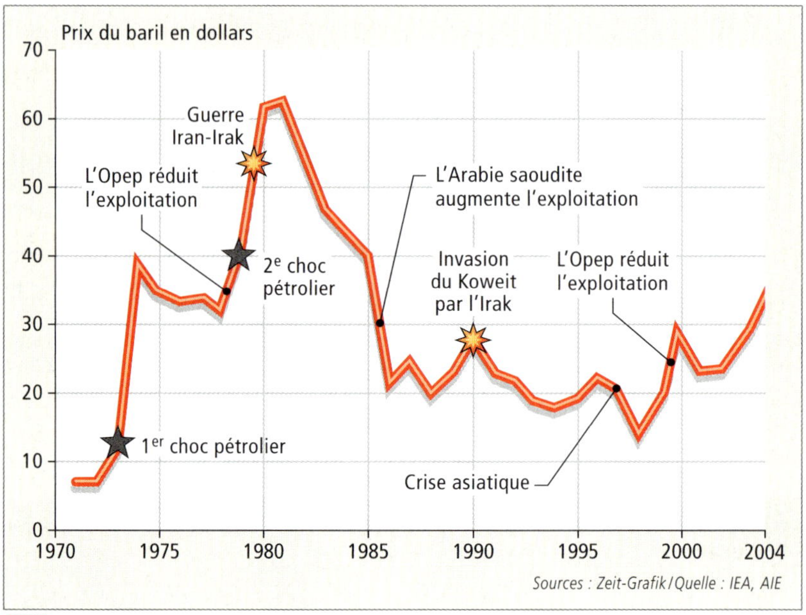

1 L'évolution du prix du pétrole (1970-2004)

2 **Problèmes d'approvisionnement en pétrole aux États-Unis en 1973**

Devant la station essence, un panneau indique « Rupture de stock aujourd'hui ».

3 Croissance et énergie

L'expansion économique mondiale est manifestement liée à la disponibilité croissante de sources d'énergie. Nous sommes résolus à assurer à nos économies les ressources énergétiques nécessaires à leur croissance. Nos intérêts communs rendent nécessaire que nous continuions de coopérer afin de réduire notre dépendance vis-à-vis de l'énergie importée, par la conservation et le développement de sources alternatives. Par ces mesures, ainsi que par une coopération internationale entre pays producteurs et consommateurs conforme à leurs intérêts à long terme, nous n'épargnerons aucun effort pour assurer des conditions plus équilibrées et un développement harmonieux et régulier du marché énergétique mondial.

Déclaration du premier sommet économique mondial de Rambouillet, 1975.

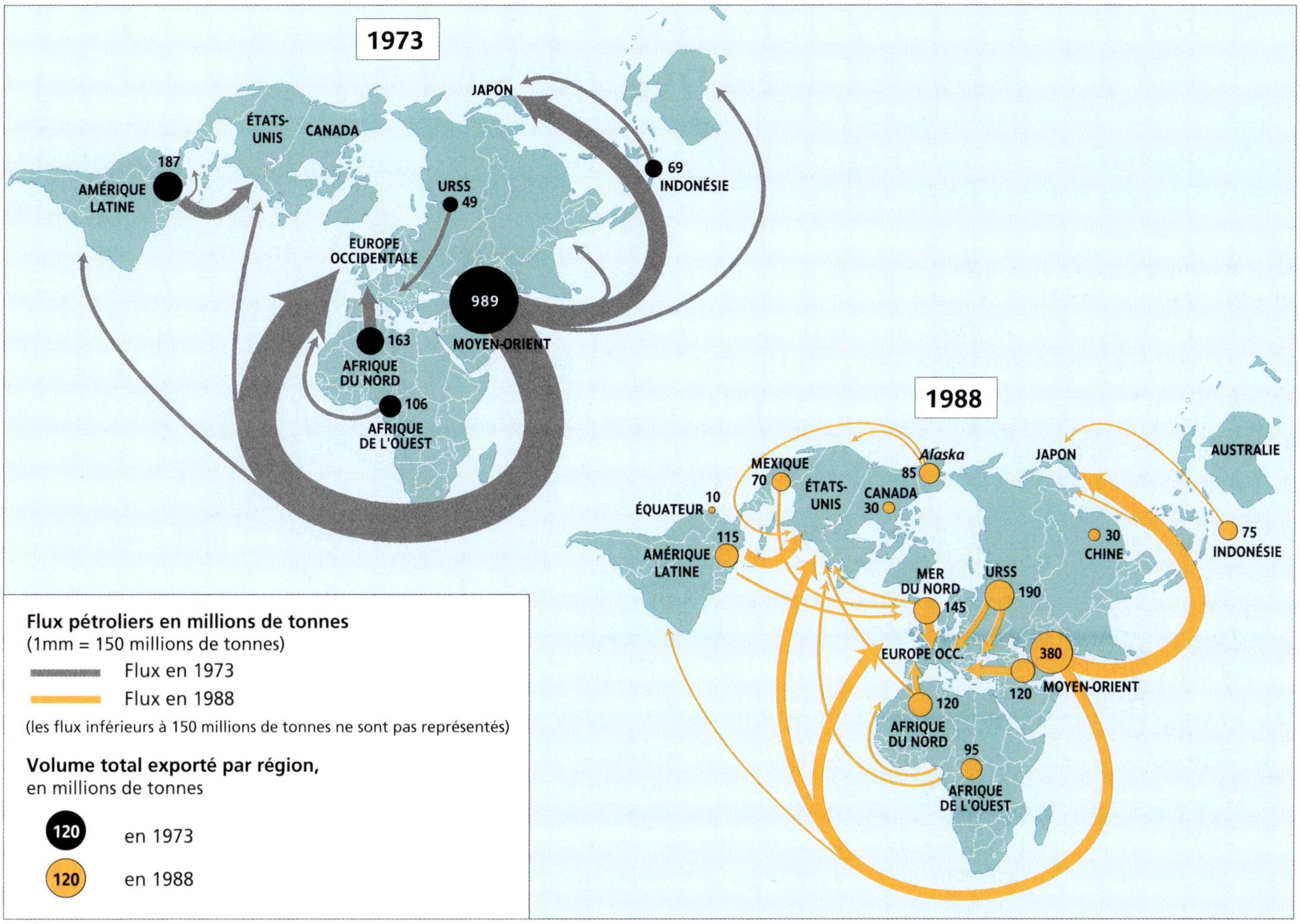

4 Le commerce mondial du pétrole

5 Changement de cap (1973)

Tandis que durant les années passées l'économie américaine a connu une phase de forte croissance et que notre pays s'est développé, nos besoins en énergie ont commencé à dépasser les ressources disponibles. Au cours des derniers mois, nous avons pris plusieurs mesures pour augmenter ces ressources et réduire notre consommation. En dépit de tous nos efforts, nous savions cependant qu'une période de restrictions temporaires était inévitable.

Malheureusement nos prévisions pour cet hiver se trouvent gravement altérées en raison du récent conflit au Proche-Orient. Du fait de cette guerre, la plupart des pays exportateurs du Proche-Orient ont réduit leur production et stoppé leurs livraisons à destination des États-Unis. À la fin du mois, il nous manquera plus de 2 millions de barils de pétrole par jour, sur lesquels nous comptions.

Nous nous trouvons donc face à un fait incontournable : nous nous dirigeons vers le plus grave déficit énergétique que nous ayons connu depuis la Seconde Guerre mondiale. Cet hiver, notre approvisionnement en pétrole sera d'au moins 10 % inférieur à nos besoins et ce chiffre pourrait même atteindre les 17 %. Même avant la guerre au Proche-Orient, ce risque de déficit avait fait l'objet d'intenses discussions. [...] Au terme de ces débats, un large consensus s'était dégagé : il nous fallait, en tant que nation, changer de cap.

À court terme, cela signifie que nous devons consommer moins d'énergie : cela veut dire donc, moins de chauffage, moins d'électricité, moins d'essence. À long terme, cela veut dire qu'il faut découvrir de nouvelles sources d'énergie, pour que nous puissions subvenir à nos besoins, sans être dépendants d'une quelconque autre nation.

Discours à la nation du président américain Richard M. Nixon sur la politique à suivre face au déficit énergétique, 7 novembre 1973.

Pistes de travail

1. Expliquez l'évolution du prix du pétrole, en replaçant les grandes hausses ou baisse dans leur contexte. **(doc. 1)**
2. Quelles sont les origines de la crise du pétrole de 1973 ? Comparez avec le texte de Richard Nixon. **(doc. 1 et 5)**
3. Décrivez les conséquences économiques de la crise du pétrole. **(doc. 1 à 5)**
4. Quelles leçons les pays industrialisés tirent-ils de la crise du pétrole ? **(doc. 3, 4 et 5)**

4. Restructurations économiques et politiques anti-crise (1970-1990)

Quels changements les mutations de l'économie entraînent-elles sur les sociétés et dans les modes d'intervention de l'État ?

Mutation des structures de l'économie

Les économies du monde occidental ont subi depuis le début de l'industrialisation de profondes mutations sectorielles qui se sont accentuées dans les années 1970 et 1980. Ces mutations de longue durée ont trois caractéristiques essentielles. En premier lieu, la part de l'agriculture (secteur primaire) recule dans le produit intérieur brut et dans la population active. Puis, la part de la production industrielle (secteur secondaire) augmente jusque dans les années 1960 et diminue ensuite. Enfin, la croissance de la part des services (secteur tertiaire) s'effectue de plus en plus au détriment de la production industrielle.

Les causes de cette évolution sont multiples : l'émergence de concurrents dans les pays en voie de développement qui produisent à des coûts moins élevés ; la diffusion de nouvelles technologies (robotisation) et l'emploi de nouvelles sources d'énergie (comme le nucléaire) ; les gains de productivité qui ont entraîné une chute de l'emploi dans les industries traditionnelles de main-d'œuvre, comme le charbon et l'acier.

Les conséquences sociales des restructurations économiques

Les conséquences sociales des restructurations économiques sont restées limitées tant que la main-d'œuvre provenant des secteurs en déclin a pu retrouver un emploi dans les branches plus dynamiques.

Ce n'est plus le cas depuis les années 1970, du fait du ralentissement de la croissance. Il apparaît de plus en plus clairement que les conditions très favorables qui ont présidé à la croissance dans la phase de reconstruction d'après-guerre ont contribué à masquer l'existence d'un « chômage structurel », dont les causes profondes sont à rechercher dans un processus de restructuration économique de longue durée.

La lutte contre la crise : du keynésianisme au néolibéralisme

De nombreux pays européens tentent, dans les années 1970, de relancer l'activité économique par des mesures d'inspiration keynésienne, par exemple la baisse des taux d'intérêt ou l'augmentation des dépenses publiques. Les secteurs les plus touchés par la crise, l'agriculture, les charbonnages ou la sidérurgie, bénéficient de mesures de soutien qui les protègent, totalement ou partiellement, des évolutions du marché mondial. C'est le cas pour l'agriculture, soutenue notamment dans le cadre de la Politique agricole commune (PAC) de la Communauté européenne depuis le début des années 1960.

En Grande-Bretagne, le Premier ministre Margaret Thatcher choisit de rompre avec le keynésianisme. Elle souhaite rétablir le libre jeu de la concurrence et réduire les dépenses sociales versées par l'État. La fermeture des mines de charbon jugées non rentables, imposée par le gouvernement britannique en 1984-1985, a constitué le volet le plus controversé d'une politique connue sous le nom de « thatchérisme ».

Le président américain Ronald Reagan mène une politique analogue durant ses mandats de 1981 à 1988. Baisse des impôts, diminution des prestations sociales et dérégulation sont les points centraux de ce qu'on a appelé les « *Reaganomics* ». À la différence toutefois de Margaret Thatcher, Ronald Reagan soutient la croissance par un vaste programme d'investissements dans le secteur de l'armement. Ainsi, le nombre de chômeurs est divisé par trois, le taux d'inflation diminue de moitié, mais le montant du déficit budgétaire triple.

1

Les champions du néolibéralisme

Ronald Reagan (président des États-Unis de 1981 à 1988) et Margaret Thatcher (Premier ministre britannique de 1979 à 1990) lors d'une conférence au sommet, Bonn, mai 1985.

Vocabulaire

- **Chômage structurel :** chômage résultant des mutations intervenues dans les structures de l'appareil de production.
- **Mutation sectorielle :** modification de la part des différents secteurs d'activité dans le produit intérieur brut.
- **PAC** (Politique agricole commune) : elle doit aider à moderniser les campagnes, assurer des revenus décents aux agriculteurs et des prix raisonnables au consommateur, stabiliser les marchés et garantir la sécurité des approvisionnements.

Notion clé

- **Keynésianisme :** politique économique fondée sur les théories de l'économiste britannique John Maynard Keynes (1883-1946) qui vise à relancer l'activité économique par l'intervention de l'État, par exemple par la hausse des investissements publics et la baisse des taux d'intérêt (donc du crédit) durant les périodes de crise, et à ralentir l'activité économique par des mesures contraires en cas de « surchauffe ».

2 Mutations des structures économiques

Part en % du produit intérieur brut	France			République fédérale d'Allemagne			Royaume-Uni		
	1971-1980	**1981-1990**	**1991-2000**	**1971-1980**	**1981-1990**	**1991-2000**	**1971-1980**	**1971-1980**	**1991-2000**
Agriculture, pêche	6,2	4,3	3,2	3	2	1,3	2,6	2	1,6
Industrie	37,3	32,2	27	44,6	40,3	33,5	41,8	39	30,9
Services	56,5	63,5	69,8	52,4	57,7	65,2	55,6	59	67,5

Source : Banque mondiale, 2004.

4

L'agriculture, un secteur protégé

À Valencienne, des milliers de paysans français, belges, luxembourgeois, allemands et britanniques protestent contre la politique agricole de la CEE ; ils réclament un doublement des subventions agricoles proposées par la Commission (avril 1973).

5 Évolution du chômage dans les pays industrialisés

En % de la population active	1950-1973	1974-1983	1984-1993	1994-1998	2002
France	2	5,7	10	12,1	8,9
Allemagne	2,5	4,1	6,2	9	8,7
Royaume-Uni	2,8	7	9,7	8	4,9
Espagne	2,9	9,1	19,4	21,8	11,4
États-Unis	4,6	7,4	6,7	5,3	5,8
Japon	1,6	2,1	2,3	3,4	5,2

3 Pas d'augmentation de salaires sans hausse de la productivité

Le 12 octobre 1979, le Premier ministre britannique, Margaret Thatcher, expose ses conceptions de politique économique lors du congrès du Parti conservateur.

Aujourd'hui, nous avons à affronter de graves problèmes qui ont été entretenus et sont de plus en plus difficiles à résoudre. Nous les connaissons tous. Ils vont jusqu'aux racines des espoirs et des angoisses des simples individus – inflation élevée, chômage élevé, impôts élevés, conditions effrayantes dans l'industrie, taux de productivité le plus bas du monde occidental. [...]

Tous ces éléments sont étroitement liés. On ne peut pas baisser les impôts sans maîtriser les dépenses de l'État. [...] Et l'inflation est un gros problème qu'on ne peut résoudre sans maîtriser les dépenses de l'État. Si le gouvernement dépense trop d'argent et emprunte de l'argent ou l'imprime pour couvrir le déficit, les prix et les taux d'intérêt vont continuer à augmenter. [...]

Mais il y en a qui croient avoir le droit de s'affranchir des conséquences de l'inflation. S'ils sont organisés, ils sont dans un syndicat puissant et suffisamment musclé pour imposer leur volonté sur le dos d'une communauté qui souffre.

[...] Lutter pour obtenir des hausses de salaires, c'est mépriser la productivité, le profit et tout ce qui contribue à la réussite. Les syndicats ignorent la réalité ; or il y a une relation incontournable entre la prospérité et la production. [...]

La clé du bien-être n'est pas dans des salaires plus élevés, mais dans l'augmentation de la productivité. En 1979, nous avons entendu des discussions interminables sur les salaires. Combien de fois avons-nous entendu des débats similaires sur la façon d'augmenter la production ?

Les raisons pour lesquelles la Grande-Bretagne est aujourd'hui classée parmi les trois pays les plus pauvres en Europe ont peu à voir avec les salaires, mais tout avec la production.

Margaret Thatcher, discours lors du congrès du Parti conservateur, Blackpool, 12 octobre 1979.

Pistes de travail

1. Quelles sont les causes et les conséquences des mutations structurelles de l'économie depuis les années 1970 ? **(doc. 2 et 5)**

2. Analysez le discours de Margaret Thatcher. Quelles mesures économiques et quels objectifs découlent de son argumentation ? **(doc. 3)**

3. Dans quelle mesure l'agriculture a un statut économique particulier dans l'Union européenne ? **(doc. 4)**

5. La mondialisation : chance ou malédiction ?

En quoi consiste la mondialisation ?
Quelle est son influence sur les conditions de vie de la population mondiale ?

De l'économie mondiale libéralisée à la mondialisation

Le GATT contribue dès 1947 à la mise en place d'une économie mondiale, largement libéralisée (voir leçon pp. 184-185). Les États membres du GATT se sont mis d'accord en plusieurs étapes pour faciliter les relations commerciales. Au cours des débats de l'Uruguay Round (1986-1994), les membres du GATT décident, en plus d'une nouvelle réduction des droits de douane, d'ouvrir plus largement les marchés agricoles, que l'Europe et les États-Unis ont jusque-là placés à l'abri par des mesures protectionnistes. Une organisation commerciale multilatérale permanente, l'OMC (Organisation mondiale du commerce), est fondée en 1995.

Depuis le début des années 1990, l'économie mondiale est placée sous le signe de la mondialisation, c'est-à-dire d'une interpénétration croissante des économies nationales. Les marchés de biens, de services et de capitaux se développent en franchissant les frontières nationales bien plus que par le passé. Les entreprises étendent leurs activités en réseau à l'échelle mondiale, tandis que la division internationale du travail s'accroît. La diffusion des nouvelles technologies d'information et de communication (TIC) joue un rôle essentiel dans ce processus (voir leçon pp. 222-223).

Les conséquences de la mondialisation

Du fait de l'intégration croissante des marchés, les sites de production nationaux se retrouvent dans une situation de concurrence à l'échelle planétaire, ce qui affecte la position économique dominante des nations anciennement industrialisées.

Depuis l'effondrement du système soviétique, les entreprises situées à l'est de l'Europe disposent de l'atout d'une main-d'œuvre bon marché, ce qui peut entraîner un certain nombre de délocalisations dans des secteurs comme l'industrie textile.

La République populaire de Chine offre à la fois un site d'implantation favorable pour les entreprises occidentales et d'immenses débouchés sur le marché national chinois. Le développement de certains pays du Tiers-Monde, comme l'Inde, remet même en cause l'avance longtemps incontestée des pays industrialisés occidentaux dans le domaine des technologies de pointe.

La mondialisation en débat

Les partisans de la mondialisation y voient une chance pour la prospérité mondiale, car l'organisation du système économique a atteint aujourd'hui un degré d'efficacité sans précédent. Ils relèvent par ailleurs que les populations du Tiers-Monde, qui, dans le passé, n'ont pas pu bénéficier pleinement du progrès économique et technique, peuvent désormais espérer une amélioration sensible de leurs conditions de vie.

D'un autre côté, la contestation de la mondialisation a donné naissance au mouvement altermondialiste. Les altermondialistes cherchent à promouvoir un modèle de développement alternatif à la mondialisation libérale qui prenne aussi en compte les objectifs sociaux, culturels et écologiques, et ce dans le cadre d'une « gouvernance globale ».

En effet, les organisations qui, comme Attac, militent contre la mondialisation libérale doutent que cette dernière puisse profiter à l'ensemble de la population mondiale et considèrent que seuls les *Global Players*, les firmes multinationales, seront gagnants. Elles dénoncent ainsi la stratégie de nombreuses entreprises qui font fabriquer leurs produits dans des pays du Tiers-Monde où la main-d'œuvre à bas prix est contrainte de travailler dans des conditions inhumaines. D'autres craignent encore que la mondialisation, n'obéissant qu'à la seule logique de marché, ne soit un danger pour la diversité culturelle et pour l'environnement.

1 **Manifestation altermondialiste à Los Angeles (août 2000)**

Ces manifestants protestent contre la politique libérale de l'OMC.

Vocabulaire

- *Global Players* : grands groupes transnationaux implantés sur les marchés du monde entier et dont les filiales sont réparties sur tous les continents. En français, on les appelle également des multinationales.
- **OMC** (Organisation mondiale du commerce) : elle s'est substituée en 1995 au GATT, pour poursuivre la libéralisation des échanges et régler les différends commerciaux entre les États membres.

Notions clés

- **Altermondialisme** : mouvement qui conteste la mondialisation sur le modèle libéral et propose une autre forme de mondialisation, jugée plus conforme à l'intérêt des peuples.
- **Division internationale du travail** : répartition géographique des activités économiques dans le monde en fonction des points forts de tel ou tel pays en tant que site de production (main-d'œuvre bon marché pour l'industrie textile en Chine).
- **Gouvernance globale** : gestion du monde par la coopération entre tous les acteurs (ONU, ONG, etc.) et pas seulement les États.
- **Mondialisation** : développement de l'économie et de la culture à l'échelle mondiale et non plus nationale, dû à plusieurs facteurs (libre-échange, firmes transnationales, TIC).

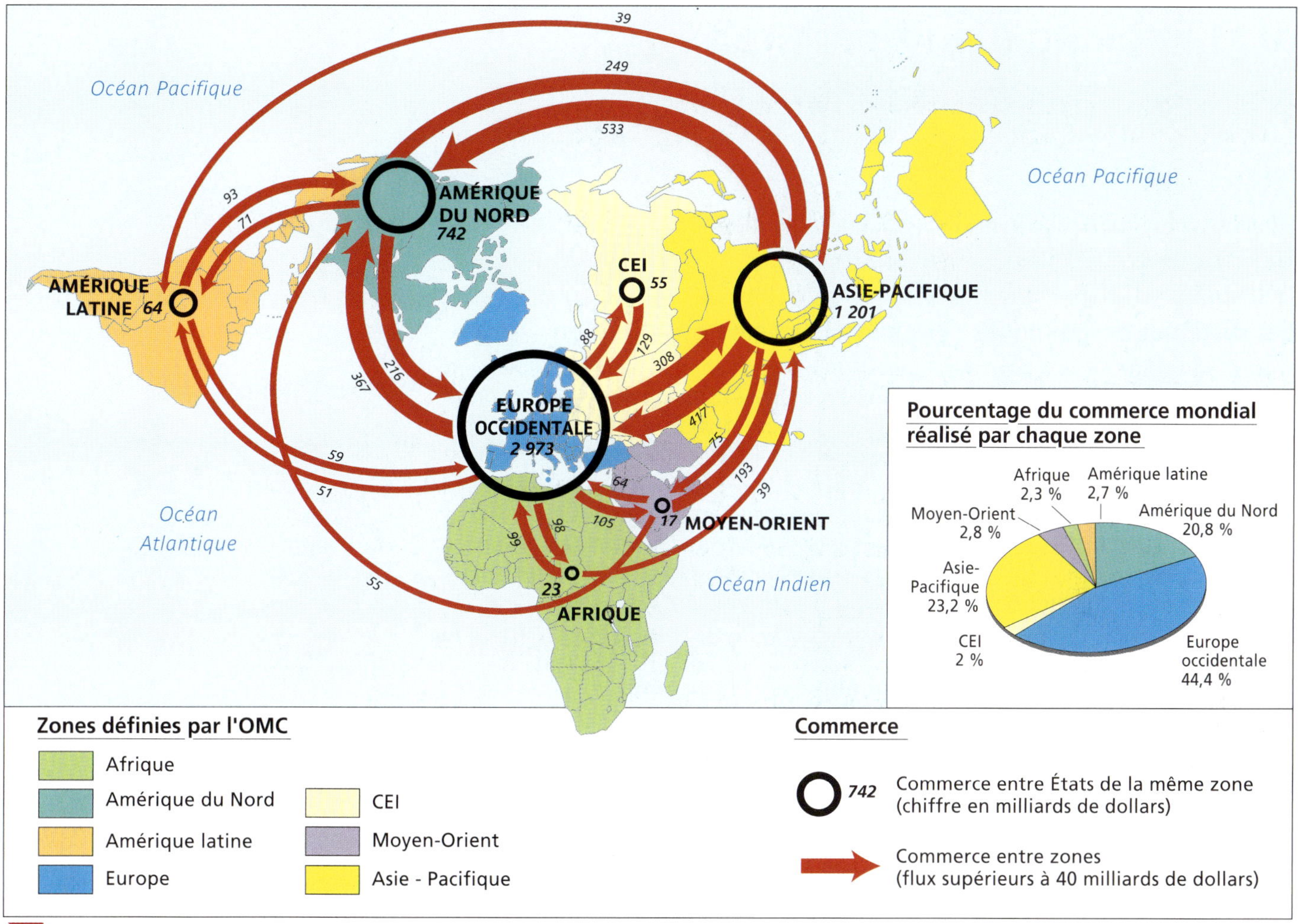

2 Le commerce mondial de marchandises en 2004

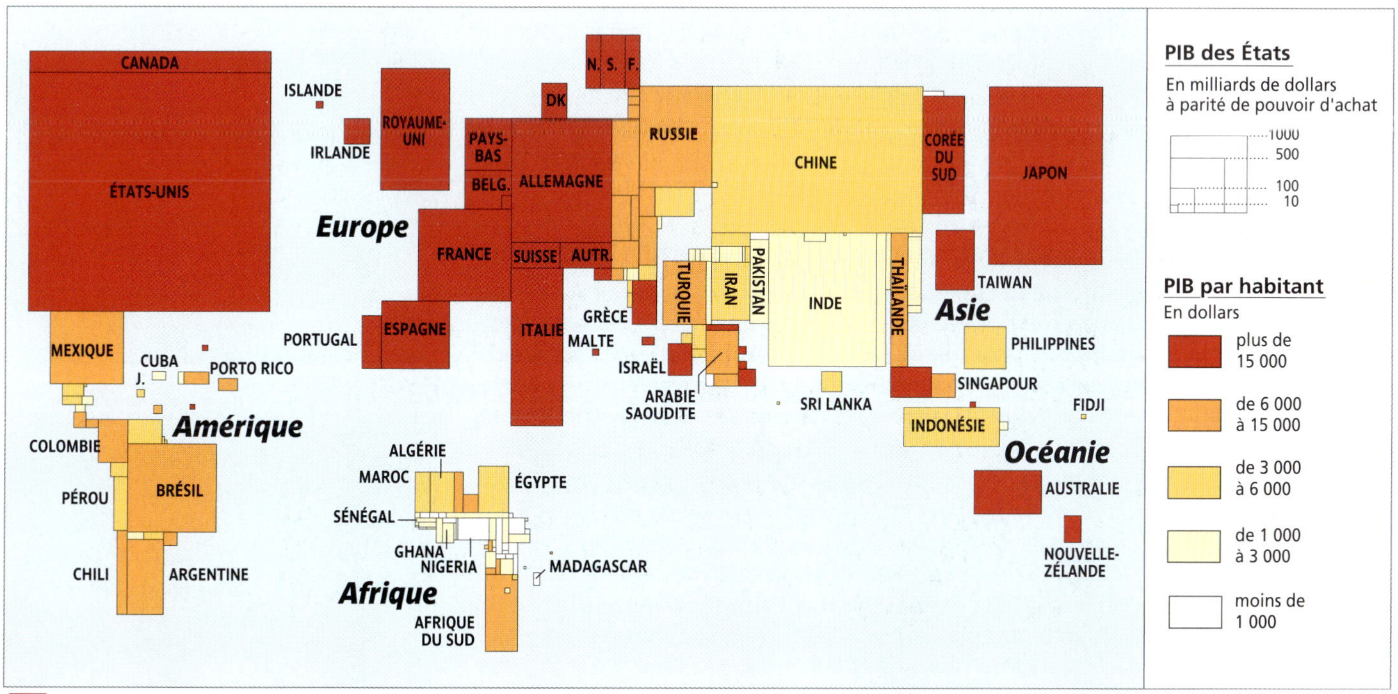

3 La répartition de la prospérité en 2001

6. Marché ou planification ? Les systèmes économiques de la guerre froide

Quelles sont les différences entre le modèle économique occidental et le système économique socialiste ?

Les systèmes économiques : des mécanismes de coordination

Dès son origine jusqu'à la fin des années 1990, la guerre froide n'est pas seulement un conflit entre deux systèmes politiques ; elle met également aux prises deux conceptions radicalement différentes de l'économie : la conception libérale du marché libre sur lequel les interventions de l'État ne peuvent être que limitées et la conception marxiste de l'économie planifiée.

Dès la fin de la guerre, l'Union soviétique s'efforce d'établir le plus rapidement possible des systèmes d'économie planifiée dans les pays qu'elle contrôle (voir leçon pp. 106-107). Dans le même temps, les États-Unis encouragent par leur aide financière, comme le plan Marshall, la reconstruction d'une économie de marché au sein du monde occidental.

Le monde occidental : le marché au cœur de l'économie

L'économie du monde occidental est une économie de marché. Dans des conditions qui garantissent le fonctionnement de la concurrence, le prix du marché résulte du libre jeu des forces en présence, et guide le comportement économique des individus. Dans un contexte de concurrence forte du côté de la demande (les consommateurs), les biens rares sont échangés à des prix élevés. Dans un contexte de concurrence plus forte du côté de l'offre (les entreprises), les biens en quantité suffisante se négocient à des prix bas.

Le prix du marché est un révélateur des besoins plus ou moins importants. Il indique quelle marchandise est très, à peine, ou pas du tout, demandée. Les consommateurs sont incités par des prix bas à acheter des produits de grande diffusion, tandis que les producteurs sont incités à accroître la production des biens rares vendus à des prix plus élevés. Dans le même temps, la concurrence entre les producteurs mène à une augmentation de la qualité et à une baisse des prix. C'est ainsi que doit être assuré le meilleur approvisionnement possible d'un pays.

Ce modèle de base a été complété surtout au XXe siècle. C'est ainsi que dans le système allemand d'économie sociale de marché, l'État veille au fonctionnement du marché en empêchant la constitution de monopoles et de cartels et en protégeant ses citoyens par un système d'assurances sociales en cas de difficultés.

Le monde socialiste : une planification centralisée qui contrôle l'économie

L'économie de l'Union soviétique et des États socialistes est fondée sur la théorie marxiste selon laquelle la propriété privée des moyens de production est à l'origine de l'exploitation du prolétariat (les travailleurs salariés qui sont dans une relation de dépendance) par la bourgeoisie (les entrepreneurs). Le dépassement du système d'exploitation capitaliste exige l'appropriation collective des moyens de production et d'échange.

En régime socialiste, l'État dirige l'économie à partir des organes de la planification centralisée qui fixent, pour chaque branche et pour chaque unité de production, les objectifs à atteindre. Incapables d'anticiper précisément et rapidement sur les besoins de l'économie, les objectifs de la planification socialiste ont rarement pu être réalisés et ont conduit à multiplier les goulots d'étranglement. Le système économique socialiste s'est effondré dans les années 1989-1991, du fait notamment de la pénurie généralisée dans le secteur des biens de consommation et de la priorité accordée au développement du complexe militaro-industriel dans le cadre de la course aux armements (voir leçon pp. 78-79).

Vocabulaire

- **Cartel :** accord entre plusieurs entreprises qui vise à éliminer la concurrence à leur profit.
- **Monopole :** position dominante d'une entreprise sur le marché d'un produit où elle n'a plus de véritable concurrent.

Notions clés

- **Économie de marché : voir p. 138.**
- **Économie planifiée : voir p. 138.**
- **Économie sociale de marché :** en République fédérale d'Allemagne, système économique en grande partie mis en place par Ludwig Erhard (ministre de l'Économie de 1949 à 1963) qui repose sur le principe de la libre concurrence. Il prévoit aussi des interventions étatiques limitées pour garantir cette concurrence et un système d'assurances sociales.
- **Marxisme :** théorie de la société fondée sur les écrits de Karl Marx et de Friedrich Engels qui considèrent l'évolution de l'humanité comme un processus dont le stade final est le communisme. Ce processus se déroule en plusieurs étapes : l'exploitation, puis la lutte des classes, enfin la libération complète dans une société sans classes (le communisme). Le socialisme des démocraties populaires est considéré comme le stade préalable à cette société sans classes.

Pistes de travail

1. Récapitulez dans un tableau les différences entre l'économie de marché et l'économie planifiée.

2. Comparez le rôle assigné à l'individu dans l'économie de marché et dans l'économie planifiée. **(doc. 1 et 3)**

3. Quelles sont les différences entre les positions d'Erhard et de l'Académie des sciences de l'URSS ? **(doc. 1 et 3)**

1 Pour un marché libre

Ludwig Erhard, ministre allemand de l'Économie (1949-1963) et père de l'économie sociale de marché, explique ici ses principales conceptions économiques.

Le règne d'une économie nationale libre qui exerce sur le profane une attirance presque mystérieuse commence précisément là où nous nous demandons comment il est possible que, chez nous, des millions de consommateurs trouvent sur le marché ce qu'ils souhaitent. […]

La consommation s'inscrit dans un processus de remodelage permanent. Et pourtant, l'offre doit toujours satisfaire la demande. Ce « tour d'adresse » ne peut s'accomplir que si chaque chef d'entreprise, pour continuer à exister, n'a d'autre ambition que d'être « en phase avec le marché » et de ne pas perdre les faveurs des consommateurs, de leur proposer toujours quelque chose de mieux pour s'imposer dans la concurrence qui l'oppose aux autres entreprises du même secteur. Dans cette lutte pour tenir sa place sur le marché, il est tout simplement impossible d'éliminer la liberté des prix. […]

Même si, par la suite, au cours de ce processus, il est parfois nécessaire de renoncer provisoirement aux bénéfices ou même que des pertes apparaissent, il est toujours avéré qu'une économie où règne la liberté d'entreprise possède une incroyable capacité d'adaptation et que c'est précisément cette « obligation de se maintenir » sur le marché qui est garante du progrès économique et qui fait que, le consommateur, c'est-à-dire le peuple dans son ensemble, profite toujours de l'augmentation de la productivité.

[…] Le chef d'entreprise ne peut pas faire mieux pour donner une justification morale à ses actes que d'être manifestement prêt à assumer le risque avec toutes les conséquences qu'il comporte.

Ludwig Erhard, *La Prospérité pour tous*, Paris, 1959.

2 Économie planifiée en RDA

On peut lire : « L'industrie lourde, base de l'indépendance et de la prospérité ». Affiche de propagande en faveur du premier plan quinquennal de RDA (1952). Elle représente le secrétaire général du SED, Walter Ulbricht, en conversation avec des ouvriers.
Le développement de l'industrie lourde est l'objectif principal de ce premier plan quinquennal.

3 Nouvelle morale et productivité du travail

L'Académie des sciences de l'URSS explique ici, en 1958, les principes moraux du communisme.

La morale communiste, comme morale de classe qui élimine la propriété privée et construit la société sur la base de la propriété collective des moyens de production, est une force puissante dans le combat contre l'individualisme et l'égoïsme […], dans le travail pour le bien de la société, dans le combat pour le bonheur commun, pour le bonheur du peuple, condition essentielle de leur bonheur personnel, dans les intérêts généraux leur intérêt personnel suprême. […] « Le communisme commence là où de simples travailleurs, tout en réalisant un travail difficile, se préoccupent de façon désintéressée de l'augmentation de la productivité, de la protection [de tous] les produits qui ne profitent pas personnellement aux travailleurs, ni à ceux qui leur sont proches, mais à ceux qui leur sont lointains, c'est-à-dire à toute la société dans son ensemble » écrit Lénine. […] Cette préoccupation est le fondement de toute morale communiste.

Académie des sciences de l'URSS, *Fondements de la philosophie marxiste*, Moscou, 1958.

4 La demande dicte la production

Production à la chaîne à Detroit (États-Unis), au début des années 1950.

Dossier
L'État-providence en crise

L'idée d'un système d'assurances sociales fondé sur la solidarité nationale fait l'objet, à la fin du XXe siècle, d'un vaste consensus dans la plupart des pays européens, notamment en France et en Allemagne.

Selon des modalités variables d'un pays à l'autre, les États ont ainsi mis en place des procédures d'indemnisation en cas de chômage ou de maladie et institué des systèmes de retraite.

Pourtant, avec le ralentissement de la croissance et l'aggravation de la concurrence internationale qui résulte de la mondialisation, se pose la question du maintien du financement d'un État-providence aussi développé.

1 Les origines de l'État-providence

Publié en 1942 en Grande-Bretagne et vendu à 600 000 exemplaires, le rapport Beveridge prône l'organisation de la Sécurité sociale. C'est l'un des textes fondateurs de l'État-providence. Dans l'introduction, Beveridge expose les trois principes à la base de son projet.

Premier principe : les propositions pour l'avenir, même si elles doivent exploiter à fond l'expérience accumulée dans le passé, ne doivent pas se borner à prendre en compte les seules catégories ici concernées. Maintenant que la guerre abolit tous les repères, voici l'occasion d'utiliser sur un terrain neuf l'expérience acquise. À un tournant révolutionnaire de l'histoire du monde, l'heure est aux révolutions, non au replâtrage.

Deuxième principe : l'organisation des assurances sociales doit être considérée comme un élément d'une politique plus globale de progrès social. Le plein développement des assurances sociales peut apporter la sécurité des revenus ; c'est un assaut contre l'Indigence. Mais l'Indigence n'est que l'un des cinq géants qui barrent la voie de la reconstruction et d'une certaine façon c'est le plus facile à attaquer. Les autres sont la Maladie, l'Ignorance, la Misère et le Chômage.

Troisième principe : la Sécurité sociale doit être réalisée par la coopération entre l'État et l'individu. L'État doit apporter la sécurité pour les services sociaux et les cotisations. L'État, en organisant cette sécurité, ne doit pas supprimer tout esprit d'initiative et tout sens des responsabilités ; tout en établissant un secours minimum à l'échelle nationale, il doit encourager l'individu à rechercher spontanément à se procurer plus que ce minimum pour lui-même et sa famille.

William Beveridge, *Rapport sur les assurances sociales et services annexes*, 1942.

2 La crise de l'État-providence

Selon l'historien français Pierre Rosanvallon, l'État-providence entre en crise à partir des années 1970, pour des raisons idéologiques (l'État est suspecté de mal gérer les problèmes sociaux), philosophiques (l'État-providence fonctionne comme une machine à indemniser, c'est « un État-providence compensateur ») et pour les raisons économiques exposées ci-dessous.

L'État-Providence est malade. Le diagnostic est simple : les dépenses sanitaires et sociales croissent plus vite que les recettes. D'où un lancinant problème de financement posé depuis vingt ans dans tous les pays industrialisés. Seule solution pour boucher les « trous » : augmenter les prélèvements obligatoires. Tous les experts ont maintenant l'œil rivé sur les taux de prélèvements obligatoires (impôts et cotisations sociales) par rapport au produit intérieur brut (PIB). Il était, en France, de 35 % en 1970 [...] avant de franchir en 1990 la barre des 45 %. [...]

Combien de temps les choses pourront-elles continuer d'aller ainsi ? L'accroissement des impôts et des charges sociales ne risque-t-il pas de mettre en péril la compétitivité des entreprises et de saper le dynamisme de l'économie ? C'est la question qui est partout posée. Si les choses restent en l'état, la progression des prélèvements obligatoires se poursuivra en effet inexorablement. Si elles continuaient de croître au rythme actuel, les dépenses de santé absorberaient dans trente ans la quasi-totalité des ressources des ménages. Situation certes impossible, car il faudra bien continuer à se nourrir, se loger, se cultiver et se défendre. Mais ces projections ont le mérite de prouver par l'absurde qu'il n'est plus possible de poursuivre sur la voie actuelle.

Pierre Rosanvallon, *La Crise de l'État-providence*, Le Seuil, Paris, 1981.

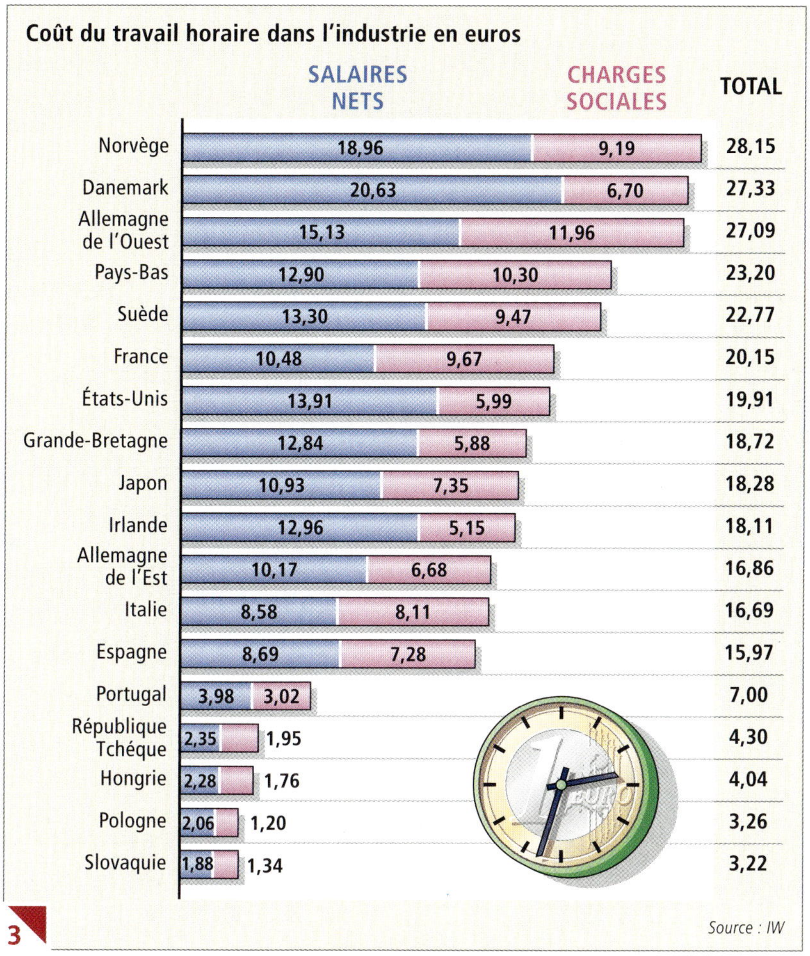

3 **Les coûts du travail en concurrence (2003)**

« Touche pas à nos retraites »

5 Le 7 décembre 2003, un million d'Italiens manifeste à Rome contre une réforme des retraites.

4 L'État-providence : convergences franco-allemandes

Le journaliste économique Erik Izraelewicz analyse le comportement des Français et des Allemands face à la crise de l'État-providence.

Les problèmes de la protection sociale plongent les peuples dans un même abîme de perplexité et d'angoisse. Convergence de vues et confusion commune dans les esprits : c'est ce que révèle l'enquête réalisée par la SOFRES et l'Emnid [...].

Les Français et les Allemands sont extrêmement attachés à leur protection sociale. Ils sont conscients du privilège dont ils disposent, même par rapport à leurs voisins d'autres pays développés. [...]

Fiers, Français et Allemands n'en sont pas moins préoccupés par l'avenir de leur protection sociale. C'est là une autre convergence forte. 85 % des Français et 81 % des Allemands se disent « inquiets ». Ce sont les incertitudes sur le financement des systèmes de retraite qui alimentent les plus grandes alarmes. De part et d'autre du Rhin, les peuples analysent le phénomène de la même manière : ils attribuent l'essentiel des difficultés de l'État-providence aux « abus et gaspillages », au « vieillissement de la population » et à « l'accroissement du chômage ». [...]

Les Français comme les Allemands se disent convaincus de la nécessité d'une réforme de l'État-providence. Ils en approuvent le principe, mais ils la refusent systématiquement dès qu'il s'agit de mesures concrètes. Les uns et les autres prônent la prudence. [...]

Lucides quant à l'analyse de leurs privilèges, les populations des deux pays sont aussi conscientes des menaces qui pèsent sur l'avenir de leur État-providence. Convaincues de la nécessité d'une réforme profonde, elles n'en rejettent pas moins chacune des pistes proposées.

Erik Izraelewicz, « Les problèmes de la protection sociale » *Le Monde*, 20 septembre 1996.

Pistes de travail

1. Quels sont les problèmes de l'État-providence ? **(doc. 1 à 5)**

2. Quelles sont les conséquences de la crise de l'État-providence en Europe ?

Chapitre 12

La population mondiale : conditions et modes de vie en mutation

La période qui débute en 1945 est caractérisée par une croissance démographique très rapide et une évolution importante des structures sociales.

Parallèlement, on observe des changements dans les conditions, les styles et les modes de vie.

Ces mutations démographiques, étroitement liées aux évolutions économiques, influencent la vie privée des individus et agissent sur les structures politiques, économiques et sociales.

- Quels sont les principaux changements sociaux de ces dernières décennies ?
- Quelles sont les perspectives d'avenir ?

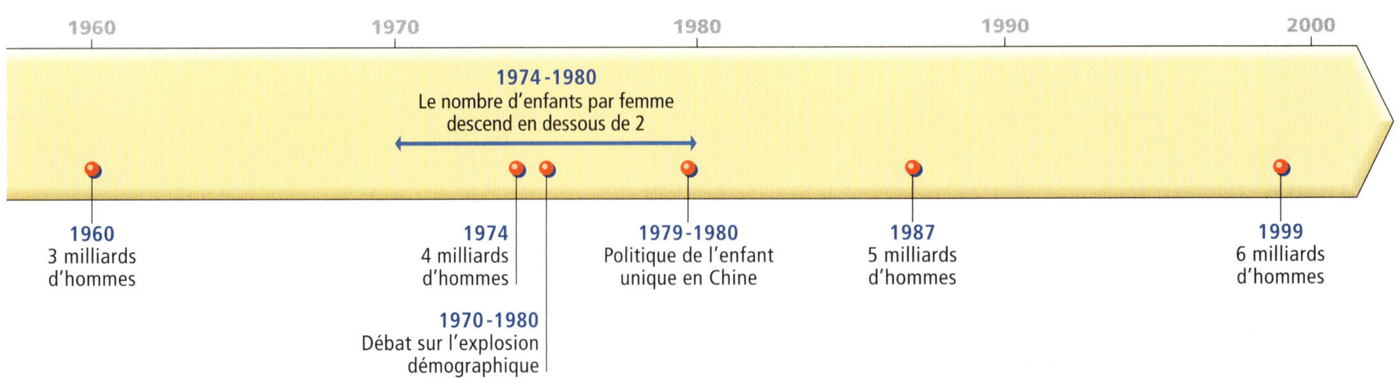

1

Limiter la croissance démographique dans les pays du Sud

Campagne en faveur de la réduction des naissances conduite par le département de la Santé et de la Famille de l'État du Bengale occidental en Inde. « Le prochain enfant pas maintenant. Après deux, plus jamais. »

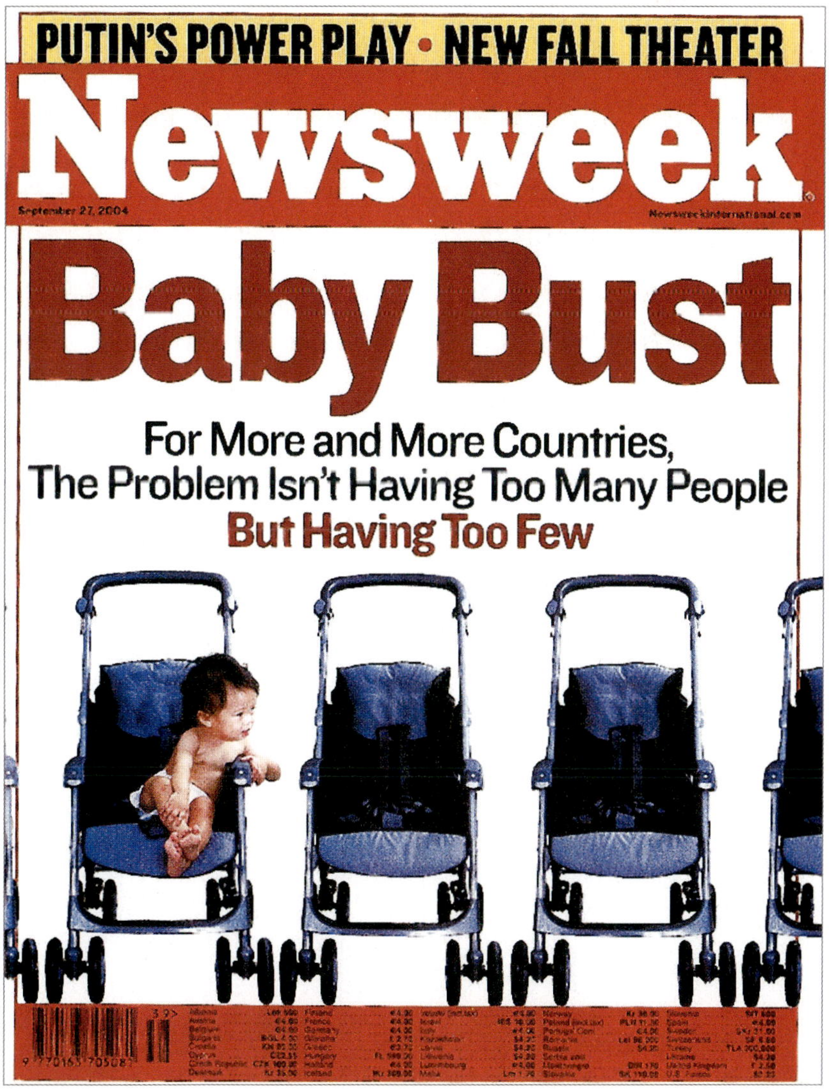

2

La baisse de la croissance démographique dans les pays du Nord

« Manque de bébés. Pour de plus en plus de pays, le problème n'est pas d'avoir trop d'habitants mais d'en avoir trop peu. » Couverture de *Newsweek*, 27 septembre 2004.

La population mondiale

Au xxe siècle, la population mondiale a augmenté de façon spectaculaire. Cette évolution entraîne d'importants problèmes économiques et sociaux, ce qui a conduit certains à parler de « surpopulation ».

Une forte densité de population ne caractérise pas uniquement des régions développées et industrialisées, à forte puissance économique ; elle peut aussi aller de pair avec pauvreté et sous-développement.

Pistes de travail

• Identifiez les régions qui présentent les densités de population les plus élevées et faites un lien avec leur niveau de développement économique.

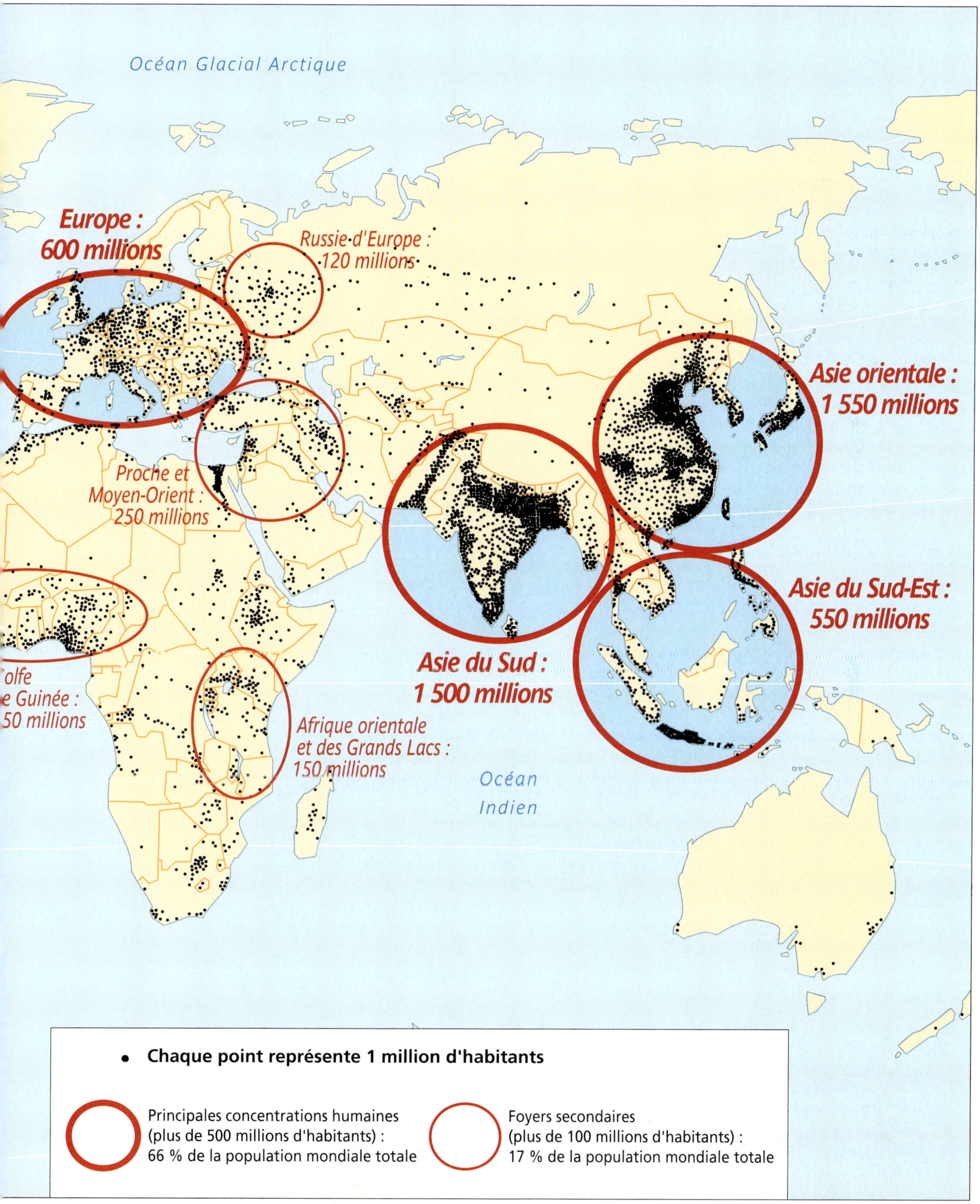
Océan Glacial Arctique
Europe :
600 millions
Russie d'Europe :
120 millions
Proche et
Moyen-Orient :
250 millions
Asie orientale :
1 550 millions
Asie du Sud-Est :
550 millions
Asie du Sud :
1 500 millions
'olfe
e Guinée :
50 millions
Afrique orientale
et des Grands Lacs :
150 millions
Océan
Indien
Chaque point représente 1 million d'habitants
Principales concentrations humaines
(plus de 500 millions d'habitants) :
66 % de la population mondiale totale
Foyers secondaires
(plus de 100 millions d'habitants) :
17 % de la population mondiale totale

1. L'évolution démographique dans le monde

Comment comprendre l'évolution démographique des dernières décennies ? Quelles en sont les conséquences ?

L'évolution de la population mondiale

Après être lentement passée de 200 à 400 millions d'hommes au début de l'ère chrétienne à un milliard en 1804, la population mondiale a brusquement augmenté à un rythme beaucoup plus rapide au cours du XXe siècle. En 1927, soit 123 ans plus tard, la population mondiale atteint deux milliards d'individus ; en 1960 (33 ans plus tard), elle en atteint trois milliards, en 1974 (14 ans plus tard) quatre milliards, en 1987 (13 ans plus tard) cinq milliards et en 1999 (seulement 12 ans plus tard), on compte six milliards d'individus sur Terre.

Cette évolution est qualifiée dans les années 1970 et 1980 d'« explosion démographique » et on lui prête des effets catastrophiques : à cette époque, on prévoit une population mondiale de 12 milliards en 2050 et de 24 milliards en 2100.

Vers 1970, le taux de croissance de la population mondiale s'élève à 2%, son maximum ; depuis, il baisse régulièrement. On l'estime aujourd'hui à 1,2 %. Dans les pays industrialisés, on observe depuis le milieu du XXe siècle un ralentissement notable (en Allemagne, on constate même un recul démographique) tandis que la population continue de croître beaucoup plus vite en Afrique et en Asie. À ce rythme et selon les scénarios, on prévoit aujourd'hui qu'en 2050 la population mondiale devrait compter entre 8 et 10 milliards d'hommes.

1 Campagne pour le planning familial en Inde

Modèles d'explication et stratégies de développement

Qu'il y ait une relation entre développement et croissance démographique, tout le monde en convient ; mais la nature de cette relation a fait l'objet de controverses dans les années 1960 à 1990.

Pour certains, une croissance démographique élevée serait une cause du sous-développement. En effet, si elle est supérieure à la croissance économique, la croissance démographique rend la satisfaction des besoins alimentaires plus difficile. Certains pays adoptent alors une stratégie de développement axée sur la planification des naissances grâce au planning familial. Dans les années 1979-1980, la Chine s'engage dans une politique vigoureuse de contrôle des naissances dont l'objectif est de n'autoriser qu'un seul enfant par couple. Cette politique existe toujours aujourd'hui, même si elle s'est assouplie.

Pour d'autres, au contraire, c'est le sous-développement qui explique la forte croissance démographique. La pauvreté matérielle conduirait les familles à avoir davantage d'enfants, afin d'assurer leur retraite. De plus, les normes culturelles traditionnelles encourageraient une forte natalité. La stratégie de développement qui résulte de cette interprétation tend à promouvoir l'amélioration des conditions de vie, l'accès à l'éducation et une augmentation de la croissance économique dans les pays en voie de développement, ce qui permettra ensuite de faire baisser la croissance démographique.

Le monde en transition démographique ?

Ces deux modèles d'explication et ces deux stratégies de développement restent aujourd'hui tout aussi valables. Toutefois, la théorie de la « transition démographique » peut également expliquer le ralentissement de la croissance démographique. Selon cette théorie, les progrès de la médecine, une meilleure hygiène et l'amélioration des conditions de vie, entraînent le ralentissement de la croissance démographique.

À l'inverse, et particulièrement en Afrique, on observe que les taux de natalité sont encore très élevés ; mais, la croissance démographique est ralentie par des fléaux comme le sida. Les Nations unies ont estimé que d'ici 2050, 278 millions de personnes environ seraient mortes du sida.

Vocabulaire

- **Planning familial :** mesures de régulation des naissances, selon lesquelles le nombre d'enfants doit être adapté à la situation sociale et économique des parents. Les moyens utilisés sont entre autres : l'information de la population sur les moyens contraceptifs et la distribution gratuite de ceux-ci.
- **Transition démographique :** période de forte augmentation de la population, qui passe d'une situation de faible croissance avant la transition (natalité et mortalité élevées) à une période de faible croissance après la transition (natalité et mortalité faibles). Selon les cas, l'évolution dure de plus de deux siècles à quelques décennies et la population est multipliée de 3 à plus de 10.

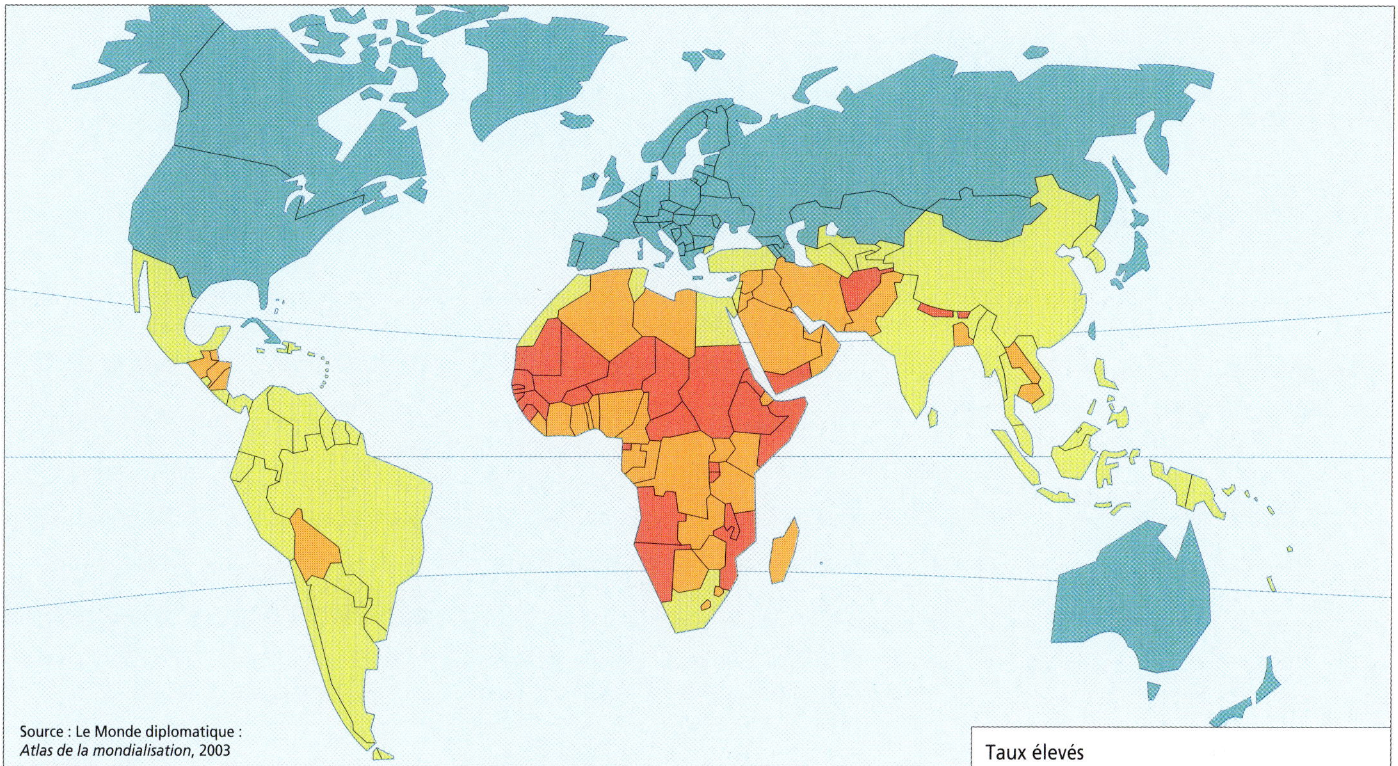

Première phase

Le maintien d'une forte fécondité et le recul progressif de la mortalité conduisent à des taux d'accroissement élevés et croissants.

Première phase, avec un taux de mortalité infantile très élevé

Première phase, avec un taux de mortalité infantile plus faible

Deuxième phase

La stabilisation progressive de la mortalité et le fléchissement de la fécondité conduisent à une stagnation des taux d'accroissement

Troisième phase

Alors que la mortalité est pratiquement stabilisée, la chute de la fécondité provoque une réduction considérable du taux d'accroissement. C'est la phase d'achèvement de la transition démographique.

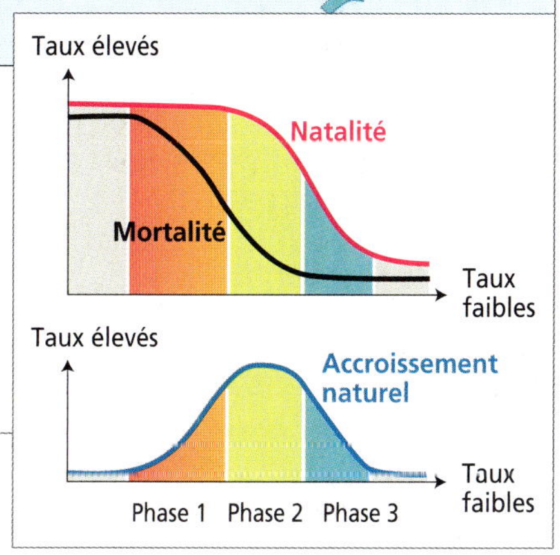

2 La transition démographique

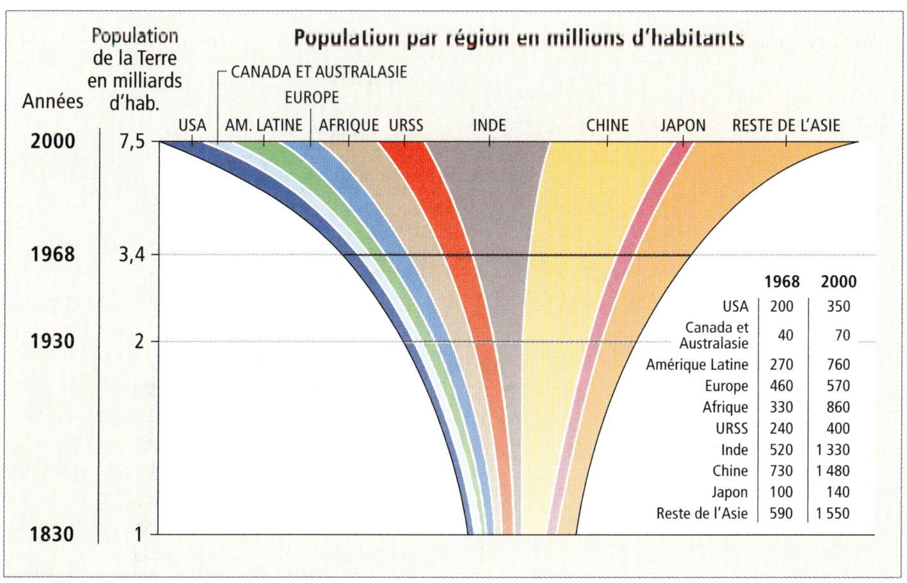

	1968	2000
USA	200	350
Canada et Australasie	40	70
Amérique Latine	270	760
Europe	460	570
Afrique	330	860
URSS	240	400
Inde	520	1 330
Chine	730	1 480
Japon	100	140
Reste de l'Asie	590	1 550

3 « L'explosion démographique » : les prévisions de 1974

Pistes de travail

1. Décrivez dans ses grandes lignes l'évolution de la population mondiale au cours des deux derniers siècles. **(doc. 2)**
2. Comparez les prévisions sur l'évolution démographique des années 1970-1980 avec les prévisions actuelles. **(doc. 2 et 3)**
3. Quelles explications et quelles stratégies permettraient de résoudre les problèmes démographiques résultant de ces prévisions ? **(doc. 1 à 3)**
4. En quoi consiste le modèle de la transition démographique ? **(doc. 2)**

Dossier
Un Nord vieillissant

La transition démographique se traduit par une augmentation de la population mondiale qui – même si les prévisions des années 1970 et 1980 ne semblent pas se confirmer – est extrêmement rapide.

Dans les pays industrialisés, on observe un phénomène inverse. Dans les années 1980, on prévoyait un baby-boom pour la population mondiale. Au contraire, on observe plutôt dans les pays industrialisés l'apparition d'un phénomène de « papy-boom ».

Nombre moyen d'enfants par femme	1950 - 1955	1960 - 1965	1970 - 1975	1980 - 1985	1990 - 1995	2000 - 2005
Allemagne	2,16	2,49	1,64	1,46	1,31	1,35
France	2,73	2,85	2,31	1,87	1,71	1,89
Grande-Bretagne	2,18	2,81	2,04	1,80	1,78	1,60
Irlande	3,38	3,98	3,82	2,88	1,97	1,90
Italie	2,32	2,50	2,33	1,53	1,28	1,23
Suède	2,21	2,32	1,89	1,65	2,01	1,64
Espagne	2,57	2,89	2,86	1,89	1,27	1,15

Source : Population Division of the Department of Economic and Social Affairs of the United Nations Secretariat, *World Population Prospects : The 2002 Revision*, 2003.

1 Indice synthétique de fécondité en Europe

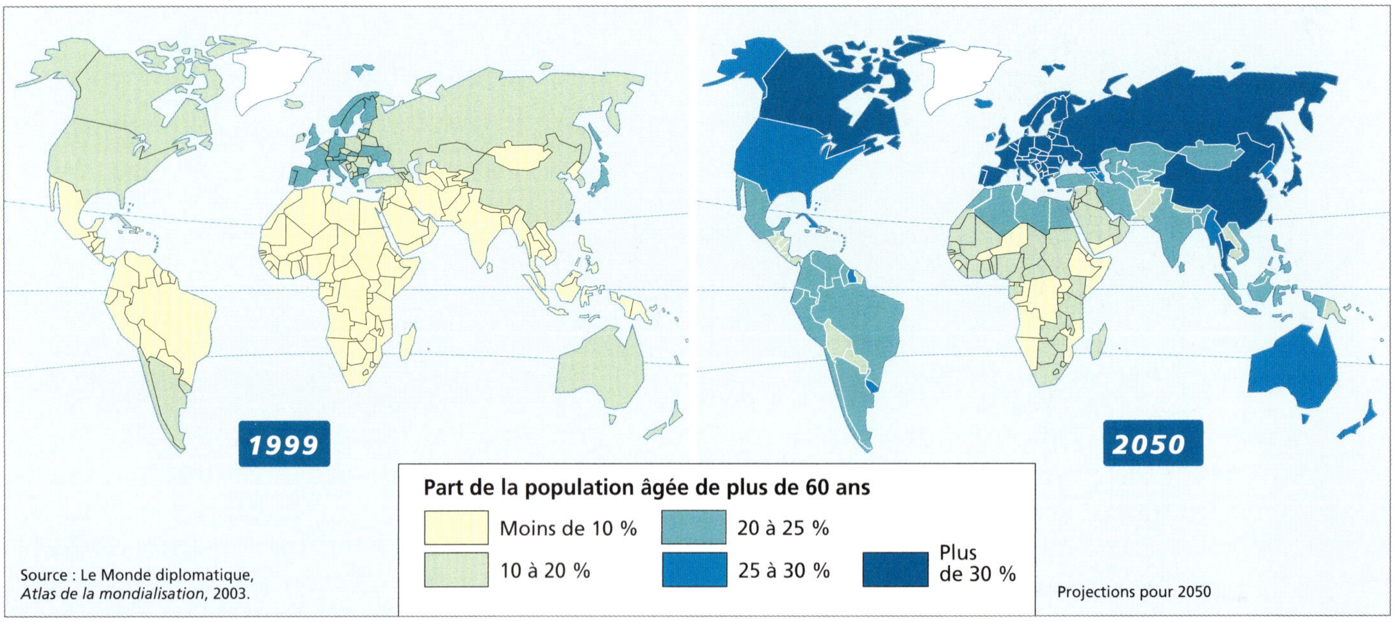

2 Part de la population âgée de plus de 60 ans en 1999 et 2050

En année	1950-1955	1970-1975	1990-1995	2000-2005	2045-2050
Pays à hauts revenus	66,5	71,6	76,4	78,4	83,1
Pays à revenus moyens	47,5	62,1	67,5	69,8	77,3
Pays à bas revenus	38,5	48,4	56,3	58,4	70,2

Source : Population Division of the Department of Economic and Social Affairs of the United Nations Secretariat, 2003. *World Population Prospects : The 2002 Revision.*

3 L'espérance de vie dans le monde

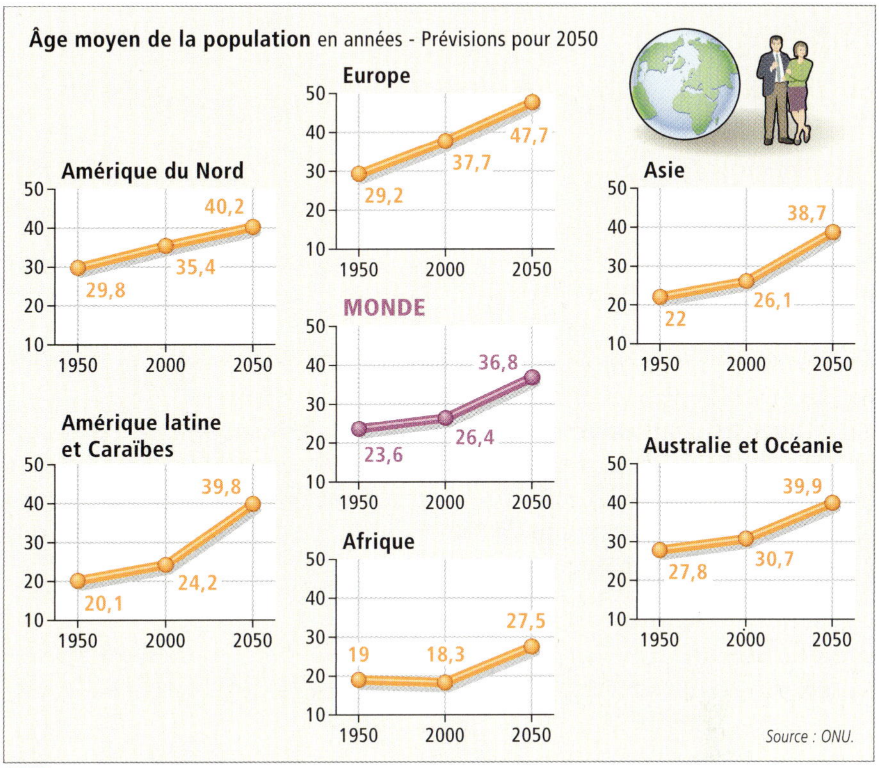

4 Le monde vieillit

5 L'avenir du système des retraites ?

« Le cotisant allemand du futur », caricature allemande de Horst Haitzinger.

6 Les conséquences économiques du vieillissement de la population

Dieter Oberndörfer, politologue et sociologue allemand né en 1929, a travaillé sur les mouvements migratoires, l'évolution démographique et leurs conséquences.

On peut résumer la situation par une formule très simple : de moins en moins de personnes jeunes devront travailler pour un nombre croissant de retraités. Alors qu'aujourd'hui [en Allemagne] le rapport entre le nombre de personnes actives et le nombre de personnes âgées de plus de 65 ans est de 4,4 pour 1 (contre 6,9 pour 1 en 1950), ce rapport sera de 1,8 pour 1 d'ici 2050. [...]

Les conséquences économiques d'une contraction rapide du marché intérieur et d'une baisse de la demande sont préoccupantes. Le nombre des consommateurs baisse d'environ 28 %. Si dans certains secteurs de l'économie, la demande baisse ne serait-ce que de 2 à 3 %, il faudra compter avec des fermetures d'entreprises, des réductions du temps de travail et des licenciements. [...]

La baisse du niveau de vie et le besoin croissant de financement public pèseront lourdement sur la solidarité intergénérationnelle.

Dieter Oberndörfer, « Seule l'immigration peut garantir la prospérité de l'Allemagne », *in Frankfurter Rundschau*, 21 janvier 2002.

Pistes de travail

1. Comparez les statistiques sur l'évolution démographique de l'Europe avec celles sur l'évolution de la population mondiale. Qu'en déduisez-vous ? **(doc. 1 à 4)**
2. Organisez un débat sur les conséquences de l'évolution démographique dans les pays industrialisés occidentaux. **(doc. 5 et 6)**
3. Quels sont les liens entre le vieillissement des sociétés occidentales et la crise de l'État-providence ? **(voir dossier pp. 196-197)**

Dossier
Démographie et développement : quel rôle joue la croissance démographique ?

L'évolution démographique est très variable selon les régions du monde. Au cours des dernières décennies, l'Afrique et l'Asie ont vu leur population s'accroître très rapidement, tandis que l'hémisphère Nord connaît une baisse des taux de natalité et un vieillissement général de la population. Comment expliquer ces différences régionales ?

Dans le débat controversé sur l'évolution démographique et ses conséquences, on constate toujours un lien entre la pauvreté et une importante croissance démographique. Mais la notion de « surpopulation », souvent utilisée pour désigner la croissance démographique des pays en voie de développement, est depuis les années 1980 de plus en plus remise en cause.

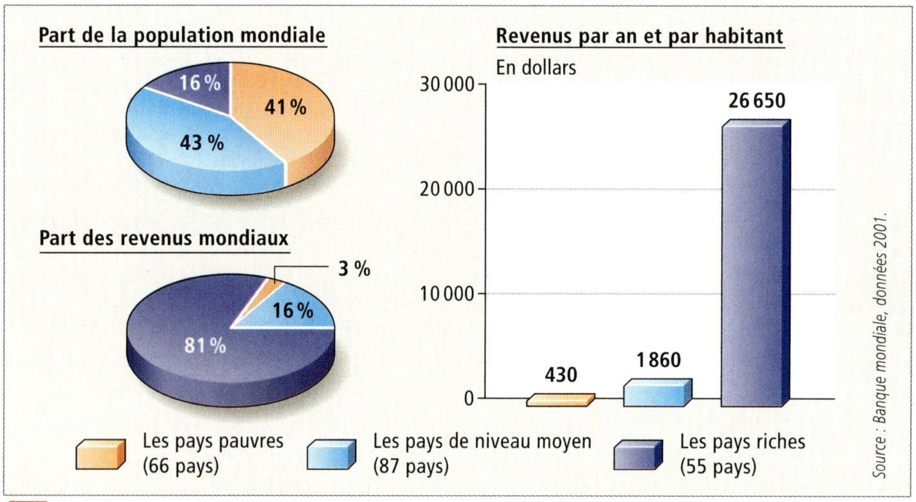

1 Un monde divisé en trois

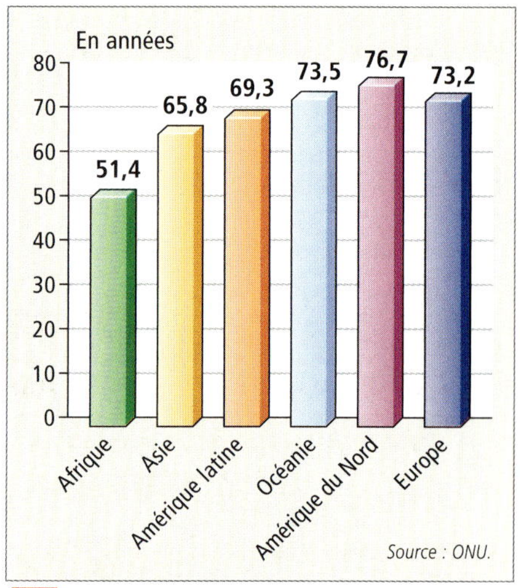

2 L'espérance de vie à la naissance

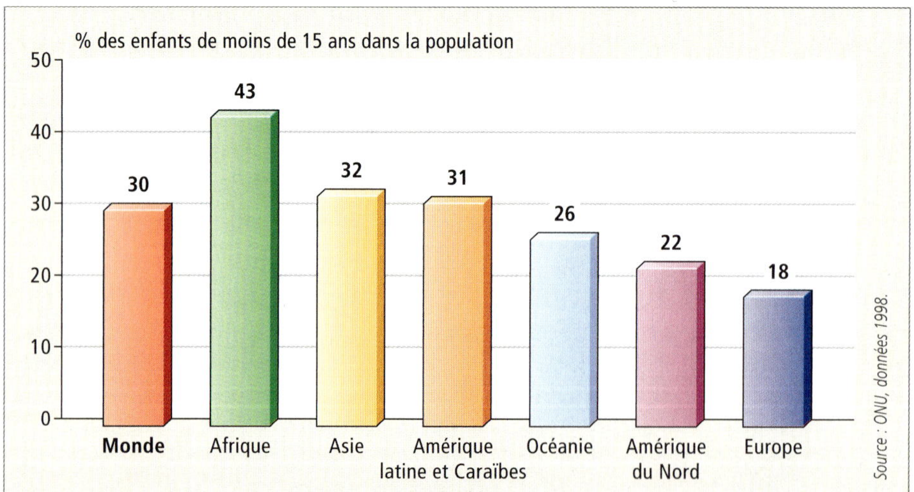

3 Les enfants dans le monde

Pistes de travail

1. Que pouvez-vous déduire de ces données statistiques sur les relations entre prospérité, développement et croissance démographique ? **(doc. 1 à 4)**
2. Quelles sont les raisons qui expliquent les disparités entre les différentes régions du monde ? **(doc. 1 à 4 et pp. 202-203)**
3. Quelle est la position de Franz Nuscheler sur la notion de « surpopulation » ? **(doc. 5)**
4. Dans quelle mesure la notion de « surpopulation » pose-t-elle des problèmes d'ordre éthique ?

3 La légalisation de l'avortement

Ministre de la Santé en 1974, Simone Veil présente devant l'Assemblée nationale son projet de loi autorisant sous certaines conditions l'interruption volontaire de grossesse (IVG).

Pourquoi donc ne pas continuer à fermer les yeux ? Parce que la situation actuelle est mauvaise. Je dirai même qu'elle est déplorable et dramatique. Elle est mauvaise parce que la loi est ouvertement bafouée, pire même, ridiculisée. [...]

Mais, me direz-vous, pourquoi avoir laissé la situation se dégrader ainsi et pourquoi la tolérer ? Pourquoi ne pas faire respecter la loi ?

Parce que si des médecins, si des personnels sociaux, si même un certain nombre de citoyens participent à ces actions illégales, c'est bien qu'ils s'y sentent contraints ; en opposition parfois avec leurs convictions personnelles, ils se trouvent confrontés à des situations de fait qu'ils ne peuvent méconnaître. Parce que en face d'une femme décidée à interrompre sa grossesse, ils savent qu'en refusant leur conseil et leur soutien, ils la rejettent dans la solitude et l'angoisse d'un acte perpétré dans les pires conditions, qui risque de la laisser mutilée à jamais. Ils savent que la même femme, si elle a de l'argent, si elle sait s'informer, se rendra dans un pays voisin ou même en France dans certaines cliniques et pourra, sans encourir aucun risque ni aucune pénalité, mettre fin à sa grossesse. Et ces femmes, ce ne sont pas nécessairement les plus immorales ou les plus inconscientes. Elles sont 300 000 chaque année. Ce sont celles que nous côtoyons chaque jour et dont nous ignorons la plupart du temps la détresse et les drames.

C'est à ce désordre qu'il faut mettre fin. C'est cette injustice qu'il convient de faire cesser.

Discours de Simone Veil à l'Assemblée nationale, 26 novembre 1974.

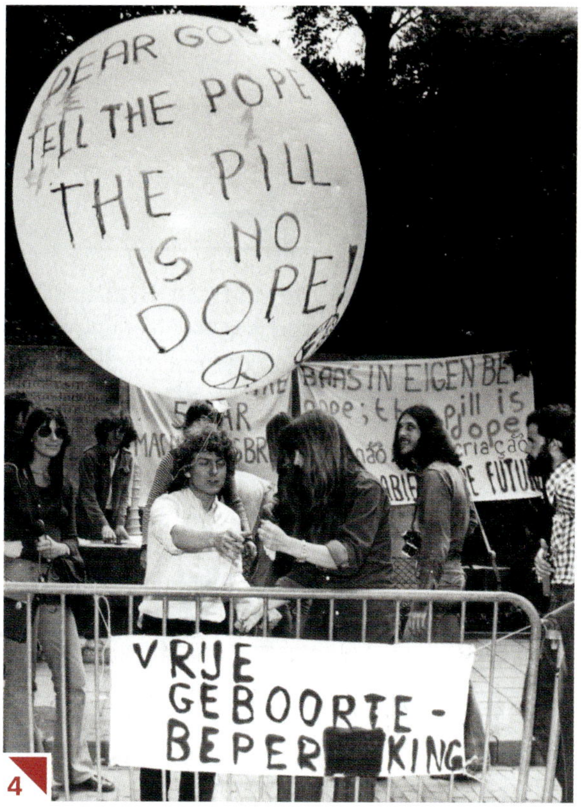

4 Manifestation devant l'ambassade du Vatican à La Haye (Pays-Bas) en 1974

« Cher Dieu, dites au pape que la pilule n'est pas de la dope ! »

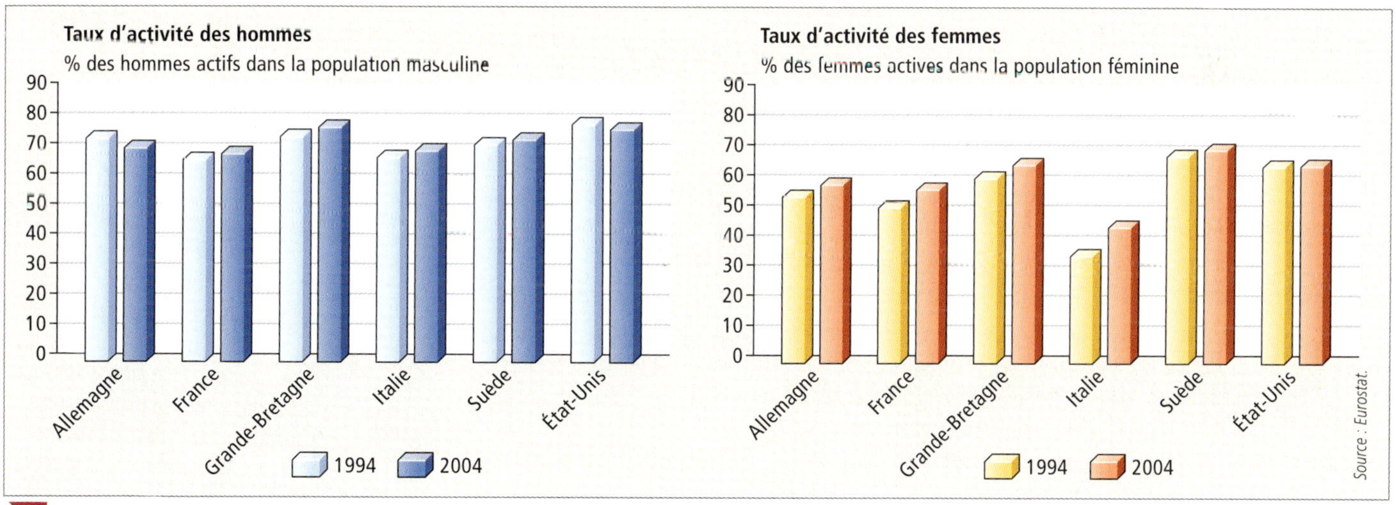

5 Hommes et femmes au travail

Pistes de travail

1. Quelles sont les étapes qui ont mené à l'égalité juridique des femmes ? Quelles sont les limites de ces progrès ? **(doc. 1 et 2)**

2. Analysez et discutez les arguments des partisans de la légalisation de l'avortement. **(doc. 3 et 4)**

3. Comparez les taux d'activité féminin et masculin en 2004. Comment mesurer la réalisation de l'égalité dans ce domaine ? **(doc. 5)**

4. Comparez les taux d'activité féminin et masculin entre 1994 et 2004. Y a-t-il des différences entre les pays ? **(doc. 5)**

3. Urbanisation et individualisme : vers une société nouvelle ?

Quels sont les rapports entre le développement des centres urbains et le changement des modes de vie ?

L'urbanisation : une population citadine en hausse

Dans les sociétés occidentales, l'industrialisation s'est accompagnée d'un processus d'urbanisation. Au cours du XXe siècle, ce phénomène s'est étendu au monde entier. Alors qu'en 1950, seul 30 % de la population mondiale vivent dans des villes, le taux d'urbanisation atteindra en 2007 50 %.

Cette forte proportion de population urbaine reste, comme par le passé, la caractéristique des pays industrialisés. En 2000, 75 % de la population des pays industrialisés vivent dans une ville (contre 55 % en 1950) ; dans les pays en voie de développement, ce taux avoisine, la même année, 40 % (contre 18 % en 1950).

Toutefois, du fait de la forte pression démographique et de l'exode rural, on a pu observer, durant la seconde moitié du XXe siècle, une rapide urbanisation des pays en voie de développement.

La métropolisation : l'apparition de centres dominants

Contrairement à ce qui s'est passé dans les pays industrialisés, l'urbanisation des pays en voie de développement ne s'est pas traduite par la croissance progressive de petites villes, mais par le développement fulgurant de gigantesques métropoles dans des États encore largement dominés par une économie rurale. C'est le phénomène de métropolisation. Aujourd'hui, cinq des dix plus grandes agglomérations se situent dans des pays en voie de développement. La plupart du temps, le nombre de migrants vers les grandes métropoles dépasse largement le nombre d'emplois que l'économie est en mesure de créer. Ainsi apparaissent d'immenses bidonvilles très densément peuplés, dont la taille atteint souvent celle des grandes villes européennes.

En Europe, des métropoles comme Londres, Paris ou Berlin, existaient déjà vers 1900. Dans la seconde moitié du XXe siècle, on assiste à la croissance de nouvelles métropoles régionales. Des zones d'habitat se développent très rapidement à proximité des grandes villes et finissent par les rejoindre. Les structures existantes sont « avalées » par ces vagues de peuplement et l'on voit alors surgir des « villes-dortoirs » que les habitants quittent quotidiennement pour travailler, faire des achats ou profiter des possibilités de loisirs ou de culture offertes par la ville qui domine la région culturellement et économiquement.

L'individualisme : une nouvelle société est-elle apparue dans les villes ?

L'urbanisation en Europe a concerné dans un premier temps des millions d'individus qui espéraient de meilleures perspectives économiques dans les villes au XIXe siècle. Les modes d'habitation et de travail en ont été modifiés, ainsi que la vie quotidienne et, dans de nombreux cas, les structures familiales.

Les grandes villes ont vu se consolider une structure sociale et un système de valeurs propres, marqués par une mobilité géographique plus grande et des liens sociaux plus lâches. En général, les individus disposent d'un espace de liberté plus important pour l'organisation de leur vie. Si le fait de vivre seul était encore la plupart du temps dans les années de l'après-guerre un choix involontaire, aujourd'hui l'individualisme est un modèle de vie choisi. Ainsi, en Allemagne, en 2003, 28 % des ménages dans les communes de moins de 5 000 habitants sont des foyers d'une personne. Dans les communes de plus de 200 000 habitants, en revanche, ils sont 45 %. En France, 28 % de la population habitent les centres des villes, mais 43 % de ces personnes vivent seules.

Selon le point de vue qu'on adopte, cette évolution est perçue comme une perte du lien social, une perte des valeurs communes et d'identité ou comme la possibilité d'une plus grande liberté et d'un meilleur épanouissement personnel.

Notions clés

- **Individualisme :** processus de modification de la vie sociale de plus en plus dictée par l'individu et de moins en moins par la société.
- **Métropolisation :** processus de concentration de la population, des activités et des pouvoirs de commandement dans de grandes villes dominantes, les métropoles.
- **Urbanisation :** accroissement du nombre de villes et augmentation de leur population, qui devient progressivement majoritaire dans les pays en développement. Le taux d'urbanisation exprime la proportion de citadins (habitants des villes) dans un pays.

Pistes de travail

1. Comparez les données relatives à l'urbanisation dans le monde et au développement économique. Que pouvez-vous en déduire ? **(doc. 1 et 2)**
2. Décrivez les processus d'urbanisation et de métropolisation. Expliquez les documents 1 et 2.
3. Quelles sont les conséquences des phénomènes d'urbanisation et de métropolisation pour les habitants des villes ? Selon vous, dans quelle mesure la définition de l'individualisme proposée par Ulrich Beck et Elisabeth Beck-Gersheim, permet-elle une analyse pertinente de la société urbaine d'aujourd'hui ? **(doc. 3)**

1 **Urbanisation et métropolisation : les lumières des villes vues de l'espace**

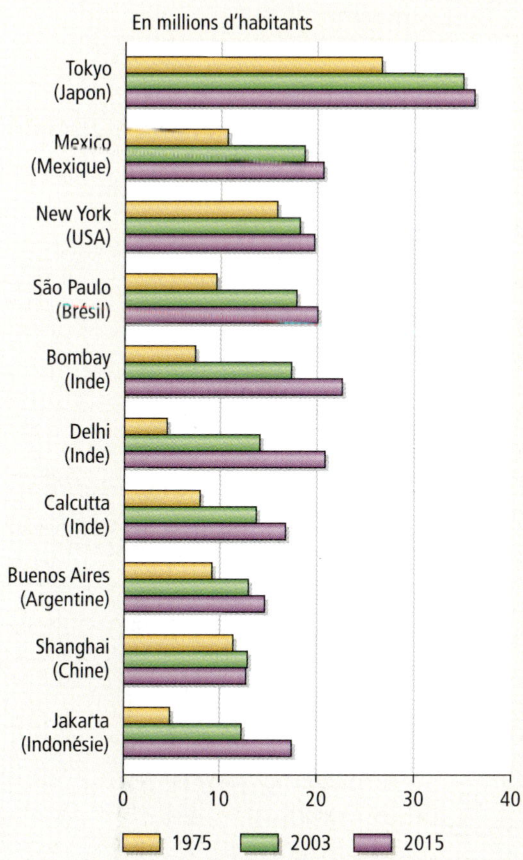

Source : United Nations, department of Economic and Social Affairs, 2004.

2 **Les dix plus grandes agglomérations**

3 L'individualisme : de nouvelles libertés ?

On entend par « individualisme » un ensemble d'évolutions et d'expériences sociales qui se caractérisent essentiellement de deux façons. La notion d'individualisme suppose en premier lieu la disparition de certaines structures sociales préétablies, par exemple l'abolition de catégories comme la classe ou la situation sociale, la répartition des rôles selon le sexe, la famille, le voisinage, etc., ou, comme dans le cas de la RDA ou d'autres États du bloc de l'Est, l'effondrement de normes, de cadres ou de modèles sociaux réglant l'existence de chacun. Pourtant, partout où ces tendances se font jour, une question se pose immédiatement : quels nouveaux modes de vie voit-on apparaître là où les conduites sociales ne sont plus dictées par la religion, la tradition ou l'État ?

La réponse à cette question renvoie à l'autre aspect de l'individualisme et peut se résumer ainsi : dans les sociétés modernes, l'individu est soumis à de nouvelles exigences, à des contrôles et à des contraintes institutionnelles. *Via* le marché du travail, les aides sociales ou la bureaucratie, il se trouve pris dans un entrelacs de règlements, de mesures ou de conditions à remplir. [...]

La principale caractéristique de ces nouvelles normes est que l'individu, plus que par le passé, doit, dans une certaine mesure, les inventer lui-même pour définir lui-même ses règles de vie et d'action. [...]. En simplifiant, on pourrait dire que, dans une société traditionnelle, on naît avec certains devoirs (liés à la religion ou à la classe sociale à laquelle on appartient), tandis que, dans les sociétés modernes, il faut faire quelque chose, se montrer actif. [...]

À une vie réglée par des normes se substitue aujourd'hui une vie « choisie » [...].

Ulrich Beck et Elisabeth Beck-Gernsheim, *Individualisierung in modernen Gesellschaften : Perspektiven und Kontroversen einer subjekt-orientierten Soziologie (L'individualisation dans les sociétés modernes : débats et perspectives d'une sociologie orientée sur le sujet)*, Francfort,1994.

Dossier
Religion et société en Europe

La culture européenne est profondément marquée par sa tradition judéo-chrétienne. La neutralité religieuse constitue un des fondements des États européens. Les deux éléments sont essentiels pour l'identité de l'Europe.

La question du rôle des religions dans la société se pose d'une façon nouvelle, compte tenu notamment de la présence de plus de 15 millions de musulmans en Europe. En France et en Allemagne, la référence à Dieu dans le projet de Constitution européenne, comme le port du voile islamique dans les écoles publiques qui a fait débat, reflètent les divergences sur la question fondamentale du rapport entre État et religion.

1 La place de la religion dans le projet de Constitution européenne

Art. I–2 Les valeurs de l'Union

L'Union est fondée sur les valeurs de respect de la dignité humaine, de liberté, de démocratie, d'égalité, de l'État de droit, ainsi que de respect des droits de l'homme, y compris des droits des personnes appartenant à des minorités. Ces valeurs sont communes aux États membres dans une société caractérisée par le pluralisme, la non-discrimination, la tolérance, la justice, la solidarité et l'égalité entre les femmes et les hommes.

Art. II–70 Liberté de pensée, de conscience et de religion

1. Toute personne a droit à la liberté de pensée, de conscience et de religion. Ce droit implique la liberté de changer de religion ou de conviction, ainsi que la liberté de manifester sa religion ou sa conviction individuellement ou collectivement, en public ou en privé, par le culte, l'enseignement, les pratiques et l'accomplissement des rites.

2 L'identité européenne se fonde-t-elle sur le christianisme ?

Le pape Benoît XVI voit dans l'Europe un continent qui s'est constitué par le christianisme. Pour lui, les débuts de l'intégration européenne relèvent d'une inspiration chrétienne. En expliquant aussi bien les catastrophes de l'histoire européenne que les problèmes actuels en Europe par un éloignement des valeurs chrétiennes, il attribue au christianisme un rôle déterminant.

Au milieu des profonds changements qui bouleversent notre époque, existe-t-il une identité de l'Europe porteuse d'avenir et sur laquelle nous puissions nous fonder? Pour les pères de l'Union européenne, Adenauer, Schuman, De Gasperi, il était clair qu'un tel fondement existait et qu'il résidait dans l'héritage chrétien d'un continent issu du christianisme. Pour eux, il était clair que les destructions auxquelles nous avaient confrontés la dictature nazie et la dictature de Staline reposaient sur un rejet de ce fondement, sur une *hybris* qui ne se soumet plus au Créateur mais prétend créer elle-même un homme meilleur, pour transformer le monde mauvais du Créateur en un monde meilleur, fondé sur les dogmes de sa propre idéologie. Pour eux, il était clair que ces dictatures faisaient apparaître une nouvelle qualité de Mal et reposaient sur une volonté de détruire l'Europe, et qu'il fallait revenir à ce qui, malgré les souffrances et les errements, avait conféré à ce continent toute sa dignité.

L'enthousiasme initial suscité par ce retour aux grandes constantes de l'héritage chrétien se dissipa rapidement et l'Union européenne se réalisa par la suite sur des bases presque exclusivement économiques, mettant entre parenthèses les fondements moraux de cette communauté. Au cours de ces dernières années, on prit cependant de plus en plus conscience que cette communauté économique des États européens devait s'appuyer sur des valeurs communes. La montée de la violence, la fuite dans les drogues, l'augmentation de la corruption nous font sentir que cette perte de valeurs a des conséquences matérielles et qu'il est nécessaire de redresser le cap.

Joseph Ratzinger (Benoît XVI), *Werte in Zeiten des Umbruchs. Die Herausforderungen der Zukunft bestehen (Les Valeurs morales au milieu des bouleversements sociaux : les défis de l'avenir)*, Herder, 2005.

En %	Religieux	Non religieux	Athées convaincus
Allemagne de l'Est	29,4	48,9	21,7
Allemagne de l'Ouest	62,1	33,5	4,4
France	46,3	39,1	14,6
Grande-Bretagne	41,5	53,1	5,4
Irlande	76,4	22,3	1,3
Italie	85,8	11,5	2,7
Pologne	93,9	4,5	1,6
Suède	38,8	54,6	6,6
Espagne	58,9	34,6	6,5
Rép. tchèque	44,6	46,6	8,8

Source : Jürgen Gerhards et Michael Hölscher, *Kulturelle Unterschiede in der Europäischen Union (Les Différences culturelles au sein de l'Union européenne)*, Wiesbaden, 2005.

3 Les Européens évaluent eux-mêmes leur religiosité

En %	Catholiques	Protestants	Orthodoxes	Musulmans	Autres	Sans religion
Allemagne de l'Est	3,4	28,0	0,3	0,2	2,1	66,0
Allemagne de l'Ouest	39,3	41,3	0,5	2,1	2,7	14,2
France	52,7	1,3	1,2	0,1	2,1	42,6
Grande-Bretagne	13,8	57,4	0,2	0,9	12,7	15,0
Irlande	89,0	2,0	0,2	—	1,9	6,9
Italie	81,5	0,3	0,1	—	0,3	17,9
Pologne	94,1	0,3	0,3	0,1	0,7	4,6
Suède	1,6	68,9	0,5	0,4	3,3	25,3
Espagne	80,8	0,9	—	0,3	0,0	18,0
Rép. tchèque	29,8	3,8	0,1	—	1,4	64,9

Source : Jürgen Gerhards et Michael Hölscher, *Kulturelle Unterschiede in der Europäischen Union (Les Différences culturelles au sein de l'Union européenne)*, Wiesbaden, 2005.

4 L'appartenance à une communauté religieuse

5 Christianisme et islam en Europe

La mosquée Yavus Sultan Selim et le clocher de l'église Notre-Dame à Mannheim (Bade-Wurtemberg).

6 « Le continent des églises vides » par Jan Ross

On construit à Rotterdam une mosquée, qui sera la plus grande d'Europe. Les Pays-Bas où, par ailleurs, chacun pouvait vivre comme il l'entendait, prennent aujourd'hui congé de trois décennies d'hyper-tolérance multiculturelle. On commence à examiner avec plus de circonspection les mœurs et coutumes des immigrés et certains hommes politiques locaux trouvent le lieu de culte musulman, culturellement trop voyante. Les minarets, en particulier, suscitent le rejet, car ils se dressent plus haut que les projecteurs du stade de foot.

Autrefois, on aurait parlé de la flèche de la cathédrale. L'Europe a un problème avec l'islam, non pas en tant qu'Occident chrétien, mais en tant que société moderne de consommation et de loisirs, qui a d'autres valeurs que la volonté de servir Dieu. Sur ce continent des églises vides, on a vu apparaître des porteuses de foulard [...]. Si l'Europe, cette Europe par ailleurs si faible et si déchirée, peut être fière, dans le monde dévasté de l'après 11 septembre 2001, c'est parce qu'elle se considère comme un îlot de lumières et de raison au milieu d'une mer de fanatisme. On commence aujourd'hui seulement à comprendre que la laïcisation, la moindre importance de la religion n'est pas une tendance naturelle du monde moderne. Et pour les Européens, la vie ici-bas n'en apparaît que plus précieuse, plus digne d'être défendue et plus fondatrice en termes d'identité.

Non pas qu'ils partagent le même point de vue sur le rapport entre l'État et l'Église, la foi et la société, ainsi que le montrent les débats sur le port du foulard. C'est en effet là le premier débat politico-religieux à franchir les frontières. [...]. Il est impensable en Allemagne d'interdire le foulard islamique à une écolière, comme cela s'est produit en France avec l'assentiment d'une écrasante majorité. Chez nous, l'interdiction ne concerne que les enseignantes et, tout au plus, comme à Berlin, la police, les pompiers, la justice : bref, le service public. En Grande-Bretagne, cela n'est pas un problème. Une femme agent de police portant le foulard n'a rien de scandaleux, et les Sikhs ont le droit de garder leur turban et de ne pas porter de casque à moto.

Die Zeit, 14 avril 2004.

Pistes de travail

1. Quelle est la place dévolue à la religion dans le projet de Constitution de l'Union européenne et quel rôle Joseph Ratzinger voudrait-il lui voir jouer ? Confrontez et discutez ces deux points de vue. **(doc. 1 et 2)**

2. Analysez les données concernant le degré de religiosité des Européens et mettez en relief les spécificités de chaque pays. **(doc. 3 et 4)**

3. La construction de la mosquée de Mannheim a été interprétée par certains comme une provocation, par d'autres comme le symbole d'un dialogue possible. Quelles idées sur le rapport entre les religions et sur le rapport entre religion et société sont à la base de ces points de vue ? **(doc. 5)**

4. Analysez les arguments de Jan Ross. Permettent-ils d'expliquer les articles I-2 et II-70 de la Constitution européenne ainsi que la position de Joseph Ratzinger ? Prenez position par rapport à ces thèses. **(doc. 1 , 2 et 6)**

Chapitre 13

Les transformations culturelles dans le monde depuis 1945

Depuis 1945, le savoir a fait de grands progrès dans le monde, grâce notamment à la scolarisation. Les progrès technologiques ont donné un rôle central au savoir, si bien que l'on parle aujourd'hui de société de l'information ou de société du savoir.

Les industries de la culture sont un élément essentiel de l'économie mondiale et du rayonnement de certaines puissances comme les États-Unis. L'émergence d'une éventuelle « culture globale » doit-elle être redoutée, comme une menace pour la diversité linguistique et culturelle ?

- Comment la culture s'est-elle développée depuis 1945 ?
- Quel rôle ont joué les nouvelles technologies dans ce développement ?
- Peut-on aujourd'hui parler d'une « culture globale » ?

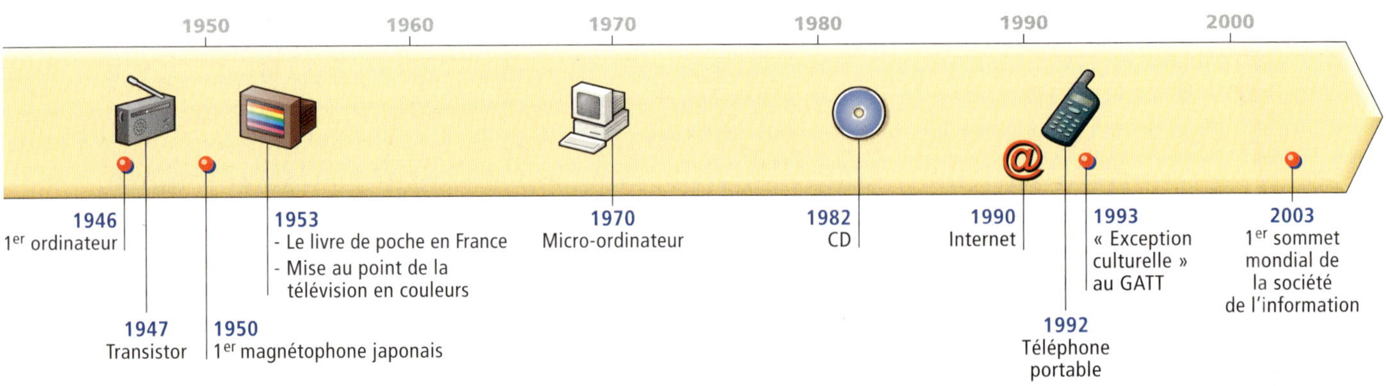

1

Un savoir mieux partagé

Inaugurée en 2002, la bibliothèque d'Alexandrie a été construite avec l'aide de l'UNESCO dans la ville où se trouvait la plus célèbre bibliothèque de l'Antiquité.

2

Une culture mondialisée

Spectacle Disney à Urayasu, près de Tokyo, 1er janvier 2004.

La culture dans le monde au début du XXIe siècle

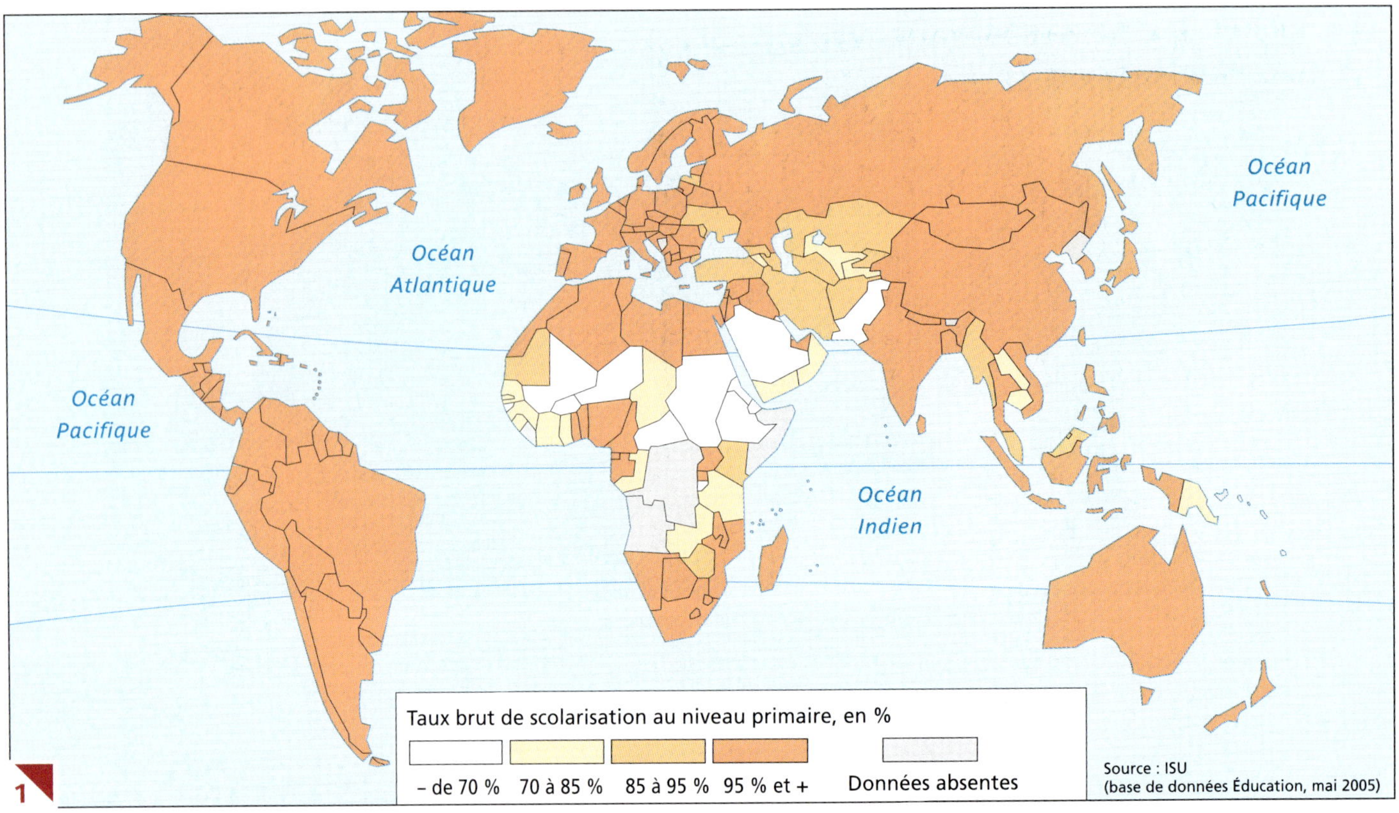

1 L'enseignement primaire (2005)

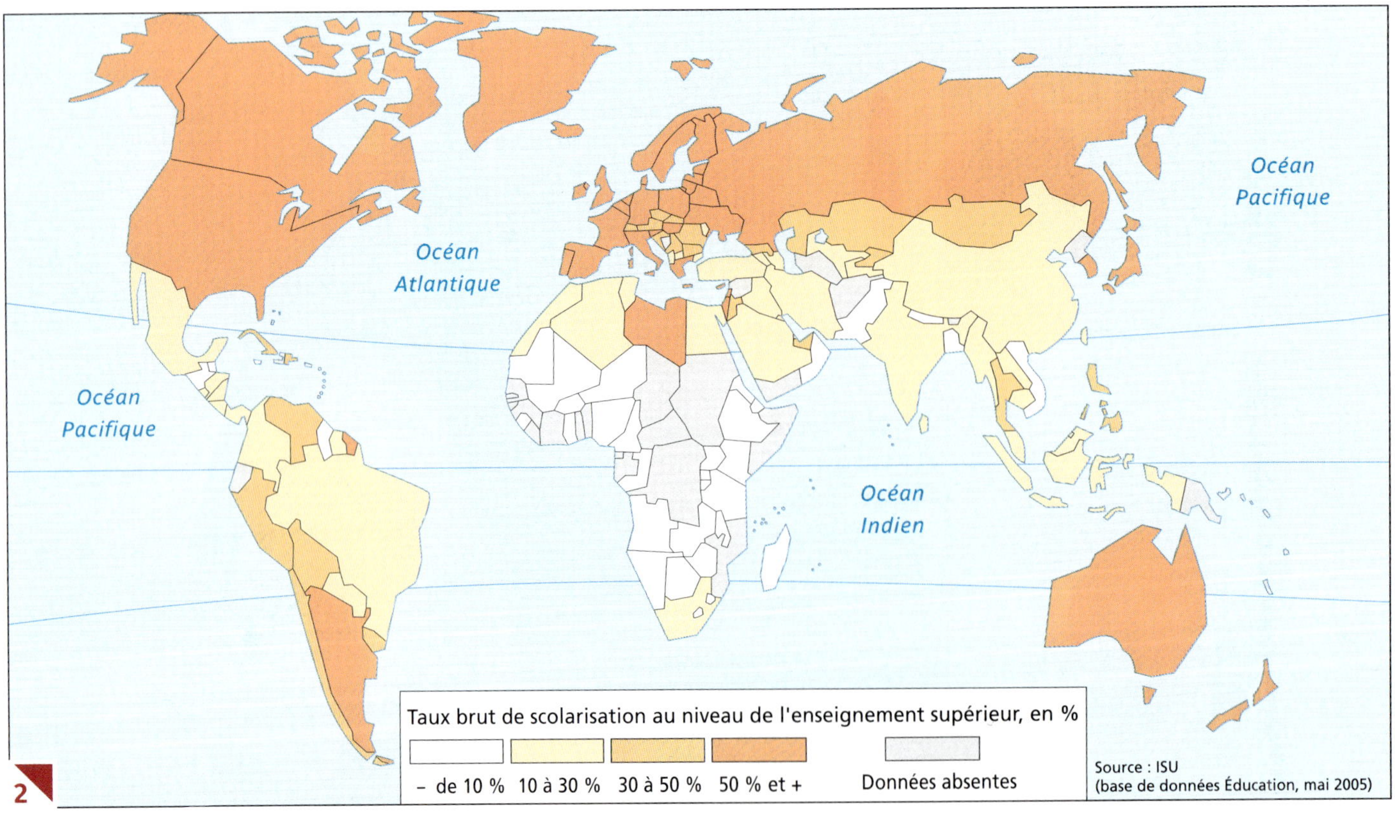

2 L'enseignement supérieur (2005)

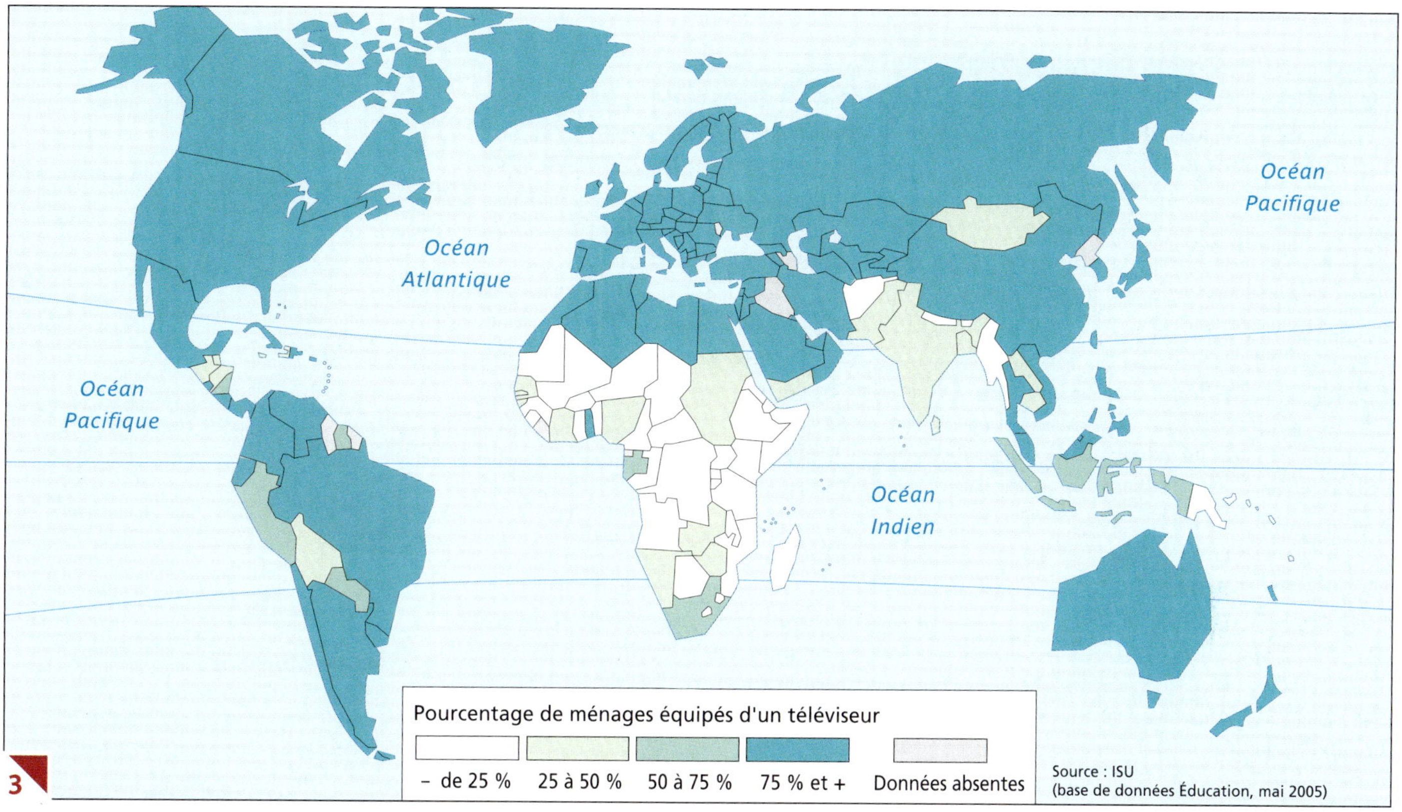

3 La télévision (2005)

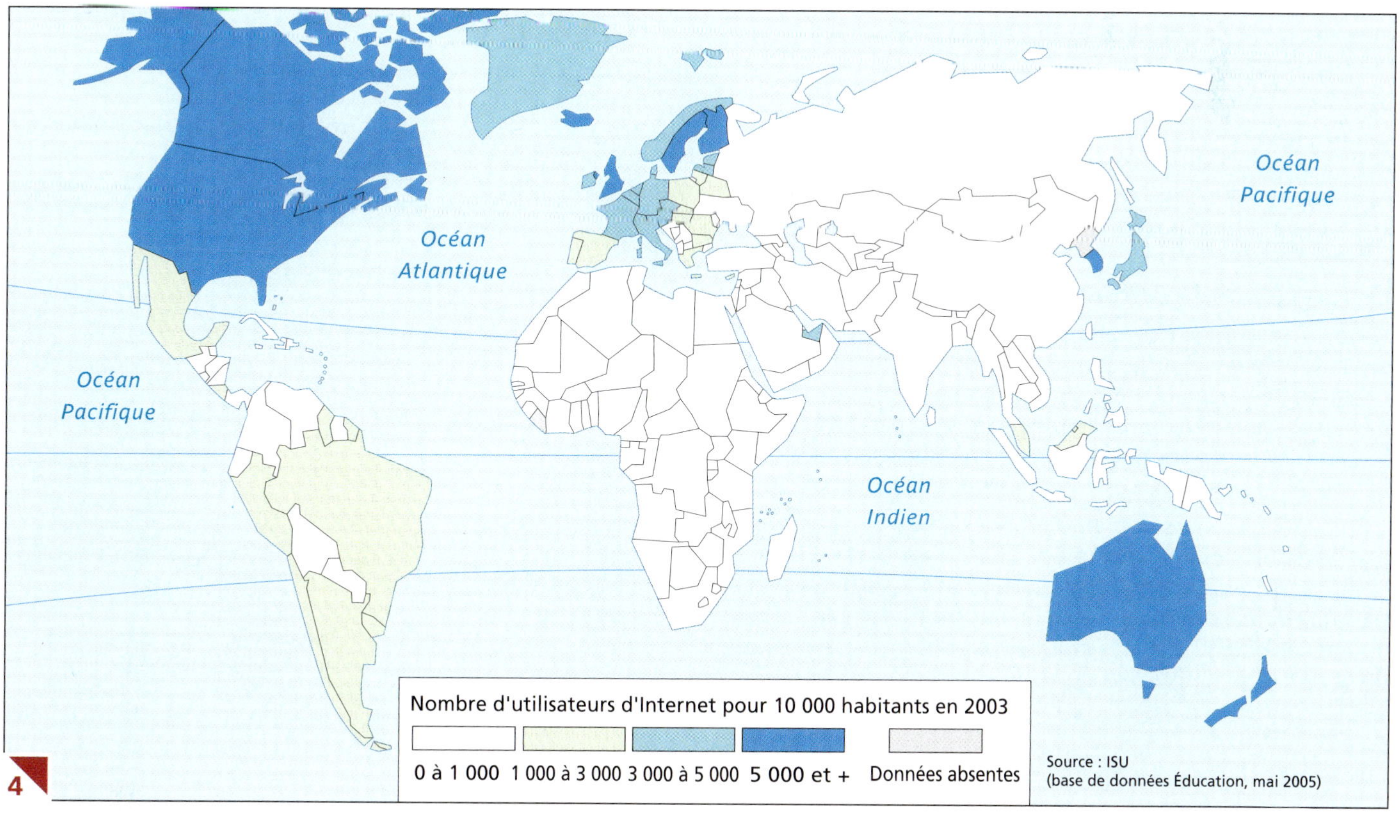

4 Internet (2003)

1. Un meilleur accès au savoir ?

Pourquoi la culture joue-t-elle un rôle croissant dans le monde depuis 1945 ?

L'élargissement des connaissances

La croissance économique et le progrès social dont bénéficient de nombreux pays à partir de 1945 ont des conséquences très importantes sur le plan culturel. Des populations mieux formées accèdent à un savoir de plus en plus large et diversifié.

L'État a en effet les moyens de développer la scolarisation, qui facilite l'accès au savoir (voir cartes p. 218). Dans les pays du Nord, l'enseignement secondaire et supérieur se démocratise à partir des années 1960. Dans les pays du Sud, l'alphabétisation est l'une des conditions du développement. Au niveau international, l'UNESCO est chargée de promouvoir la culture, définie au sens large, et d'encourager la coopération culturelle.

Dans le même temps, les entreprises mulitiplient les innovations, la recherche-développement devenant un enjeu majeur dans la compétition économique. La science peut ainsi faire d'immenses avancées, dans des domaines aussi variés que la médecine ou l'aérospatiale. À partir des années 1970, une « troisième révolution industrielle » est permise par des innovations majeures dans l'électronique et l'informatique (voir leçon pp. 222-223).

La culture de masse

Ce contexte favorise la culture de masse, qui a commencé à se développer aux États-Unis et en Europe dès la fin du XIXe siècle. La presse écrite et l'édition profitent de l'élargissement du public, grâce notamment au livre de poche lancé dans les années 1950. Mais la culture écrite est de plus en plus concurrencée par les médias audiovisuels.

La radio continue à jouer un rôle important, le transistor, inventé en 1947, permettant une écoute individuelle. Du vinyle au CD (1982), le disque devient un produit de grande consommation. Le cinéma connaît une période faste après la Seconde Guerre mondiale. Mais il doit affronter la concurrence des autres vecteurs d'images : le magnétoscope, le DVD et surtout la télévision.

Celle-ci est devenue le principal moyen d'information et de divertissement (voir carte p. 219). Le « petit écran » permet de vivre en direct les grands événements, du couronnement de la reine d'Angleterre en 1953 aux attentats terroristes à New York le 11 septembre 2001. La télévision retransmet également toutes les grandes compétitions sportives. Le sport, comme pratique et surtout comme spectacle, est en effet aujourd'hui un élément essentiel de la culture de masse.

L'éducation et la culture pour tous ?

De fortes inégalités persistent cependant dans l'accès à l'éducation et à la culture de masse. Faute de moyens, les pays du Sud souffrent d'un retard dans le domaine de la scolarisation. Et les « biens culturels » (livres, CD, DVD, etc.), vendus par les « industries de la culture », ne sont par définition accessibles qu'à ceux qui peuvent les payer. Les inégalités économiques se traduisent donc logiquement par des inégalités dans l'accès à l'éducation et à la culture de masse.

La culture de masse est aujourd'hui « produite » par quelques grandes entreprises occidentales, notamment américaines. C'est particulièrement net pour le cinéma, dominé par les studios hollywoodiens (voir dossier pp. 226-227), et pour la musique. Certains dénoncent une « marchandisation » et une standardisation de la culture, qui menaceraient toutes les formes minoritaires d'expression. Cela pose la question de la diversité culturelle (voir leçon pp. 224-225).

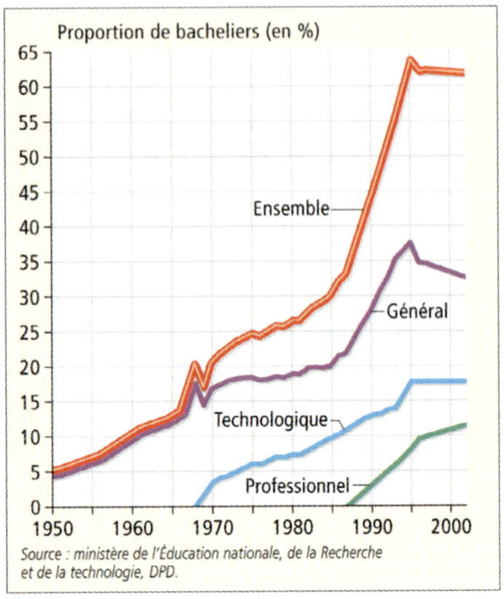

1 Le développement de l'enseignement secondaire en France

Vocabulaire

- **Innovation :** exploitation économique d'une découverte scientifique.
- **Recherche-développement :** recherche destinée à avoir des retombées rapides dans le domaine de la production. On parle aussi de recherche appliquée, par opposition à la recherche fondamentale.
- **UNESCO** (*United Nations Educational, Scientific and Cultural Organization*) : organisation des Nations unies créée en 1945 et installée à Paris. Son objectif est de « contribuer au maintien de la paix dans le monde en resserrant la collaboration entre les nations grâce à l'éducation, la science, la culture et la communication ».

Notions clés

- **Culture :** « dans son sens le plus large, la culture peut aujourd'hui être considérée comme l'ensemble des traits distinctifs, spirituels et matériels, intellectuels et affectifs qui caractérisent une société ou un groupe social. Elle englobe, outre les arts et les lettres, les modes de vie, les droits fondamentaux de l'être humain, les systèmes de valeurs, les traditions et les croyances » (définition adoptée par l'UNESCO en 1982).
- **Culture de masse :** ensemble des pratiques culturelles diffusées dans un public très large par les industries de la communication et du spectacle. Pour les uns, c'est l'idéal d'une culture partagée par le plus grand nombre ; pour les autres, c'est une culture au rabais, traitée comme un produit industriel.

2 La télévision en Amazonie (1989)

Dans les régions isolées et parmi les populations peu alphabétisées, où la culture est traditionnellement orale, la télévision et la radio sont des médias essentiels.

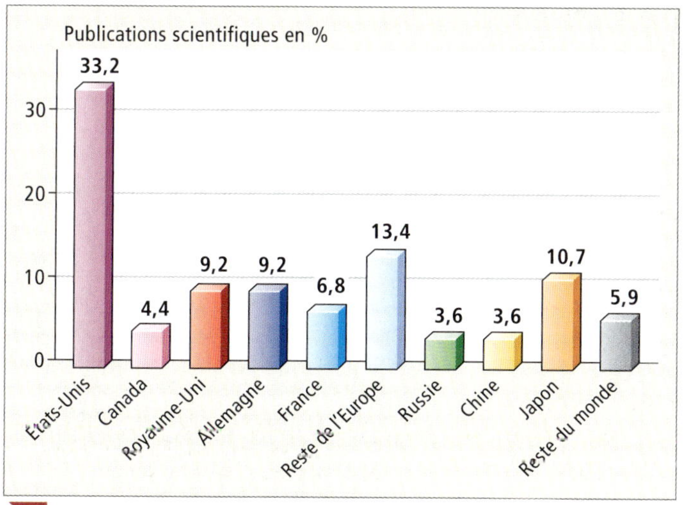

3 La compétition scientifique

Publications scientifiques recensées par le SCI (*Science Citation Index*) en 2000. Environ 70 % de ces publications sont rédigées en anglais.

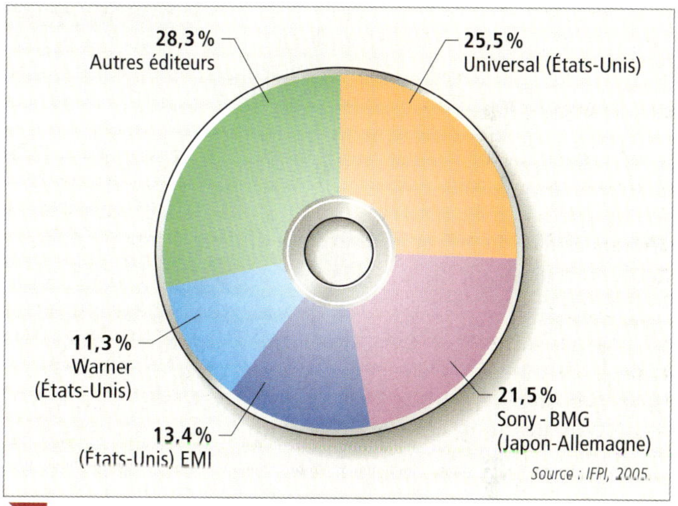

4 Le marché mondial du disque (2004)

Quatre « *majors* » dominent le marché de la musique enregistrée.

5 Le football, une culture universelle ?

Le 30 juin 2002, à Yokohama (Japon), la finale de la Coupe du monde de football oppose le Brésil et l'Allemagne.

Pistes de travail

1. Quelle est la place de l'Europe dans la compétition scientifique ? **(doc. 3)**
2. Quel pays domine le marché du disque ? **(doc. 4)**
3. Quelles sont les conséquences de cette situation ? **(doc. 4)**
4. Montrez que le football est à la fois le support des identités nationales et une forme de culture mondiale. **(doc. 5)**

2. Société de l'information ou sociétés du savoir ?

Quelles sont les conséquences de la révolution informatique dans le domaine de la culture ?

La révolution informatique

Les États-Unis ont mis au point à la fin de la Seconde Guerre mondiale les premiers ordinateurs, des machines capables d'effectuer très vite des opérations complexes. Mais l'informatique se développe vraiment à partir des années 1960, grâce à une série d'innovations (transistor, circuits intégrés) qui permettent de fabriquer des ordinateurs moins encombrants et plus rapides. Dans les années 1970, avec le microprocesseur (ou « puce » électronique), on entre dans l'ère du micro-ordinateur, destiné au grand public. La mise au point de *softwares* (logiciels) conviviaux et performants au milieu des années 1970 permet également à l'informatique d'entrer dans l'ère des masses.

Ces progrès sont encore accélérés avec l'essor dans les années 1990 des TIC (technologies de l'information et de la communication). De véritables « autoroutes de l'information » sont mises en place grâce aux fibres optiques, aux satellites, au téléphone mobile et enfin à Internet. L'information peut ainsi circuler d'une manière quasiment instantanée dans le monde entier. Ce bouleversement est comparable à la révolution de l'imprimerie qui a marqué l'Europe de la Renaissance.

Vers la société de l'information ?

La société industrielle née au XIXe siècle serait ainsi remplacée par la société de l'information. L'expression est adoptée aux États-Unis, puis au Japon et en Europe, dans les années 1990, pour désigner une société nouvelle, dans laquelle l'information – grâce aux technologies de l'information et de la communication – jouerait un rôle central dans la vie économique, sociale, culturelle et politique. L'ONU organise un « sommet mondial de la société de l'information » à Genève en 2003 et à Tunis en 2005. Au sein de la Commission européenne, un commissaire est en charge de la « société de l'information et des médias ».

La révolution informatique a certes accéléré le développement d'une économie de plus en plus « immatérielle », fondée sur les services. Mais l'expression « société de l'information » est aujourd'hui critiquée, parce qu'elle met trop l'accent sur la dimension technologique et économique, aux dépens des aspects humains et culturels. L'information, en effet, n'est pas le savoir. L'information est une donnée qui circule et, éventuellement, une marchandise. Le savoir est une construction progressive, qui requiert de multiples conditions comme l'accès à l'information, la liberté d'expression, l'apprentissage éducatif, etc.

Pour des sociétés du savoir

C'est pourquoi certains préfèrent aujourd'hui mettre en avant l'idéal d'une société du savoir, fondée sur le partage et la maîtrise de la connaissance. L'UNESCO propose même de parler, au pluriel, des sociétés du savoir, pour insister sur la diversité culturelle (voir leçon pp. 224-225).

L'existence d'une véritable société du savoir suppose de lutter contre les inégalités d'accès à l'information. La « fracture numérique » sépare en effet ceux qui sont connectés à Internet et ceux qui ne le sont pas. Cette fracture traverse chaque société, où l'on observe de fortes différences entre villes et campagnes ou entre jeunes et vieux. Au niveau mondial, la fracture numérique reflète le clivage Nord-Sud. Seuls 11 % de la population mondiale ont aujourd'hui accès à Internet (voir carte p. 219). Les 89 % restants ne peuvent disposer d'un ordinateur ou, tout simplement, ne sont pas reliés à un réseau électrique.

Vocabulaire

- **Internet** (*Interconnected Network*) : issu du réseau d'échanges entre ordinateurs créé en 1969 par le Pentagone, Internet débute vraiment en 1990 avec le *World Wide Web* (*WWW*) qui simplifie les modalités de navigation sur le réseau.
- **Micro-ordinateur :** ordinateur personnel, de taille réduite, avec un écran et un clavier, ce qui met l'informatique à la portée du grand public grâce aux logiciels (*softwares*).
- **Ordinateur :** machine électronique qui traite numériquement l'information et peut ainsi effectuer très rapidement les instructions d'un programme enregistré.

Notions clés

- **Informatique :** ensemble des techniques de traitement et de communication de l'information grâce aux ordinateurs. Le terme français « informatique » est inventé en 1962 par contraction de « information » et de « automatique ».
- **Société de l'information :** société dans laquelle l'information jouerait un rôle central dans la vie économique, sociale, culturelle et politique.
- **Société du savoir :** société dans laquelle le savoir serait partagé, grâce notamment à un accès universel à l'information et au respect de la diversité culturelle.

1
Le premier ordinateur (1946)

Mis au point à des fins militaires pendant la Seconde Guerre mondiale, l'ENIAC (*Electronic Numerical Integrator and Computer*) pesait 30 tonnes et était capable d'effectuer 300 multiplications (d'un nombre de 10 chiffres) en une seconde.

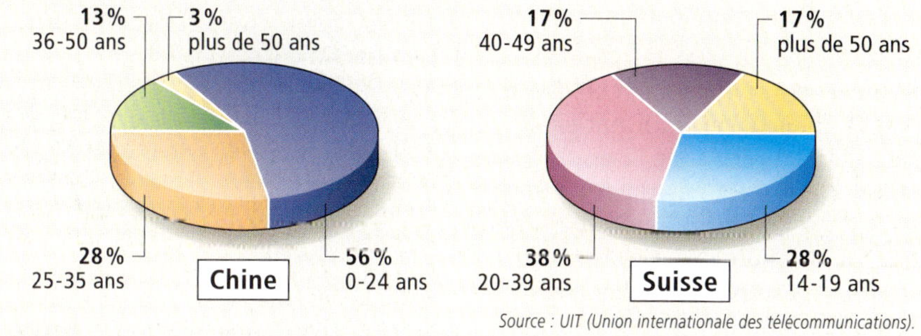

3
Technologies et générations

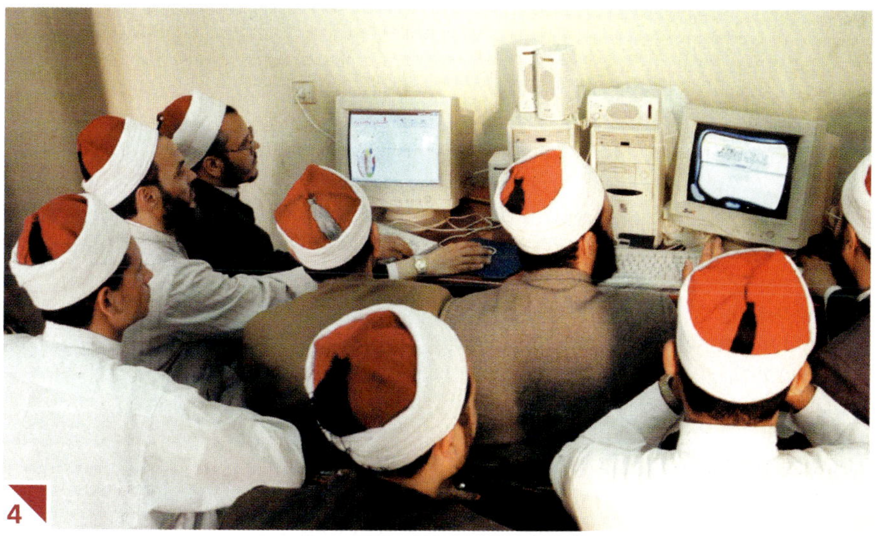

4
L'accès au réseau mondial

L'université al-Azhar du Caire accueille des étudiants venus de tout le monde musulman.

2
Progrès et savoir

Longtemps le savoir a été accaparé par des cercles de sages ou d'initiés. [...] À partir de l'époque des Lumières, les progrès de l'exigence démocratique [...] ont permis la diffusion des idées d'universalité, de liberté et d'égalité. La propagation des connaissances par le livre, puis par l'imprimerie, ainsi que la diffusion d'une éducation pour tous par l'école et l'université ont accompagné cette évolution historique. [...] À présent, la diffusion des nouvelles technologies et l'avènement d'Internet comme réseau public paraissent ouvrir de nouvelles chances pour élargir cet espace public du savoir. [...]

La notion de société de l'information repose sur des progrès technologiques. Celle de sociétés du savoir inclut pour sa part des dimensions sociales, éthiques et politiques bien plus vastes. Le pluriel ici n'est évidemment pas un hasard : il vient récuser l'unicité d'un modèle qui serait fourni « clés en main » et qui refléterait insuffisamment la diversité culturelle et linguistique [...]. Pour bâtir de véritables sociétés du savoir, les possibilités nouvelles offertes par Internet ou les outils multimédias ne doivent pas nous conduire à nous désintéresser de ces instruments de savoir à part entière que sont la presse, la radio, la télévision et, surtout, l'école. Car la majorité des populations du monde, avant d'avoir besoin d'ordinateurs ou d'accès à Internet, a faim de livres et de manuels scolaires et manque cruellement d'enseignants.

Rapport mondial de l'UNESCO, *Vers les sociétés du savoir, Introduction*, 2005.

Pistes de travail

1. Pourquoi le micro-ordinateur représente-t-il un progrès décisif dans les domaines de l'information et du savoir ? **(doc. 1 et 4)**

2. Quel rôle joue la technique dans le développement du savoir ? Quels sont les autres facteurs favorisant le savoir ? **(doc. 2)**

3. Peut-on parler d'une fracture numérique entre les générations ? La situation des deux pays est-elle exactement la même ? **(doc. 3)**

Pour conclure

4. Imaginez un débat entre deux personnages (à définir), l'un exaltant la « société de l'information », l'autre critiquant cette notion.

3. Vers une « culture monde » ?

Faut-il redouter l'émergence d'une « culture globale » ?

La culture dans la mondialisation

La culture de masse, dont le développement s'est accéléré depuis 1945, cherche à atteindre une dimension planétaire. Elle est en effet « produite » par de grandes entreprises transnationales qui veulent s'implanter sur tous les marchés. Et la société de l'information, qui s'affirme depuis les années 1990, se veut mondiale, puisque les technologies de l'information et de la communication – les TIC (voir leçon pp. 222-223) – permettent une communication instantanée entre tous les points du globe.

La culture s'inscrit donc au cœur du processus de mondialisation. Le libre-échange, développé par le GATT depuis 1947 puis l'OMC depuis 1995, favorise la diffusion quasiment universelle des biens culturels. Les industries du divertissement proposent partout les mêmes « produits » (programmes de télévision, complexes cinématographiques, parcs de loisirs, spectacles sportifs, etc.). Dans le « village planétaire », les habitants partageraient donc de plus en plus les mêmes pratiques culturelles.

Un risque d'uniformisation

Cette évolution est dénoncée par certains comme une dangereuse uniformisation. Dans les pays du Sud, la mondialisation est d'abord perçue comme une occidentalisation. Les valeurs occidentales ont en effet été diffusées par les colonisateurs, puis par tous ceux qui ont assimilé le développement à la modernité européenne ou américaine. La domination économique du Nord pourrait ainsi menacer les cultures « indigènes » en Afrique, en Amérique latine ou en Asie.

Mais c'est moins l'Occident en général que l'*American way of life* qui est en cause aujourd'hui. Les « industries culturelles » sont dominées par les firmes transnationales américaines, qui sont les principales bénéficiaires du libre-échange. Depuis les années 1960, on fustige souvent en Europe, au Canada et dans les pays du Sud « l'impérialisme culturel américain ». Cette expression est couramment utilisée en France par ceux qui estiment qu'une « mono-culture » *made in USA* écraserait les autres formes d'expression. L'anglo-américain, en tout cas, s'impose de plus en plus comme une sorte de langue universelle de la communication, de l'économie et de la science. Cette situation, mal vécue en France, préoccupe cependant moins d'autres pays européens (Allemagne, Pays-Bas, Suède, etc.).

Mélange et diversité des cultures

Mais mondialisation ne signifie pas forcément occidentalisation. Pour certains, une culture mondiale peut émerger par le métissage entre les différentes civilisations. Dans les grandes villes d'Asie, une nouvelle culture mélange la « modernité » occidentale et les traditions locales (chinoise, japonaise). Aux États-Unis, la langue espagnole et la culture « latino » jouent un rôle croissant.

Il n'en reste pas moins nécessaire, selon certains, de préserver la diversité des langues et des cultures. Des États européens comme la France ont pris des mesures pour soutenir l'industrie cinématographique nationale (voir dossier pp. 226-227) ou pour protéger leur langue (voir dossier pp. 228-229). En 1989, dans l'accord de libre-échange signé avec les États-Unis, le Canada a obtenu une clause d'exemption culturelle, qui lui permet de protéger ses industries culturelles (télévision, cinéma, édition). Le GATT a reconnu en 1993 le principe de l'exception culturelle, à la demande de la France et de l'Union européenne. L'UNESCO a adopté en 2001 une déclaration universelle sur la diversité culturelle. Dans ce combat, elle est soutenue par l'OIF (Organisation internationale de la francophonie) ou par la CPLP (Communauté des États de langue portugaise), qui veulent préserver le plurilinguisme dans le monde.

Notions clés

- **Diversité culturelle :** préférée aujourd'hui à « exception culturelle », cette expression désigne l'ensemble des cultures du monde, considéré comme un patrimoine à protéger.
- **Exception culturelle :** principe proposé par la France, selon lequel les biens culturels ne sont pas soumis, comme de simples marchandises, aux règles du libre-échange définies par le GATT (devenu en 1995 l'OMC).
- **Mondialisation :** développement de l'économie et de la culture à l'échelle mondiale et non plus nationale, dû à plusieurs facteurs (libre-échange, firmes transationales, TIC).

Pistes de travail

1. En quelle langue ce roman britannique est-il ici traduit ? Quel rôle joue la traduction dans le contexte actuel de la mondialisation ? **(doc. 1)**
2. Expliquez comment la culture de masse européenne mélange les traditions nationales et l'influence anglo-saxonne. **(doc. 2)**
3. Quels sont les procédés polémiques utilisés dans cette image ? **(doc. 3)**
4. Quel aspect de la culture de masse est ici dénoncé ? **(doc. 3)**
5. À quoi la diversité culturelle est-elle comparée dans ce texte ? **(doc. 4)**
6. Que propose l'UNESCO pour préserver la diversité culturelle ? **(doc. 4)**

Pour conclure

7. Imaginez un dialogue entre deux intellectuels présentant la mondialisation comme un risque ou comme une chance pour la culture.

1 Un succès de librairie mondial

Lancement de *Harry Potter et l'ordre du Phénix* à Taiwan en septembre 2003. L'œuvre de la Britannique J. K. Rowling est traduite en 55 langues.

2 Le métissage culturel

Deux sociologues françaises analysent les programmes de télévision européens.

À la fin des années 1980, au moment de l'explosion des télévisions privées, la plupart des États européens ont été confrontés au même défi : comment endiguer l'invasion des productions américaines […] ? Quinze ans après, on peut affirmer que le pari a été jusqu'à un certain point tenu : les grandes télévisions européennes proposent aux heures de forte audience des programmes essentiellement nationaux. […] Ainsi les offres fictionnelles sont essentiellement modelées par des spécificités nationales. Mais […] les scénaristes et les producteurs ne campent pas sur leur enclave nationale, ils sont amenés à coopérer (coproduction entre pays), s'inspirer les uns des autres, et en la matière l'expérience de Hollywood figure comme une référence, tout comme, pour les auteurs américains, certaines veines du cinéma européen. Pourtant, si certains formats (de jeux, de fictions, de variétés) sont achetés à l'étranger, les programmes ne plaisent aux publics qu'après adaptation, reformatage à la sensibilité de chaque pays. […] Cette hybridation va de pair avec l'économie mondialisée des industries de l'image et du son. Dans les pays anglo-saxons, les secteurs de la musique, du cinéma et de l'audiovisuel conçoivent des œuvres cultes qui sont appréciées communément par les diverses jeunesses du monde occidental : les adolescents privilégient une conception métissée des cultures, dans laquelle les identités s'articulent, s'empruntent des éléments, se valorisent mutuellement […].

Monique Dagnaud et Régine Chaniac, « Le métissage culturel », *Libération*, 27 avril 2001.

3 Une vision polémique de la culture de masse américaine

Couverture du livre publié en 2004 par le journaliste canadien Matthew Fraser.

4 Défendre la diversité culturelle

ART. 1 – La diversité culturelle, patrimoine commun de l'humanité.

La culture prend des formes diverses à travers le temps et l'espace. Cette diversité s'incarne dans l'originalité et la pluralité des identités qui caractérisent les groupes et les sociétés composant l'humanité. Source d'échanges, d'innovation et de créativité, la diversité culturelle est, pour le genre humain, aussi nécessaire qu'est la biodiversité dans l'ordre du vivant. En ce sens, elle constitue le patrimoine commun de l'humanité et elle doit être reconnue et affirmée au bénéfice des générations présentes et des générations futures. […]

ART. 8 – Les biens et services culturels, des marchandises pas comme les autres.

Face aux mutations économiques et technologiques actuelles, qui ouvrent de vastes perspectives pour la création et l'innovation, une attention particulière doit être accordée à la diversité de l'offre créatrice, à la juste prise en compte des droits des auteurs et des artistes ainsi qu'à la spécificité des biens et services culturels qui, parce qu'ils sont porteurs d'identité, de valeurs et de sens, ne doivent pas être considérés comme des marchandises ou des biens de consommation comme les autres.

ART. 9 – Les politiques culturelles, catalyseur de la créativité.

Tout en assurant la libre circulation des idées et des œuvres, les politiques culturelles doivent créer les conditions propices à la production et à la diffusion de biens et services culturels diversifiés, grâce à des industries culturelles disposant des moyens de s'affirmer à l'échelle locale et mondiale.

Déclaration universelle de l'UNESCO sur la diversité culturelle, 2001.

Dossier
Le cinéma dans le monde

Le cinéma reste aujourd'hui l'une des principales industries culturelles, malgré la concurrence de la télévision et de la vidéo. Depuis longtemps Hollywood est considéré comme le symbole par excellence de la culture de masse dans le monde. Les films américains bénéficient de l'importance du marché national et d'un réseau de distribution très développé à l'échelle mondiale. Certains critiques, notamment en France, soulignent que le cinéma américain est soutenu par le gouvernement fédéral (aides fiscales), par le libre-échange instauré depuis 1945 et par la puissance des États-Unis. Selon eux, la prépondérance des films américains met en danger la diversité culturelle dans le monde. Cependant la position des firmes américaines n'est pas incontestée.

L'Inde est un des rares pays à avoir développé une industrie du cinéma capable d'exporter des films dans le monde entier.

En Europe, la plupart des États ont mis en place un système d'aide à la production de films nationaux. En France, le cinéma se trouve au cœur des débats sur la diversité culturelle. Dans d'autres pays, comme en Allemagne, ce débat suscite moins d'émotion, et occupe une place beaucoup moins centrale dans les médias.

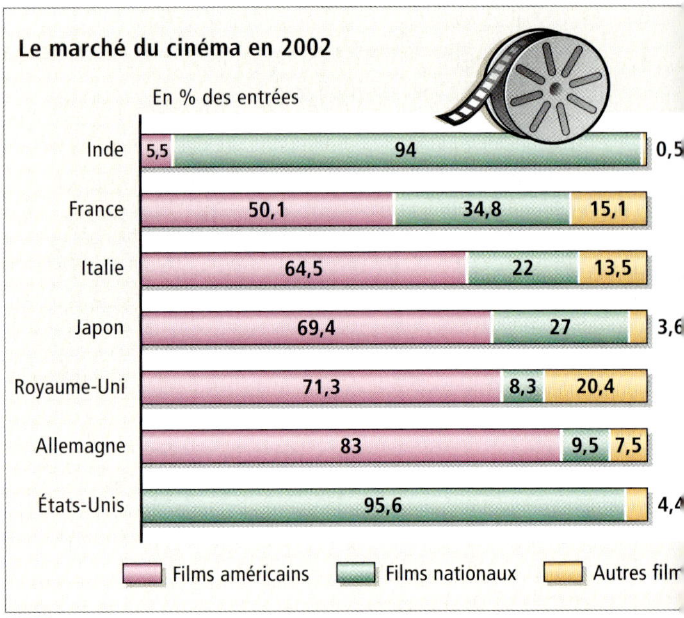

1 Un marché dominé par Hollywood

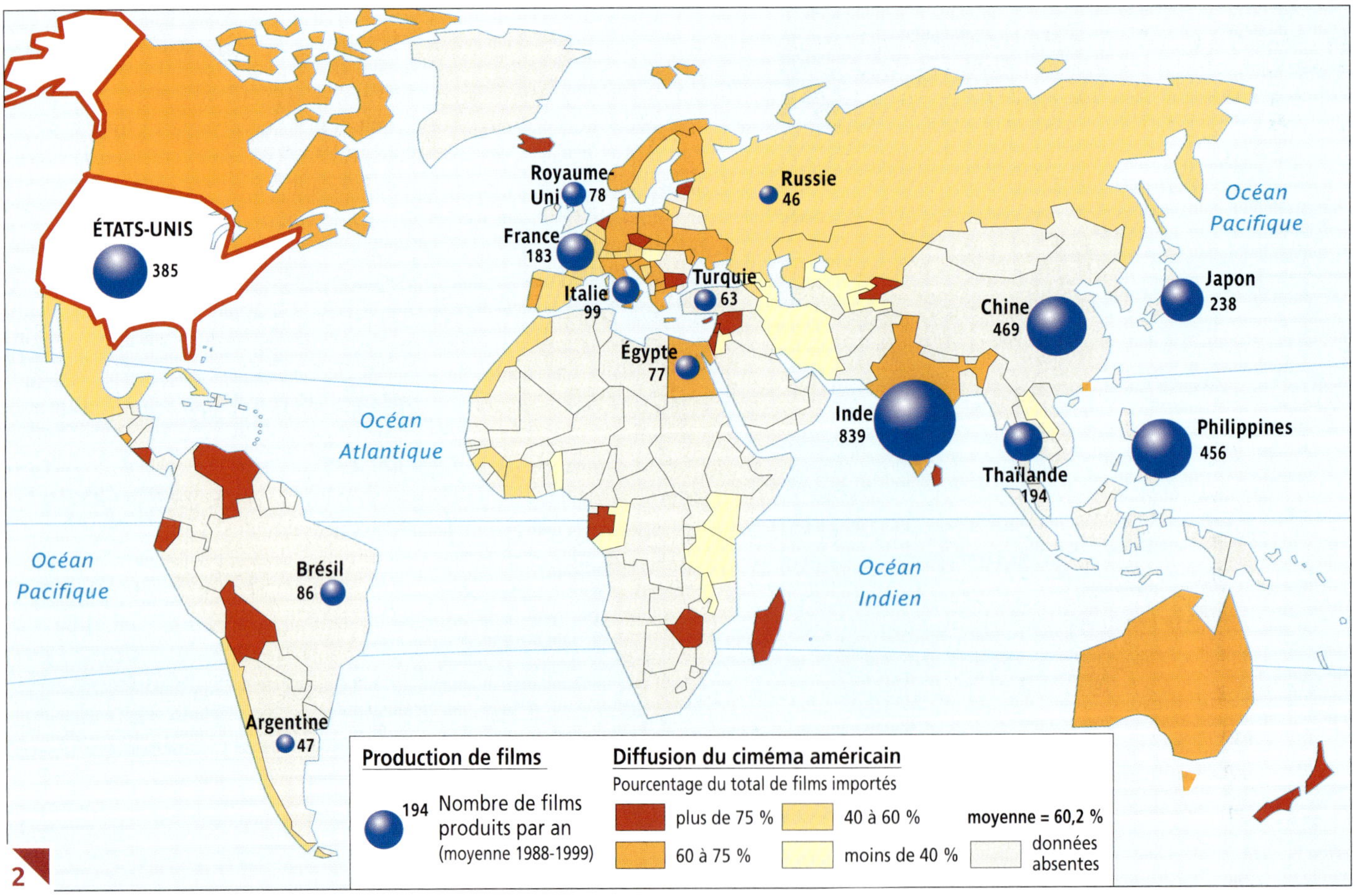

2 Une industrie culturelle à l'échelle du monde

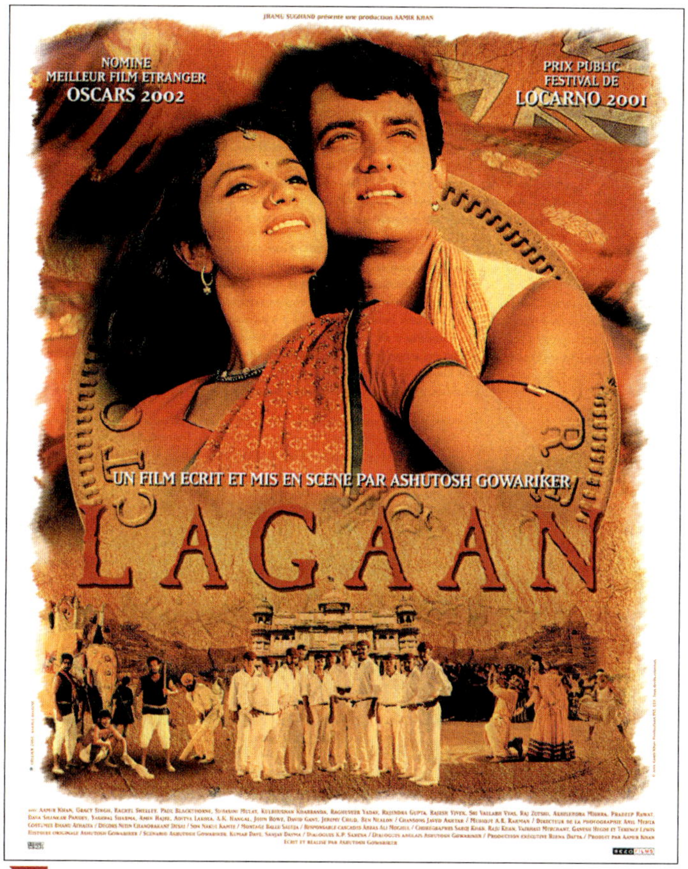

3 « Bollywood »

Le cinéma indien n'est protégé par aucune législation spécifique. Et pourtant, le cinéma américain ne parvient guère à séduire le public indien. Les films tournés dans les studios de Bombay (« Bollywood ») sont très codifiés (rôle de la musique, jeu théâtral des acteurs, etc.).

4 Cinéma et diversité culturelle

La mondialisation menace les identités culturelles et, si l'on n'y prend garde, engendrera une standardisation culturelle, l'uniformisation des comportements et des modes de vie. Il importe certes de promouvoir des valeurs et des références communes à l'ensemble de l'humanité, mais sans oublier les spécificités léguées par le temps, sans oublier le respect des identités, sans négliger la richesse de la diversité des cultures. [...] La nature particulière des biens et services culturels et audiovisuels dès lors devrait être clairement reconnue, car ils véhiculent des idées, du sens. Les films notamment, on le sait bien, reflètent les valeurs d'une société, contribuent à former l'opinion ou, de manière plus prosaïque, induisent des réflexes de consommation. D'où l'importance du soutien et de l'attention toute particulière dont ont toujours joui les studios hollywoodiens à Washington.

L'importance de ces enjeux économiques impose d'apporter des correctifs à la logique du libre-échange, qui impliquerait que la plupart des États renoncent à leurs industries culturelles et audiovisuelles, dès lors que des « produits » étrangers peuvent être importés à un moindre coût : les films hollywoodiens par exemple sont amortis sur un vaste marché avant d'être exportés à bas prix, sans subir l'obstacle de la langue.

Mais nous ne pouvons accepter une telle division internationale du travail qui aurait pour effet de marginaliser l'Europe. Les industries culturelles, les industries du savoir et de l'imaginaire sont des industries d'avenir, dont le poids est très important en termes d'emplois et de croissance économique. [...] La culture et l'audiovisuel ne peuvent être régis par les seules lois du marché. La défense du pluralisme des idées et des expressions artistiques impose une intervention publique régulatrice.

Catherine Trautmann, ministre française de la Culture, intervention lors d'un colloque sur l'OMC à l'Assemblée nationale, 9 novembre 1999.

Rang	Titre	Année	Nationalité	Entrées (en millions)
1	*Titanic*	1998	États-Unis	20,58
2	*La Grande Vadrouille*	1966	France et Royaume-Uni	17,27
3	*Autant en emporte le vent*	1950	États-Unis	16,72
4	*Le Livre de la jungle*	1968	États-Unis	15,29
5	*Il était une fois dans l'Ouest*	1969	Italie	14,86
6	*Les 101 Dalmatiens*	1961	États-Unis	14,66
7	*Astérix et Obélix : mission Cléopâtre*	2002	France	14,31
8	*Les Dix Commandements*	1958	États-Unis	14,23
9	*Ben Hur*	1960	États-Unis	13,83
10	*Les Visiteurs*	1993	France	13,78
11	*Le Pont de la rivière Kwai*	1957	Royaume-Uni	13,48
12	*Cendrillon*	1950	États-Unis	12,87

5 Les grands succès du cinéma en France

Les films les plus vus en France entre 1945 et 2003.

Pistes de travail

1. Décrivez et expliquez la prépondérance américaine sur le cinéma mondial. **(doc. 1 et 2)**

2. Quels sont les pays qui résistent à cette domination ? Pourquoi ? **(doc. 1, 2 et 3)**

3. Comment expliquez-vous la bonne santé du cinéma indien ? **(doc. 3)**

4. Pourquoi l'auteur souhaite-t-elle soustraire le cinéma à la logique du libre-échange ? **(doc. 4)**

Pour conclure

5. Montrez que le cinéma est à la fois un enjeu économique et un enjeu culturel.

Dossier
Faut-il protéger les langues nationales ?

Face à l'influence croissante de l'anglo-américain dans le monde, la France est l'un des rares pays à avoir mis en place des dispositifs légaux de protection de sa langue nationale. Cette « exception française » s'explique notamment par une tradition d'intervention de l'État dans le domaine culturel et par la nostalgie d'une époque où le français était la langue dominante dans le monde.

D'autres pays, comme l'Allemagne ou l'Autriche, éprouvent moins le besoin de « résister à l'invasion de l'anglais international ». Mais le modèle français n'est pas rejeté par tous, comme l'a montré le débat sur les quotas radiophoniques qui a eu lieu en Allemagne en 2004.

1975	Loi Bas-Lauriol rendant le français obligatoire dans la présentation, le mode d'emploi et la publicité d'un produit.
1992	Amendement ajoutant à l'article 2 de la Constitution la formule : « La langue de la République est le français ».
1994	Loi Toubon rendant le français obligatoire dans les lieux et les services publics, la publicité, les entreprises installées en France.
1996	Entrée en vigueur des quotas dans l'audiovisuel. Les radios doivent diffuser 40 % de chansons françaises.
2002	La France est obligée, sous pression de la Commission européenne, d'autoriser l'utilisation des langues étrangères sur les emballages de produits alimentaires.

1 La législation française

2 La langue, un patrimoine à protéger

Quand François Ier impose l'emploi du français, c'est parce qu'il ne peut admettre que la langue du peuple ne soit pas la langue de tous ; c'est parce qu'il ne peut plus tolérer que la langue des actes publics, la langue officielle, ne soit pas celle que parle le peuple. [...] C'est Condorcet qui montrait qu'il était contraire à l'esprit des Lumières d'utiliser le latin (il dirait aujourd'hui l'anglais) dans les sciences [...]. Voilà la pensée des Lumières. Voilà la tradition républicaine. [...] Voilà pourquoi l'écrasante majorité des Français (près de 90 % selon un sondage SOFRES) a approuvé la loi que j'ai faite adopter, sans aucune opposition, par le Parlement. Parmi eux, les plus modestes, les plus faibles, les moins diplômés et, sans doute, les Français de fraîche date ; pour eux, la langue française est leur premier capital, le signe de leur dignité, le passeur de l'intégration, le diapason d'une culture universelle, le partage d'un patrimoine commun, une part du rêve français. [...]

Nous ne sommes pas chauvins, nous qui préconisons le plurilinguisme européen, la modernisation et le rayonnement de la langue française ; ne sont-ils pas, en revanche, vraiment franchouillards, ceux qui, depuis 6 mois, ont limité le débat à se demander s'ils pourraient toujours dire « *week-end* » et « *corner* », ce dont il n'a jamais été question dans la loi [...].

Jacques Toubon, « La langue de tous », *Le Monde*, 4 août 1994.

3 Le modèle français contre la « monoculture » ?

Antje Vollmer, vice-présidente du Bundestag, spécialiste de la culture pour le parti des Verts, est l'une des initiatrices du débat parlementaire sur les quotas radiophoniques pour la musique allemande.

SÜDDEUTSCHE ZEITUNG : Est-ce que les quotas français, avec 40 % de musique nationale, pourraient constituer un modèle pour l'Allemagne ?

ANTJE VOLLMER : Le niveau auquel un tel quota serait finalement établi doit encore être discuté. Son succès en France est mesurable du fait que la part de la musique nationale dans le hit-parade a rapidement progressé. On le voit bien, il suffit de donner au public l'occasion d'avoir accès à l'offre musicale de son propre pays. En Allemagne la situation actuelle fait que le public n'a, à travers les programmes de radio, aucune idée de la diversité et de la qualité musicales qui existent dans son pays, à quelques rares exceptions près. [...]

SÜDDEUTSCHE ZEITUNG : Mais le système des quotas garantit-il en soi plus de diversité et de qualité ? [...]

ANTJE VOLLMER : Il garantit au public la liberté de choix, celle de pouvoir s'informer de ce qui existe. Au final, il décidera lui-même ce qu'il veut écouter. Cela ne créera pas nécessairement la qualité, mais une condition d'existence de celle-ci. [...]

SÜDDEUTSCHE ZEITUNG : Est-ce qu'un système des quotas n'est pas forcément anachronique face à la mondialisation des marchés musicaux ?

ANTJE VOLLMER : Il est précisément une réponse à cela. On peut constater que le processus de mondialisation sur le marché musical ne produit pas plus de diversité, mais renforce la monoculture. Pour les maisons de disques qui opèrent à l'échelle mondiale, il est relativement indifférent de savoir avec quoi elles réalisent leur chiffre d'affaires. Mais en ce moment, seuls deux ou trois artistes nationaux sont connus par pays.

Antje Vollmer, entretien dans la *Süddeutsche Zeitung*, 10 septembre 2004.

4 Contre un système de quotas

SÜDDEUTSCHE ZEITUNG : Le débat sur les quotas radiophoniques est un sujet brûlant. Même la commission de la culture du Parlement fédéral veut aujourd'hui s'en saisir. Est-ce un problème pour vous ?

JOHANNES GROTZKY : Où est le problème ? Je me pose simplement la question : avons-nous dans le domaine de la politique culturelle un État centralisé ou un État fédéral ? D'après ce que je sais, nous sommes dans le deuxième cas de figure. C'est pourquoi je m'étonne que l'on discute aujourd'hui au niveau fédéral de sujets qui sont de la compétence des Länder – la radio est l'affaire des Länder. […]

SÜDDEUTSCHE ZEITUNG : Manifestement, ce n'est pas seulement Antje Vollmer, mais aussi beaucoup d'autres auditeurs qui sont agacés par les rengaines des hit-parades.

JOHANNES GROTZKY : Comment cela les auditeurs ? Le lobby de l'industrie du CD est en première ligne pour défendre les quotas. Les dirigeants économiques et politiques devraient alors dire clairement ce qu'ils veulent soumettre précisément à un système de quotas : la musique allemande ou la musique de langue allemande. Sarah Connor par exemple est une Allemande, mais qui chante exclusivement en anglais. Les auditeurs, dans leur majorité, ne veulent pas de musique en langue allemande dans les programmes pop et rock. Et quand malgré tout je les programme à la radio bavaroise, il y a des protestations. […]

SÜDDEUTSCHE ZEITUNG : La faible part de la musique en langue allemande dans les programmes de radio n'est donc pas due aux diffuseurs, mais à la qualité de la musique et du texte ?

JOHANNES GROTZKY : Exactement. La musique allemande et de langue allemande n'est assurément pas bonne en soi. C'est pourquoi je suis opposé à une régulation par la loi, mais je suis favorable à un encouragement aux productions musicales allemandes et de langue allemande. […]

SÜDDEUTSCHE ZEITUNG : En France…

JOHANNES GROTZKY : La France n'est pas un modèle pour moi. Encore une fois : je m'oppose vivement à toute forme de quotas légaux.

Johannes Grotzky, directeur des programmes de la radio bavaroise, entretien dans la *Süddeutsche Zeitung*, 10 septembre 2004.

5 Une vision ironique de la France

Quand un Français lit « ailes de poulet » sur un emballage, il sait qu'il doit s'attendre à trouver des ailes de poulet à l'intérieur. Mais que se passe t-il lorsque l'étiquette indique : « *chicken wings* » et qu'une photo montre des ailes de poulet ? Le Français est d'abord déconcerté, puis il y voit la fin de la langue française, de la République et de la France tout entière. Adieu, *game over* ! La chute définitive de la République française aura lieu dans les 2 mois qui viennent. C'est le délai que la Commission européenne lui a fixé pour qu'elle abandonne sa loi sur l'emploi de la langue française. Celle-ci oblige à rédiger en français les étiquettes, les modes d'emploi, les contrats, les annonces officielles, les messages publicitaires, etc. […] Cette décision entre dans le cadre d'une « guerre larvée menée par ceux qui, en Europe, croient à la langue unique », c'est-à-dire l'anglais, s'insurge l'écrivain Claude Duneton dans le *Figaro*, qui s'indigne de cette « colonisation » […]. Tout ça pour quelques mots à peine lisibles sur des canettes et des paquets de céréales ? La France n'a-t-elle pas d'autres soucis ?

Robert Treichler, article paru dans l'hebdomadaire autrichien *Profil*, traduit et publié par *Courrier international* n° 616 (22-28 août 2002).

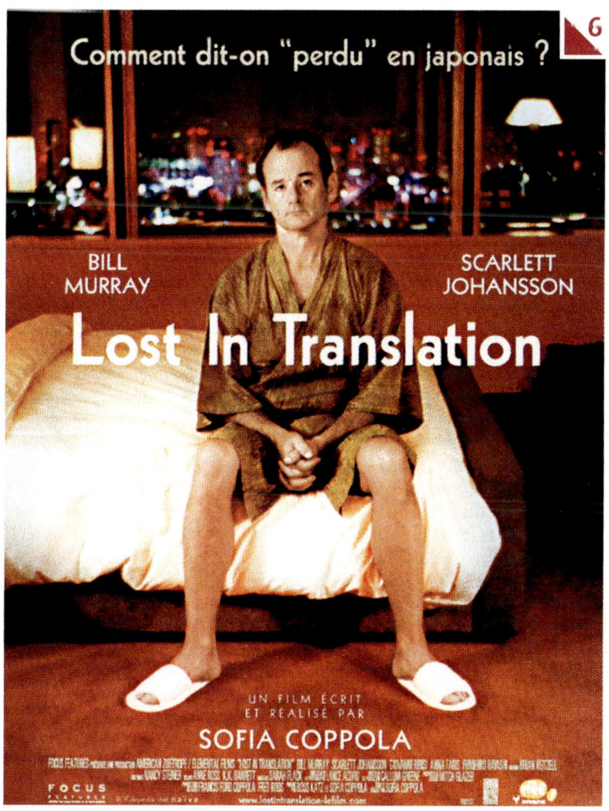

6 L'anglais au cinéma

En France, les titres de films anglo-saxons sont de plus en plus conservés dans leur langue originale.

Pistes de travail

1. Pourquoi la France a-t-elle décidé de protéger la langue française ? **(doc. 1 et 2)**

2. Résumez les arguments des partisans et des adversaires des quotas radiophoniques en Allemagne. **(doc. 3 et 4)**

3. Comment l'attitude de la France est-elle présentée par ce journaliste autrichien ? **(doc. 5)**

4. Pourquoi le cinéma est-il particulièrement concerné par la question de l'influence de la langue anglaise ? **(doc. 6)**

5. Connaissez-vous d'autres activités où cette question est sensible ?

Pour conclure

6. Selon vous, le plurilinguisme est-il menacé dans le monde actuel ?

Bilan
Les transformations techniques, économiques, sociales et culturelles depuis 1945

Les dates clés

1944 : accords de Bretton Woods

1947 : invention du transistor / accords du GATT

1970 : invention du micro-ordinateur

1973 : premier choc pétrolier

1979 : second choc pétrolier

1989-1991 : effondrement des États et des économies socialistes

1990 : lancement d'internet

1995 : l'OMC succède au GATT

2003 : sommet mondial de la société de l'information

Les mots clés

Français	Allemand	Anglais
culture de masse	Massenkultur	mass culture
État-providence	Sozialstaat	welfare state
informatique	Informatik/ Elektronische Datenverarbeitung (EDV)	computer science
mondialisation	Globalisierung	globalization
société de l'information	Informations-gesellschaft	information society
société du savoir	Wissensgesellschaft	knowledge society

Les chiffres clés

La population mondiale

	1970	2005	2025 estimations
Monde (en millions)	3 697	6 465	7 905
Population par continent (en % du total)			
Afrique	9,8	14	17
Amérique latine	7,7	8,7	8,8
USA/Canada	6,3	5,1	4,9
Europe	17,7	11,3	8,9
Asie	57,9	60,4	59,8
Océanie	0,5	0,5	0,5

Source : ONU
Les République de l'ex-URSS sont classées soit en Europe, soit en Asie.

L'évolution de la population active dans les pays industrialisés

En %	1950	1970	2000
Agriculture (secteur primaire)	28	11	5
Industrie (secteur secondaire)	35	38	27
Services (secteur tertiaire)	37	51	68

Les personnages clés

John Maynard KEYNES (1883-1946), conseiller financier du Trésor britannique

Ludwig ERHARD (1897-1977), chancelier de la RFA de 1963 à 1966

Margaret THATCHER (1925), Premier ministre du Royaume-Uni de 1979 à 1990

REGARDS CROISÉS FRANCO-ALLEMANDS

La croissance

• De 1945 à 1973, la France et l'Allemagne sont engagées dans le même processus de croissance économique et de transformations socio-culturelles (voir chapitre 16). On parle des « Trente Glorieuses » en France (titre d'un livre de Jean Fourastié, forgé en référence aux « Trois Glorieuses », c'est-à-dire la révolution de 1830) ; en Allemagne occidentale, on parle de *Wirtschaftswunder* (« miracle économique »).

La modification des structures de production

• La modification des structures de production commence dès le XIXe siècle et devient particulièrement sensible lorsque les taux de croissances diminuent dans les années 1970. Jusqu'au milieu des années 1960, la contribution du secteur primaire dans le produit intérieur brut ne cesse de diminuer au profit des secteurs secondaire et tertiaire ; depuis le milieu des années 1960, le secteur secondaire connaît à son tour un déclin au profit du secteur tertiaire, qui cependant, ne parvient pas à créer assez d'emplois.

• En Allemagne, toutes ces transformations sont considérées comme les résultats différents d'un seul phénomène qu'on appelle « *Strukturwandel* » que l'on a traduit dans cet ouvrage par « mutations sectorielles ». Mais en France, ce concept n'existe pas. On parle de la crise de la sidérurgie ou de l'agriculture, sans lier les différents secteurs.

La crise de l'État-providence

• Le ralentissement de la croissance à partir de 1973 engendre dans les deux pays des difficultés comparables. Le modèle mis en place après la guerre, celui d'un État interventionniste dans le domaine social, est remis en cause par certains. On peut noter que ce modèle reçoit des noms assez différents selon les pays : *Sozialstaat* en Allemagne, État-providence en France, *Welfare State* au Royaume-Uni et aux États-Unis.

La mondialisation

• La période récente est dominée par la mondialisation. Celle-ci suscite des inquiétudes différentes en France et en Allemagne. La mondialisation fait plutôt peur aux Allemands sur le plan économique, et aux Français sur le plan culturel. La France, parce que sa langue et sa culture ont connu un rayonnement mondial, est très sensible aujourd'hui à l'influence de l'anglais et prompte à dénoncer « l'impérialisme culturel » américain. Mais ces préoccupations sont beaucoup moins marquées en Allemagne ou dans d'autres pays européens, qui ne voient pas la nécessité de protéger leur langue nationale par une législation spéciale, par exemple.

POUR ALLER PLUS LOIN

À lire

- Paul Bairoch, *Victoires et déboires. Histoire économique et sociale du monde du XVIe siècle à nos jours*, tome 3, Gallimard, 1997.
- Bernard Guillochon, *La mondialisation. Une seule planète, des projets divergents*, Larousse, 2003.
- Armand Mattelard, *Diversité culturelle et mondialisation*, coll. « Repères », La Découverte, 2005.
- Rapport mondial de l'UNESCO, *Vers les sociétés du savoir*, éditions UNESCO, 2005.

À consulter

- http://www.wto.org : site de l'Organisation mondiale du commerce.
- http://www.destatis.de : site du Statistisches Bundesamt (Institut fédéral de la statistique).
- http://www.insee.fr : site de l'Institut national de la statistique et des études économiques.
- http://ined.fr : site de l'Institut national d'études démographiques.
- http://www.ladocfrancaise.gouv.fr : site de la Documentation française, organe d'information du gouvernement français.
- http://www.unesco.org : site de l'UNESCO.

Partie 5

Allemands et Français depuis 1945

1

2

3

4

5

6

7

8

9

10

11

12

13

14

15

16

17

18

Dossier
La démocratie en Europe

Aujourd'hui, la démocratie libérale est le système politique le plus répandu dans l'espace européen. Des valeurs communes, associant égalité politique et liberté, unissent les Européens. Le pluralisme politique garantit l'expression de toutes les opinions. La plupart des constitutions démocratiques s'engagent aussi à réduire les inégalités et à faciliter l'accès de tous au bien-être.

Mais la démocratie, loin d'être naturelle, a été l'objet d'une conquête des peuples européens et le résultat d'un long processus, aujourd'hui renforcé par l'Union européenne. En effet, pour adhérer à l'Union européenne, il faut être une démocratie. Au sein de l'Europe, la démocratie se rencontre à toutes les échelles : régions, États, Union européenne. La démocratie apparaît désormais comme une caractéristique majeure de l'Europe.

Notions clés

- **Démocratie :** régime politique dans lequel le peuple détient la souveraineté. La démocratie s'oppose à l'oligarchie, où le pouvoir est monopolisé par une élite restreinte, et à la tyrannie ou à la monarchie absolue, où le pouvoir est aux mains d'un seul.
- **Démocratie libérale :** régime politique qui entend concilier la démocratie (égalité entre les citoyens) et le libéralisme (défense de la liberté individuelle). Historiquement, la démocratie libérale s'oppose au modèle socialiste de la démocratie, qualifié de « démocratie populaire » au temps de l'URSS.

1

Les ralliements à la démocratie libérale

La plupart des États d'Europe occidentale ont une tradition démocratique ancienne, qui remonte au XIXe siècle. Durant l'entre-deux-guerres, puis pendant la Seconde Guerre mondiale, cette tradition a été remise en cause (fascisme, nazisme, régime de Vichy). Après la Seconde Guerre mondiale, la démocratie est restaurée dans ces pays. Puis le reste des pays d'Europe l'adopte entre 1950 et 2000.

2 La promotion de l'égalité

Loi fondamentale de la République fédérale d'Allemagne (1949)

Art. 3 – 1. Tous les êtres humains sont égaux devant la loi.

2. Hommes et femmes sont égaux en droits. L'État promeut la réalisation effective de l'égalité en droits des femmes et des hommes et agit en vue de l'élimination des désavantages existants.

3. Nul ne doit être discriminé ni privilégié en raison de son sexe, de son ascendance, de sa race, de sa langue, de sa patrie et de son origine, de sa croyance, de ses opinions religieuses ou politiques. Nul ne doit être discriminé en raison de son handicap.

Préambule de la Constitution française (1946)

[La nation] garantit à tous, notamment à l'enfant, à la mère et aux vieux travailleurs, la protection de la santé, la sécurité matérielle, le repos et les loisirs. Tout être humain qui, en raison de son âge, de son état physique ou mental, de la situation économique, se trouve dans l'incapacité de travailler a le droit d'obtenir de la collectivité des moyens convenables d'existence.

Constitution italienne (1947)

Art. 3 – Tous les citoyens ont une même dignité sociale et sont égaux devant la loi, sans distinction de sexe, de race, de langue, de religion, d'opinions politiques, de conditions personnelles et sociales.

Il appartient à la République d'éliminer les obstacles d'ordre économique et social qui, en limitant de fait la liberté et l'égalité des citoyens, entravent le plein développement de la personne humaine et la participation effective de tous les travailleurs à l'organisation politique, économique et sociale du pays.

3 Une démocratie supranationale ? Le Parlement européen en session en 2004

4 Le rôle du Parlement

Article I-20 du projet de traité constitutionnel de 2005

Le Parlement européen exerce, conjointement avec le Conseil, les fonctions législatives et budgétaires. Il exerce des fonctions de contrôle politique et consultatives conformément aux conditions prévues par la Constitution. Il élit le président de la Commission.

Pistes de travail

1. Quels sont les grands événements qui ont rendu possible l'extension de la démocratie en Europe ? **(doc. 1)**
2. Quels sont les principaux points communs des constitutions présentées ? **(doc. 2)**
3. Peut-on parler d'une démocratie européenne ? **(doc. 1 à 4)**

Chapitre 14

L'évolution politique de la France de 1945 à nos jours

Depuis 1945, la France a connu deux Républiques, nées toutes les deux d'une grave crise. Après les années noires de la Seconde Guerre mondiale, la IVe République refonde la démocratie. Impuissante à régler le problème algérien, elle est remplacée en 1958 par la Ve République, qui donne plus d'importance au pouvoir présidentiel. Ce régime fondé par le général de Gaulle dure depuis presque un demi-siècle. Il a pourtant été confronté à la crise de mai 1968, à l'arrivée des socialistes au pouvoir en 1981, à la cohabitation à partir de 1986, au développement des médias et de l'opinion, etc.

- Comment le système républicain s'est-il adapté à ces évolutions ?
- A-t-il réussi à moderniser la démocratie française ?

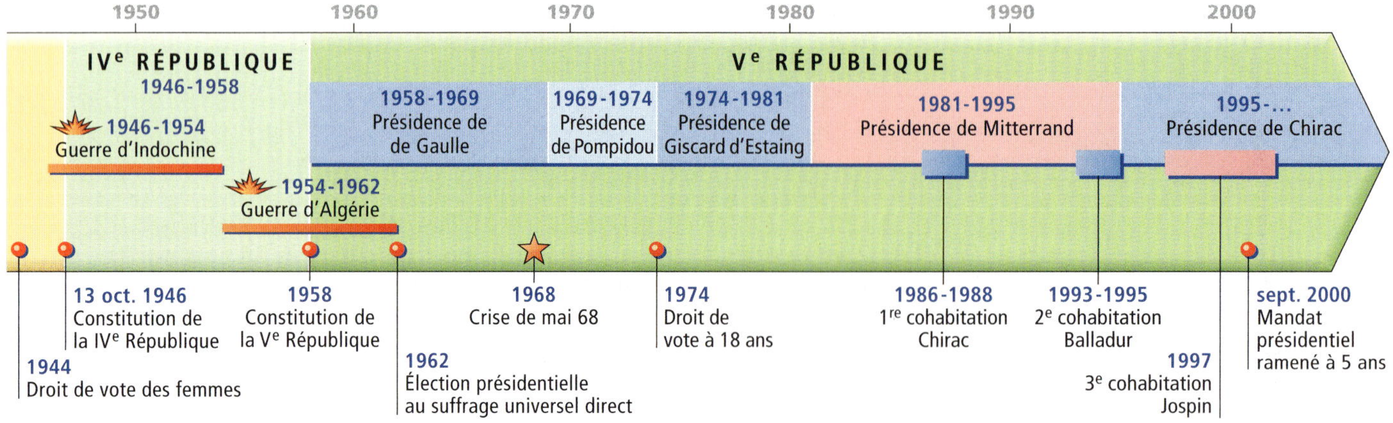

1

De Gaulle, le père fondateur de la Ve République

Le général de Gaulle présente le projet de Constitution de la Ve République, place de la République à Paris, le 4 septembre 1958.

2

La cohabitation au sommet de l'État

Le socialiste François Mitterrand, président de la République, et le gaulliste Jacques Chirac, Premier ministre, lors de la célébration du 8 Mai en 1988.

1. La démocratie refondée (1945-1954)

Comment les forces politiques issues de la Résistance rétablissent-elles la démocratie ?

La naissance de la IVe République

Le régime de Vichy (1940-1944) interrompt la vie démocratique en France. Ce n'est qu'en juin 1944 que le Gouvernement provisoire de la République française (GPRF), et son chef, le général de Gaulle, la rétablissent.

La priorité politique est de redonner la parole aux Français qui n'ont pas voté depuis 1936. Les hommes, et depuis l'ordonnance d'avril 1944 les femmes, sont appelés aux urnes à de multiples reprises. Le 21 octobre 1945, les citoyens doivent élire des députés à l'Assemblée. Trois grands partis recueillent à eux seuls 75 % des suffrages : le Parti communiste français (PCF), auréolé de son rôle dans la Résistance, la SFIO Parti socialiste et le Mouvement républicain populaire (MRP), parti neuf issu de la Résistance. Pour gouverner ensemble, ils constituent une coalition : le tripartisme.

Le même jour, les Français sont consultés par référendum : faut-il rétablir la IIIe République ou fonder un nouveau régime ? À 96,4 %, ils optent pour une nouvelle République. L'Assemblée élue est donc constituante. Les débats institutionnels sont houleux. De Gaulle choisit de démissionner de la présidence du Gouvernement provisoire, le 20 janvier 1946, pour marquer son désaccord sur le projet constitutionnel. Un premier projet est rejeté par les Français le 5 mai 1946 ; un second est adopté le 13 octobre 1946. La IVe République est née.

Un régime parlementaire

La Constitution institue un régime parlementaire. L'Assemblée nationale, élue au suffrage universel pour cinq ans, accueille désormais des femmes et des représentants des territoires d'outre-mer. Les pouvoirs de la seconde assemblée, le Conseil de la République, sont limités. Le président de la République ne peut ni s'opposer à l'Assemblée nationale, ni en appeler au peuple comme l'aurait souhaité de Gaulle. L'essentiel du pouvoir exécutif est dans les mains du président du Conseil, investi par l'Assemblée nationale.

Si l'espoir est grand, dans ces années d'immédiat après-guerre, de renouveler en profondeur la vie politique française, la réalité est plus décevante : il n'y a pas de grand parti de la Résistance qui prolongerait l'unité vécue pendant la guerre contre l'ennemi ; le personnel politique n'est que partiellement renouvelé ; à l'Assemblée, les majorités se font et se défont en fonction des enjeux du moment.

La IVe République face aux difficultés

Pendant de longs mois encore, les Français sont soumis aux difficultés de la vie quotidienne : pénuries, rationnement, problèmes de logement et de transport (voir leçon p. 22-23). L'heure est à la reconstruction, avec l'aide des Américains.

La France est alors confrontée à des choix lourds de conséquences : elle s'engage en 1946 dans la guerre d'Indochine, un conflit national ; elle choisit, avec l'acceptation du plan Marshall, l'alliance avec les États-Unis dans le cadre de la guerre froide naissante. En adhérant à l'OTAN, le gouvernement doit affronter l'opposition résolue des communistes. De Gaulle et le Rassemblement du peuple français (RPF) qu'il fonde en avril 1947 refusent aussi de soutenir un régime dont ils contestent les institutions.

Dans la tourmente, la IVe République se défend, en s'appuyant à partir de 1947 sur une coalition gouvernementale de modérés, démocrates-chrétiens et socialistes, la Troisième Force. S'ils s'accordent sur la politique étrangère et la politique coloniale à mener, les dissensions ne manquent pas en matière économique et sociale, au point d'occasionner de nombreux changements de gouvernement.

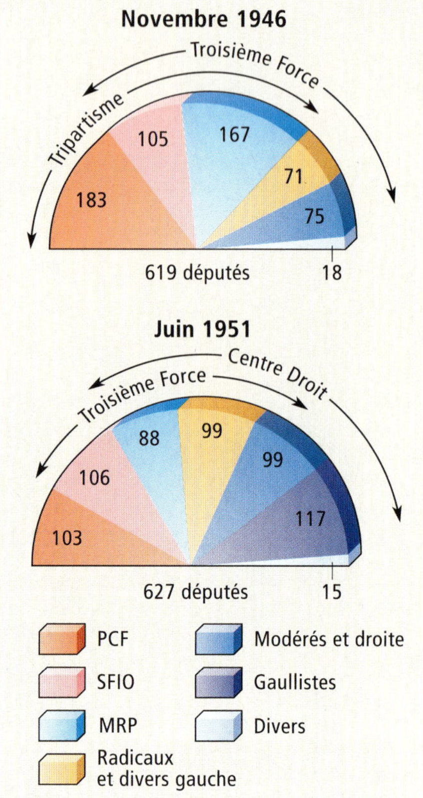

1 Du tripartisme à la Troisième Force
L'évolution des forces politiques à l'Assemblée nationale lors des élections législatives de 1946 et 1951.

Vocabulaire

- **GRPF** (Gouvernement provisoire de la république française) : **voir p. 22.**
- **MRP** (Mouvement républicain populaire) : parti politique fondé en 1944 par des démocrates-chrétiens issus de la Résistance. Ce mouvement se situe au centre-gauche, mais son électorat est plus modéré.
- **PCF** (Parti communiste français) : parti politique fondé en 1920, défendant les positions de la IIIe Internationale et soutenant l'URSS.
- **SFIO** Parti socialiste (Section française de l'Internationale ouvrière) : parti politique fondé en 1905, défendant depuis 1920 un socialisme réformiste, opposé au modèle soviétique.

Notion clé

- **Régime parlementaire :** régime politique fondé sur l'équilibre des pouvoirs entre le pouvoir exécutif (qui peut dissoudre le Parlement) et le pouvoir législatif (qui peut renverser le gouvernement, parce que celui-ci est responsable devant le Parlement).

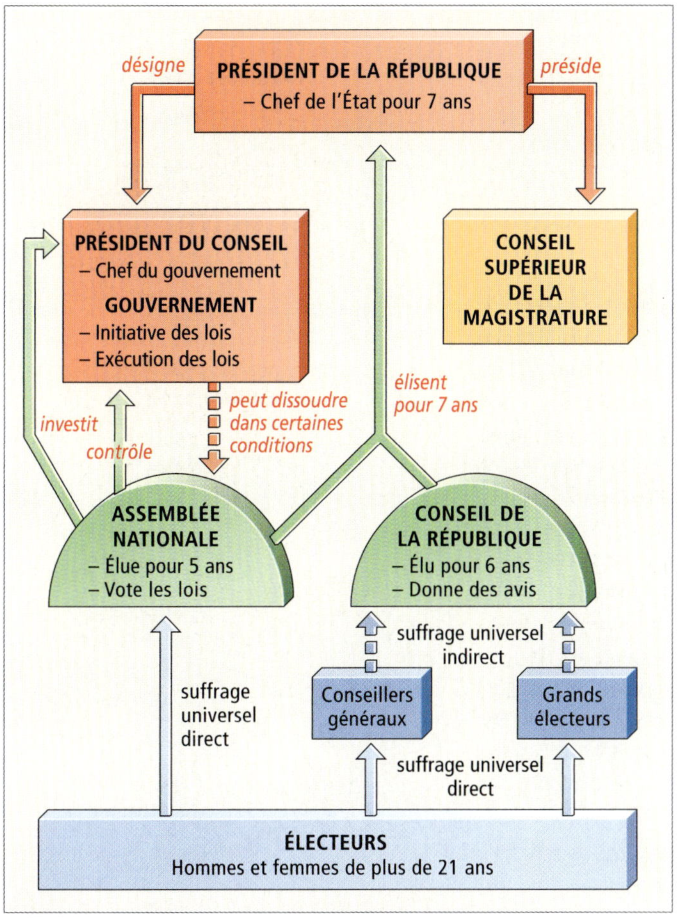

2 La constitution de la IVe République (1946)

4 Les communistes contre l'OTAN

Affiche de 1950 de l'Union des femmes françaises, organisation proche du Parti communiste français. « Danielle » fait référence à Danielle Casanova, militante communiste morte en déportation.

3 La création du RPF (1947)

Pour marcher droit vers son but, il faut que la nation soit guidée par un État cohérent, ordonné, concentré, capable de choisir et d'appliquer impartialement les mesures commandées par le salut public. Le système actuel, suivant lequel des partis rigides et opposés se partagent tous les pouvoirs, doit donc être remplacé par un autre où le pouvoir exécutif procède du pays et non point des partis et où tout conflit insoluble soit tranché par le peuple lui-même. Cela, chaque Français le sent.

Aujourd'hui est créé le Rassemblement du peuple français. J'en prends la direction. Il a pour but de promouvoir et de faire triompher, par-dessus nos divisions, l'union de notre peuple dans l'effort de rénovation et la réforme de l'État.

J'invite à se joindre à moi dans le Rassemblement toutes les Françaises et tous les Français qui veulent s'unir pour le salut commun, comme ils l'ont fait hier pour la libération et la victoire de la France.

Charles de Gaulle, déclaration à la presse, 14 avril 1947.

Affiche de 1948.

Pistes de travail

1. Montrez en quoi la IVe République est un régime parlementaire. **(doc. 2)**

2. Pour quelles raisons, de Gaulle crée-t-il le RPF ? **(doc. 3)**

3. Comment les communistes envisagent-ils l'adhésion de la France à l'OTAN ? Quelle figure historique représentée sur l'affiche justifie cette lecture ? **(doc. 4)**

Pour conclure

4. Pour quelle raison la IVe République est-elle passée du tripartisme à la Troisième Force ?

2. D'une République à l'autre (1954-1962)

Comment la guerre d'Algérie met-elle fin à la IVe République et permet-elle à de Gaulle d'asseoir une nouvelle République ?

La guerre d'Algérie menace la IVe République

La décolonisation (voir chapitre 5 p. 82) est l'un des problèmes majeurs auxquels doivent faire face les gouvernements de la IVe République. Pierre Mendès France met un terme à la guerre d'Indochine après la défaite de Diên Biên Phu (7 mai 1954). Il prépare également l'indépendance de la Tunisie et du Maroc.

Mais le 1er novembre 1954 éclate la guerre d'Algérie. La plupart des Français ne la perçoivent pas au début comme une guerre de décolonisation. En effet, ils ne considèrent pas les trois départements algériens comme une colonie, mais comme une extension de la France. L'armée peine à rétablir l'ordre sur place. La guerre pèse financièrement sur l'économie. L'envoi de la jeunesse française à partir de 1956 en Algérie et les méthodes utilisées par l'armée (torture, répression) provoquent une crise morale dans une partie de la population métropolitaine.

La crise coloniale se déplace sur le terrain politique. Le gouvernement n'a pas clairement choisi entre indépendance et Algérie française. Craignant que Paris n'abandonne l'Algérie, les Français d'Algérie, associés à une partie de l'armée, tentent un coup de force le 13 mai 1958. Des manifestations à Alger dégénèrent en émeutes et un comité de salut public en appelle à de Gaulle. Le pays apparaît au bord de la guerre civile, et le gouvernement semble impuissant à régler le problème.

Le recours à de Gaulle apparaît comme un moyen de sortir le pays de la crise. Le 1er juin 1958, de Gaulle est investi président du Conseil. Il obtient dans la foulée les pleins pouvoirs pour 6 mois et le droit de réviser la Constitution. La IVe République est morte.

L'avènement de la Ve République

Dès septembre 1958, la nouvelle Constitution est soumise au référendum. Approuvée par 79 % des voix, elle est promulguée le 4 octobre 1958. La Ve République concilie un régime parlementaire avec un pouvoir présidentiel fort. En effet, la conception gaulliste d'un exécutif fort et la réaffirmation de la souveraineté populaire se traduisent par l'accroissement des pouvoirs du président de la République et par le retour du référendum. En choisissant le scrutin majoritaire uninominal à deux tours, de Gaulle s'assure de l'existence de majorités politiques.

Le président de la République est la clé de voûte de la Ve République. La guerre d'Algérie et les difficultés qu'elle continue de provoquer fournissent l'occasion d'un renforcement du pouvoir présidentiel. De Gaulle exploite toutes les ressources offertes par la Constitution : il recourt à l'article 16, qui lui donne les pleins pouvoirs en cas de crise ; il utilise le référendum à quatre reprises entre 1958 et 1962.

Pour renforcer le poids du président de la République dans les institutions, il propose son élection au suffrage universel direct. Cette réforme donne au président de la République une légitimité populaire sans précédent. Il souhaite que la réforme soit adoptée par référendum. S'engage alors une bataille décisive avec le Parlement : le nouveau gouvernement de Georges Pompidou est renversé par une motion de censure ; de Gaulle dissout l'Assemblée.

Malgré l'opposition de la quasi-totalité des parlementaires, à l'exception des gaullistes, le 28 octobre 1962, les Français se prononcent par référendum à 62 % pour l'élection présidentielle au suffrage universel. La large victoire des gaullistes aux élections législatives de novembre 1962 consacre la prééminence du président et en fait le chef de la majorité. Désormais, l'élection présidentielle régit la vie politique française.

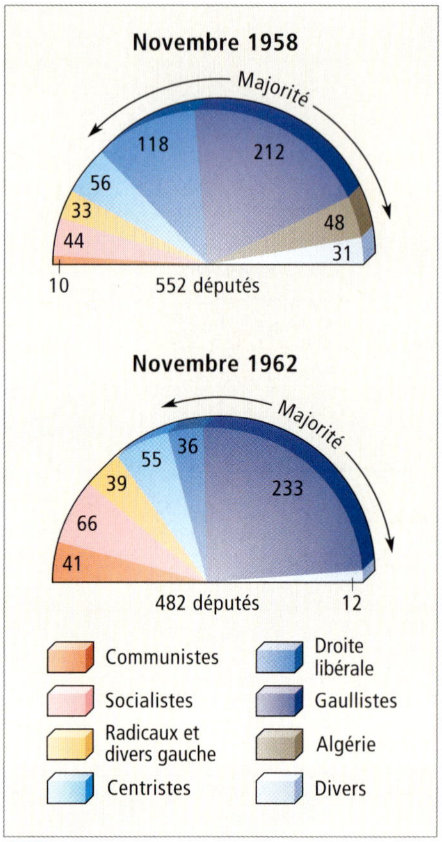

1 Les majorités gaullistes

L'évolution des forces politiques à l'Assemblée nationale lors des élections législatives de 1958 et 1962.

Vocabulaire

- **Scrutin majoritaire uninominal à deux tours :** mode de scrutin qui consiste à élire une personne par circonscription, à la majorité absolue au premier tour, à la majorité relative au second tour. C'est le scrutin qui permet de dégager les majorités les plus stables, mais il écrase les petits partis.

Pistes de travail

1. Que craignent les Français d'Algérie ? Que s'est-il passé le 13 mai ? **(doc. 2)**
2. Quelle est la réaction du général de Gaulle ? **(doc. 2)**
3. Qu'est-ce qui distingue la Ve République d'un régime parlementaire ordinaire ? Peut-on parler pour autant de régime présidentiel ? **(doc. 3 et 4)**

2 La crise du 13 mai 1958

Dans la nuit du 13 au 14 mai 1958, à Alger, où l'armée a imposé un comité de salut public, le général Massu lance un appel.

Le comité de salut public supplie le général de Gaulle de bien vouloir rompre le silence en vue de la constitution d'un gouvernement de salut public qui seul peut sauver l'Algérie de l'abandon.

Le 15 mai, le général de Gaulle répond par un communiqué.

Depuis 12 ans, la France, aux prises avec des problèmes trop rudes pour le régime des partis, est engagée dans ce processus désastreux. Naguère, le pays m'a fait confiance pour le conduire tout entier vers son salut. Aujourd'hui, devant les épreuves qui montent à nouveau vers lui, qu'il sache que je me tiens prêt à assumer les pouvoirs de la République.

Communiqué de presse, 15 mai 1958.

Le 29 mai, le président Coty demande à de Gaulle de former un gouvernement.

Dans le péril de la patrie et de la République, je me suis tourné vers le plus illustre des Français, vers celui qui, aux années les plus sombres de notre histoire, fut notre chef pour la reconquête de la liberté et qui, ayant ainsi réalisé autour de lui l'unanimité nationale, refusa la dictature pour rétablir la République.

Communiqué de presse, 29 mai 1958.

Pour assurer le maintien de l'ordre et éviter toute effusion de sang

Un Comité de salut public CIVIL ET MILITAIRE

de dix-neuf membres

est constitué à ALGER

La Dépêche
Quotidienne d'Algérie
Directeur général : Raoul PERRIER
20 F. ALGÉRIE 25 F. MÉTROPOLE
Mercredi 14 mai 1958
Trois éditions quotidiennes

Il comprend : les colonels Trinquier, Ducasse, Thomazo, MM. Lagaillarde, Parichini, Paul Moreau, Dr Lefèvre, Baudier, Montigni, Merlot, Jolivet, Bérou, général Petit, M. Delebecque, Cdt Mahdi, MM. Madani, Berkani, Chikh

Le général MASSU assurera la représentation de l'Armée au sein du Comité

Après une imposante manifestation groupant au Plateau des Glières plus de 70.000 ALGEROIS, et un solennel hommage aux fusillés du F.L.N.

Des milliers de manifestants prennent d'assaut et occupent le Ministère de l'Algérie

Une de *La Dépêche quotidienne d'Algérie*, 13 mai 1958.

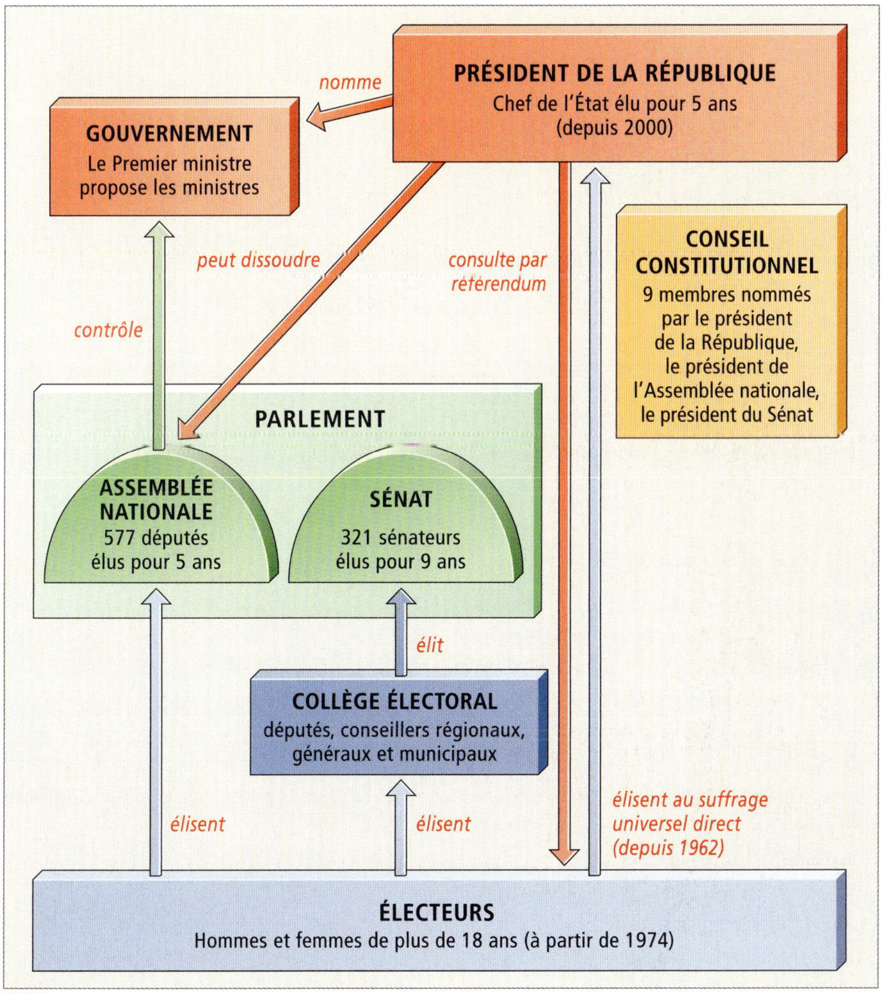

3 Les institutions de la Ve République (1962)

4 Les pleins pouvoirs au président de la République ?

Article 16 de la Constitution de la Ve République.

Lorsque les institutions de la République, l'indépendance de la nation, l'intégrité de son territoire ou l'exécution de ses engagements internationaux sont menacées d'une manière grave et immédiate et que le fonctionnement régulier des pouvoirs publics constitutionnels est interrompu, le président de la République prend les mesures exigées par ces circonstances, après consultation officielle du Premier ministre, des présidents des assemblées ainsi que du Conseil constitutionnel.
Il en informe la nation par un message.
Ces mesures doivent être inspirées par la volonté d'assurer aux pouvoirs publics constitutionnels, dans les moindres délais, les moyens d'accomplir leur mission.
Le Conseil constitutionnel est consulté à leur sujet.
Le Parlement se réunit de plein droit.
L'Assemblée nationale ne peut être dissoute pendant l'exercice des pouvoirs exceptionnels.

3. La droite au pouvoir (1962-1981)

Comment les institutions mises en place par de Gaulle lui survivent-elles ?

Une République gaulliste

De Gaulle est réélu au suffrage universel en 1965 avec 55 % des suffrages. L'élection présidentielle de 1965 est la première élection au suffrage universel depuis 1848 ; c'est également la première fois où les candidats utilisent les sondages et la télévision. De Gaulle engage alors la France dans une politique de grandeur. Souhaitant affirmer la position de la France dans le monde, il critique la politique américaine dans le Tiers-Monde. Mais en politique intérieure, la contestation monte. La crise de mai 1968 ébranle le régime avant de le renforcer **(voir dossier pp. 244-245)** : les élections législatives de juin 1968 donnent pour la première fois la majorité absolue aux gaullistes. De Gaulle démissionne cependant à la suite de l'échec du référendum du 27 avril 1969. Il proposait aux Français des réformes compliquées sur le Sénat et les régions.

La démission du fondateur de la Ve République ne remet pas en cause le régime. Les gaullistes conservent la présidence de la République avec la victoire de Georges Pompidou.

Pendant ces années, la gauche se réorganise et se renforce. François Mitterrand, chef du Parti socialiste, signe en 1972 avec Georges Marchais, secrétaire général du Parti communiste français, le programme commun de la gauche. Il existe désormais une alternative de gauche.

La tentative libérale de Giscard d'Estaing

La mort du président Pompidou donne lieu en mai 1974 à une nouvelle élection présidentielle remportée par Valéry Giscard d'Estaing avec 50,8 % des voix contre 49,2 % pour François Mitterrand. Avec Giscard, c'est la droite libérale, non gaulliste, qui arrive au pouvoir. Il souhaite une modernisation de la vie politique et de la société française. Ses premières mesures consistent à abaisser l'âge de la majorité de 21 à 18 ans, à réduire le contrôle de l'État sur l'information, à autoriser le divorce par consentement mutuel, la contraception et l'interruption volontaire de grossesse. Il ouvre aussi largement son gouvernement aux femmes.

Il doit cependant affronter une double opposition : celle de la gauche ; mais aussi celle des gaullistes mécontents de ces évolutions. Son Premier ministre, Jacques Chirac, choisit de démissionner en août 1976 et fonde le Rassemblement pour la République (RPR), nouvelle version du parti gaulliste. La France, confrontée alors à la crise économique **(voir leçon p. 282-283)**, entre dans une ère politique plus difficile.

La bipolarisation progressive de la vie politique

Depuis la réforme de 1962, pour accéder à la présidence de la République, il faut disposer de l'appui d'un parti politique et d'une majorité parlementaire capable de soutenir le gouvernement. Les partis s'organisent désormais en vue de l'élection présidentielle, en s'alliant entre eux pour obtenir une majorité des voix.

Entre la gauche et la droite, la frontière est désormais nette, au détriment des partis du centre. Aux élections législatives de 1978, quatre partis obtiennent autour de 20 % des suffrages exprimés : à droite, le Rassemblement pour la République (RPR) et l'Union pour la démocratie française (UDF), parti de Valéry Giscard d'Estaing ; à gauche, le Parti socialiste (PS) et le Parti communiste français (PCF).

Le clivage droite-gauche est revivifié dans les années 1970 par cette bipolarisation, ce partage de l'échiquier politique en deux selon une ligne de fracture droite-gauche. Alors que la droite reste fidèle au libéralisme, la gauche veut une politique plus interventionniste en matière économique. C'est entre deux projets de société que les Français doivent choisir.

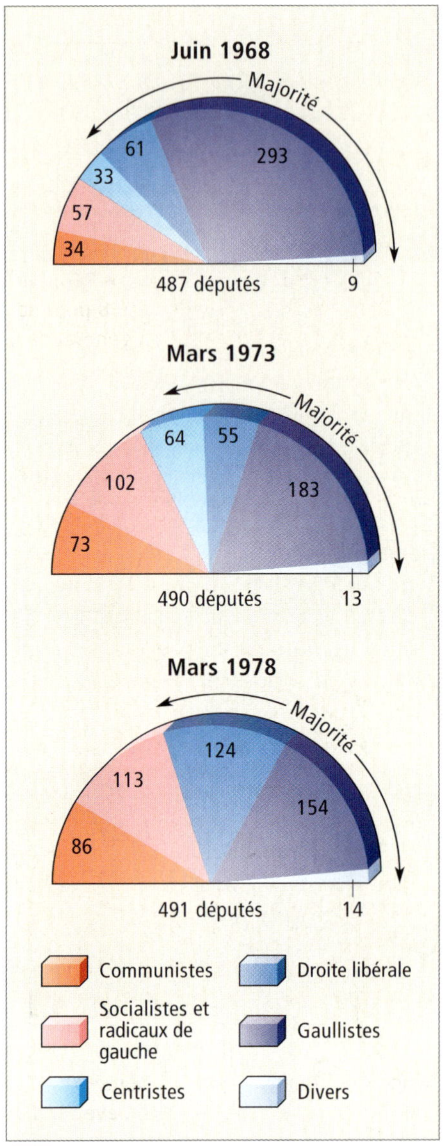

1 De la majorité gaulliste au clivage droite-gauche

L'évolution des forces politiques à l'Assemblée nationale lors des élections législatives de 1968, 1973 et 1978.

Vocabulaire

- **RPR** (Rassemblement pour la République) : parti politique gaulliste fondé en 1976 par Jacques Chirac en opposition au libéralisme giscardien. Ce parti prend la suite de l'UDR.

Notion clé

- **Libéralisme :** idéologie fondée sur la liberté individuelle, les libertés économiques et politiques, et prônant le système capitaliste.

L'évolution des partis gaullistes

2

Rejoignez l'udr

RPR

L'UNR (Union pour la Nouvelle République) est le parti gaulliste fondé en 1958 pour soutenir le projet constitutionnel du général de Gaulle.

L'UDR (Union pour la Défense de la République) est le nouveau nom que se donne le parti gaulliste en 1968.

Le RPR (Rassemblement pour la République) est le parti fondé en 1976 par Jacques Chirac.

3

Giscard d'Estaing, un président jeune (1974)

Affiche réalisée pour la campagne présidentielle de Valéry Giscard d'Estaing en 1974. Il est ici photographié avec sa fille.

4 **Le programme du candidat Giscard d'Estaing en 1974**

Extrait de la conférence de presse du 11 avril 1974 de Valéry Giscard d'Estaing, candidat à la présidence de la République.

À l'heure actuelle, je crois que les Français en réalité veulent deux choses : la continuité et la nouveauté. Ils veulent la continuité pour maintenir ce que leur a apporté la Vᵉ République, c'est-à-dire la dignité de la France, la stabilité des institutions et le progrès économique et social. Ayant travaillé pendant cinq ans aux côtés du président Pompidou pour ce progrès économique et social[1], les Français peuvent compter sur moi pour garantir la sécurité de la continuité. Mais aussi un pays plus ouvert, plus détendu, qui soit un modèle de démocratie, de liberté, de justice, un pays en quelque sorte rajeuni qui oublie la morosité, qui ait confiance en lui-même et qui soit prêt à découvrir son propre bonheur. La nouvelle majorité présidentielle doit répondre à ce vœu des Français.

1. Il fut ministre des Finances de 1969 à 1974.

5 **Changer la vie**

Les perspectives ouvertes par l'union de la gauche et le rassemblement de toutes les forces du peuple, les propositions développées dans ce programme sont des moyens qui permettront aux Françaises et aux Français de vivre mieux, de changer leur vie. […]

Démocratie économique et démocratie politique sont indissociables ; leur développement conjoint implique que chaque travailleur, chaque citoyen ait, à tous les niveaux, la possibilité et les moyens d'être partie prenante à l'élaboration des décisions, au choix des moyens, au contrôle de l'exécution et des résultats. L'intervention de plus en plus étendue et active des travailleurs dans la gestion des entreprises comme de la nation est une exigence majeure de notre temps. […] Pour briser la domination du grand capital et mettre en œuvre une politique économique et sociale nouvelle, rompant avec celle qu'il pratique, le gouvernement réalisera progressivement le transfert à la collectivité des moyens de production les plus importants et des instruments financiers actuellement entre les mains de groupes capitalistes dominants. […]

Depuis 1958, année après année, le régime actuel a mis en place un arsenal de lois répressives et policières qui menacent la démocratie et la liberté de chacun. La France doit préserver et développer les traditions démocratiques propres à son peuple.

Programme commun de gouvernement du Parti communiste français et du Parti socialiste, 27 juin 1972.

Pistes de travail

1. Observez les trois logos. Retrouvez les éléments communs. Notez les différences. **(doc. 2)**
2. Montrez que Giscard d'Estaing souhaite incarner à la fois la continuité et le changement. **(doc. 3 et 4)**
3. Pourquoi a-t-on qualifié son projet de « société libérale avancée » ? **(doc. 3 et 4)**
4. Quelles sont les réformes proposées par la gauche ? **(doc. 5)**

Pour conclure

5. La bipolarisation de la vie politique est-elle un phénomène propre à la France ?

Dossier
Mai 1968

L'année 1968 apparaît à l'échelle mondiale comme une année de violences et de manifestations. La crise que connaît la France s'inscrit dans ce contexte international marqué par l'agitation étudiante.

Mais en France, cette crise prend aussi une dimension spécifiquement nationale. À la révolte d'une génération en quête de libération s'ajoutent des revendications sociales. Puis la généralisation des grèves et la paralysie de l'économie entraînent le pays dans une crise politique. Si le général de Gaulle semble dépassé par les événements, son Premier ministre, Georges Pompidou, fait rentrer les choses dans l'ordre avec la dissolution de l'Assemblée nationale.

1 Le mai 1968 des étudiants : une crise de civilisation ?

Georges Pompidou, Premier ministre, fait l'analyse de la crise étudiante, à l'Assemblée nationale, le 14 mai 1968.

À travers les étudiants, c'est le problème même de la jeunesse qui est posé [...]. Traditionnellement, la jeunesse était vouée à la discipline et à l'effort, au nom d'un idéal, d'une conception morale en tout cas.

La discipline a en grande partie disparu. L'intrusion de la radio et de la télévision a mis les jeunes dès l'enfance au contact de la vie extérieure. L'évolution des mœurs a transformé les rapports entre parents et enfants comme entre maîtres et élèves.
Les progrès de la technique et du niveau de vie ont, pour beaucoup, supprimé le sens de l'effort. Quoi d'étonnant enfin si le besoin de l'homme de croire à quelque chose, d'avoir solidement ancrés en soi quelques principes fondamentaux, se trouve contrarié par la remise en cause constante de tout ce sur quoi l'humanité s'est appuyée pendant des siècles : la famille est souvent dissoute, ou relâchée, la patrie discutée, souvent niée, Dieu est mort pour beaucoup et l'Église elle-même s'interroge sur les voies à suivre [...].

À ce stade, ce n'est plus, croyez-moi, le gouvernement qui est en cause, ni les institutions, ni même la France. C'est notre civilisation elle-même. Tous les adultes et tous les responsables, tous ceux qui prétendent guider les hommes se doivent d'y songer, parents, maîtres, dirigeants professionnels ou syndicaux, écrivains et journalistes, prêtres et laïcs. Il s'agit de recréer un cadre de vie accepté de tous, de concilier ordre et liberté, esprit critique et conviction, civilisation urbaine et personnalité, progrès matériel et sens de l'effort, libre concurrence et justice, individualisme et solidarité.

L'agitation en France et dans le monde

1er novembre 1967	Début de la contestation étudiante en Italie.
22 mars 1968	Occupation de l'université de Nanterre (France) par des étudiants menés par Daniel Cohn-Bendit.
4 avril 1968	Assassinat du pasteur Martin Luther King. Émeutes dans tous les États-Unis contre les discriminations raciales.
11 avril 1968	Manifestations à la suite de la tentative d'assassinat de Rudi Dutschke, leader du mouvement étudiant allemand.
29 avril 1968	Manifestation contre la guerre du Vietnam à New York et à Okinawa (Japon).
2 mai 1968	Fermeture de l'université de Nanterre. Repli des étudiants sur l'université de la Sorbonne à Paris.
10-11 mai 1968	Des barricades sont érigées dans le Quartier latin de Paris. Nuit d'émeute.
13 mai 1968	Grève générale en France à l'appel des syndicats.
27 mai 1968	Signature des accords de Grenelle entre le patronat et les syndicats.
30 mai 1968	Dissolution de l'Assemblée nationale. Manifestation de soutien à de Gaulle sur les Champs-Élysées.
23 juin 1968	Victoire des gaullistes aux élections législatives.

Nous ne voulons pas d'un monde où la certitude de ne pas mourir de faim s'échange contre le risque de mourir d'ennui.

Soyez réalistes, demandez l'impossible.

La barricade ferme la rue, mais ouvre la voie.

LES MURS ONT LA PAROLE.

Élections, piège à cons.

Prenez vos désirs pour la réalité.

2 Le mai 1968 des étudiants

Quelques slogans parmi ceux qui fleurissent sur les murs des universités.

3

Le mai 1968 de la société

Les usines Renault en grève.

DE GAULLE : JE RESTE • JE GARDE POMPIDOU

France Soir 8e ÉDITION

LE SEUL QUOTIDIEN VENDANT PLUS D'UN MILLION

• JE DISSOUS L'ASSEMBLÉE

Elections entre le 19 juin et le 9 juillet

• J'AJOURNE LE RÉFÉRENDUM

Si les élections sont rendues impossibles, je devrai prendre d'autres voies conformément à la Constitution

GRÈVES : LES NÉGOCIATIONS PIÉTINENT

Pages 2, 3, 5 et 8, toutes nos informations et, page 4, un sondage de l'Institut Français d'Opinion Publique :

29 % des Parisiens craignent une révolution à l'issue de la crise actuelle

Il faut que s'organise l'action civique
Les préfets commissaires de la République

4

Le mai 1968 des politiques : la réponse du président de Gaulle

La une du journal *France-Soir* le 30 mai 1968, au lendemain du discours du président de la République.

5

Les Français : des moutons ?

Affiche caricaturant l'attitude des Français lors des élections législatives de juin 1968 qui voient une large victoire des gaullistes.

Pistes de travail

1. Quelles sont, d'après Pompidou, les origines de la crise ? **(doc. 1)**
2. Quelles aspirations transparaissent dans les slogans ? **(doc. 2)**
3. Expliquez les dimensions sociale et politique de la crise de mai 1968 en France. **(doc. 3 à 5)**

Dossier
Le président de la République, une originalité française

La place occupée par le président de la République distingue la France des autres démocraties européennes. Il dispose en effet d'un pouvoir important que lui concède la Constitution : aux pouvoirs traditionnels (promulgation des lois, signature des traités, nomination aux hauts emplois civils et militaires, droit de grâce, présidence du Conseil des ministres) s'ajoutent de nouvelles attributions (nomination du Premier ministre, référendum).

Élu au suffrage universel direct à partir de 1962, le président de la République devient aussi le chef de la majorité présidentielle. L'importance de ses prérogatives explique que certains parlent de « monarque républicain ». Il entretient un rapport privilégié avec le peuple et voit sa prééminence renforcée par la pratique des institutions.

Charles de Gaulle (1958-1969).

Georges Pompidou (1969-1974).

Valéry Giscard d'Estaing (1974-1981).

François Mitterrand (1981-1995).

Jacques Chirac (depuis 1995).

1 Les portraits officiels des présidents de la République

2 Des pouvoirs étendus

Art. 5 – Le président de la République veille au respect de la Constitution. Il assure, par son arbitrage, le fonctionnement régulier des pouvoirs publics ainsi que la continuité de l'État. Il est le garant de l'indépendance nationale, de l'intégrité du territoire et du respect des accords de Communauté et des traités.[...]

Art. 8 – Le président de la République nomme le Premier ministre. Il met fin à ses fonctions sur la présentation par celui-ci de la démission du gouvernement. Sur la proposition du Premier ministre, il nomme les autres membres du gouvernement et met fin à leurs fonctions. [...]

Art. 11 – Le président de la République [...] peut soumettre au référendum tout projet de loi portant sur l'organisation des pouvoirs publics [...] ou tendant à autoriser la ratification d'un traité qui, sans être contraire à la Constitution, aurait des incidences sur le fonctionnement des institutions. [...]

Art. 12 – Le président de la République peut, après consultation du Premier ministre et des présidents des assemblées, prononcer la dissolution de l'Assemblée nationale.

Extraits de la Constitution du 4 octobre 1958, titre II : le président de la République.

3

Un monarque républicain ?

François Mitterrand est représenté en monarque, la rose étant le symbole du Parti socialiste. Caricature de Wiaz, *Le Nouvel Observateur*, 1983.

4

Un rapport privilégié avec le peuple

Affiche pour la candidature de Charles de Gaulle aux élections présidentielles de 1965.

5 Une prééminence renforcée par la cohabitation ?

Qu'est-ce que la cohabitation ? Je suppose que vous ne voulez pas d'un président ectoplasme[1], eh bien moi non plus. Je crois vraiment que la France a besoin d'un président qui préside dans tous les domaines qui sont les siens. La France a besoin d'un président qui décide en matière de politique étrangère la position de la France, et en matière de défense : notre armée, notre sécurité, notamment. [...] Deuxièmement, elle a besoin d'un président qui, sur d'autres questions, chaque fois que l'unité nationale apparaît comme ébréchée ou menacée, arbitre entre les intérêts concurrents. Et puis, elle a aussi besoin, dans la même personne, d'un président qui préserve les institutions et qui protège les plus faibles, qui exprime, disons, son avis, son conseil. [...] De toute manière, c'est une bonne chose que le gouvernement soit pleinement responsable des actes du gouvernement.

Entretien de François Mitterrand à la télévision, 17 septembre 1987.

1. Fantôme.

Pistes de travail

1. Observez les portraits des présidents de la République. Comment chacun choisit-il d'être dans la continuité ou dans la rupture avec ses prédécesseurs ? **(doc. 1)**

2. Identifiez la nature des pouvoirs attribués au président de la République. **(doc. 2 à 5)**

3. La cohabitation renforce-t-elle les pouvoirs du président de la République ou au contraire les limite-t-elle ? **(doc. 5)**

4. Le temps de l'alternance (1981-2005)

Comment alternances et cohabitations font-elles évoluer la Ve République ?

La gauche au pouvoir (1981-1988)

La gauche accède au pouvoir le 10 mai 1981. François Mitterrand, socialiste, est élu président de la République. Il dissout l'Assemblée nationale et obtient une large majorité. Le gouvernement dans lequel siègent quatre ministres communistes met en œuvre des réformes importantes : abolition de la peine de mort ; libéralisation de la bande FM ; décentralisation ; nationalisations ; retraite à 60 ans ; semaine de 39 heures ; cinquième semaine de congés payés. L'alternance rallie les Français de gauche à la Ve République.

Pour faire face à la crise économique, le gouvernement choisit d'abord une politique de relance. Mais les contraintes internationales lui imposent à partir de 1983 une politique de rigueur, au risque de mécontenter une partie de son électorat. La gauche perd d'ailleurs les législatives de mars 1986. François Mitterrand choisit pourtant de se maintenir au pouvoir et nomme comme Premier ministre Jacques Chirac, le chef du RPR, parti le plus puissant à l'Assemblée nationale. C'est la première cohabitation. Les deux responsables de l'exécutif doivent collaborer. Le Premier ministre conduit la politique du gouvernement sans que le président de la République perde ses prérogatives. Les institutions s'adaptent à cette situation inédite.

1

Une guerre au sommet de l'état ?

Caricature de Plantu, *Le Monde*, septembre 1987.

Alternances et cohabitations (1988-2005)

L'expérience du pouvoir transforme le Parti socialiste en parti de gouvernement. Une part de l'électorat de gauche perd alors l'espoir d'un changement profond. Ainsi, bien que réélu en 1988 avec 54 % des suffrages exprimés, François Mitterrand ne dispose que d'une faible majorité jusqu'en 1993. Après la victoire de la droite aux législatives de 1993, l'expérience de la cohabitation se renouvelle.

En 1995, la droite retrouve la présidence de la République avec Jacques Chirac. Le gouvernement entreprend des réformes mal acceptées qui conduisent à la dissolution de l'Assemblée en 1997. La victoire de la gauche plurielle aux élections législatives met en place la troisième cohabitation. Cette majorité qui soutient le gouvernement de Lionel Jospin (1997-2002) rassemble autour du PS, les communistes, les Verts, les radicaux de gauche et le Mouvement des Citoyens de Jean-Pierre Chevènement.

Jacques Chirac fait ratifier en septembre 2000 par référendum une réforme institutionnelle populaire : le quinquennat, qui réduit le mandat présidentiel de 7 à 5 ans. Cette réforme maintient la spécificité française tout en rapprochant ses institutions de celles de ses voisins.

Jacques Chirac est réélu en 2002 avec 82 % des voix face au chef du Front national, parti d'extrême droite fondé en 1972 par Jean-Marie Le Pen. La droite remporte ensuite une large majorité aux élections législatives de juin 2002. Jacques Chirac bénéficie alors d'une majorité présidentielle, qui se réorganise en créant en novembre l'UMP **(voir repères pp. 268-269)**, et de 5 années de législature.

Une vie politique en mutation

La France semble aujourd'hui rompre avec la politisation très forte de sa population, comme le montrent les progrès de l'abstention ou la crise du militantisme politique. L'alternance a été dédramatisée et les affrontements idéologiques se sont apaisés avec la fin de la guerre froide. Les Français semblent préférer agir dans des associations humanitaires, écologistes ou altermondialistes.

Par ailleurs, la décentralisation multiplie les centres de pouvoir, assure une plus grande proximité des décisions et redonne à la société civile sa place aux côtés de l'État. La défiance des électeurs à l'égard des dirigeants politiques traditionnels s'accroît pourtant. En témoigne le vote protestataire en faveur du Front national ou de l'extrême gauche.

Vocabulaire

- **Décentralisation :** système d'organisation de l'État dans lequel les pouvoirs de décision sont partagés entre l'autorité centrale et les autorités régionales ou locales **(voir dossier pp. 272-273)**.
- **Politique de relance :** politique qui vise à stimuler la croissance par l'augmentation des dépenses budgétaires et des revenus (salaires et prestations sociales), afin d'encourager la reprise de la consommation et de l'investissement.
- **Politique de rigueur :** politique mise en œuvre pour lutter contre l'inflation et encourager les exportations. Elle se traduit par la baisse de la croissance des salaires, la réduction des dépenses de l'État et l'augmentation des taux d'intérêt.

Notions clés

- **Alternance :** changement de majorité (aux élections présidentielles ou législatives). Le terme a d'abord désigné l'arrivée de la gauche au pouvoir en 1981 après 23 années de domination de la droite.
- **Cohabitation :** situation politique dans laquelle les deux têtes de l'exécutif, le président de la République (élu au suffrage universel direct) et le Premier ministre (chef de la majorité parlementaire), ne sont pas du même bord politique (droite-gauche).

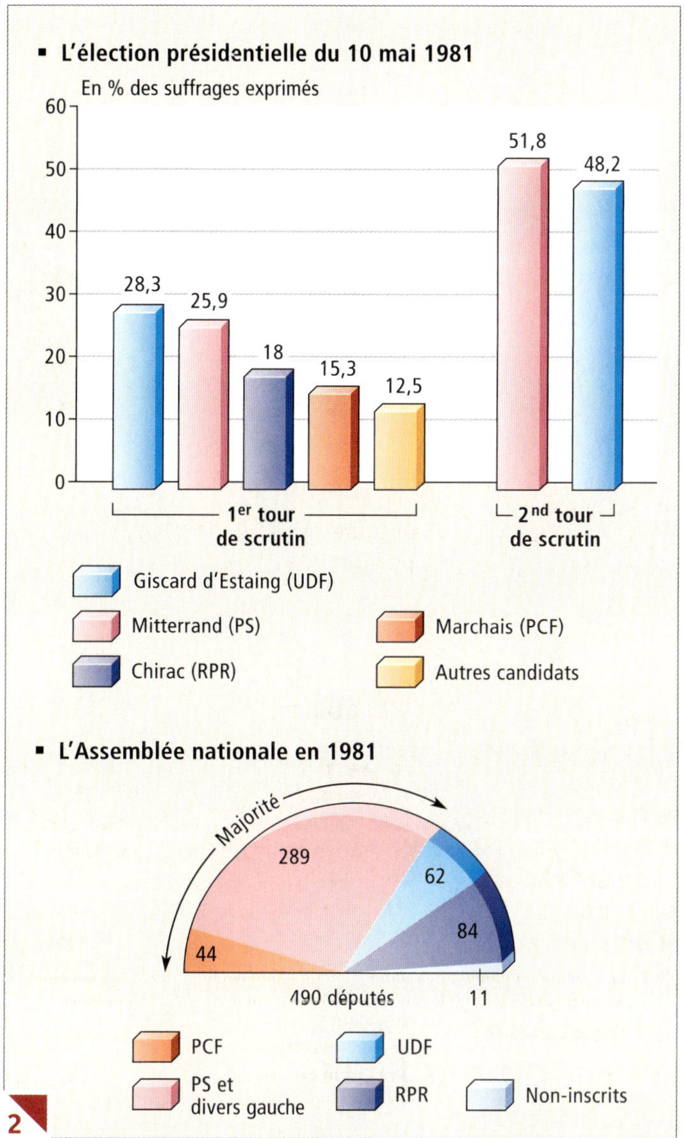

2 Les résultats électoraux de 1981

3 Les Français et la politique de rigueur

Nous avons plus que jamais à vaincre sur trois fronts : le chômage, l'inflation, le commerce extérieur. J'ai chargé M. Pierre Mauroy[1] de mener cette action. Ce que j'attends de lui n'est pas de mettre en œuvre je ne sais quelle forme d'austérité nouvelle, mais de continuer l'œuvre entreprise, adaptée à la rigueur des temps.

François Mitterrand, intervention télévisée, 23 mars 1983.

1. Premier ministre de 1981 à 1984.

4 La réponse de la CGT à la politique de rigueur

Manifestation de la CGT, 8 mars 1984.

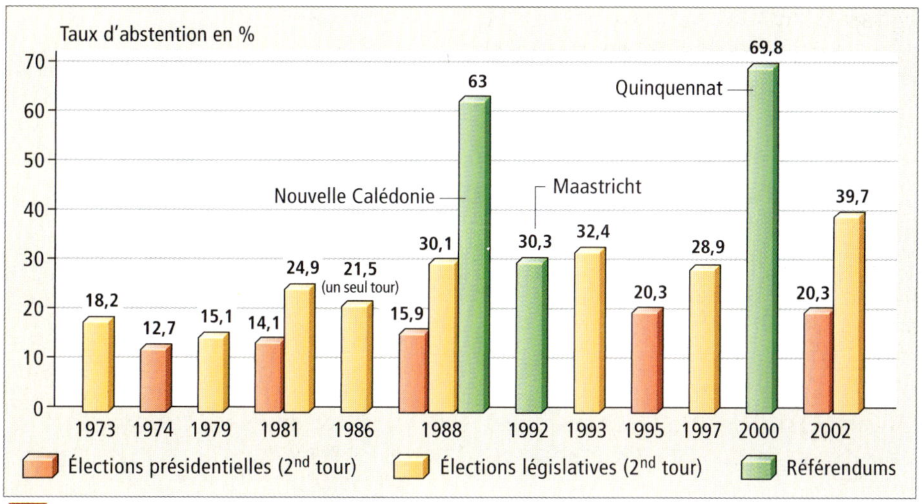

5 Les progrès de l'abstention

Pistes de travail

1. Analysez l'évolution de la gauche française depuis 1981. Pourquoi a-t-elle déçu une partie de son électorat ? **(doc. 2 à 4)**

2. Repérez dans le schéma les élections qui provoquent le plus fort taux d'abstention et celles qui mobilisent le plus les électeurs. Comment expliquer ces comportements électoraux ? **(doc. 5)**

Pour conclure

3. Comparez la France à d'autres démocraties européennes que vous connaissez : a-t-elle des caractères originaux ? Rencontre-t-elle les mêmes problèmes ?

Chapitre 15

L'évolution politique de l'Allemagne de 1945 à nos jours

En 1949, la création de la République fédérale d'Allemagne (RFA) et de la République démocratique allemande (RDA) entraîne la division du pays pendant près de 40 ans. Ces deux États sont très différents. La RFA adopte le modèle occidental de l'économie de marché et de la démocratie libérale ; elle adhère à l'OTAN, puis à la CEE. La RDA est une démocratie populaire intégrée au bloc soviétique ; elle est membre du CAEM et du pacte de Varsovie. À l'Ouest, les Allemands jouissent de la liberté de circulation, tandis qu'à l'Est, ils vivent derrière le « rideau de fer » jusqu'à l'ouverture des frontières le 9 novembre 1989. Un an plus tard, l'Allemagne est réunifiée, la RDA cesse d'exister.

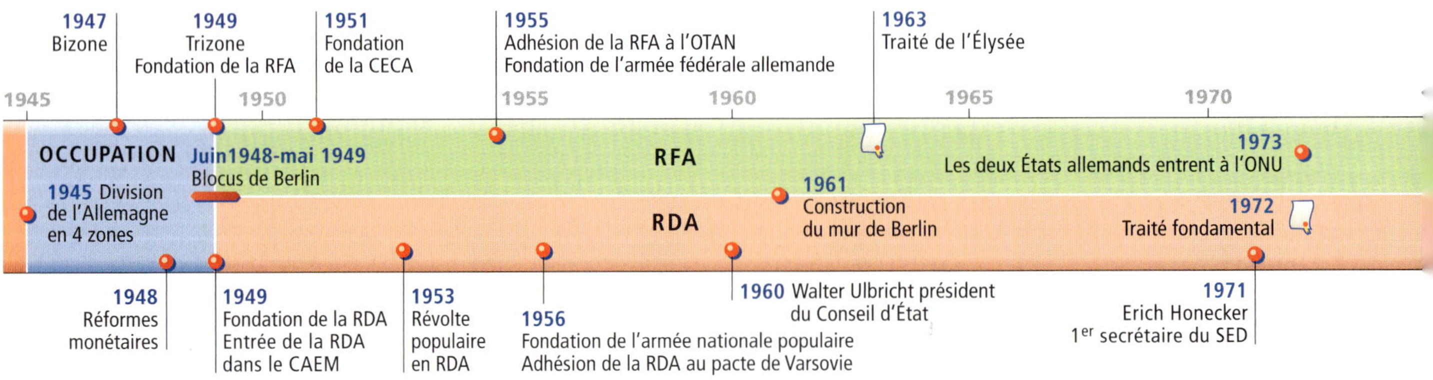

1

La création de la République fédérale d'Allemagne (RFA)

Le président du Conseil parlementaire, Konrad Adenauer, signe la Loi fondamentale à Bonn, le 23 mai 1949.

2

Vers la réunification allemande

L'adhésion des Länder de RDA à la RFA met fin à la division de l'Allemagne, le 3 octobre 1990.

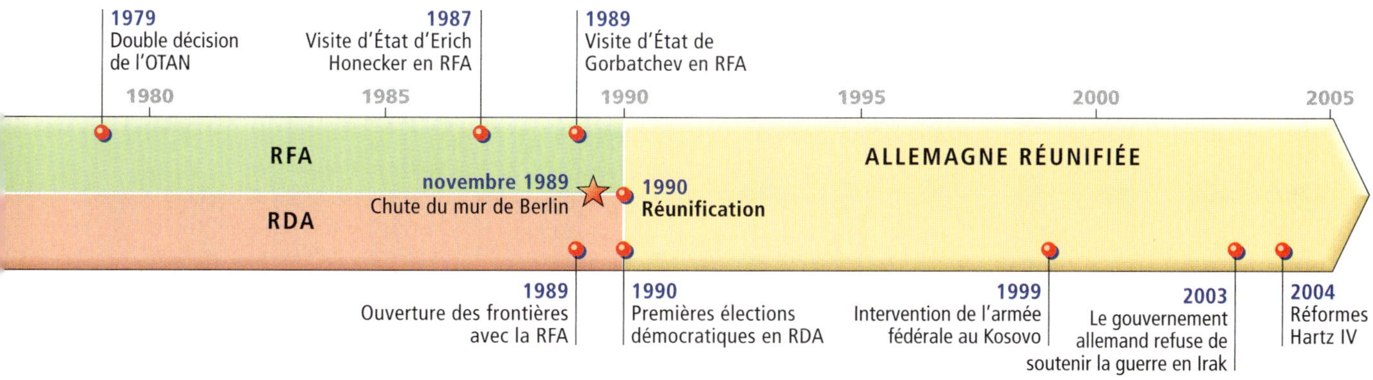

1. La renaissance de la démocratie allemande (1945-1969)

Comment la démocratie s'est-elle installée dans la partie occidentale de l'Allemagne ?

L'Allemagne au lendemain de la guerre (1945-1949)

Après la Seconde Guerre mondiale, l'Allemagne, bien que divisée en quatre zones, dispose d'une administration commune, le Conseil de contrôle. Mais les débuts de la guerre froide entravent son fonctionnement. Aussi, les États-Unis et la Grande-Bretagne encouragent-ils la création d'un État ouest-allemand, fondé sur les principes de liberté et de démocratie.

Les aides financières, versées dans le cadre du plan Marshall, et l'introduction, en juin 1948, d'une nouvelle monnaie dans les zones occidentales, le Deutsche Mark, facilitent le développement de l'économie de marché. Mais cette réforme monétaire à l'Ouest est contestée par l'Union soviétique qui, le 25 juin 1948, décide de bloquer les voies d'accès à Berlin. Les puissances occidentales réagissent contre ce blocus en approvisionnant la population berlinoise pendant des mois par un pont aérien **(voir dossier pp. 102-103)**.

L'attitude de l'Union soviétique dans la crise de Berlin conforte les États-Unis et la Grande-Bretagne dans leur projet de fonder un État ouest-allemand. C'est avec l'entrée en vigueur de la Loi fondamentale le 23 mai 1949 que naît la République fédérale d'Allemagne.

L'ère Adenauer (1949-1963)

Konrad Adenauer (CDU), premier chancelier de la nouvelle République fédérale, entend rétablir la souveraineté de l'Allemagne et lui redonner une place importante sur la scène politique internationale. Ses efforts se traduisent notamment par la signature du traité de l'Élysée en 1963 **(voir leçon pp. 298-299)** et la mise en place de relations diplomatiques avec l'État d'Israël (1965).

À la suite de la guerre de Corée, la Grande-Bretagne et les États-Unis acceptent la participation de la RFA à une armée européenne que la France refuse **(voir leçon pp. 118-119)**. Pourtant, la RFA adhère à l'UEO et à l'OTAN. La doctrine Hallstein, qui stipule que la RFA est le seul État habilité à représenter l'ensemble de l'Allemagne (*Alleinvertretungsanspruch*), permet à la RFA de prendre ses distances par rapport à la RDA.

Au cours des années 1950, l'Allemagne de l'Ouest connaît une période de stabilité intérieure, due notamment à un puissant essor économique, « le miracle économique allemand » **(voir leçon pp. 280-281)**. Dans l'esprit des contemporains, il est étroitement lié à Ludwig Erhard, ministre de l'Économie et grand défenseur de l'économie sociale de marché.

Les années de crise de la RFA (1963-1969)

En 1966, la RFA est pour la première fois confrontée à la crise économique ; celle-ci entraîne la chute du gouvernement de coalition entre la CDU et les libéraux du FDP.

Les partis CDU/CSU et SPD **(voir repères pp. 268-269)** constituent en 1966 une Grande Coalition conduite par le chancelier Kiesinger (CDU) et le vice-chancelier Willy Brandt (SPD). Ce gouvernement lance d'importants projets de réformes, comme la loi sur l'état d'urgence, qui permet à l'État d'agir rapidement en temps de crise.

Bientôt apparaît une opposition extra-parlementaire (APO), qui affirme ne plus se reconnaître dans la représentation parlementaire. Ce mouvement, conduit par des jeunes et des étudiants, critique l'exploitation et l'oppression capitalistes dont est victime, à ses yeux, la société civile. C'est en avril 1968, lors de la tentative d'assassinat de Rudi Dutschke, étudiant en sociologie et figure de proue du mouvement, que le mouvement atteint son paroxysme.

Vocabulaire

- **CDU** (Union chrétienne-démocrate)/**CSU** (Union chrétienne-sociale) : parti populaire chrétien qui constitue un groupe au Bundestag dès 1946. La CSU n'existe qu'en Bavière **(voir repères p. 268).**
- **FDP** (Parti libéral démocrate) : parti libéral fondé en 1947 qui donne à la RFA son premier président, Theodor Heuss (1949-1959).
- **Loi sur l'état d'urgence :** loi du 24 juin 1968 qui permet au gouvernement allemand, en cas d'urgence, de restreindre momentanément les droits fondamentaux, de suspendre le principe de séparation des pouvoirs, et d'utiliser l'armée en cas de troubles intérieurs.
- **OTAN** (Organisation du traité de l'Atlantique Nord) : **voir p. 115.**
- **SPD** (Parti social-démocrate allemand) : parti réformiste qui cherche à réaliser la justice sociale dans le cadre de la démocratie parlementaire **(voir repères p. 268).**
- **UEO** (Union de l'Europe occidentale) : **voir p. 118.**

Notions clés

- ***Alleinvertretungsanspruch*** : revendication émise par la RFA selon laquelle elle est seule habilitée à représenter légitimement l'ensemble des Allemands (y compris les citoyens de RDA). Cette revendication fait écho à la doctrine Hallstein en politique étrangère.
- **APO** (opposition extra-parlementaire) : mouvement fondé majoritairement par des étudiants qui considèrent qu'il n'y a pas de véritable opposition au sein du Parlement pendant la Grande Coalition (1966-1969). L'APO prône le dépassement de la société bourgeoise capitaliste. Elle critique la loi sur l'état d'urgence, le comportement américain au Vietnam et le groupe de presse conservateur Springer.
- **Doctrine Hallstein :** doctrine portant le nom du ministre des Affaires étrangères de la RFA, Walter Hallstein, selon laquelle la RFA n'établit pas de relations diplomatiques avec les États qui entretiennent des relations diplomatiques avec la RDA. Cette doctrine sous-tend la politique étrangère de la RFA entre 1955 et 1969.
- **Économie sociale de marché : voir p. 194.**

1 La RFA, un État à part entière ?

Les progrès, accomplis tant depuis 1945 que depuis le Reich national-socialiste, sont grands. Certes, nous devons toujours garder à l'esprit que l'Allemagne et le peuple allemand ne sont pas encore libres, que ce peuple n'a pas encore les mêmes droits que les autres peuples, qu'il est – et c'est particulièrement douloureux – déchiré en deux parties. Mais, nous nous réjouissons tout de même de profiter d'une liberté au moins relative pour l'État. Notre économie est en pleine croissance. Nous retrouvons avant tout la protection des droits liés à la personne. Nul ne peut chez nous, comme ce fut le cas durant la période national-socialiste et comme c'est encore le cas, à notre grand regret, dans de vastes parties de l'Allemagne, dans la zone orientale, être privé de sa liberté et de sa vie, par la police secrète d'État ou par des institutions similaires. Ces biens que sont la protection juridique des droits, la protection de la liberté personnelle, que nous n'avons pas eus pendant de longues années, sont si précieux que, malgré tout ce qui nous manque, nous devons nous réjouir de posséder à nouveau ces droits liés à la personne.

Extraits de la déclaration gouvernementale d'Adenauer, 20 septembre 1949.

2

Le réarmement de la RFA

Première visite du chancelier, Konrad Adenauer, à l'armée fédérale allemande, la Bundeswehr, en 1956. Dans un contexte de guerre froide, les États-Unis et la Grande-Bretagne permettent l'entrée de la RFA à l'OTAN en 1955. Une nouvelle armée allemande est créée, malgré des réticences en Allemagne et en France.

3 Les revendications de la jeunesse

Walter Scheel (FDP), vice-président du Bundestag allemand (Assemblée nationale), s'exprime sur l'opposition extra-parlementaire au Bundestag le 9 février 1968.

Je crois qu'il serait erroné et dangereux de qualifier les événements dont nous parlons par des termes comme « terreur », « révolte », « enfantillages », « bagarres » ou d'autres encore. [...] Il nous faut plutôt en chercher les causes. [...] En effet, mesdames et messieurs, il y a eu des Dutschke[1] à toutes les époques. Ce qui est préoccupant pourtant, c'est qu'aujourd'hui il y ait des gens qui les écoutent. Nous devons nous demander pourquoi les jeunes gens les écoutent [...].

Mesdames et messieurs, j'ai fait l'expérience, soir après soir, que parmi les étudiants, et plus généralement dans la jeunesse, il y avait une grande majorité qui n'était pas antidémocrate mais qui voulait rendre la démocratie plus vivante. Les jeunes antidémocrates sont une minorité. Nous ne pouvons pas répondre par des slogans à ceux qui sont de bonne volonté et qui veulent protéger et promouvoir la démocratie. Nous devons leur prouver que nous sommes une société ouverte. Mais le sommes-nous ? Est-ce que ce que nous voulons et appelons une société intégrée[2] est une société ouverte ? Ne nous dérobons-nous pas trop vite, là aussi, aux conflits qui sont la caractéristique d'une société ouverte ? Est-ce que la capacité de fonctionnement du Parlement est encore intégralement conservée ?

Discours au Bundestag de Walter Scheel (FDP), vice-président du Bundestag allemand, 9 février 1968.

1. Leader du mouvement étudiant allemand.
2. Ce terme de « société intégrée » renvoie à une société où les problèmes économiques et sociaux se résolvent non par le conflit mais par le consensus.

4

Manifestation de l'opposition extra-parlementaire contre la guerre du Vietnam (1968)

Les manifestants brandissent des portraits de Rosa Luxemburg et Lénine.

Pistes de travail

1. Le chancelier Adenauer parle des progrès accomplis par la République fédérale d'Allemagne depuis 1945. En quoi consistent-ils ? **(doc. 1)**
2. Quels changements implique le réarmement de l'Allemagne ? **(doc. 2)**
3. Quel jugement Walter Scheel porte-t-il sur l'opposition extra-parlemenaire ? Quelles conséquences tire-t-il de ses réflexions ? **(doc. 3)**
4. Pouvez-vous déterminer les idées politiques des manifestants ? **(doc. 4)**

2. La social-démocratie au pouvoir en République fédérale (1969-1982)

En quoi la victoire électorale du SPD en 1969 marque-t-elle une rupture dans l'évolution politique de la RFA ?

L'Allemagne vers plus de démocratie

En acceptant de gouverner avec la CDU-CSU dans la Grande Coalition, le SPD prouve qu'il est aussi un parti de gouvernement. Avec 45,2 % des voix aux législatives de 1969, le SPD gagne la chancellerie pour la première fois depuis 1945.

Willy Brandt, désormais chancelier, constitue avec les libéraux une coalition de gouvernement dont le vice-chancelier est Walter Scheel (FDP). Le gouvernement veut mener une politique intérieure réformatrice et lance ainsi le slogan « Oser plus de démocratie ». L'âge de la majorité est abaissé de 21 à 18 ans. Afin d'accroître la promotion sociale, une réforme du système scolaire doit permettre aux enfants issus des classes moyennes de passer le baccalauréat. Le droit de cogestion des salariés est renforcé (voir dossier pp. 290-291).

Le droit du mariage et de la famille est modernisé. Les femmes peuvent désormais exercer une activité professionnelle sans l'accord de leur conjoint et, en cas de divorce, elles obtiennent une meilleure protection financière.

La « nouvelle *Ostpolitik* », une rupture dans la politique étrangère

Le gouvernement Brandt lance la « nouvelle *Ostpolitik* », sous la devise « le changement par le rapprochement ». Le gouvernement de RFA signe, de 1970 à 1973, des traités avec l'URSS, la Pologne et la Tchécoslovaquie. Les frontières existantes sont reconnues, le statut particulier de Berlin et l'accès à Berlin-Ouest sont réglés par l'accord quadripartite sur Berlin et par le traité sur la Circulation. Aussi la voie est-elle libre pour conclure le Traité fondamental (21 décembre 1972) par lequel les deux États allemands conviennent de « relations normales de bon voisinage ».

Le gouvernement Brandt cherche à améliorer la situation de la population en RDA : les voyages sont facilités ; les relations commerciales et les échanges culturels sont accrus. Mais l'opposition redoute que les intérêts ouest-allemands ne soient bradés, puisque la RFA renonce à être l'unique représentante de l'ensemble de l'Allemagne ; elle reconnaît aussi les frontières de 1945 et la RDA comme État souverain. C'est pourquoi l'opposition refuse de ratifier au Bundestag les traités avec l'Est.

Les difficultés du gouvernement de Helmut Schmidt (1974-1982)

En 1974, à la suite de la démission de Willy Brandt, dont l'adjoint s'est révélé être un espion à la solde de la RDA, Helmut Schmidt (SPD) devient chancelier. Son gouvernement parvient, grâce à une politique conjoncturelle anticyclique, à minimiser les conséquences du premier choc pétrolier de 1973 et ainsi à limiter la crise économique. Cependant cette politique et les subventions qui en découlent conduisent à un accroissement de la dette publique.

La RFA doit affronter la menace terroriste de la Fraction armée rouge (RAF). Composé d'anciens membres de l'APO ayant choisi la clandestinité, ce mouvement veut détruire le système capitaliste de la RFA. Il commet des attentats contre des personnalités dirigeantes de l'économie.

Enfin, le gouvernement de H. Schmidt doit affronter la contestation des mouvements pacifistes. Le déploiement, à partir de 1976, des missiles SS-20 soviétiques en Europe conduit à la « double décision » de l'OTAN de 1979. Celle-ci prévoit que les États de l'OTAN installent des missiles nucléaires à moyenne portée en Europe et négocient en même temps avec l'URSS un désarmement bilatéral. En RFA s'organise un vaste mouvement pacifiste populaire contre l'augmentation du potentiel militaire (voir dossier pp. 110-111).

1 **L'enlèvement de H. M. Schleyer par la RAF (1977)**

Avec l'enlèvement du président du patronat allemand, Hanns Martin Schleyer, le 5 septembre 1977, ici « prisonnier depuis 31 jours », la Fraction armée rouge (RAF) entend obtenir la libération de ses membres emprisonnés en Allemagne. Face à la fermeté du gouvernement allemand, elle exécute son otage le 19 octobre.

Vocabulaire

- **Fraction armée rouge :** groupement terroriste d'extrême gauche, issu de l'opposition extra parlementaire (APO), ayant choisi de transformer la société allemande par la violence.
- **Grande Coalition :** coalition de gouvernement entre les deux partis les plus puissants au Bundestag (Assemblée nationale).
- ***Ostpolitik*** (politique de l'Est) **:** nouveau mode de relations établies par la RFA avec les États socialistes de l'Est à partir de 1969. Est privilégiée la recherche d'un terrain d'entente.
- **Politique conjoncturelle anticyclique :** politique par laquelle l'État agit dans le sens contraire de la phase actuelle du cycle conjoncturel. En période de haute conjoncture, l'État freine la croissance de l'économie, en période de récession, il la relance.

Notions clés

- **Cogestion :** la loi du 19 janvier 1972 sur l'organisation interne de l'entreprise prévoit l'institution, dans tous les établissements comportant au moins 5 salariés, d'un conseil d'établissement disposant d'un pouvoir de codécision dans trois domaines : affaires sociales, questions de personnel et affaires économiques.
- **Traités avec l'Est :** ensemble des traités et résolutions conclus par le gouvernement Brandt-Scheel avec les États socialistes entre 1970 et 1973 dans le cadre de la nouvelle *Ostpolitik*.

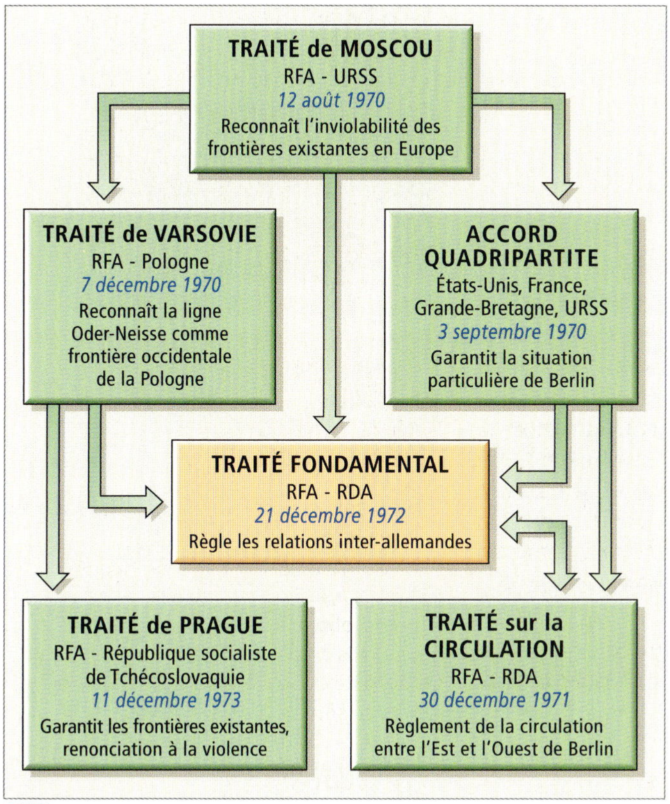

2 **Les traités avec l'Est**

3 « Oser plus de démocratie »

Nous voulons oser plus de démocratie. Nous allons assouplir nos méthodes de travail et fournir les informations nécessaires à la critique. Nous allons faire en sorte que chaque citoyen ait la possibilité de participer à la réforme de l'État et de la société, non seulement par des auditions au Bundestag, [...] mais aussi par un contact permanent avec les groupes représentatifs de notre peuple et par une information étendue sur la politique gouvernementale. Nous nous adressons aux générations qui sont nées et ont grandi dans la paix et sur qui ne pèsent pas et ne doivent pas peser les hypothèques des plus âgés ; ces jeunes gens veulent nous prendre au mot – et nous voulons qu'ils le fassent. Mais ces jeunes gens doivent comprendre qu'ils ont aussi des obligations à l'égard de l'État et de la société. [...] La cogestion, la coresponsabilité dans les domaines les plus divers de notre société seront une force de mouvement dans les années à venir. Nous ne pouvons pas créer la démocratie parfaite. Nous voulons une société qui offre davantage de liberté et réclame plus de responsabilité partagée. Ce gouvernement cherche le dialogue, il cherche un partenariat critique avec tous ceux qui endossent des responsabilités, que ce soit dans les Églises, l'art, la science et l'économie ou d'autres domaines de la société.

Extrait de la déclaration gouvernementale du chancelier Willy Brandt, 28 octobre 1969.

4 Le rapprochement des deux Allemagnes

Les Hautes Parties contractantes, [...] partant des données historiques et nonobstant les divergences de vues [...] sur des questions de principe, dont la question nationale, animées du désir de créer, pour le bien-être des hommes dans les deux États allemands, les conditions de la coopération [...], sont convenues de ce qui suit :

Art. 1 – La République fédérale d'Allemagne et la République démocratique allemande développent entre elles des relations normales de bon voisinage sur la base de l'égalité des droits. [...]

Art. 4 – La République fédérale d'Allemagne et la République démocratique allemande partent de l'idée qu'aucun des deux États ne peut représenter l'autre sur le plan international ni agir en son nom. [...]

Art. 6 – [Elles] partent du principe que la souveraineté de chacun des deux États se limite à son territoire. Elles respectent l'indépendance et l'autonomie de chacun des deux États dans ses affaires intérieures et extérieures.

Traité fondamental entre la RDA et la RFA, 21 décembre 1972.

5 **« Par son enracinement, cet accord fera sauter tous les murs ! »**

Willy Brandt, chancelier de la RFA, et Egon Bahr, ministre des Affaires spéciales de RFA, conduisent les négociations avec la RDA qui aboutissent au Traité fondamental entre les deux Allemagnes en 1972. Caricature de Wolfgang Hicks, 1972.

Pistes de travail

1. Identifiez les domaines dans lesquels le gouvernement Brandt entend agir. **(doc. 3)**

2. En quoi l'*Ostpolitik* constitue-t-elle une rupture en matière de politique étrangère ? **(doc. 2 et 4)**

3. Quel message et quelle critique la caricature laisse-t-elle apparaître ? **(doc. 5)**

4. Quelle justification la Fraction armée rouge donne-t-elle à l'assassinat du président du patronat allemand ? **(doc. 1)**

3. Vers la réunification (1982-1990)

Comment s'opère le retour à l'unité de l'Allemagne ?

La CDU face à la crise économique

À l'automne 1982, Helmut Kohl (CDU) devient chancelier fédéral à la suite d'un vote de défiance au gouvernement Schmidt. Avec Hans-Dietrich Genscher (FDP), le vice-chancelier, il promet « le changement culturel et moral » et s'engage à résoudre la crise économique et le problème du chômage.

Le gouvernement Kohl parvient à alléger les charges de l'État en réduisant notamment les dépenses sociales. Par ailleurs, la coalition chrétienne-libérale mise sur l'initiative individuelle et la concurrence, les dégrèvements fiscaux pour les entreprises et la modération dans les réglementations étatiques. Tous ces facteurs contribuent à une reprise économique qui, soutenue par un cours avantageux du dollar et une baisse importante des prix du pétrole, classe la RFA parmi les premiers exportateurs mondiaux. Le chômage demeure cependant un problème crucial.

Le choc provoqué par l'accident du réacteur nucléaire de Tchernobyl en 1986 **(voir leçon pp. 78-79)** ainsi qu'une prise de conscience croissante des problèmes écologiques conduisent au maintien des Verts entrés en 1983 au Bundestag. Ils y deviennent le quatrième groupe parlementaire **(voir repères p. 268)**. En 1994, la protection de l'environnement s'impose comme un des objectifs majeurs du gouvernement, inscrit désormais dans la Constitution.

La continuité en politique extérieure

Le gouvernement poursuit la politique étrangère du gouvernement SPD-FDP : il met en pratique la « double décision » de l'OTAN **(voir dossier pp. 110-111)**. Il entretient des relations étroites avec les États-Unis et soutient l'intégration européenne.

L'*Ostpolitik* est également poursuivie. En 1983, le ministre-président de Bavière, Franz-Josef Strauß, obtient un crédit d'un milliard de Deutsche Mark pour la RDA, ce qui éloigne momentanément son insolvabilité. Un autre crédit est également accordé en 1984. En contrepartie, la RDA doit réduire les obstacles placés le long de la frontière qui sépare les deux pays. Le 7 septembre 1987, Erich Honecker est le premier chef d'État de RDA à être reçu avec tous les honneurs protocolaires par la RFA. Les dirigeants de RDA atteignent ainsi un objectif qu'ils poursuivaient depuis longtemps.

L'organisation politique de la réunification

Après l'effondrement du régime communiste, des élections libres ont lieu en mars 1990 en RDA. Les électeurs veulent une réunification rapide des deux États allemands.

Le ministre-président de RDA, Lothar de Maizière, réalise, avec le gouvernement Kohl, le souhait des électeurs. En juillet 1990, le traité sur la création d'une union monétaire, économique et sociale entre en vigueur : il organise notamment l'introduction du Deutsche Mark sur le territoire de la RDA.

En août 1990, le traité d'Union est signé. Les cinq Länder de la RDA adhèrent à la RFA ; Berlin redevient la capitale fédérale ; le droit de la République fédérale d'Allemagne s'applique sur le territoire de l'ancienne RDA ; les systèmes sociaux des deux États sont harmonisés et les anciennes entreprises du peuple (*volkseigenen Betriebe*) sont privatisées par une société fiduciaire (*Treuhandanstalt*). Le 3 octobre 1990, la réunification est officielle ; le 2 décembre, les premières élections législatives ont lieu dans toute l'Allemagne.

1 **Helmut Kohl**

Dirigeant de la CDU, il est chancelier de la RFA de 1982 à 1998.

Vocabulaire

- **Verts :** parti fondé en 1980 au niveau fédéral et représenté depuis 1983 à l'Assemblée (Bundestag) qui s'engage pour la protection de l'environnement et contre l'utilisation de l'énergie atomique, **voir repères pp. 268-269.**
- **Vote de défiance :** vote de l'Assemblée (Bundestag), suivant l'article 67 de la Constitution, qui, à la majorité des députés, refuse la confiance au gouvernement.
- **Tchernobyl :** ville d'Ukraine où a eu lieu un accident majeur (« *Größter anzunehmender Unfall* » ou « GAU ») le 26 avril 1986. L'explosion du réacteur nucléaire a entraîné la diffusion d'un nuage de radiations qui a contaminé la région. L'accident a déclenché une grande peur en Allemagne et a entraîné le développement de mouvements d'opposition à l'utilisation de l'énergie atomique.

Notions clés

- **Traité d'Union :** entré en vigueur le 3 octobre 1990, ce texte règle le rattachement de la RDA à la RFA. Cette réunification se fait sur la base de l'article 23 de la Constitution de la RFA de 1949 qui prévoit l'extension de ce texte à d'autres parties de l'Allemagne.
- **Union monétaire, économique et sociale :** traité d'État entre la RDA et la RFA visant à harmoniser les conditions économiques à l'Est et à l'Ouest.

2 La coalition du milieu

La coalition du milieu qui rassemble la CDU, la CSU et le FDP, entame son travail dans un contexte de crise, l'une des plus graves depuis la création de la République fédérale d'Allemagne. [...] Nous connaissons actuellement un taux de chômage qui est plus élevé que durant les années de la reconstruction. Près d'un actif sur quatorze est au chômage en République fédérale. Cet hiver, il pourrait y avoir presque 2,5 millions de personnes sans travail. De plus en plus de citoyens craignent de perdre leur emploi. Il n'y a jamais eu dans l'histoire de la République fédérale d'Allemagne autant de faillites d'entreprises que cette année.

Dans le même temps, le poids des charges s'est tant alourdi qu'un ouvrier spécialisé doit aujourd'hui verser aux caisses publiques 60 pfennigs de chaque Deutsche Mark qu'il gagne en plus. Mais cela non plus n'a pas suffi ; l'État a dû s'endetter encore davantage [...].

Les caisses de l'assurance sociale sont vides, elles aussi, et les réserves presque épuisées. [...]

On a vécu trop longtemps aux dépens des autres : l'État aux dépens des citoyens ; les citoyens aux dépens d'autres citoyens et, soyons francs, nous tous aux dépens de la génération montante. Il importe aujourd'hui pour la paix sociale et la justice sociale que nous donnions une nouvelle chance à l'honnêteté, au travail et à la responsabilité individuelle.

Extrait de la déclaration gouvernementale de Helmut Kohl, 13 octobre 1982.

3 Pour un renouvellement de l'écologie

Les Verts expriment dans leur programme les craintes de la société allemande des années 1980.

Dans le monde, les problèmes d'environnement s'aggravent de jour en jour : les ressources naturelles se raréfient, les scandales dus à la diffusion de substances toxiques se succèdent, des espèces animales sont exterminées, des espèces végétales disparaissent, des fleuves et des mers se transforment en cloaques, l'homme est menacé de dépérissement intellectuel et moral dans une société d'industrie et de consommation avancée. Nous laissons aux générations suivantes un héritage inquiétant.

La destruction des fondements de la vie et du travail et le démantèlement des droits démocratiques représentent une telle menace que le besoin d'une alternative radicale en matière économique, politique et sociale se fait sentir. C'est pourquoi un mouvement démocratique de citoyens s'est organisé spontanément. Des milliers d'initiatives citoyennes ont vu le jour : manifestations vigoureuses contre la construction de centrales nucléaires aux risques non maîtrisables et dont les déchets radioactifs ne peuvent être stockés ; lutte contre la dégradation de la nature, contre le bétonnage de nos paysages et contre les conséquences et les causes d'une société du jetable devenue hostile à la vie.

Extraits du programme fédéral du parti des Verts, 1981.

5

Des relations normalisées ?

Le 7 septembre 1987, Erich Honecker, chef d'État de la RDA, est reçu en visite officielle à Bonn par le chancelier Kohl, avec les honneurs militaires, comme tous les chefs d'État étrangers.

4

« Le vélo de fonction » (vers 1983)

Les députés des Verts refusent la voiture de fonction qui est attribuée à tout député du Bundestag.

Pistes de travail

1. Quels sont les problèmes évoqués par le chancelier Kohl et quelles nouvelles orientations politiques promet-il ? **(doc. 2)**
2. Quels sont les principaux points du programme des Verts ? Resituez-les dans le contexte de l'époque. **(doc. 3)**
3. Quel est le sens de l'initiative du « vélo de fonction » ? Quelle attitude traduit-elle à l'égard des autres groupes parlementaires du Bundestag ? **(doc. 3 et 4)**
4. Simulez un débat électoral entre un député des Verts et un député de la CDU dans les années 1980. Quels sont pour chacun les enjeux politiques et sociaux majeurs de leur époque ? Comment les justifient-ils ?

4. La RDA, une démocratie populaire sous influence soviétique

Quelles sont les caractéristiques de cette démocratie populaire ?

De la zone d'occupation soviétique à la RDA (1945-1949)

Les Soviétiques imposent progressivement dans leur zone leur modèle politique. Un parti marxiste-léniniste favorable au centralisme démocratique, le SED, destiné à exercer le pouvoir naît de la fusion du SPD et du Parti communiste de cette zone.

L'économie planifiée socialiste est mise en place : les grands propriétaires terriens sont expropriés, les grandes entreprises et les banques sont nationalisées ; une planification impérative est instituée.

En réaction à la création de la RFA, le Conseil du peuple allemand adopte le 7 octobre 1949 la Constitution qui donne naissance à la République démocratique allemande (RDA). Otto Grotewohl devient chef du gouvernement et Wilhelm Pieck le premier président de la RDA. À partir de 1960, Walter Ulbricht réunit les deux fonctions en devenant « président du Conseil d'État ».

Un régime socialiste (1949-1971)

Conformément à la volonté soviétique, la RDA s'enracine dans le bloc de l'Est : elle intègre le CAEM en 1950 et devient membre du pacte de Varsovie en 1955.

La Constitution de la RDA ignore la séparation des pouvoirs : le SED contrôle l'État. Elle ignore le pluralisme politique : les partis autorisés doivent présenter des listes uniques assurant la majorité au SED. Enfin, elle affirme garantir les droits fondamentaux mais l'article 6 et la Stasi ouvrent la porte à la répression des oppositions **(voir dossier pp. 260-261)**.

L'absence de liberté politique et un niveau de vie moins élevé expliquent le départ de plusieurs centaines de milliers de citoyens de la RDA vers la RFA. L'accroissement des cadences de travail est à l'origine de la révolte populaire du 17 juin 1953, réprimée dans le sang avec l'aide des troupes soviétiques. Avec la construction du mur de Berlin le 13 août 1961, le gouvernement de la RDA enferme sa propre population **(voir dossiers pp. 102-105)**.

La consolidation et la fin d'un régime (1971-1989)

Après le remplacement de Walter Ulbricht par Erich Honecker en 1971, les relations entre les deux Allemagne se détendent, ce qui permet à la RDA d'acquérir peu à peu une meilleure image sur la scène internationale. Le régime améliore les conditions de vie de la population, construit de nouveaux logements, augmente les revenus, assure l'alimentation de base, même si les biens de consommation continuent d'être inaccessibles.

L'arrivée au pouvoir en Union soviétique de Mikhaël Gorbatchev en 1985 et son attitude accélèrent la désintégration de la RDA **(voir leçon pp. 134-135)**. À partir du printemps 1989, un grand nombre de citoyens manifestent publiquement contre la domination du SED. Après l'ouverture de la frontière qui sépare la Hongrie et l'Autriche, des citoyens profitent de cette opportunité pour partir à l'Ouest.

Erich Honecker est démis de ses fonctions le 18 octobre ; son successeur, Egon Krenz, n'a pas plus de succès. Le 9 novembre, à la suite d'une conférence de presse, des citoyens de RDA découvrent avec surprise qu'ils peuvent passer librement à Berlin-Ouest. Aussitôt l'information connue, des milliers d'Allemands de l'Est affluent vers la République fédérale. Et le 3 octobre 1990, l'Allemagne est réunifiée **(voir dossier pp. 136-137)**.

1 **Erich Honecker**

Devenu premier secrétaire du SED en 1971 à la suite de Walter Ulbricht, il dirige la RDA entre 1976 et 1989. Il concentre alors dans ses mains les principales fonctions dirigeantes de la RDA et du SED.

Vocabulaire

- **CAEM** (Conseil d'assistance économique mutuelle, en anglais *COMECON*) : organisation fondée en 1949 pour renforcer les liens économiques entre les États d'Europe centrale et orientale et l'URSS, largement au bénéfice de celle-ci. Ces États doivent se spécialiser dans des secteurs précis qui complètent l'économie soviétique.
- **Pacte de Varsovie : voir leçon pp. 100-101.**
- **SED** (*Sozialistische Einheitspartei Deutschlands*) : Parti socialiste allemand unifié ; créé en avril 1946 par la fusion du SPD et du KPD. Le SED reste au pouvoir en RDA jusqu'en 1989.

Notions clés

- **Économie planifiée : voir leçon pp. 106-107.**
- **RDA** (République démocratique allemande) : en allemand, *Deutsche Demokratische Republik* (*DDR*), fondée en 1949 ; étroitement alignée sur le système politique et économique de l'Union soviétique, elle est dissoute par l'adhésion de ses 5 Länder à la République fédérale le 3 octobre 1990.
- **Stasi :** abréviation utilisée par la population de la RDA pour désigner le ministère de la Sécurité de l'État créé en 1950. Il se veut « l'épée et le bouclier » du SED. Il est de fait une police politique secrète et un instrument de répression. Par l'utilisation informelle de « mouchards », il peut contrôler la vie privée de la population.

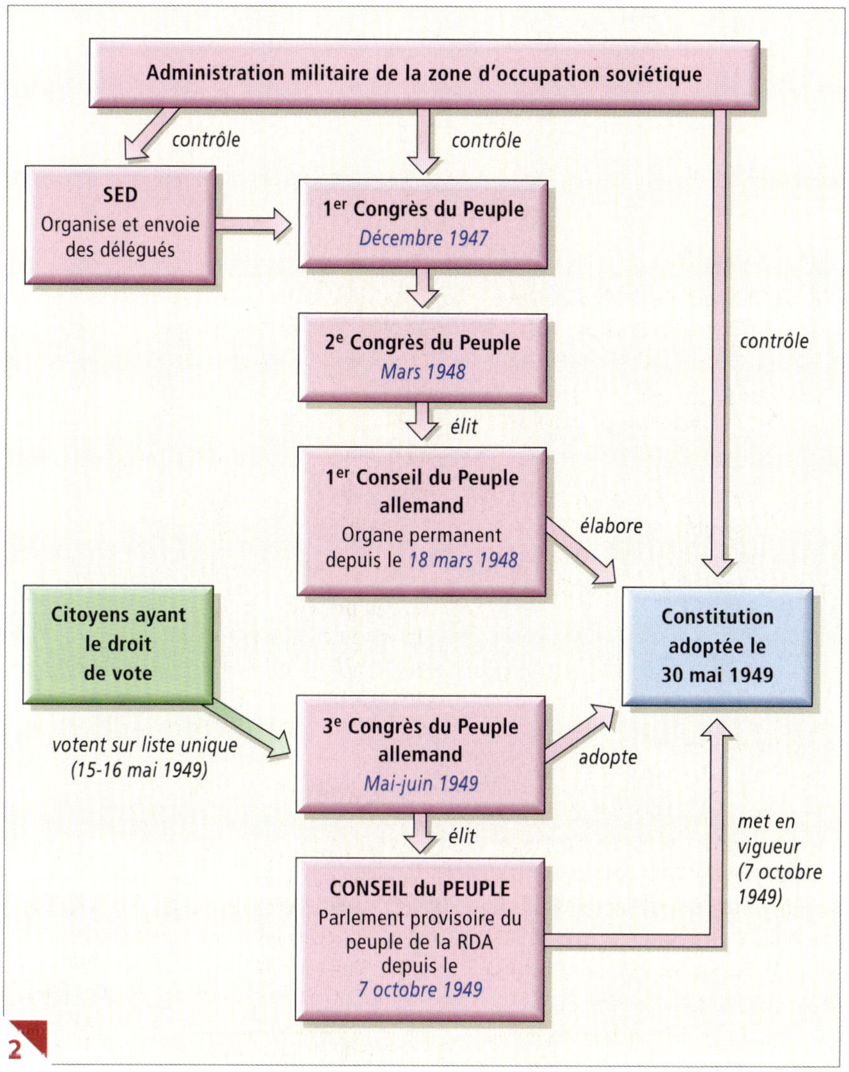

2

L'adoption de la Constitution de la RDA (1949)

3

L'ordre antifasciste-démocratique de la RDA ?

Après avoir séjourné à Moscou pendant la Seconde Guerre mondiale, Walter Ulbricht rentre en Allemagne avec un groupe d'anciens résistants communistes allemands (le « groupe Ulbricht »). Il a largement participé à la construction de l'ordre social et de l'État socialiste dans la zone d'occupation soviétique. En tant que vice-président du SED, il évalue ici, en janvier 1949, les évolutions depuis la fin de la guerre.

Nous nous sommes efforcés depuis 1945, en accord avec les autres partis et organisations de masse du bloc antifasciste-démocratique, de créer les bases d'une […] évolution pacifique, et démocratique. […] Il s'agit d'un ordre antifasciste-démocratique, ce qui veut dire [que] : les criminels de guerre fascistes et les profiteurs de guerre ont été démis de leurs pouvoirs ; des modifications structurelles significatives ont eu lieu dans l'État et l'économie. Il en résulte un bouleversement démocratique dans la zone d'occupation soviétique de l'Allemagne. Par l'expropriation des criminels de guerre, les postes clés de l'économie sont passés aux mains du peuple. […] Il ne suffit plus de parler du rôle dominant de la classe ouvrière. Il est bien plus nécessaire que la classe ouvrière acquière tous les jours son rôle dominant, […] en déployant sous la direction de son parti, le Parti socialiste unifié, un ample mouvement en faveur de la construction économique.

Extrait d'un discours de Walter Ulbricht, janvier 1949, cité d'après W. Ripper, *Weltgeschichte im Aufriss. Deutschland im Spannungsfeld der Siegermächte (L'Histoire du monde en quelques traits. L'Allemagne au cœur des tensions entre les grandes puissances)*, Francfort, 1982.

4

Une société de pénurie ?

Queue devant un magasin pour acheter un disque autorisé à Berlin-Est.

Pistes de travail

1. Qui a élaboré la Constitution de la RDA ? Qui l'a adoptée ? Qu'en déduisez-vous ? **(doc. 2)**

2. Comment cet organigramme montre-t-il que le régime permet de suspecter n'importe qui ? **(doc. 2)**

3. Analysez le vocabulaire du discours de Walter Ulbricht et exposez ses objectifs politiques. **(doc. 3)**

4. Qu'apprenez-vous sur les conditions de vie en RDA ? **(doc.4)**

Dossier
Vivre en RDA

Entre 1949 et 1989, la population de RDA doit se soumettre au régime politique. Il lui est interdit de quitter le pays sans une autorisation officielle, qui est, par ailleurs, très difficile à obtenir. Quiconque transgresse cette règle est considéré comme un « fugitif de la République » et met sa vie en danger : les troupes frontalières ont ordre de tirer.

Sous la surveillance du ministère de la Sécurité de l'État, la Stasi, et de l'organisation de la Jeunesse allemande libre (*Freie Deutsche Jugend*, FDJ), la société est étroitement encadrée par le régime. Toute opposition politique est sévèrement sanctionnée.

L'État n'est cependant jamais parvenu à contrôler totalement la société. La population s'est ménagée des espaces de repli, dans des groupes religieux ou lors de réunions privées.

1 **La Jeunesse allemande libre (FDJ) à Berlin-Est**

Rassemblement de la *Freie Deutsche Jugend* (FDJ) à l'occasion des dixièmes jeux mondiaux des jeunes et des étudiants, 1973.

2 **Rite d'initiation à Berlin (1958)**

Ce rite socialiste se voulait une alternative à la confirmation protestante ou à la communion catholique : le jeune accédait ainsi au monde des adultes. Cette tradition est encore vivante aujourd'hui bien que l'État ou l'idéologie n'y jouent plus aucun rôle. Claudia Rusch, née en 1971, décrit ici son rite d'initiation, appelé « Jugendweihe ».

La *Jugendweihe* était l'événement qui mettait fin à l'enfance en RDA, c'était un événement impatiemment attendu. Il signifiait l'entrée solennelle des enfants de quatorze ans dans le monde des adultes. À cette occasion, on obtenait des papiers d'identité, on entrait dans la *Freie Deutsche Jugend* (FDJ) et on était désormais vouvoyé par ses professeurs en cours. C'était donc un moment important. Comme les Allemands savent le faire, la fête était très organisée : les jeunes gens étaient endimanchés pour l'occasion, recevaient des cadeaux onéreux et, plus tard dans la soirée, sous la surveillance de leurs parents, ils avaient la permission de se saouler pour la première fois. Boire jusqu'à plus soif : les histoires de *Jugendweihe* se terminaient bien souvent aux toilettes [...].

La cérémonie voyait se succéder discours, divertissements et une profession de foi socialiste dans une salle du musée de l'Histoire allemande. [...] Théoriquement, j'aurais aussi pu faire ma confirmation, mais cela m'aurait paru encore plus factice que de prêter serment à l'État. J'avais en effet reçu une éducation profondément athée et, franchement, je préférais encore mentir à Honecker qu'à Dieu. Il valait mieux être prudent. On ne sait jamais.

Donc, j'ai décidé de faire la *Jugendweihe* parce que, bien sûr, moi aussi je voulais un rite de passage. Moi aussi, je voulais devenir adulte. Moi aussi, je voulais être comme les autres. Le serment n'avait pas d'importance – ce qui comptait, c'était la fête et les cadeaux.

Lorsque mon tour est arrivé, je me suis levée et j'ai fait ce que j'ai toujours fait : j'y suis allée et j'ai subi l'épreuve. Dans une robe, paradoxalement achetée à l'Ouest, je suis montée sur la scène, j'ai prêté serment les doigts croisés et je suis devenue adulte.

Claudia Rusch, *Meine freie deutsche Jugend (Ma Jeunesse allemande libre)*, Francfort, 2003

3 Des espions par milliers (1984)

Comme l'a révélé l'ouverture des archives de la Stasi après la disparition de la RDA, la Stasi employait un grand nombre d'informateurs chargés d'espionner pour l'État l'environnement professionnel ou personnel des citoyens de RDA.

Je reçus la mission d'observer d'autres individus dans leur milieu professionnel, de surveiller leurs actes et de les évaluer. Ce n'était pas sans me poser des problèmes de conscience [...]. Si par négligence des camarades du ministère de la Sécurité de l'État avaient laissé entendre que je travaillais pour la Stasi, mes amis et mes relations m'auraient considéré comme ce qu'il convient d'appeler un « mouchard ». Cela m'aurait mis dans une situation très délicate. Ni ma famille ni même mes amis n'auraient fait l'effort de comprendre. C'est pourquoi, pendant longtemps, je n'arrivais pas à me faire à l'idée que je devais espionner des gens, que mes déclarations pouvaient être erronées, que mes observations n'étaient pas forcément bonnes, que mes remarques et mes appréciations pouvaient leur causer des ennuis.

Archives du ministère de la Sécurité de l'État (Stasi) *in* Matthias Judt (dir.), *DDR-Geschichte in Dokumenten (L'Histoire de la RDA par les documents)*, Bonn, 1998.

4

Les femmes au travail

L'idéologie du régime de la RDA considère comme évidente l'égalité professionnelle entre hommes et femmes. Dans les faits, l'État favorise le travail des femmes par la mise en place d'un système de jardins d'enfants. Ainsi en 1988, 91,3 % des femmes travaillent. La une du journal *Für Dich*, en janvier 1978, pose la question : « Jeunes femmes d'aujourd'hui, qui sont-elles en fait ? »

5

Les espaces de repli de la RDA

Une datcha, maison de campagne à la russe, et une petite voiture Trabant surnommée « Trabi » près de Berlin-Est.

Pistes de travail

1. Quelles sont les sensations éprouvées par Claudia Rusch lors de sa *Jugendweihe* ? **(doc. 2)**

2. Quelles conséquences l'activité de ce « mouchard » a-t-elle sur lui-même et sur son entourage ? Qu'en déduisez-vous sur la vie et les relations sociales en RDA ? **(doc. 3)**

3. Quelle image de la femme propose la une du journal *Für Dich* ? **(doc. 4)**

4. Comment le régime socialiste de RDA tente-t-il de contrôler la société et quelles sont les limites de ce contrôle ?

Dossier
Le sport en RDA

Le conflit Est-Ouest ne se traduit pas seulement par la compétition pour la supériorité politique, économique et militaire ; il a aussi des répercussions sur la scène sportive internationale. Les États du bloc de l'Est et ceux du bloc de l'Ouest mènent une véritable course pour les médailles et les meilleurs temps aux Jeux olympiques. Les deux États allemands n'échappent pas à cette concurrence.

En Allemagne de l'Est, plus encore qu'en Allemagne de l'Ouest, le sport est considéré comme un moyen de prouver la supériorité du système politique. La question de l'équipe olympique commune aux deux Allemagnes n'en devient que plus explosive. En effet, en 1965, le Comité olympique international, sous l'influence de la RDA, annonce la division de l'équipe allemande. L'unité allemande est désormais également brisée au niveau sportif.

1 **Le relais 4 x 100 m féminin**
Aux Jeux olympiques de Munich (1972), l'Ouest-allemande Heide Rosendahl gagne de justesse devant l'Est-allemande Renate Stecher.

2 L'État à la recherche de talents sportifs

La patineuse sur glace de RDA, Katharina Witt, dans une interview en novembre 2004.

À l'époque, à Karl-Marx-Stadt, mon parcours m'a conduite directement du jardin d'enfants d'entreprise[1] au club de sport. Aujourd'hui, ce n'est déjà plus possible car il n'y a plus de jardins d'enfants d'entreprise. Normalement, les talents sportifs étaient découverts par les entraîneurs : ils allaient d'école en école et cherchaient méthodiquement des enfants qui avaient des aptitudes à pratiquer différents sports avec plaisir. C'est cette quête minutieuse qui explique qu'un petit pays comme la RDA ait pu avoir de si bons résultats sportifs.

Aujourd'hui, on compte sur la motivation de parents ambitieux qui, d'eux-mêmes, vont amener leurs enfants au club de patinage sur glace. Le sport allemand ne peut plus s'offrir des quantités d'entraîneurs d'enfants qui cherchent patiemment des talents dans tout le pays et qui commencent leur entraînement. Aujourd'hui, même à la télévision, il y a des « castings » pour tous les talents possibles et imaginables. Pour les sports qui ne rapportent rien au début, mais qui coûtent de l'argent, il n'y a malheureusement pas ces « castings ».

Quand un talent était découvert, il était choyé et entouré. Le système sportif de RDA se désintéressait vite des autres enfants moins doués. Il régnait un esprit de sélection sévère et exigeant.

Tageszeitung, 9 novembre 2004.

1. Crèches rattachées aux entreprises nationalisées.

3 Le dopage en RDA

Un article du Spiegel *retrace en 1997 le déroulement d'un procès pour dopage contre des entraîneurs et des médecins sportifs de RDA.*

Pour ces produits dopants destinés aux jeunes filles, le procureur Hillebrand considère qu'il n'y a pas « de difficultés » à démontrer qu'il y a eu atteinte à l'intégrité corporelle. Certains nageurs rapportent ainsi que des collègues féminines sont devenues en un temps très bref des « hommasses ». D'autres victimes ont raconté aux fonctionnaires que leurs voix étaient devenues « graves et rauques » ; certaines se sont plaintes d'une pilosité excessive qui n'était pas redevenue normale, ou partiellement seulement, après la fin de leur carrière sportive.
Une accusation aggravante pour les prévenus est d'avoir administré des substances à des enfants et des adolescents sans les informer et en mentant aux parents (« Ce sont des préparations vitaminées »).

Article du *Spiegel*, 1997.

4 La fin de l'équipe olympique unique d'Allemagne en 1968

Après la fondation de la RDA et de la RFA, l'équipe olympique allemande est tout ce qui reste de l'unité allemande. En 1965, le Comité international olympique a donné le droit à la RDA de constituer sa propre équipe pour les Jeux olympiques de 1968. Harry Valérien, un des journalistes sportifs ouest-allemands les plus connus, commente la division de l'équipe.

Trois ans avant, [le CIO] avait déjà dû accepter une décision douloureuse pour l'Allemagne qui s'est traduite pour la première fois à Grenoble, lorsque deux équipes allemandes sont entrées dans le stade lors de la cérémonie d'ouverture. Les devoirs primordiaux de la Loi fondamentale de Bonn qui engagent à « défendre l'unité nationale et politique » et l'appel au peuple allemand qui « disposant librement de lui-même, reste convié à parachever l'unité et la liberté de l'Allemagne[1] » ont subi un cruel revers le 8 octobre 1965 lorsque le CIO a pris cette décision ou bien, comme d'autres l'ont formulé, elle a marqué « la fin de l'illusion sportive d'une Allemagne prise dans son ensemble ». Au début du congrès, Willi Daume avait encore remis aux membres du CIO un album impressionnant qui témoignait de l'unité des athlètes olympiques allemands, de Cortina d'Ampezzo en 1956 jusqu'à Tokyo en 1964. Pourtant, au cours de cette séance décisive, c'est en vain qu'il plaida pour une équipe olympique unique. Ce que les permanents du Parti en Allemagne de l'Est s'obstinaient à obtenir depuis le début, en 1951 – deux délégations olympiques séparées – devint une réalité.

En 1955, le Comité national olympique (CNO) d'Allemagne de l'Est ne fut que provisoirement reconnu par le CIO et la résolution qui y était attachée de constituer une seule délégation olympique pour toute l'Allemagne fut célébrée par Avery Brundage comme une grande victoire du sport sur la politique. Mais, dix ans plus tard, Willi Daume et lui, les plus ardents défenseurs d'une délégation allemande unique, ont dû s'avouer vaincus. Les Jeux olympiques qui étaient jusque-là un des symboles de l'unité allemande, devenaient à leur tour une manifestation supplémentaire de la division allemande. Il y a certes encore un drapeau et un hymne communs aux deux délégations – l'*Hymne à la joie* de Beethoven –, mais même ce dernier symbole de lien national est résolument rejeté par l'Allemagne de l'Est. Ici, on aspirait à une séparation totale qui fut du reste définitivement accordée par le CIO [en 1968] à Mexico-City, pour les Jeux de 1972.

Harry Valérien, *Olympia 68*, Munich, 1968.

1. D'après le préambule de la Loi fondamentale de la RFA du 23 mai 1949, la réunificiation est définie comme l'objectif central de l'État.

5 **L'équipe olympique de RDA à Moscou (1980)**

La RDA a eu sa propre équipe olympique à partir de 1968. Après l'invasion soviétique de l'Afghanistan (en 1979), la RFA et d'autres États occidentaux ont boycotté les Jeux olympiques de Moscou, tandis que la RDA y a participé.

6 Palmarès des médailles lors des Jeux olympiques de 1972 à Munich

Rang	Pays	Or	Argent	Bronze	Total
1	URSS	50	27	22	99
2	USA	33	31	30	94
3	RDA	20	23	23	66
4	RFA	13	11	16	40
5	Japon	12	8	8	28
6	Australie	8	7	2	17
7	Pologne	7	5	9	21
8	Hongrie	6	13	16	35
9	Bulgarie	6	10	5	21
10	Italie	5	3	10	18

Source : Ernst Huberty et Willy B. Wange, *Die olympischen Spiele. München Augsburg, Kiel, 1972 (Les Jeux olympiques, Munich, Augsbourg, Kiel, 1972)*, Cologne, 1972.

Pistes de travail

1. Dégagez les différences qui existent entre la RFA et la RDA dans les domaines du recrutement et de la promotion des sportifs. **(doc. 2)**

2. Comment Katharina Witt explique-t-elle les succès des sportifs et des sportives de RDA ? Comparez son propos à l'article du *Spiegel*. **(doc. 2 et 3)**

3. Comment Harry Valérien considère-t-il la reconnaissance par le CIO de l'existence d'une équipe olympique est-allemande ? **(doc. 4)**

4. La RDA avait-elle le droit d'avoir une équipe olympique nationale ? Confrontez les arguments en tenant compte des points de vue de la RFA et de la RDA.

5. Expliquez l'importance politique du document 5 en le resituant dans le contexte de l'invasion soviétique de l'Afghanistan (1979).

6. Analysez le palmarès des médailles gagnées aux Jeux olympiques d'été de 1972 à Munich. **(doc. 6)**

5. L'Allemagne après la réunification (1990-2005)

Comment la réunification influe-t-elle sur la vie politique de l'Allemagne ?

La coalition CDU-FDP et les suites de la réunification (1990-1998)

La réunification pèse lourdement sur la société et l'économie allemandes dans les années 1990. En effet, dans les nouveaux Länder, l'introduction de l'économie de marché fragilise de nombreux emplois et entreprises, qui ne sont pas rentables et ne peuvent survivre dans le cadre concurrentiel de l'économie de marché. Un organisme, la *Treuhandanstalt* (société fiduciaire), est chargé de privatiser ou de supprimer ces entreprises **(voir leçon pp. 256-257)**.

D'importants transferts financiers (150 milliards de Deutsche Mark investis chaque année à l'est de l'Allemagne) sont effectués afin de faciliter la reconstruction économique de ces régions. Ils ne suffisent pas, malgré tout, à calmer le mécontentement social lié à l'accroissement du chômage. Le gouvernement Kohl (CDU/CSU et FDP) en fait les frais lors des élections législatives du 27 septembre 1998.

La coalition SPD-Verts (1998-2005) ou la fin des traditions

Le SPD remporte les élections législatives de 1998 et Gerhard Schröder devient chancelier. Un gouvernement de coalition SPD-Verts se met en place. Le pacifisme des Verts n'empêche pas le chancelier d'engager pour la première fois depuis 1945 les forces armées de la RFA dans un conflit : l'Allemagne participe à l'opération de l'OTAN contre la Serbie en 1999, intervention justifiée par la protection des Albanais du Kosovo.

En 2003, en revanche, le gouvernement refuse de se joindre à l'intervention américaine contre l'Irak, ce qui constitue une rupture avec une politique extérieure très atlantiste **(voir leçon pp. 300-301)**.

En matière de politique intérieure, le gouvernement entreprend la réforme de l'État-providence. C'est une nouvelle rupture puisque le SPD, traditionnellement à gauche, prend l'initiative d'une révision profonde du système de protection sociale au point de fusionner l'aide sociale et les allocations chômage dans le cadre de la réforme Hartz IV.

La Grande Coalition (à partir de 2005) : le changement dans la continuité ?

Chômage et mécontentements sociaux sont à l'origine des élections législatives anticipées décidée par Gerhard Schröder en 2005. Or, le vote du 18 septembre 2005 désavoue son gouvernement. La CDU n'obtient qu'une majorité relative qui ne lui permet pas de gouverner, même avec le FDP. Le SPD refusant l'alliance avec le PDS, la Grande Coalition s'impose : SPD et CDU/CSU participent à un gouvernement dirigé pour la première fois par une femme, Angela Merkel (CDU). Ce gouvernement s'inscrit dans la continuité et entend poursuivre les réformes sur l'État-providence de son prédécesseur.

Le gouvernement d'Angela Merkel poursuit également la politique extérieure de son prédécesseur, malgré une légère inflexion. Lors de sa première visite à George Bush, en janvier 2006, Angela Merkel émet des critiques concernant l'existence du camp de Guantanamo (camp installé par les États-Unis sur une base militaire américaine à Cuba pour détenir des personnes soupçonnées d'être des terroristes islamistes). Elle s'efforce aussi de surmonter les débats engendrés par l'opposition allemande à l'intervention américaine en Irak **(voir leçon pp. 300-301)**. Elle entend également garder de bonnes relations avec la Russie de Vladimir Poutine, mais, contrairement à Gerhard Schröder, elle n'hésite pas à parler de déficit démocratique en Russie.

1 Angela Merkel

À la tête du parti démocrate-chrétien (CDU) entre 2000 et 2005, elle devient en novembre 2005 la première femme chancelière de la RFA.

Vocabulaire

- **Grande Coalition :** coalition de gouvernement entre les deux partis les plus puissants au Bundestag.
- **Die Linke/PDS** (Parti du socialisme démocratique) : parti politique de gauche, formé par des dissidents du SPD et les ex-communistes du PDS pour les élections législatives de 2005, **voir repères p. 268.**
- **Réforme Hartz IV :** réforme du gouvernement Schröder, entrée en vigueur le 1er janvier 2005, élaborée par le PDG de Volkswagen, Peter Hartz, et destinée à faire des économies sur les dépenses sociales.

Notions clés

- **État-providence** (*Sozialstaat* en allemand) : système qui donne un rôle social important à l'État. Il garantit une protection contre la maladie, le chômage et la vieillesse. Cette protection est financée grâce à des contributions sociales obligatoires.
- ***Treuhandanstalt* :** organisme créé par le gouvernement de la RDA en mars 1990 et chargé de privatiser, supprimer ou mettre en vente les entreprises de l'Est.

2

Des investissements français en Allemagne de l'Est

Après la réunification allemande, Elf Aquitaine achète la raffinerie de Leuna, en ex-RDA. Entre 1994 et 1997, l'entreprise française y fait construire la Mitteldeutsche Erdoel-Raffinerie Leuna.

3 La loi, garante de la protection sociale

À la suite des réformes Hartz IV, une fraction de l'aile gauche du SPD quitte le parti, comme Oskar Lafontaine, un ancien responsable. Ces dissidents fondent l'« Alternative électorale travail et justice sociale » qui s'allie avec le PDS (parti qui succède au SED de la RDA) à l'occasion des élections législatives de 2005.

La gauche, qu'est-ce que c'est ? On pose souvent la question. Lors du dernier Congrès, j'ai dit qu'être de gauche signifiait d'abord prendre parti pour les plus faibles socialement chaque fois que sont prises des décisions concernant la répartition des richesses par l'État. Il y en a qui disent que c'est un peu trop facile. Non, ce n'est pas trop facile ! Soit on est du côté de ceux qui sont touchés par la réforme Hartz IV, du côté des retraités, du côté des travailleurs – soit on ne l'est pas. Il est rare qu'on puisse être à la fois bienveillant à l'égard du capital et tenir compte des intérêts des travail-leurs. J'ai cité Rousseau et je le cite encore une fois parce que je trouve que cette idée est importante : entre le fort et le faible, c'est la liberté qui opprime, c'est la loi qui affranchit. Ainsi, la gauche est favorable à la régulation alors que le néolibéralisme est pour la dérégulation. Cette dérégulation laisse la liberté au plus fort d'opprimer le plus faible. Nous ne voulons pas de cette dérégulation. C'est notre différence.

Discours d'Oskar Lafontaine lors du congrès du PDS, 9 et 10 décembre 2005.

4

Contre la réforme Hartz IV

Manifestation à Rostock (Mecklembourg-Poméranie) contre le projet de réforme Hartz IV à l'été 2004. Sur la grande pancarte est écrit : « Hartz IV est antisocial, parce que l'argent est seulement donné au capital » ; sur la pancarte de gauche est écrit : « Manifestation du lundi, 18 heures, place de l'Université ».

5 La croissance, garante de la protection sociale

Dans une lettre ouverte aux Allemands, Angela Merkel réaffirme, à l'occasion de ses vœux pour 2006, son intention de poursuivre les réformes du système de protection sociale et d'encourager la croissance et l'emploi.

Plus de travail

D'abord, combattre le chômage. Il n'est pas acceptable que tant d'hommes et de femmes disposés à travailler ne trouvent pas d'emploi dans notre pays. Le gouvernement fédéral a déjà créé un climat favorable aux entreprises. Nous baissons les charges qui pèsent sur les salaires afin que davantage de personnes trouvent du travail.

Pour des réformes nécessaires

Nous avons besoin d'être ouverts aux changements. Ainsi seulement nous conserverons la prospérité allemande et un niveau de vie élevé, pour nous et les générations suivantes. Aussi nous ferons tout ce qui est possible pour favoriser une croissance plus forte de l'économie. C'est à cette condition que nos systèmes sociaux seront financés et efficaces et que l'État pourra remplir ses devoirs.

Extraits de la lettre ouverte de la chancelière allemande Angela Merkel au peuple allemand lors de ses vœux 2006.

Pistes de travail

1. Quelles sont les difficultés rencontrées lors de la privatisation des entreprises des nouveaux Länder ? **(doc. 2)**

2. Que pensent les manifestants de la réforme Hartz IV ? À quoi renvoie la mention « Manifestation du lundi » ? **(doc. 4)**

3. Comparez les idées d'Oskar Lafontaine au sujet de la protection sociale avec celles d'Angela Merkel. Dans quelle ligne idéologique chacun s'inscrit-il ? **(doc. 3 et 5)**

Dossier
Les conséquences intérieures de la réunification

La réunification constitue un défi réel pour l'Allemagne : comment réussir le passage d'une économie socialiste à une économie de marché ? Comment unifier deux peuples qui ont vécu séparés pendant 40 ans ? Le chancelier Helmut Kohl a beau promettre aux nouveaux Länder « des paysages florissants », plusieurs milliers de citoyens choisissent, plusieurs mois après l'ouverture du mur, de venir à l'Ouest. Ils sont tous portés par un même espoir : une vie meilleure, la liberté, la démocratie et la réussite économique.

Mais tous n'ont pas vu cet espoir se réaliser. Nombre d'anciens citoyens de RDA ont du mal à s'adapter au mode de vie occidental. Après la réunification, une grande partie d'entre eux est confrontée à un problème inconnu jusqu'alors, le chômage. En effet, le système économique de la RDA fournissait à chaque citoyen un emploi ; en RFA, cette garantie n'existe plus.

En dépit d'énormes transferts financiers de l'Ouest vers l'Est, la reconstruction des nouveaux Länder n'a pas été aussi facile que ce que beaucoup pensaient au début des années 1990.

En %	Allemagne	Ancien territoire de la RFA sans Berlin	Nouveaux Länder Berlin inclus
1989	-	7,9	-
1991	7,3	6,2	10,2
1993	9,8	8,0	15,4
1995	10,4	9,1	14,8
1997	12,7	10,8	19,1
1999	11,7	9,6	18,7
2001	10,4	8,0	18,8
2003	11,6	9,3	20,1
2004	11,7	9,4	20,1

Source : Office fédéral de la statistique, Wiesbaden, 2004.

1 Le chômage dans l'Allemagne réunifiée

2

Une friche industrielle dans un Land de l'ex-RDA

Le complexe industriel sidérurgique d'Espenhain près de Leipzig est actuellement désaffecté.

3

« Le mur dans les têtes »

Cette caricature de Harald Kretzschmar (1995) traduit le difficile rapprochement entre les Allemands de l'Est et ceux de l'Ouest.

4 Le problème de la restitution des propriétés étatisées

Un des obstacles à la reconstruction des nouveaux Länder est le problème de la restitution des propriétés confisquées en 1945 par les Soviétiques, puis par la RDA dans le cadre de la réforme foncière. Un débat s'engage en 1990 pour savoir s'il faut ou non les restituer à leurs propriétaire d'avant 1945 et dans quelles conditions. Un premier accord entre les deux États allemands est trouvé le 15 juin 1990.

1. Les expropriations effectuées par les autorités d'occupation [entre 1945 et 1949] ne pourront plus être remises en cause. Les gouvernements de l'Union soviétique et de la République démocratique allemande ne voient pas de révision possible des mesures prises à cette époque. Le gouvernement de la République fédérale d'Allemagne prend acte de ce fait. Il est d'avis qu'une décision définitive concernant une quelconque indemnisation par les pouvoirs publics doit être réservée à un futur Parlement qui sera celui de l'Allemagne réunifiée. [...]

7. Quant aux entreprises et aux participations transformées entre 1949 et 1972 en propriété du peuple (*Volkseigentum*), le propriétaire initial se verra remettre l'entreprise dans son ensemble ou des parts de celle-ci, c'est-à-dire des actions de l'entreprise, compte tenu de l'évolution de sa valeur, si le propriétaire ne souhaite pas de dédommagement. Un règlement ultérieur précisera les détails de cette disposition.

Extrait de la déclaration commune des gouvernements de la République fédérale d'Allemagne et de la République démocratique allemande concernant le règlement des questions de propriété restées ouvertes, 15 juin 1990.

5 Entre Allemands de l'Est et Allemands de l'Ouest : des relations difficiles

Durant la période qui a suivi la chute du Mur (die Wendezeit)*, le théologien protestant est-allemand Richard Schröder a participé activement aux débats sur les modalités de la démocratisation de la RDA dans le cadre de la « table ronde », une assemblée réunissant l'opposition et les dirigeants de la RDA pour négocier la démocratisation du pays. Quinze ans plus tard, il s'interroge sur les conséquences intérieures de la réunification :*

De tous les pays autrefois socialistes, c'est l'est de l'Allemagne qui a le plus haut niveau de vie et l'infrastructure la plus développée. Mais on évite de faire cette comparaison à l'Est comme à l'Ouest. À l'Ouest, on demande : « Pourquoi ne sont-ils pas encore comme nous ? » – comme si le modèle de l'Ouest n'était pas sans défauts, auxquels on préférerait renoncer. Et à l'Est, on entend dire : « Pourquoi ne vivons-nous pas encore comme eux, pourquoi ne touchons-nous que 70 % des salaires de l'Ouest et pourquoi avons-nous deux fois plus de chômeurs ? » Pour l'Est, se référer à l'Ouest occulte aussi la comparaison avec les conditions de vie de RDA qu'un certain nombre de personnes – une minorité – idéalisent.

Et pourquoi les Allemands de l'Est ne sont-ils pas plus reconnaissants ? L'exigence de reconnaissance mine toute relation car elle inclut l'aveu d'une dépendance qui continue de durer. [...] Et pourquoi personne ne remercie les Allemands de l'Est dont le courage civique a rendu possible l'unité allemande et qui ont fait preuve d'une incroyable aptitude à se transformer ? Sans aucun doute, ils ont eu à supporter la plus grande partie des conséquences de la guerre.

Richard Schröder, « Was ist mit dem Osten los ? » (« Où en est l'Est ? »), *Frankfurter Allgemeine Zeitung*, 25 août 2005.

Pistes de travail

1. Analysez le tableau et comparez l'évolution du chômage à l'Est et à l'Ouest. **(doc. 1)**

2. Quels sont les points communs entre les deux États à propos de la restitution des biens confisqués ? **(doc. 4)**

3. Que signifie l'expression « le mur dans les têtes » ? **(doc. 3)**

4. Selon vous, peut-on justifier l'accord du 15 juin 1990 sur le problème de la restitution des propriétés confisquées ? **(doc. 4)**

Repères
Les partis politiques en Allemagne et en France

A. L'Allemagne

Christlich-Demokratische Union/Christlich-Soziale Union

► **Alliance de deux partis chrétiens-démocrates**[1]

- Importance des valeurs chrétiennes
- Stabilité sociale basée sur des éléments traditionnels (le mariage, la famille)
- Économie sociale de marché

Freie Demokratische Partei

► **Parti libéral démocrate**

- Limitation du pouvoir de l'État et garantie des libertés individuelles
- Économie sociale de marché
- Limitation des interventions de l'État dans le domaine social et économique

Sozialdemokratische Partei Deutschlands

► **Parti social-démocrate**

- Défenses des acquis sociaux
- Économie sociale de marché
- Intervention active de l'État dans le domaine social

Bündnis 90/Die Grünen

► **Parti écologiste**

- Protection de l'environnement
- Défense des droits de l'homme
- Création d'une société ouverte et multiculturelle

Die Linke/PDS

► **Parti du socialisme démocratique**

- Parti au pouvoir en RDA jusqu'en 1989 sous le nom de SED
- Économie contrôlée par l'État afin de garantir un maximum de justice sociale
- Défense des intérêts des Allemands de l'Est

1. Le CSU ne peut être élu qu'en Bavière où le CDU ne se présente pas aux élections.

1 Les partis représentés au Bundestag en 2005

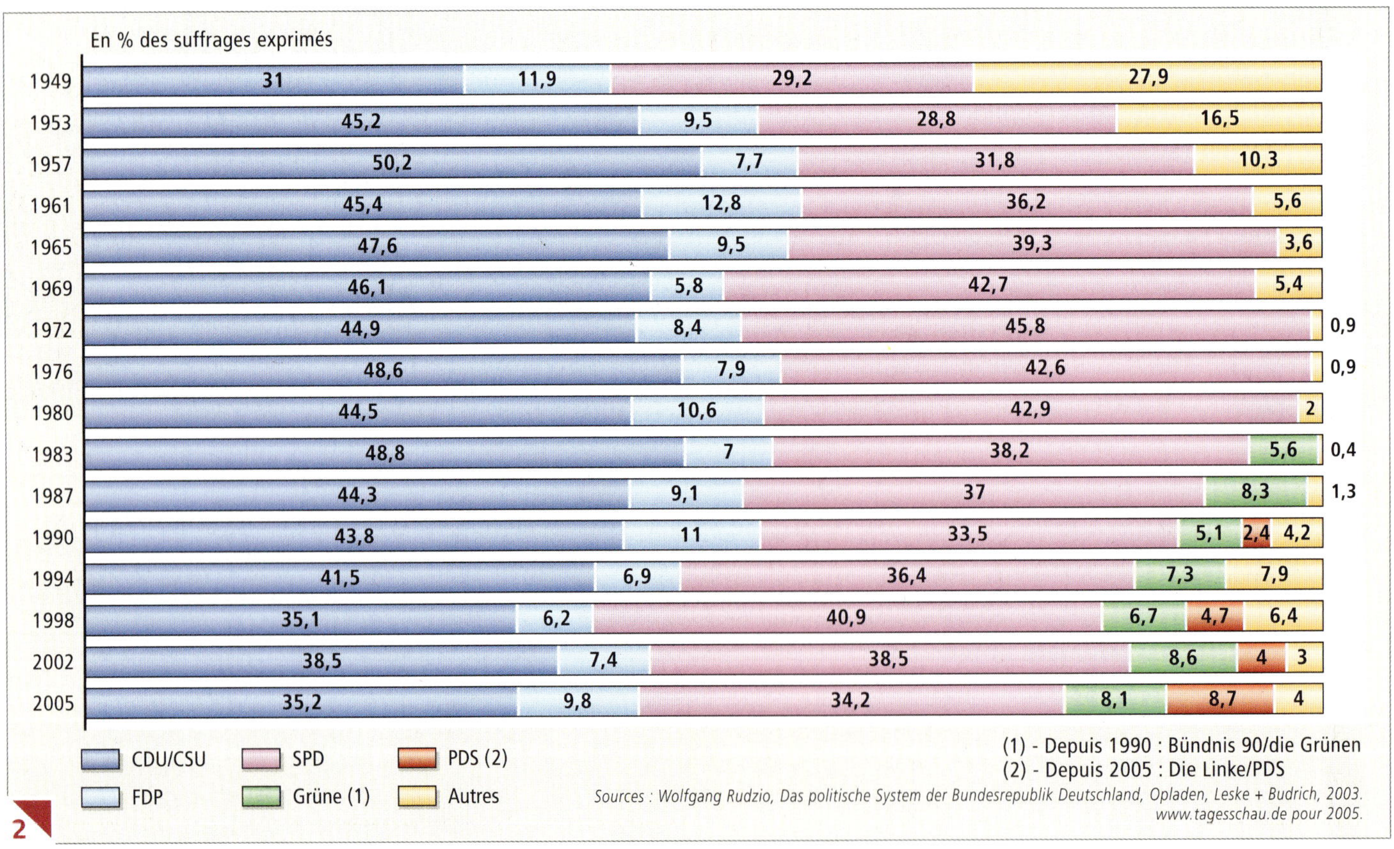

2 Les élections législatives en Allemagne depuis 1949

B. La France

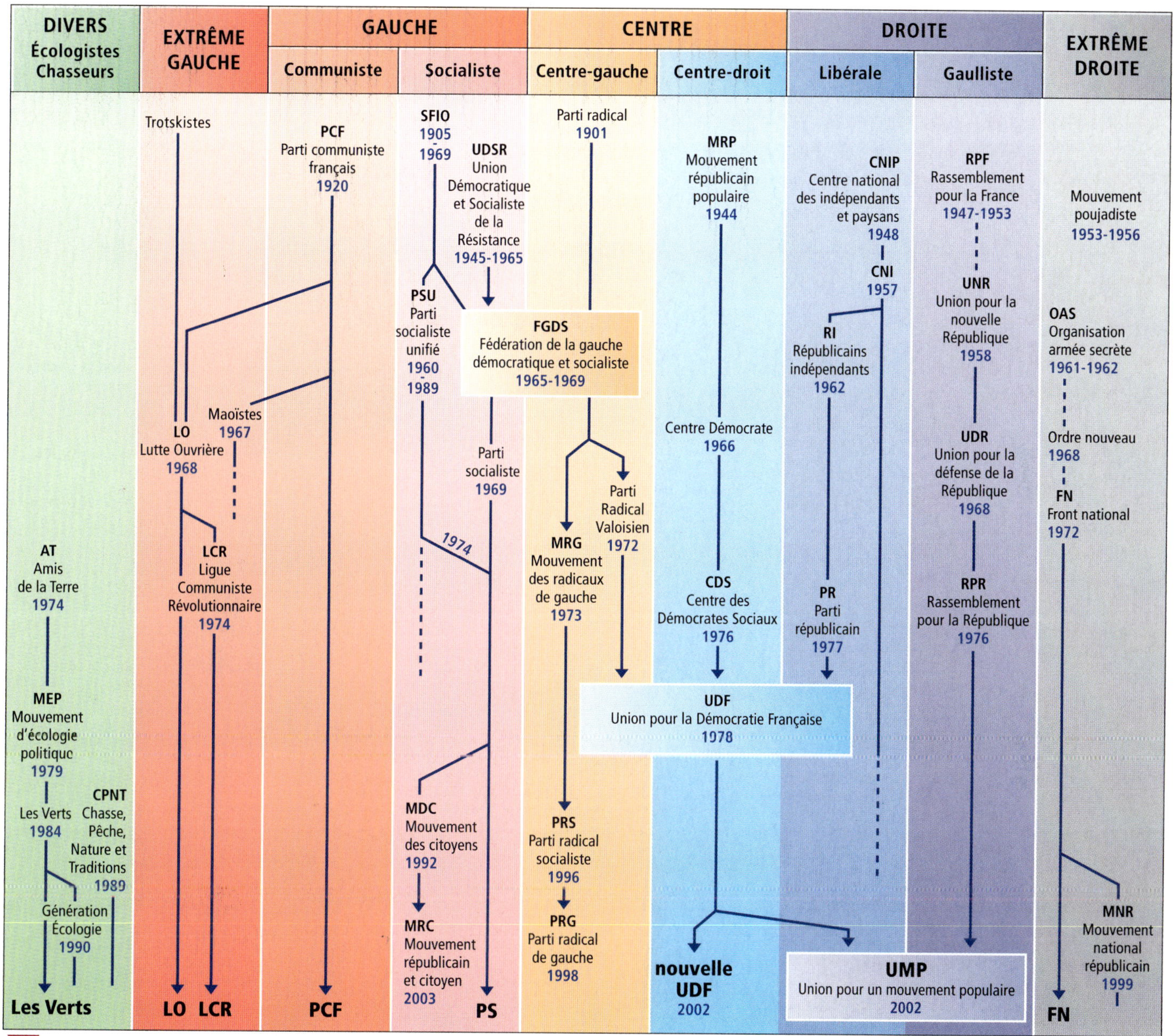

3 L'évolution des forces politiques en France depuis 1945

	Législatives de 1978 (en % des suffrages exprimés au premier tour)	Législatives de 1988 (en % des suffrages exprimés au premier tour)	Législatives de 1997 (en % des suffrages exprimés au premier tour)	Législatives de 2002 (en % des suffrages exprimés au premier tour)
PCF	20,6	11,3	9,9	3,37
PS	22,8	34,8	25,5	16,18
UDF	23,9	18,5	14,7	6,84 [nouvelle UDF]
RPR	22,8	19,2	16,8	19,88 [UMP]
Autres	9,9	16,2	33,1	53,73
dont FN	0,7	9,6	14,9	16,86

4 L'érosion des grands partis depuis 1978

Repères
Structures politiques et administratives de l'Allemagne et de la France

1 L'Allemagne en 2005 : les 16 Länder

2 La France en 2005 : les 100 départements et les 26 régions

Dossier
France-Allemagne : deux conceptions de l'État démocratique

Malgré leur attachement commun aux principes démocratiques, la France et l'Allemagne disposent de structures politiques et administratives très différentes, résultat d'une évolution multiséculaire.
La République française est marquée par une centralisation du pouvoir et de l'administration qui contraste nettement avec les structures fédérales de l'Allemagne où les 16 États-régions (*Länder*) disposent de leur propre souveraineté dans de nombreux domaines.

Or, cet héritage est loin de faire l'unanimité dans les deux pays. En France, le débat sur la décentralisation a entraîné le vote de la loi de 1982 donnant plus de compétences aux collectivités territoriales. En Allemagne, on s'interroge de plus en plus sur les dysfonctionnements d'un système fédéral souvent identifié au blocage législatif et à un patriotisme régional parfois jugé excessif.

1 Le système fédéral et l'éducation en Allemagne
Les *Länder* allemands exercent une souveraineté complète dans le domaine de l'éducation. Caricature de 1954.

2 France : la loi de décentralisation (1982)

Les régions sont des collectivités territoriales. Elles sont administrées par un conseil régional élu au suffrage universel direct.

Le conseil régional règle par ses délibérations les affaires de la région. Il a compétence pour promouvoir le développement économique, social, sanitaire, culturel et scientifique de la région et l'aménagement de son territoire et pour assurer la préservation de son identité, dans le respect de l'intégrité, de l'autonomie et des attributions des départements et des communes.

Il peut engager des actions complémentaires de celles de l'État, des autres collectivités territoriales et des établissements publics situés dans la région, dans les domaines et les conditions qui seront fixés par la loi déterminant la répartition des compétences prévue à l'article 1er de la présente loi. [...]

La création et l'organisation des régions en métropole et outre-mer ne portent atteinte ni à l'unité de la République ni à l'intégrité du territoire.

Loi du 2 mars 1982 relative aux droits et libertés des communes, des départements et des régions.

3 Les préfets : représentants de l'État français dans les départements
Allocution du président Jacques Chirac lors de la réception du corps préfectoral, 6 mars 2003. Mis en place par Napoléon Ier, le système des préfets a survécu à tous les changements de régime.

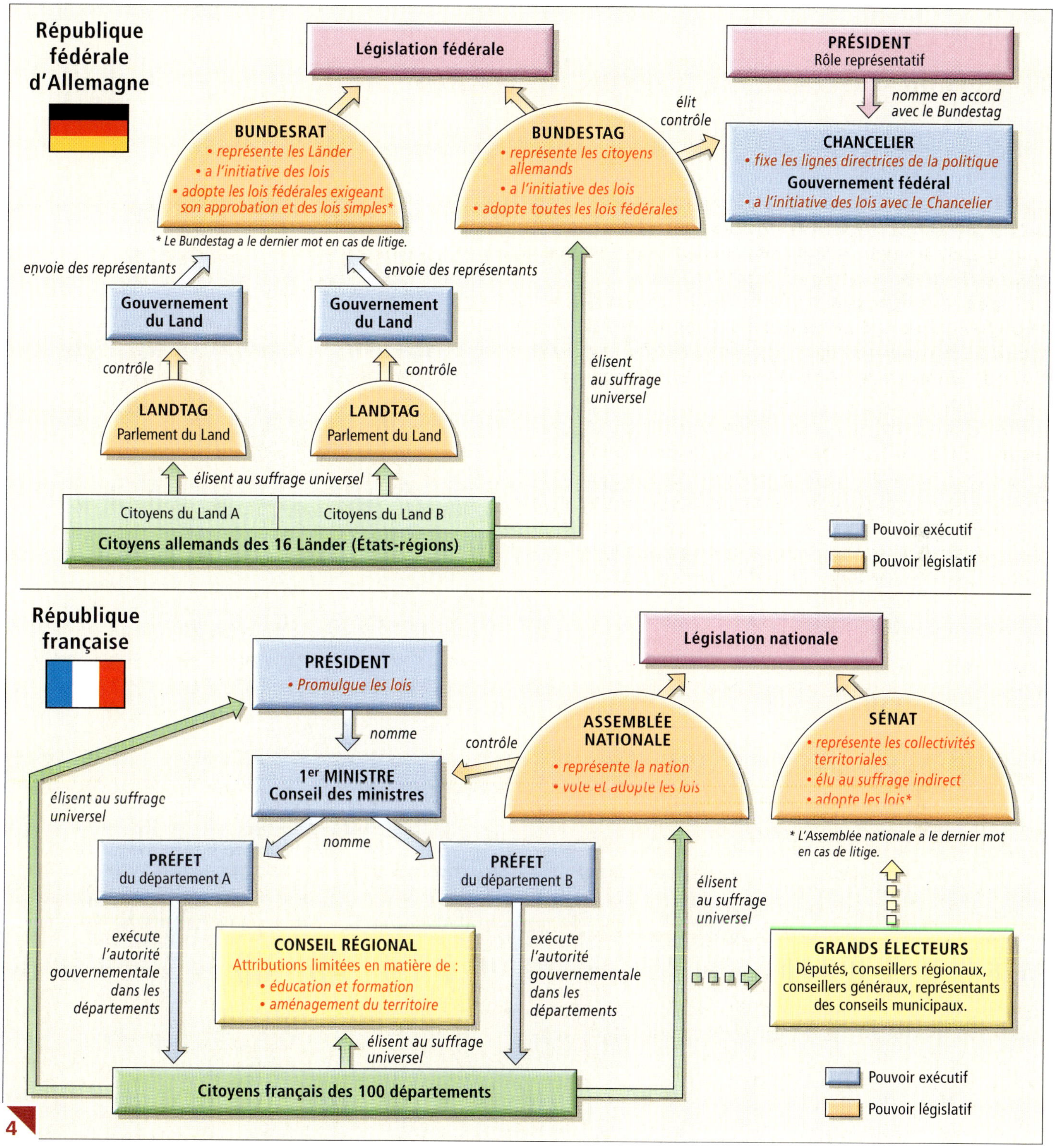

4 **France et Allemagne : les structures politico-administratives**

Pistes de travail

1. Dans quelle mesure cette loi de 1982 constitue-t-elle une rupture par rapport au fonctionnement traditionnel de l'État français ? **(doc. 2)**

2. Expliquez la caricature dans le contexte du système fédéral allemand. **(doc. 1)**

3. Comparez les structures politico-administratives de la France et de l'Allemagne. Quelles différences constatez-vous au niveau de la répartition des compétences législatives, de la participation politique des citoyens (élections), de l'exercice du pouvoir exécutif ? **(doc. 4)**

Pour conclure

4. Quels sont les avantages et les inconvénients qui peuvent être liés à chacun des deux systèmes ?

Dossier
Une crise de la démocratie en Europe ?

La démocratie est bien enracinée en Europe, au niveau national comme au niveau continental (Union européenne, Conseil de l'Europe). Elle n'est cependant pas exempte de critiques. Le vote en faveur de mouvements extrémistes dans plusieurs pays montre un rejet des partis politiques traditionnels. Le cumul des mandats alimente une certaine méfiance à l'égard de la classe politique.

Mais ces critiques ne signifient pas un rejet de la démocratie, elles visent au contraire à l'améliorer. Les peuples réclament plus de démocratie. Ils aspirent à une participation plus active de la société civile, à une réduction de l'écart entre les citoyens et les responsables politiques.

Pays	Parti	Élections	Pourcentage des voix obtenues
Belgique	- Vlaams Blok - Front national pour la Belgique	- Législatives de 2003	12,6 % 2 %
Danemark	- Dansk Folkeparti	- Législatives de 2001	12 %
France	- Front national et MNR	- Premier tour de l'élection présidentielle de 2002	19,2 %
Autriche	- FPÖ	- Législatives de 1999 - Législatives de 2002	26,9 % 10 %
Pays-Bas	- Liste Pim Fortuyn	- Législatives de 2002 - Législatives de 2003	17 % 5,7 %
Italie	- Lega Nord	- Législatives de 1996 - Législatives de 2001	10,1 % 3,9 %

1 Le national populisme européen en chiffres

Dans certains pays, l'extrême droite reste marginale (Allemagne, Espagne, Grande-Bretagne, Irlande, Grèce, Portugal, Finlande, Suède).

2 Les mouvements extrémistes, symptômes du malaise ?

Les mouvements extrémistes s'expriment désormais en Europe non plus en dehors du système démocratique mais en son sein. [...] Contrairement aux partis démocratiques classiques, les partis extrémistes ne proposent que des messages et des solutions simplistes face aux difficiles réalités que connaissent les États membres. De cette manière, les partis extrémistes semblent répondre directement aux questions et aux souhaits des peuples. En outre, ils reposent souvent sur un seul homme, qui incarne le parti par ses talents de démagogue et lui donne ainsi tout son élan. Ce « leader charismatique » se confond le plus souvent avec le parti qu'il dirige.

Ils choisissent d'utiliser les armes de la démocratie pour mieux la combattre. Ils se présentent parfois [...] comme ceux qui rendent au peuple la parole et le pouvoir confisqués par la technocratie et les oligarchies financières. Populisme et xénophobie sont les deux thèmes de prédilection des extrémistes, qui ont aussi en commun leur hostilité à la construction d'une Europe intégrée.

Rapport du Conseil de l'Europe, *Danger des partis et mouvements extrémistes pour la démocratie en Europe*, 1999.

Pistes de travail

1. Comment qualifier l'attitude des partis d'extrême droite vis-à-vis de la démocratie ? Comment évoluent les scores de l'extrême droite ? **(doc. 1 et 2)**

2. Classez les pays vis-à-vis du cumul des mandats. Quelle vous semble être l'attitude la plus démocratique ? **(doc. 3)**

Pour conclure

3. Faites une recherche sur les nouvelles formes du rapport à la politique. **(doc. 4 à 6)**

Allemagne	Les constitutions de Rhénanie du Nord-Westphalie et Basse-Saxe et le règlement du Bundesrat interdisent le cumul des mandats au Bundestag et au Bundesrat.
Belgique	Incompatibilité entre le mandat de député européen, celui de sénateur et celui de député au niveau national.
Autriche, Italie, Grèce, Irlande, Danemark, Suède, Luxembourg, Finlande	Pas d'incompatibilité entre mandat national et mandat européen.
Norvège, Portugal	Pas de double mandat.
Pays-bas, Royaume-Uni	En pratique, refus par les partis politiques du double mandat.
Espagne	Incompatibilité des mandats européens et nationaux. Pas de cumul des mandats dans l'usage.
France	Interdiction du cumul des mandats de député et de sénateur. Incompatibilité des mandats des parlementaires nationaux avec les mandats européens ainsi qu'avec ceux de conseiller régional, conseiller à l'assemblée de Corse, conseiller général, conseiller de Paris, conseiller municipal d'une commune de plus de 3 500 habitants.

3 Le cumul des mandats en Europe

4 Des hommes politiques discrédités

Depuis 1989, sur la chaîne télévisée Canal +, l'émission « Les guignols de l'info » présente une vision satirique de la vie politique française.

5 De nouvelles façons de faire de la politique : la cyber-citoyenneté

Europa (http://europa.eu.int/index_fr.htm), le portail Internet de l'Union européenne, permet aux Européens de faire entendre leur voix.

Qu'est-ce que l'élaboration interactive des politiques (*Interactive Policy Making : IPM*) ?

L'initiative « Élaboration interactive des politiques (IPM) » de la Commission européenne se compose de deux instruments basés sur Internet qui nous permettent de recueillir directement vos réactions, en tant que citoyen, consommateur ou entreprise, de mieux comprendre la manière dont vous percevez nos politiques et de tirer parti de votre expérience. Cet apport précieux va aider la Commission à façonner de nouvelles politiques et à améliorer les politiques existantes.

Les deux instruments sont disponibles au travers du portail http://europa.eu.int/yourvoice qui est développé dans le cadre de l'IPM et représente le « guichet » ou « point d'accès » unique de la Commission pour les consultations.

6 Un nouveau militantisme

Les Forums sociaux, à quelque niveau géographique que ce soit, ne sont pas des entités appelées à prendre position sur telle ou telle question. Ce sont des espaces ouverts de débat et d'élaboration de propositions par les acteurs sociaux : associations de tout type, ONG, syndicats. Selon la charte de principes du Forum social mondial[1], les partis politiques ne sont pas directement parties prenantes de l'organisation ou du contenu des rencontres, mais ils peuvent leur apporter leur soutien. Cette règle est appliquée de manière variable selon les traditions nationales, mais elle est de rigueur en France et, plus largement, pour le Forum social européen.

Communiqué d'Attac France du 28 février 2003, www.france.attac.org.

1. Organisé pour la première fois à Porto Alegre (Brésil) en janvier 2001.

Chapitre 16

Économie et société en France et en Allemagne depuis 1945 : de fortes convergences

Les différences qui permettaient encore d'opposer, en 1945, une France à dominante rurale à une Allemagne fortement industrialisée se sont progressivement atténuées à mesure que les deux pays entraient dans une phase de prospérité sans précédent dans leur histoire. Au terme d'un demi-siècle de transformations profondes des structures sociales et des modes de vie, les deux sociétés se ressemblent plus que jamais. Depuis la crise des années 1970, les deux pays affrontent également des difficultés économiques et sociales de même nature.

- Quelles évolutions convergentes ont connu l'économie et la société françaises et allemandes depuis un demi-siècle ?
- Comment les deux pays cherchent-ils à répondre au défi de la mondialisation, tout en préservant l'originalité de leur modèle social ?

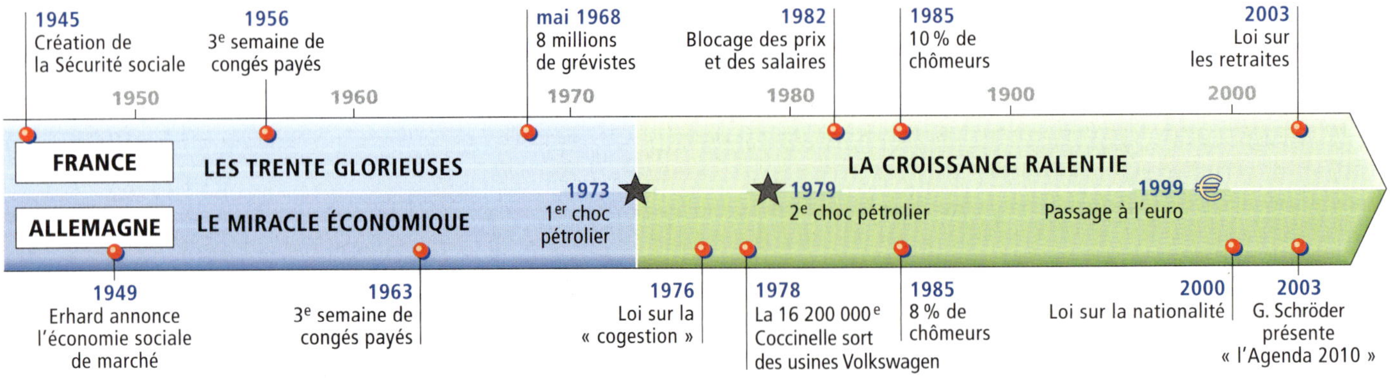

1

Au lendemain de la guerre : triomphe de la production de masse et apogée de la société industrielle

Chaîne de montage de l'usine Citroën à Rennes dans les années 1960.

2

Vers le XXIe siècle : des économies financiarisées et tertiarisées

La Bourse de Francfort, 2004.

Repères
Statistiques comparées de la France et de l'Allemagne en 2004

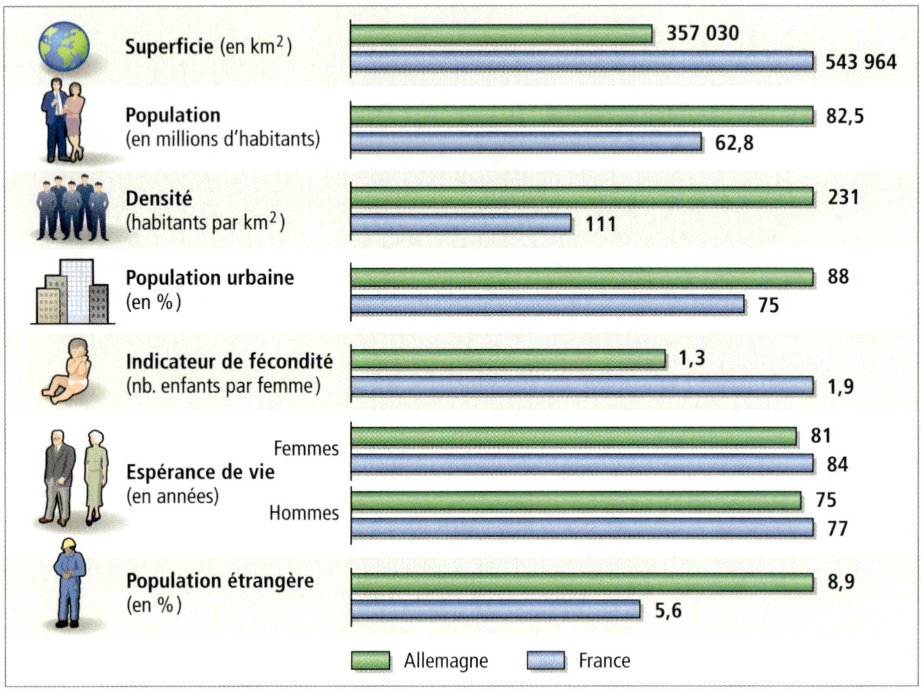

1 Géographie et démographie

	Allemagne	France
PIB par habitant (en euros)	26 754	25 370
Taux de croissance du PIB (en %)	1,6	2,3
Taux d'inflation (en %)	1,8	2,3
Taux de chômage (en % de la population active)	10,5	9,9
Dépenses publiques (en % du PIB)	47,5	53,8
Prestations sociales (en % du PIB)	19,4	18,1
Déficit budgétaire (en % du PIB)	- 3,7	- 3,7
Dette publique (en % du PIB)	66	65,6
Balance commerciale (en milliards d'euros)	+ 156,1	- 8,3
Investissements directs en provenance du partenaire en 2000 (en milliards d'euros)	29	23

2 Économie

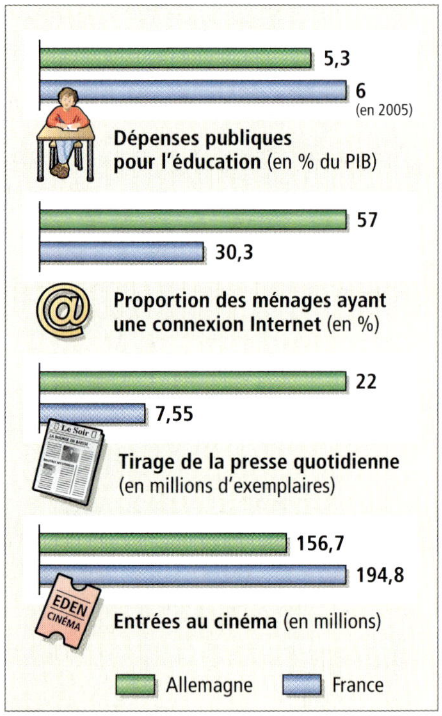

3 Société et culture

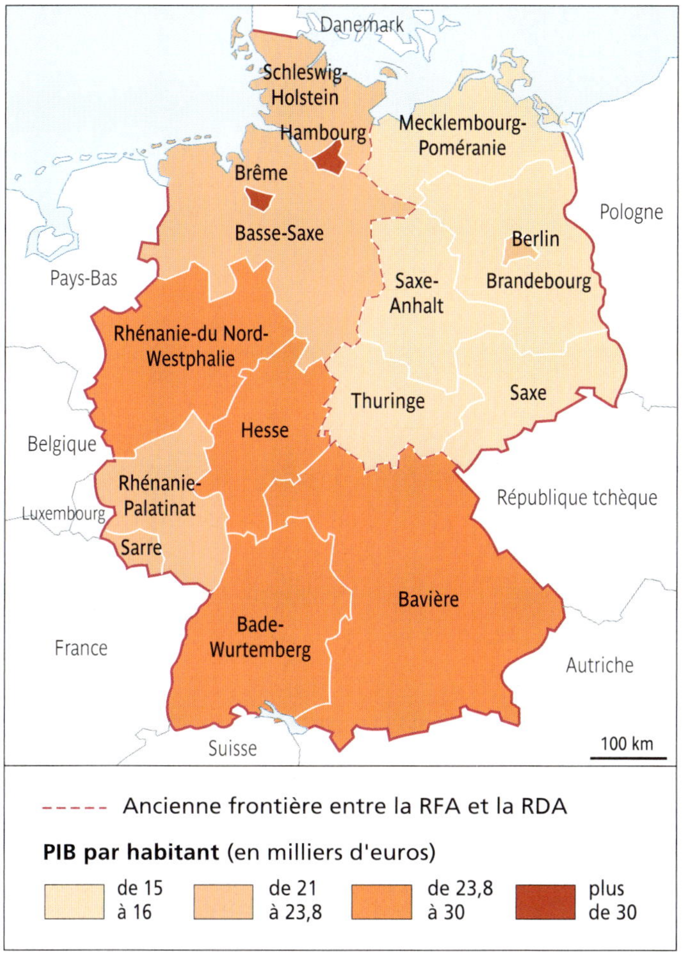

4 Le produit intérieur brut de l'Allemagne (2002)

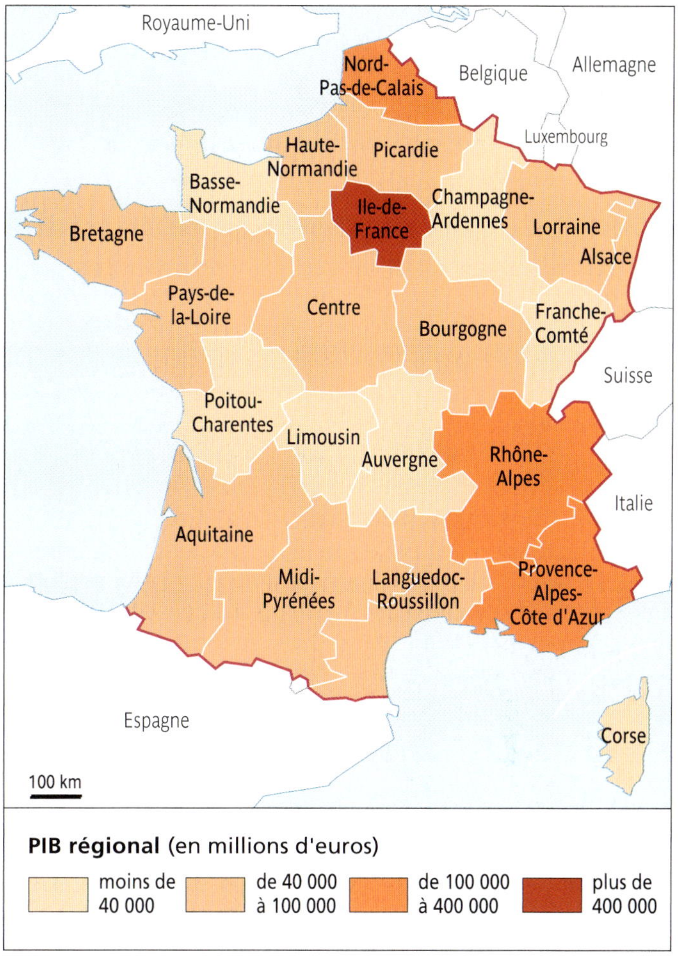

5 Le produit intérieur brut de la France (2002)

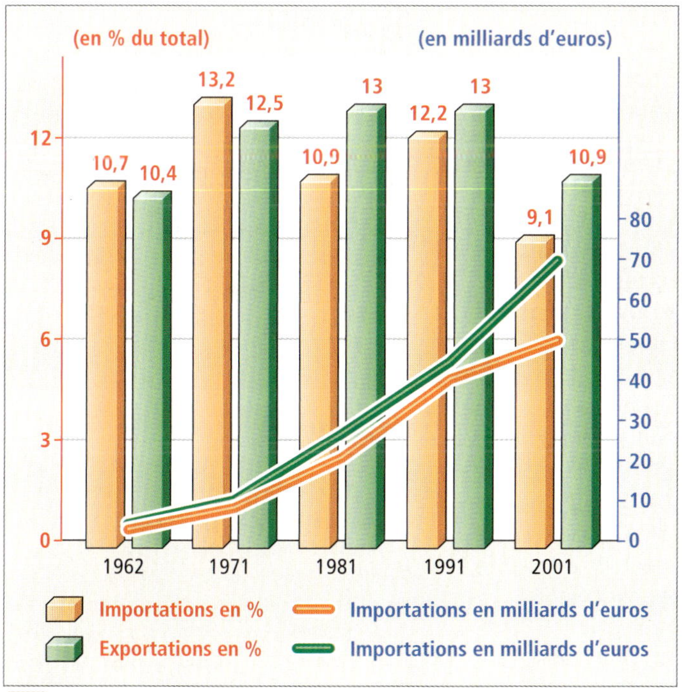

6 Commerce extérieur de l'Allemagne avec la France

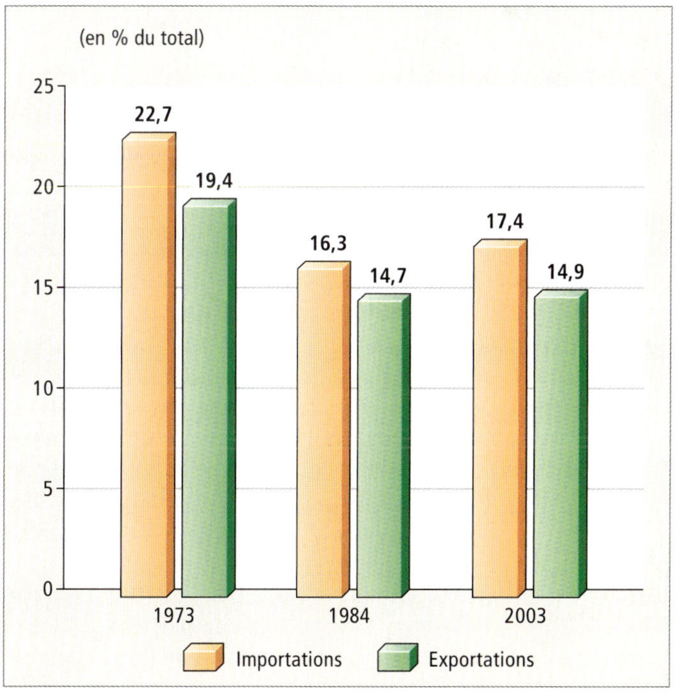

7 Commerce extérieur de la France avec l'Allemagne

1. Trente années d'expansion (1945-1973)

Quels sont les facteurs qui ont permis aux économies française et allemande de se moderniser et de connaître trente années de forte croissance ?

« Glorieuse » ou « miraculeuse » : la croissance économique

« Trente Glorieuses » et « miracle économique » sont les formules consacrées qui désignent la période de prospérité économique qu'ont connue la France et l'Allemagne fédérale après la Seconde Guerre mondiale. De 1950 à 1970, le taux de croissance annuel moyen du PIB est de 4,8 % en France et de 5,5 % en Allemagne de l'Ouest, alors qu'il n'avait été respectivement que de 0,7 % et de 1,2 % de 1913 à 1950.

À l'exemple de l'industrie automobile, le recours au taylorisme et au fordisme se généralise. Les entreprises produisent en grande série des biens destinés à un marché de masse. L'augmentation de la production est soutenue par la progression régulière des salaires et des prestations sociales.

La libéralisation des échanges mondiaux et la mise en place du Marché commun, en 1957, favorisent le développement du commerce extérieur, dont dépend une part croissante de l'économie des deux pays. La part de la RFA dans les exportations mondiales passe de 3,5 % en 1950 à 12 % en 1970. La France devient le premier client et le premier fournisseur de l'Allemagne et réciproquement.

Entre l'État et le marché

L'intervention de l'État dans l'économie s'est accrue, mais selon des modalités différentes dans les deux pays. L'« économie sociale de marché », promue par Ludwig Erhard dès 1949, s'attache à concilier le respect des principes libéraux de libre concurrence avec l'exigence de progrès social. Hantée par le souvenir de l'hyperinflation de 1923, la RFA donne la priorité au maintien de la stabilité du Mark.

La France a suivi une politique économique plus dirigiste, prenant appui sur les grandes réformes de structure engagées à la Libération (nationalisations, planification), (voir dossier pp. 24-25). Les pouvoirs publics français ont donné la priorité à la croissance et au plein-emploi plutôt qu'à la lutte contre l'inflation, alimentée par la hausse des salaires et du crédit, ce qui a entraîné une dépréciation continue de la monnaie française. La parité franc-Mark est ainsi passée de 1 pour 1 en 1959 à 3,42 francs pour un Deutsche Mark en 1996.

L'apogée de la société industrielle

La société industrielle atteint son apogée dans les deux pays vers 1970. L'impact de l'industrialisation sur les structures économiques et sociales est resté plus fort en Allemagne qu'en France : l'industrie allemande concourt pour plus de la moitié à la richesse nationale, contre un peu plus de 40 % en France vers 1970. Dans les deux pays, les branches traditionnelles comme le textile ou les charbonnages déclinent et sont relayées par les secteurs de pointe comme la chimie, le pétrole ou l'automobile.

L'agriculture s'est, elle aussi, convertie à des moyens de production industriels, par le recours à la mécanisation et à des méthodes plus intensives de culture et d'élevage. Un actif agricole, qui nourrissait environ cinq habitants en France, en nourrit plus de trente dans les années 1980. En France comme en Allemagne, la production agricole repose essentiellement sur des exploitations familiales qui ont pu se moderniser grâce aux subventions versées dans le cadre de la Politique agricole commune.

La croissance économique et la consommation de masse ont favorisé la croissance du secteur tertiaire, dans la banque ou la grande distribution notamment. En France, le premier hypermarché Carrefour est inauguré en 1963 à Sainte-Geneviève-des-Bois, en banlieue parisienne. Le nombre d'actifs employés dans les services augmente fortement dans les deux pays, bien que le processus de tertiarisation de l'économie apparaisse plus tardif et moins prononcé en Allemagne qu'en France (voir leçon pp. 282-283) : 75 % des emplois créés en France dans les années 1960 l'ont été par le secteur tertiaire, qui représente 64 % du PIB en 1970.

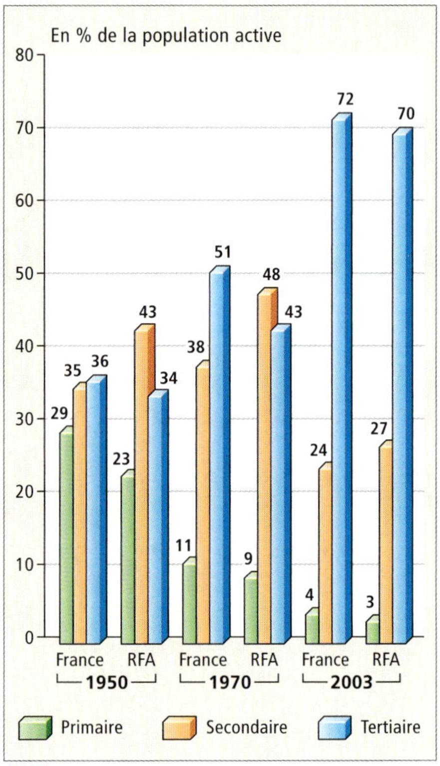

1 Les grands secteurs d'activité

Vocabulaire

- **Inflation :** hausse générale du niveau des prix.
- **PIB :** produit intérieur brut, égal à la somme des richesses produites sur le territoire métropolitain pendant un an.
- **Prestations sociales :** ensemble des revenus versés par les organismes de Sécurité sociale (allocations familiales, retraites, allocations chômage, remboursements des frais de maladie, etc.).
- **Taux de croissance :** évolution du produit intérieur brut d'une année sur l'autre.
- **« Trente Glorieuses » :** expression due à l'économiste Jean Fourastié, faisant référence aux trois journées révolutionnaires françaises de juillet 1830 (« Trois Glorieuses ») et qui qualifie la période de croissance économique qu'a connue la France entre 1945 et 1973.

Notions clés

- **Taylorisme et fordisme :** le taylorisme est la méthode d'organisation scientifique du travail développée par l'ingénieur américain Taylor au début du XXe siècle afin de diminuer les coûts de production. Le constructeur d'automobiles Henry Ford instaura le travail à la chaîne et une politique de hauts salaires. Le fordisme combine ainsi la production et la consommation de masse.

2 L'économie sociale de marché

Artisan de la réforme monétaire de 1948, Ludwig Erhard (1897-1977) est ministre de l'Économie dans les gouvernements de Konrad Adenauer de 1949 à 1963, puis chancelier de 1963 à 1966. Il est le principal promoteur de l'« économie sociale de marché », adoptée par le parti démocrate-chrétien (la CDU) à Düsseldorf, en juin 1949.

Le danger d'une entrave à la concurrence est une menace constante et qui peut venir de toutes parts. L'une des tâches les plus importantes d'un État reposant sur un ordre social libéral consiste donc à garantir le maintien de la libre concurrence. Je n'exagère absolument pas en affirmant qu'une législation antitrust fondée sur l'interdiction doit être considérée comme la « loi fondamentale économique » indispensable. Si l'État échoue dans ce domaine, c'en est fait de « l'économie sociale de marché ». Ce principe qui vient d'être énoncé contraint à interdire à tout citoyen de réprimer la liberté individuelle ou de la restreindre au nom d'une fausse liberté. « La prospérité pour tous » et « la prospérité grâce à la concurrence » sont indissociables ; le premier postulat énonce l'objectif à atteindre, le second la voie qui mène à cet objectif.

Ces quelques indications montrent déjà la différence fondamentale qui existe entre l'économie sociale de marché et l'économie libérale dans sa forme ancienne. Les chefs d'entreprise qui croient pouvoir soutenir les cartels en invoquant les nouvelles tendances de l'évolution économique se situent au même niveau intellectuel que ces sociaux-démocrates qui faisaient découler de l'automatisation la nécessité d'une économie d'État planifiée.

Cette réflexion révèle en outre qu'il me semble beaucoup plus utile de procéder à l'accroissement de la prospérité par l'expansion que d'espérer faire naître la prospérité d'une querelle stérile sur une répartition différente du produit national. [...] Si j'insiste tant pour que nous dirigions tous nos efforts vers l'expansion (sans porter atteinte aux fondements sains de notre économie et de notre monnaie), c'est que je suis convaincu que nous pourrons ainsi garantir un niveau de vie convenable et une existence décente à tous ceux qui, contre leur gré – personnes âgées, malades ou victimes des deux guerres mondiales – ne peuvent plus participer directement au processus de production. L'augmentation des prestations sociales au cours de ces dernières années prouve la justesse de cette thèse. [...]

Seule l'expansion économique a permis de faire bénéficier les pauvres de l'augmentation de la prospérité.

Ludwig Erhard, *La Prospérité pour tous*, Paris, 1959.

3 **Un grand « temple » de l'Allemagne industrielle**

L'usine Volkswagen de Wolfsburg, 1959.

4 Comment moderniser l'économie française ?

Élu président de la République française en 1969, Georges Pompidou est mort dans l'exercice de ses fonctions en 1974.

Il faut d'abord naturellement poursuivre la modernisation de notre agriculture et le regroupement des toutes petites exploitations agricoles. [...]

Il faut [...] aider l'industrie, ce qui signifie lui donner les moyens matériels, financiers, de se développer, ce qui suppose une politique fiscale, une politique de crédit, une politique de l'épargne qui favorise l'investissement. [...]

Il faut ensuite donner à cette industrie les moyens, je dirais psychologiques, de son développement, en la libérant des contraintes excessives, des contrôles *a priori*, aussi bien dans le secteur privé que dans le secteur public, et instaurer et favoriser l'esprit d'initiative et l'imagination, à condition qu'à tous les échelons de ces entreprises on soit pénétré de l'indispensable notion de rentabilité et non pas simplement de rentabilité immédiate [...], mais aussi de rentabilité à terme, technique, intellectuelle, par la recherche notamment.

Je sais bien que certains trouvent que la rentabilité est une notion basse, honteuse. Eh bien ! Elle s'impose partout, c'est évident ; le nier, c'est puéril. La preuve, c'est que les pays d'économie socialiste, pour l'avoir méconnue trop longtemps, ont ces dernières années pris un retard considérable par rapport aux pays d'économie libérale [...], que leurs gouvernements en sont parfaitement conscients et font à l'heure actuelle de grands efforts pour introduire cette notion de rentabilité [...].

Georges Pompidou, conférence de presse du 22 septembre 1969.

Pistes de travail

1. Comment expliquez-vous l'évolution des grands secteurs d'activité depuis 1945 ? A-t-elle été identique dans les deux pays ? **(doc. 1)**

2. Quels sont les fondements et les objectifs de « l'économie sociale de marché » selon Ludwig Erhard ? Comparez-les avec les positions défendues par le président Pompidou. **(doc. 2 et 4)**

3. Analysez la politique de modernisation du président Pompidou. Expliquez en quoi elle se démarque de celle qui a été mise en œuvre au lendemain de la guerre. **(doc. 4)**

4. Recherchez à quelle époque l'entreprise Volkswagen a été créée. À quoi est due la multiplication des usines Volkswagen après 1945 ? **(doc. 3)**

2. Crise et mutations économiques depuis 1973

Quelles ont été les conséquences de la crise économique et quelles mutations a-t-elle accélérées ?

Le ralentissement de la croissance

À partir du milieu des années 1970, les économies française et ouest-allemande s'enlisent dans la stagflation, sous l'effet conjugué de la crise du système monétaire international (1971) et du choc pétrolier (1973). La crise entraîne la montée d'un chômage massif et provoque de nombreuses restructurations dans les secteurs industriels qui s'étaient développés depuis la fin du XIXe siècle (mines, sidérurgie, chantiers navals, etc.). L'industrie française perd le tiers de ses salariés entre 1974 et 2001. Si la RFA reste la 2e puissance industrielle du monde derrière les États-Unis, la part de l'industrie dans son PNB a reculé de 51 % à 35 % de 1970 à 2004.

La désindustrialisation a été particulièrement brutale dans l'ex-RDA, où deux millions d'emplois ont été détruits, faisant grimper le taux de chômage à 20 %. Depuis la réunification, le processus de convergence des sociétés européennes s'est étendu aux nouveaux Länder où, de 1989 à 1997, le secteur secondaire passe de 50 % à 33,4 % de la population active. La tertiarisation de l'économie a partout progressé : en France, par exemple, la production des services marchands a été multipliée par cinq entre 1960 et 1995.

Des politiques économiques convergentes

Face à la crise, les gouvernements ont d'abord réagi en ordre dispersé. En 1980, le chancelier social-démocrate Helmut Schmidt donne la priorité à la restauration du profit des entreprises et à la réduction des déficits publics, politique poursuivie pour l'essentiel par son successeur démocrate-chrétien Helmut Kohl. En 1981, le gouvernement socialiste français engage au contraire une politique de relance qui échoue : le déficit commercial se creuse et le franc doit être dévalué à plusieurs reprises.

Depuis 1983, les politiques mises en œuvre poursuivent les mêmes objectifs, destinés à restaurer la compétitivité de l'économie (lutte contre l'inflation, réduction des déficits publics, baisse de la fiscalité). En Allemagne, mais surtout en France, les privatisations ont fait reculer le poids du secteur public dans la sphère productive.

À ce jour, les performances des deux pays en termes de croissance et d'emploi restent cependant inférieures à la moyenne de l'OCDE.

L'internationalisation des économies

L'impact des deux chocs pétroliers de 1973 et 1979 sur la croissance a révélé l'internationalisation croissante des économies. En France comme en Allemagne, l'activité économique dépend plus encore que par le passé des performances des entreprises sur le marché mondial. Un Allemand sur quatre travaille ainsi pour l'exportation. En 2003, l'Allemagne a retrouvé son rang de 1re puissance exportatrice mondiale de marchandises, qu'elle avait dû céder aux États-Unis depuis la réunification. La part des deux pays dans le commerce mondial est aujourd'hui d'environ 10 % pour l'Allemagne et de 5 % pour la France.

À l'heure de la mondialisation, les grandes entreprises délocalisent une partie de leur production, tandis qu'un volume croissant de capitaux afflue en France et en Allemagne. Les investissements directs étrangers en Allemagne sont passés de 100 milliards à 280 milliards d'euros de 1990 à 2000. Fin 2002, les investisseurs étrangers détenaient 43 % des actions des sociétés cotées à la Bourse de Paris.

1 **L'essor des télécommunications**

Un nouveau portable est lancé en septembre 2005, qui combine la technologie du téléphone et du Palm.

Vocabulaire

- **Investissements directs étrangers (IDE) :** créations de filiales ou prises de participation par des sociétés étrangères dans le capital (au moins 10 %) des entreprises d'un pays donné.
- **Politique de relance :** politique qui vise à stimuler la croissance par l'augmentation des dépenses budgétaires et des revenus (salaires et prestations sociales), afin d'encourager la reprise de la consommation et de l'investissement.
- **Stagflation :** situation de l'économie qui combine stagnation (croissance faible) et inflation.

Notion clé

- **Tertiarisation :** désigne l'essor du secteur tertiaire, en raison notamment du développement des services aux entreprises (télécommunications, informatique, banques, etc.).

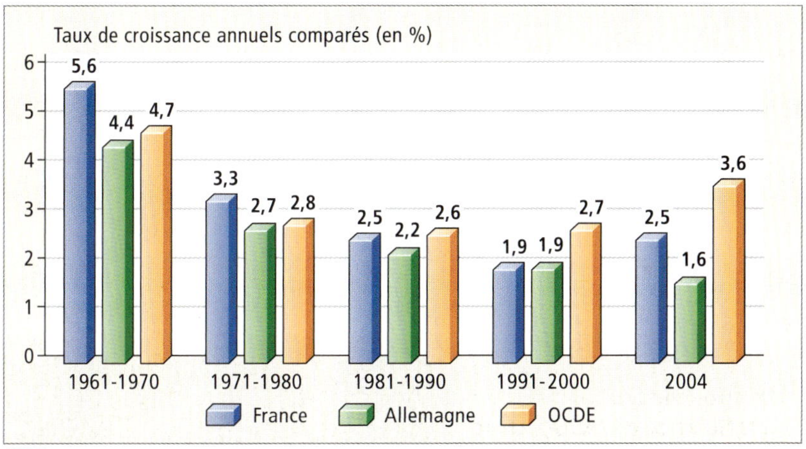

2 Le ralentissement de la croissance

4 Un terril reconverti en piste de ski, Nœux-les-Mines (Pas-de-Calais)

5 La politique économique du chancelier Kohl

L'un des objectifs majeurs de notre politique est toujours de créer plus d'emplois et de réduire durablement le chômage. [...] Une stratégie offensive qui accroît les forces de la croissance permet de stimuler l'emploi. Sans l'existence du marché, on ne peut ni créer ni garantir des emplois stables. La planification par l'État – nous en avons fait l'expérience – ne peut pas remplacer le marché. Mais il demeure nécessaire que l'État apporte son soutien, notamment pour résoudre les difficultés d'adaptation que connaissent certains secteurs économiques. C'est ce qu'a fait le gouvernement de la RFA au cours des dernières années, notamment dans les domaines du charbon, de l'acier et des chantiers navals.

Nous allons continuer à exercer notre influence sur la Communauté européenne afin d'imposer les conditions d'une concurrence loyale, non dénaturée par les subventions. Le gouvernement poursuivra sa politique de soutien aux entreprises du secteur métallurgique et aux chantiers navals dans cette période difficile afin de parer également aux lourdes conséquences sociales de ces mutations structurelles dans la Ruhr et la Sarre. En conséquence, nous veillerons à la prolongation du programme d'aide à la création d'emplois de substitution dans les zones où l'industrie métallurgique est fortement implantée. Par ailleurs, nous allons étendre les aides sociales accordées aux ouvriers métallurgistes dans le cadre du traité instituant la Communauté européenne du charbon et de l'acier. Dorénavant, les ouvriers métallurgistes pourront toucher des allocations de chômage partiel pendant 36 mois. [...]

Discours du chancelier Kohl, 18 mars 1987.

3 François Mitterrand justifie l'adoption d'une politique de rigueur

Comme la plupart des pays du monde, nous venons de vivre une année difficile. La crise, qui jusqu'alors frappait l'Europe, s'aggrave aux États-Unis d'Amérique, gagne le Japon, dévaste le Tiers-Monde. Elle est universelle.

Prise dans la tourmente, la France, mieux que les autres, a soutenu à la fois sa croissance, son budget, sa lutte contre le chômage. Plus que les autres, elle a défendu le pouvoir d'achat des moins favorisés. Plus tard que les autres, elle a réduit, mais pas assez, son inflation. Elle s'est moins bien comportée que les autres sur les marchés extérieurs. Voilà la vérité.

Au total, en dépit de remarquables réussites – notre agriculture, par exemple, qui en 1982 a connu ses meilleurs résultats depuis bientôt 10 ans, le renouveau industriel entrepris par le gouvernement et qui commence à porter ses fruits – au total, notre production et nos échanges demeurent insuffisants, trop d'hommes et de femmes parfois désespérés attendent un emploi et, je n'hésite pas à le dire, trop d'injustices pèsent encore sur les plus faibles...

Et pourtant, de ce tableau sans complaisance, je tire les raisons de ma confiance pour l'avenir. Ce que l'on appelle la politique de rigueur n'est qu'une épreuve de vérité. Elle met en pleine lumière les aspérités du terrain et montre à tous l'itinéraire pour en sortir, car nous en sortirons, pour le bien de la France. [...]

François Mitterrand, vœux du président de la République aux Français, 31 décembre 1982.

Pistes de travail

1. Quelles ont été les répercussions de la crise économique dans l'industrie ? **(doc. 1 et 4)**

2. Quelles sont les causes du ralentissement de la croissance observé depuis le début des années 1970 ? **(doc. 2)**

3. Quel bilan de l'économie française François Mitterrand dresse-t-il en 1982 ? Quels arguments plaident selon lui en faveur d'une politique de rigueur ? En quoi consiste-t-elle ? **(doc. 3)**

4. Quelles sont les principales manifestations de la crise en Allemagne selon le chancelier Kohl ? Quels sont les objectifs de sa politique économique ? **(doc. 5)**

Pour conclure

5. Montrez que la France et l'Allemagne, confrontées aux mêmes difficultés, ont fait converger leurs objectifs de politique économique.

3. La société de consommation

Quels changements l'avènement de la « société de consommation » a-t-il apportés dans les modes de vie des Français et des Allemands ?

L'évolution des structures sociales

En France et en Allemagne, la population active est désormais essentiellement composée de salariés. Le travail féminin s'est développé, surtout dans les emplois peu qualifiés du secteur tertiaire. Grâce à la protection sociale et à l'augmentation du pouvoir d'achat, les salariés ont gagné une sécurité qu'ils n'avaient pas autrefois.

Les deux sociétés présentent de nos jours des caractéristiques fort semblables. La paysannerie d'hier a disparu (moins de 4 % de la population active). Après avoir continué à augmenter jusqu'aux années 1960, le nombre d'ouvriers a fortement diminué dans les deux pays du fait des restructurations industrielles. Le nombre des employés s'est accru avec le développement du secteur tertiaire. La multiplication des fonctions d'encadrement dans les entreprises et dans la fonction publique a provoqué l'essor des classes moyennes salariées.

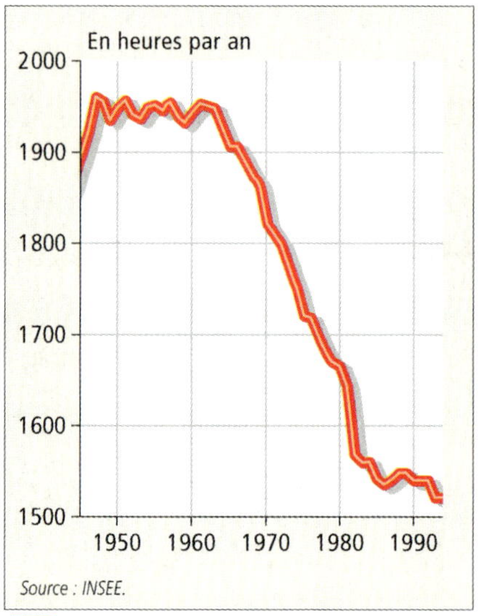

1 La diminution du temps de travail en France

La consommation de masse

L'entrée dans la société de consommation transforme en profondeur les modes de vie. Français et Allemands sont devenus dans leur immense majorité des citadins. Les conditions de logement, très difficiles dans les deux pays jusqu'au milieu des années 1950, se sont nettement améliorées. Quatre logements sur cinq n'avaient pas de salle de bains dans l'Allemagne de 1950 : il n'y en a plus que 8 % en 1982.

La hausse du pouvoir d'achat permet une augmentation sans précédent de la consommation. De 1950 à 1989, les salaires réels allemands ont ainsi progressé de 350 %. La part des dépenses d'alimentation dans le budget des ménages diminue, au profit des dépenses de loisirs et de l'achat de biens d'équipement.

La réduction de la durée hebdomadaire du travail et l'allongement des congés payés ont entraîné dans les deux pays une nette diminution de la durée annuelle du travail, qui est aujourd'hui l'une des plus faibles en Europe. La part du temps libre s'est accrue et les loisirs ont cessé d'être l'apanage d'une élite sociale. La voiture et l'avion démocratisent le tourisme. En 1987, deux vacanciers allemands sur trois passent leurs vacances à l'étranger.

L'essor de la consommation de masse et des pratiques de loisirs concourt à une certaine homogénéisation des modes de vie, même si les inégalités sociales, en termes de répartition du patrimoine par exemple, restent très marquées dans les deux pays.

Des sociétés sécularisées

Sous l'effet des mutations de la société, le fait religieux tend à être relégué dans la sphère de la vie privée. La sécularisation a ainsi fortement progressé en Allemagne comme en France. Moins de 10 % des catholiques français assistent au moins une fois par mois à la messe dominicale, contre 32 % en 1946. L'accomplissement des rites religieux se réduit à la célébration des grands événements familiaux (baptême, mariage, enterrement) et des grandes fêtes (Noël, Pâques, ramadan, Yom Kippour).

La fonction d'encadrement social dévolue aux institutions religieuses reste néanmoins plus marquée en Allemagne, où tout citoyen allemand paie à l'Église de son choix un impôt prélevé par l'État, à moins qu'il ne se déclare sans religion. La République française, quant à elle, ne reconnaît, ni ne subventionne aucun culte, en vertu du principe de laïcité. Sur le plan confessionnel, les catholiques sont très majoritaires en France, tandis qu'outre-Rhin, les protestants, qui forment l'Église évangélique d'Allemagne (EKD), sont un peu plus nombreux que les catholiques. On enregistre cependant dans les deux pays, du fait de l'immigration, une forte progression du nombre des musulmans (5 millions en France, 3,2 millions en Allemagne).

Vocabulaire

- **Salaire réel :** salaire obtenu après déduction de l'inflation et qui permet de mesurer l'évolution du pouvoir d'achat.

Notions clés

- **Laïcité :** principe de séparation de la société civile et de la sphère religieuse, de l'Église et de l'État.
- **Sécularisation :** recul de l'emprise des institutions, des croyances, des rites et des symboles religieux dans la vie sociale.

2

Les vacances, un nouveau marché

En 1950, Gérard Blitz demande à Gilbert Trigano de lui fournir des tentes de camping pour monter le village de vacances d'Alcudia, aux Baléares. Ils fondent alors le Club Méditerranée et bâtissent le succès de leur formule de vacances sur l'essor des classes moyennes salariées.

3

Le développement du salariat féminin dans les années 1960

Un supermarché en France dans les années 1960.

en %	Foyer à revenu modeste		Foyer à revenu moyen		Foyer à haut revenu	
	1973	1991	1973	1991	1973	1991
Voiture	5,3	52,4	69,4	96,5	89,6	98,5
Lave-vaisselle	0,8	9,4	2,6	61,8	26,6	85,3
Micro-ondes	1,9	10,6	10,2	49,1	12,8	47,7
Ordinateur	0,6	1,2	24,7	31,5	33,3	53,3

Source : A. Wahl, *La Société allemande*, PUF, Paris, 1995.

5 **Taux d'équipement des foyers allemands en fonction de leurs revenus**

4

La diffusion de l'automobile

Deux grands succès populaires : la « Coccinelle » de Volkswagen et la 2 CV Citroën.

Pistes de travail

1. Quels sont les facteurs qui ont permis la réduction progressive de la durée annuelle du travail ? **(doc. 1)**

2. Quelles en sont les conséquences sur les modes de vie ? **(doc. 2)**

3. Pourquoi le travail féminin s'est-il développé depuis les années 1950 ? **(doc. 3)**

4. Comment s'explique la démocratisation de l'automobile depuis les années 1950 ? **(doc. 4)**

5. Comment la consommation des Allemands et des Français a-t-elle évolué depuis la guerre ? **(doc. 4 et 5)**

6. Quelles conséquences, positives ou négatives, la diffusion de l'automobile a-t-elle entraînées ?

4. Un modèle social à réformer

Quels sont les défis majeurs qui imposent aujourd'hui à l'Allemagne et à la France de réformer en profondeur leur modèle social ?

Chômage et précarité

Depuis la crise des années 1970, la France et l'Allemagne sont confrontées à un chômage de masse dont le taux avoisine de nos jours 10 % de la population active. De nouvelles formes d'emploi précaire se sont développées (intérim, temps partiel, « petits boulots »).

La croissance du pouvoir d'achat s'est fortement ralentie. La crise a interrompu le processus d'égalisation des revenus qui avait contribué depuis la guerre à réduire les écarts sociaux. En 2004, près de 3 millions d'Allemands perçoivent l' aide sociale ; le nombre de bénéficiaires du RMI est passé en France de 950 000 en 1995 à 1,2 million en 2004.

La lutte contre le chômage est ainsi devenue la priorité des gouvernements qui doivent tenter d'assouplir le marché du travail, tout en préservant l'essentiel des droits conquis par les salariés français et allemands. La marge de manœuvre est étroite : en témoigne l'échec électoral du chancelier Schröder en 2005, après l'adoption d'un programme de réduction de la durée des allocations chômage.

La réforme de l'État-providence

L'internationalisation des économies remet en cause le modèle qui, en France et en Allemagne, avait permis de concilier les impératifs de la croissance avec la poursuite du progrès social. L'augmentation des dépenses, liée à l'allongement de la durée de la vie et au vieillissement de la population, a creusé le déficit des organismes de Sécurité sociale. Les pouvoirs publics ont dû prendre en compte le développement de nouvelles formes de pauvreté : en France, le RMI et la CMU ont ainsi été créés en faveur des personnes durablement exclues du système de protection sociale.

En France comme en Allemagne, la réforme de l'État-providence est devenue l'objet d'un grand débat de société. Des projets similaires ont vu le jour pour réformer et consolider les régimes sociaux. Le gouvernement du chancelier Schröder a présenté en 2003 un vaste programme de réformes baptisé « Agenda 2010 », dont l'objectif est de parvenir à rétablir l'équilibre des comptes sociaux d'ici la fin de la décennie. Ces réformes visent principalement à freiner la hausse des dépenses de santé et à assurer la pérennité des régimes de retraite par l'allongement de l'âge de cessation d'activité. La loi française de 2003 sur les retraites procède de la même inspiration.

Immigration et intégration

La maîtrise des flux migratoires et l'intégration des étrangers vivant sur leur sol forment enfin deux dossiers cruciaux sur lesquels les deux pays ont développé récemment des approches convergentes. Depuis la fin des années 1950, la France et l'Allemagne ont massivement recruté des travailleurs immigrés en provenance des pays en voie de développement **(voir dossier pp. 288-289)**. Cette immigration économique a été suspendue dans les deux pays depuis 1973-1974.

Les pouvoirs publics français et allemands doivent désormais parvenir à mieux intégrer ces populations d'origine étrangère, victimes de nombreuses discriminations et de rejets xénophobes. L'Allemagne ainsi réformé en 2000 son droit de la nationalité, désormais très semblable au droit du sol à la française. Pour tenter d'endiguer le flux des populations en provenance des ex-démocraties populaires et du Tiers-Monde, les deux pays ont également renforcé la lutte contre l'immigration clandestine et durci les conditions d'obtention du statut de réfugié politique.

1 **Des sociétés multiculturelles**

Jeunes Allemands, 2004.

Vocabulaire

- **Aide sociale :** allocation financière (ou prestation matérielle), instituée en Allemagne, en 1961, destinée aux personnes vivant en dessous du seuil de pauvreté et ne disposant pas de couverture sociale.
- **CMU** (couverture maladie universelle) : instituée en France en 1999, elle permet la prise en charge médicale des personnes n'ayant pas la possibilité de cotiser aux divers organismes de Sécurité sociale.
- **RMI** (revenu minimum d'insertion) : créé en 1988 en France, il offre des garanties de ressources pour les plus de 25 ans, assorties d'un contrat d'insertion.

Notion clé

- **Droit du sol** (*jus soli*) : permet l'obtention de la nationalité du pays d'accueil par les enfants d'étrangers nés dans ce même pays (en France à 18 ans, en RFA dès la naissance). Il s'oppose au droit du sang (*jus sanguinis*).

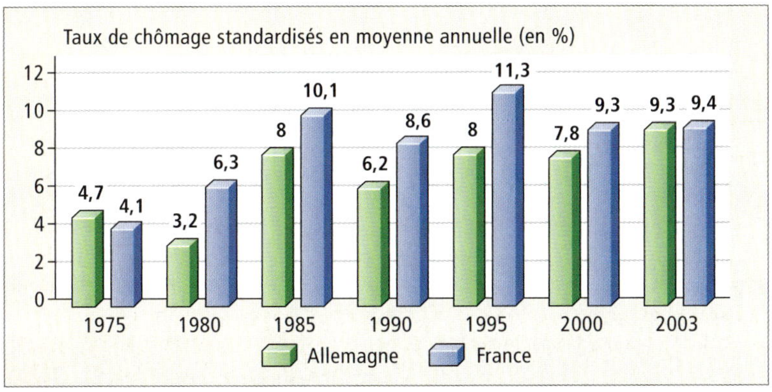

2 **Un chômage de masse**

4 **Une nouvelle pauvreté : soupe populaire à Berlin (1998)**

3 La protection sociale : « un panier percé »

Jacques Delors a été ministre français de l'Économie et des Finances de 1981 à 1984, puis président de la Commission européenne de 1985 à 1995.

[...] Le développement de l'État-providence, dans un contexte qui s'y prêtait, a stimulé la croissance économique. Aujourd'hui, nous sommes dans un système inverse. La croissance économique n'est plus suffisante pour nourrir le développement de la Sécurité sociale, puisque, pour des raisons liées aux progrès de la médecine, au vieillissement de la population et – je m'en réjouis – à une meilleure qualité de la santé, les dépenses en question augmentent, en termes réels, plus vite que la croissance économique. Donc, il faut y consacrer une part croissante du revenu national aux dépens d'autres dépenses.

En second lieu, le système de protection sociale, malgré son caractère universel, s'est révélé un « panier percé », car il n'a pas empêché le développement de l'exclusion sociale, fondée, bien entendu, essentiellement, sur le rejet hors du circuit du travail de millions de personnes. [...] Si nous ne pouvons plus financer la Sécurité sociale dans les mêmes conditions, c'est-à-dire d'une manière universelle, ne faut-il pas consentir un effort supérieur pour ceux qui ont peu de moyens, par rapport à ceux qui en ont beaucoup ?

Jacques Delors, *L'Unité d'un homme. Entretiens avec Dominique Wolton*, Éditions Odile Jacob, Paris, 1994.

5 D'un chancelier à l'autre : la poursuite des réformes de l'État social

Depuis des années, notre croissance ne connaît pas vraiment d'essor. Notre endettement a atteint des hauteurs vertigineuses. Le processus de redressement des nouveaux Länder stagne depuis des années. [...] Nous n'avons pas encore surmonté la mutation rapide du monde du travail. L'Allemagne n'est pas encore suffisamment préparée à une population vieillissante. [...] « Osons plus de liberté ». Lâchons les freins à la croissance ! Libérons-nous de la bureaucratie et des règlements dépassés. Un grand nombre de nos voisins européens nous montrent ce qui est faisable. Ils nous montrent que des pays prospères peuvent également atteindre des taux de croissance élevés et résorber le chômage. L'Allemagne aussi en est capable, j'en suis convaincue ! [...]

Le gouvernement précédent a déjà engagé des mesures afin d'exploiter les possibilités qu'offre notre pays. Par-delà toutes les différences politiques, qui ont opposé ces dernières années l'Union démocrate-chrétienne et le SPD j'aimerais ici tout particulièrement remercier personnellement le chancelier Schröder d'avoir ouvert, avec son Agenda 2010, une voie courageuse et décisive afin d'adapter nos systèmes sociaux aux exigences de notre temps. [...] Il a ainsi rendu de grands services à notre pays.

Déclaration de politique générale prononcée par Angela Merkel, chancelière de l'Allemagne devant le Bundestag, 30 novembre 2005.

Pistes de travail

1. Quelles sont les raisons de la montée du chômage et pourquoi est-il selon vous particulièrement élevé en France et en Allemagne ? **(doc. 2)**

2. À quelles difficultés financières est confronté l'État-providence et quelles sont les limites de son efficacité ? **(doc. 3)**

3. Quelles sont aujourd'hui les principales formes d'exclusion sociale ? **(doc. 4)**

4. Quelles réformes de l'État-providence ont été envisagées en Allemagne et en France ? Montrez, à partir des deux textes, que la réforme de l'État-providence conduit à un choix de société. **(doc. 3 et 5)**

Dossier
Étrangers et immigrés en France et en Allemagne depuis 1945

Depuis la fin du XIXe siècle, des millions d'étrangers sont venus en Allemagne et en France pour y occuper les emplois, souvent pénibles et peu qualifiés. L'Allemagne présente en outre deux particularités : elle est restée jusqu'en 1960 un grand pays d'émigration (plusieurs milliers d'émigrés de 1946 à 1960) et elle a accueilli de nombreuses populations de souche allemande en provenance d'Europe centrale et orientale.

À partir des années 1950, les deux pays font massivement appel à des travailleurs immigrés (« *Gastarbeiter* », « invités » en RFA). Suspendue en 1973-1974, l'immigration ne s'est poursuivie qu'au titre de l'asile politique et du regroupement familial. Les deux pays s'efforcent dorénavant de mieux intégrer des familles étrangères dont les enfants – fait nouveau en Allemagne – deviendront des citoyens.

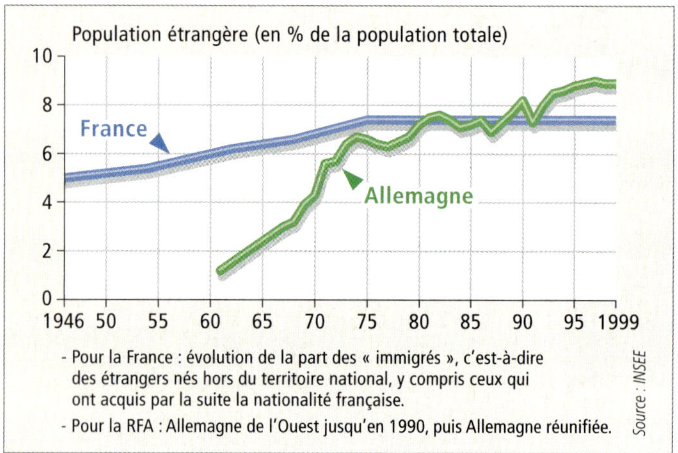

1 Les étrangers en France et en Allemagne au XXe siècle

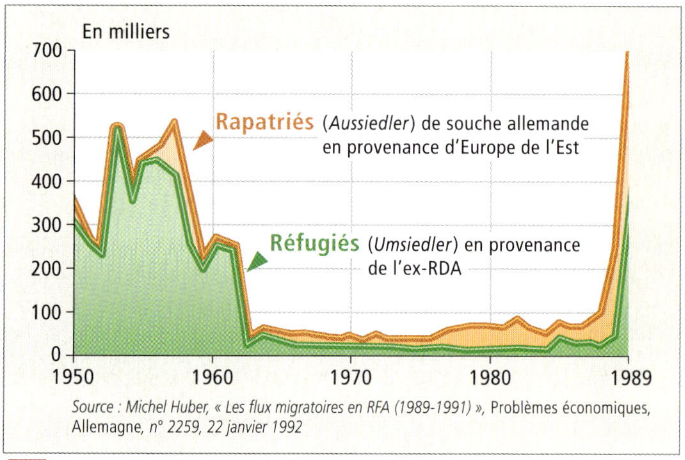

2 Les immigrés en Allemagne de 1950 à 1989

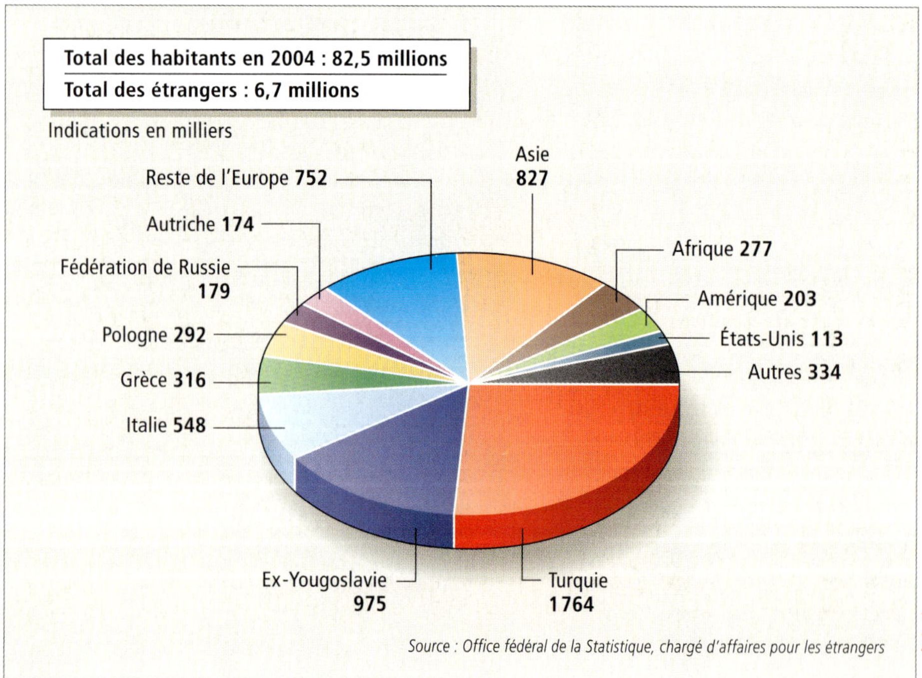

3 Origine de la population étrangère en Allemagne (2003)

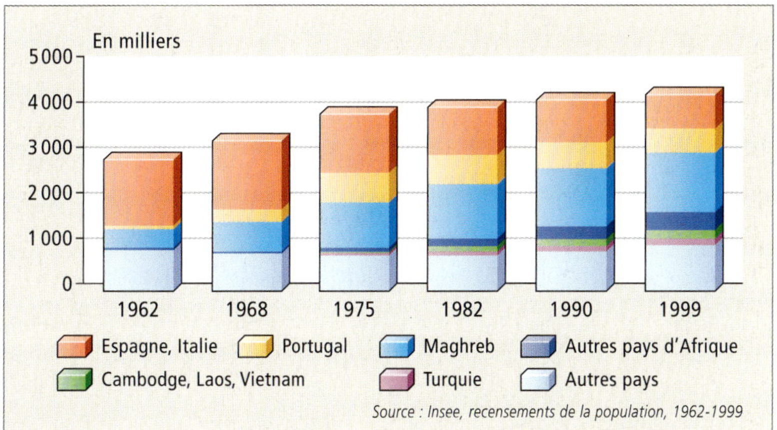

Source : Insee, recensements de la population, 1962-1999

4 Origines de la population étrangère en France

6 La mosquée de Lyon en France (2005)

Pistes de travail

1. Analysez l'évolution de la population étrangère en France et en Allemagne : à quelles périodes correspondent les phases de croissance et de stagnation de cette population ? **(doc. 1 et 2)**

2. Expliquez pourquoi, surtout en Allemagne, il faut distinguer les étrangers des immigrés. **(doc. 2 et 3)**

3. Quelles sont les principales nationalités représentées en France et en Allemagne ? **(doc. 3 et 4)**

4. Pourquoi l'Allemagne a-t-elle jugé indispensable de réviser son droit de la nationalité ? En quoi s'est-elle ainsi rapprochée de la conception française ? **(doc. 5)**

5. Pourquoi apparaît-il nécessaire de mieux intégrer l'islam dans les sociétés allemande et française ? Quels sont les moyens envisagés pour y parvenir ? **(doc. 6)**

Pour conclure

6. Quelle a été l'évolution de l'immigration en Allemagne et en France depuis la fin de la Seconde Guerre mondiale ?

5 La réforme du droit de la nationalité en Allemagne (1er janvier 2000)

Adoption du droit du sol

La naissance en Allemagne (*jus soli*) est une nouvelle possibilité d'acquisition de la nationalité allemande. Un enfant de parents étrangers obtient ainsi automatiquement à sa naissance la nationalité allemande si au moment de la naissance, l'un de ses deux parents réside de façon habituelle et légale en Allemagne depuis au moins huit ans et dispose d'un droit de séjour permanent (*Aufenthaltsberechtigung*) ou bien s'il possède, depuis au moins trois ans, un permis de séjour à durée indéterminée (*unbefristete Aufenthaltsgenehmigung*).

Cet enfant acquiert en plus et la plupart du temps la nationalité de ses parents. À sa majorité, il a jusqu'à l'âge de 23 ans pour choisir l'une ou l'autre nationalité. S'il déclare vouloir conserver la nationalité de ses parents, il perd la nationalité allemande. [...]

Naturalisation des étrangers

[...] La nouvelle loi simplifie les modalités de naturalisation pour les étrangers qui vivent en Allemagne.

Les conditions préalables sont, entre autres, un séjour de 8 ans en Allemagne et la régularité dudit séjour, l'acceptation des principes de la Constitution allemande (*Grundgesetz*), un casier judiciaire vierge, la détention d'un permis ou d'une autorisation de séjour, la garantie des moyens de subsistance, des connaissances suffisantes en allemand et la répudiation de sa nationalité d'origine.

Un Allemand de souche, ainsi que toute personne issue de la descendance d'un Allemand de souche ou adoptée par un Allemand de souche, et ne résidant pas en Allemagne, peut, à sa demande, être naturalisé si : il a atteint l'âge de 16 ans révolus ou est représenté légalement ; son séjour ne nuit pas à la sécurité et à l'ordre public ni aux intérêts fondamentaux de la République fédérale d'Allemagne ; il est en mesure de subvenir à ses besoins ; il possède des connaissances suffisantes en allemand et il a des attaches de multiples natures avec l'Allemagne. [...]

Les enfants nés de parents franco-allemands acquièrent automatiquement à la naissance la nationalité allemande de leur père ou de leur mère. L'acquisition simultanée et automatique de la nationalité française en raison de la qualité de Français du père ou de la mère n'influe pas sur la nationalité allemande.

Il est possible de demander la nationalité française, sans perdre la nationalité allemande, si l'intéressé a demandé au préalable, à l'Office fédéral d'administration de Cologne, la permission de conserver sa nationalité allemande (*Beibehaltungsgenehmigung*).

Source : Ambassade d'Allemagne en France.

Dossier
Dialogue social et syndicalisme en France et en Allemagne depuis 1945

Le monde du travail est traditionnellement moins organisé en France qu'en Allemagne et le dialogue social y est plus conflictuel. En effet, la concentration industrielle est plus faible, la classe ouvrière plus hétérogène et les syndicats profondément divisés. Le syndicalisme est au contraire très puissant en Allemagne et la négociation collective fortement développée dans le cadre de la « cogestion » (*Mitbestimmung*).

Dans les deux pays toutefois, le mouvement ouvrier n'est plus ce qu'il était. Les grèves n'ont jamais été aussi peu nombreuses en France depuis dix ans, tandis que les syndicats allemands éprouvent les mêmes difficultés que leurs homologues français à faire face aux mutations de l'économie et à la crise de l'État-providence.

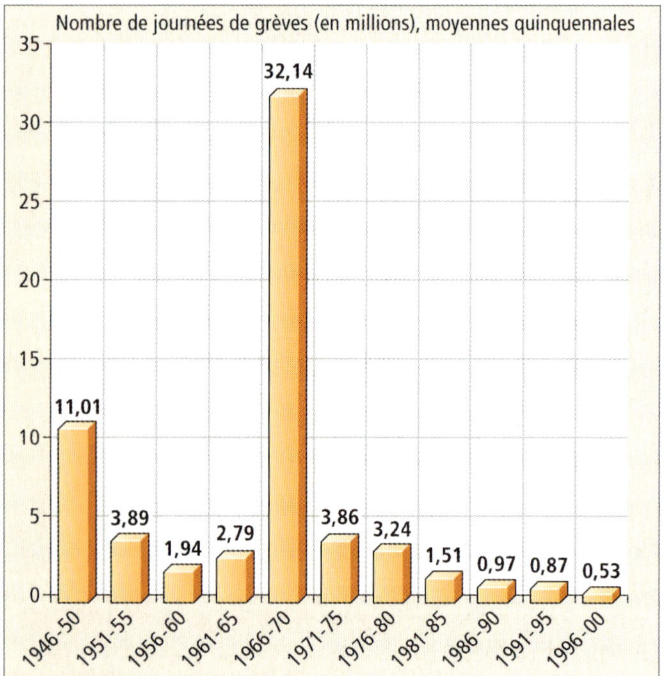

Source : Stéphane Sirot, La Grève en France. Une histoire sociale (XIXe-XXe siècle), Odile Jacob, 2002.

1 Les grèves en France de 1946 à 2000

2 Les principales organisations syndicales en France et en Allemag

Nom	Date de création	Nombre d'adhérents revendiqués (2
FRANCE		
Confédération générale du travail (CGT)	1895	700 000
CGT-Force ouvrière	Créée en 1948 par les minoritaires de la CGT, opposés à l'influence du Parti communiste	600 000
Confédération française des travailleurs chrétiens (CFTC)	1919	130 000
Confédération française démocratique du travail (CFDT)	Créée en 1964 à partir d'une scission de la CFTC (« déconfessionnalisation »)	700 000
Union nationale des syndicats autonomes (UNSA)	1993	300 000
Fédération syndicale unitaire	1993	125 000
Union syndicale Solidaires (dont SUD)	1998	80 000
Confédération générale des cadres (CGC)	1944	130 000
ALLEMAGNE		
Deutscher Gewerkschaftsbund (DGB) dont : IG Metall (métallurgie)	1949	7 700 000 2 700 000
Vereinte Dienstleistungsgewerkschaft (Verdi, Fédération unie des services)	2001	2 600 000
Deutscher Beamtenbund (DBB, fonctionnaires)		1 200 000
Christlicher Gewerkschaftsbund Deutschlands		300 000

Pistes de travail

1. Quelle a été l'évolution des conflits sociaux en France depuis la fin de la Seconde Guerre mondiale ? Comment peut-on expliquer la baisse du nombre de grèves dans la période récente ? **(doc. 1)**

2. Qu'est-ce que la cogestion ? Comment fonctionne-t-elle dans les grandes entreprises allemandes ? Qu'en déduisez-vous sur le fonctionnement du dialogue social en Allemagne ? **(doc. 4)**

3. Comparez les taux de syndicalisation en France et en Allemagne. Quand l'audience des syndicats a-t-elle été maximale ? **(doc. 3)**

4. Pourquoi le syndicalisme est-il plus faible en France qu'en Allemagne ? **(doc. 3 et 5)**

5. Comment s'explique la crise que traverse le syndicalisme en France et en Allemagne ? **(doc. 3, 5 et 6)**

Pour conclure

6. Comment a évolué le rôle des syndicats dans les deux pays depuis 1945 ?

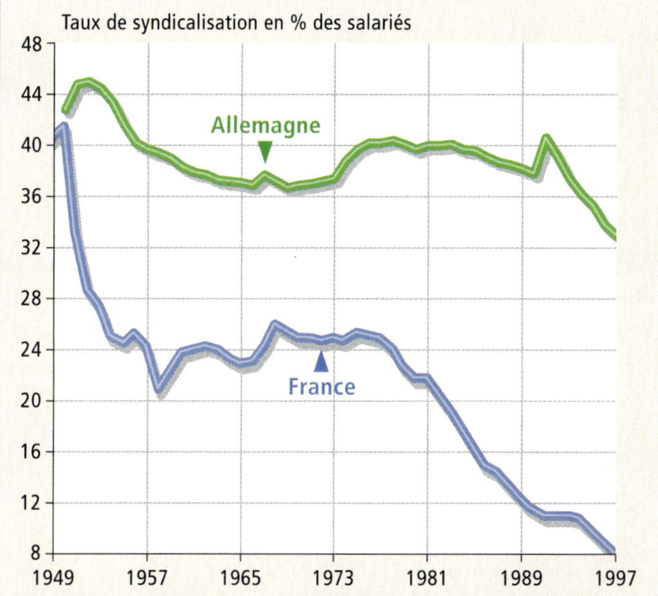

Sources : Dominique Labbé, Syndicats et syndiqués en France depuis 1945. L'Harmattan, 1996 - GESIS

3 Évolution du taux de syndicalisation en France et en Allemagne

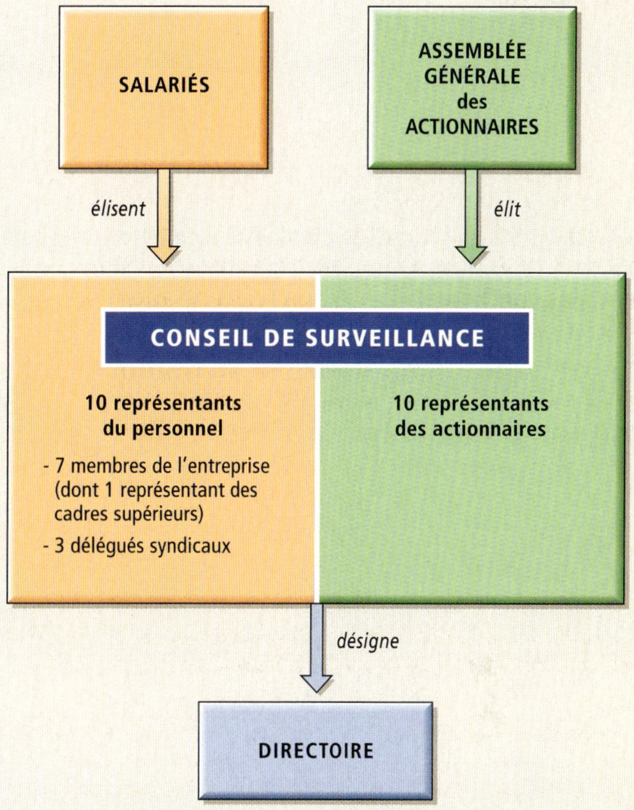

L'organigramme concerne les entreprises de plus de 20 000 salariés.

Source : ministère fédéral de l'Économie et du Travail

4 La cogestion à l'allemande

5 Le syndicalisme français, dernier de la classe européenne

Première femme à diriger une grande centrale syndicale en France, Nicole Notat a exercé les fonctions de secrétaire générale de la CFDT de 1992 à 2002.

[Le syndicalisme français] souffre, d'abord, d'une tare connue de tous : la faiblesse de ses effectifs. [...] Il est vrai que le syndicalisme français constitue une anomalie, qu'il est le dernier de la classe, en Europe, pour le nombre d'adhérents [...].

Un syndicat n'est légitime que s'il est enraciné dans un salariat de plus en plus divers, s'il est présent dans les couches nouvelles, s'il ne se contente pas de s'appuyer sur les bastions traditionnels de ce qu'on a longtemps appelé le « mouvement ouvrier » [...]. Tout le problème du syndicalisme est de devenir, demain plus qu'aujourd'hui, le meilleur « capteur » social possible [...].

La deuxième tare de notre syndicalisme, c'est sa division. Elle est le fruit d'une longue histoire, essentiellement du refus par plusieurs courants, dont le nôtre, de voir la CGT et l'appareil communiste prendre le contrôle, d'une manière hégémonique, de la classe ouvrière [...].

Être syndicaliste, par les temps qui courent, c'est réussir à convaincre les salariés qu'ils ont intérêt à dépasser le cercle étroit de leur atelier, de leur catégorie, de leur problème fragmentaire. C'est créer de la solidarité, de la citoyenneté, de la dignité. C'est persuader chacun qu'on ne gagne pas seul, que les compétitions d'aujourd'hui ne sont pas individuelles. Et c'est convaincre le patronat d'être lui-même un peu plus « syndicaliste » : en respectant les organisations de salariés, et en s'organisant lui-même pour mieux négocier. C'est le moment ou jamais de devenir adultes.

Nicole Notat (avec Hervé Hamon), *Je voudrais vous dire*, Seuil-Calmann-Lévy, 1997.

6 Un syndicalisme allemand lui aussi en difficulté

Au début de l'année 2003, le syndicalisme allemand a été précipité dans une crise sans précédent qui a amoindri son influence politique. [...]

Plus que jamais, les syndicats se trouvent presque totalement isolés dans le débat public pour contrecarrer les thèses de la vulgate néolibérale sur les raisons des mauvaises performances de l'économie allemande qui seraient dues à un coût trop élevé du travail et à une législation du travail trop rigide. [...]

Ces attaques ont touché un syndicalisme déjà plongé dans une crise structurelle profonde et dont la base se rétrécit depuis une dizaine d'années. Partant d'un chiffre record de 12 millions d'adhérents en 1991, en raison de la réunification politique et syndicale, les syndicats affiliés à la confédération syndicale DGB ne représentent plus que 7,7 millions d'adhérents fin 2002, et cela malgré l'absorption du syndicat des employés DAG l'année précédente. [...]

Certes, ces pertes résultent principalement de mutations économiques, comme la chute de l'emploi en Allemagne de l'Est et la montée du secteur tertiaire. Mais elles révèlent aussi une certaine désaffection des salariés, qui se traduit par un manque d'affiliations nouvelles, notamment chez les jeunes, et par une perte d'audience. [...]

Udo Rehfeldt, « Cogestion de la régression sociale : la défaite programmée des syndicats », *Le Monde diplomatique*, février 2004.

Dossier
Les systèmes éducatifs en France et en Allemagne

Depuis la fin de Seconde Guerre mondiale, la France et l'Allemagne ont engagé des dépenses importantes pour développer leurs systèmes éducatifs (de l'ordre de 5 à 6 % du PIB de nos jours).

La durée de scolarisation s'est allongée et une part croissante des jeunes générations a eu accès à l'enseignement secondaire. De 1960 à nos jours, la part des jeunes Allemands à obtenir l'Abitur est passée de 6 % à 25 % et celles des jeunes Français à obtenir un baccalauréat de l'enseignement général de 10 % à 33 %. Des comparaisons internationales récentes ont toutefois mis en évidence les carences des deux systèmes et provoqué un vaste débat sur les moyens de les réformer, afin notamment d'assurer une meilleure égalité des chances et de réduire le nombre des jeunes sortant de l'école sans aucun diplôme.

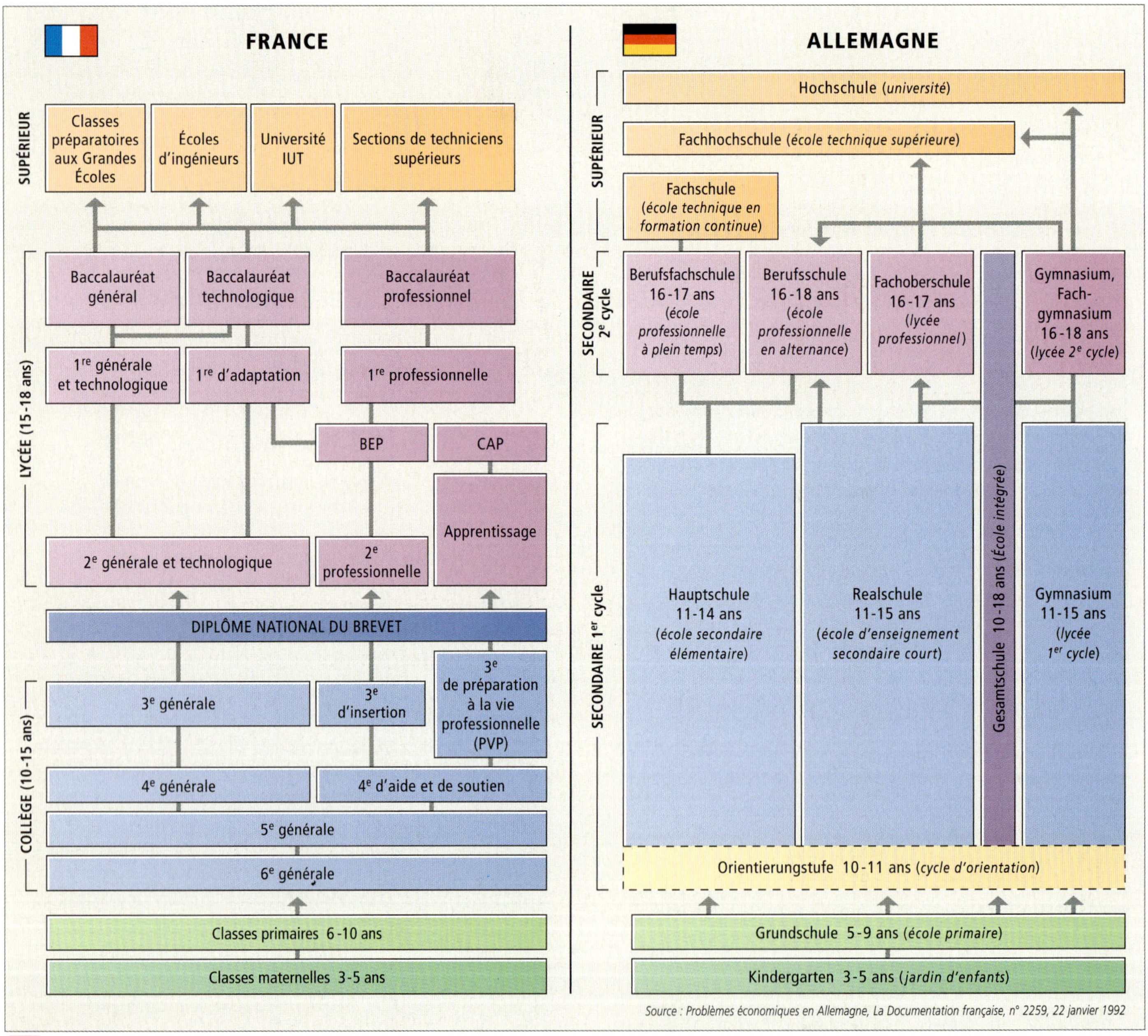

1 Les systèmes éducatifs français et allemand

L'enseignement est obligatoire en France de 6 à 16 ans et en Allemagne de 6 a 15 ans. En Allemagne, le système scolaire est différent dans chaque Lan

2 Le système éducatif allemand en question

Edelgard Bulmahn a été ministre fédérale de l'Éducation. Elle s'exprime ici en juin 2002 dans l'Observateur de l'OCDE.

Les résultats de PISA 2000 (Programme international de l'OCDE pour le suivi des acquis des élèves) sont alarmants. Un pays de l'envergure politique et économique de l'Allemagne devrait être en tête de classement sur le plan de l'éducation, et ne peut se satisfaire d'un niveau moyen au sein de l'OCDE – et encore moins de se retrouver à un niveau inférieur. [...]

Une chose est certaine : le succès du système éducatif dépend de l'éducation qui a été donnée dès le départ. Par conséquent, nous devons concentrer nos efforts sur l'éducation de la petite enfance. [...] Il importe que les écoles maternelles soient plus qu'un service de garderie pour les petits. Elles ont pour vocation de stimuler les capacités d'apprentissage et l'esprit de curiosité de nos enfants, afin de les préparer à l'école primaire. [...]

Les lacunes en lecture et en calcul, révélées par PISA 2000, montrent sans ambiguïté la nécessité d'améliorer l'aide individuelle à l'ensemble des enfants. Il n'est pas contradictoire d'aider à la fois le plus grand nombre et les meilleurs. L'égalité des chances, tout autant que l'encouragement à l'excellence, doivent être mis au cœur de notre système éducatif. [...]

Nous devons aussi admettre qu'il faut du temps pour apprendre. [...] Les écoles susceptibles d'enseigner la journée entière nous permettront de combattre l'exclusion sociale, d'élever le niveau des compétences linguistiques et d'encourager les talents individuels. En outre, les écoles à temps plein – la norme dans d'autres pays depuis des décennies – contribuent de façon importante à concilier l'activité professionnelle et la vie familiale. [...]

En outre, la tâche difficile de nos enseignants mérite une plus grande reconnaissance sociale au regard de la difficile mission qu'ils accomplissent. Comme dans l'industrie, la bonne performance d'un enseignant doit être récompensée. Il nous appartiendra d'exploiter au mieux les possibilités existantes d'incitation à l'efficacité.

L'éducation de qualité a un prix. Il est évident que nous devons investir davantage dans l'éducation de nos enfants.

Adapté de E. Bulmahn, *PISA, les conséquences pour l'Allemagne*, OECD Observer, n° 231-232, mai 2002, © OECD 2002.

Rang	Culture mathématique	Compréhension de l'écrit	Culture scientifique
Allemagne	19e	21e	18e
France	16e	17e	13e

PISA : Programme international pour le suivi des acquis des élèves, mis en œuvre dans le cadre de l'OCDE par 40 pays afin d'évaluer et de comparer les compétences des jeunes de 15 ans.

4 Résultats de l'enquête PISA 2003 (Allemagne et France)

3 Éléments de diagnostic sur le système scolaire français

Les sorties sans qualification n'ont pas été totalement supprimées et elles représentent encore 7 à 8 % d'une génération.

Elles concernent très majoritairement des jeunes issus de milieux très défavorisés [...]. Mais il faut mesurer le chemin parcouru en trente ans : au début des années 1970, c'était près d'un élève sur trois qui était considéré comme sortant sans qualification [...].

Après une très forte progression de 1985 à 1995 qui a conduit, durant l'année 1994-1995, 71,2 % de la classe d'âge au niveau du baccalauréat [...] (63,2 % de cette même classe d'âge obtenant le diplôme lui-même), la croissance s'est brutalement arrêtée et les taux apparaissent aujourd'hui stabilisés autour de 69 % pour le niveau bac et de 62 % pour l'obtention du diplôme. [...]

Ce changement de tendance au milieu des années 1990 est né d'une baisse des taux de passage de la classe de 3e du collège vers la classe de 2e du lycée général et technologique, apparue au début des années 1990. Les difficultés actuelles trouvent donc leur source non seulement au lycée mais également en amont, au collège et à l'école. Elles trouvent aussi leur source en dehors de l'école [...].

La progression des « dix glorieuses » (1985-1995) a réduit le différentiel existant entre la probabilité d'obtenir un baccalauréat suivant que l'on est issu d'un milieu favorisé (cadre) ou au contraire du monde ouvrier.

Aujourd'hui, 87 % des enfants de cadres supérieurs obtiennent le baccalauréat contre 45 % des enfants d'ouvriers non qualifiés. Cet écart reste important, mais très inférieur à ce qu'il était au début des années 1980 [...]. Mais au-delà de la différence de chance d'obtenir le baccalauréat, c'est la nature même du baccalauréat obtenu qui n'est pas identique selon l'origine sociale : pour les enfants de cadres supérieurs, la répartition par génération entre les trois types de baccalauréats, général, technologique et professionnel, est respectivement de 71 %, 12 % et 4 %, alors que cette répartition pour les enfants d'ouvriers est de 16 %, 16 % et 13 %.

Avis du Haut Conseil de l'évaluation de l'école, octobre 2003.

Pistes de travail

1. Quels sont les points communs et les différences des systèmes éducatifs français et allemand ? **(doc. 1)**
2. Quels secteurs de l'éducation ont connu les changements les plus importants depuis 1945 ? **(doc. 1 et 3)**
3. Comment expliquer les performances très moyennes obtenues par les deux pays dans l'enquête PISA ? **(doc. 2 et 4)**
4. Quelles sont les carences constatées du système d'éducation en France et en Allemagne ? **(doc. 2 et 3)**
5. L'égalité des chances a-t-elle progressé en France et en Allemagne depuis la guerre ? Quels sont les facteurs susceptibles de la contrarier ? **(doc. 2 et 3)**
6. Quelles sont les réformes envisagées pour améliorer le fonctionnement du système éducatif en Allemagne ? **(doc. 2)**

Pour conclure

7. Comment la démocratisation de l'enseignement a-t-elle progressé en France et en Allemagne depuis la guerre et quelles en sont les limites ?

Chapitre 17

Le partenariat franco-allemand : un succès exemplaire ?

En 1945, la réconciliation entre Français et Allemands semble peu probable. L'expérience des deux guerres mondiales et surtout le souvenir des crimes perpétrés contre les Français pendant l'occupation allemande pèsent lourdement sur les rapports entre les deux peuples. Pourtant, dès les années 1950, s'amorce un processus de rapprochement dont la portée va bien au-delà des relations entre les deux pays : le partenariat franco-allemand joue d'emblée un rôle moteur dans l'intégration européenne.

- Comment s'explique ce rapprochement rapide entre l'Allemagne et la France après la Seconde Guerre mondiale ?
- Comment s'articulent les relations franco-allemandes dans le contexte de la guerre froide ?

1

Paris sous l'occupation allemande (1940)

Entouré des principaux dirigeants nazis, Hitler visite la capitale française.

2

Geste de réconciliation franco-allemande à Verdun (1984)

Le président français François Mitterrand et le chancelier allemand Helmut Kohl rendent hommage aux victimes des deux guerres mondiales à Verdun.

1. L'Allemagne et la France : d'anciens ennemis deviennent partenaires (1945-1963)

Pourquoi la France et l'Allemagne se sont-elles rapidement réconciliées après 1945 ?

La politique d'occupation de la France en Allemagne

« Nous aurons l'Allemagne de nos mérites. » C'est ainsi qu'en 1945, le résistant français Joseph Rovan, peu après sa libération du camp de concentration de Dachau, appelle à la réconciliation franco-allemande. Le « Comité français d'échanges avec l'Allemagne nouvelle » dont Alfred Grosser est le secrétaire général, cherche également à établir le dialogue avec une Allemagne rénovée, sur la base de la communauté des valeurs qui lie la Résistance française et la Résistance allemande : libertés fondamentales, démocratie, etc.

Mais durant les premières années de l'après-guerre, la politique d'occupation française a d'autres objectifs. Elle veut d'abord empêcher l'Allemagne de reconstruire un potentiel militaire susceptible de menacer le territoire français ; pour cela, l'Allemagne ne doit disposer que d'un très faible pouvoir central. De plus, la force économique de l'Allemagne doit contribuer à la reconstruction de la France. Certaines installations industrielles allemandes sont alors démontées et transférées vers la France ; des forêts entières sont déboisées pour obtenir du combustible.

Changement de cap avec la guerre froide

À partir de 1948, dans le contexte de la guerre froide, la politique française à l'égard de l'Allemagne s'infléchit. La France surmonte ses réticences vis-à-vis des objectifs anglais et américains qui prévoient la construction d'un État ouest-allemand fort. Désormais, le ministre des Affaires étrangères français, Robert Schuman, s'efforce de garantir la sécurité de la France en établissant avec l'Allemagne un rapport de partenariat, et non plus en cherchant à l'affaiblir.

Cette réorientation de la politique française se traduit par la fondation d'une Communauté européenne du charbon et de l'acier (CECA), encouragée par Robert Schuman et Jean Monnet. « Toute guerre entre la France et l'Allemagne devient non seulement impensable, mais matériellement impossible », explique alors R. Schuman. Désormais, l'industrie lourde de la France et celle de l'Allemagne sont placées sous le contrôle d'une autorité supranationale (voir dossier pp. 120-121).

Au cours des années 1950, le choc de la guerre de Corée (voir leçon pp. 68-69) amène le gouvernement français, soutenu par la Grande-Bretagne et les États-Unis, à accepter la reconstitution d'une armée allemande.

Paris s'engage également en faveur d'une intégration forte de la jeune République fédérale d'Allemagne dans les structures européennes. Toutefois, le projet d'une Communauté européenne de défense (CED), à laquelle l'Allemagne participerait, échoue en 1954 devant l'Assemblée nationale française. La peur d'une renaissance de l'armée allemande est trop forte (voir leçon pp. 118-119).

Vers le traité de coopération de 1963

Dans les années 1950, une série d'événements joue un rôle positif sur le développement des relations franco-allemandes. Au début de l'année 1957, la Sarre, jusque-là politiquement autonome mais économiquement rattachée à la France, est réintégrée à la RFA. La même année, la France et l'Allemagne, avec le Benelux et l'Italie, forment deux nouvelles structures européennes : la Communauté économique européenne (CEE) et la Communauté européenne de l'énergie atomique (EURATOM) (voir leçon pp. 122-123).

À partir de 1958, le président français, Charles de Gaulle, et le chancelier allemand, Konrad Adenauer, nouent d'étroites relations politiques qui se traduisent par la signature d'un traité de coopération le 22 janvier 1963.

1 **La réconciliation franco-allemande**

Le président français Charles de Gaulle et le chancelier allemand Konrad Adenauer se donnent l'accolade après la signature du traité de l'Élysée le 22 janvier 1963.

Vocabulaire

- **CECA** (Communauté européenne du charbon et de l'acier) : fondée en 1951, pour mettre en commun la production de charbon et d'acier de ses six États membres (France, RFA, Italie, Benelux).
- **CED** (Communauté européenne de défense) : créée par le traité de Paris en 1952 et disparue en 1954 après le refus de ratification de ce traité par le Parlement français.
- **Communauté européenne de l'énergie atomique :** également appelée EURATOM, créée par le traité de Rome en 1957, elle doit permettre au nucléaire civil de se développer pour se substituer aux énergies fossiles dans un contexte de forte croissance économique.

Notions clés

- **CEE** (Communauté économique européenne) : mise en place en 1957 par le premier traité de Rome, elle réunit l'Allemagne, la France, l'Italie, le Benelux pour préparer un marché commun sans entrave douanière et mettre en place des politiques et des législations communes.
- **Supranationale :** qui dépasse la souveraineté nationale. Appliqué à l'Union européenne, le terme est équivalent à communautaire ou à fédéral.

2 Le Parti communiste français contre la CED

Affiche du Parti communiste français, début des années 1950.

3 Que faire de l'Allemagne vaincue ?

Le général de Gaulle explique ses idées devant des officiers français rassemblés à Baden-Baden (Allemagne) le 5 octobre 1945.

Que faisons-nous ici au lendemain de notre victoire ? Notre action a pour but d'installer la France ici. Nous obéissons à une sorte de vocation historique de notre pays qui fut rompue dans le passé à plusieurs reprises et que nous venons, pour la dernière fois et selon l'occurrence la meilleure, de réaliser enfin.

Établir la France ici, cela veut dire d'abord donner à la France la disposition des territoires qui, de par leur nature, font corps avec elle. J'entends par là ceux de la rive gauche du Rhin, le Palatinat, la Hesse, la Prusse rhénane et la Sarre. [...]

S'agit-il d'une annexion ? Non pas ; du reste, je ne veux pas jouer sur les mots. Ce doit être une union économique et morale, une présence, un contrôle indéfini. [...]

Quant au reste des Allemagnes, elles suivront leur destin, triste destin. L'Allemagne divisée, ruinée, livrée à des autorités différentes dont chacune a sa conception opposée aux autres, [...] s'orientera tout naturellement vers le pays qui lui offrira le plus de chances de redressement, le plus de possibilités, qui lui offrira de reprendre une place en Europe. Nous verrons bien comment ces Allemagnes évolueront et ce que nous pourrons faire à leur égard. Dans tous les cas, nous n'avons pas l'intention d'agir au détriment des habitants.

Ces villes telles que Sarrebruck, Coblence, Mayence, Trèves et Fribourg, et Karlsruhe que, un jour ou l'autre, nous reprendrons sous notre coupe, dans quel état sont-elles ! Il n'y a qu'à voir dans quel état sont invariablement les provinces du Rhin pour se rendre à l'évidence qu'il leur faudra l'assistance et le secours de la France.

Charles de Gaulle, *Lettres, notes et carnets*, Plon, Paris, 1984.

4 Une nouvelle optique

Au ministère des Affaires étrangères à Paris, un groupe de fonctionnaires analyse la situation internationale telle qu'elle se présente en juillet 1948.

Le duel franco-allemand paraît historiquement dépassé et [...] il ne pourra se produire que comme une phase secondaire d'un conflit plus vaste [...]. Dans ces conditions, il est possible d'entrevoir en Europe la manifestation d'une donnée nouvelle, qui est une communauté de destin, dans la mesure où il devient de plus en plus clair que désormais, ce qui sera subi par les Allemands sera également subi par les Français. [...]

Les remarques précédentes sont vraies aussi bien dans le cas d'une consolidation de l'idéal démocratique occidental, que dans le cas d'une victoire de l'idéologie communiste. Donc, il nous appartient dès maintenant [...] d'essayer de poser les bases d'une association économique et politique franco-allemande qui viendrait s'intégrer dans le cadre de l'organisation occidentale en lente gestation.

Cité dans Helmuth Auerbach, « Le virage européen dans la politique de l'Allemagne sur la France », *in* L. Herbst et *al.*, *Vom Marshallplan zur EWG (Du plan Marshall à la CEE)*, Munich, 1990.

Pistes de travail

1. En 1945, quel a été le rôle assigné par de Gaulle à la France vis-à-vis de l'Allemagne ? **(doc. 3)**

2. Mettez en parallèle les conceptions du général de Gaulle et la politique française à l'égard de l'Allemagne après la Première Guerre mondiale. **(doc. 3)**

3. Quel est le lien entre le rapprochement franco-allemand et le conflit Est-Ouest ? **(doc. 4)**

4. Quelle est la signification politique de ce geste ? **(doc. 1)**

Pour conclure

5. En 1948, deux fonctionnaires du ministère des Affaires étrangères français discutent de l'avenir des relations franco-allemandes. En vous appuyant sur les documents présentés, imaginez cette discussion et mettez en avant les arguments qu'ils peuvent avancer pour ou contre la coopération avec l'Allemagne.

2. Les relations franco-allemandes dans le bloc de l'Ouest (1963-1989)

Le renforcement de la coopération franco-allemande menace-t-il l'alliance de l'Europe avec les États-Unis ?

Le traité de l'Élysée de 1963, fondement d'une coopération durable

Le 22 janvier 1963, le président de Gaulle et le chancelier Adenauer signent au palais de l'Élysée à Paris un traité de coopération. L'événement fait sensation : 18 ans à peine après la fin de la guerre, la méfiance et l'esprit de revanche semblent céder le pas à une volonté de partenariat et de relations amicales. Ce rapprochement est cependant à mettre en relation avec le contexte difficile que doivent affronter les deux gouvernements : la construction du mur de Berlin (1961) et l'échec français en Algérie (1962).

Le traité prévoit essentiellement la mise en place de consultations gouvernementales bilatérales régulières. Leur objectif est de parvenir à une harmonisation des politiques, notamment sur les questions importantes de politique étrangère et de sécurité, de formation et de jeunesse. Des rencontres régulières sont prévues entre les administrations et les ministères des différents secteurs.

L'amitié germano-américaine concurrencée ?

Loin d'emporter l'adhésion générale en Allemagne, ce traité provoque, en outre, le mécontentement de Washington. Il semble menacer l'ancrage de l'Allemagne dans l'OTAN et contrarier ses relations privilégiées avec les États-Unis en matière de défense européenne.

Cette crainte américaine s'explique en partie par les choix de politique étrangère du général de Gaulle qui insiste toujours sur l'indépendance de son pays face aux États-Unis. Peu de temps avant la signature du traité de l'Élysée, de Gaulle a en effet refusé de participer à un projet de défense nucléaire de l'OTAN, sous l'égide des États-Unis, et a également rejeté l'adhésion de la Grande-Bretagne à la CEE (1963), considérant les Anglais comme trop proches des Américains. L'Allemagne va-t-elle se rallier à cette politique anti-atlantiste ?

De nouveaux champs de coopération

À l'automne 1963, c'est un atlantiste, Ludwig Erhard, soucieux de cultiver de bonnes relations avec les États-Unis, qui accède au poste de chancelier de la RFA. Erhard ne parvient pas à développer des relations amicales avec de Gaulle. Sous les gouvernements de Kurt-Georg Kiesinger (CDU, 1966-1969) et Willy Brandt (SPD, 1969-1974), le partenariat franco-allemand est également relégué au second plan. En effet, depuis 1969, dans le cadre de l'*Ostpolitik*, le gouvernement allemand consacre surtout son attention aux pays de l'Est. Mais, à partir de 1974, le président français Valéry Giscard d'Estaing, libéral, et le chancelier allemand Helmut Schmidt, social-démocrate, donnent aux relations franco-allemandes une nouvelle impulsion. Les deux hommes, qui entretiennent aussi des liens d'amitié, mettent essentiellement l'accent sur la coopération économique et monétaire. Cela se manifeste notamment par la signature d'un traité sur l'harmonisation des politiques économiques en 1975.

Dans les années 1980, les relations entre le socialiste François Mitterrand et le démocrate-chrétien Helmut Kohl sont, elles aussi, marquées par un sentiment d'amitié personnelle. Il semble donc que le rapprochement franco-allemand perdure au-delà des appartenances politiques des chefs d'État et de gouvernement.

Helmut Kohl et François Mitterrand s'efforcent de faire de la politique européenne de défense l'un des domaines clés de la coopération franco-allemande. Ils optent pour le stationnement de missiles nucléaires à moyenne portée en Europe. En 1988, ils décident la création d'une brigade franco-allemande, à laquelle succède en 1992 l'Eurocorps, qui regroupe non seulement des soldats allemands et français, mais également des soldats provenant des autres pays européens.

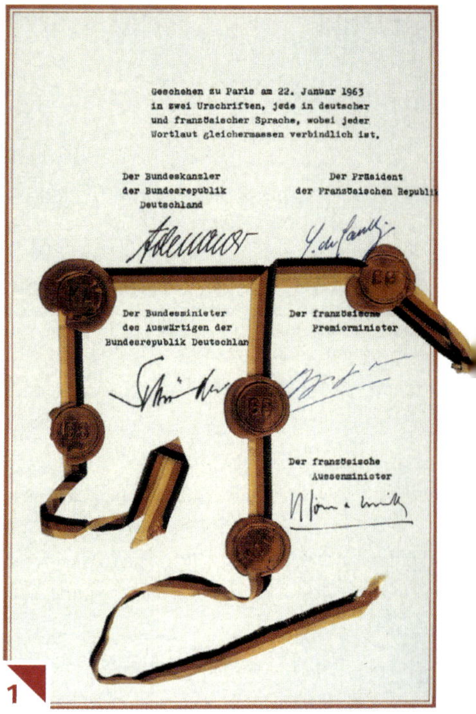

1

Le traité de l'Élysée (22 janvier 1963)

Page de signature du traité de l'Élysée. On y voit les signatures du chancelier allemand Adenauer, du président français de Gaulle, du ministre des Affaires étrangères allemand, du Premier ministre français et du ministre des Affaires étrangères français.

Vocabulaire

- **Consultations bilatérales franco-allemandes :** rencontres prévues par le traité de l'Élysée de 1963. Les chefs d'État et de gouvernement se réunissent deux fois par an, les ministres des Affaires étrangères quatre fois. Des rencontres régulières sont prévues entre les administrations et les ministres en charge des différents secteurs.

Notion clé

- **Atlantisme :** politique respectueuse du traité de l'Atlantique Nord qui place la défense de l'Europe sous la direction des États-Unis.

2 Le traité de l'Élysée

Le traité sur la coopération franco-allemande, dit traité de l'Élysée, est signé à Paris, le 22 janvier 1963.

A – Affaires étrangères

1. Les deux gouvernements se consulteront, avant toute décision, sur toutes les questions importantes de politique étrangère et, en premier lieu, sur les questions d'intérêt commun, en vue de parvenir, autant que possible, à une position analogue. [...]

C – Éducation et jeunesse

[...]

1. Dans le domaine de l'éducation, l'effort portera principalement sur les points suivants :

a) Enseignement des langues

Les deux gouvernements reconnaissent l'importance essentielle que revêt pour la coopération franco-allemande la connaissance, dans chacun des deux pays, de la langue de l'autre. Ils s'efforceront, à cette fin, de prendre des mesures concrètes en vue d'accroître le nombre des élèves allemands apprenant la langue française et celui des élèves français apprenant la langue allemande. [...]

2. Toutes les possibilités seront offertes aux jeunes des deux pays pour resserrer les liens qui les unissent et pour renforcer leur compréhension mutuelle. Les échanges collectifs seront en particulier multipliés.

4 **Le chancelier Adenauer après la signature du traité**

Caricature de Jupp Wolter dans le *Sonntagsblatt*, 24 février 1963.

3 Préambule de la loi de ratification allemande

Le 15 juin 1963, l'Assemblée allemande, le Bundestag, ajoute ce préambule à la loi de ratification du traité de l'Élysée sans avoir consulté le gouvernement français.

Convaincu, que le traité du 22 janvier 1963 entre la République fédérale d'Allemagne et la République française renforcera et rendra effective la réconciliation et l'amitié entre le peuple allemand et le peuple français.

Constatant :

– que ledit traité ne porte pas atteinte aux droits et obligations résultant des traités multilatéraux conclus par la République fédérale d'Allemagne ;

désireux :

– de promouvoir, par l'application de ce traité, [...] le maintien et la consolidation de l'union des peuples libres, en particulier d'une association étroite entre l'Europe et les États-Unis d'Amérique, [...] la défense commune dans le cadre de l'alliance de l'Atlantique Nord et l'intégration des forces des États groupés au sein de cette alliance, l'unification de l'Europe dans la voie ouverte par la création de communautés européennes, en y associant la Grande-Bretagne [...].

Le Bundestag adopte la loi suivante : [suit la loi de ratification]

5 **Le sommet franco-allemand de 1965**

Conversation entre le président de Gaulle et l'ancien chancelier Adenauer. Entre les deux hommes, le chancelier Erhard alors en fonction.

Pistes de travail

1. Quels changements constatez-vous dans les relations franco-allemandes depuis 1945 ? Comment expliquer cette évolution ? **(doc. 1 à 5)**

2. Interprétez la caricature de J. Wolter. **(doc. 4)**

3. Quelle est la signification du préambule du traité de l'Élysée de 1963 ? **(doc. 3)**

4. Les craintes suscitées par la coopération franco-allemande en 1963 étaient-elles justifiées selon vous ?

5. Comment s'articulent aujourd'hui le partenariat franco-allemand et les relations avec les États-Unis ?

3. Un nouveau rapport de force ? Les relations franco-allemandes depuis 1989

Comment la fin de la division de l'Europe a-t-elle influé sur les relations franco-allemandes ?

La France et l'unité allemande

Les événements qui, à l'automne 1989, conduisent à la chute du mur de Berlin et, à peine un an plus tard, à la réunification de l'Allemagne remportent très largement l'adhésion de la population française.

Dans un premier temps, le président français François Mitterrand craint toutefois que cette nouvelle Allemagne, devenue plus grande, ne modifie l'équilibre du partenariat franco-allemand et la place de l'Allemagne dans la Communauté européenne. En effet, l'Allemagne compte soudain 20 millions de citoyens de plus que la France. François Mitterrand redoute également que l'Allemagne ne renouvelle ses revendications territoriales à l'encontre de la Pologne.

Le chancelier Helmut Kohl se déclare cependant prêt à garantir la ligne Oder-Neisse comme frontière occidentale entre la Pologne et l'Allemagne. Le gouvernement français est alors tout disposé à soutenir politiquement la réunification. En septembre 1990, la France signe le traité « 4 + 2 » qui reconnaît officiellement la réunification de l'Allemagne.

Le partenariat franco-allemand : moteur de l'intégration européenne ?

Depuis la création de la Communauté européenne du charbon et de l'acier en 1951, la France et l'Allemagne sont les principaux initiateurs de la Communauté européenne.

Dans les années 1990, l'Allemagne et plus encore la France veulent compenser le déséquilibre entre les deux pays, conséquence de la réunification allemande, par une plus forte intégration de l'Allemagne dans les structures européennes. Ces aspirations aboutissent en 1992 à la signature du traité de Maastricht, acte fondateur de l'Union européenne, dont l'union économique et monétaire constitue la pièce maîtresse. En 2002, le traité de Nice étend le principe de la majorité qualifiée à de nouveaux domaines politiques **(voir leçon pp. 152-153)**.

Toutefois, les négociations de Nice font aussi clairement apparaître les limites de l'entente franco-allemande. Alors que la France souhaite maintenir le principe de la parité du vote entre les deux pays, l'Allemagne revendique pour elle un nombre de voix supérieur en raison de sa population plus élevée.

La France et l'Allemagne contre les États-Unis : la crise irakienne de 2002-2003

Durant l'hiver 2002-2003, il apparaît de plus en plus clairement que le gouvernement américain s'apprête à renverser militairement le régime du dictateur irakien Saddam Hussein, même sans l'accord du Conseil de sécurité de l'ONU. S'associant au président russe Poutine, le président Chirac et le chancelier Schröder décident de s'opposer ensemble aux objectifs américains.

Ce retournement de l'Allemagne contre Washington provoque de fortes turbulences en politique intérieure comme en politique extérieure. En Allemagne, l'opposition reproche au gouvernement de faire trop peu de cas des relations germano-américaines qui garantissent pourtant la sécurité de l'Allemagne depuis 1949.

L'Union européenne et les pays candidats à l'adhésion se divisent alors en deux camps : d'un côté, les partisans de l'intervention américaine, de l'autre ses détracteurs **(voir dossier pp. 162-163)**. Le tandem franco-allemand n'a-t-il pas surestimé sa capacité d'influence au sein de l'Union européenne, dans le conflit qui l'oppose aux États-Unis ?

1

Le président français F. Mitterrand devant les étudiants de Leipzig, 21 décembre 1989

La visite du président Mitterrand à Leipzig, qui donne l'impression de soutenir le régime, déjà affaibli, de la RDA, suscite le mécontentement de l'Allemagne de l'Ouest.

Vocabulaire

- **Ligne Oder-Neisse :** frontière germano-polonaise fixée provisoirement par les accords de Potsdam et reconnue comme frontière définitive en 1990.
- **Parité :** égalité des voix.

Notion clé

- **Majorité qualifiée :** procédure de vote distincte de l'unanimité ou de la majorité simple. Chaque État membre dispose d'un nombre de voix proportionnel à sa population, **voir repères pp. 154-155.**

2 « La France face à la grande Allemagne »

La une du *Figaro Magazine* (29 septembre 1990) présente Helmut Kohl aux côtés de François Mitterrand et titre « Attention ! »

3 L'Allemagne, la France et la Russie face à la guerre en Irak

Déclaration conjointe du président russe Vladimir Poutine, du président français Jacques Chirac et du chancelier allemand Gerhard Schröder le 10 février 2003 dans le contexte d'une éventuelle intervention militaire américaine pour renverser le dictateur irakien Saddam Hussein.

La Russie, l'Allemagne et la France, en étroite coordination, réaffirment que le désarmement de l'Irak, conformément aux résolutions pertinentes de l'ONU [...], est l'objectif commun de la communauté internationale, et qu'il doit être mené à son terme dans les meilleurs délais possible.

[...] Toute solution doit s'inspirer des principes de la Charte des Nations unies tels qu'ils viennent d'être rappelés par le secrétaire général, M. Kofi Annan. [...] Les inspections menées par l'ONU et l'AIEA[1] ont déjà produit des résultats. La Russie, l'Allemagne et la France sont favorables à la poursuite des inspections et au renforcement substantiel de leurs capacités humaines et techniques par tous les moyens et en concertation, naturellement, avec les inspecteurs [...]. Il y a encore une alternative à la guerre, nous en sommes sûrs. L'usage de la force ne pourrait constituer qu'un ultime recours. La Russie, l'Allemagne et la France sont déterminées à donner toutes les chances au désarmement de l'Irak dans la paix.

1. Agence internationale de l'énergie atomique.

4 Un tandem élargi

De concert avec le président russe V. Poutine, G. Schröder et J. Chirac tentent en vain, durant l'hiver 2002-2003, d'empêcher l'intervention américaine en Irak. La photographie montre ici les trois hommes, en avril 2004, lors d'une discussion sur la reconstruction de l'Irak.

5 Les relations franco-allemandes aujourd'hui

Quels sont, selon vous, parmi les qualificatifs suivants, les deux termes qui expriment le mieux les relations entre la France et l'Allemagne aujourd'hui ?

	Français (%)	Allemands (%)
Partenariat	57	52
Confiance	35	22
Amitié	34	48
Solidarité	27	31
Méfiance	17	18
Rivalité	7	7
Rancune	6	2
Incompréhension	5	4
Indifférence	5	5
Ne se prononce pas	3	1

Source : Ipsos, janvier 2003 pour Arte et Le Figaro.
Un échantillon d'environ 1000 personnes a été interrogé.

Pistes de travail

1. Quelles sont les craintes de la France face à la réunification de l'Allemagne ? **(doc. 1 et 2)**

2. Analysez la une du *Figaro Magazine*. **(doc. 2)**

3. Comparez les relations entre, d'un côté, la France et l'Allemagne, et de l'autre, les États-Unis, pendant la crise irakienne de 2003 et en 1963. **(doc. 3 et 4, et pp. 298-299)**

4. Comment les Allemands et les Français se perçoivent-ils mutuellement ? **(doc. 5)**

Dossier
Gestes symboliques et lieux de mémoire

Depuis 1945, la France et l'Allemagne cherchent à affirmer à l'opinion publique, par des gestes symboliques, le caractère amical de leurs relations. Ces gestes sont mis en scène dans des lieux de mémoire qui renvoient à l'histoire commune des deux nations avant 1945.

En 1984 à Verdun, un des champs de bataille les plus meurtriers de la Première Guerre mondiale, le président de la République française François Mitterrand et le chancelier allemand Helmut Kohl rendent hommage, main dans la main, aux morts des deux guerres mondiales. Cette image devient peu après le symbole même de la réconciliation franco-allemande. Reims et Versailles jouent également un rôle symbolique très important, dont l'origine remonte pour partie à des événements bien antérieurs à la constitution des États-nations.

Pourquoi choisit-on si souvent de tels lieux, qui ont vu la souffrance, l'hostilité et l'humiliation, pour célébrer le partenariat franco-allemand ?

A. Reims

1

Destructions de la Première Guerre mondiale (1917)

Pendant la Première Guerre mondiale, les tirs d'artillerie allemands ont détruit des quartiers entiers de Reims et endommagé la cathédrale. Lieu de couronnement des rois de France, cet édifice symbolise l'affirmation de la nation française face à la domination étrangère. C'est là que Jeanne d'Arc fait couronner Charles VII en 1429, assurant ainsi le maintien de la monarchie française face à l'Angleterre.

2

La capitulation allemande le 7 mai 1945

C'est dans un collège de Reims, transformé en quartier général d'Eisenhower, le général américain, que le général allemand Jodl signe la capitulation de son armée. Un représentant de la France assiste à l'événement en tant que témoin.

3 Messe de réconciliation franco-allemande (8 juillet 1962)

Le président de Gaulle et le chancelier fédéral Adenauer assistent ensemble à une messe célébrée en la cathédrale de Reims. La visite d'Adenauer en France puis celle du général de Gaulle en Allemagne en septembre 1962 sont le prélude à la signature du traité de l'Élysée, le 22 janvier 1963.

B. Versailles

4 La proclamation de l'Empire allemand (1871)

Le roi de Prusse Guillaume Ier est proclamé empereur en présence de Bismarck et des princes allemands dans la galerie des Glaces du château de Versailles en janvier 1871. Le choix de Versailles vise à humilier la France. Plus qu'aucun autre édifice, ce château a longtemps symbolisé la grandeur et la puissance de la monarchie absolue française. Depuis la Révolution française de 1789 et la réunion des États généraux, c'est en outre l'un des lieux fondateurs de l'État constitutionnel moderne français.

Peinture d'Anton von Werner, 1885. Bismarck Museum, Friedrichsruh.

5 La signature du traité de Versailles (1919)

Le traité de paix de 1919, signé dans la galerie des Glaces du château de Versailles, rend l'Allemagne responsable de toutes les pertes humaines et matérielles subies lors de la Première Guerre mondiale. L'opinion publique allemande considère ce traité comme une injustice, un « diktat ». En Allemagne, la révision du « diktat de Versailles » devient le principal motif de propagande dans les années 1930 et sert ensuite de prétexte à la politique agressive de Hitler, qui débouche en 1939 sur la Seconde Guerre mondiale.

La signature du traité de paix dans la galerie des Glaces du château de Versailles, le 28 juin 1919, huile sur toile de William Orpen, 1925. Imperial War Museum, Londres.

6 L'Assemblée nationale française et le Parlement fédéral allemand à Versailles (2003)

À l'occasion de la cérémonie du 40e anniversaire de la signature du traité de l'Élysée, l'Assemblée nationale française et le Parlement fédéral allemand se réunissent pour une session commune au théâtre de Versailles.

Pistes de travail

- Imaginez que vous devez organiser en 2013 la cérémonie du 50e anniversaire du traité de l'Élysée pour l'Assemblée nationale française et le Parlement allemand. Quel lieu choisiriez-vous et pourquoi ?

Dossier
La formation, la jeunesse et la culture au centre de la coopération franco-allemande

Le développement des échanges dans les domaines de la formation, de la jeunesse et de la culture est un objectif primordial de la coopération franco-allemande fixé par le traité de l'Élysée de 1963. C'est sur cette base que se développe depuis cette date la coopération franco-allemande (jumelages d'écoles et de villes, création de la chaîne culturelle ARTE, etc.).

En 1963, l'Office franco-allemand pour la jeunesse (OFAJ) est fondé. Il cherche à favoriser avant tout l'échange de jeunes et l'acquisition de la langue du voisin. À Sarrebrück, Fribourg et Buc, de jeunes Allemands et Français peuvent fréquenter des lycées binationaux. Depuis 1994, les élèves français et allemands ont la possibilité de passer en même temps l'Abitur et le Baccalauréat. De plus, les universités des deux pays offrent un large éventail de cursus binationaux et européens.

1

Le Parlement franco-allemand des jeunes à Berlin (janvier 2003)

À l'occasion du 40e anniversaire de la signature du traité de l'Élysée, 500 lycéens français et allemands se réunissent à Berlin pour débattre de l'avenir des relations franco-allemandes.

2 Le traité de l'Élysée : un échec sur le plan linguistique ?

Que disait le traité signé en 1963 ? « Les deux gouvernements reconnaissent l'importance essentielle [...] de la connaissance, dans chacun des deux pays, de la langue de l'autre. » Quarante ans plus tard, les chiffres sonnent comme un échec. En Allemagne, le français a quasiment disparu dans le primaire, excepté dans les Länder frontaliers et à Berlin, tandis qu'il régresse au lycée (5 % des élèves de terminale le présentent au bac). En France, le nombre d'élèves germanistes de l'enseignement secondaire est passé sous la barre du million en septembre 2002, soit 90 000 élèves de moins en deux ans. Le choix d'apprendre l'allemand en première langue, longtemps filière d'une supposée élite, n'a attiré que 7,9 % des élèves de sixième, contre 12,7 % en 1990. En deuxième langue, il s'effondre au profit de l'espagnol.

« Sur le plan linguistique, le traité de l'Élysée est un échec, regrette Jean-Michel Hannequart, président de l'Association de développement de l'enseignement de l'allemand en France (Adeaf). Il n'y a pas de prise de position forte pour inciter à la diversification des langues. »

[...] Luc Ferry, le ministre de l'Éducation, proposait d'apprendre l'anglais à l'école primaire et deux autres langues dans le secondaire, « car il serait terrifiant de ne parler entre nous, Allemands et Français, qu'en anglais, et en plus dans un mauvais anglais ».

Nicolas Bourcier, « Sprechen Sie français ? Non, danke ! », *Le Monde*, 23 janvier 2003.

3 L'apprentissage de l'allemand et du français au lycée

Élèves apprenant le français							Élèves apprenant l'allemand						
En %	1998	1999	2000	2001	2002	2003	En %	1998	1999	2000	2001	2002	2003
Danemark	34,4	33,0	31,2	22,9	23,6	22,3	**Danemark**	83,3	82,7	79,6	69,6[1]	71,8	71,6
Allemagne	33,1	32,7	30,9	29,4	27,1	29,4	**France**	36,2	34,3	32,6	31,2	30,5	28,7
Pologne	—	16,7	15,8	15,2	14,1	12,7	**Pologne**	—	61,0	62,2	62,4	61,5	63,9

Source : Eurostat/OCDE/UNESCO, 2005.

4 Point de vue d'une étudiante allemande en histoire à l'université Paris VII

Tout le monde sait que les études en France sont très scolaires, ce qui a, à mon avis, des avantages et des inconvénients ; en tout cas, au début cela surprend. Les cours [...] consistent essentiellement en un cours magistral puis, dans la seconde partie, en exposés faits par les étudiants. Les exposés sont toujours lus et font rarement l'objet de débats. Même si on a au début du mal à suivre, on se rend vite compte que cette forme d'enseignement est tout à fait efficace. On acquiert une foule de connaissances générales et factuelles, ce qui à Bielefeld[1] est souvent négligé. En règle générale, on exige pour chaque cours un exposé, un bref devoir fait à la maison [...] et un examen. Cela suppose vraiment beaucoup de travail, mais les exigences scientifiques ne sont pas très élevées. Pour les devoirs à la maison, il n'est pas nécessaire de justifier ce qu'on écrit à l'aide de notes en bas de pages, ni de faire des recherches approfondies dans la bibliographie spécialisée. [...] De même, les examens ne doivent pas faire peur, même s'ils sont sévèrement notés. [...] La plupart du temps, les étudiants ont le choix entre deux sujets : une dissertation et un commentaire de texte. Dans le premier cas, l'accent est mis sur un plan formel (qui doit comporter trois parties), dans le second cas, on peut s'en tenir pour l'essentiel aux règles de bases de l'analyse de texte.

Compte-rendu sur mon séjour à l'université Paris VII – Denis Diderot durant le semestre d'hiver 2000-2001, université de Bielefeld.

1. Université du Land de Rhénanie du Nord-Westphalie.

5 Point de vue d'une étudiante française en sciences politiques à Heidelberg

Les « séminaires » [allemands] sont très différents des travaux dirigés français [cours qui permet une participation active des étudiants, au contraire du vrai cours magistral]. En tant qu'étudiant français, on est vraiment étonné de la facilité avec laquelle les étudiants allemands s'expriment en public, que ce soit durant un exposé ou durant le débat qui suit. Là où l'étudiant français se cache ou n'ose pas parler pendant un TD ou un cours, l'étudiant allemand n'hésite pas à prendre part à la discussion. [...]

Si on considère le dynamisme des cours et la stimulation intellectuelle des étudiants, cela apparaît d'abord comme quelque chose de positif, mais il faut malheureusement aussi constater que la qualité des « séminaires » est parfois douteuse. Il ne s'agit pas seulement d'exprimer son point de vue ; il faut aussi étayer ses affirmations par des arguments solides. Mais beaucoup de ceux qui ont pris la parole [...] n'avaient même pas lu les textes qui étaient à lire pour la séance ou exprimaient des avis qui relevaient de banalités.

Extrait d'un compte rendu de séjour d'une étudiante française (2003-2004), Institut des sciences politiques, Nancy.

6 La chaîne culturelle européenne ARTE

ARTE est fondée en 1990 par un traité entre la République française et plusieurs Bundesländer allemands. L'orientation thématique des programmes est d'emblée très européenne, et ne se limite pas à un échange culturel binational.

Pistes de travail

1. Quelle est la situation des langues du partenaire en France et en Allemagne ? Tenez compte par comparaison des résultats en Pologne et au Danemark. **(doc. 3)**

2. Quelles spécificités des systèmes universitaires français et allemands ces deux étudiantes révèlent-elles ? Comment les analysent-elles ? **(doc. 4 et 5)**

3. Quelles sont les difficultés et les opportunités qui résultent d'un séjour d'études dans le pays partenaire ? **(doc. 4 et 5)**

Pour conclure

4. Dressez un bilan des relations franco-allemandes depuis 1945 dans les domaines politique, économique et culturel.

Bilan
Allemands et Français depuis 1945

Les dates clés

1945 : création de la Sécurité sociale en France

1946 : Constitution de la IVᵉ République

1949 : création de la RFA et de la RDA
Erhard annonce la « *Soziale Marktwirtschaft* » (l'économie sociale de marché)

1958 : Constitution de la Vᵉ République

1962 : élection du président de la République au suffrage universel direct

1963 : traité de l'Élysée

1968 : crise de mai 1968

1969 : les sociaux-démocrates au pouvoir en RFA

1981 : élection du premier président de gauche en France

1986 : première cohabitation en France

1989 : effondrement de la RDA

1990 : réunification allemande

1991 : création de la chaîne de télévision européenne ARTE

2003 : la France et l'Allemagne s'opposent à l'intervention américaine en Irak

Les couples franco-allemands

Charles de Gaulle et Konrad Adenauer au palais de l'Élysée à Paris, 1961

Valéry Giscard d'Estaing et Helmut Schmidt à Hambourg, 1978

François Mitterrand et Helmut Kohl à Verdun, 1984

Jacques Chirac et Gerhard Schröder en 2003

Les mots clés

Français	Allemand	Anglais
économie sociale de marché	Soziale Marktwirtschaft	social free market economy
fédéralisme	Föderalismus	federalism
régime parlementaire	parlamentarisches Regierungssystem	parliamentary system
régime présidentiel	Präsidialsystem	presidential system
RFA	BRD (Bundesrepublik Deutschland)	Western Germany
RDA	DDR (Deutsche Demokratische Republik)	Eastern Germany

Charles DE GAULLE (1890-1970), chef du Gouvernement provisoire de 1944 à janvier 1946, président de la République de 1958 à 1969

Konrad ADENAUER (1878-1967), chancelier de 1949 à 1963

Les personnages clés

Robert SCHUMAN (1886-1963), ministre des Affaires étrangères de la France de 1948 à 1952

Willy BRANDT (1913-1992), chancelier de 1969 à 1974

François MITTERRAND (1916-1996), président de la République de 1981 à 1995

Helmut KOHL (1930), chancelier de 1982 à 1998

Jacques CHIRAC (1932), Premier ministre en 1974-1976 et en 1986-1988, président de la République depuis 1995

REGARDS CROISÉS FRANCO-ALLEMANDS

Des systèmes politiques différents

• Depuis 1945, l'Allemagne de l'Ouest et la France ont adopté le même modèle de démocratie libérale (libertés individuelles, pluripartisme, économie de marché tempérée par le rôle social de l'État). On peut cependant souligner les différences entre les deux pays.

• L'Allemagne est un État fédéral, avec une forte autonomie des Länder, alors qu'en France l'État central joue encore un rôle essentiel (malgré les lois de décentralisation). Le régime parlementaire s'accompagne en France d'un fort pouvoir présidentiel, ce qui crée une dualité de l'exécutif (président de la République et Premier ministre), alors que le pouvoir en Allemagne est clairement détenu par le Chancelier, élu par la parlement fédéral (Bundestag) et non par la population.

• Cette situation particulière de la France pose parfois des problèmes de traduction. Ainsi le terme « cohabitation », dont l'équivalent allemand « *Kohabitation* » est peu connu en Allemagne, doit être expliqué par une longue périphrase : *politischer Zustand, in dem der Premierminister und der Staatspräsident nicht derselben Partei angehören* (situation politique dans laquelle le Premier ministre et le président de la République ne sont pas membres du même parti).

Politique extérieure et politique intérieure

• Dans les deux pays, la politique extérieure a souvent été un enjeu de politique intérieure. En France, la décolonisation domine la vie politique de la IVᵉ République et la guerre d'Algérie entraîne un changement de régime. En Allemagne de l'Ouest, c'est bien sûr la question de la division en deux États et d'une éventuelle réunification qui influence les débats.

• L'existence de « l'autre Allemagne », la RDA, de 1949 à 1990, ne doit pas être oubliée. L'Allemagne de l'Est cherche à se présenter comme la « patrie socialiste » (*sozialistisches Vaterland*). Elle est d'abord une dictature, ce qui explique le fort anti-communisme qui règne en Allemagne de l'Ouest. En RFA, le Parti communiste, un moment interdit, est une force mineure et le SPD a officiellement renoncé en 1959 (congrès de Bad Godesberg) au marxisme et à la lutte des classes. Au contraire, en France, le Parti communiste reste une force politique majeure jusqu'aux années 1980 ; quant au Parti socialiste, même s'il a montré sa capacité à gouverner à partir de 1981, il n'a jamais vraiment renoncé à son discours anticapitaliste.

Le rapprochement franco-allemand

• La réconciliation franco-allemande elle-même a suscité des attentes différentes des deux côtés du Rhin. La France du général de Gaulle voulait avant tout constituer un contrepoids européen à l'hégémonie américaine. Cette politique fut rejetée par la majorité de la classe politique allemande, qui ajouta unilatéralement au traité d'amitié franco-allemand de 1963 un préambule soulignant la fidélité de la RFA à l'OTAN. Gerhard Schröder est le premier chancelier allemand à accepter ouvertement une coopération qui met en question l'atlantisme traditionnel de tous les gouvernements précédents.

POUR ALLER PLUS LOIN

À lire

- Manfred Görtemaker, *Geschichte der Bundesrepublik Deutschland. Von der Gründung bis zur Gegenwart (Histoire de la RFA. De sa fondation à nos jours)*, Munich, C.H.Beck, 1999.
- Ulrich Mählert, *Kleine Geschichte der DDR (Une petite histoire de la RDA)*, Munich, C.H.Beck, 1998.
- J. J. Becker, *Histoire politique de la France depuis 1945*, coll. « Cursus », Colin, 2003.
- *Dokumente - Documents. Die deutsch-französischen Beziehungen. Chronologie und Dokumente (Les Relations franco-allemandes. Chronologie et documents 1948-1999)*, Europa Union Verlag, 2000.
- *Vis-à-vis : Deutschland-Frankreich*, Stiftung Haus der Geschichte der Bundesrepublik Deutschland, 1998.

À voir

- Wolfgang Becker, *Goodbye Lenin*, 2003.

À visiter

- Stiftung Haus der Geschichte der Bundesrepublik Deutschland. Museumsmeile, Willy-Brandt-Allee 14, 53113 Bonn.

À consulter

Sites consacrés à l'histoire allemande :

- http://www.dhm.de/lemo/home.html
- http://www.verfassungen.de/de/index.htm
- http://www.documentarchiv.de/brd.html
- http://www.hdg.de
- http://www.willy-brandt.org

Site consacré aux relations franco-allemandes :

- http://www.deuframat.de
- http://www.dfjw.org : site de l'Office franco-allemand de la jeunesse (programmes et activités, choix de documents officiels sur les relations franco-allemandes).

Sites officiels français :

- http://www.assemblee-nat.fr : Assemblée nationale.
- http://www.conseil-constitutionnel.fr : Conseil Constitutionnel.
- http://www.elysee.fr : présidence de la République.
- http://www.ina.fr/voir_revoir/mai-68/video.fr.html : le site de l'INA (Institut national de l'audiovisuel) propose des reportages sur mai 1968.
- http://www.cevipof.msh-paris.fr : site du Centre d'études de la vie politique française (CEVIPOF).

Expliquer un texte

I. Conseils généraux

Le texte est une source essentielle de la connaissance historique, à côté d'autres documents (images, monuments, etc.). Savoir identifier et comprendre un texte est donc une compétence primordiale.

A. Identifier le texte

► Il faut d'abord déterminer la **nature** du texte :

Textes politiques
discours (devant le parlement, etc.), programme d'un parti, manifeste d'un mouvement

Textes officiels, juridiques ou législatifs
constitution, loi, acte de droit européen, résolution du Conseil de sécurité de l'ONU, traité, acte final d'une conférence internationale

Textes journalistiques
article de presse, une d'un journal, éditorial

Textes religieux
extrait d'un livre sacré (Bible, Coran, etc.), décision pontificale (bulle, encyclique)

Témoignages
journal intime, correspondance privée, Mémoires ou autobiographie

Textes littéraires
extrait d'un roman, d'un poème, d'une pièce de théâtre

► **La nature du texte** conditionne le commentaire que l'historien doit en faire, en faisant preuve d'esprit critique.

• Un **texte politique** est par définition engagé, voire polémique : il défend un certain point de vue, critique celui de l'adversaire. Certains faits peuvent être déformés, d'autres passés sous silence. L'historien doit repérer exagérations et oublis.

• Un **texte officiel** a fait l'objet d'une élaboration méticuleuse, chaque terme a été pesé. Il requiert donc une analyse très précise.

• Un **texte journalistique** reflète les préoccupations de l'époque. Il faut étudier sa présentation (gros titres, formules chocs, etc.) et essayer de situer le journal (presse d'information, presse d'opinion). Dans les régimes totalitaires, l'information est manipulée par le pouvoir (propagande).

• Un **témoignage** exprime le point de vue subjectif d'un individu. S'il s'agit d'un homme d'État, d'un acteur important de la période, ce témoignage est bien sûr précieux ; mais les faits sont généralement présentés à l'avantage de l'auteur, qui cherche à justifier son action (plaidoyer *pro domo*). S'il s'agit d'un contemporain peu connu, le témoignage, qui n'était pas nécessairement destiné à être publié, nous informe sur les mentalités, l'état d'esprit de l'époque.

• Un **texte littéraire** a d'abord une portée purement esthétique. Mais il peut avoir aussi un intérêt historique, parce qu'il met en scène les enjeux du temps.

► En précisant la nature du texte, on doit identifier un certain nombre d'éléments fondamentaux : l'**auteur**, la **date** et le **contexte**. Les références du document sont généralement indiquées à la fin de l'extrait cité dans le manuel.

• **L'auteur du texte** peut être une personne ou un organisme collectif. Pour bien identifier la nature d'un document, il faut connaître et situer précisément son auteur.

• **La date de rédaction** du texte ne correspond pas nécessairement à la date de sa publication. La date des événements rapportés dans le texte n'est pas non plus forcément celle à laquelle l'auteur a écrit : dans le cas des mémoires par exemple, la rédaction est postérieure aux faits relatés. L'historien doit prendre en compte ces éventuels décalages.

• **Le contexte historique** est l'ensemble des événements qui expliquent la rédaction du texte. Il faut donc replacer le texte dans son contexte et chercher à comprendre ce qui a poussé l'auteur à l'écrire.

B. Comprendre et expliquer le texte

► Une **lecture attentive** du texte permet de repérer :

• les **allusions** à des événements ou à des personnages précis, qu'il faut expliciter.

• les **termes importants** qu'il faut définir. Attention, le sens d'un mot peut varier selon l'époque à laquelle il est utilisé.

• l'argumentation utilisée par l'auteur, le plan qu'il suit pour exposer ses idées.

► À l'issue de ce travail au brouillon, on est capable de dégager le **thème principal du texte** et de l'expliquer.

Pour expliquer le texte, il faut éviter deux défauts :

• la **paraphrase**, qui consiste à répéter le texte sans l'expliquer.

• le **développement hors-sujet**, qui consiste à utiliser le document comme simple prétexte à une récitation du cours.

La bonne démarche consiste à toujours partir du texte, pour l'expliquer en mobilisant seulement les connaissances utiles.

Les réponses aux questions posées peuvent s'appuyer sur des citations du texte.

Le document doit être abordé de façon critique. Il ne faut pas hésiter à nuancer ou à contester les affirmations de l'auteur, à décoder ses intentions.

II. Application guidée

L'Amérique à la tête du monde libre

Avec les voisins et alliés qui partagent notre idéal de liberté, nous renforcerons nos liens historiques et nous les assurerons de notre soutien et de notre ferme engagement. [...] Aux ennemis de la liberté, à ceux qui sont nos adversaires potentiels, nous rappellerons que la paix est la plus haute aspiration du peuple américain. Nous négocierons pour elle, nous nous sacrifierons pour elle, mais nous n'abdiquerons jamais pour elle, ni maintenant ni jamais.

Notre patience ne devra jamais être mal comprise. Notre répugnance pour les conflits ne devra pas être interprétée comme un manque de volonté. Lorsqu'une action sera nécessaire pour préserver notre sécurité nationale, nous agirons. [...]

Par-dessus tout, nous devons nous rendre compte qu'aucune arme dans les arsenaux du monde n'est aussi formidable que la volonté et le courage moral d'hommes et de femmes libres. C'est une arme que nos adversaires, dans le monde d'aujourd'hui, n'ont pas. C'est une arme, que nous, Américains, nous avons. Que cela soit compris par ceux qui pratiquent le terrorisme et se jettent sur leurs voisins.

Ronald Reagan, discours d'investiture, 20 janvier 1981.

• **La nature du document** ne pose pas de problèmes : c'est un texte politique. Le discours d'investiture (*Inaugural Address*) est prononcé par le président des États-Unis quand il entre en fonctions deux mois et demi après son élection. C'est un discours programmatique, dans lequel le nouveau président fixe les grandes lignes de la politique de son mandat de quatre ans.

• L'**auteur** est donc un homme d'État de première importance. Le 4 novembre 1980, le républicain Ronald Reagan a été élu. Ancien acteur reconverti dans la politique, Reagan est un « grand communicateur ». Il a promis aux électeurs de rendre confiance à l'Amérique aussi bien à l'intérieur (en rompant avec l'État-providence) qu'à l'extérieur (en luttant fermement contre ses adversaires).
En ce début d'année 1981, le **contexte historique** est celui d'une forte tension Est Ouest.

• Il faut **expliciter** un certain nombre de **termes importants** du texte. Les « adversaires potentiels » évoqués par Reagan sont d'abord les Soviétiques et leurs alliés qu'il qualifie d'« ennemis de la liberté ». Renouant avec la rhétorique manichéene des débuts de la guerre froide, Reagan se pose en défenseur du « monde libre » contre « l'Empire du mal ». Il entend aider partout les « combattants de la liberté » (*freedom fighters*). On peut rappeler que les troupes soviétiques ont envahi l'Afghanistan en décembre 1979 (« ceux qui se jettent sur leurs voisins ») et que le Front sandiniste de libération nationale a pris le pouvoir au Nicaragua en juillet 1979. Parmi les adversaires de l'Amérique, Reagan pense peut-être aussi aux islamistes iraniens (« ceux qui pratiquent le terrorisme » ?), qui ont renversé le Chah en janvier 1979 et pris des otages à l'ambassade américaine de Téhéran en novembre 1979. Le jour même de ce discours, le 20 janvier 1981, ces otages ont été libérés.

• Le **thème principal** du texte est de définir la politique des États-Unis, qui se fonderait avant tout sur la défense de la liberté. Il s'agit ici d'**analyser** et éventuellement de **critiquer** cette définition. Fidèle à l'idée d'une « destinée manifeste » des États-Unis (leur mission serait d'apporter la liberté au monde, de diffuser leur modèle démocratique), Reagan affirme que la force des États-Unis réside moins dans leurs arsenaux que dans « la volonté et le courage moral d'hommes et de femmes libres ». On peut souligner qu'il associe toujours la fermeté à la défense de la paix (« la plus haute aspiration du peuple américain ») : Reagan ne veut pas apparaître comme un « va-t-en-guerre » irresponsable ; il se défend d'être belliciste, mais il déploie une rhétorique de la fermeté par opposition à son prédecesseur Carter qui était apparu comme un indécis.

• On peut se demander si la politique des États-Unis pendant la présidence de Reagan a correspondu à ces principes. Reagan a fait preuve de fermeté face aux camp soviétique en maintes circonstances : en soutenant les *moujahidin* afghans et les *contras* au Nicaragua, en installant des euromissiles en Europe en 1983, en intervenant dans l'île de la Grenade en 1983 pour renverser un régime marxisant. On peut cependant penser que certaines de ses initiatives n'ont pas favorisé le maintien de la paix : l'annonce de l'IDS en 1983 a relancé la course aux armements et menacé le principe de la dissuasion nucléaire ; le bombardement de la Libye en 1986 (en représailles à un attentat commis à Berlin-Ouest) a violé la souveraineté d'un État (considéré comme « terroriste » par Washington). On peut rappeler aussi l'affaire des ventes d'armes secrètes à l'Iran (pour financer l'aide aux *contras* du Nicaragua), assez peu conforme à la ligne morale affichée par Reagan.

Lire et commenter une carte historique

I. Conseils généraux

1. Une source « secondaire »

• Dans la plupart des cas, la carte historique n'est pas une source primaire (document contemporain des faits étudiés), mais une **source secondaire** : c'est un document de synthèse, réalisé par un historien longtemps après les événements et à partir de diverses données.

2. Interpréter la carte

• Avec une carte, l'historien cherche à **démontrer** quelque chose, exactement comme il le ferait avec une dissertation ou un exposé. La **légende** de la carte est l'équivalent du plan d'une dissertation, le **titre** de la carte indique souvent la problématique. La seule différence réside dans les moyens utilisés : il s'agit de données que l'on peut cartographier, **spatialiser.**

3. Les types de figurés

• Pour qu'une carte soit lisible, l'historien se limite à quelques indicateurs (une légende comporte rarement plus de huit rubriques). Il utilise **trois types de figurés** :

- **les figurés de surface :** aplats de couleur ou hachures, indiquant par exemple à quelle organisation appartient tel ou tel État.
- **les figurés linéaires :** flèches, représentant des flux, des migrations, des interventions militaires ; lignes continues ou pointillées, indiquant des frontières.
- **les figurés ponctuels :** symboles divers, qui sont placés sur un territoire pour représenter un phénomène (présence d'une base militaire, guerre, attentat, etc.).

• Les données, si elles sont quantifiables, peuvent être hiérarchisées (variation de la taille d'un figuré). Des couleurs appartenant à la même gamme (tons chauds ou froids) permettent de faire apparaître des liens entre plusieurs phénomènes.

4. Délimiter l'espace

• La carte **délimite un espace**. Il faut donc déterminer l'**échelle utilisée** : locale, nationale, continentale, mondiale. Il faut éventuellement s'interroger sur la validité de l'échelle choisie au vu du sujet traité.

5. Déterminer les bornes chronologiques

• La carte se **situe dans le temps**. Le plus souvent, une carte historique est un tableau, représentant un ensemble de phénomènes à un moment donné. Parfois, la carte veut faire apparaître une évolution entre deux dates (ce qui n'est pas toujours facile pour le cartographe).

6. Conseils pour commenter une carte

• En analysant le titre de la carte, la construction de la légende et le choix des figurés, on doit dégager la **problématique**. On peut alors commenter la carte et/ou répondre aux questions posées. Les réponses ne doivent pas se limiter à une paraphrase de la légende. Il faut éviter d'énumérer tous les pays touchés par un phénomène sans faire de regroupements et sans apporter d'explications.

II. Application guidée

L'arme nucléaire dans le monde d'aujourd'hui

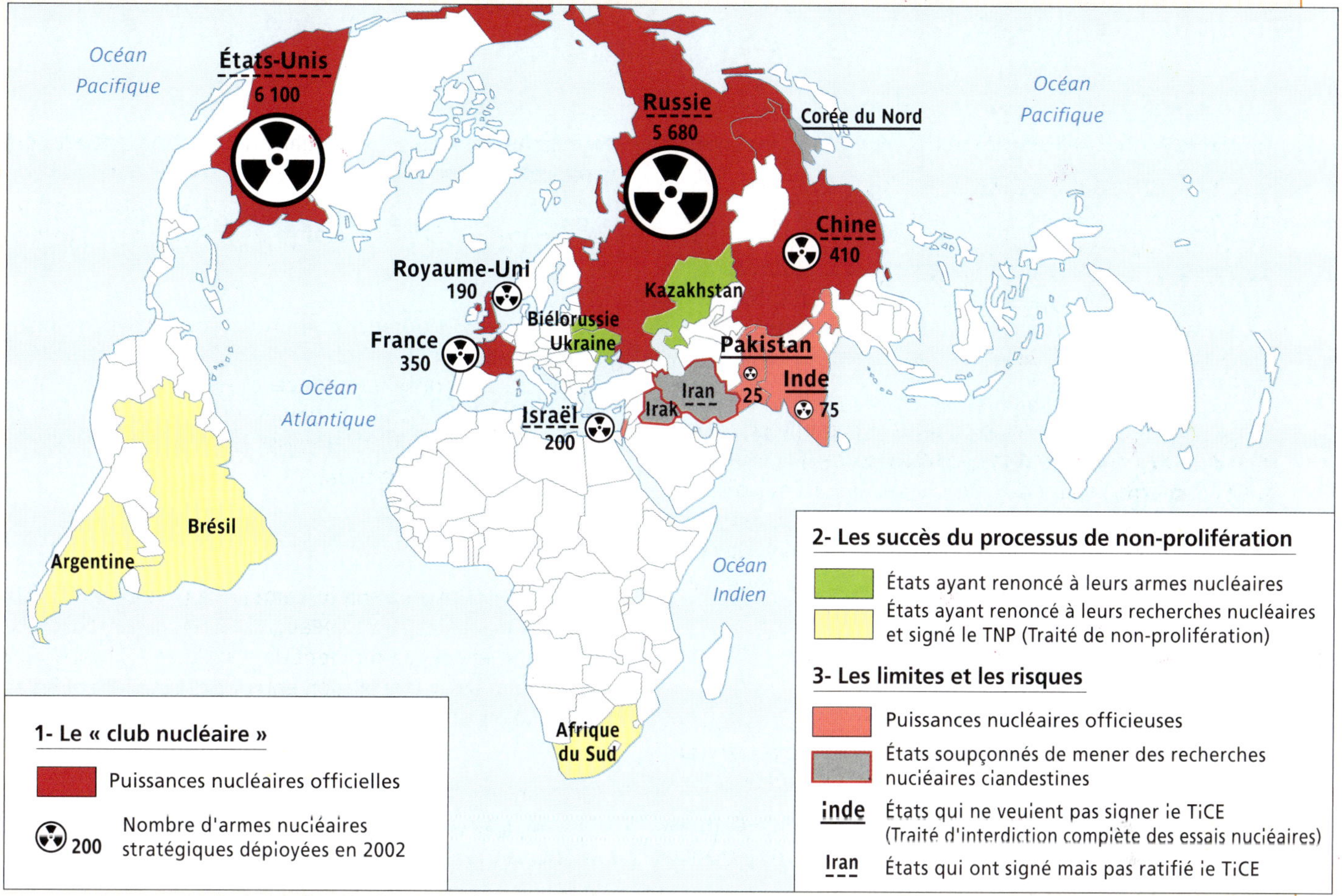

• Cette carte présente l'arme nucléaire dans le monde d'aujourd'hui. Il s'agit d'un tableau de la situation actuelle, depuis la fin de la guerre froide. La carte est un planisphère, puisqu'il s'agit d'une problématique planétaire. Le type de projection met bien en valeur l'inégale répartition de l'arme nucléaire : les cinq détenteurs officiels de cette arme (en rouge sur la carte) se trouvent dans l'hémisphère nord.

• Le titre de la carte est neutre, mais les trois parties de la légende indiquent la problématique : il s'agit de dresser le bilan du processus de non-prolifération des armes nucléaires. Proposé en 1968, prolongé en 1995, le TNP (traité de non-prolifération nucléaire) vise à limiter le « club nucléaire » aux États officiellement dotés de la bombe atomique et qui sont par ailleurs les cinq membres permanents du Conseil de sécurité de l'ONU. Les États signataires du TNP renoncent à l'arme nucléaire ; en échange, ils reçoivent une aide des cinq puissances dans le domaine du nucléaire civil. Ces dernières s'engagent à ne pas transférer des technologies nucléaires militaires. L'AIEA (agence internationale de l'énergie atomique), installée à Vienne et rattachée à l'ONU, est chargée de contrôler le dispositif.

• Beaucoup d'États ont accepté de jouer le jeu du TNP. Certains ont fini par abandonner leurs programmes nucléaires militaires (Brésil, Argentine, Afrique du Sud). Trois ex-républiques soviétiques ont accepté de transférer leurs armes nucléaires à la Russie.

• Mais trois États ont refusé de signer le TNP et ont réussi à se doter de la bombe atomique (Israël, Inde, Pakistan). Ce sont aujourd'hui des membres « officieux » du club nucléaire. Ils ont toujours contesté la logique de la non-prolifération, considérée comme inégalitaire, et revendiqué leur droit à la puissance nucléaire. Cet exemple pourrait inspirer d'autres pays, qui ont signé le TNP mais qui sont soupçonnés de mener des recherches clandestines. Le programme irakien a été interrompu suite à la guerre du Golfe (1991). Mais la Corée du Nord et l'Iran semblent très avancés dans leur programme.

• Les cinq puissances nucléaires officielles ne sont pas exemplaires. La Chine et la France n'ont adhéré au TNP qu'en 1992. Les États-Unis, la Russie et la Chine n'ont pas ratifié le TICE (traité d'interdiction complète des essais nucléaires). La Russie et la Chine ont été à plusieurs reprises accusées de transférer des technologies « sensibles » (en violation du TNP) à des pays comme le Pakistan ou l'Iran.

Analyser des données statistiques

I. Conseils généraux

Les données statistiques sont des sources essentielles pour l'histoire économique et sociale. Il faut donc en maîtriser la lecture et l'analyse.

A. Des données de natures diverses

Elles peuvent se présenter sous la forme d'un **tableau** à plusieurs données, ou bien sous la forme d'un **graphique**, qui est la transcription visuelle d'un tableau de données. Les trois types de graphiques les plus répandus sont les suivants :

► Le **diagramme circulaire** (ou « camembert ») est utilisé pour montrer une répartition à un moment donné. Les secteurs sont proportionnels aux différentes catégories exprimées en %.

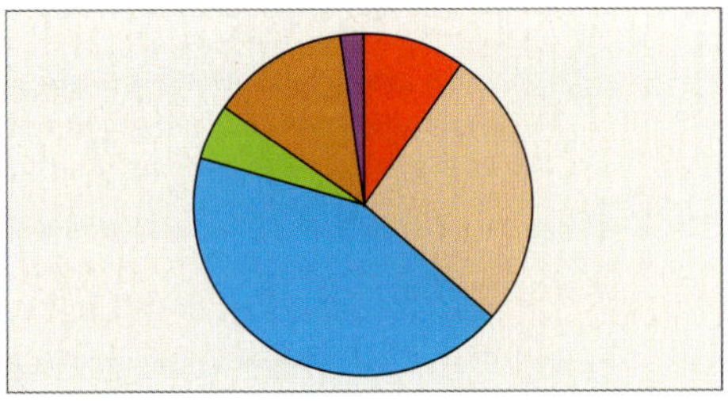

► Le **diagramme en bâtons** (ou histogramme) est utilisé pour représenter des séries discontinues (statistiques pour des années isolées ou pour des pays).

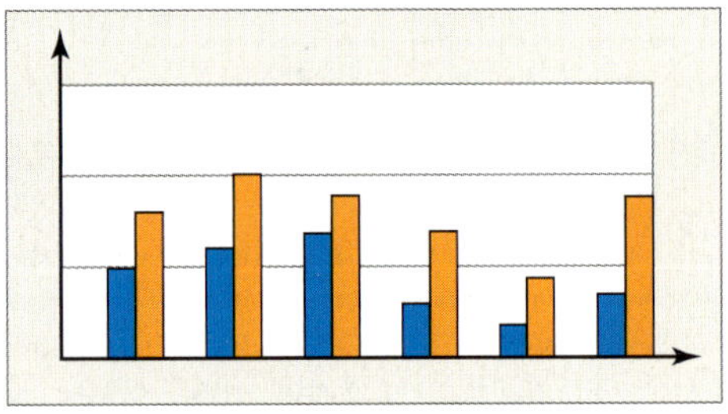

► La **courbe** est utilisée pour représenter des séries chronologiques continues.

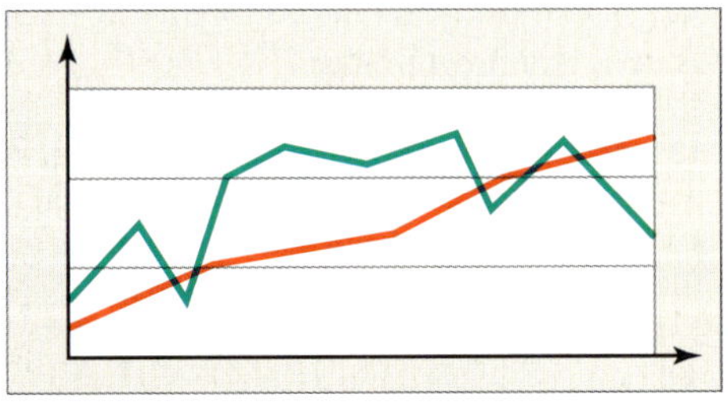

B. Étudier la construction du tableau

Pour lire un tableau ou un graphique, il faut identifier les éléments suivants :

- Le **sujet** : souvent le **titre** du tableau définit un sujet très vaste alors que les données sont limitées à quelques exemples significatifs.
- La **période** concernée : l'auteur choisit un contexte historique particulier. La durée entre les dates peut être inégale.
- Les **espaces** géographiques : l'auteur peut ici aussi n'avoir retenu que des exemples ; il faut s'interroger sur les raisons de ce choix.
- Les **unités** employées : ce sont soit des valeurs brutes (dollar, tonne, etc.) soit des valeurs relatives (%, indice). L'**indice** est le rapport entre une valeur à un moment choisi comme référence et une valeur à un autre moment.

C. Analyser les données

Pour analyser les données, il convient de suivre la méthode suivante :

- On doit aller du **général au particulier**, des grandes tendances aux nuances (variations dans le temps, différences entre les pays).
- Il faut savoir effectuer des **calculs** simples : transformer des valeurs brutes en valeurs relatives, calculer un taux de variation, calculer des moyennes pour dégager une tendance générale puis étudier les détails, les ruptures. Attention aux données inégales qui pourraient fausser le calcul.
- Il faut ensuite **classer** les données par ensembles homogènes, croiser les données les unes avec les autres. On évitera de comparer des données n'ayant pas la même base de référence.
- On peut enfin caractériser les évolutions, identifier les phénomènes, retrouver les concepts vus dans les leçons.

II. Application guidée

L'évolution économique des grandes puissances

	1961-1973	1974-1980	1981-1990	1991-2001
États-Unis				
Taux de croissance du PIB (%)	4,5	3,0	3,3	3,8
Taux d'inflation (%)	2,9	8,2	4,5	2,0
Taux de chômage (%)	4,9	6,8	7,1	4,0
Japon				
Taux de croissance du PIB (%)	9,2	4,2	4,1	1,4
Taux d'inflation (%)	6,2	9,3	2,1	0,4
Taux de chômage (%)	1,2	1,9	2,5	3,5
Allemagne				
Taux de croissance du PIB (%)	4,3	2,5	2,5	2,2
Taux d'inflation (%)	3,4	4,7	2,6	1,6
Taux de chômage (%)	0,8	3,4	7,1	7,3
France				
Taux de croissance du PIB (%)	5,3	2,5	2,5	2,4
Taux d'inflation (%)	4,9	11,3	6,5	1,4
Taux de chômage (%)	2,3	4,8	9,3	9,2
Royaume-Uni				
Taux de croissance du PIB (%)	3,3	1,4	3,1	2,7
Taux d'inflation (%)	4,8	15,7	6,2	2,9
Taux de chômage (%)	2,1	4,5	9,5	5,6

Source : OCDE

• Ce tableau de données présente l'évolution des cinq plus importantes puissances économiques sur une quarantaine d'années, de 1961 à 2001. Il couvre donc un champ géographique et chronologique assez vaste. Il est construit de manière assez complexe, puisque l'auteur a retenu quatre périodes de durée inégale et fourni pour chaque période et chaque pays trois indicateurs économiques (qui sont des moyennes annuelles).

• En comparant la première et la deuxième colonne du tableau, on repère une rupture nette dans l'évolution économique des cinq pays. Il faut montrer qu'après 1973 l'on passe d'une phase de forte croissance (appelée « Trente Glorieuses » en France ou « miracle économique » en Allemagne) à une période qui combine croissance ralentie et inflation (la stagflation). On peut le faire en calculant une moyenne (PIB et inflation) pour l'ensemble des cinq pays sur les deux périodes à comparer.

• La montée du chômage après 1973 est la conséquence sociale la plus évidente du changement de rythme économique. Ce chômage est dans une large mesure la conséquence de la désindustrialisation des pays développés à économie de marché (PDEM). On peut là aussi calculer le taux de chômage moyen des cinq pays pour mettre en valeur l'évolution générale d'une période à l'autre.

• Mais il faut ensuite nuancer, en soulignant l'évolution divergente des grandes puissances dans les années 1980 et 1990. Si partout le problème de l'inflation a été maîtrisé, deux pays se distinguent par un dynamisme supérieur à la moyenne (croissance plus forte, chômage plus faible) : les États-Unis et le Royaume-Uni. Ces résultats doivent être reliés à la politique néolibérale adoptée dans les années 1980 par Ronald Reagan et Margaret Thatcher. L'Allemagne et la France, en revanche, se caractérisent par un taux de croissance moins rapide et surtout par un chômage qui reste très élevé. On notera enfin la situation particulière du Japon, qui traverse une période de récession dans les années 1990.

Analyser une caricature

I. Qu'est-ce qu'une caricature ?

La caricature est une image (dessin, peinture, etc.) qui porte un jugement critique, sous une forme humoristique. Elle fait référence à des événements précis qu'elle déforme ou exagère. Son but est de ridiculiser, stigmatiser une situation ou une personne. L'analyse de la caricature a donc pour objectif de déceler l'intention de son auteur.

1. Les personnages sont représentés dans un **cadre** qui correspond, de façon métaphorique ou allégorique, au sujet traité. Le dessin est souvent secondé par un titre.

2. Les traits du visage révèlent l'humeur et le caractère du personnage.

3. Le texte fournit des indications supplémentaires sur les personnages et sur le contexte.

4. Les **emblèmes** nationaux symbolisent certains pays ou leurs gouvernements.

5. Les **caractéritiques** ou **attributs** évoquent des personnes réelles et leur caractère ou bien leurs intentions.

« Vue du sommet en 1982 », caricature de Walter Hanel, RFA, *EG-magazin*, avril 1982.

II. Comment analyser une caricature ?

Conseils généraux	Application guidée
1. Présenter le document	**Titre :** Vue du sommet en 1982. **Auteur :** Walter Hanel. **Date de parution :** avril 1982. **Lieu de parution :** *EG-magazin.* **Sujet :** Les négociations sur le désarmement entre le Conseil européen et l'URSS en mars 1982.
2. Définir le contenu de la caricature en analysant les différents modes de représentation • Qui sont les personnages caricaturés ? • Comment sont-ils représentés ? • Quels autres symboles ou attributs sont dessinés ? • Que signifient-ils ?	**Caractéristiques des personnages :** Brejnev (les sourcils), Thatcher (le tailleur, la coiffure, le sac à main), Mitterrand, Schmidt, Genscher (les traits du visage). **Situation :** Brejnev, furieux, est assis dans une chambre sombre ; les puissances européennes ne peuvent le voir que par le trou de la serrure. Brejnev brandit son propre portrait en ange de la paix. Les missiles derrière lui évoquent la puissance réelle de l'URSS en matière d'armement tandis que le dessin qu'il tient à la main indique son intention de tromper les autres participants. **Emblèmes nationaux :** URSS, Royaume-Uni.
3. Replacer le dessin dans son contexte historique • À quel événement la caricature fait-elle allusion ?	**Contexte :** missiles SS 20 en URSS depuis 1979 et « double décision » de l'OTAN. **Actualité :** conférence au sommet sur le désarmement à Genève en mars 1982 au cours de laquelle l'URSS promet, entre autres, de renoncer unilatéralement au déploiement de missiles SS 20 en Europe ; importance discutable de cette décision en raison de la portée de 1 000 km des missiles.
4. Élucider le message de l'auteur • Quel est le point de vue du dessinateur sur les événements représentés ?	**Doutes** sur les possibilités pour la CEE d'évaluer ces propositions de désarmement : en effet, sur le dessin, le spectateur a une vue plus complète de la scène que les personnes représentées. De plus, les membres du Conseil européen ont une mauvaise connaissance de l'armement russe (trou de serrure). **Mise en garde** devant les intentions réelles de l'URSS, accentuée par le titre ironique « Vue du sommet ».
5. Déterminer la portée du document • S'agit-il ici d'un thème central ou d'un sujet marginal ?	Le dessin traite d'un **thème** lié à une actualité politique particulièrement brûlante.

Exercice • À l'aide des éléments ci-dessus, rédigez l'analyse écrite de la caricature.

Rédiger une composition

I. Conseils généraux

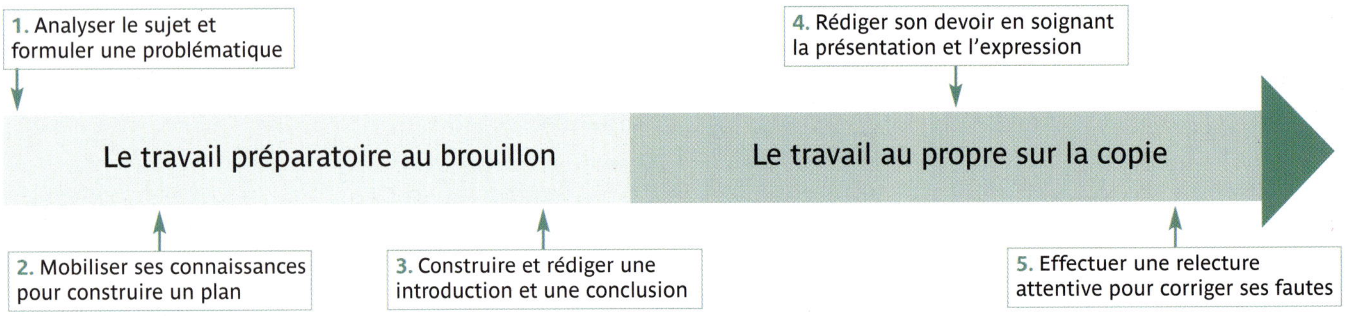

1. Qu'est-ce qu'une composition ?

En histoire, une composition est une **démonstration**, avec une argumentation clairement organisée : elle pose une **problématique** et y répond par un **plan** approprié. Il faut donc éviter la simple description, le récit purement événementiel, la récitation : les connaissances doivent toujours être mobilisées et organisées en fonction du sujet. L'exhaustivité n'est pas nécessaire : la méthode la plus efficace est généralement de développer un exemple significatif pour chaque étape du raisonnement.

2. Formuler une problématique

Formuler la **problématique**, c'est déterminer l'enjeu du sujet, poser le problème historique auquel on demande de répondre. Parfois, la problématique est explicite car le sujet est formulé de manière interrogative sous la forme d'une question. Mais le plus souvent, la problématique doit être explicitée. Pour ce faire, il faut étudier en détail l'énoncé du sujet, en peser chaque terme. C'est un travail essentiel, car si la problématique n'est pas bien formulée, le devoir sera en partie ou en totalité hors sujet.

3. Analyser le sujet

Pour « décortiquer » l'**énoncé du sujet**, on peut s'aider de questions simples : **quoi ? quand ? où ?**

- **Quoi ?** Les premiers termes du sujet sont généralement les plus importants : il faut donc les définir avec précision. Si deux termes sont reliés par un mot de liaison (et, dans), le sujet porte sur les relations entre les deux notions.
- **Quand ?** Les bornes chronologiques du sujet sont souvent explicites ; si elles ne le sont pas, il faut déterminer précisément la période couverte par le sujet. Quand le sujet comporte deux dates, il faut justifier le choix de ces points de départ et d'arrivée.
- **Où ?** Le sujet se limite généralement à un espace, qu'il faut définir précisément (pour éviter le hors sujet) et dont il faut comprendre le choix.

4. Élaborer un plan

Une fois le sujet analysé et la problématique posée, il faut trouver le plan le mieux adapté à la démonstration. Le **plan** comporte deux ou trois parties (exceptionnellement quatre), d'une longueur comparable. Chaque partie est subdivisée en plusieurs sous-parties, bien visibles dans la copie. Les transitions entre chaque étape du raisonnement doivent être claires : n'oubliez jamais que vous n'êtes pas là pour réciter ou raconter, mais pour démontrer quelque chose.

- Le **plan chronologique** s'impose pour la plupart des sujets portant sur une période assez longue : il consiste à expliquer une évolution en déterminant des tournants importants, des dates charnières à l'intérieur de la période considérée.
- Le **plan thématique** est obligatoire pour les sujets qui n'impliquent pas d'évolution (tableau, bilan) et possible pour d'autres : il consiste à organiser la démonstration autour de quelques grands thèmes.

5. Rédiger la composition

Quand le plan est choisi, on peut passer à la **rédaction** proprement dite. Le devoir est composé d'une introduction, d'un développement en plusieurs parties et d'une conclusion. Cette structure doit apparaître nettement dans le devoir pour faciliter la lecture. L'**introduction** doit définir le sujet (notamment en le délimitant dans le temps et dans l'espace), poser la problématique (sous la forme d'une question) et annoncer le plan. Le développement doit être rédigé dans un style impersonnel (on évite l'emploi du « je » ou du « nous ») et de préférence au présent de narration (le futur est proscrit dans un développement historique). La conclusion propose une réponse synthétique à la problématique et une ouverture sur un problème historique nouveau.

II. Réflexions autour de quelques types de sujets

Sujet
L'Allemagne en 1945

C'est un **sujet tableau**, qui demande de présenter la situation de l'Allemagne à l'issue de la Seconde Guerre mondiale, en cette « année zéro » que représente pour elle 1945. Il faut impérativement adopter un **plan thématique**.

Par exemple :

1. Un pays vaincu et occupé.

2. Un lourd bilan économique, humain et moral.

3. Quelles bases pour la reconstruction ?

Sujet
Bilan de la Seconde Guerre mondiale en Europe

C'est un **sujet bilan**, proche du sujet tableau et qui implique aussi un **plan thématique**. La problématique est celle de l'affaiblissement de l'Europe, à l'issue d'un conflit qui l'a ravagée et, en partie, discréditée.

Sujet
L'année 1949 dans le monde

Ce type de sujet consiste à montrer pourquoi une année peut être considérée comme une charnière, un tournant important dans l'histoire.

On adopte un **plan thématique**, parce qu'il paraît difficile de découper une année en sous-périodes significatives.

L'année 1949 a été choisie parce qu'elle marque l'entrée définitive du monde dans la guerre froide, avec la constitution des blocs en Europe (OTAN, CAEM), la division de l'Allemagne en deux États (RFA/RDA), la victoire du communisme en Chine, l'acquisition de la bombe nucléaire par l'URSS.

Sujet
La France dans l'Europe de 1945 à 1991

Le « dans » est ici essentiel : le sujet porte sur la place de la France en Europe, ses rapports avec les autres pays européens, le rôle qu'elle entend jouer dans la construction européenne, etc. Le sujet ne porte donc ni sur l'histoire intérieure de la France, ni sur la construction européenne en tant que telle, mais bien sur les rapports entre la France et l'ensemble du continent (y compris les « pays d'Europe centrale et orientale »). Si les relations politiques sont essentielles, il ne faut pas négliger les relations économiques ou culturelles.

Le **plan chronologique** s'impose, sur une période aussi longue, où la position de la France a évolué.

Par exemple :

1. Le choix de l'Europe (1945-1957).

2. La France gaullienne, leader de l'Europe contre les États-Unis ? (1958-1969).

3. Une politique plus pragmatique d'ouverture européenne (1969-1991).

Sujet
Atlantisme et construction européenne

Le sujet avec « et » implique de réfléchir à la relation entre deux notions. Ici, il faut interroger les rapports entre l'atlantisme (politique qui place la défense de l'Europe sous la direction des États-Unis dans le cadre de l'OTAN) et le processus de construction européenne qui a donné naissance à la CEE, puis à l'UE. Le sujet n'est pas précisément daté : il commence vers 1949 (création de l'OTAN) ou 1950 (plan Monnet-Schuman) et va jusqu'à aujourd'hui. La problématique est celle de la complémentarité ou de l'opposition entre les deux démarches. Le plan est nécessairement **chronologique**.

Par exemple :

1. L'Europe se construit avec l'aide des États-Unis (1949-1957).

2. L'Europe devient un concurrent des États-Unis (1957-1991).

3. L'UE peut-elle se passer de l'OTAN après la fin de la guerre froide ?

Bâtir et présenter un projet

I. Qu'est-ce qu'un projet ?

• Il s'agit de permettre aux élèves de définir leurs objectifs de travail dans un cadre thématique donné (par exemple organiser une exposition sur les mémoires de la guerre).

• Les projets offrent la possibilité d'acquérir de nombreuses connaissances grâce au travail de recherche. Les élèves participent à l'élaboration du plan et à la mise en forme du projet ; ce sont eux qui formulent leurs propres conclusions.

• Le projet prépare les élèves au monde du travail : ils travaillent en équipe et doivent engager leur responsabilité sur le choix des sujets et des conclusions apportées.

• Même si le professeur est prêt à donner des conseils ou à intervenir en cas de difficultés, le projet est une expression typique de l'autonomie de l'élève à laquelle le système scolaire allemand attache beaucoup d'importance.

Les étapes d'un projet	**Exemple** Une exposition-photo sur la fin de la guerre en 1945
1. Définir le projet • **Préciser le projet :** définition du sujet, prise en compte du public (à qui s'adresse-t-on ?), choix de la forme de la présentation, définition des objectifs (quel message veut-on transmettre au public ?). • **Définir les rôles de chacun :** qui rassemble les informations, qui organise le projet ? À ce niveau, il faut classer les documents par sources d'informations (ouvrages, Internet, journaux, témoins) et non pas en fonction des thèmes abordés.	• **Définition du sujet :** La fin de la guerre en 1945 est très souvent présentée dans une perspective politique et sociale générale. Que pourrait-on tirer d'une enquête qui s'intéresse à un point de vue plus personnel ? • **Présentation :** exposition de panneaux mobiles dans la classe. • **Première étape :** constitution de petits groupes chargés de faire des recherches.
2. Rechercher des documents • Rassembler et consulter des informations et documents fondamentaux.	• Première recherche documentaire à préparer pour le cours suivant : Internet, revues, films documentaires, expositions, etc.
3. Élaborer un plan • Définir des bornes au sujet (contenu et chronologie). • Mettre en place le projet : formulation précise du sujet et de sa problématique. • Établir des sujets de recherches pour chaque participant et répartir les tâches entre eux. • Définir un planning et s'organiser.	• Consulter l'ensemble des informations pour formuler une problématique concrète. • Sujet possible : « Comment les témoins ont-ils vécu la fin de la guerre en 1945. Quelle signification cette rupture a-t-elle eu pour eux ? » • Structurer le projet autour de ses différents aspects : il s'agit de comparer et/ou d'opposer deux termes : « Fin/nouveau départ », « destructions/reconstruction », « libération/emprisonnement », « joie/incertitude », « retour/expulsion », « culpabilité/accusation ».
4. Mettre en œuvre le projet • Rassembler les documents en fonction des différents sujets fixés préalablement. • Réaliser et rédiger chaque partie du projet (les différents intervenants se répartissent le travail). • Coordonner et rassembler chaque travail individuel pour en faire un travail collectif.	• Rechercher une documentation iconographique pertinente. • Préciser le contexte historique des photos. • Choisir les photos à exposer et rédiger de courtes légendes.
5. Vérifier ses informations • Comparer le résultat avec le sujet du projet et sa problématique. • Examiner le résultat global sur le plan scientifique ; il faut aussi se demander comment rendre le travail intelligible et accessible de façon à éveiller l'intérêt du public. • Corriger et éventuellement porter des améliorations à son travail.	On doit se poser un certain nombre de questions : • Le résultat obtenu est-il conforme à l'objet de l'étude historique ? • Y a-t-il des lacunes au niveau du contenu ou des répétitions ? • Certains aspects sont-ils trop développés ou au contraire trop peu abordés ? • Les images et les textes sont-ils suffisamment expressifs et pertinents ?
6. Présenter son projet • Faire une présentation orale. • Dialoguer avec le public et attendre des retours. • Si possible, présenter le projet dans la presse locale ou dans le journal des élèves du lycée.	• Mettre en place et inaugurer l'exposition. • Présenter le projet devant des classes de même niveau.

II. Quelles sources d'information ?

A. Les archives

► **Que faut-il en attendre ?** Les archives rassemblent les documents officiels provenant de sources diverses : des pouvoirs publics, des tribunaux, des associations, d'organisations (comme les affiches électorales) ou des vieux journaux. Les fonds personnels des particuliers contiennent souvent des notes prises de façon quotidienne, des photographies ou des lettres.

► **Précautions :** l'élève doit préparer la consultation des archives par un travail préliminaire détaillé permettant de cerner le sujet à traiter. Il faut repérer les fonds disponibles et se renseigner pour savoir si les heures d'ouverture au public permettent la consultation de toutes les sources. Les documents originaux contiennent généralement des points de vue personnels qui doivent être analysés et replacés dans leur contexte historique.

B. Entretiens avec des témoins

► **Que faut-il en attendre ?** Ces entretiens permettent de mesurer les conséquences des événements et des processus historiques sur la vie des individus. Ils reflètent souvent une approche très émotionnelle de l'histoire.

► **Précautions :** pour apprécier la valeur des témoignages, il faut les pondérer en les replaçant dans une perspective plus générale permettant de déterminer si ces témoignages sont représentatifs de la période. De plus, il faut faire attention car le témoin peut adapter ses souvenirs aux attentes politiques et sociales et les transformer de manière consciente ou inconsciente.

Souvent, dans un entretien, un témoin est confronté à des expériences vécues marquantes, voire douloureuses. Il est donc important de se préparer pour prendre en compte la sensibilité de l'interlocuteur.

C. Recherches sur Internet

► **Que faut-il en attendre ?** Internet offre de nombreuses informations et un accès rapide et complet aux sources. Mais à l'inverse d'une recherche aux archives et des entretiens, ce n'est pas une source directe.

► **Précautions :** il faut être particulièrement critique quant à la véracité et l'authenticité des documents et des images, et notamment être vigilant sur l'origine des informations.

III. Comment présenter le projet ?

A. La vidéo

- Ce support permet de présenter des témoins et de montrer des lieux historiques de façon authentique. Il faut veiller à bien monter le film et à enchaîner sources iconographiques et sources textuelles. Un ou plusieurs narrateurs doivent accompagner le film par leurs commentaires.
- Les participants doivent veiller à ne pas perdre de vue le débat de fond en se focalisant sur des questions techniques ou de mise en forme.

B. Le site Internet

- Ce type de présentation offre le meilleur moyen technique pour publier son projet sous forme détaillée, illustré par des documents iconographiques ou des schémas. On peut alors réaliser une présentation à plusieurs niveaux ; la mise en place de liens permet de renvoyer facilement à une page complémentaire.
- Mais, comme dans le cas de la présentation vidéo, les élèves courent le risque de perdre de vue le contenu au profit de la réalisation technique.

C. L'exposition

- L'organisation d'une exposition permet aisément de confronter l'exposé et les documents écrits et visuels. Photographies, schémas et textes peuvent être présentés sur des panneaux mobiles, et les objets destinés à l'exposition placés dans des vitrines ou être présentés tels quels.
- À l'inverse d'un site Internet, les textes doit être plus courts afin de capter l'attention du public. L'avantage pratique de l'exposition est la simplicité de sa réalisation technique.

Préparer et présenter un exposé

I. Conseils généraux

A. Sens et objectif d'un exposé

• **Définition**
L'exposé est une présentation orale structurée sur un thème précis dont le but est de transmettre des informations objectives.

• **Domaines d'application**
La technique de l'exposé (préparation et présentation) est très importante ; au-delà du cadre strictement scolaire, elle peut également servir dans le cadre universitaire, dans l'entreprise, en politique ou dans le domaine administratif.

B. Développer la problématique et définir le sujet

• **Formuler une problématique**
Avant la recherche approfondie d'informations, l'auteur de l'exposé délimite le sujet dans le temps et dans l'espace. Il formule clairement une question directrice à laquelle l'exposé doit répondre.

• **Élaborer un plan**
Le plan est élaboré à partir de la problématique. Dans la mesure du possible, il est judicieux de le bâtir avant de procéder à la recherche d'informations : ainsi, la recherche est ciblée et plus rapide. On peut ensuite revoir le plan en fonction des éléments trouvés.
Le choix du plan dépend du sujet de l'exposé : un débat entre spécialistes peut être aisément abordé dans le cadre d'une structure dialectique ; pour traiter d'une évolution linéaire (par exemple l'évolution économique en Europe de 1945 à 1970), un plan chronologique ou thématique est au contraire plus adapté (voir page suivante).

C. Préparation et présentation de l'exposé

• **Être tourné vers le public**
Il est important d'établir sans cesse un contact visuel avec les auditeurs. Celui qui présente l'exposé peut ainsi manifester qu'il tient compte des réactions du public en adaptant par exemple son rythme de parole ou, en cas de besoin, en ajoutant des explications complémentaires.
Il est conseillé de « guider » les auditeurs à travers l'exposé. Le plan est énoncé rapidement au début de la présentation et, dans la mesure du possible, de façon visuelle. Durant l'exposé, il faut se référer au plan en indiquant clairement où on en est (« J'en arrive maintenant au deuxième point, à savoir les conséquences politiques de la Seconde Guerre mondiale... »).

• **Faire preuve de clarté**
Lors de la préparation d'un exposé, on ne doit jamais perdre de vue la question : « Est-ce que, si j'étais auditeur, il me serait possible de suivre facilement et avec intérêt les explications ? » Afin de ne pas submerger le public d'informations, il est indispensable de limiter l'exposé aux aspects essentiels. Dans ce but, il est souvent possible de procéder en donnant des exemples.

• **Présenter l'exposé sans notes détaillées**
L'interaction avec le public n'est possible que si on ne lit pas ses notes. Celui qui présente l'exposé doit se limiter à écrire le plan et les mots-clés pour aider sa mémoire. Il est important d'utiliser des phrases simples et de parler distinctement. Pour acquérir de l'assurance et évaluer de manière réaliste la durée de l'exposé, il faut s'exercer avant au moins une fois.

• **Présenter l'exposé de manière visuelle**
Il est conseillé d'inscrire le plan visiblement sur un tableau et de proposer des documents iconographiques, des schémas et de cartes. On peut ainsi utiliser un rétroprojecteur. La documentation visuelle doit être intégrée à l'exposé au moyen de gestes et d'explications claires.

• **Conclure**
À la fin de l'exposé, il faut répondre dans une conclusion à la problématique posée au début. Lorsque la réponse est problématique ou que plusieurs réponses sont possibles, l'élève doit l'exprimer clairement. Il peut poser ensuite la question au public et ouvrir ainsi une discussion.

II. Application guidée

Sujet : Comment s'est déclenchée la guerre froide en Europe (1945-1949) ?

L'introduction

- Formuler et analyser une problématique : comment s'est déclenchée la guerre froide ?
- Délimiter le sujet dans le temps et dans l'espace : l'Europe de 1945 à 1949.
- Énoncer brièvement le plan.

Les différents plans

Plan chronologique (met en évidence les grandes périodes)	Plan thématique (met en évidence les champs thématiques)	Plan dialectique (met en évidence une logique argumentative)
1. 1945 : l'éclatement de la Grande Alliance • disparition de l'ennemi commun. • résultats et problèmes posés par la conférence de Potsdam.	**1. Les facteurs idéologiques** • différences entre les modèles institutionnels et sociaux des puissances occidentales et de l'Union soviétique. • conviction dans chaque camp d'être investi d'une mission politique.	**1. Thèse : l'expansion soviétique est la cause du conflit Est-Ouest** • constitution d'États-satellites autour de l'Union soviétique en Europe centrale et orientale. • non-respect de la part des Soviétiques du droit des peuples à disposer d'eux-mêmes. • fondation du Kominform et du CAEM. • politique de blocus à Berlin en 1948-1949.
2. 1946-1948 : orientations différentes à l'Est et à l'Ouest • naissance des démocraties populaires à l'Est. • établissement et consolidation des démocraties libérales à l'Ouest.	**2. Les conséquences politiques de la Seconde Guerre mondiale** • affaiblissement militaire et politique des États européens dû à la Seconde Guerre mondiale. • absence de pouvoir politique au centre de l'Europe, remplacé notamment par des forces américaines et soviétiques.	**2. Antithèse : le renforcement des liens entre des États d'Europe occidentale et les États-Unis divise l'Europe** • doctrine Truman et plan Marshall. • encouragement à l'installation d'une économie de marché en Europe. • établissement d'un État démocratique et libéral en Allemagne de l'Ouest.
3. 1949 : la division de l'Europe s'accentue • fondation de l'OTAN. • fondation de la République fédérale d'Allemagne et de la République démocratique allemande.	**3. Le comportement des superpuissances depuis 1945** • plan Marshall et doctrine Truman • Kominform et doctrine Jdanov. • blocus de Berlin. • fondation des deux États allemands.	**3. Synthèse : les mesures prises par les États-Unis et l'URSS suscitent dans l'autre camp des réactions de défense** • Mécanisme réactif.

La conclusion

- Répondre à la question posée au début de l'exposé.
- Éventuellement poser la question aux auditeurs et ouverture d'une discussion.

Konrad ADENAUER

(1876-1967)

Dirigeant du Zentrum (parti du centre catholique) pendant la République de Weimar, maire de Cologne, il organise entre 1945 et 1949 la CDU (Union chrétienne-démocrate). Il est élu chancelier de la nouvelle RFA (République fédérale d'Allemagne) en septembre 1949, contre son rival social-démocrate. À ce poste, il dirige jusqu'en 1963 une Allemagne de l'Ouest fondée sur la démocratie parlementaire et le « miracle économique ». Il fait le choix décisif de la construction européenne, qui permet à l'Allemagne de se réconcilier avec la France et de réintégrer la communauté internationale. En 1950, il accepte le plan Monnet-Schuman, qui lance la CECA. Après l'échec de la CED en 1954, il fait entrer la RFA dans l'OTAN. En 1957, il signe le traité de Rome. À partir de 1958, séduit par de Gaulle, il intensifie la coopération franco-allemande (traité de l'Élysée en 1963).

Yasser ARAFAT

(1929-2004)

Issu d'une famille palestinienne installée en Égypte, il prend conscience des limites de la solidarité des pays arabes à l'égard des Palestiniens. Il décide donc en 1959 d'organiser un mouvement palestinien autonome : le Fatah (Mouvement de libération nationale), qui mène des opérations armées contre Israël. En 1969, il devient le président de l'OLP (Organisation de libération de la Palestine). Installé à Beyrouth (1970) puis à Tunis (1982), il incarne aux yeux du monde entier la cause palestinienne. Il est reçu en 1974 à l'ONU, qui reconnaît l'OLP comme le représentant légitime du peuple palestinien. En 1988, il amorce un tournant essentiel en reconnaissant l'État d'Israël et en prenant ses distances avec le terrorisme. Il signe les accords d'Oslo en 1993, ce qui lui vaut le prix Nobel de la paix 1994 avec Yitzhak Rabin. Président de l'Autorité palestinienne, il est confronté aux difficultés du processus de paix et contesté par les mouvements islamistes qui se sont développés chez les Palestiniens.

Willy BRANDT

(1913-1992)

Herbert Karl Frahm, militant socialiste, quitte l'Allemagne en 1933 : il s'exile en Norvège, dont il devient citoyen sous le nom de Willy Brandt, puis en Suède. Il revient en Allemagne en 1945 comme correspondant de la presse norvégienne au procès de Nuremberg. Il reprend la nationalité allemande en 1947 et il est élu maire de Berlin-Ouest en 1957. La crise du mur de Berlin (1961) lui donne une notoriété internationale. Leader du SPD, il devient en 1966 vice-chancelier et ministre des Affaires étrangères dans un cabinet de Grande Coalition. Élu chancelier en 1969, il est le premier social-démocrate à la tête d'un gouvernement allemand depuis 1930. Il lance l'*Ostpolitik*, symbolisée par son agenouillement devant le mémorial du ghetto de Varsovie (1970) et récompensée par le prix Nobel de la paix en 1971. Il démissionne en 1974, parce que l'un de ses proches conseillers (Günter Guillaume) était un espion de l'Est. Il reste ensuite une personnalité écoutée, notamment comme dirigeant de l'Internationale socialiste.

Leonid BREJNEV

(1906-1982)

Après une longue carrière d'apparatchik sous Staline, il participe en 1964 à l'éviction de Khrouchtchev et s'impose vite comme le chef tout-puissant de l'URSS. Au cours de son long « règne », il reprend la répression contre les dissidents et il incarne les fluctuations de la diplomatie soviétique. En 1968, il met fin au « printemps de Prague » et énonce la doctrine de la « souveraineté limitée » aussi appelée « doctrine Brejnev ». En 1972, il signe les accords SALT 1 à Moscou avec Nixon, puis en 1975 l'Acte final d'Helsinki. Mais il profite de la détente pour renforcer le camp socialiste en Afrique et il relance la guerre froide en envoyant les troupes soviétiques en Afghanistan en 1979. À sa mort, l'URSS fait figure de superpuissance militaire, mais c'est un pays affaibli par la gestion bureaucratique de l'économie et la dictature, par ce que Gorbatchev appelle un peu plus tard la « stagnation brejnévienne ».

George H. W. BUSH

(1924)

Issu d'une riche famille de Nouvelle-Angleterre, aviateur héroïque pendant la Seconde Guerre mondiale, diplômé d'économie en 1948, il décide de se lancer dans les affaires. De 1948 à 1966, il dirige une société pétrolière au Texas. Représentant républicain du Texas de 1967 à 1971, il occupe ensuite des postes importants dans la diplomatie puis à la CIA. Vice-président de Reagan (1981-1988), il est élu président des États-Unis en novembre 1988. Il doit alors redéfinir le rôle des États-Unis dans un monde qui sort de la guerre froide. Il déclenche l'opération « Tempête du désert » en 1990-1991, qui oblige l'armée irakienne de Saddam Hussein à évacuer le Koweït qu'elle avait envahi. Il peut alors annoncer un « nouvel ordre mondial ». Mais les problèmes économiques et sociaux provoquent sa défaite à l'élection présidentielle de novembre 1992.

George W. BUSH

(1946)

Fils du président George H. W. Bush, il a, comme son père, travaillé dans les milieux pétroliers du Texas. Gouverneur républicain du Texas de 1994 à 2000, il durcit la répression de la délinquance et applique d'une manière inflexible la peine de mort. En novembre 2000, il est élu président des États-Unis par 271 grands électeurs et 49,82 millions de voix contre le candidat démocrate Al Gore (267 grands électeurs et 50,16 millions de voix). Ces résultats très serrés furent contestés (irrégularités en Floride). Entouré de conseillers issus des milieux les plus réactionnaires du Parti républicain, il mène une politique extérieure très critiquée dans le monde, car fondée sur l'affirmation unilatérale de l'hyperpuissance américaine. Cette politique est accentuée après les attentats terroristes qui frappent les États-Unis le 11 septembre 2001.

James (Jimmy) E. CARTER

(1924)

Né en Géorgie, dans le « Vieux Sud » rural, il commence une carrière dans la marine (sous-marins nucléaires), puis il reprend en main la ferme familiale en 1953 à la mort de son père. Sénateur démocrate de Géorgie en 1962, gouverneur en 1970, c'est un politicien ambigu, vantant à la fois la technologie moderne et les valeurs traditionnelles de la morale protestante. Il est élu président des États-Unis en novembre 1976 contre le républicain Gerald Ford. Sa politique intérieure est gênée par le marasme économique qui sévit depuis 1973. Sa politique extérieure connaît quelques succès (accords de Camp David entre Israël et l'Égypte en 1978). Il veut fonder la diplomatie américaine sur les droits de l'homme, mais il est confronté à de grandes difficultés à partir de 1979 (révolution iranienne, invasion de l'Afghanistan par l'URSS). Vaincu par Reagan aux élections de 1980, il continue cependant à jouer un rôle d'arbitre international dans certains conflits. En 2002, il obtient le prix Nobel de la paix.

Fidel CASTRO
(1927)

Avocat aux idées progressistes et nationalistes, il entre en lutte contre la dictature instaurée à Cuba en 1952 par Batista et soutenue par les États-Unis. Emprisonné de 1953 à 1955 après une première insurrection ratée, il reprend la lutte armée en 1956. Il conquiert le pouvoir avec ses « barbudos » le 1er janvier 1959, tandis que Batista s'enfuit de Cuba. L'hostilité des États-Unis (opération ratée de la baie des Cochons en 1961) le pousse à demander le soutien de l'URSS, alors qu'il n'était pas communiste à l'origine. Après la reculade de Khrouchtchev dans la crise des missiles (1962), il cherche à allumer des « foyers révolutionnaires » en Amérique latine et se pose en leader du Tiers-Monde. Puis à partir de 1968, il s'aligne sur l'URSS, dont Cuba devient le fidèle allié. Le « Líder Máximo » se réclame toujours du communisme aujourd'hui : pour les uns, c'est un résistant à l'impérialisme américain, pour les autres, un dictateur impitoyable.

Jacques CHIRAC
(1932)

Énarque, il commence sa carrière politique au cabinet de Georges Pompidou en 1962. Député de Corrèze, il est nommé secrétaire d'État aux Affaires sociales en 1967 et assiste Pompidou dans la crise de mai 1968. Il est ensuite ministre sans discontinuer jusqu'en 1974. Dirigeant la fraction du parti gaulliste qui a soutenu Giscard d'Estaing lors de l'élection présidentielle, il est nommé par celui-ci Premier ministre en 1974. Mais il démissionne en 1976, parce qu'il désapprouve certaines orientations du président de la République. Il refonde alors le parti gaulliste sous le nom de RPR (Rassemblement pour la République) et est élu maire de Paris en 1977. Parce qu'il est le chef de la droite victorieuse en 1986, Mitterrand le nomme Premier ministre, inaugurant ainsi la cohabitation. Vaincu par Mitterrand à l'élection présidentielle de 1988, il remporte finalement celle de 1995. Il doit affronter à son tour la cohabitation avec un Premier ministre de gauche (Jospin de 1997 à 2002), puis il est réélu président en 2002.

Winston CHURCHILL
(1874-1965)

Après une carrière politique mouvementée, cet aristocrate devient Premier ministre du Royaume-Uni le 10 mai 1940. Pendant toute la guerre, il incarne le combat inflexible des Britanniques contre l'Allemagne hitlérienne. À Yalta, en février 1945, il négocie avec Roosevelt et Staline l'avenir de l'Europe. Dès le 12 mai 1945, dans un télégramme à Truman, il dénonce le « rideau de fer » qui s'est abattu au milieu de l'Europe. Chassé du pouvoir par la victoire électorale des travaillistes (juillet 1945), il consacre son énergie à dénoncer le danger soviétique (discours de Fulton, 5 mars 1946) et à appeler l'Europe à s'unir (discours de Zurich, 18 septembre 1946). Il soutient la création du Conseil de l'Europe en 1948-1949. Mais revenu au pouvoir de 1951 à 1955, il privilégie les relations avec les États-Unis et le Commonwealth, laissant le Royaume-Uni en dehors de la CECA.

William (Bill) J. CLINTON
(1946)

Issu d'une famille modeste de l'Arkansas, il fait de brillantes études de droit, puis se lance dans la politique. Gouverneur démocrate de l'Arkansas (1978-1980 ; 1982-1992), il s'efforce d'imiter son modèle Kennedy en cultivant un style dynamique et en mettant en avant son épouse Hillary. Vainqueur de George Bush en novembre 1992, il est le premier président des États-Unis représentant la « génération du baby-boom ». Il remporte des succès diplomatiques avec les accords isréalo-palestiniens (1993) et ceux de Dayton sur la Bosnie (1995). Réélu en novembre 1996, il voit sa réputation compromise en 1999 par sa liaison avec une employée de la Maison-Blanche, Monica Lewinsky. Il échappe de peu à une procédure de destitution et transmet le leadership du Parti démocrate à son vice-président Al Gore.

Jacques DELORS
(1925)

Économiste inspiré par le syndicalisme chrétien, il entre en 1969 au cabinet du Premier ministre gaulliste, Jacques Chaban-Delmas, dont il soutient le projet de « Nouvelle société ». Il adhère ensuite au Parti socialiste et il est élu en 1979 au Parlement européen. En 1981, il est nommé ministre de l'Économie et des Finances dans le gouvernement Mauroy et il joue un rôle décisif dans le tournant de la « rigueur ». De 1985 à 1994, il dirige la Commission de Bruxelles : partisan déterminé du fédéralisme, il accélère l'intégration européenne avec l'Acte unique (1986) et le traité de Maastricht (1992). En 1995, il refuse d'être le candidat socialiste à l'élection présidentielle.

Dwight D. EISENHOWER
(1890-1969)

Né dans une famille pauvre du Texas, il mène une carrière militaire qui le conduit à de hautes responsabilités au cours de la Seconde Guerre mondiale. En tant que commandant en chef des forces alliées en Europe, il dirige le débarquement en Normandie en juin 1944. En 1950-1951, il organise en France le commandement suprême des forces de l'OTAN. Héros de la guerre devenu candidat républicain, il est facilement élu président des États-Unis en novembre 1952 et réélu en novembre 1956. Surnommé familièrement « Ike », il rassure l'Amérique des années 1950 par sa politique modérée et sans grande imagination.

Boris ELTSINE

(1931)

Dirigeant du Parti communiste de Moscou, il est chassé de ce poste par M. Gorbatchev en 1987. Il devient alors le leader de l'opposition démocratique. Président du Soviet suprême de Russie, il est l'un des auteurs de la déclaration d'indépendance de la Russie en 1990 et il démissionne du PCUS. Élu en juin 1991 président de la Fédération de Russie, il fait échouer le putsch des conservateurs communistes à Moscou en août 1991. Avec la démission de Gorbatchev et la fin de l'URSS en décembre 1991, il dirige désormais une Russie indépendante. Il lance des réformes économiques libérales et engage la guerre contre les indépendantistes de Tchétchénie. Réélu en 1996, il démissionne le 31 décembre 1999 au profit de son Premier ministre Vladimir Poutine.

Mohandas GANDHI

(1869-1948)

Issu de la bourgeoisie indienne, il fait des études de droit à Londres, puis s'installe comme avocat en Afrique du Sud en 1893. C'est là qu'il s'engage en politique pour défendre les droits des immigrés indiens. S'inspirant de l'hindouisme et d'autres traditions religieuses, il met au point des méthodes originales de résistance passive, de non-violence et de désobéissance civile. Il les applique ensuite en Inde, où il revient en janvier 1915. Surnommé le « Mahatma » (« la Grande Âme »), à la fois leader politique et figure morale, il incarne la résistance au colonialisme. Il ne parvient pas à empêcher la partition de l'Inde au moment de l'indépendance en 1947. Il est assassiné en 1948 par un extrémiste hindouiste qui lui reprochait sa modération à l'égard des musulmans.

Charles DE GAULLE

(1890-1970)

Reconnu par les Alliés en 1944 comme le chef du GPRF (Gouvernement provisoire de la République française), il dirige la France lors de la Libération. Mais il démissionne le 20 janvier 1946, parce qu'il est en désaccord avec les partis sur les institutions. Contre la IVe République, il défend un pouvoir présidentiel fort. Il crée en 1947 le RPF (Rassemblement du peuple français), puis le dissout en 1953 quand il voit que certains de ses députés sont prêts à soutenir le régime. La crise du 13 mai 1958 à Alger le ramène au pouvoir. De 1958 à 1962, il règle la guerre d'Algérie et dote la France d'un régime mi-parlementaire, mi-présidentiel. À partir de 1962, il se consacre surtout à restaurer la « grandeur » de la France dans le monde. Réélu en 1965 lors de la première présidentielle au suffrage universel direct, il est ébranlé par la crise de mai 1968. Il démissionne en 1969 après l'échec d'un référendum.

Valéry GISCARD D'ESTAING

(1926)

Polytechnicien et énarque, député du Puy-de-Dôme, il devient à l'âge de 32 ans secrétaire d'État aux Finances (1959-1962). Représentant la droite libérale qui soutient le général de Gaulle, puis Pompidou, il est ministre de l'Économie et des Finances de 1962 à 1966 puis de 1969 à 1974. Élu président de la République en 1974, il est le premier non-gaulliste à occuper ce poste. Cultivant un style « moderne », faisant voter des réformes de société, il veut gouverner au centre. Il crée en 1978 l'UDF (Union pour la démocratie française), un parti qui fédère les libéraux et les centristes. Mais il est battu par François Mitterrand à l'élection présidentielle de 1981. Figure respectée de la politique française, « VGE » devient en 2001 président de la Convention sur l'avenir de l'Europe, qui élabore un projet de Constitution européenne.

Mikhaïl GORBATCHEV

(1931)

Il commence sa carrière politique sous Khrouchtchev et joue un rôle de premier plan après la mort de Brejnev (1982). Secrétaire général du Parti en 1985, il entreprend de sauver l'URSS de la « stagnation » en la réformant profondément. Avec la *perestroïka* (restructuration de l'économie) et la *glasnost* (transparence), il introduit progressivement le marché et la démocratie en URSS, tout en se disant toujours socialiste. De 1987 à 1989, il met un terme à la guerre froide et libère les démocraties populaires de la tutelle soviétique, ce qui lui vaut le prix Nobel de la paix en 1990. Mais il est de plus en plus impopulaire dans son pays, où ses réformes suscitent de multiples oppositions. Surtout, la liberté d'expression a permis aux nationalités de s'exprimer et entraîné l'implosion de l'URSS en décembre 1991. Gorbatchev est évincé par Boris Eltsine, qui dirige une Russie désormais indépendante.

Ernesto « Che » GUEVARA

(1928-1967)

Médecin argentin, il rencontre Fidel Castro au Mexique en 1955 et s'engage à ses côtés en 1956 dans la guérilla révolutionnaire à Cuba. Après la victoire de Castro en 1959, il occupe de hautes fonctions à Cuba. Mais il critique l'alignement croissant du régime sur le modèle soviétique et cherche d'autres voies de développement plus adaptées au Tiers-Monde. En 1965, il quitte ses fonctions et s'engage dans des mouvements de guérilla au Congo, puis en Amérique du Sud. Il est tué en 1967 en Bolivie. Le « Che » reste l'une des grandes figures révolutionnaires et tiers-mondistes.

HÔ CHI MINH

(1890-1969)

Fuyant la misère en Indochine, il voyage comme marin puis se fixe en France en 1917. En 1920, il participe à la fondation du Parti communiste français, puis il se rend à Mosou en 1923. Il devient alors un agent du Komintern en Asie et fonde à Hong Kong en 1930 le Parti communiste vietnamien. Avec l'aide de Mao, il revient en Indochine et organise le Viêt-minh en 1941 qui rassemble les communistes et les nationalistes vietnamiens. Connu auparavant sous divers noms, il se fait appeler à partir de 1942 Hô Chi Minh (« celui qui éclaire »). Le 2 septembre 1945, il proclame l'indépendance du Vietnam. Mais la France refuse cette indépendance et il mène contre elle la guerre d'Indochine de 1946 à 1954. Chef de la République démocratique du Vietnam, il poursuit à partir de 1955 la guerre du Vietnam contre les troupes américaines, pour conquérir le Vietnam du Sud. À sa mort, « l'oncle Hô » est considéré comme un héros de la « lutte anti-impérialiste ».

Erich HONECKER
(1912-1994)

Militant communiste, il est arrêté en 1935 et emprisonné jusqu'en 1945. Il joue ensuite un rôle croissant dans l'appareil du SED. Il dirige la construction du mur de Berlin (13 août 1961) et remplace Ulbricht comme homme fort de la RDA en 1971. Il signe le Traité fondamental avec la RFA en 1972. Président du Conseil d'État (depuis 1975) et secrétaire général du comité central du SED (depuis 1976), Honecker dirige en même temps le parti et l'État. Fidèle soutien de Brejnev, il refuse toute évolution du régime. « Lâché » par Gorbatchev, il est dépassé par la montée de l'opposition en RDA. Il est remplacé par Egon Krenz à la tête du Comité central le 18 octobre 1989. En 1991, Honecker s'enfuit à Moscou. Il revient pourtant en 1992 en Allemagne où la justice a cessé les procédures pénales à son encontre en raison de son incapacité à comparaître en justice pour des raisons de santé. En 1993, il s'exile au Chili.

JEAN-PAUL II (Karol Wojtyla dit)
(1920-2005)

Né près de Cracovie, ordonné prêtre en 1946, il joue un rôle de premier plan dans l'Église catholique de Pologne, qui est la principale force d'opposition au régime communiste. Il devient en 1978 le premier pape slave dans l'histoire de l'Église catholique. Son projet de « réévangélisation » du monde le conduit à multiplier les voyages comme aucun pape ne l'a fait avant lui. Il s'impose par ses talents de communicateur et son énergie inépuisable, malgré l'attentat perpétré contre lui en 1981. Il lutte d'abord contre le communisme, en soutenant le syndicat Solidarnosc en Pologne et en combattant l'attirance pour le marxisme d'une partie du clergé en Amérique latine. À partir de la fin de la guerre froide, il dénonce les excès du capitalisme libéral et défend les valeurs traditionnelles de la morale catholique. Ses tentatives de rapprochement avec les autres religions ont été diversement accueillies.

Lyndon B. JOHNSON
(1908-1973)

Né dans une famille rurale du Texas, il commence dans les années 1930 sa carrière politique au sein du Parti démocrate. Chef des démocrates au Sénat à partir de 1953, il joue un rôle politique de premier plan. En 1960, il est le vice-président de Kennedy et, quand ce dernier est assassiné, en novembre 1963, il devient donc président des États-Unis. Il est facilement réélu en novembre 1964. Son programme (la « Grande Société ») comporte les réformes politiques (respect des droits civiques des Noirs) et sociales (renforcement de l'État-providence) que Kennedy n'a pas pu réaliser. Mais sa politique au Vietnam, où il engage des troupes de plus en plus nombreuses, alimente la contestation. Tirant les leçons de son impopularité, il se retire de la vie politique à la fin de son mandat en 1968.

John F. KENNEDY
(1917-1963)

Issu d'une riche famille d'origine irlandaise, il s'illustre en 1943 par sa conduite héroïque dans la marine. Il entame en 1946 une carrière politique au sein du Parti démocrate du Massachusetts. Il épouse en 1953 Jacqueline Bouvier, qui joue un rôle médiatique important à ses côtés. Il devient en 1960 le plus jeune président de l'histoire des États-Unis (et le premier catholique). Son programme (la « Nouvelle Frontière ») et son sens de la communication séduisent l'Amérique et le monde entier. Son assassinat mystérieux à Dallas, le 22 novembre 1963, fait définitivement de « JFK » un mythe. Pendant les mille jours de sa présidence, il a fait reculer l'URSS lors de la crise de Cuba (1962) et présenté un grand programme en faveur des Noirs après de graves émeutes raciales (1963).

Nikita KHROUCHTCHEV
(1894-1971)

Dirigeant du Parti communiste en Ukraine puis à Moscou, il prend le pouvoir à la mort de Staline en 1953 et il se fait alors le promoteur de la déstalinisation. En 1955, il opère un rapprochement spectaculaire avec Tito. En 1956, il dénonce les crimes de Staline au XXe Congrès du PCUS. Cette politique, qui accélère la rupture avec la Chine, ne l'empêche pas de réprimer l'insurrection de Budapest (1956) et de faire construire le mur de Berlin (1961). Il doit reculer devant Kennedy lors de la crise de Cuba en 1962. Il est finalement renversé en 1964 par la « vieille garde », qui s'inquiète des multiples tentatives de réforme de l'économie et même du Parti. Personnage populaire en Occident grâce à sa personnalité exubérante, « Monsieur K » consacre sa retraite forcée à la rédaction de ses mémoires.

Martin Luther KING
(1929-1968)

Né à Atlanta, il devient comme son père pasteur baptiste et acquiert la notoriété en organisant en 1955-1956 le boycott des bus de Montgomery (Alabama) pour faire cesser la ségrégation raciale. Il consacre alors sa vie à la lutte des Noirs pour obtenir le respect des droits civiques dans les États du Sud, mais aussi des conditions de vie meilleures dans les ghettos des grandes villes du nord des États-Unis. Inspiré à la fois par le christianisme et par Gandhi, il prône l'action non violente. Le 28 août 1963, il prononce le discours de clôture de la grande manifestation pour les droits civiques (« *I have a dream* »). Son action est consacrée par le prix Nobel de la paix en 1964. Il se radicalise ensuite, alors que la jeune génération noire critique la non-violence. Il est assassiné à Memphis en 1968, alors qu'il préparait une marche des pauvres sur Washington.

Helmut KOHL
(1930)

Dirigeant de la CDU et président du Land de Rhénanie-Palatinat, il devient chancelier de la RFA en 1982. À ce poste jusqu'en 1998, il joue un rôle important dans la construction européenne et dans la fin de la guerre froide. Il poursuit la politique de coopération franco-allemande, symbolisée par la cérémonie de Verdun en 1984 avec François Mitterrand. Après la chute du mur de Berlin en 1989, il réussit à imposer la réunification allemande en négociant avec Gorbatchev (1990). Après la victoire des sociaux-démocrates en 1998, il cède le poste de chancelier à Gerhard Schröder. En 1999, il a été mis en cause dans une affaire de financement occulte de son parti, la CDU.

George C. MARSHALL
(1880-1959)

Après avoir servi aux Philippines, en France pendant la Première Guerre mondiale, puis en Chine, il est nommé le 1er septembre 1939 chef d'état-major de l'armée des États-Unis. Aux côtés de Roosevelt, il participe à toutes les conférences interalliées. En novembre 1945, Truman l'envoie en Chine comme médiateur entre les communistes et les nationalistes du Guomindang. L'échec de cette mission le pousse à renforcer la lutte contre le communisme en Europe. Nommé secrétaire d'État (c'est-à-dire ministre des Affaires étrangères) par Truman en janvier 1947, il lance le 5 juin 1947 à Harvard l'*European Recovery Program*, plus connu sous le nom de plan Marshall. Il est secrétaire à la Défense au début de la guerre de Corée (1950-1951), puis se retire de la vie politique. Il reçoit en 1953 le prix Nobel de la paix pour son programme d'aide à la reconstruction de l'Europe.

Angela MERKEL
(1954)

Née à Hambourg, elle grandit en RDA où son père pasteur a décidé de s'installer. Elle fait de brillantes études de physique, sans être engagée ni dans la défense du régime socialiste, ni dans l'opposition. Elle s'engage en politique lors des premières élections libres organisées en RDA en mars 1990. Elle devient porte-parole adjointe du premier (et dernier) gouvernement démocratique de RDA, celui de Lothar de Maizière. En 1990, elle adhère à la CDU et de 1991 à 1994, elle devient ministre de la Femme et de la Jeunesse dans le gouvernement d'Helmut Kohl, puis ministre de l'Environnement. N'étant pas compromise dans le scandale financier de la CDU, elle prend la tête du parti en 2000. En novembre 2005, elle devient la première femme chancelière d'Allemagne, dans un gouvernement de Grande Coalition.

François MITTERRAND
(1916-1996)

Issu d'un milieu de droite, il termine ses études de droit et de sciences politiques quand la Seconde Guerre mondiale éclate. Évadé d'un camp de prisonniers en 1941, il travaille un moment à Vichy au Commissariat des prisonniers de guerre. Entré dans la Résistance, il commence une carrière politique à la Libération. Dirigeant de l'UDSR (Union démocratique et socialiste de la Résistance), il devient ministre à l'âge de 31 ans en 1947 et participe à de nombreux gouvernements de la IVe République. Farouche opposant du général de Gaulle, il critique la Ve République et affronte le général comme candidat unique de la gauche à l'élection présidentielle de 1965. Il prend la tête du Parti socialiste en 1971 et définit une stratégie d'alliance avec le Parti communiste qui échoue en 1974 mais triomphe en 1981. Réélu président en 1988, il dirige la France pendant 14 ans, incarnant d'abord l'alternance et les grandes réformes, puis la conversion du socialisme à la « rigueur ». Il invente les règles de la « cohabitation » quand il doit gouverner à deux reprises avec un Premier ministre de droite.

Jean MONNET
(1888-1979)

Fils d'un négociant en cognac, il mène une carrière d'homme d'affaires international, mais il acquiert aussi une expérience politique au secrétariat général de la SDN (1919-1923). Pendant la Seconde Guerre mondiale, il joue un rôle important pour coordonner l'effort de guerre des États-Unis, du Royaume-Uni et de la France libre. Commissaire général au Plan en 1946, il organise la modernisation de l'économie française. Il propose en 1950 à Schuman le projet de la CECA, qui lance véritablement la construction européenne. Il préside de 1952 à 1955 la Haute Autorité de la CECA, première instance supranationale en Europe. Déçu par l'échec de la CED, il démissionne pour fonder en 1955 le Comité d'action pour les États-Unis d'Europe, un groupe de réflexion et d'influence qui défend la construction européenne, en s'opposant notamment au général de Gaulle.

Gamal Abdel NASSER
(1918-1970)

Issu d'une famille modeste, il entre dans l'armée après l'indépendance de l'Égypte en 1936. Avec les « Officiers libres », humiliés par la défaite de 1948 face à Israël, il renverse le roi en 1952, puis il prend personnellement le pouvoir en 1954. « Raïs » (chef) de l'Égypte jusqu'à sa mort, il instaure un régime dictatorial, hostile aux islamistes et s'orientant vers le socialisme. À Bandung en 1955, il devient un leader du non-alignement. En 1956, il nationalise le canal de Suez et, après l'échec politique de l'expédition franco-britannique, il apparaît comme le champion du nationalisme arabe. La défaite de l'Égypte face à Israël en 1967 lui porte un coup très dur. Après sa mort en 1970, son successeur Sadate rapproche l'Égypte des États-Unis, tandis que le nationalisme arabe est de plus en plus contesté par l'islamisme.

Jawaharlal NEHRU
(1889-1964)

Après des études de droit en Grande-Bretagne, il revient en Inde en 1912 et participe à partir de 1920 au combat nationaliste. Disciple de Gandhi, il est aussi le leader de l'aile gauche du parti du Congrès, inspirée par le socialisme. Après avoir été maintes fois emprisonné, il est appelé par les Britanniques à la tête du gouvernement provisoire en 1946. Après l'indépendance en 1947, il devient Premier ministre de l'Inde et le reste jusqu'à sa mort en 1964 grâce aux victoires électorales du parti du Congrès. Il organise une démocratie laïque en Inde. Il joue un rôle de premier plan à la conférence de Bandung (1955) et dans la fondation du mouvement des non-alignés (1961). Il est ébranlé par la défaite militaire infligée par son ancien allié chinois (1962), qui l'oblige à se rapprocher des États-Unis. Sa fille, Indira Gandhi (aucun rapport avec le Mahatma), a dirigé l'Inde de 1966 à 1977 et de 1980 à 1984.

Richard M. NIXON
(1913-1994)

Né dans une famille modeste de Californie, il fait des études de droit puis commence une carrière politique en 1946. Député, puis sénateur républicain de Californie, il soutient le maccarthysme. Comme vice-président d'Eisenhower de 1953 à 1960, il acquiert une grande expérience politique. Battu par Kennedy en 1960, il est de nouveau choisi comme candidat républicain en 1968. Il est alors élu président des États-Unis, en se présentant comme le porte-parole de la « majorité silencieuse » qui aspire à l'ordre. Il est réélu en 1972. Il mène avec son conseiller Henry Kissinger une politique extérieure active (accords SALT, fin de la guerre du Vietnam, rapprochement avec la Chine). Mais le scandale du Watergate le contraint à démissionner en août 1974. Il est remplacé par son vice-président, Gerald Ford.

Georges POMPIDOU
(1911-1974)

Issu d'une famille modeste du Cantal, il fait de brillantes études, puis entre au cabinet du général de Gaulle à la Libération. Sa carrière se poursuit ensuite dans la banque. Peu connu du public, il devient Premier ministre de 1962 à 1968 et montre ses qualités d'homme d'État lors de la crise de mai 1968 en négociant les accords de Grenelle avec les syndicats. Après la démission du général, apparaissant comme son héritier, il est facilement élu président de la République (juin 1969). Jusqu'à sa mort en 1974, il incarne une nouvelle forme de gaullisme, plus ouverte au changement social (gouvernement de Jacques Chaban-Delmas) et à l'Europe.

Yitzhak RABIN
(1922-1995)

Né à Jérusalem dans une famille venue d'Ukraine, il participe à la première guerre israélo-arabe en 1948. Chef d'état-major de Tsahal en 1964, il remporte de brillantes victoires dans la guerre des Six-Jours (1967). Le héros national entame alors une carrière politique, au sein du Parti travailliste. Ambassadeur aux États-Unis (1968-1973), il est en contact étroit avec Henry Kissinger. Il reste ensuite au premier plan, comme Premier ministre d'Israël (1974-1977), puis comme ministre de la Défense (1984-1990). Après la victoire des travaillistes, il est de nouveau Premier ministre en 1992. Il estime alors qu'il est en position de force pour négocier la paix avec les Palestiniens. Il signe en 1993 les accords d'Oslo avec Yasser Arafat, ce qui lui vaut le prix Nobel de la paix en 1994. Il est assassiné le 4 novembre 1995 par un extrémiste israélien.

Ronald W. REAGAN
(1911-2004)

Né dans une famille pauvre de l'Illinois, il commence une carrière d'acteur en 1936, puis de présentateur de télévision en 1954. Il décide en 1966 de mettre sa popularité et ses talents de « grand communicateur » au service du Parti républicain. Gouverneur de Californie de 1966 à 1975, il adopte un programme de plus en plus conservateur (défense des valeurs morales, réduction du rôle de l'État). Il est triomphalement élu président des États-Unis en novembre 1980 (et réélu en 1984), en promettant de sortir l'Amérique de la crise économique et morale qui sévit depuis dix ans. Son programme économique, parfois qualifié de « Révolution Reagan », prend le contre-pied de l'État-providence. Sa diplomatie musclée contre « l'Empire du Mal » est caractéristique des dernières années de la guerre froide.

Anouar el SADATE
(1918-1981)

Membre du groupe des « Officiers libres » qui prend le pouvoir en Égypte en 1952, il reste dans l'ombre de Nasser. Pourtant, à la mort de celui-ci en 1970, il devient président et change radicalement de politique. En 1971, il rompt avec le socialisme et mène une politique économique libérale. En 1972, il expulse les conseillers soviétiques et se rapproche des États-Unis. En 1973, il déclenche la guerre du Kippour pour pousser Washington à débloquer la situation au Moyen-Orient. En 1977, il effectue un voyage historique en Israël et signe, en 1978, avec Menahem Begin les accords de Camp David. Il est condamné dans tout le monde arabe pour avoir signé cette paix séparée avec Israël et salué en Occident comme un homme de paix. Il est assassiné en 1981 par des islamistes, sur lesquels il s'était pourtant appuyé dans sa lutte contre la gauche.

Gerhard SCHRÖDER
(1944)

Né dans une famille modeste de Westphalie, membre du SPD depuis 1963, il est élu député de Hanovre en 1980, puis ministre-président du Land de Basse-Saxe en 1990. Élu chancelier en octobre 1998, à la tête d'une coalition « rouge-verte », il met ainsi fin à l'ère Kohl. Au pouvoir pendant 7 ans, il engage des réformes importantes, notamment pour moderniser l'État-providence (« agenda 2010 »). Cela lui fait perdre le soutien d'une partie de la gauche : aux élections anticipées de septembre 2005, le SPD est légèrement devancé par la CDU/CSU et Schröder se retire. Sur le plan international, il a fait évoluer l'Allemagne, en l'engageant dans des actions extérieures (Kosovo en 1999, Afghanistan en 2001) et en marquant son opposition (en liaison avec la France) à l'intervention des États-Unis en Irak (2003).

Robert SCHUMAN
(1886-1963)

Né au Luxembourg, c'est un militant démocrate-chrétien. Élu député de la Moselle en 1919 (il le reste jusqu'en 1962), il se fait le champion d'une Alsace-Lorraine française mais conservant son particularisme. Il commence en 1945 une brillante carrière politique sous la IVe République, dont il est le ministre des Affaires étrangères de 1948 à 1952. Homme de deux cultures, il se sent investi d'une mission de réconciliation franco-allemande et il considère qu'elle passe par la construction européenne. C'est pourquoi, le 9 mai 1950, il présente le projet de CECA imaginé par Jean Monnet. En 1958, il est le premier président de l'Assemblée parlementaire de la nouvelle CEE.

Joseph Djougachvili dit STALINE
(1879-1953)

Chef tout-puissant de l'URSS depuis 1929, où il a organisé un régime totalitaire qui porte son nom (le stalinisme), il est renforcé dans son autorité par la victoire de l'URSS sur l'Allemagne nazie. Il négocie avec Churchill et Roosevelt les accords de Yalta (février 1945). Mais il ne les respecte pas, puisqu'il organise la prise de contrôle de l'URSS sur les « démocraties populaires », achevée avec le coup de Prague (février 1948). Pour ses adversaires comme pour ses partisans, il incarne désormais le camp socialiste rassemblé autour de l'URSS. Après sa mort en 1953, son bilan est remis en cause : c'est la déstalinisation.

Margaret THATCHER

(1925)

Fille d'épiciers, elle est élue député du Parti conservateur en 1959 et elle devient ministre de l'Éducation et des Sciences en 1970. Elle prend la tête du Parti conservateur en 1975 et l'oriente vers un programme ultra libéral. Elle l'applique en tant que Premier ministre du Royaume-Uni de 1979 à 1990, avec une fermeté qui lui vaut le surnom de « Dame de fer ». Elle fait plier les syndicats lors de la grande grève des mineurs (1984-1985) et réduit les programmes sociaux. En 1982, elle n'hésite pas à envoyer l'armée britannique reprendre les îles Falkland (Malouines) envahies par l'Argentine. Au sein de la CEE, elle s'oppose aux fédéralistes qui souhaitent aller vers plus de supranationalité et défend une conception minimaliste de la construction européenne. Pour ses adversaires comme pour ses partisans, elle incarne (avec Ronald Reagan) le néolibéralisme qui a remis en cause l'État-providence dans les années 1980.

Josip Broz dit TITO

(1892-1980)

Militant communiste dans la jeune Yougoslavie, il devient pendant la Seconde Guerre mondiale, avec le titre de maréchal, le chef de la résistance contre l'occupation italienne et allemande. En 1945, il réorganise la Yougoslavie sous la forme fédérale, afin d'empêcher les tensions entre les différentes nationalités (surtout les Serbes et les Croates). Fidèle partisan de l'URSS stalinienne, il rompt pourtant avec elle en 1948, parce qu'il refuse de s'aligner totalement sur Moscou. Sous sa direction, la Yougoslavie adopte un modèle socialiste original (le « titisme »). Elle sort du camp soviétique et devient l'un des leaders du mouvement des non-alignés. Son régime autoritaire est le principal ciment de la Yougoslavie, où les nationalités recommencent à s'affronter après sa mort.

Harry S. TRUMAN

(1884-1972)

Issu d'un milieu modeste, il est élu sénateur démocrate du Missouri en 1934. Réputé pour son intégrité, il est élu en 1944 comme vice-président aux côtés de Roosevelt. Quand celui-ci meurt en avril 1945, il devient donc président des États-Unis à un moment crucial. Il doit en effet terminer la guerre, en prenant la décision de larguer deux bombes atomiques sur le Japon. Il doit ensuite affronter la guerre froide, en engageant les États-Unis dans « l'endiguement » du communisme (doctrine Truman, 12 mars 1947). Réélu à la surprise générale en novembre 1948, il met en œuvre un programme social (le *Fair Deal*) tout en poursuivant la lutte contre le camp soviétique (guerre de Corée).

Walter ULBRICHT

(1893-1973)

Membre du KPD dès sa fondation en 1919, député au Reichstag en 1928, il quitte l'Allemagne en 1933. Il s'installe à Paris, puis à Moscou, où il organise avec Staline pendant la guerre le « Comité national Allemagne libre » (*Nationalkomitee Freies Deutschland*). De retour à Berlin en avril 1945, il dirige le « groupe Ulbricht » chargé d'assurer la prise de pouvoir du SED dans la zone soviétique. Il détient l'essentiel du pouvoir dans la nouvelle RDA, comme secrétaire général du SED (à partir de 1950), premier secrétaire du Comité central (à partir de 1953) et enfin comme président du Conseil d'État (à partir de 1960). Il est remplacé en 1971 par Erich Honecker, notamment parce que ses ambitions économiques pour la RDA déplaisaient à Moscou.

Lech WALESA

(1943)

Électricien aux chantiers navals « Lénine » de Gdansk, il participe dès 1971 à des grèves et est arrêté à plusieurs reprises par le pouvoir communiste de Pologne. Lors de la grande grève de 1980, il négocie les accords de Gdansk et est élu président de Solidarnosc, premier syndicat indépendant dans un pays socialiste. Il est arrêté en décembre 1981, quand le général Jaruzelski décrète l'état de guerre en Pologne et interdit Solidarnosc. Il est relâché et reçoit le prix Nobel de la paix en 1983. Grande figure de la dissidence, reçu à plusieurs reprises par le pape polonais Jean-Paul II, il lutte pour la reconnaissance de Solidarnosc et joue un rôle décisif dans la démocratisation de la Pologne en 1989. Président de la Pologne de 1990 à 1995, il s'aliène une partie de ses soutiens par ses positions très conservatrices dans le domaine des mœurs.

Mao ZEDONG

(1893-1976)

Membre fondateur du Parti communiste chinois en 1921, il définit une stratégie originale fondée sur les masses paysannes. En 1937, il s'allie avec son vieil adversaire, le dirigeant nationaliste Jiang Jeshi (Tchang Kaï-chek), face à l'invasion japonaise. En 1946, il reprend la guerre civile contre le régime nationaliste. Le 1er octobre 1949, il proclame la République populaire de Chine et s'allie avec l'URSS. Mais il rompt avec Moscou à la fin des années 1950, parce qu'il désapprouve la déstalinisation. La Chine invente alors sa propre conception du socialisme, non sans tensions internes. Contesté par les « modérés », il lance la « Révolution culturelle » en 1966 et redevient le chef incontesté de la Chine, le « Grand Timonier ». Sous sa direction, la Chine populaire devient membre permanent du Conseil de sécurité de l'ONU (1971), se rapproche des États-Unis, tout en proposant son modèle au Tiers-Monde.

ZHOU ENLAI

(1898-1976)

Arrêté lors des grandes manifestations nationalistes de 1919, il quitte la Chine. Lors de son exil en France, il adhère au communisme. Revenu en Chine en 1924, il joue un rôle important dans la direction du Parti communiste à partir de 1927 et dans l'organisation de l'Armée rouge. En 1949, il entre dans Pékin aux côtés de Mao. De 1949 jusqu'à sa mort en 1976, il est Premier ministre de la Chine populaire et ministre des Affaires étrangères. Présent à la conférence de Bandung en 1955, il veut donner à la Chine un statut de leader du Tiers-Monde. Au début des années 1970, il contribue au rapprochement sino-américain. Il survit aux nombreux soubresauts de la vie politique chinoise et, peu de temps avant sa mort, il soutient la ligne « pragmatique » incarnée par Deng Xiaoping.

A

Accord de Cotonou : nouvel accord de partenariat signé en 2000 par l'UE et 78 pays ACP (Afrique/Caraïbes/Pacifique). Il prend la suite de la convention de Lomé en y ajoutant une dimension politique (respect de la démocratie, lutte contre la corruption). (voir pp. 122 et 160)

Accords de Bretton Woods : système fondé en 1944 et destiné à assurer un cadre au commerce international par des taux de change fixes et par la mise en place, au cœur du dispositif, de la Banque mondiale et du FMI. (voir pp. 122 et 182)

AELE (Association européenne de libre-échange) : formée en 1960 par 7 pays, à l'initiative du Royaume-Uni (Suède, Norvège, Danemark, Suisse, Autriche, Portugal, Royaume-Uni), elle vise à concurrencer la CEE. (voir p. 122)

Affaire Waldheim : controverse sur le passé de Kurt Waldheim, ancien officier de la Wehrmacht, secrétaire général de l'ONU de 1972 à 1981 et président de la République d'Autriche de 1986 à 1992. (voir p. 32)

Aide sociale : allocation financière (ou prestation matérielle) instituée en Allemagne en 1961 et destinée aux personnes vivant en dessous du seuil de pauvreté et ne disposant pas de couverture sociale. (voir p. 286)

Al Qaida : ce terme arabe signifiant « la base » désigne d'abord un camp fondé en 1987 par Oussama Ben Laden en Afghanistan pour les volontaires islamistes luttant contre l'URSS. Depuis 1998, le mot désigne un réseau islamiste terroriste dont la cible principale est les États-Unis. Il fonctionne comme une multinationale, sous-traitant les opérations à des groupes locaux. (voir p. 168)

Alleinvertretungsanspruch (mot allemand) : revendication émise par la République fédérale d'Allemagne selon laquelle elle est seule habilitée à représenter légitimement l'ensemble des Allemands (y compris les citoyens de RDA). Cette revendication fait écho à la doctrine Hallstein en politique étrangère. (voir pp. 252 et 254)

Altermondialisme : mouvement qui conteste la mondialisation sur le modèle libéral et propose une autre forme de mondialisation, jugée plus conforme à l'intérêt des peuples. (voir pp. 172 et 192)

Alternance : désigne en France le changement de majorité (aux élections présidentielles ou législatives). Le terme a d'abord désigné l'arrivée de la gauche au pouvoir en 1981 après 23 années de domination de la droite. (voir p. 248)

« Année zéro » : cette expression, créée dans les années 1950, met l'accent sur la profonde cassure matérielle et morale qu'a représenté, en Allemagne, la fin la Seconde Guerre mondiale pour de nombreux contemporains. Cette notion est toutefois de plus en plus remise en question, en raison des nombreuses continuités sociales et politiques entre la période du IIIe Reich et celle de l'après-guerre. (voir p. 26)

APO (opposition extra-parlementaire) : mouvement allemand fondé majoritairement par des étudiants qui considèrent qu'il n'y a pas de véritable opposition au sein du Parlement pendant la Grande Coalition (1966-1969). L'APO prône le dépassement de la société bourgeoise capitaliste. Elle critique la loi sur l'état d'urgence, le comportement américain au Vietnam et le groupe de presse conservateur Springer. (voir p. 252)

Approfondissement : renforcement des institutions de la CEE, puis de l'UE, pour leur donner plus de cohérence. Ce terme est généralement entendu dans un sens fédéraliste. (voir pp. 124, 148 et 152)

Armes de destruction massive : par opposition aux armes dites conventionnelles, cette expression désigne les armes nucléaires, chimiques et bactériologiques. (voir p. 168)

« Arrière-cour » (« *backyard* » en anglais) : nom donné à la zone de l'Amérique centrale et des Caraïbes, considérée comme vitale pour les États-Unis pour des raisons stratégiques et économiques (canal de Panama, commerce maritime). (voir p. 74)

Assimilation : politique coloniale visant, en théorie, à assimiler les indigènes à la métropole en en faisant à terme des citoyens. (voir p. 86)

Association : politique coloniale qui associe les autorités indigènes à la gestion du territoire dominé, la métropole se contentant d'une administration indirecte (*indirect rule* en anglais). (voir p. 86)

Atlantisme : politique respectueuse du traité de l'Atlantique Nord qui place la défense de l'Europe sous la direction des États-Unis. (voir pp. 72, 118 et 298)

Autodétermination : droit offert à une communauté de choisir son statut politique. (voir p. 90)

Autorité palestinienne : entité créée par les accords d'Oslo en 1993 et constituant une sorte de gouvernement palestinien en Cisjordanie et à Gaza, en attendant un véritable État indépendant. (voir p. 168)

B

Bilatéral : qui désigne une relation entre deux États. (voir pp. 48 et 100)

Bipolaire : voir multipolaire.

BIRD (Banque internationale pour la reconstruction et le développement) : aussi appelée « banque mondiale », elle est créée en 1944, installée à Washington. Elle est chargée de financer la reconstruction des pays ruinés par la guerre et d'aider les pays en développement (voir pp. 16 et 182)

Bombe H : arme atomique thermonucléaire ou à hydrogène. (voir p. 68)

C

CAEM (Conseil d'assistance économique mutuelle, en anglais COMECON) : organisation fondée en 1949 pour renforcer les liens économiques entre les États d'Europe centrale et orientale et l'URSS, largement au bénéfice de celle-ci. Ces États doivent se spécialiser dans des secteurs précis qui complètent l'économie soviétique. (voir pp. 106 et 258)

Cartel : accord entre plusieurs entreprises qui vise à éliminer la concurrence à leur profit. (voir p. 194)

CDU (Union chrétienne-démocrate)/**CSU** (Union chrétienne-sociale) : parti populaire chrétien allemand qui constitue un groupe au Bundestag dès 1946. La CSU n'existe qu'en Bavière. (voir p. 252)

CECA (Communauté européenne du charbon et de l'acier) : fondée en 1951 pour mettre en commun la production de charbon et d'acier de ses six États membres (RFA, Benelux, France, Italie). (voir pp. 118 et 296)

CED (Communauté européenne de défense) : créée par le traité de Paris en 1952 et disparue en 1954 après le refus de ratification de ce traité par le Parlement français. (voir pp. 118 et 296)

CEE (Communauté économique européenne) : mise en place en 1957 par le premier traité de Rome, elle réunit l'Allemagne, la France, l'Italie, le Benelux pour préparer un marché commun sans entrave douanière et mettre en place des politiques et des législations communes. (voir p. 296)

Chômage structurel : chômage résultant des mutations intervenues dans les structures de l'appareil de production. (voir p. 190)

Citoyenneté européenne : elle complète la citoyenneté nationale sans s'y substituer. Elle permet notamment de se déplacer et de résider dans un autre État membre de l'UE, et d'y voter aux élections municipales et européennes. (voir p. 164)

Club de Rome : comité de scientifiques et de chefs d'entreprise fondé en 1968 qui débat de la situation économique et sociale de l'humanité ainsi que des questions du maintien de la paix. En 1972, le Club de Rome a publié un rapport très remarqué, *Halte à la croissance ?* (voir p. 186)

CMU (couverture maladie universelle) : instituée en France en 1999, elle permet la prise en charge médicale des personnes n'ayant pas la possibilité de cotiser aux divers organismes de Sécurité sociale. (voir p. 286)

CNR (Conseil national de la Résistance) : fondé le 27 mai 1943, il rassemble 8 mouvements de Résistance, 6 partis politiques et 2 centrales syndicales. (voir p. 22)

Cogestion : la loi allemande du 19 janvier 1972 sur l'organisation interne de l'entreprise prévoit l'institution, dans tous les établissements comportant au moins 5 salariés, d'un conseil d'établissement disposant d'un pouvoir de codécision dans trois domaines : affaires sociales, questions de personnel et affaires économiques. (voir p. 254)

Cohabitation : désigne en France une situation politique dans laquelle les deux têtes de l'exécutif, le président de la République (élu au suffrage universel direct) et le Premier ministre (chef de la majorité parlementaire), ne sont pas du même bord politique (droite-gauche). (voir p. 248)

Collectivisation : dans les pays communistes,

nationalisation des biens privés et des biens de production. Par exemple, expropriation des terres au profit d'une exploitation agricole collective et regroupement des entreprises artisanales en coopératives de production. (voir pp. 54 et 106)

Commonwealth : « communauté » créée en 1931 pour maintenir des liens (« moraux » plus que juridiques) entre le Royaume-Uni et ses anciennes colonies devenues des États souverains. 54 États en font partie aujourd'hui. (voir p. 86)

Communauté européenne de l'énergie atomique : également appelée EURATOM, créée par le traité de Rome en 1957, elle doit permettre au nucléaire civil de se développer pour se substituer aux énergies fossiles dans un contexte de forte croissance économique. (voir p. 296)

Conférence intergouvernementale (CIG) : conférence réunissant les représentants des États membres de l'UE pour réviser les traités. (voir p. 152)

Conseil de contrôle : conseil réunissant à Berlin des commandants en chef des quatre zones d'occupation et constituant la plus haute autorité dans l'Allemagne occupée. Les lois étaient votées à l'unanimité pour l'ensemble du territoire allemand. (voir p. 26)

Conseil de l'Europe : organisme de coopération et de débat pour le rapprochement entre les peuples européens créé en 1949. Il regroupe aujourd'hui la quasi-totalité des États du continent ; la Russie en fait aussi partie. (voir pp. 116 et 140)

Conseil parlementaire : assemblée de représentants des parlements régionaux (les *Landtage*) par les Allemands des trois zones occidentales à qui les Alliés occidentaux confient la mission d'élaborer une Constitution allemande. (voir p. 54)

Consolidation de la paix (*peace-building*) : reconstruction d'un État démocratique menée par l'ONU (désarmement des combattants, organisation des élections, etc.). (voir p. 174)

Consultations bilatérales franco-allemandes : rencontres prévues par le traité de l'Élysée de 1963. Les chefs d'États et de gouvernement se réunissent deux fois par an, les ministres des Affaires étrangères quatre fois. Des rencontres régulières sont prévues entre les administrations et les ministres en charge des différents secteurs. (voir p. 298)

Convention de Lomé : accord de coopération Nord-Sud, signé en 1975 par la CEE et les pays ACP (Afrique/Caraïbes/Pacifique), renouvelé en 1979, en 1984 et en 1989. (voir p. 160)

CPI (Cour pénale internationale) : créée par le traité de Rome en 1998 et entrée en vigueur en 2002, la CPI peut poursuivre un criminel originaire d'un État membre ou ayant commis un crime sur le territoire d'un État membre. (voir p. 172)

Crime contre l'humanité : nouveau chef d'accusation défini lors du procès de Nuremberg (nov. 1945-oct. 1946) comme étant « l'assassinat, l'extermination, la réduction en esclavage, la déportation, et tout autre acte inhumain inspirés par des motifs politiques, philosophiques, raciaux ou religieux et organisés en exécution d'un plan concerté à l'encontre d'un groupe de population civile ». (voir p. 14)

Critères d'adhésion (ou critères de Copenhague) : pour entrer dans l'UE, il faut accepter « l'acquis communautaire » (c'est-à-dire l'ensemble des droits déjà en vigueur dans l'UE), être un État démocratique et avoir une économie de marché capable de faire face à la libre concurrence au sein de l'UE. (voir p. 148)

Croissance économique exponentielle : forme de croissance où le taux de croissance reste toujours le même (par exemple 2 %), mais comme la valeur de base (le PIB) augmente chaque année, la croissance n'est pas linéaire mais exponentielle. (voir p. 184)

Croissance linéaire : forme de croissance dans laquelle l'augmentation du produit intérieur brut est chaque année la même en valeur absolue ; au contraire de la croissance exponentielle, dans laquelle ce sont les taux de croissance qui sont constants en pourcentage. (voir p. 186)

CSCE (Conférence sur la sécurité et la coopération en Europe) : elle réunit à partir de 1973 les pays membres du pacte de Varsovie et de l'OTAN, pour dépasser les tensions idéologiques entre les deux blocs. Elle aboutit à l'Acte final d'Helsinki (1975). La CSCE est devenue en 1994 l'OSCE (Organisation pour la sécurité et la coopération en Europe). (voir p. 100)

Culture : « dans son sens le plus large, la culture peut aujourd'hui être considérée comme l'ensemble des traits distinctifs, spirituels et matériels, intellectuels et affectifs qui caractérisent une société ou un groupe social. Elle englobe, outre les arts et les lettres, les modes de vie, les droits fondamentaux de l'être humain, les systèmes de valeurs, les traditions et les croyances » (définition adoptée par l'UNESCO en 1982). (voir p. 220)

Culture de masse : ensemble des pratiques culturelles diffusées dans un public très large par les industries de la communication et du spectacle. Pour les uns, c'est l'idéal d'une culture partagée par le plus grand nombre ; pour les autres, c'est une culture au rabais, traitée comme un produit industriel. (voir p. 220)

D

Décentralisation : système d'organisation de l'État dans lequel les pouvoirs de décision sont partagés entre l'autorité centrale et les autorités régionales ou locales. (voir p. 248)

Déficit commercial : situation économique d'un pays qui exporte moins qu'il n'importe. À l'inverse, les sorties de devises sont plus importantes que les rentrées. (voir p. 186)

Déficit démocratique : cette expression stigmatise le manque de démocratie qui caractériserait l'UE, gérée par les « eurocrates » (les technocrates de Bruxelles), sans réel contrôle de la part des citoyens. (voir p. 164)

Démocratie : régime politique dans lequel le peuple détient la souveraineté. La démocratie s'oppose à l'oligarchie, où le pouvoir est monopolisé par une élite restreinte, et à la tyrannie ou à la monarchie absolue, où le pouvoir est aux mains d'un seul. (voir p. 234)

Démocratie chrétienne : mouvement politique de centre-droit dont la réflexion et l'action politiques et sociales sont influencées par les Évangiles. Il joue un rôle actif dans l'Europe de l'après-guerre suite au discrédit des partis de droite traditionnels. (voir p. 116)

Démocratie libérale : régime politique qui entend concilier la démocratie (égalité des citoyens) et le libéralisme (défense de la liberté individuelle). Historiquement, la démocratie libérale s'oppose au modèle socialiste de la démocratie, qualifié de « démocratie populaire » au temps de l'URSS. (voir p. 234)

Démocratie populaire : nom donné par les Soviétiques aux régimes communistes en Europe centrale et orientale, par opposition aux démocraties libérales qu'ils qualifient de « bourgeoises ». Ces démocraties populaires sont en fait des dictatures. (voir pp. 54 et 134)

Démocratisation : processus qui débouche sur une participation croissante des citoyens à la prise de décisions dans tous les domaines étatiques et non étatiques (économie par exemple). (voir p. 140)

Dénazification : politique menée par Alliés, visant à épurer l'appareil d'État et la société de tous les éléments nazis. (voir pp. 26 et 42)

Déstalinisation : remise en cause des méthodes et des crimes de Staline, mais sans porter atteinte à la toute-puissance du Parti communiste. (voir p. 68)

Développement durable : modèle de développement qui cherche à concilier la croissance économique avec la préservation de l'environnement pour les générations futures. (voir p. 170)

Die Linke/PDS (Parti du socialisme démocratique) : parti allemand de gauche, formé par des dissidents du SPD et les ex-communistes du PDS pour les élections législatives de 2005. (voir p. 264)

Dissidents : personnes qui contestent, de façon plus ou moins radicale, le système communiste au nom du respect des droits de l'homme. (voir p. 72)

Dissuasion : stratégie visant à empêcher une agression en menaçant l'agresseur de représailles nucléaires. (voir p. 68)

Diversité culturelle : préférée aujourd'hui à « exception culturelle », cette expression désigne l'ensemble des cultures du monde, considéré comme un patrimoine à protéger. (voir p. 224)

Division internationale du travail : répartition géographique des activités économiques dans le monde en fonction des points forts de tel ou tel pays en tant que site de production (main-d'œuvre bon marché pour l'industrie textile en Chine). (voir pp. 92 et 192)

Doctrine Brejnev : doctrine formulée en 1968 par L. Brejnev, selon laquelle l'Union soviétique est autorisée à intervenir militairement dans les États alliés au nom de la défense des systèmes socialistes. (voir p. 134)

Doctrine Hallstein : doctrine portant le nom du ministre des Affaires étrangères de la RFA, Walter Hallstein, selon laquelle la République fédérale n'entame pas de relations diplomatiques avec les États qui entretiennent des relations diplomatiques avec la RDA. Cette doctrine sous-tend la politique étrangère de la RFA entre 1955 et 1969. (voir p. 252)

Dominion : colonie britannique qui accède à l'autonomie interne. La première était le Canada en 1867. (voir p. 86)

Droit du sol (*jus soli*) : permet l'obtention de la nationalité du pays d'accueil par les enfants d'étrangers nés dans ce même pays (en France à 18 ans, en RFA dès la naissance). Il s'oppose au droit du sang (*jus sanguinis*). (voir p. 286)

E

Économie de marché : ordre économique dans lequel les prix des marchandises et des services sont déterminés par le rapport entre l'offre et la demande, par le libre jeu du marché. (voir pp. 138, 140 et 194)

Économie informelle (ou souterraine) : activité économique en marge de la légalité, échappant aux contraintes de l'économie officielle (fiscalité, droit du travail). (voir p. 92)

Économie planifiée : système économique dans lequel la totalité de l'activité économique est planifiée et dirigée par une instance centrale, par opposition à l'économie de marché. (voir pp. 106, 138, 194 et 258)

Économie sociale de marché : système économique en grande partie mis en place par Ludwig Erhard (ministre de l'Économie de 1949 à 1963) en République fédérale d'Allemagne. Ce système repose sur le principe de la libre concurrence. Il prévoit aussi des interventions étatiques limitées pour garantir cette concurrence et un système d'assurances sociales. (voir pp. 194 et 252)

Élargissement : ouverture de la CEE, puis de l'UE, à de nouveaux États membres. (voir pp. 124 et 148)

Endiguement (*containment* en anglais) : politique engagée par Truman à partir de mars 1947 afin d'empêcher les partis communistes de prendre le pouvoir dans plusieurs pays ; les instruments essentiels de cette politique étaient l'aide économique et le soutien militaire des forces anticommunistes (par exemple la Grèce). (voir pp. 48 et 118)

Épuration : interdiction d'exercer dans la fonction publique pour les personnes ayant collaboré avec les nazis et le régime de Vichy. La phase légale avait été précédée d'une phase où la population s'était fait justice elle-même. (voir p. 22)

Espace Schengen : territoire des États signataires de l'accord de Schengen (signé en 1990, entré en vigueur en 1995), qui supprime les frontières intérieures de l'Union européenne (UE) (entre les États signataires) et renforce la surveillance des frontières extérieures de l'UE. (voir pp. 147 et 152)

État-providence (*Sozialstaat* en allemand) : système qui donne un rôle social important à l'État. Il garantit une protection contre la maladie, le chômage et la vieillesse. Cette protection est financée grâce à des contributions sociales obligatoires. (voir pp. 24 et 184)

Ethnie : terme utilisé par les colonisateurs occidentaux en Afrique pour désigner une population parlant la même langue. (voir p. 168)

Exception culturelle : principe proposé par la France, selon lequel les biens culturels ne sont pas soumis, comme de simples marchandises, aux règles du libre-échange définies par le GATT (devenu en 1995 l'OMC). (voir p. 224)

F

FDP (Parti libéral démocrate) : parti libéral fondé en 1947 qui donne à la RFA son premier président, Theodor Heuss (1949-1959). (voir p. 252)

FLN (Front de libération nationale) : mouvement combattant fondé en novembre 1954 pour l'indépendance de l'Algérie. Parti unique de 1962 à 1989. (voir p. 90)

FMI (Fonds monétaire international) : créé en 1944, installé à Washington, il est chargé d'assurer la stabilité monétaire et financière du monde et éventuellement d'aider les États connaissant des difficultés financières. Le Fonds est constitué par les versements effectués en or et en devises par les États membres, proportionnellement à leur richesse. (voir pp. 16 et 182)

Fordisme : voir taylorisme.

Fraction armée rouge : groupement terroriste d'extrême gauche en Allemagne, issu de l'opposition extra-parlementaire (APO), ayant choisi de transformer la société allemande par la violence. (voir p. 254)

G

G7 : groupe des pays les plus riches, fondé en 1975 par sept États désireux de se concerter (États-Unis, Japon, Canada, Royaume-Uni, France, Allemagne, Italie). La Russie fait partie depuis 1997 du groupe (G8), sauf pour les questions économiques. (voir p. 172)

GATT (*General Agreement on Tariffs and Trade*) : « Accord général sur les tarifs douaniers et le commerce » négocié en 1947 qui prévoit avant tout de faciliter le commerce entre les pays, notamment par la suppression des droits de douane et des licences d'importation. Le GATT a été étendu au cours de nombreux cycles de négociations. Il est à l'origine de l'OMC. (voir p. 184)

Génocide : défini par l'ONU en 1951 comme « l'intention de détruire tout ou partie d'un groupe national, ethnique, racial ou religieux ». (voir p. 34)

Glasnost (« transparence ») : politique consistant à rétablir la liberté d'expression, à permettre l'existence d'une opinion publique en URSS. (voir pp. 134 et 138)

Global Players : grands groupes transnationaux implantés sur les marchés du monde entier et dont les filiales sont réparties sur tous les continents. En français, on les appelle également des multinationales. (voir p. 192)

Goulag : direction générale des camps et, au sens large, univers concentrationnaire soviétique. (voir p. 68)

Gouvernance globale : gestion du monde par la coopération entre tous les acteurs (ONU, ONG, etc.) et pas seulement les États. (voir pp. 172 et 192)

GPRF (Gouvernement provisoire de la République française) : créé à Alger le 3 juin 1944, il se substitue au Comité français de libération nationale (CFLN), dans l'attente du rétablissement des institutions républicaines et de l'élection d'une nouvelle Assemblée. Il n'est reconnu par les Alliés que le 23 octobre 1944. (voir pp. 22 et 238)

Grande Coalition : désigne en Allemagne une coalition de gouvernement entre les deux partis les plus puissants à l'Assemblée (le Bundestag). (voir pp. 254 et 264)

Guerre des Six-Jours : « guerre préventive » déclenchée par Israël en 1967 contre ses voisins arabes qui refusent de reconnaître l'État juif. (voir p. 34)

Guerre froide : expression inventée par le journaliste américain Walter Lippmann pour désigner la tension internationale prolongée entre l'Est et l'Ouest. Elle ne va pas jusqu'au conflit armé en raison de la dissuasion nucléaire. (voir p. 48)

H

Harki : musulman servant comme auxiliaire dans l'armée française. (voir p. 90)

Holocaust : voir Shoah.

I

IDS : « Initiative de défense stratégique ». Elle vise à protéger les États-Unis de toute attaque nucléaire grâce à « un bouclier spatial ». (voir p. 74)

Imposition de la paix (*peace-enforcement*) : intervention militaire (menée par un ou plusieurs États) autorisée par l'ONU contre un État « fautif ». (voir p. 174)

Imprescriptibilité : instituée en 1968 par une convention internationale afin de poursuivre en justice, sans limites de temps, les auteurs des crimes de guerre et des crimes contre l'humanité. (voir p. 34)

Individualisation : processus de modification de la vie sociale de plus en plus dictée par l'individu et de moins en moins par la société. (voir p. 212)

Inflation : hausse générale du niveau des prix. (voir pp. 186 et 280)

Informatique : ensemble des techniques de traitement et de communication de l'information grâce aux ordinateurs. Le terme français « informatique » est inventé en 1962 par contraction de « information » et de « automatique ». (voir p. 222)

Innovation : exploitation économique d'une découverte scientifique. (voir p. 220)

Intégrité territoriale : inviolabilité des frontières d'un État. (voir p. 100)

Internet (*Interconnected Network*) : issu du réseau d'échanges entre ordinateurs créé en 1969 par le Pentagone, Internet débute vraiment en 1990 avec le *World Wide Web* (WWW) qui simplifie les modalités de navigation sur le réseau. (voir p. 222)

Intifada : mot arabe signifiant « soulèvement ». Il désigne la « guerre des pierres » menée, à partir de 1987, par la jeunesse palestinienne des territoires occupés. (voir pp. 78 et 168)

Investissements directs étrangers (IDE) : créations de filiales ou prises de participation par des sociétés étrangères dans le capital (au moins 10 %) des entreprises d'un pays donné. (p. 282)

Islamisme : mouvement politique se référant à l'islam. L'islamisme peut prendre des formes très variées, mais il s'oppose toujours aux idéologies inspirées des valeurs occidentales (nationalisme, socialisme, etc.). Il est favorable à l'application de la loi islamique (charia) dans la société et la vie politique des États. (voir pp. 74, 78, 80 et 168)

J

Jihad : guerre sainte. Elle est prônée aujourd'hui par les plus radicaux des mouvements islamistes. (voir p. 81)

K

Keynésianisme : politique économique fondée sur les théories de l'économiste britannique John Maynard Keynes (1883-1946) qui vise à relancer l'activité économique par l'intervention de l'État, par exemple par la hausse des investissements publics et la baisse des taux d'intérêt (donc du crédit) durant les périodes de crise, et à ralentir l'activité économique par des mesures contraires en cas de « surchauffe ». (voir p. 190)

Khmers rouges : nom donné aux communistes cambodgiens. Au pouvoir de 1975 à 1978, ils ont perpétré contre le peuple khmer un génocide terrifiant (au moins 1 700 000 morts). (voir p. 74)

KPD (*Kommunistische Partei Deutschlands*) : Parti communiste allemand ; parti révolutionnaire qui veut réaliser la société sans classes par la dictature du prolétariat. (voir p. 54)

L

Laïcité : principe de séparation de la société civile et de la sphère religieuse, de l'Église et de l'État. (voir p. 284)

Libéralisme : idéologie fondée sur la liberté individuelle, les libertés économiques et politiques, et prônant le système capitaliste. (voir p. 242)

« Libération sexuelle » : comportement apparu à la suite de mai 1968 qui prône une nouvelle vision de la vie en couple et donne expressément la priorité aux sentiments individuels sur les conventions sociales (rejet du mariage, par exemple). (voir p. 208)

Ligne Curzon : frontière entre la Pologne et l'Union soviétique, proposée en 1920 par le ministre britannique des Affaires étrangères, Lord Curzon. (voir p. 16)

Ligne Oder-Neisse : frontière germano-polonaise fixée provisoirement par les accords de Potsdam et reconnue comme frontière définitive depuis 1990. (voir pp. 16 et 300)

Loi sur l'état d'urgence : loi qui permet au gouvernement allemand en cas d'urgence, de restreindre momentanément les droits fondamentaux, de suspendre le principe de séparation des pouvoirs, et d'utiliser l'armée en cas de troubles intérieurs. (voir p. 252)

M

Maccarthysme : campagne engagée à l'initiative du sénateur McCarthy visant à éliminer les communistes, et ceux qui leur étaient assimilés, de l'administration, des syndicats et des universités comme de Hollywood. (voir p. 68)

Maintien de la paix (*peace-keeping*) : interposition de casques bleus entre deux belligérants avec l'accord de ceux-ci. (voir p. 174)

Majorité qualifiée : procédure de vote distincte de l'unanimité ou de la majorité simple. Chaque État membre dispose d'un nombre de voix proportionnel à sa population. (voir pp. 122, 152 et 300)

« Malgré-nous » : nom donné aux 130 000 Alsaciens-Lorrains incorporés de force dans la Wehrmacht et dans les unités d'élite de la Waffen SS à partir de 1942. Les déserteurs furent fusillés, les insoumis internés dans les camps de concentration et les biens de leur famille confisqués. (voir p. 38)

Malouines (Falkland) : petit archipel de l'Atlantique Sud. Possession anglaise depuis sa découverte en 1690, il est revendiqué par l'Argentine en raison de sa relative proximité (480 km). (voir p. 74)

Mandat : régime provisoire de tutelle confié par la SDN aux pays vainqueurs en 1918. Dans l'ancien Empire ottoman, la France a celui de la Syrie et du Liban, le Royaume-Uni obtenant la Transjordanie, la Palestine et l'Irak (p. 86).

Marxisme : théorie de la société fondée sur les écrits de Karl Marx et de Friedrich Engels qui considèrent l'évolution de l'humanité comme un processus dont le stade final est le communisme. Ce processus se déroule en plusieurs étapes : l'exploitation, puis la lutte des classes, enfin la libération complète dans une société sans classes (le communisme). Le socialisme des démocraties populaires est considéré comme le stade préalable à cette société sans classes. (voir p. 194)

Méthode communautaire : procédure de décision dans laquelle les États membres de l'Union européenne doivent se soumettre à l'intérêt communautaire (vote à la majorité qualifiée du Conseil, rôle accru du Parlement). (voir p. 152)

Méthode intergouvernementale : procédure de décision dans laquelle les États membres de l'Union européenne conservent leur pleine souveraineté (vote à l'unanimité du Conseil). (voir p. 152)

Métropolisation : processus de concentration de la population, des activités et des pouvoirs de commandement dans de grandes villes dominantes, les métropoles. (voir p. 212)

Micro-ordinateur : ordinateur personnel, de taille réduite, avec un écran et un clavier, ce qui met l'informatique à la portée du grand public grâce aux logiciels (*softwares*). (voir p. 222)

Mondialisation : développement de l'économie et de la culture à l'échelle mondiale et non plus nationale, dû à plusieurs facteurs (libre-échange, firmes transnationales, technologies de l'information et de la communication). (voir pp. 192 et 224)

Monnaie de référence : monnaie qui détermine la valeur des autres monnaies. Dans un système de taux de change fixes, leur valeur est liée à la monnaie de référence par des accords. (voir p. 182)

Monopole : position dominante d'une entreprise sur le marché d'un produit où elle n'a plus de véritable concurrent. (voir p. 194)

MRP (Mouvement républicain populaire) : parti politique français fondé en 1944 par des démocrates-chrétiens issus de la Résistance. Ce mouvement se situe au centre-gauche, mais son électorat est plus modéré. (voir p. 238)

Multilatéralisme : concertation et négociation entre les États dans le cadre des organisations internationales, par opposition à l'unilatéralisme (attitude d'un État qui agit seul). (voir p. 160)

Multipolaire/Bipolaire : qualifie un monde où existent plusieurs pôles de pouvoir (système multipolaire), ou deux pôles de pouvoir (système bipolaire) et non un seul (système unipolaire). (voir p. 50)

Mutation sectorielle : modification de la part des différents secteurs d'activité dans le produit intérieur brut. (voir p.190)

N

Narcotrafic : trafic international de drogue. (p. 168)

Nationalisation : opération par laquelle l'État prend le contrôle d'une entreprise privée. (p. 24)

Néo-Destour : parti fondé par Bourguiba en 1934 pour l'indépendance de la Tunisie et l'instauration d'un régime laïque et moderne. (p. 90)

Nomenklatura : ensemble des privilégiés qui ont fait carrière dans le Parti ou l'administration. (p. 72)

Non-alignement : politique neutraliste de refus de toute intégration aux deux grands blocs. Adoptée en 1956 par Tito, Nehru et Nasser, elle donne naissance en 1961, lors de la conférence de Belgrade, au mouvement des non-alignés. (voir pp. 50 et 92)

O

OAS (Organisation armée secrète) : désigne en France un mouvement clandestin et terroriste qui tente d'empêcher, en Algérie et en métropole, les négociations menant à l'indépendance. (voir p. 90)

OECE (Organisation européenne de coopération économique) : créé en 1948 pour répartir l'aide Marshall, cet organisme siégeant à Paris est devenu, en 1960, l'OCDE (Organisation de coopération et de développement économique). (voir pp.115 et 118)

OLP (Organisation de libération de la Palestine) : fondée en 1964 et dirigée de 1968 à 2004 par Yasser Arafat, elle regroupe une partie des mouvements nationalistes, mais son autorité est aujourd'hui contestée par les mouvements islamistes (Hamas, Jihad islamiste). (voir p. 78)

OMC (Organisation mondiale du commerce) : elle s'est substituée en 1995 au GATT, pour poursuivre la libéralisation des échanges et régler les différends commerciaux entre les États membres. (voir pp. 172 et 192)

OMS (Organisation mondiale de la santé) : créée en 1948 dans le cadre de l'ONU, installée à Genève, elle est chargée de faire accéder tous les peuples au niveau de santé le plus élevé possible. (voir p. 170)

ONG (organisations non gouvernementales) : ainsi nommées par opposition aux États et aux organisations interétatiques. Il s'agit d'associations agissant sur le plan international, surtout dans les domaines du développement, de l'aide humanitaire et de l'environnement. (voir p. 172)

OPEP : Organisation des pays exportateurs de pétrole créée en 1960 pour défendre les intérêts des pays producteurs face aux grandes compagnies occidentales. (voir pp. 74 et 92)

Ordinateur : machine électronique qui traite numériquement l'information et peut ainsi effectuer très rapidement les instructions d'un programme enregistré. (voir p. 222)

Ostpolitik (politique de l'Est) : qualifie le nouveau mode de relations établies par la RFA avec les États socialistes de l'Est à partir de 1969, qui privilégie la recherche d'un terrain d'entente. (voir pp. 42 et 254)

OTAN (Organisation du traité de l'Atlantique Nord) : fondée en 1949 pour souder militairement le bloc occidental de part et d'autre de l'Atlantique Nord. (voir pp. 50, 100, 115, 118, 140 et 252)

P

PAC (Politique agricole commune) : elle doit aider à moderniser les campagnes européennes, assurer des revenus décents aux agriculteurs et des prix raisonnables au consommateur, stabiliser les marchés et garantir la sécurité des approvisionnements. (voir pp. 122 et 190)

Pacte de Varsovie : alliance politico-militaire conclue en 1955 entre l'URSS et les pays communistes d'Europe centrale et orientale, à l'exception de la Yougoslavie, en réponse à l'OTAN. Dissous en 1991, il a surtout été un instrument de la domination de l'URSS sur ses « pays frères ». (voir pp. 50, 100 et 258)

Pacte germano-soviétique : pacte de non-agression signé le 23 août 1939 par l'Allemagne de Hitler et l'URSS de Staline, comprenant le protocole secret sur le partage de la Pologne et des États baltes. (voir p. 32)

Panarabisme : idéologie nationaliste visant à libérer les Arabes de la domination occidentale et à les unir au-delà des frontières des États. La lutte contre Israël sert à masquer ses divisions. (voir p. 81)

Pandémie : épidémie qui touche les humains et/ou les animaux dans un grand nombre de pays. (voir p. 170)

Parité : égalité des voix. (voir p. 300)

Patriarcal : fondé sur la prééminence d'un chef de famille masculin. (voir p. 208)

PCF (Parti communiste français) : parti politique fondé en 1920, défendant les positions de la IIIe Internationale et soutenant l'URSS. (voir p. 238)

PCUS (Parti communiste de l'Union soviétique) : parti unique de l'Union soviétique qui sert de modèle aux autres partis communistes dans les démocraties populaires et décide de leur ligne de conduite. (voir p. 48)

Perestroïka (« restructuration ») : politique de réforme économique en profondeur, par opposition aux précédentes tentatives de réforme menées en URSS (notamment sous Khrouchtchev). (voir pp. 134 et 138)

Personnes déplacées : désigne en Allemagne les personnes contraintes au travail obligatoire, prisonniers de guerre, prisonniers des camps de concentration ou réfugiés regagnant leur pays d'origine. (voir p. 26)

PESC (politique étrangère et de sécurité commune) : instaurée par le traité de Maastricht, qui a institutionnalisé les mécanismes de coopération intergouvernementale qui existaient auparavant dans ce domaine. (voir p. 160)

PESD (politique européenne de sécurité et de défense) : instaurée en 1999, dans le cadre de la PESC, elle a permis à l'UE de se doter depuis 2003 d'une capacité militaire autonome, en complément de l'OTAN. (voir p. 160)

Pétromonarchies : monarchies du Moyen-Orient qui tirent leurs revenus du pétrole. Riches, peu peuplées, elles suscitent, comme le Koweït, la convoitise de leurs voisins. La plus importante, véritable puissance régionale, est l'Arabie saoudite. (voir p. 78)

PIB : produit intérieur brut, égal à la somme des richesses produites sur le territoire métropolitain pendant un an. (voir p. 280)

Pieds-noirs : terme péjoratif d'abord utilisé pour désigner les Arabes puis revendiqué par les Européens pour souligner leur enracinement en Afrique du Nord. (voir p. 90)

Plan Marshall : programme d'aide économique des États-Unis à l'Europe, lancé en 1947 par le général Marshall, secrétaire d'État américain aux Affaires étrangères. En anglais, il s'appelle *European Recovery Program* (ERP). (voir p. 118)

Planification : élaboration d'un plan dans lequel l'État fixe les objectifs économiques à atteindre. La planification peut être impérative (URSS) ou indicative (France). (voir pp. 24 et 54)

Planning familial : mesures de régulation des naissances, selon lesquelles le nombre d'enfants doit être adapté à la situation sociale et économique des parents. Les moyens utilisés sont entre autres : l'information de la population sur les moyens contraceptifs et la distribution gratuite de ceux-ci. (voir p. 202)

Plein-emploi : situation du marché du travail où tous les salariés en âge ou en état de travailler peuvent trouver un emploi. Comme il est impossible d'obtenir un taux de chômage de 0 % en raison des périodes de transition entre deux emplois, on parle de plein-emploi lorsque le taux de chômage est compris entre 0 et 2 %. (voir p. 184)

Politique conjoncturelle anticyclique : politique par laquelle l'État agit dans le sens contraire de la phase actuelle du cycle conjoncturel. En période de haute conjoncture, l'État freine la croissance de l'économie, en période de récession, il la relance. (voir p. 254)

Politique de relance : politique qui vise à stimuler la croissance par l'augmentation des dépenses budgétaires et des revenus (salaires et prestations sociales), afin d'encourager la reprise de la consommation et de l'investissement. (voir pp. 248 et 282)

Politique de rigueur : politique mise en œuvre pour lutter contre l'inflation et encourager les exportations. Elle se traduit par la baisse de la croissance des salaires, la réduction des dépenses de l'État et l'augmentation des taux d'intérêt. (voir p. 248)

Prestations sociales : ensemble des revenus versés par les organismes de Sécurité sociale (allocations familiales, retraites, allocations chômage, remboursements des frais de maladie, etc.). (voir p. 280)

Procédure de codécision : associant le Parlement européen au travail législatif (qui était essentiellement réservé au Conseil jusqu'au traité de Maastricht), elle lui permet de rejeter un texte. (voir p. 164)

Q

« Querelle des historiens » : débat d'opinion en Allemagne qui, en 1986, a violemment opposé intellectuels et historiens sur la place du national-socialisme dans l'histoire contemporaine de l'Allemagne et sur la comparaison entre les crimes du nazisme et ceux du stalinisme. (voir p. 42)

R

Rafle du Vel' d'Hiv : les 16 et 17 juillet 1942, 13 152 juifs d'origine étrangère vivant en région parisienne sont arrêtés par la police française et regroupés au vélodrome d'Hiver et à Drancy, d'où ils sont déportés à Auschwitz. (voir p. 38)

RDA (République démocratique allemande) : en allemand, *Deutsche Demokratische Republik* (DDR) fondée en 1949, étroitement alignée sur l'Union soviétique par son système politique et économique, elle est dissoute par l'adhésion de ses 5 Länder à la République fédérale le 3 octobre 1990. (voir p. 258)

Recherche-développement : recherche destinée à avoir des retombées rapides dans le domaine de la production. On parle aussi de recherche appliquée, par opposition à la recherche fondamentale. (voir p. 220)

Réforme foncière : expropriation des propriétés foncières privées dans la zone soviétique (à partir de 1945), dans le cadre de la propagande antifasciste. (voir p. 54)

Réforme Hartz IV : réforme du gouvernement Schröder, entrée en vigueur le 1er janvier 2005, élaborée par le PDG de Volkswagen, Peter Hartz, et destinée à faire des économies sur les dépenses sociales. (voir p. 264)

Réforme monétaire : remplacement du Reichsmark, fortement dévalué par l'inflation, par une nouvelle monnaie stable, le Deutsche Mark. (voir p. 54)

Régime de Vichy : nom donné à l'autorité de fait exercée en France par le maréchal Pétain de 1940 à 1944. (voir p. 32)

Régime parlementaire : régime politique fondé sur l'équilibre des pouvoirs entre le pouvoir exécutif (qui peut dissoudre le Parlement) et le pouvoir législatif (qui peut renverser le gouvernement, parce que celui-ci est responsable devant le Parlement). (voir p. 238)

IIIe Reich : régime hitlérien qui, selon la propagande nazie, devait ouvrir un nouveau Reich (« empire ») de 1 000 ans. (voir p. 42)

Représailles massives : doctrine stratégique américaine élaborée en 1953 par Eisenhower et son secrétaire d'État, John F. Dulles. Toute agression de l'URSS ou des ses alliés entraînerait une riposte immédiate par tous les moyens, y compris nucléaires. (voir p. 68)

République socialiste fédérative soviétique de Russie (RSFSR) : plus grande république de l'Union soviétique réunissant des Russes et d'autres groupes ethniques dans un cadre fédéral. En 1991, elle devient la Fédération de Russie. (voir p. 138)

Rétablissement de la paix (*peace-making*) : négociations de paix organisées par l'ONU (souvent en liaison avec les ONG et les organisations régionales). (voir p. 174)

Révisionnisme : en France, désigne la tentative de nier l'existence des chambres à gaz et du génocide (synonyme de négationnisme). En Allemagne, les « révisionnistes » sont, à partir des années 1960, les historiens qui proposent une « révision » de l'historiographie traditionnelle du IIIe Reich, sans aucun rapport avec le négationnisme. (voir p. 32)

Révolution nationale : thème de propagande du régime de Vichy, résumant le programme de redressement français que le maréchal Pétain pensait pouvoir entreprendre sous l'occupation allemande. (voir p. 38)

« Riposte graduée » : doctrine américaine de défense conçue au début des années 1960 par le secrétaire à la Défense Robert McNamara. Elle implique une réponse proportionnée à la nature de l'agression, les bombardements nucléaires stratégiques n'étant qu'un ultime recours. (voir p. 72)

RMI (revenu minimum d'insertion) : créé en 1988 en France, il offre des garanties de ressources pour les plus de 25 ans, assorties d'un contrat d'insertion. (voir p. 286)

RPR (Rassemblement pour la République) : parti politique gaulliste fondé en 1976 par Jacques Chirac en opposition au libéralisme giscardien. Ce parti prend la suite de l'UDR. (voir p. 242)

Russification : processus par lequel un groupe ethnique est non seulement soumis à la domination politique de la Russie, mais est également contraint d'adopter la langue et la culture russes. (voir p. 138)

S

Salaire réel : salaire obtenu après déduction de l'inflation et qui permet de mesurer l'évolution du pouvoir d'achat. (voir p. 284)

SALT (*Strategic Arms Limitation Talks*) : négociations visant à limiter la croissance des arsenaux stratégiques. Deux traités SALT ont été conclus, en 1972 et 1979. (voir p. 72)

Scrutin majoritaire uninominal à deux tours : désigne en France le mode de scrutin qui consiste à élire une personne par circonscription, à la majorité absolue au premier tour, à la majorité relative au second tour. C'est le scrutin qui permet de dégager les majorités les plus stables, mais il écrase les petits partis. (voir p. 240)

Sécularisation : recul de l'emprise des institutions, des croyances, des rites et des symboles religieux dans la vie sociale. (voir p. 284)

SED (*Sozialistische Einheitspartei Deutschlands*) : Parti socialiste allemand unifié ; créé en avril 1946 par la fusion du SPD et du KPD. Le SED reste au pouvoir en RDA jusqu'en 1989. (voir pp. 54 et 258)

Ségrégation : fait de séparer un groupe humain en le marginalisant ou en le soumettant à des lois spéciales. (voir p. 72)

SFIO Parti socialiste (Section française de l'Internationale ouvrière) : parti politique fondé en 1905, défendant depuis 1920 un socialisme réformiste, opposé au modèle soviétique. (voir p. 238)

Shoah, Holocauste : lors du procès Eichmann, les Israéliens eux-mêmes choisirent de traduire Shoah par Holocaust. Aux États-Unis comme en Allemagne, le mot « holocauste » s'est alors imposé comme synonyme du génocide juif. Il a été contesté, car employé dans la Bible pour désigner les victimes d'un sacrifice religieux. Le mot Shoah, de l'hébreu « catastrophe », a paru plus adéquat pour rendre compte de la spécificité du génocide juif. (voir p. 34)

SME (Système monétaire européen) : il est créé en 1979 au sein de la CEE pour garantir la stabilité des monnaies européennes. La valeur de chaque monnaie européenne est fixée par rapport à celles des autres pays et n'a pas le droit de varier de plus de 6 % à la hausse ou à la baisse. Le SME crée une monnaie de compte, l'*European Currency Unit* (ECU). (voir p. 122)

Social-démocratie : gauche réformiste et non communiste. Elle accepte le système capitaliste libéral que l'État, par son action économique et sociale, doit contribuer à améliorer au profit de l'ensemble de la population. (voir p. 116)

Société de consommation : société dans laquelle la consommation de biens fabriqués en grande série alimente la croissance économique et modifie les comportements sociaux. (voir p. 184)

Société de l'information : société dans laquelle l'information jouerait un rôle central dans la vie économique, sociale, culturelle et politique. (voir p. 222)

Société du savoir : société dans laquelle le savoir serait partagé, grâce notamment à un accès universel à l'information et au respect de la diversité culturelle. (voir p. 222)

Société sans classes : objectif du communisme, la société sans classes est mise en place, selon la théorie marxiste, par une dictature provisoire du prolétariat, aboutissement de la révolution. (voir p. 50)

« Soixante-huitards » : courant de protestation étudiant qui remet en cause les structures et les normes culturelles, sociales et politiques traditionnelles, ainsi nommé d'après le mouvement de mai 1968 en France. (voir p. 208)

Solidarnosc (Solidarité) : syndicat d'opposition fondé en 1980 en Pologne, fortement lié à l'Église catholique. (voir p. 134)

Souveraineté limitée : doctrine selon laquelle les intérêts du socialisme sont supérieurs aux intérêts nationaux. (voir pp. 72 et 78)

Souverainistes : défenseurs de la souveraineté nationale, qui acceptent une Europe des États, mais pas une Europe supranationale. (voir p. 152)

Soviétisation : intégration d'un État à la zone d'influence de l'Union soviétique, avec passage à un régime politique, économique et social communiste. (voir p. 106)

SPD (*Sozialdemokratische Partei Deutschlands*) : Parti social-démocrate allemand ; parti réformiste qui cherche à réaliser la justice sociale dans le cadre de la démocratie parlementaire. (voir pp. 54 et 252)

SRAS (syndrome respiratoire aigu sévère) : cette épidémie a été rapidement jugulée (800 morts) en 2003, grâce à la médiatisation et à la coopération internationale. (voir p.170)

Stagflation : situation de l'économie qui combine stagnation (croissance faible) et inflation. (voir pp. 186 et 282)

Stagnation : phase sans croissance économique ou de croissance très faible. (voir p. 186)

Stasi : abréviation utilisée par la population de la RDA pour désigner le ministère de la Sécurité de l'État, créé en 1950. Il se veut « l'épée et le bouclier » du SED. Il est de fait une police politique secrète et un instrument de répression. Par l'utilisation informelle de « mouchards », il peut contrôler la vie privée de la population. (voir p. 258)

Sunnites : musulmans majoritaires qui se considèrent comme orthodoxes car respectueux de la Sunna, la tradition du Prophète. Ils se distinguent des chiites, partisans des successeurs d'Ali, le gendre du Prophète. Ces derniers vivent surtout en Irak et en Iran. (voir p. 81)

Supranational : qui dépasse la souveraineté nationale. Appliqué à la CEE ou à l'UE, le terme est équivalent à communautaire ou à fédéral. (voir pp. 118, 152 et 296)

« Syndrome de Vichy » : l'expression permet de caractériser en France, selon l'historien Henry Rousso, l'ensemble des symptômes et des manifestations qui, dans la vie politique, sociale et culturelle, révèlent les conflits internes provoqués par le souvenir du régime de Vichy. (voir p. 38)

T

Taux de change fixes : taux de change qui ne s'établissent pas librement selon l'offre et la demande sur les marchés des devises, mais qui sont fixés et modifiés par des négociations entre les gouvernements. (voir p. 182)

Taux de croissance : évolution du produit intérieur brut d'une année sur l'autre. (pp. 186 et 280)

Taylorisme et fordisme : le taylorisme est la méthode d'organisation scientifique du travail développée par l'ingénieur américain Taylor au début du XXe siècle afin de diminuer les coûts de production. Le constructeur d'automobiles Henry Ford instaura le travail à la chaîne et une politique de hauts salaires. Le fordisme combine ainsi la production et la consommation de masse. (voir p. 280)

Tchernobyl : ville d'Ukraine où a eu lieu un accident majeur (« *Größter anzunehmender Unfall* » ou « GAU ») le 26 avril 1986. L'explosion du réacteur nucléaire a entraîné la diffusion d'un nuage de radiations qui a contaminé la région. L'accident a déclenché une grande peur en Allemagne et a entraîné le développement de mouvements d'opposition à l'utilisation de l'énergie atomique. (voir p. 256)

Tertiarisation : désigne l'essor du secteur tertiaire, en raison notamment du développement des services aux entreprises (télécommunications, informatique, banques, etc.). (voir p. 282)

Tiers-Monde : expression forgée par le démographe français Alfred Sauvy en 1952 pour désigner les pays pauvres qui n'appartiennent à aucun des deux blocs. La référence au tiers état et à 1789 souligne que leur misère et leur dépendance créent une situation révolutionnaire. (voir p. 92)

Titisme : du nom du maréchal Tito, qui dirige la Yougoslavie de 1945 à 1980 ; type de socialisme propre à la Yougoslavie, qui tolère certains éléments de l'économie de marché parallèlement au principe d'autogestion par la classe ouvrière, et qui accorde aux différents groupes ethniques du pays des droits permettant une importante autonomie. (voir p. 48)

Totalitaire : adjectif dérivé de totalitarisme, désigne une forme de société et d'État dans laquelle l'individu est complètement livré au pouvoir souverain de l'État et soumis à l'idéologie dominante. (voir p. 106)

Traité d'Union : entré en vigueur le 3 octobre 1990, ce texte règle le rattachement de la RDA à la RFA. Cette réunification se fait sur la base de l'article 23 de la Constitution de l'Allemagne fédérale de 1949 qui prévoit l'extension de ce texte à d'autres parties de l'Allemagne. (voir p. 256)

Traités avec l'Est : désigne l'ensemble des traités et résolutions conclus par le gouvernement Brandt-Schmidt de la RFA avec les États socialistes entre 1970 et 1973 dans le cadre de la nouvelle *Ostpolitik*. (voir p. 254)

Transition démographique : période de forte augmentation de la population, qui passe d'une situation de faible croissance avant la transition (natalité et mortalité élevées) à une période de faible croissance après la transition (natalité et mortalité faibles). Selon les cas, l'évolution dure de plus de deux siècles à quelques décennies et la population est multipliée par un chiffre variant de 3 à plus de 10. (voir p. 202)

« Trente Glorieuses » : expression française due à l'économiste Jean Fourastié, faisant référence aux trois journées révolutionnaires françaises de juillet 1830 (« Trois Glorieuses ») et qui qualifie la période de croissance qu'a connue la France entre 1945 et 1973. (voir p. 280)

Treuhandanstalt (mot allemand) : organisme créé par le gouvernement de la RDA en mars 1990 et chargé de privatiser, supprimer ou mettre en vente les entreprises de l'Est. (voir p. 264)

U

UEO (Union de l'Europe occidentale) : organisation militaire créée en 1954. Elle comprend les cinq pays signataires en 1948 du pacte de Bruxelles (France, Royaume-Uni, Benelux), auxquels se joignent la RFA et l'Italie après l'échec de la CED en 1954, et ensuite d'autres États (Espagne, Portugal, Grèce). (voir pp. 118, 147 et 252)

Unanimité : procédure de vote fondée sur l'accord de tous les États membres de la CEE. Le principe de souveraineté des États est respecté, au risque de bloquer le fonctionnement des institutions et d'empêcher la mise en œuvre des politiques communes. (voir p. 122)

UNESCO (*United Nations Educational, Scientific and Cultural Organization*) : organisation des Nations unies créée en 1945 et installée à Paris. Son objectif est de « contribuer au maintien de la paix dans le monde en resserrant la collaboration entre les nations grâce à l'éducation, la science, la culture et la communication ». (voir p. 220)

Unilatéralisme : attitude d'un État qui agit seul, sans se plier aux règles des différentes organisations internationales. Le multilatéralisme désigne au contraire la concertation et la négociation entre les États dans le cadre des organisations internationales. (voir p. 172)

Union monétaire, économique et sociale : traité d'État entre la RDA et la RFA visant à harmoniser les conditions économiques à l'Est et à l'Ouest. (voir p. 256)

Unipolaire : qualifie un monde où existe un seul pôle de pouvoir, et non deux (système bipolaire) ou plusieurs (système multipolaire). (voir p. 172)

Urbanisation : accroissement du nombre de villes et augmentation de leur population, qui devient progressivement majoritaire dans les pays qui se développent. Le taux d'urbanisation exprime la proportion de citadins (habitants des villes) dans un pays. (voir p. 212)

V

Verts (les) : parti allemand fondé en 1980 au niveau fédéral et représenté depuis 1983 à l'Assemblée (Bundestag) qui s'engage pour la protection de l'environnement et contre l'utilisation de l'énergie atomique. (voir p. 256)

Viêt-minh : ligue pour l'indépendance du Vietnam, fondée en 1941 par les communistes et dirigée par Hô Chi Minh. (voir p. 86)

Vote de défiance : vote de l'Assemblée allemande (Bundestag), suivant l'article 67 de la Constitution, qui, à la majorité des députés, refuse la confiance au gouvernement. (voir p. 256)

W

Watergate : nom de l'immeuble abritant le Parti démocrate à Washington. La découverte de micros posés avec l'aval du président Nixon contraint ce dernier à la démission en août 1974. (voir p. 72)

Crédits photographiques

11 ht Getty Images/AFP (reprise p. 9) ; **11 bas** Corbis (reprise p. 9) ; **14** Picture-Alliance (reprise p. 9) ; **15 htg** Musée de la Résistance et de la Déportation de Besançon ; **15 m** Roger-Viollet ; **15 bas** Artedia/Rémy ; **16** Ullstein bild/Keystone (reprise p. 9) ; **17** DVA, 1994 ; **18** Corbis/Bettmann ; **19** CIRIP/Alain Gesgon ; **21** Ullstein bild/Nowosti (reprise p. 9) ; **22** Bridgeman ; **23 ht** Archives Larbor/Hubert Josse/BDIC-Musée d'Histoire contemporaine, Paris ; **23 bas** Getty/AFP ; **25 g** Charbonnages de France ; **25 d** Renault/Nissan Deutschland AG ; **26** Haus der Geschichte, Bonn ; **27 ht** DHM, Berlin ; **27 bas** National Archives (LF), Washington D.C. ; **31 ht** Rea/James Leynse (reprise p. 9) ; **31 bas** Getty/Anne Frank House/Allard Bovenberg (reprise p. 9) ; **32** Sipa press/AP/Vincent Kessler (reprise p. 9) ; **33 ht** Corbis Sygma/Ron Sachs (reprise p. 9) ; **33 bas** DHM/Gosudarstvennyj Istoriceskij Muzej, Berlin ; **34** Collection Christophe L ; **35** Reproduced with permission of The Wylie Agency (UK) Ltd., London on behalf of Copyright © 1986, 1989, 1990, 1991, Art Spiegelman ; **36 ht** Centre de documentation juive contemporaine, Paris (reprise p. 9) ; **36 bas** Sipa Press/Heidi Levine (reprise p. 9) ; **37 ht** Sipa Press/TPH/Peter Widmann (reprise p. 9) ; **37 m** USHMM (reprise p. 9) ; **37 bas** AFP/Fabrizio Bensch (reprise p. 9) ; **38** collection Chrisophe L ; **39 ht** Roger-Viollet ; **39 bg** Corbis/Peter Turnley ; **39 bas m** Corbis sygma ; **39 bas d** Corbis Sygma/S. Klein-S. Ruet ; **40** Chantal Ouairy ; **41** collection Christophe L ; **42** Ullstein bild/Sven Simon (reprise p. 9) ; **43 ht** DHM, Berlin ; **43 bas** DPA/Markus Wächter ; **44** Picture Press, Hamburg ; **45** SPIEGEL-Verlag, Hamburg ; **47 ht** Stehle, Karl, München ; **47 bas** CIRIP/Alain Gesgon ; **48** DITE/USIS (reprise p. 9) ; **49** BPK (reprise p. 9) ; **50 ht** Bundesarchiv Koblenz ; **50 bas** Süddeutscher Verlag, München ; **51** Haus der Geschichte/Mirko Szewczuk, Bonn ; **52** Ullstein bild (reprise p. 9) ; **53 g** Ullstein bild ; **53 d** Süddeutscher Zeitung/Rue des Archives ; **55 g** DHM, Berlin ; **55 d** Haus der Geschichte, Bonn ; **56** BPK ; **57 g** CIRIP/Alain Gesgon ; **57 d** Photos 12/Oasis ; **58 ht** Corbis/Bettmann ; **58 bas g** Ullstein bild/Keystone ; **58 mg** Archives Nathan ; **58 m** Corbis/Bettmann ; **58 md** Ullstein bild/Keystone ; **58 bas d** La Documentation française/Jean-Marie Marcel ; **63 ht** Corbis/Bettmann ; **63 bas** BDIC-Musée d'histoire contemporaine (reprise p. 61) ; **66** Ebloui.com/Superstock (reprise p. 61) ; **66 bas g** Focus/Wayne Miller/Magnum ; **66 bas d** Picture Alliance/DPA ; **67** Studio X/Gamma (reprise p. 61) ; **67 bas g** Gamma/Camera Press ; **67 m g** Corbis/Kipa ; **67 m d** Archives Larbor/musée d'histoire contemporaine ; **67 bas d** Sipa press ; **69** Daily Mail, London ; **70 ht** Advertising Archive ; **70 bas** AKG (reprise p. 61) ; **71** photo X/DR ; **72** Sipa Press/Ginies ; **73 ht g** Getty/Time Life Pictures/Co Rentmeester ; **73 ht d** AKG/Nasa ; **73 bas** Rue des Archives/Gérard Bloncourt (reprise p. 61) ; **74** Getty Images/Time Life Pictures/Gianfranco Gorgoni ; **75 ht g** Focus/Amazonas/Sebastiao Salgado (reprise p. 61) ; **75 ht d** collection particulière ; **75 bas** AP/Marco di Lauro ; **76** collection Christophe L ; **77 ht** DITE/USIS ; **77 bas** Corbis ; **78** Gamma/Liaison/Swersey ; **79 ht** Sipa Press/Novosti ; **79 bas** Corbis Sygma/Patrick Robert (reprise p. 61) ; **83 ht** laif/Keystone (reprise p. 61) ; **83 bas** Focus/Magnum/Fernando Scianna (reprise p. 61) ; **86** Archives Larbor/J.-L. Charmet ; **87** AKG ; **89** Rue des Archives ; **90** collection particulière/DR ; **91 ht** laif/Rapho/Berretty ; **91 bas g** ECPAD/France/Stelian ; **91 bas d** laif/Keystone ; **92** Plantu, Paris ; **93** Keystone ; **94** Archives Larbor/BDIC-Musée d'histoire contemporaine ; **95** Archives Galerie de France/Jacqueline Hyde © ADAGP, Paris 2006 ; **97** ht Bridgeman Art Library ; **97 bas** AKG ; **101 g** Unbekannter Lieferant, Stuttgart ; **101 d** Unbekannter Lieferant, Stuttgart ; **103 ht** Ullstein bild (reprise p. 61) ; **103 bas** Haus der Geschichte/Mirko Szewczuk, Bonn ; **104 ht** Presse-und Informationsamt der Bund, Berlin ; **104 bas** AKG ; **105 ht** Picture-Alliance/DPA/UPI (reprise p. 61) ; **105 bas** AKG (reprise p. 61) ; **106** Unbekannter Lieferant, Stuttgart ; **107 ht** FOCUS/Josef Koudelka/Magnum Photos (reprise p. 61) ; **107 bas** Haus der Geschichte, Bonn ; 108 ht AKG (reprise p. 61) ; **108 bas** BPK/Benno Wundshammer ; 109 Ullstein bild ; **110 ht** CCC/Horst Haitzinger/www.c5.net ; **110 bas** Picture-Alliance/DPA/Heinz Wieseler (reprise p. 61) ; **113 ht** AKG ; **113 bas** Fritz Behrendt, Frankfurter Allgemeine Zeitung ; **116** Cirip/Alain Gesgon ; **117 ht** laif/Keystone ; **117 bas** Süddeutscher Verlag, München ; **118** Commission européenne ; **119 ht** Collection Kharbine-Tapabor © ADAGP, Paris 2006 ; **119 bas** Archives Larbor/J. Hautefeuille ; **121 g** Punch Library, London ; **121 d** Kharbine-Tapabor ; **123 ht** Archives Nathan (reprise p. 61) ; **123 bas** CIRIP/Alain Gesgon ; **124** Picture-Alliance, Francfort ; **125 ht** Collection particulière/Frédéric Hanoteau ; **125 bas** Plantu ; **126 ht** Sipa press ; **126 bas g** Magnum/Wayne Miller ; **126 bas gm** Collection Corbis Kipa ; **126 m** Roger-Viollet ; **126 bas md** Gamma/Raphael Tarnowski ; **126 bas d** Gamma ; **131 ht** Ullstein bild (reprise p. 129) ; **131 bas** Studio X/Gamma /Georges Merillon (reprise p. 129) ; **134** Getty Images/Time & Life Pictures/Roberto Brosan ; **135 d** CCC/Horst Haitzinger/www.c5.net ; **135 d** Studio X/Gamma /Georges Merillon (reprise p. 129) ; **136 ht** CCC/Kohlbrenner/www.c5.net (reprise p. 129) ; **137** AKG ; 138 Corbis/Bernard Bisson ; **139 ht** Studio X/Gamma/Éric Bouvet (reprise p. 129) ; **139 bas** Studio X/Gamma/Zoja Pictures/Sumovsky (reprise p. 129) ; **141 g** Sobolik/Tom ; **141 d** CCC/Horst Haitzinger/www.c5.net ; **142** Ullstein bild (reprise p. 129) ; **143** Picture-Alliance/Reuters pool/Lampen (reprise p. 129) ; **145 ht** Courrier international/Michael Kœlsch ; **145 bas** Der Spiegel ; **149** AFP/La Poste (reprise p. 129) ; **151** Picture-Alliance/epa/Christian Hartmann (reprise p. 129) ; **153** Rea/Benoit Decout (reprise p. 129) ; **156 g** European Community, 2005 ; **156 d** CartoonStock/Pete Canary ; **157** Focus Magazin Verlag, München ; **160** AFP/Gérard Cerles ; **163** Getty Images/AFP (reprise p. 129) ; **164** Commission européenne (reprise p. 129) ; **167 ht** AFP/Anna Zieminski ; **167 bas** FOCUS/Magnum/Susan Meiselas (reprise p. 129) ; **168** Studio X/Gamma ; **169 ht g** Getty Images/AFP/G. Gobet ; **169 ht d** Sipa Press/Heidi Levine (reprise p. 129) ; **169 bas** Corbis/Reuters (reprise p. 129) ; **173** Reuters/Peter MacDiarmid (reprise p. 129) ; **176 g** Corbis/Bernard Bisson ; **176 mg** Gamma/UPI ; **176 md** Gamma/Alexis Duclos ; **176 d** Sipa press/Chaperon ; **181 ht** REA/Didier Maillac (reprise p. 179) ; **181 bas** REA/Sinopix (reprise p. 179) ; **183** DHM/Gerhard, Berlin ; **185 ht** Robert Bosch GmbH/Historische Kommunikation (reprise p. 179) ; **185 bas** Citroën Deutschland AG ; **187** Corbis/Hulton-Deutsch Collection (reprise p. 179) ; **188** US Department of Energy (reprise p. 179) ; **190** Studio X/Gamma/Apesteguy-Hires ; **191** laif/Keystone France (reprise p. 179) ; **192** Studio X/Gamma/Gilles Mingasson (reprise p. 179) ; **195 ht** DHM, Berlin ; **195 bas** Mauritius/Superstock (reprise p. 179) ; **197** Sipa Press/Mariella/Olympia (reprise p. 179) ; **199 ht** Gamma ; **199 bas** Newsweek ; **202** Studio X/Santosh Basak (reprise p. 179) ; **205** CCC/Horst Haitzinger/www.c5.net ; **208** MEV, Augsburg ; **211** Keystone ; **213** Astrofoto/Nasa ; **215** Picture-Alliance/DPA/Matthias Ernert ; **217 ht** Corbis/Sandro Vannini (reprise p. 179) ; **217 bas** AFP/Yoshikazu Tsuno (reprise p. 179) ; **221 ht** Studio X/Gamma/Abril (reprise p. 179) ; **221 bas** Picture-Alliance/DPA/Kazuhiro Nogi (reprise p. 179) ; **223 ht** Roger-Viollet/Boyer (reprise p. 179) ; **223 bas** Getty Images/AFP/Mohamad al Sehety ; **225 ht** Getty Images/AFP/Patrick Lin (reprise p. 179) ; **225 bas** Éditions Hurtubise HMH ; **227** Collection Christophe L ; **229** Collection Christophe L ; **230 g** Hulton Deutsch ; **230 m** Presse-und Informationsamt der Bundesregierung, Bundesbildstelle ; **230 d** Gamma/US-FSP/de Keerle ; **235** Sipa Press/Caro Fotos/Ruffer (reprise p. 233) ; **237 ht** Getty Images/AFP (reprise p. 233) ; **237 bas** Studio X/Gamma/Éric Bouvet/Duclos (reprise p. 233) ; **239 g** CIRIP/Alain Gesgon ; **239 d** Photos 12/Hachédé ; **241** Rue des Archives Varma ; **243 ht** CIRIP/Alain Gesgon ; **243 bas** CIRIP/Alain Gesgon (reprise p. 233) ; **245 ht** Keystone (reprise p. 233) ; **245 bas g** Kharbine-Tapabor ; **245 bas d** CIRIP/Alain Gesgon ; **246 ht g** La Documentation française/J.-M. Marcel ; **246 ht d** La Documentation française/François Pagès/Paris-Match ; **246 m** La Documentation française/J.-H. Lartigue ; **246 bas g** La Documentation française/Gisèle Freund ; **246 bas d** La Documentation française/Bettina Rheims ; **247 ht** WIAZ/Le Nouvel Observateur (reprise p. 233) ; **247 bas** CIRIP/Alain Gesgon (reprise p. 233) ; **248** Plantu, Paris ; **249** Corbis ; **251 ht** Ullstein bild ; **251 bas** Ullstein bild/Paul Langrock (reprise p. 233) ; **253 ht** Picture-Alliance/DPA/Alfred Hennig ; **253 bas** Ullstein bild ; **254** Picture-Alliance, Francfort ; **255** Haus der Geschichte/Wolfgang Hicks, Bonn ; **256** Sipa press/Chaperon ; **257 g** Picture-Alliance/DPA/Egon Steiner ; **257 d** Picture-Alliance/DPA (reprise p. 233) ; **258** Corbis/Bernard Bisson ; **259** Bundeszentrale für politische Bildung, Bonn ; **260** Regiopress/Das Journalistenbüro, Magdeburg (reprise p. 233) ; **261 ht** Berliner Verlag/Ulrich Burchert ; **261 bas** Bundesarchiv, Koblenz (reprise p. 233) ; **262** Picture-Alliance/DPA ; **263** Picture-Alliance/DPA ; **264** Picture-Alliance/DPA/Felix Heyder ; **265 ht** Picture-Alliance/ZB/Waltraud Grubitzsch ; **265 bas** Picture-Alliance/ZB/Bernd Wüstneck ; **266** Pressedienst Paul Glaser ; **267** CCC/ Kretzschmar /www.c5.net, Pfaffenhofen a. d. Ilm ; **268 1a** CDU, Berlin und CSU, München ; **268 1b** FDP, Berlin ; **268 1c** SPD/Pressestelle, Berlin ; **268 1d** www.gruene-service.de ; **268 1e** Die Linkspartei/PDS, Berlin ; **272 ht** Haus der Geschichte/Mirko Szewczuk, Bonn ; **272 bas** Corbis/Yves Forestier ; **275** Xavier Lahache/Canal+ ; **277 ht** Citroën ; **277 bas** Sipa Press/EPA/Boris Roessler (reprise p. 233) ; **281** Groupe Volkswagen ; **282** Corbis/Kim Kulish ; **283** Altitude/Yann Arthus-Bertrand ; **285 ht g** Bibliothèque Forney, Paris ; **285 ht d** TOP/J. P. Charbonnier (reprise p. 233) ; **285 m** Groupe Volkswagen ; **285 bas** Citroën ; **286** Vario Press/Big Cheese ; **287** Unbekannter Lieferant, Stuttgart ; **289** Sipa Press/Facelly ; **295 ht** Getty Images/Hulton Archive/Harwo ; **295 bas** Presse- u. Informationsamt der Bundesregierung, Berlin (reprise p. 233) ; **296** Ullstein bild/DPA ; **297** Haus der Geschichte, Bonn (reprise p. 233) ; **298** AKG ; **299 g** Haus der Geschichte/Jupp Wolter, Bonn ; **299 d** Ullstein bild/DPA ; **300** Getty Images/AFP/Daniel Janin ; **301 ht** Le Figaro Magazine ; **301 bas** Presse-u. Informationsamt der Bundesregierung, Berlin ; **302 ht** AKG ; **302 m** collection particulière de Jean-Pierre Husson ; **302 bas** AKG (reprise p. 233) ; **303 ht** BPK ; **303 m** AKG ; **303 bas** Picture-Alliance/DPA/Andreas Altwein (reprise p. 233) ; **304** DFJW-OFAJ/Daniel Flaschar ; **305** ARTE, Strasbourg (reprise p. 233) ; **306 ht g** Rue des archives ; **306 ht d** Gamma ; **306 m g** Gamma ; **306 md** MAXPPP ; **306 bas m g** La Documentation française/Jean-Marie Marcel ; **306 bas m d** Picture-Alliance/DPA/Roland Witschel ; **306 bas g** Roger Viollet/Harlingue ; **306 bas m g** Picture-Alliance/DPA/Wöstmann ; **306 bas m** Gamma/Alexis Duclos ; **306 bas md** Sipa press/Chaperon ; **306 bas d** Gamma/Alexis Duclos ; 314 Walter Hanel, 1982 ; **322 ht g** Corbis/Bettmann ; **322 ht m** Picture-Alliance/DPA/Wöstmann ; **322 ht d** Gamma/UPI ; **322 bas g** Gamma/UPI ; **322 bas m** Archives Larbor/BDIC-Musée d'histoire contemporaine ; **322 md** Gamma/UPI/Roger Wollenberg ; **322 bas d** Gamma/Gilbert Uzan ; **323 ht g** Gamma/Camera Press/Karsh of Ottawa ; **323 ht m** Corbis/Bettmann ; **323 ht d** Picture-Alliance, Francfort ; **323 bas g** Gamma/Alexis Duclos ; **323 bas m** Gamma/Chip Hires ; **323 bas d** Archives Nathan ; **324 ht g** Corbis/Bernard Bisson ; **324 ht m** Sipa press/Boccon-Gibod ; **324 ht d** Gamma/Alberto Corda/Calmann-Lévy/Jazz ; **324 m g** Archives Larbor/J.-L. Charmet ; **324 bas g** La Documentation française/Jean-Marie Marcel ; **324 bas m** Sipa Press ; **324 bas d** Corbis/Bettmann ; **325 ht g** Corbis/Bernard Bisson ; **325 ht m** Corbis/Bettmann ; **325 ht d** Corbis/Flip Schulke ; **325 bas g** Sipa Press/Zihnioglu ; **325 m** Magnum/Wayne Miller ; **325 bas m** Coll. Corbis Kipa ; **325 bas d** Sipa Press/Chaperon ; **326 ht g** Corbis/Bettmann ; **326 ht m** Roger-Viollet ; **326 ht d** Corbis ; **326 m** Picture-Alliance/DPA/Felix Heyder ; **326 bas g** Gamma/Alexis Duclos ; **326 bas m** Gamma/Raphael Tarnowski ; **326 bas d** Corbis ; **327 ht g** Gamma/Andre Sas ; **327 ht m** Corbis Kipa/Alain Denize ; **327 ht d** Roger Viollet/Harlingue ; **327 m g** Gamma/Essaias Baitel ; **327 bas g** Gamma ; **327 bas m** Picture-Alliance/DPA/Rainer Jensen ; **327 bas d** Gamma/Camera Press ; **328 ht g** Gamma/US-FSP/de Keerle ; **328 ht m** Picture-Alliance/AKG ; **328 ht d** Droits réservés ; **328 m g** Roger-Viollet ; **328 bas g** Archives Nathan ; **328 bas m** Corbis Sygma/Alain Nogues ; **328 bas d** Corbis/Bettmann.

Couverture ht g Presse- u. Informationsamt der Bundesregierung, Berlin ; **ht m** Sipa ; **ht d** AFP/ La Poste ; **bas g** Picture Alliance ; **bas d** AFP/Fabrizio Bensch ; **plat IV ht** Picture Alliance ; **bas** Rue des Archives.

Avec la collaboration d'Isabelle Macé
Édition : Agnès Botrel
Conception graphique : Katy Müller
Mise en page : Planète Publicité
Couverture : Katy Müller
Iconographie : Électron libre - Valérie Delchambre ; Klett
Cartographie : AFDEC
Frises et schémas : Renaud Scapin
Traductions : Irène Imart, Marie Ollivier-Caudray, Béatrice Pellissier.

N° d'éditeur : 10140987 - Dupont - Février 2007 - Imprimé en France par Maury-Imprimeur